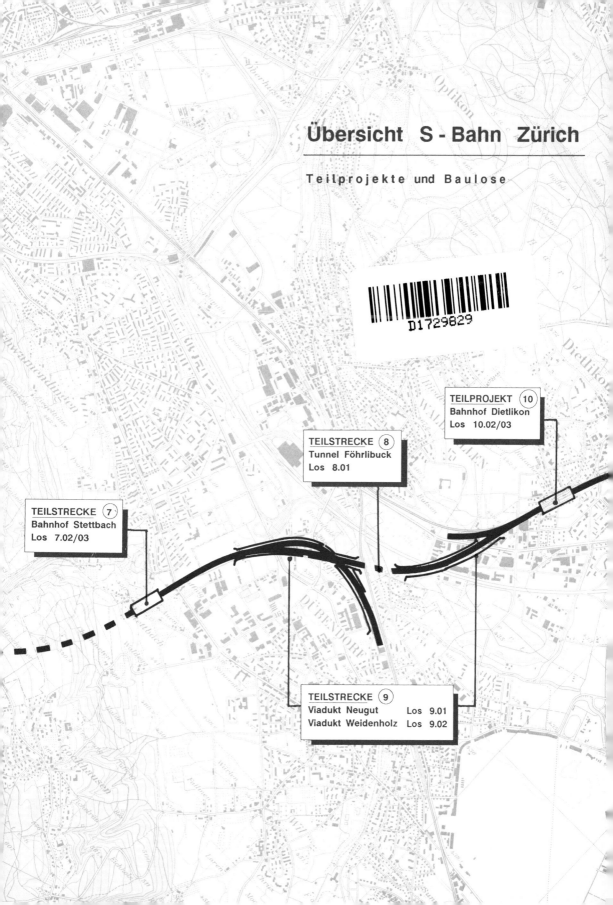

Übersicht S - Bahn Zürich

Teilprojekte und Baulose

D1729829

TEILPROJEKT (10)
Bahnhof Dietlikon
Los 10.02/03

TEILSTRECKE (8)
Tunnel Föhrlibuck
Los 8.01

TEILSTRECKE (7)
Bahnhof Stettbach
Los 7.02/03

TEILSTRECKE (9)
Viadukt Neugut   Los 9.01
Viadukt Weidenholz Los 9.02

Projektierung und Bau der S-Bahn Zürich

Herausgeber:

Prof. Robert Fechtig,
Institut Bauplanung/Baubetrieb,
ETH Zürich

Max Glättli,
alt Oberingenieur,
Kreisdirektion III SBB

Stäubli Verlag Zürich

© Copyright 1990 by Robert Fechtig and Max Glättli

Titelbild: Lasse Anderson Zürich
Die Fotos in diesem Buch wurden uns von den
Verfassern zur Verfügung gestellt

Satz und Druck: Stäubli AG Zürich
Fotolithos: Rofag Zürich
Einband: Buchbinderei Burkhardt AG Mönchaltorf

ISBN 3 7266 0021 3

Vorwort

Robert Fechtig, Max Glättli

Gut sieben Jahre nach dem Baubeginn im März 1983 steht heute die zwölf km lange Neubaustrecke der S-Bahn Zürich vom Hauptbahnhof über Stadelhofen nach Dübendorf und Dietlikon vor der Vollendung. Sie ist nicht nur geografisch gesehen das Kernstück der S-Bahn Zürich; indem die Neubaustrecke Engpässe im zentralen Bereich der historisch gewachsenen Zürcher Eisenbahnanlagen beseitigt, bricht sie hier die längst erreichten Kapazitätsgrenzen auf und ermöglicht so den künftigen Betrieb eines S-Bahn-Systems im ganzen Kanton Zürich, das sich mit seinen annähernd vierhundert km Streckenlänge primär auf das vorhandene Schienennetz abstützen kann. Die Neubaustrecke ist damit neben dem neuen Rollmaterial und dem Verkehrsverbund eines der drei tragenden Fundamente für eine wirkungsvolle und auch unter wirtschaftlichen Aspekten tragbare Förderung des öffentlichen Verkehrs in der Region Zürich.

Vor diesem Hintergrund ist das grosse Bauwerk zu sehen, von dem in den nachfolgenden Kapiteln und Abschnitten die Rede ist. Es sprengt nicht nur wegen seines Umfangs die hierzulande bisher üblichen Massstäbe. Es war auch in rein bautechnischer Hinsicht ein aussergewöhnlich komplexes Vorhaben, was allein schon aus der Tatsache hervorgeht, dass zwei Drittel der Neubaustrecke unter Tag liegen und dass dabei dicht besiedeltes Gebiet der Stadt Zürich und zwei Flüsse mit zum Teil ausserordentlich geringer Überdeckung unterquert werden mussten. Daneben war hohen Ansprüchen an Umweltverträglichkeit, Sicherheit und Ästhetik Rechnung zu tragen, und schliesslich stand das ganze Projekt von Anfang an auch unter enormem Zeitdruck.

Diese Randbedingungen stellten alle Beteiligten vor schwierige und anspruchsvolle Aufgaben. Den Ingenieuren blieb keine andere Wahl, als den zu erwartenden Schwierigkeiten möglichst schon auf dem Papier durch flexible Projektierung zu begegnen, wollte man das Risiko einer unkontrollierten Entwicklung des Bauaufwandes ausschliessen. Zwangsläufig war deshalb auf der ganzen Neubaustrecke, vorwiegend aber im innerstädtischen Bereich, eine Menge von Varianten zu studieren, und es mussten auch neue Baumethoden erwogen werden. Unerwarteten Schwierigkeiten, die während des Baus vor allem im Bereich des Hirschengrabentunnels und der Limmatquerung auftraten, war in enger Zusammenarbeit zwischen Bauleitung und Unternehmerschaft mit unkonventionellen Lösungen zu begegnen. Durch den engagierten Einsatz der Beteiligten ist es gelungen, das Bauwerk rechtzeitig, in der erwarteten Qualität, und insgesamt auch innerhalb des festgesetzten finanziellen Rahmens zu vollenden.

Das Ziel dieser Publikation ist nicht Geschichtsschreibung. Vielmehr sollen die Erfahrungen und Lehren aus dem Baugeschehen einem weiteren Kreis von Fachleuten und anderen Interessierten leichter zugänglich gemacht werden. Auch mit diesem Versuch verhält es sich indessen wie mit der Geschichte, von der Goethe einmal sagte: «Über Geschichte kann niemand urteilen, als wer an sich selbst Geschichte erlebt hat.» Damit ist über das Erlebte als solches allerdings noch nichts ausgesagt. Es kommt z.B. darauf an, wo der Beteiligte gestanden hat. Es ist ein Unterschied, ob man als Vertreter der Bauherrschaft, als projektierender und bauleitender Ingenieur oder als Unternehmer dabei war. In diesem Zeitdokument soll das Schwergewicht nach einem einleitenden allgemeinen Teil auf der Darstellung der Erfahrungen und Lehren der Ingenieure und Unternehmer liegen. Die ursprünglichen Vorstellungen der Herausgeber dieses Zeitdokumentes sind durch das engagierte Mitmachen der an der Planung, der Projektierung und der Bauausführung beteiligten Kollegen bei weitem übertroffen worden. Ihnen allen gilt unser grosser Dank, denn ohne dieses fachlich-publizistische Engagement wäre die Herausgabe dieses Werkes nicht möglich gewesen. Dies alles wiegt um so gewichtiger, als wir wissen, dass jeder der Autoren sich in einer Zeit des grossen täglichen Arbeitsdruckes einer zusätzlichen Aufgabe unterzog, um die terminierte Herausgabe des S-Bahn-Buches zu gewährleisten.

Dem Leser mag es aber auch klar werden, wie vielfältig und verschieden die am Bau der S-Bahn Zürich Beteiligten zu denken und zu handeln hatten, mit welch heiklen Problemen sie sich konfrontiert sahen, und wie sie dauernd wichtige Entscheide von grosser Tragweite zu fällen hatten. Allen, die sich der Mühe unterzogen haben, ihr Wissen auf diese Weise weiterzugeben, werden auch spätere Generationen noch dankbar sein.

Dass in der Darstellung der fachlichen Probleme der Humor nicht zu kurz kommt, verdanken wir dem Cartoonisten Hans Sigg, der in den letzten Jahren mit seinen Plakaten im Hauptbahnhof Zürich während des Umbaus manch einen eiligen Reisenden für eine Minute zum Stehenbleiben veranlasste.

Sodann danken wir allen am Bau beteiligten Firmen, Bauunternehmungen, Ingenieurbüros und Lieferfirmen für ihre grosszügige Unterstützung zur Herausgabe dieses Buches und verbinden damit die Hoffnung, es werde heute und später in weiten Kreisen auf breites Interesse stossen.

Es erfüllt uns mit grosser Genugtuung, dass dem bau- und bahntechnisch interessierten Leser auf den Zeitpunkt der Eröffnung der Neubaustrecke der S-Bahn Zürich dieses Zeitdokument vorgelegt werden kann.

Zürich, Ende April 1990

Inhalt

Projektierung und Bauausführung

Teilprojekt 1

Teilprojekt 2

Teilprojekt 3

Teilprojekt 4

S-Bahn Zürich

Aus der Sicht der Bauherrschaft

Erster Vorortspendelzug der SBB, bestehend aus Triebwagen, drei Doppelwagen und Steuerwagen.
Historische Aufnahme im Bahnhof Rapperswil bei der Präsentation im Jahre 1929.

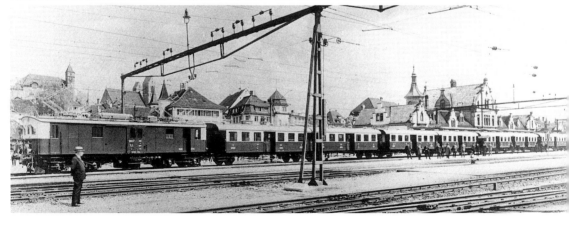

Vom U- und S-Bahnprojekt 1973
zur S-Bahn-Vorlage 1981

Max Glättli

Wirtschaftliche Prosperität, veränderte Lebensgewohnheiten wie auch die Entwicklung auf dem Wohnbaumarkt führten nach dem zweiten Weltkrieg in unserem Land zu einer enormen Steigerung der Mobilität. Als Folge davon ergaben sich auch auf der Schiene, vor allem im Regionalverkehr, sehr grosse Zuwachsraten. Überfüllte Vorortszüge mit einer Reisegeschwindigkeit, die häufig nicht einmal 50 km/h erreichte, wurden im Raume Zürich immer mehr zur Regel. Mit diesen mangelhaften Leistungen war kein Staat zu machen, geschweige denn eine zukunftsgerechtere und umweltfreundlichere Verkehrsteilung zwischen Schiene und Strasse herbeizuführen.

Erste Versuche zur Schaffung eines verbesserten Angebots beim öffentlichen Regionalverkehr, die auf den Beginn der 70er Jahre zurückgehen, scheiterten bedauerlicherweise. Der Grund für den negativen Ausgang der Volksabstimmung vom Mai 1973 war allerdings nicht die S-Bahn als solche. Als Bestandteil des umstrittenen U- und S-Bahnpaketes war sie sozusagen zwangsläufig dazu verurteilt, das Schicksal der U-Bahn zu teilen, der in erster Linie die Opposition der Stimmbürger gegolten hatte. Die U-Bahnpläne gerieten denn auch rasch in Vergessenheit. Sie sind seither nie mehr ernsthaft weiterbearbeitet worden.

Im Gegensatz dazu blieb die Notwendigkeit besserer Bahnverbindungen für den ganzen Kanton Zürich ein unbestrittenes Ziel. Jedenfalls stimmte das Zürcher Volk 1979 mit überwältigendem Mehr einem kantonalen Beitrag an den Ausbau der SBB-Linie Wallisellen–Uster zu, obwohl diese Investition eine Vorausleistung war, die erst im Rahmen eines S-Bahnkonzepts voll zum Tragen kommen konnte. Ein Jahr zuvor schon war ein kantonaler Fonds für die Finanzierung von Massnahmen zur Förderung des öffentlichen Verkehrs geschaffen worden, dem seither von Gesetzes wegen Jahr für Jahr 40 Mio Franken aus allgemeinen Staatsmitteln zugewiesen werden. Mit dieser beispielhaften Pionierleistung war die Grundlage für die Finanzierung des Kantonsbeitrags an die künftige S-Bahn Zürich weitgehend sichergestellt.

S-Bahn ist für viele auch heute noch mehr ein Zauberwort als ein hinreichend transparenter Begriff. In der Tat bringt diese importierte Wortschöpfung für sich allein nicht besonders klar zum Ausdruck, dass damit eine leistungsfähige Eisenbahn im Agglomerationsbereich grosser Städte gemeint ist, die primär dem Nahschnellverkehr dient und damit das Rückgrat des öffentlichen Verkehrs in der Region bildet, aber auch Zubringer zum Fernverkehr ist. Die Züge werden aus besonders geeigneten Fahrzeugen mit hohem Beschleunigungsvermögen und grossem Platzangebot gebildet und verkehren in einem dichten Taktfahrplan. Sie fahren bei uns zumeist auf Gleisen, die gleichzeitig auch dem Personenfernverkehr oder gar dem Güterverkehr dienen. Was die S-Bahn in Zürich von der herkömmlichen Eisenbahn unterscheidet, ist denn auch mehr das Betriebskonzept als die Gestalt der baulichen Anlagen, auf welchen das neue Angebot produziert wird.

Selbstverständlich liesse sich ein attraktiver S-Bahnbetrieb von der beschriebenen Art nicht realisieren, ohne die zu wesentlichen Teilen immer noch aus dem ersten Drittel dieses Jahrhunderts stammenden Eisenbahnanlagen an die neuen Bedürfnisse anzupassen. Mit seinen sternförmig in die Region hinausführenden Radiallinien erschliesst das historisch gewachsene SBB-Netz den Kanton Zürich unter rein geografischen Gesichtspunkten zwar vorzüglich. Der grössere Teil dieser Linien ist im Laufe der Zeit auf Initiative und zu Lasten der SBB auf Doppelspur ausgebaut und in einzelnen Fällen sogar mit dritten und vierten Streckengleisen ausgerüstet worden. Verschiedene Bahnhöfe wurden erweitert, Stellwerk- und Sicherungsanlagen modernisiert und der Zürcher Hauptbahnhof vom Rangierbetrieb im Güterverkehr befreit. Dennoch platzt gerade dieser Knoten immer noch aus allen Nähten. Er und der Flaschenhals Oerlikon waren jene Engpässe, die zunächst beseitigt werden mussten, sollte ein S-Bahnbetrieb möglich werden.

Diese Kapazitätsprobleme mit minimalen Investitionen zu lösen und gleichzeitig die Voraussetzung für die Verknüpfung einer möglichst grossen Zahl aller Radiallinien zu Durchmesserlinien zu schaffen, heisst die Zürichberglinie bauen, jene Neubaustrecke, die vom Hauptbahnhof über Stadelhofen nach Dübendorf und Dietlikon führt und auf der Preisbasis 1980 mit 653 Mio. Franken veranschlagt war. Von ihr ist in diesem Buch die Rede. Sie ist der Schlüssel für den Aufbau eines S-Bahnnetzes von rund 400 km Streckenlänge, das grosse Teile des Kantons abzudecken vermag. Die Stimmbürger haben denn auch im November 1981 dem Kantonsanteil von 523 Mio Franken mit überwältigendem Mehr zugestimmt.

Netz der S-Bahn Zürich. Die 12 km lange Neubaustrecke erschliesst fast 400 km des bestehenden SBB-Netzes für den S-Bahn-Betrieb.

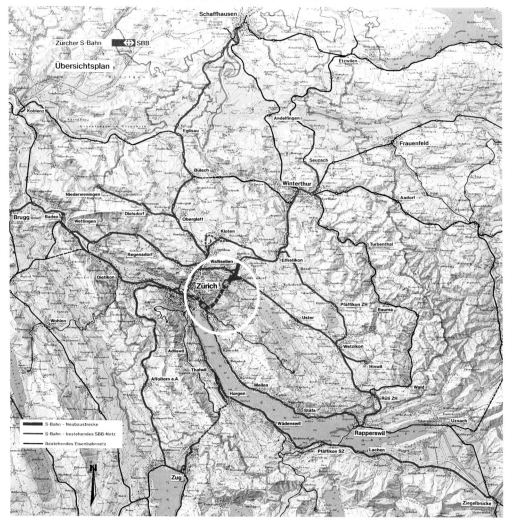

14

Die S-Bahn Zürich als Gemeinschaftswerk von Kanton Zürich und SBB

Walter Diener

Im Verkehrssystem einer Agglomeration in der Grösse von Zürich kommt dem öffentlichen Verkehr eine zentrale Bedeutung zu. Insbesondere im Berufs- und Ausbildungsverkehr, aber auch bei den gelegentlichen Fahrten im Zusammenhang mit dem zentralörtlichen Dienstleistungsangebot entstehen Mobilitätsbedürfnisse, welchen der motorisierte Individualverkehr nur sehr beschränkt zu genügen vermag. Die grossen Verkehrsströme lassen sich nur durch den öffentlichen Verkehr volkswirtschaftlich sinnvoll und umweltgerecht bewältigen. Dabei hat die Eisenbahn die Hauptlast zu tragen, weil nur auf der Schiene die erforderlichen Kapazitäten bereitgestellt werden können.

Im Kanton Zürich kann das Netz der Eisenbahnen fast mit dem Netz der Schweizerischen Bundesbahnen gleichgestellt werden, betreiben doch die SBB mit ihren 20 Linien auf zürcherischem Boden einen Anteil am Schienennetz, wie er kaum in einer anderen schweizerischen Agglomeration nur annähernd erreicht wird. Wenn also im Kanton Zürich der Schienenverkehr leistungsfähiger gestaltet werden sollte, dann bedeutet dies zwingend einen Ausbau des SBB-Netzes. Die Partnerschaft von SBB und Kanton Zürich war darum von Anfang an vorgezeichnet.

Die SBB hatten und haben nicht genügend Kraft, um im Regionalverkehr der Agglomeration Zürich so viel zu investieren, wie es für die Erreichung der geforderten Leistungsfähigkeit nötig gewesen wäre. Der Kanton Zürich andererseits wäre nicht in der Lage, die geforderte Mobilität auf umweltgerechte Weise zu gewährleisten, wenn die Anlagen und Leistungen der SBB nicht kräftig ausgebaut würden.

Die Bereitstellung eines leistungsfähigen und attraktiven öffentlichen Verkehrsmittels für den ganzen Kanton erforderte eine gemeinsame Grossanstrengung von Kanton und SBB. Sowohl der Zürcher Hauptbahnhof wie praktisch alle seine Zufahrten hatten bereits Anfang der 70er Jahre ihre Kapazitätsgrenze erreicht. Die gemeinsamen Bemühungen galten darum der Schaffung neuer Kapazitäten im Kern der Agglomeration und deren Nutzung zur Verbesserung des Gesamtsystems. Die S-Bahn Zürich ist deshalb nicht nur ein Bauprojekt von eindrücklicher Grösse, sondern ebenso sehr ein neues Angebotssystem für einen grossen Teil des Kantons.

Die grosse Bedeutung, welche der Kanton dem Angebot beimisst, kommt auch darin zum Ausdruck, dass sich der 1982 abgeschlossene Zusammenarbeitsvertrag für die S-Bahn Zürich nicht auf den Bau beschränkt, sondern ausdrücklich auch den Betrieb mit einschliesst. Mit der inzwischen eingeleiteten Schaffung des Zürcher Verkehrsverbunds, welcher am Tag der Betriebsaufnahme der S-Bahn Zürich ebenfalls seine volle Wirksamkeit entfalten wird, ist dieser grössere Zusammenhang zusätzlich unterstrichen worden. Damit wird die S-Bahn zu einem tragenden Element für das umfassende Angebot des Verkehrsverbunds.

Im Lichte dieser Gesamtbetrachtung ist die Neubaustrecke der S-Bahn Zürich der Schlüssel für ein neues Zeitalter im öffentlichen Verkehr des Kantons Zürich. Sie ist ein Gemeinschaftswerk von grosser Tragweite, ist sie doch die Voraussetzung für jeden weiteren Leistungsausbau beim öffentlichen Verkehr.

In einem Gemeinschaftswerk dieser Grössenordnung leistet jeder Partner seinen Beitrag auf vielfältige Art. So kann auch die Zusammenarbeit beim Bau der S-Bahn Zürich nicht auf die einfache Formel reduziert werden «Die SBB bauen und der Kanton bezahlt». Zwar trägt der Kanton tatsächlich die Hauptlast der Finanzierung. Und die SBB bringen als Bauherr ihre Erfahrung bei der Realisierung von Grossprojekten ein. Darüber hinaus hat aber der

Hardturmviadukt mit Südportal Käferbergtunnel

Kanton mit den Zielvorgaben über das spätere Angebot und seinen Vorstellungen über den qualitativen Standard der zu erstellenden Anlagen das Bauwerk aus der Optik der späteren Nutzung massgeblich mitgestaltet.

Der Zusammenarbeitsvertrag über Bau und Betrieb der S-Bahn Zürich spiegelt die unterschiedlichen Verantwortungsschwerpunkte der beiden Partner. Stehen für den Kanton die finanzielle Verantwortung im Investitionsbereich und der für den Benützer zu realisierende Gegenwert im Zentrum des Interesses, so sind es für die SBB die termingerechte Ausführung und die qualitativen Anforderungen von Unterhalt und Betrieb.

So bilden die Umschreibung des generellen Projekts, die Bauherrschaft und das spätere Eigentum sowie das Finanzierungsverhältnis die Grundlagen für alle Bestimmungen des Vertragswerks. Beim Bau der Anlagen tragen die SBB als Bau-

herr die Verantwortung für die Ausführung. Dem Kanton stehen zur Wahrnehmung seiner finanziellen Verantwortung Mitwirkungsrechte beim allgemeinen Bauprojekt, dem Pflichtenheft über den Ausbaustandard und bei der Vergebung der grossen Aufträge zu. Diese Mitwirkung ist durch Genehmigungsvorbehalte und eine angemessene Vertretung in der Projektorganisation sichergestellt.

Das zentrale Interesse des Kantons am Angebot der S-Bahn Zürich findet seinen Niederschlag in besonderen Vertragsbestimmungen über die Fahrzeugbeschaffung und den Betrieb. Insbesondere sind das Streckennetz und der darauf zu erbringende Leistungsumfang im Vertrag ausdrücklich festgehalten. Beim Rollmaterial beziehen sich die Mitwirkungsrechte auf die Erarbeitung der Anforderungskriterien und die Typenwahl sowie die Festlegung der kundendienstlich relevanten Ausstattung. Beim Angebot ist dem Regierungsrat schon in diesem Vertrag ein Mitbestimmungsrecht bei der Festlegung der Grundzüge des Fahrplans eingeräumt worden. Diese Bestimmungen waren für den Kanton von sehr grosser Bedeutung, denn sie stellten sicher, dass der Gegenwert der grossen Investition nicht allein in einem imposanten Bauwerk, sondern vor allem in einem guten Angebot besteht.

Die Bestimmungen über das Angebot kommen allerdings abgesehen von den Mitwirkungsrechten bei der Rollmaterialbeschaffung nicht mehr in ihrer vollen Bedeutung zum Tragen, weil dieser Teil des Vertrags schon vor 1990 durch einen weitergehenden Zusammenarbeitsvertrag zwischen SBB und Zürcher Verkehrsverbund abgelöst worden ist. Das gleiche gilt für die Regelung der Tarifgestaltung, der Verkaufsorganisation und der Finanzierung des Betriebs. Wesentliche Teile des Vertrags von 1982 waren auf die Zeit nach dem Bau ausgerichtet und enthielten bereits Ansätze der inzwischen realisierten Gesamtlösung Verkehrsverbund.

Die S-Bahn Zürich ist das Resultat gemeinsamer Anstrengungen von Kanton Zürich und SBB zur Schaffung eines öffentlichen Verkehrsmittels, das den Aufgaben der nächsten Jahrzehnte gerecht werden kann.

Das S-Bahn-Angebot 1990

Felix Loeffel

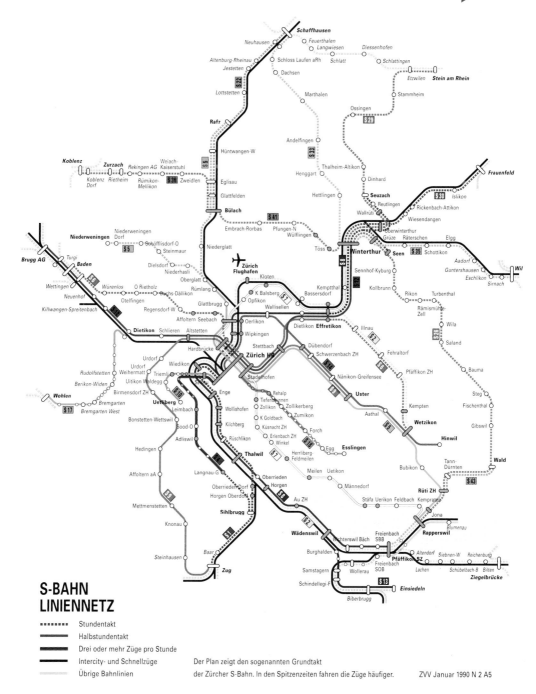

S-BAHN LINIENNETZ

- ▪▪▪▪▪▪▪ Stundentakt
- ▬▬▬▬ Halbstundentakt
- ▬▬▬▬ Drei oder mehr Züge pro Stunde
- ▬▬▬▬ Intercity- und Schnellzüge
- ▬▬▬▬ Übrige Bahnlinien

Der Plan zeigt den sogenannten Grundtakt
der Zürcher S-Bahn. In den Spitzenzeiten fahren die Züge häufiger.

ZVV Januar 1990 N 2 A5

Das S-Bahn-Angebot 1990 umfasst ein Netz von Regionallinien im Kanton Zürich von rund 380 km. Aus betrieblichen und verkehrlichen Gründen enden die Linien nicht an der Kantonsgrenze, sondern werden bis zum nächsten Bahnknoten weitergeführt.

Dieses Angebot setzt sich zusammen aus dem sogenannten Kernprojekt (Abstimmungsvorlage vom 29.11.1981) und den ersten Teilergänzungen als Schritt in Richtung Vollausbau (Abstimmungsvorlage vom 7.12.1986). Zum Grundangebot gehören – mit Einschränkungen – die Einführung eines regelmässigen Halbstundentakts, die Bildung von Durchmesserlinien sowie die Einführung neuer Direktverbindungen.

Im Einzelnen präsentiert sich das Angebot auf den SBB-Linien folgendermassen:

Halbstundentakt

Linie S 5
Rapperswil – Uster – Zürich – Oberglatt – Niederweningen/Rafz
Zwischen Wetzikon und Zürich wird diese Linie als S-Bahn-Schnellverbindung geführt. Ab Oberglatt verkehren die Züge wechselweise nach Niederweningen und Rafz, was auf diesen Abschnitten einen Stundentakt ergibt.

Linie S 7
Rapperswil – Meilen – Zürich – Kloten – Winterthur

Linie S 8
Pfäffikon SZ – Thalwil – Zürich – Wallisellen – Winterthur
Auf dem Abschnitt Effretikon – Winterthur wird der Halbstundentakt der Linie S 8 nur in den Hauptverkehrszeiten angeboten.

Linie S 9
Uster – Zürich – Affoltern am Albis – Zug

Linie S 12
Brugg AG – Dietikon – Zürich – Stettbach – Winterthur – Seuzach/Seen
Zwischen Zürich und Winterthur wird diese Linie als S-Bahn-Schnellverbindung ge-

führt. Ab Winterthur verkehren die Züge wechselweise nach Seuzach und Seen, was auf diesen Abschnitten einen Stundentakt ergibt.

Linie S 14
Hinwil – Uster – Wallisellen – Zürich

Stundentakt

Linie S 1
Zug – Thalwil – Zürich

Linie S 2
Ziegelbrücke – Pfäffikon SZ – Zürich–Flughafen – Pfäffikon ZH – Wetzikon
Zwischen Pfäffikon SZ und Zürich wird diese Linie als S-Bahn-Schnellverbindung geführt.

Linie S 6
Baden – Regensdorf – Zürich – Stettbach – Pfäffikon ZH – Wetzikon
Auf dem Abschnitt Zürich – Effretikon wird ganztägig ein Halbstundentakt der Linie S 6 angeboten. In Kombination mit der Linie S 2 resultiert auf dem Abschnitt Effretikon – Wetzikon ebenfalls ein Halbstundentakt.

Diesem ganztägig gebotenen Grundtaktangebot werden in den Hauptverkehrszeiten Zusatzzüge überlagert, welche zum Teil einen vom Grundfahrplan abweichenden Lauf nehmen, was zusätzliche Direktverbindungen ermöglicht.

Auf den Abschnitten Bülach – Rafz (S 5) sowie Winterthur – Seuzach/Seen (S 12) werden mit den über das S-Bahn-Netz hinausführenden Regionalzügen ganztägig zwei Züge pro Stunde und Richtung angeboten. Auf einzelnen Streckenabschnitten wird das Angebot weiter verdichtet, indem einerseits mehrere S-Bahn-Linien geführt werden und anderseits Schnellzüge des nationalen Angebotes zusätzliche Fahrmöglichkeiten bieten. Durch die Verknüpfung von Radialen zu Durchmesserlinien wird der Anteil der Reisenden, die innerhalb der S-Bahn nicht umsteigen müssen, erheblich erhöht. Die mit dem S-Bahn-Angebot 1990 erreichbaren Reisezeitersparnisse sind beträchtlich und können bis zu 50% erreichen.

SBB und Zürcher Verkehrsverbund (ZVV)

Rolf E. Wild

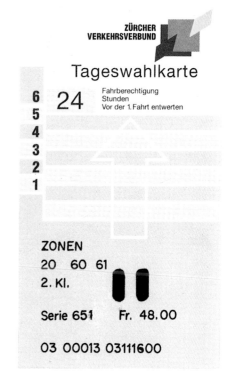

Mit einem überragenden Ja-Stimmenanteil von 76 Prozent befürworteten die Stimmbürger des Kantons Zürich am 6. März 1988 das Gesetz über den öffentlichen Personenverkehr. Dieses Gesetz ist unter anderem Grundlage für die Errichtung eines Verkehrsverbunds mit den 34 im Kanton Zürich tätigen Transportunternehmungen des öffentlichen Verkehrs.

Mit der Betriebsaufnahme der S-Bahn am 27. Mai 1990 wird der Verkehrsverbund Wirklichkeit. Ziel des Zürcher Verkehrsverbunds ist es, den Reisenden – vorläufig innerhalb der Kantonsgrenzen – zu einer erweiterten Bewegungsfreiheit zu verhelfen:

• durch ein attraktiveres, besser aufeinander abgestimmtes Fahrplanangebot,

• durch ein einfacheres Tarifsystem mit Preisbildung nach Raum und Zeit (Zonentarif) sowie

• durch ein vereinfachtes, übersichtliches Billettsortiment (ein einziger Fahrausweis für sämtliche möglichen Transportunternehmungen).

Das Dach über alle Transportunternehmungen bildet der Zürcher Verkehrsverbund mit seinem neunköpfigen Verkehrsrat, in welchem die SBB mit ihrem Kreisdirektor vertreten sind. Dem Verkehrsrat untersteht die Organisation des Verkehrsverbunds mit seinen rund dreissig Mitarbeitern. Die SBB haben in einem Zusammenarbeitsvertrag ihre Tarifautonomie an den Verkehrsverbund übertragen; das heisst, der Verkehrsverbund übernimmt die Federführung bei der Festlegung der Tarife im Kanton, während das Fahrplanangebot partnerschaftlich erarbeitet wird. Da die S-Bahn die gleichen Gleisanlagen und Bahnhöfe beansprucht wie der Fernverkehr und die Güterzüge, waren beim Fahrplanaufbau Prioritäten festzulegen. Bei künftigen Angebotsverdichtungen werden nationale Züge den Vorrang haben. Nationale und Verbundfahrausweise gelten im Verbundgebiet in allen Zügen. Die SBB sichern sich ihre Erträge, indem sie in den Zügen durch Zählungen die Anzahl Reisende – aufgeschlüsselt nach Reisezielen und Fahrausweisarten – ermitteln.

Schwerpunkte der Zusammenarbeit zwischen dem Zürcher Verkehrsverbund und den Transportunternehmungen liegen bei der Bereinigung des Verbundangebots und der Tarife. Im Transportvertrag, der die vom ZVV bestellten Transportleistungen beinhaltet, werden unter anderem die zu führenden Linien, deren Fahrplan und die Stationsbedienung geregelt.

Sicher werden die ersten Monate und Jahre des Zürcher Verkehrsverbunds Erfahrungen bringen, die zu Entwicklungen und Korrekturen führen werden. Weitere Verbesserungen des Angebotes für die Reisenden sind wahrscheinlich, die Ausdehnung des Verbundtarifs über die Kantonsgrenzen hinaus steht zur Diskussion. Das letzte Wort in diesen Fragen liegt beim Kanton Zürich, der dank seinem grossen finanziellen Engagement auch weitgehende Rechte bei der Festlegung des Verbundangebots erhalten hat.

Vorausleistungen der SBB

Heinrich Gründler

427 km oder ein Siebentel des knapp 3'000 km langen SBB-Netzes liegen im Kanton Zürich. Damit hat dieser Kanton längenmässig den grössten Anteil am Bundesbahnnetz. Auch die Zugsdichte dürfte im Zürcher Raum wesentlich über dem an sich schon hohen landesweiten Durchschnitt liegen.

Als die erste schweizerische Eisenbahn vor gut 140 Jahren ihren Betrieb auf der Strecke Zürich – Baden mit vier Zügen in jeder Richtung aufnahm, hätte wohl niemand zu prophezeien gewagt, dass der Hauptbahnhof Zürich 140 Jahre später von 1'400 Zügen (davon 1'100 Reisezüge) im Tag befahren würde.

Die Zürcher Eisenbahnanlagen sind bis zum zweiten Weltkrieg zielbewusst weiter ausgebaut und den steigenden Bedürfnissen angepasst worden. Dabei behielten sie aber den Charakter einer Mehrzweckanlage, die sowohl dem Personen-Nah- und Fernverkehr als auch dem Güterverkehr zu dienen hatte. Das explosionsartige Wachstum dieser Region Ende der vierziger Jahre, verbunden mit einer ausserordentlich grossen Verkehrszunahme im Regional- und Fernreiseverkehr sowie im Güterverkehr führte dazu, dass die Zürcher Eisenbahnanlagen in den fünfziger Jahren bis über die Grenze ihrer Leistungsfähigkeit ausgelastet wurden.

Studien der SBB in Zusammenarbeit mit den Behörden von Stadt und Kanton führten zum «Projekt 1954 für den Ausbau der Zürcher Eisenbahnanlagen», in dessen Rahmen seither alle Bauvorhaben im Raume Zürich eingefügt worden sind. Es zeugt für die Qualität und Zweckmässigkeit dieses Rahmenplans, dass er einerseits bis heute in seinen Grundzügen beibehalten werden konnte und anderseits die nötige Flexibilität aufweist, um auch Anpassungen an neu aufgetauchte und stärker gewachsene Verkehrsbedürfnisse ohne weiteres zu ermöglichen.

Das in solcher Weise verschiedentlich ergänzte «Projekt 1954» kann in drei Gruppen von Bauvorhaben betrachtet werden. Es sind dies:

1. Trennung der Anlagen für den Personen- und Güterverkehr, was Auswirkungen von gesamtschweizerischer Bedeutung bringt. Die Trennung erlaubt nicht nur eine echte Leistungssteigerung, sondern auch eine wirtschaftlichere Betriebsführung und vermag daher bei genügender Auslastung den hohen Aufwand auch betriebswirtschaftlich zu rechtfertigen. Hauptobjekt sind der neue Rangierbahnhof Limmattal und die Neuordnung der Zulaufstrecken zu dieser Grossanlage. Die vollautomatisierte Rangieranlage besteht aus 120 km Gleisen und 400 Weichen und konnte von 1979 bis 1981 etappenweise dem Betrieb übergeben werden. Der Arbeitsablauf von West nach Ost erfordert, dass die Verkehrsströme möglichst von Killwangen her in den Rangierbahnhof eingeführt werden. Zu diesem Zweck wurden folgende Linien ausgebaut:

• für den Verkehr aus Richtung Schaffhausen und Winterthur (Ostschweiz) neue Übergänge von Glattbrugg und Kloten über die Verzweigung Oberhauserried nach Seebach und auf der Furttallinie weiter nach Würenlos sowie eine neue Verbindungsschleife von Würenlos nach Killwangen;

• für den Verkehr aus Richtung West und Süd (Gotthard) die Heitersberglinie (Inbetriebnahme im Jahre 1975), die gleichzeitig und wesentlich auch zur Leistungssteigerung im IC-Verkehr West-Ost beiträgt.

Dem Abfluss des Verkehrs Richtung Osten dient demgegenüber die Käferberglinie, welche direkt von Zürich Altstetten nach Zürich Oerlikon führt und den Hauptbahnhof Zürich nicht mehr berührt. Diese Verbindung über den Hardturmviadukt und den Käferbergtunnel ist seit 1969 in Be- 20

Rangierbahnhof Limmattal von Westen, Inbetriebnahme 1979/81

Zentralstellwerk Zürich HB, Inbetriebnahme 1966.
Diente der Kapazitätssteigerung

trieb. Dank etappenweiser Verlegung des Rangierbetriebs wurde im Bereich des alten Rangierbahnhofs, also zwischen Langstrasse und Herdern, ab 1979 jener Platz frei, der benötigt wurde, um den bereits zehn Jahre früher begonnenen Bau des doppelspurigen Viadukts zur Einführung der Käferberglinie in den Hauptbahnhof weiterzuführen und auf Frühjahr 1982, rechtzeitig für die Einführung des Taktfahrplans, zu vollenden.

2. *Der Anschluss des Flughafens Zürich Kloten an das Schnellzugsnetz der Schweizerischen Bundesbahnen,* der zwischen 1971 und 1980 mit finanzieller Beteiligung von Bund und Kanton realisiert wurde.

Zusammen mit der neuen doppelspurigen Linie durch den Flughafen mussten auch die Zulaufstrecken im Westen und Osten angepasst werden. So galt es im Westen, im sogenannten Oberhauserried, die verschiedenen Linien miteinander zu verknüpfen und in den Bahnhof Oerlikon einzuführen sowie die Verbindung von allen Richtungen ins Furttal und weiter in den Rangierbahnhof Limmattal sicherzustellen. Auf der Ostseite erforderte die Umleitung der Schnellzüge St. Gallen – Zürich über den Flughafen den Ausbau der Klotenerlinie auf Doppelspur bis nach Effretikon. Dabei konnte die Station Bassersdorf an den südlichen Dorfrand verlegt und die Linie durch das Dorf aufgegeben werden.

3. *Die Doppelspurausbauten im oberen und unteren Glattal.*

Mit dem Ziel, zwischen Zürich und Rapperswil über Uster den Halbstundentakt einzuführen, wurden von 1980 bis 1985 mit namhafter finanzieller Beteiligung des Kantons Zürich die Strecke Wallisellen – Uster auf Doppelspur sowie die Unterwegs-Bahnhöfe ausgebaut. Gleichzeitig wurde auch der Knotenbahnhof Wetzikon erweitert und modernisiert.

Von 1975 bis 1985 wurde die Schaffhauserlinie zwischen Zürich Oerlikon und Bülach in Etappen auf Doppelspur ausgebaut. Diese Strecke gehörte mit den täglich über 100 Zügen des Personenfern-, Regional- und Güterverkehrs zu den am stärksten belasteten Einspurstrecken des ganzen Netzes.

Die Liste dieser Objekte ist lang und eindrücklich. Sie zeigt, dass die SBB in hohem Masse, nämlich rund 2 Milliarden Franken, in den vergangenen 25 Jahren in der Region Zürich weitgehend noch aus eigener Kraft investiert haben. Auch wenn nur ein kleiner Teil davon direkt der Verbesserung des Regionalverkehrs zugerechnet wird, haben diese Leistungen doch ein bedeutendes Gewicht. Sie sind eine Bedingung dafür, dass mit der Inbetriebnahme der 12 km langen Neubaustrecke vom Zürcher Hauptbahnhof durch den Zürichbergtunnel ins Glattal der S-Bahnbetrieb auf einem Netz von 380 km aufgenommen werden kann.

Zentralstellwerk Zürich HB

Die Neubaustrecke im Überblick

Peter Hübner

Bahnbetriebliche und geometrische Grundlagen

Im vorangegangenen Kapitel ist dargelegt, wie die Bahnanlagen im Grossraum Zürich in den letzten beiden Jahrzehnten ausgebaut wurden. All diese Ausbauten hatten zum Ziel, die Leistungsfähigkeit des Bahnnetzes und allem voran jene des Hauptbahnhofes Zürich zu steigern. In diesem Knotenpunkte wurden Ende der siebziger Jahre rund 1200 Zugsbewegungen im Tage registriert; mit dieser Frequenz war man aber an der Grenze der Betriebsmöglichkeiten für einen Kopfbahnhof mit 16 Gleisen angelangt. Der Hauptbahnhof Zürich bildet aber den massgebenden Knotenpunkt für das ganze Bahnnetz der Re-

gion Zürich. Eine Verbesserung des Bahnangebotes im Kanton Zürich war deshalb nur mit einer grundsätzlichen Netzerweiterung wie der Neubaustrecke für die S-Bahn Zürich möglich.

Die Neubaustrecke bringt im wesentlichen folgenden betrieblichen Nutzen:

- Verdopplung der Kapazität im HB Zürich durch Erweiterung des Kopfbahnhofs zu einem Durchgangsbahnhof,
- Möglichkeit, eine Vielzahl von Durchmesserlinien im Regionalverkehr zu betreiben,
- Umfahrung des Engpasses Oerlikon,
- Anschluss der Bahnlinie am rechten Zürichsee-Ufer,
- Verbindung nach dem oberen Glattal wie auch nach Winterthur.

Dieser für alle Gebiete des Kantons Zürich breite Nutzen der neu zu erstellenden Anlagen trug massgebend dazu bei, dass die Vorlage über die Beteiligung des Kantons Zürich an den Erstellungskosten in der Volksabstimmung vom November 1981 eine sehr gute Mehrheit im Zürcher Volke fand.

Die Neubaustrecke bildet die eigentliche Schlagader im S-Bahn-Netz und kann in den Stosszeiten alle 2^1/2 Minuten in jeder Richtung von einem Zug befahren werden. Die Ansprüche an die Funktionssicherheit und Zuverlässigkeit sind entsprechend hoch, was für Projektierung und Bauausführung in vielen Problemstellungen das Begehen neuer Lösungswege erforderte. Als Beispiele, auf die später noch eingehender eingegangen wird, seien das neue Signalsystem, das computergesteuerte Betriebsleitsystem oder aber der erschütterungsdämmende Gleisoberbau genannt.

Die Ausbaugeschwindigkeit auf der Neubaustrecke ist auf 80 km/h im Bereich Hauptbahnhof – Stadelhofen und 120 km/h im übrigen Teil festgelegt. Güterzüge befahren die Neubaustrecke nur in Ausnahmefällen. Die Steigungen konnten deshalb auf die Traktionsmöglichkeiten der S-Bahn-Züge ausgelegt werden und betragen 27 Promille mit Höchstwerten von 40 Promille bei kurzen Rampen. In Anbetracht der hohen Zugdichte wie auch der kurzen nächtlichen Betriebspausen waren alle Bahnanlagen so auszubilden, dass sie möglichst wenig Unterhaltsarbeiten erfordern.

Kurzbeschrieb der Neubaustrecke

Hauptbahnhof Zürich

Die Neubaustrecke beginnt im Westen auf der Langstrassenbrücke, wo sie als Doppelspur aus dem Vorbahnhof abzweigt und mit einem Gefälle von 27 Promille gegen den Hauptbahnhof fällt, um Sihl und Limmat in genügendem Abstand unterfahren zu können. Unter der Museumstrasse, in 15 m Tiefe, befindet sich die neue Erweiterung des Hauptbahnhofs Zürich, eine viergleisige Anlage mit zwei Mittelperrons von 320 m Länge. Gleich dem in Form und Abmessungen ähnlichen Flughafenbahnhof Zürich-Kloten sind die Publikumsanlagen übersichtlich, sicher und bequem gestaltet. Ausreichend dimensionierte Rolltreppenanlagen, feste Treppen sowie Lifte verbinden die tiefliegenden Perronanlagen mit dem Kopfbahnhof, der künftig schwergewichtig dem Fernverkehr dienen soll. Direkt über der Perronhalle kann der durch die Flussläufe Sihl und Limmat bedingte Hohlraum durch die grosszügige Bahnhofhalle Museumstrasse genutzt werden. Diese Halle erlaubt einerseits eine gute Verteilung der zu erwartenden grossen Zahl von Passagieren; in den Stosszeiten können in Funktion der Zugsdichte in einer Viertelstunde über 10 000 Reisende eintreffen. Anderseits kann in der Halle Museumstrasse eine Vielzahl von Läden angeordnet werden, die zusammen mit den Geschäften im Hauptbahnhof Zürich ebenfalls Anfang der 90er Jahre im Rahmen des Umbaues des Zürcher Hauptbahnhofes realisiert werden. So können die Bahnreisenden ihren Einkaufsbedarf direkt am Bahnhof decken.

Die Unterfahrung der Altstadt Zürich

Östlich des Hauptbahnhofs taucht die Doppelspur der Neubaustrecke unter der Limmat hindurch und erreicht beim Central ihren tiefsten Punkt. In einer auf die Ausbaugeschwindigkeit von 80 km/h ausgelegten, in einer stetigen Steigung liegenden S-Kurve wird die Altstadt Zürich in einer Tiefe von 10 bis 35 m unterfahren. In 24 diesem Abschnitt waren die mit der Ausführung der Bauarbeiten betrauten Ingenieure und Unternehmungen mit den grössten bautechnischen Schwierigkeiten und Herausforderungen konfrontiert. Es mussten deshalb raffinierte Baumethoden für die Ausführung vorgesehen werden, wie das Gefrierverfahren für die Abschnitte Limmat und Rämistrasse oder das aus den Kellern der Häuser Rämistrasse angewandte Schachtverfahren für jenen Abschnitt.

Der Bahnhof Stadelhofen

Im Bahnhof Stadelhofen war die Doppelspur der Neubaustrecke mit der bestehenden Bahnlinie nach Meilen – Rapperswil zu verknüpfen. Die betriebliche Lösung besteht aus einer dreigleisigen Bahnhofanlage mit einem seeseitigen Aussenperron und einem bergseitigen Mittelperron. Diese Disposition machte eine Verschiebung der alten Stützmauer um rund 10 Meter gegen den Zürichberg notwendig, was begreiflicherweise Opposition erweckte.

Mit einem Gestaltungswettbewerb konnte aber eine städtebaulich befriedigende Lösung gefunden werden. Das ausgeführte Projekt der Architekten Amsler, Calatrava, Rüeger hat hohe Qualitäten. Die Überdeckung von bergseitigem Gleis und Mittelperron erlaubt sogar eine Vermehrung der Grünflächen der Stadt; weiter kann auf der Überdeckung ein attraktiver innerstädtischer Fussweg erstellt werden. Die Erschliessung der Mittelperronanlage geschieht durch Personenunterführungen, welche zu einer Ladenstrasse erweitert sind; so können die Bahnkunden auch an

diesem wichtigen Verkehrspunkt – die erwarteten Frequenzen liegen im Bereiche jener des Flughafenbahnhofs Zürich – ihren Einkaufsbedarf decken.

Der Zürichbergtunnel

Unmittelbar nach dem Bahnhof Stadelhofen zweigt die Neubaustrecke aus dem bestehenden einspurigen Riesbachtunnel ab. Dies sowie die geologischen Verhältnisse – bis zur Kirche St. Antonius ist eine Lockergesteinstrecke zu durchfahren – erfordern eine Aufteilung der Doppelspur der Neubaustrecke in zwei einspurige Tunnels. Mit einer steilen Rampe von 35 Promille Gefälle wird bei der erwähnten Kirche wieder der Molassefels erreicht; ab hier verläuft die Neubaustrecke in einem doppelspurigen Tunnel von 4,5 Kilometer Länge und unterfährt so den Zürichberg bis nach Stettbach.

Bahnhof Stettbach

Der Bahnhof Stettbach, neu auf der grünen Wiese inmitten eines Bauentwicklungsgebietes erstellt, bildet einen interessanten Verknüpfungspunkt im S-Bahn-Netz. Die zweigleisige Bahnhofanlage mit einem Mittelperron ist unterirdisch angeordnet. Der Bahnreisende wird diesen Umstand allerdings dank der Gestaltung von Architekt Roth und dem Wandschmuck des Künstlers Gottfried Honegger fast vergessen. Die Wandgestaltung konnte dank der Initiative eines Patronatskomitees aus der Stadt Dübendorf finanziert und realisiert werden. Direkt über der Bahnhofanlage befinden sich Endpunkte von VBZ-Tram und Buslinien und erlauben

Bahnhof Stadelhofen, Bauzustand 1989

Bahnhof Stettbach

so ein ideales Umsteigen zwischen Regional- und Nahverkehr.

Die Bauausführung

Die Überquerung des Glattales

Nach dem Bahnhof Stettbach taucht die Neubaustrecke aus dem Untergrund in Hochlage auf: Auf dem rund 1 km langen Neugutviadukt wird das Glattal überquert, wobei mittig am Viadukt angebrachte Rampen einen kreuzungsfreien Anschluss der Glattallinie ans S-Bahn-Netz erlauben. Dem Neugutviadukt folgt die Unterfahrung des Föhrlibuckhügels. Der hier erforderliche Tagbautunnel konnte dank einer Kostenbeteiligung der Gemeinden Dübendorf und Wallisellen auf 200 m verlängert werden. Dies erlaubte, ein Naherholungsgebiet wirkungsvoll zu schützen und zu erhalten. Anschliessend an den Föhrlibucktunnel überquert der 500 m lange Weidenholzviadukt die Autobahn N1. Bald nach dieser Überquerung findet die Neubaustrecke der S-Bahn ihren Anschluss an die bestehende Strecke und mündet in den Bahnhof Dietlikon, welcher im Rahmen der Neubaustrecke ebenfalls umgebaut und erweitert wurde.

Bauprogramm

Bei der Abstimmung über die S-Bahn-Neubaustrecke hatten SBB und Kanton Zürich im November 1981 das Versprechen abgegeben, die neuen Anlagen auf den Fahrplanwechsel 1990 in Betrieb zu nehmen. Auf dieses ambitiöse Ziel hatte sich das Gesamtbauprogramm auszurichten, und es sah entsprechend einen Baubeginn im März 1983 vor. Die Jahre 1983 bis 1987 waren dann schwergewichtig den Rohbauarbeiten gewidmet, also all jenen Baulosen, deren Beschreibung Gegenstand dieses Buches bildet. Ab 1987 konnte – bei fortgeschrittenen Rohbauarbeiten – im Zürichbergtunnel und im Glattal mit den bahntechnischen Installationen begonnen werden. Einen Schlüsseltermin bildete schliesslich die Inbetriebnahme des Hirschengrabentunnels sowie des einen Perrons im Bahnhofteil unter der Museumstrasse auf den Fahrplanwechsel Ende Mai 1989. Diese Teilinbetriebnahme erlaubte das Aufheben des Zugsverkehrs durch den Letten-Tunnel und war somit Randbedingung für einen termingerechten Ab-

Neubaustrecke S-Bahn Zürich, Rahmenprogramm

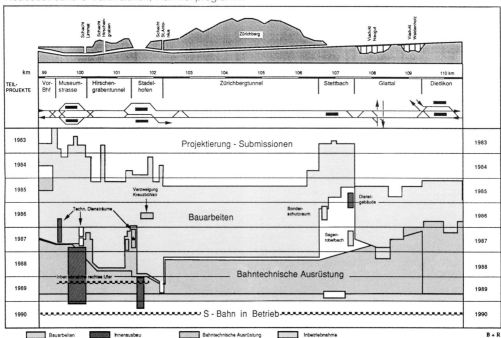

schluss der Bauarbeiten in Stadelhofen. Weiter erlaubte das gleichzeitige Einführen der Bülacher Züge in die unterirdische Anlage eine willkommene Entlastung des Hauptbahnhofes und damit eine Erleichterung der dort laufenden Bauarbeiten. Der termingerechte Abschluss aller Arbeiten an der Neubaustrecke auf Ende Mai 1990 war damit sichergestellt.

Aus dem Gesamtbauprogramm wurden die Bauprogramme für die einzelnen Teilprojekte und schliesslich auch für die einzelnen Baulose abgeleitet. Alle Bauprogramme waren natürlich periodisch nachzuführen. Ab 1987 geschah die ganze Terminüberwachung – insbesondere für die bahntechnische Ausrüstung und den Innenausbau der Bahnhöfe – computergestützt. Dies erlaubte eine präzise Einsatzplanung der Fachdienste der SBB und eine exakte Planung der für die Bahnausrüstung lebenswichtigen Zufahrten auf den neuverlegten Gleisen.

Bauablauf

Die ganzen Rohbauarbeiten der Neubaustrecke teilten sich in rund 70 Baulose auf; die Auftragssummen der Baulose bewegten sich zwischen 50'000 und 80 Millionen Franken; dabei bildete der Rohbau des Zürichbergtunnels das grösste Baulos. Für die Finanzplanung von Kanton Zürich und SBB war das Ermitteln der jährlichen Investitionstranchen von grosser Bedeutung. Die Jahresbudgets stiegen von anfänglich 40 Millionen auf 150 Millionen Franken in den bauintensiven Jahren 1985-87 an, dabei musste vor allem gegen Ende der Rechnungsjahre den laufenden Annuitäten grosse Beachtung geschenkt werden. Der geplante Bauablauf erlitt drei grössere Störungen, die seitens der Projektleitung mit Wachsamkeit zu verfolgen und denen nötigenfalls mit Gegenmassnahmen zu begegnen war. Da diese Ereignisse weiter hinten in diesem Werk noch in allen Konsequenzen dargestellt sind, werden sie hier nur protokollarisch aufgeführt:

• Das Baulos Limmatunterquerung erlitt eine Verspätung des Ausbruchbeginns von rund einem Jahr; dies wegen Schwierigkeiten mit dem Aufbau des Gefrierkörpers. Diese Verspätung konnte durch Reserven im Bauprogramm wie auch durch gewisse Umdispositionen aufgefangen werden.

• Die Lockergesteinstrecke im Bereiche des Kunsthauses stellte während der Ausführung die angewandte Schildbauweise in Frage: Wassereinbrüche und Terraineinbrüche erzwangen die Einstellung des Vortriebs. Erst nachdem ein Vorstollen erstellt und aus diesem heraus der Boden entwässert und verfestigt worden war, konnte der Vortrieb neun Monate später wieder aufgenommen werden. Zur Entschärfung der Terminsituation und in Ausnützung vorhandener Installationen an der Rämistrasse konnte zusätzlich auch noch die Losgrenze verschoben und ein Teil dieses Bauloses im Gegenvortrieb aufgefahren werden. Dankbar waren alle Beteiligten, dass ein trotz aller Vorsicht im letzten Vortriebsmeter des Schildes noch eingetretener Tagbruch ohne Folgen für Leib und Leben der Anwohner blieb und auch keine ausgeprägten Schäden in der Überbauung zur Folge hatte. Die verbleibenden Sachschäden konnten über die Versicherung der S-Bahn Zürich vollumfänglich gedeckt werden.

• Am 7. Mai 1986 musste der bis zu diesem Datum perfekt verlaufende Vortrieb mit der Vollschnittfräse im Zürichbergtunnel eingestellt werden, da das Hauptlager der Vortriebsmaschine einen Totalschaden erlitten hatte. In umsichtiger Planung und unter Grosseinsatz aller Beteiligten gelang es der Unternehmung, das Lager mitten im Tunnel in Rekordzeit auszuwechseln, was in Anbetracht von Lagerabmessungen und Platzverhältnissen im Tunnel eine wahre Bravourleistung darstellte.

Leider blieben auch die S-Bahn-Baustellen nicht von Unfällen verschont; im Verlaufe der Bauarbeiten waren etwa zehn schwere Unfälle zu verzeichnen, wovon einer mit tödlichem Ausgang verlief. Im schweizerischen Baugewerbe ist etwa auf 100 Millionen Franken statistisch mit einem Todesfall zu rechnen; aus dieser Optik ist die Unfallbilanz der S-Bahn Zürich positiv und zeugt von der grossen Umsicht und Sorgfalt der Ingenieure und Unternehmer. Doch im betroffenen Einzelfalle hilft die Statistik nicht weiter, und wir verneigen uns vor dem Toten und seinen zum Teil dauernd unfallgeschädigten Kollegen, welche ihr Leben und ihre Gesundheit für die grosse Aufgabe einsetzen mussten.

Nettokosten Neubaustrecke S-Bahn

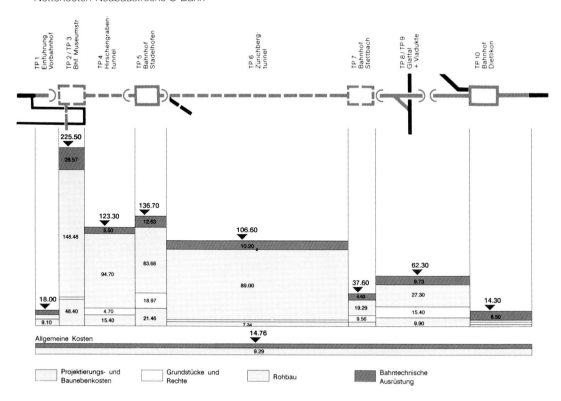

Allgemeine Kosten

| Projektierungs- und Baunebenkosten | Grundstücke und Rechte | Rohbau | Bahntechnische Ausrüstung |

Erstellungskosten pro Laufmeter Neubaustrecke

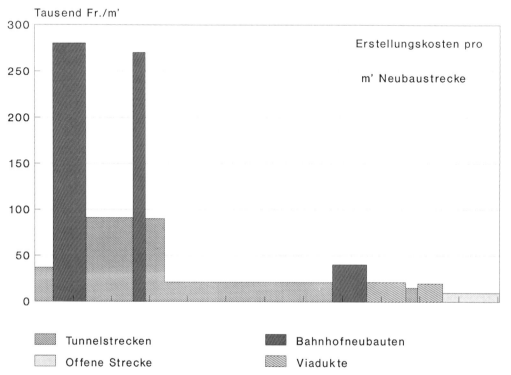

Tausend Fr./m'

Erstellungskosten pro m' Neubaustrecke

Tunnelstrecken Bahnhofneubauten

Offene Strecke Viadukte

Kostenvergleich Teilprojekte

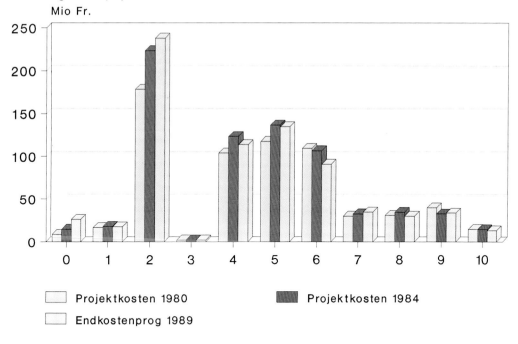

Mio Fr.

Projektkosten 1980   Projektkosten 1984
Endkostenprog 1989

Kostenvergleich Sachgebiete

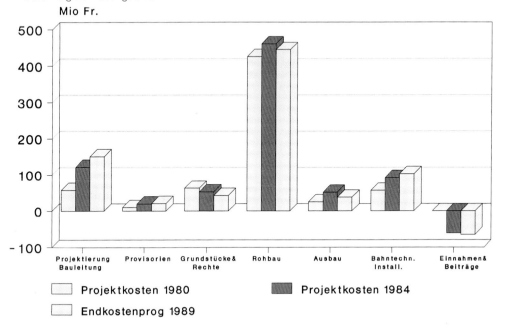

Mio Fr.

Projektkosten 1980   Projektkosten 1984
Endkostenprog 1989

Baukosten

Im Zeitpunkt der Volksabstimmung vom November 1981 sind auf der Basis eines Vorprojekts die Erstellungskosten der Neu- baustrecke der S-Bahn Zürich auf 653 Mil-

lionen Franken veranschlagt worden. Im Laufe des Jahres 1984 konnte das allge- meine Bauprojekt in Kenntnis aller Aufla- gen aus dem Plangenehmigungsverfahren ausgearbeitet werden. Der zugehörige Kostenvoranschlag zeigte eine Kostenstei-

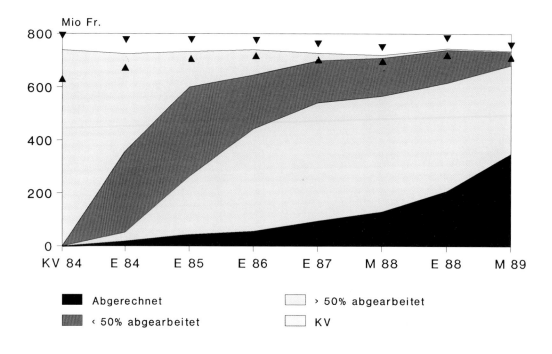

Mio Fr.

Legend:
- ■ Abgerechnet
- ▦ ‹ 50% abgearbeitet
- ▢ › 50% abgearbeitet
- ▢ KV

Kostenentwicklung, Endkostenprognose

gerung von 13 Prozent und ergab die neue Voranschlagssumme von 739 Millionen Franken. Die Kostensteigerungen sind im wesentlichen entstanden durch Auflagen aus dem Plangenehmigungsverfahren sowie durch die Projektierungsarbeiten im innerstädtischen Raum, welche weit aufwendiger als angenommen verliefen. Die Projektierungskosten waren im Vorlageprojekt entsprechend der Erfahrungszahlen beim Bau der Flughafenlinie mit knapp 10% der Gesamtkosten angenommen worden. 1984 musste festgestellt werden, dass sich im damaligen Umfeld der Projektierungsaufwand mit einem Kostensatz von über 20 % mehr als verdoppelt hatte. Interessant ist eine Analyse der Verteilung der Baukosten auf die verschiedenen Teilprojekte und Baulose: Für das knapp 1.5 km lange Teilprojekt Hirschengrabentunnel war mit 130 Millionen Franken etwa gleichviel zu investieren wie für das 4.5 km lange Teilprojekt Zürichbergtunnel.

Die oberflächennahen Tunnels in der Altstadt waren mit ihren aufwendigen Schachterschliessungen sowie den aus geologischen Gründen laufend zu wechselnden Baumethoden sehr viel teurer als

der in konstantem Molassefels in grösserer Tiefe verlaufende Zürichbergtunnel. Diese globale Überlegung findet sich in den Baukosten der Einzelabschnitte bestätigt: der Rohbau des Zürichbergtunnels kostete rund 20 000 Franken pro Meter. Dagegen waren für einzelne Abschnitte im Bereich der Altstadt Rohbaukosten von bis 200 000 Franken erforderlich.

Mit Baubeginn wurde für die S-Bahn-Neubaustrecke ein effizientes Kostenüberwachungssystem eingeführt; ab 1984 erstellte die Projektleitung jährlich zwei Endkostenprognosen, was jederzeit eine zuverlässige Aussage über den Kostenstand erlaubte (vgl. Bild oben). Bei Drucklegung dieses Buches darf deshalb mit Überzeugung die Aussage gewagt werden, dass die Abrechnungskosten der S-Bahn innerhalb des Kostenvoranschlages von 1984 liegen. Aufzurechnen ist die aufgelaufene Teuerung, die knapp 100 Millionen Franken ausmachen wird.

Architektur unter Tag

Max Vogt

Die moderne Eisenbahn schlängelt sich nicht mehr entlang der Höhenkurven an den Ortschaften vorbei fast unbemerkt durch die Landschaft. Vielmehr muss sie, um diese zu schonen und die dichtbebauten Zentren zu erschliessen, in Tunnels geführt werden. Tunnelunterbrechungen für repräsentative Stadtbahnhöfe wie zum Beispiel Zürich-Stadelhofen oder Zürich-Enge sind Relikte aus früheren Tagen. Die neuen Haltestellen bleiben, weil die Erdoberfläche bereits von anderen Funktionen konsumiert ist, konsequent unterirdisch. Städtebau wird durch Spezialtiefbau ersetzt und Architektur reduziert sich auf Innenausbau als Massnahme gegen die in der Bevölkerung zunehmende Ablehnung unterirdischer Menschenkanalisationen. Folgerichtig wurde für diese anspruchsvolle Aufgabe der Architekt – ein renommiertes privates Büro – bereits 1973 ausgewählt, um von Anfang an mitwirken zu können. Dass die Teilnahme an einer ersten Koordinations-Sitzung erst 1982 erfolgte, hat damit zu tun, dass die gestalterischen Fragen der S-Bahn im Vorfeld des Entscheids gegenüber den verkehrs- und finanzpolitischen Problemen in den Hintergrund traten. So konnte das Resultat der Volksabstimmung von 1981 von den Architekten wohl als überzeugtes «Ja zum öffentlichen Verkehr», nicht aber als Sanktionierung von mindestens im gestalterischen Bereich, zum Teil aber auch in funktioneller Hinsicht noch nicht befriedigenden baulichen Details gedeutet werden. Diese mussten deshalb im Nachhinein erarbeitet werden, wobei trotz etwelchem Termindruck – die Objekte Zürich HB Gleis 21-24 (Arbeitstitel Bahnhof Museumstrasse) und Zürich-Stadelhofen lagen von allem Anfang an auf dem «kritischen Weg» – sowie mittlerweile bautechnisch und finanziell gesetzten Leitplanken nicht nur dekorativer Aufguss geliefert werden durfte.

So konzentrierten sich in Zürich HB Gleis 21-24 die Anstrengungen der Architekten – zusammen mit den Ingenieuren – bald einmal darauf, anstelle der dem Auftrag unterstellten Verkleidung des Rohbaues diesen zu einem um den Aufwand für das Verkleiden teureren «Rohbau plus» zu entwickeln, der als solcher gestalterischen Anforderungen zu genügen vermag.

Ebenfalls schwergewichtig wurde – trotz terminlichen Bedenken der S-Bahn-Projektleitung – darauf hingearbeitet, den S-Bahnhof konzeptionell in das Aufnahmegebäude Zürich HB zu integrieren, für das schon zur Zeit seiner Restaurierung 1976–80 umfangreiche Verbesserungen betrieblicher, kommerzieller und architektonisch-ästhetischer Art studiert, wegen der damaligen Ungewissheit über das Projekt der S-Bahn jedoch wieder eingestellt worden waren. Wie richtig die Bedenken der Projektleitung und wie wichtig das Definieren sauberer Schnittstellen waren, zeigt sich heute, wenn die S-Bahn ihren Betrieb aufnimmt und der Ausbau des Bahnhofs wegen Rekursen immer noch auf sich warten lässt.

Als Drittes wurde – im Anschluss an verschiedene notwendige Projektausweitungen zum Beispiel nach der Ablehnung der «S-Bahn Haltestelle Uni» oder aufgrund des Konzeptes «Bahn 2000» – durch eine wettbewerbartige Konkurrenz unter ausgewählten Architekten sichergestellt, dass die verschiedenen Bereiche des Dienstleistungszentrums Zürich HB ganzheitlich gestaltet werden, so dass die unterirdisch angelegten Wege (Menschenkanalisationen) attraktiv sind – damit auch ein Mittel der sozialen Überwachung – und ein besonderer, unverwechselbarer Ort entsteht, der sich durch überdurchschnittliche Gestaltung auszeichnet und den man gerne aufsucht.

Mit einigem Zündstoff angereichert war die Situation beim S-Bahnhof Zürich-Stadelhofen, wo eine imposante begrünte Stützmauer aus der Zeit des ersten Bahnbaues als gut vernarbte Wunde im Gelände zum vertrauten und liebgewonnenen Ortsbild geworden war, dessen Weiterbestand durch das offizielle S-Bahn-Abstimmungsprojekt in Frage gestellt wurde. Beim damals schon erreichten Grad der Sensibilisierung der Bevölkerung in solchen Belangen war mit Sicherheit Opposition zu erwarten, weshalb sich SBB, Kanton und Stadt Zürich bald nach der Volksabstimmung auf Anregung von Stadtbaumeister, Kantonsbaumeister und SBB-Hochbauchef entschlossen, einen städtebaulichen Gestaltungswettbewerb über zwei Stufen – Idee und Projekt – unter eingeladenen Teams aus Architekt, Ingenieur und Landschaftsarchitekt durchzuführen, um so noch frei agieren zu können, statt später unter dem Zwang eines straffen und unbarmherzig einzuhaltenden Terminplanes nur noch auf die Opposition reagieren zu müssen.

Das Resultat der Anstrengungen sowohl der sorgfältig ausgesuchten Teams, zu denen auch Verfasser alternativer Projekte gehörten, wie der Jury, die nicht nur ihre hohe Fachkompetenz einzubringen hatte, sondern auch auf politische Durchsetzbarkeit bedacht sein musste, konnte ohne

Zeitverlust der Realisierung entgegengeführt werden. Die «Architektur unter Tag» umfasst hier die Ausbildung der unterirdischen Erschliessungsachsen mit Einbezug der zwischen ihnen liegenden Flächen zu einem Basement, das mit seiner besonderen architektonischen Prägung das negative Unterführungserlebnis kompensiert.

Vergleichsweise einfach waren die Verhältnisse bei der S-Bahn-Station Stettbach. Auch wenn ein erheblicher Teil des Aufwandes des für ihren Ausbau unter Vertrag genommenen Architekten zunächst der besseren funktionellen Verknüpfung der eher zufällig direkt übereinanderliegenden Anlagen der VBZ-Endstation und der S-Bahn-Station galt, beanspruchte auch das Anliegen, die beiden Bereiche gestalterisch etwa gleichwertig zu behandeln, eine lange Reifezeit. Diese stand hier zur Verfügung. Architekt und Ingenieur konnten von Anfang an aufeinander eingehen und damit der Architekt auf selbstverständliche Art und richtigerweise auch im konzeptionellen Bereich mitwirken. Auch «Architektur unter Tag» ist mehr als nur eine Frage der Tapetenwahl.

Bahnhof Museumstrasse, Innenausbau

Das Rollmaterial

Jakob Rutschmann

Bei der S-Bahn kommen neben dem heute vorhandenen, vorwiegend aus Pendelzügen gebildeten Rollmaterial neue, doppelstöckige Fahrzeuge zum Einsatz, wie sie in einem längeren Evaluationsverfahren speziell für die SBB entwickelt wurden. Wesentlich für die gewählte Lösung waren die bauseits wichtigen Entscheide, die Höhe der Perrons auf 55 cm (mindestens 25 cm während Übergangszeit) über Schienenoberkante festzulegen, und eine im Bereich der Wagendächer merkbar erweiterte neue Bezuglinie «021» für die Fahrzeuge freizugeben unter Inkaufnahme der entsprechenden baulichen Anpassungen.

Nachfolgend wird das neue S-Bahn-Rollmaterial kurz beschrieben und auf dessen Unterhalt eingetreten.

S-Bahn-Einheit

Bei der Evaluation der Fahrzeuge für die S-Bahn spielten neben den genannten Randbedingungen für Perronhöhe und Bezugslinie zahlreiche weitere marktbezogene, verkehrliche und technische Parameter eine Rolle, wie zum Beispiel Perronlänge (max. 320 m), Fahrplan, Haltezeiten, Komfort der Reisenden, Wirtschaftlichkeit, Flexibilität in der Zugbildung. Unter anderem sind die Breite der Einstiegtüren über den Drehgestellen der Wagen zur Erleichterung eines raschen Fahrgastwechsels sowie vergleichbarer Komfort in Unter- und Oberdeck hervorstechende Merkmale der gewählten Fahrzeuge. Von vielen Varianten erwies sich schliesslich die 100 Meter lange S-Bahn-Einheit, bestehend aus Lokomotive, einem Zwischenwagen 2. Klasse, einem Zwischenwagen 1./2. Klasse und einem Steuerwagen 2. Klasse mit total 387 Sitzplätzen, wovon 81 (21 %) in 1. Klasse, als die zweckmässigste.

Die Einheiten sind an den beiden Enden mit automatischen Kupplungen ausgerüstet, welche eine rasche Anpassung der Zugbildung ohne Mithilfe von Rangierpersonal erlauben. Die einzelnen Fahrzeuge sind unter sich nach konventioneller Art gekuppelt. Letzteres erlaubt es, die Zwischenwagen auch einzeln im Verband mit einstöckigen Wagen in lokbespannten Zügen z.B. in Verkehrsspitzen einzusetzen.

Vierteiliger Doppelstockzug, Gesamtansicht

Zur Zeit sind 50 S-Bahn-Einheiten und zusätzlich 30 einzelne Doppelstockwagen bestellt. Die ersten Fahrzeuge befinden sich seit Mitte 1989 in technischer und betrieblicher Erprobung. Bei Betriebsaufnahme der S-Bahn sollen gut 20 Einheiten zur Verfügung stehen.

Als Hauptlieferanten des S-Bahn-Rollmaterials sind folgende Firmen verpflichtet worden:

ABB Asea Brown Boveri AG, Baden
SLM Schweizerische Lokomotiv- und Maschinenfabrik, Winterthur
SWP Schindler Waggon AG, Pratteln, mit Beteiligung von SIG Schweizerische Industrie-Gesellschaft Neuhausen und SWA Schindler Waggon Altenrhein AG

Auf den Bau von Prototypen wurde verzichtet, weil Erfahrungen mit den modernen Lokomotiven der Bodensee-Toggenburg-Bahn und Sihltal-Zürich-Uetliberg-Bahn sowie mit ausländischen Doppelstockwagen (SNCF und NS) ausgewertet werden konnten.

Die Kosten für eine S-Bahn-Einheit belaufen sich auf rund 10 Millionen Franken (Preisbasis 1986). Als wichtige Merkmale seien folgende technische Daten genannt:

Länge über Kupplungen	98,8 m
Dienstmasse leer	212 t
Dienstmasse beladen maximal	278 t
Höchstgeschwindigkeit	130 km/h
Dauerleistung Lok nach UIC	4x750 kW

Lokomotive

Die Lokomotive mit der Serienbezeichnung Re 4/4 450 ist vierachsig, weist nur einen Führerstand und ein Gepäckabteil auf und wurde nach neuesten Erkenntnissen bezüglich Gleisbeanspruchung konzipiert. Da nur die Umrichtertechnik beim Fahren und beim Bremsen weitestgehend ohne Blindstrombezug aus dem Netz arbeitet, wurde diese moderne Technik unter Verwendung von abschaltbaren GTO-Thyristoren im elektrischen Teil für den Antrieb eingesetzt. Der Führerstand ist unter Mitwirkung des Lokpersonals benützerfreundlich gestaltet worden. Die Steuerung erlaubt Zugkraft- und Geschwindigkeitsvorgabe und ergibt stufenloses, ruckfreies Anfahren und Bremsen. Eine ausgeklügelte Diagnoseeinrichtung unterstützt den Lokführer bei Stö-

S-Bahn-Lokomotive Re 4/4 450, Montage im Werk

Oberdeck eines Doppelstockwagens, 2. Klasse

rungen. Die Einheiten sind mit den üblichen Sicherheitseinrichtungen ausgerüstet. Die günstige Auswirkung des sog. Lenkschiebelager-Antriebes wird unterstützt durch Leichtbau-Radsätze und die Asynchron-Fahrmotoren. Um aus den Re 4/4 450 bei Bedarf Lokomotiven für den allgemeinen Einsatz ableiten zu können, wurde auf die Ausnützung der erweiterten Bezugslinie (Lichtraumprofil) verzichtet.

Wagen

Die Wagenkasten sind, wie übrigens die Lokomotivkasten auch, aus Stahl in geschweisster Ausführung aufgebaut. Durch Optimierung des Innenausbaus mittels Modellen 1:1 konnten für Unter- und Oberdeck weitgehend identische Komfortbedingungen erreicht werden. Die Drehgestelle der Wagen wurden aus dem Drehgestell der neuesten Reisezugwagen EW IV der SBB abgeleitet und wegen der möglichen grossen Zuladung mit niveaugeregelten Luftfedern ausgerüstet. Diese mit Scheibenbremsen bestückten Drehgestelle ergeben gute Laufeigenschaften und geringe Lärmemissionen. Die grossen Einstiegplattformen und breiten Treppen zum Ober- und Unterdeck erleichtern den raschen Fahrgastwechsel, ein Merkmal, dem in der S-Bahn Zürich grosse Bedeutung zukommen wird. Eine leistungsfähige Heizung und Lüftung ohne Klimatisierung ergibt bei allen Witterungsbe-

dingungen einen guten Komfort für die Reisenden.

Wie bei der Lok hat auch in den Wagen die Elektronik für Steuerung und Überwachung von Vorgängen weitgehend Einzug gehalten.

Pflege und Unterhalt

Ein gepflegtes Erscheinungsbild der S-Bahn erfordert eine entsprechende Wartung des Rollmaterials. In dieser Hinsicht baut das Konzept auf den heutigen Gegebenheiten auf. Täglich sind Kleinreinigungen und Tagesreinigungen im Innern der Fahrzeuge vorgesehen. Etwa jeden dritten Tag erfolgt eine Aussenreinigung in einer Durchlaufwaschanlage in Zürich oder Winterthur.

Beim vorbeugenden Unterhalt rechnet man mit weniger Aufwand als bei konventionellen Fahrzeugen dank moderner Konstruktionen und Vorteilen der Elektronik im Antriebssystem. Etwa jeden dritten Tag ist eine kleine technische Kontrolle und rund alle 14 Tage, das heisst nach etwa 5'000 Kilometern, eine eingehendere Prüfung im Depot geplant, welche aber höchstens zwei Mannstunden beanspruchen sollte. Grössere Unterhaltsstufen ergeben sich auf Grund der Erfahrungen. Frühestens nach einer halben Million Kilometer soll erstmals ein Aufenthalt in der Hauptwerkstätte notwendig werden. Die Reprofilierung der Radsätze wegen Abnützung erfolgt bei Bedarf auf einer Unterflur-Radsatz-Drehmaschine im Depot Zürich.

Für den Unterhalt der S-Bahn-Einheiten und der im S-Bahnnetz verkehrenden Trieb- und Pendelzüge wurden die Depotwerkstätten in Zürich angepasst. Als Ersatz für das überalterte und ungeeignete Depot Winterthur entsteht auf Mai 1990 in Oberwinterthur eine moderne Unterhalts-, Reinigungs- und Abstellanlage, in der bis zu 200 m lange Züge unter Dach zweckmässig und unter guten Arbeitsbedingungen gewartet werden können.

Mit den neuen S-Bahn-Einheiten und dem modernen Depot Oberwinterthur ist der Grundstein zu einem zukunftsgerichteten S-Bahn-System im Raum Zürich gelegt.

Der Betrieb der S-Bahn Zürich

Felix Loeffel

Die S-Bahn ist kein neues Verkehrsmittel, sondern ein Angebots- und Betriebskonzept. Nebst baulich/technischen Voraussetzungen sind für den Betrieb der S-Bahn Zürich organisatorische Massnahmen verschiedenster Art notwendig. Diese können in folgende Teilgebiete zusammengefasst werden:

- Fahrplan
- Betriebsorganisation
- Nebenaufgaben der Züge
- Sicherheitskonzept
- Betriebsleitsystem

Fahrplan

Bei der Fahrplankonstruktion sind verschiedenste Randbedingungen zu berücksichtigen. Dies gilt im besonderen für den Fahrplan der S-Bahn, welcher sich dem Schnellzugsnetz unterzuordnen hat. In dem am dichtesten besiedelten Gebiet der Schweiz konnte nicht wie im Ausland ein autonomes Schienennetz für den Nahverkehr aufgebaut werden. Vielmehr galt es, mit gezielten Investitionen Kapazitätsengpässe zu beseitigen, um den Mischbetrieb mit IC-, Schnell-, Güter-, Post- und eben den S-Bahn-Zügen zu ermöglichen.

Zu den wichtigsten und unentbehrlichsten Vorarbeiten zum Aufbau eines Fahrplannetzes gehören die Systematisierung der Haltezeiten, die Bereitstellung von Nachfrageprognosen unter laufender Anpassung an die geänderten Verhältnisse, die Konstruktion einer Zugfahrordnung unter Berücksichtigung der technischen Fahrzeiten und Konzentration der Fahrzeitreserven auf sogenannte Zeitvergleichsstationen, die Trasseebelegung in Abhängigkeit zur gegebenen Kapazität von 24 Zügen pro Stunde und Richtung auf der Stammstrecke, die Fahrzeugeinsatzplanung in Abhängigkeit zu den Randbedingungen im Netz wie Anschlussgruppen usw.

So wurde z.B. in Zusammenarbeit mit der ETH Zürich für die Stammstrecke ein spezielles Betriebskonzept entwickelt. Dieses soll die hohen Anforderungen an die Betriebsstabilität erfüllen. Pro Stunde werden vier Pakete mit je sechs Fahrtrassen gebildet. Diese Fahrtrassen ergänzen sich gegenseitig im 15-Minuten-Takt. Am Schluss eines solchen Pakets ist ein Zeitpuffer von 3 Minuten sowie ein Reservetrasse angefügt. Fährt ein S-Bahn-Zug mit mehreren Minuten Verspätung in die Neubaustrecke ein, so wird er auf das Reservetrasse gelegt. Auf seinem fahrplanmässigen Trasse verkehrt ein Dispositionszug, der an der Einfahrt zur Neubaustrecke bereitsteht. Damit werden auftretende Verspätungen auf der betroffenen Linie schon vor dem Knoten Zürich eliminiert, ohne dass andere S-Bahn-Züge gestört werden.

Dieses Konzept, wie auch die Fahrplanentwürfe generell, wurde mit Unterstützung des EDV-Modells GATTS (General Area Timebased Train Simulator) überprüft. Die weiteren, eingangs aufgeführten Vorarbeiten unterlagen verschiedensten Tests, welche Millionen von Messresultaten zur Auswertung lieferten.

Betriebsleitstelle im Zürcher HB

Betriebsorganisation

Unter diesem Begriff findet man Stichworte wie Abfertigungsmethode, Vorschriften Betrieb, Instruktionen Personal, Zugbegleitung, Probebetrieb.

Heute besteht eine Vielzahl von Abfertigungsmethoden, das heisst von Methoden, den Zügen den Abfahrtsbefehl zu geben. Mit Analysen und Versuchen wurde erstrebt, für die S-Bahn-Züge eine Methode zu eruieren, die auf dem ganzen S-Bahn-Netz einheitlich ist, Aufenthaltszeiten von rund 30 Sekunden ermöglicht, einen wirtschaftlichen Personaleinsatz garantiert und die Sicherheit der Reisenden und des Personals gewährleistet. Verschiedenste Umstände, so zum Beispiel der zur Zeit noch heterogene Fahrzeugpark, führen dazu, dass mit der Inbetriebnahme der S-Bahn 1990 noch keine netzweit identische Abfertigungsmethode vorliegt, welche die verlangten Bedingungen zu erfüllen vermag.

Im Bereich der Vorschriften gilt es, sowohl betriebliche wie kommerzielle Vorgaben der S-Bahn abzudecken. Bedingt durch die Komplexität des Systems ist eine Unmenge von Details neu zu regeln.

Die Instruktion des Personals ist äusserst aufwendig, aber für die Einführung unumgänglich. Aufwendig deshalb, weil kein spezielles S-Bahn-Personal die Aufgaben übernehmen, sondern das heute eingesetzte Personal aus verschiedensten Zugpersonal- und Lokpersonaldepots eingesetzt wird und das Netz rund 120 Stationen umfasst. Um einen möglichst reibungslosen Start zu ermöglichen, sind zwischen Herbst 1989 und Betriebsbeginn 1990 rund 10 000 Mitarbeiter zu Instruktionskursen aufgeboten, was einem Aufwand von 70 Mannjahren entspricht.

Nebenaufgaben der Züge

Entsprechend einem Grundsatzentscheid der Generaldirektion sind auch auf der S-Bahn Nebenaufgaben wie der Transport von Gepäck, Post, Cargo Rapid usw. abzuwickeln. Diese Auflage ist betrieblich äusserst anspruchsvoll und bedarf einer minuziösen Vorbereitung. Zu diesem

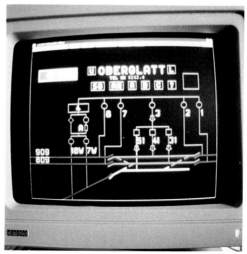

Fahrleitungsschaltplan der Station Oberglatt in der Kreisleitstelle Zürich HB

Zweck wurde ein Beförderungskonzept erarbeitet, welches u.a. nur entweder Ein- oder Auslad auf den einzelnen Bahnhöfen zulässt. Im weiteren werden auf Streckenabschnitten mit zwei und mehr S-Bahn-Linien oder an Schnellzugshaltebahnhöfen die kritischen Linien von den Nebenaufgaben entlastet.

In Spitzenzeiten werden zudem spezielle Nebenaufgabenzüge oder allenfalls auch Strassentransporte eingesetzt. Eine restriktive Handhabung der Transportpläne und eine intensive Überwachung in der Einführungsphase mit den notwendigen Korrekturmassnahmen sollen es ermöglichen, die Vorgabe der Beförderungspflicht zu erfüllen.

Betriebsleitsystem

Das Betriebsleitsystem mit seinem Herz, der Betriebsleitzentrale, hat zur Aufgabe, diejenigen Massnahmen zu planen und anzuordnen, die die geforderte Leistungsqualität gewährleisten und einen wirtschaftlichen Mitteleinsatz ermöglichen. Das Betriebsleitsystem beinhaltet einerseits die direkte Betriebslenkung oder -steuerung und andererseits kundenbezogene Elemente, vor allem im Bereich der Kommunikation und Information.

Das neue Betriebsleitsystem Zürich umfasst im Endausbau das gesamte Strekkennetz des Kreises III von rund 1'100 km Länge (wovon 56% Einspurlinien). Dieses wird in vier Bereiche mit unterschiedlicher Überwachungsdichte aufgeteilt, nämlich in den Kern- und den Nahbereich (S-Bahn-Netz), in den Zulaufbereich (übrige Schnellzugslinien) und in den Regionalbereich.

Um diesen hohen Anforderungen gerecht zu werden, erhalten die Disponenten rechnergestützte Bildschirmarbeitsplätze. In einer Zugdatenbank wird der Fahrplan abgespeichert, die aktuelle Lage wird über Stellwerkkriterien in den Aussenanlagen automatisch (via Zuglenkung) oder halbautomatisch dem Rechner der Betriebsleitzentrale eingegeben. Dieser stellt einen Soll-Ist-Vergleich her und macht den Dis-

ponenten zeitgerecht auf Abweichungen mit Folgedispositionen aufmerksam, damit dieser entsprechend in den Betriebsablauf eingreifen kann. Dazu dienen verschiedenste Kommunikationsmittel wie Zugfunk, Wechselsprecher, Telefone usw., welche es ermöglichen, Anordnungen und Informationen direkt abzusetzen. Kommunikationspartner können hier sowohl Lokführer, Zugspersonal, Fahrdienstleiter in Fernsteuerzentralen oder in Bahnhöfen wie auch Fahrgäste im Zug und an Bahnhöfen sein.

Die festen Informationsträger auf den Bahnhöfen gewinnen nicht nur im Gesamtsystem der S-Bahn an Bedeutung, sondern haben indirekt einen nicht unbedeutenden Einfluss auf die Betriebssteuerung.

Vom Kernprojekt zum Vollausbau

Fritz Kühni

Nach der missglückten Abstimmung über eine Zürcher U- und S-Bahn im Jahre 1973 war klar, dass eine neue Vorlage vor dem Volk nur dann eine Chance hat, wenn sie sich auf das unverzichtbar Notwendige beschränkt und alles Wünschbare, das ohne Schaden später angefügt werden kann, vorerst weggelassen wird. Die dem Volk 1981 unterbreitete Vorlage für den Ausbau der SBB-Anlagen zur Einrichtung einer S-Bahn im Kanton Zürich enthielt deshalb einzig die rund 12 km lange Neubaustrecke vom Hauptbahnhof durch den Zürichberg ins Glattal. Dieses Kernstück der S-Bahn Zürich ist zusammen mit der Doppelspurinsel bei Jona/Rapperswil für sich allein zwar in jeder Beziehung voll funktionsfähig und bereits sehr attraktiv, bildet aber gleichzeitig die Grundlage für Ergänzungen und Erweiterungen auf dem übrigen, insgesamt ca. 380 km langen Netz. Die Neubaustrecke ist so bemessen, dass sie auch den aus solchen Verbesserungen im Baukastensystem resultierenden, zusätzlichen Verkehr zu bewältigen vermag.

Eine erste derartige Vorlage über den Bau einer zusätzlichen Station zwischen Hauptbahnhof und Stadelhofen fand im September 1984 allerdings keine Gnade beim Souverän. Die damals vorgeschlagene Station «Uni» wurde trotz ihrer unbestreitbaren und wesentlichen Vorteile leider knapp abgelehnt, das Funktionieren der S-Bahn damit aber nicht in Frage gestellt.

Am 7.12.1986 stimmten dann die Zürcher Stimmbürgerinnen und Stimmbürger mit grossem Mehr einer Ergänzungs-Vorlage zu, mit welcher der Halbstundentakt im Knonaueramt und die Einführung von S-Bahn-Schnellzügen für das Zürcher Oberland bereits auf den Zeitpunkt der Eröffnung der S-Bahn am 27. Mai 1990 ermöglicht wird. Dafür sind auf der Linie Zürich – Affoltern a.A. – Zug zwei Doppelspurinseln – zwischen Urdorf und Oberurdorf und zwischen Hedingen und Affoltern a.A. –

sowie im oberen Glattal ein weiterer Doppelspurabschnitt von Aathal bis Wetzikon erforderlich.

Die Kosten für diese ersten Teilergänzungen belaufen sich auf 89.2 Mio Franken (Preisbasis Dezember 1985), wovon der Kanton Zürich 72 Mio übernimmt und die SBB den Rest zu tragen haben. Parallel dazu bauen die SBB auf denselben Zeitpunkt und auf eigene Kosten eine zweite Doppelspur zwischen Zürich-Hardbrücke und Zürich-Altstetten. Damit wird bereits beim Start der S-Bahn Zürich im Frühjahr 1990 auf den meisten S-Bahn-Linien der Halbstundentakt angeboten werden können.

Um dieses Angebot für den Benützer von Anfang an möglichst attraktiv zu machen, werden bis zur Inbetriebnahme der S-Bahn – und teilweise noch darüber hinaus – auf zahlreichen Bahnhöfen, allen voran dem Hauptbahnhof Zürich, die Publikumsanlagen (Perrons, Zugänge, Wartehallen, Verkaufsanlagen, teilweise Nebenbetriebe usw.) erneuert, verbessert und den Bedürfnissen eines modernen Bahn-Betriebs angepasst. Diese Arbeiten führen die SBB auf eigene Kosten – mit Ausnahme der Station Zürich-Hardbrücke, die zulasten der Stadt Zürich ausgebaut wird – und unter einem enormen Zeitdruck mit grossen, gleichzeitigen Kapazitätsengpässen durch.

Trotz den umfangreichen Leistungsverbesserungen, die das S-Bahn-Angebot 1990 bringen wird, können verschiedene Bedürfnisse damit noch nicht abgedeckt werden, weil Anlagen auf verschiedenen Strecken den Anforderungen einer grösseren Zugszahl nicht oder nicht mit der erforderlichen Zuverlässigkeit zu genügen vermögen. Um dies zu erreichen, sind noch weitere Ausbaumassnahmen nötig, wie dies bereits zum Zeitpunkt der Abstimmung über das Kernprojekt angekündigt wurde. Mittelfristige Zielvorstellung ist, im ganzen Kanton ein Eisenbahnangebot mit einheitlichen Merkmalen und Qualitäts-standards zu schaffen, dessen Umfang entsprechend der heutigen und der möglichen künftigen Nachfrage abzustufen sein wird. Dabei soll von den drei Angebotsstufen «Stundentakt», «Halbstundentakt» und «Viertelstundentakt» ausgegangen werden.

Diese Zielvorstellungen führten zum Paket der «zweiten Teilergänzungen S-Bahn Zürich», die in der Fläche das S-Bahn-System bis ins Jahr 1995 in Etappen quantitativ durch Angebotsverdichtungen und qualitativ durch Konsolidierung des bestehenden Angebots weiter verbessern werden.

Mit den zweiten Teilergänzungen werden zwischen 1993 und 1995 folgende Angebotsverbesserungen erreicht:

• Rechtes Zürichseeufer:
  neu verkehren drei Linien
  • Linie S7 Rapperswil–Zürich–Winterthur im Halbstundentakt
  • Linie S3 Herrliberg–Zürich–Dietikon im Halbstundentakt
  • Linie S16 Feldbach–Zürich–Hardbrücke (als Schnellzug zwischen Meilen und Stadelhofen)

• Limmattal:
  Viertelstundentakt bis Dietikon

• Furttal:
  regelmässiger Halbstundentakt bis Regensdorf-Watt

• Effretikon – Wetzikon:
  regelmässiger Halbstundentakt mit der Linie S6 von/nach Zürich und sehr gutem Anschluss an die Linie S2 in Effretikon von/nach Zürich Flughafen

• Unterland:
  Halbstundentakt bis Bülach

• Weinland:
  optimale Anschlüsse an die S-Bahn in Winterthur und Busanschluss in Marthalen

• Tösstal:
  Halbstundentakt bis Bauma.

Die Massnahmen zur Konsolidierung des S-Bahn-Angebots umfassen verschiedene

Stationsausbauten und die Modernisierung der Stellwerkanlagen und Fernsteuerung am linken Zürichseeufer. Diese Ausbauten leisten einen wesentlichen Beitrag zur Sicherung des angestrebten hohen S-Bahn-Standards.

Das Ausbauprogramm beinhaltet im wesentlichen folgende Bauvorhaben:

• Doppelspurausbau ab Portal Riesbachtunnel bis Küsnacht und von Meilen bis Uetikon

• Doppelspurausbau Zürich Seebach bis Regensdorf-Watt einschliesslich Fernsteuerungseinrichtung in Zürich Oerlikon

• Überwerfung Hürlistein (Entflechtung der Verzweigung der Linien Effretikon – Zürich Flughafen und Effretikon – Wallisellen)

• Ausbau bzw. Ergänzung von 20 bestehenden Stationen, nämlich: Marthalen, Rafz, Hüntwangen-Wil, Dielsdorf, Oberglatt, Regensdorf, Zürich Affoltern, Seebach, Birmensdorf, Affoltern a.A., Zürich Tiefenbrunnen, Zollikon, Goldbach, Herrliberg-Feldmeilen, Uetikon, Feldbach, Rüti ZH, Fehraltorf, Effretikon und Oberwinterthur.

• Erstellung der zwei neuen Haltestellen Schönenwerd (zwischen Schlieren und Dietikon) und Katzenbach (in Zürich Seebach)

• Sicherungstechnische Massnahmen am linken Zürichseeufer.

Die Investitionskosten für die zweiten Teilergänzungen der S-Bahn Zürich sind auf 444 Mio Franken veranschlagt (Preisbasis September 1988). Der zwischen dem Bundesamt für Verkehr, dem Kanton Zürich und den SBB ausgehandelte Kostenverteilschlüssel berücksichtigt die unterschiedliche Interessenlage der SBB an den einzelnen Objekten (je nach Objekt beträgt die SBB-Beteiligung 100, 60, 20 oder 0 %) und beträgt gesamthaft 44 % zu Lasten SBB und 56 % zu Lasten Kanton Zürich, so dass die SBB 190 Mio Franken und der Kanton Zürich 254 Mio Franken übernehmen werden. Nicht eingerechnet sind die Folgeinvestitionen, die die zweiten Teilergänzungen den SBB verursachen und

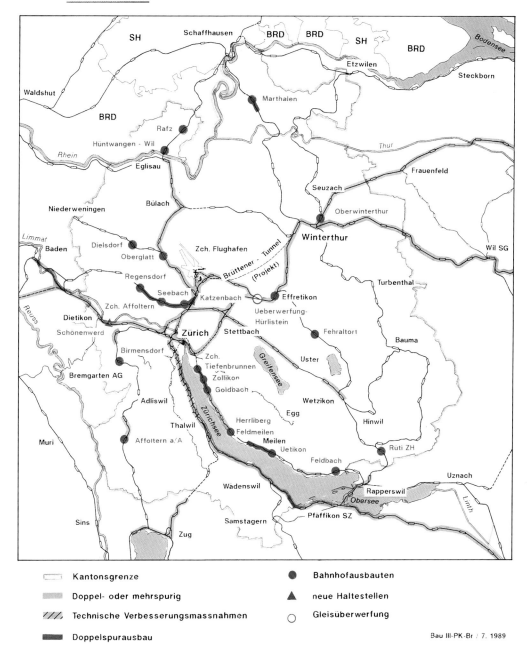

SBB ⬡ Kanton Zürich

Zürcher S-Bahn, 2. Teilergänzung

Eisenbahnnetz

Legend:
- ⬭ Kantonsgrenze
- ▨ Doppel- oder mehrspurig
- ▨ Technische Verbesserungsmassnahmen
- ▬ Doppelspurausbau
- ● Bahnhofausbauten
- ▲ neue Haltestellen
- ○ Gleisüberwerfung

Bau III-PK-Br / 7. 1989

41

Neuer Tunnel Aathal, Sanierung Bahnübergang

Neuer Zwischenperron in der verlegten
Station Aathal

deren Kosten sie selber zu tragen haben.
So werden der Personalbedarf um rund 75
Stellen und der Fahrzeugbedarf um 14
Doppelstockpendelzüge sowie zwei Pen-
delzüge für den Regionalverkehr zuneh-
men. Zur Sicherstellung der Bahnstrom-
versorgung müssen Unterwerke in Eglisau,
Zürich und allenfalls im Raume Meilen/
Herrliberg erstellt werden.

Mit der Realisierung des Massnahmenpa-
kets zweite Teilergänzungen S-Bahn Zürich wird ein weiterer bedeutender Schritt
im Ausbau des öffentlichen Schienenver-
kehrs im Kanton Zürich getan. Die damit
anvisierten Angebotsverbesserungen werden ab 1995 voll zum Tragen kommen.
Ob diese auch in einer ferneren Zukunft zu
genügen vermögen oder ob weitere Aus-
bauschritte ins Auge gefasst werden müssen, werden die künftige Verkehrsentwick-
lung sowie die Bedürfnisse, welche sich
aus den Veränderungen der Siedlungs-
und Wirtschaftsstruktur sowie der Umwelt-
bedingungen ergeben können, zeigen.
Das System S-Bahn Zürich wird sich jedenfalls auch diesbezüglich anpassungs-
und ausbaufähig erweisen.

Die S-Bahn Zürich und Bahn 2000

Gion Letta

Der Bahnhof Zürich ist einer der Kernpunkte des Schweizerischen Eisenbahnnetzes. Veränderungen im Zugsangebot der SBB lösen deshalb in der Regel Investitionen im Eisenbahnknoten Zürich aus. Im Wissen um diese unmittelbaren Zusammenhänge orientiert sich die aktuelle Projektierung an sogenannten «Rahmenplänen». Der Rahmenplan ist ein Blick in die mittel- und langfristige Zukunft. Er basiert auf den im Zeitpunkt seiner Entstehung gültigen Angebotsstrategien. Der Rahmenplan ist somit ein Planungsinstrument, welches periodisch überarbeitet werden muss, vor allem bei wechselnden Angebotsstrategien, aber auch bei neuen technischen Möglichkeiten. Will der Planer wissen, welche technischen Massnahmen nötig sind, um das Angebot der Bahn 2000 mit jenem der S-Bahn Zürich zu einem optimalen Ganzen zu verknüpfen, muss er sich zunächst die Frage stellen, welchen Zielen eine solche Verknüpfung dienen soll. Danach wird er sich überlegen müssen, ob diese Ziele mit dem bisherigen Rahmenplan erreicht werden können.

Das S-Bahn-Angebot 1990 sowie das Angebot, welches mit den vorgesehenen Schritten zum Vollausbau 1995 realisiert werden kann, ist im Abschnitt «Vom Kernprojekt zum Vollausbau» beschrieben worden. Es sei hier lediglich nochmals festgehalten, dass dank diesem Angebot und dank der Tatsache, dass praktisch alle Linien (inkl. SZU) den Zürcher Hauptbahnhof bedienen, sämtliche Kantonsteile über ausgezeichnete und attraktive Verbindungen zum Hauptbahnhof verfügen werden. In diesem findet die Verknüpfung mit dem überregionalen Verkehr statt.

Wie sieht nun dieses überregionale Angebot der Bahn 2000 aus? Zunächst orientiert es sich an den Zielen Bahn und Bus 2000; «häufiger, rascher, direkter, bequemer». Jede halbe Stunde sind IC-Verbindungen nach Zürich Flughafen – St. Gallen, Bern – Lausanne – Genf, Bern – Thun – Berner Oberland/Wallis und nach Basel vorgesehen. Zusätzlich verkehren halbstündlich Schnellzugsverbindungen nach Schaffhausen, Zug – Luzern, Lenzburg – Aarau – Olten – Solothurn – Biel und nach Baden – Brugg. Stündlich bestehen IC-Verbindungen ins Tessin, nach Sargans – Chur und nach dem St. Galler Rheintal. Die gegenüber heute noch gesteigerte Anzahl Direktverbindungen ab Zürich bedeutet weniger Umsteigen unterwegs. Vom Start bis ans Reiseziel trägt der gleiche Sitzplatz im gleichen Wagen wesentlich zum angenehmen Reisen bei. Moderne Lokomotiven werden auf neuen Strecken 200 km/h fahren, so dass Reisende ab Zürich in allen Knoten gute Anschlüsse vorfinden.

Im Bahnhof Zürich – Kernpunkt der Bahn 2000 und Kernpunkt der S-Bahn Zürich – wird die Verknüpfung der entsprechenden gesamtschweizerischen und regionalen Angebote auf optimale Art und Weise ermöglicht. Damit entsteht ein Verkehrssystem, welches die Ziele des öffentlichen Verkehrs für das Jahr 2000 und später ideal erfüllt. Wie kann diese Aufgabe im Bahnhof Zürich künftig gelöst werden? Antwort auf diese Frage erteilt der zur Zeit in Ausarbeitung begriffene «Rahmenplan 1989». Um die Veränderungen, welche sich aus der Überlagerung der S-Bahn Zürich mit dem System Bahn 2000 ergeben, aufzeigen zu können, ist zunächst ein Blick auf den Rahmenplan 1983 notwendig:

Dieser Rahmenplan basiert auf dem S-Bahn-Angebot 1990 und dem IC- und Schnellzugsnetz gemäss dem neuen Reisezugkonzept 1984 (Taktfahrplan). Die Grafik auf Seite 44 oben zeigt die ein- und ausfahrenden IC- und Schnellzüge während einer Tagesstunde. Es fällt auf, dass zur vollen Stunde die Züge während rund 32 Minuten in den Hauptbahnhof ein- bzw. ausfahren. Zur halben Stunde zeigt diese «Zürcher Spinne» eine deutlich geringere

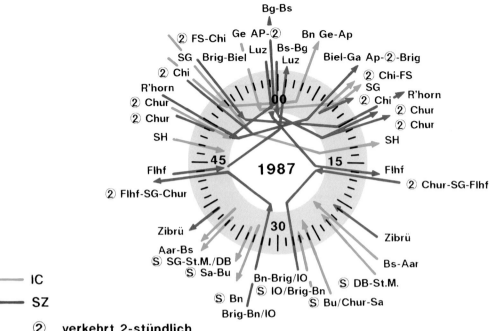

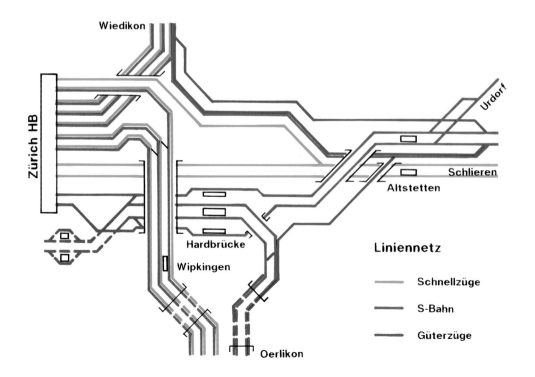

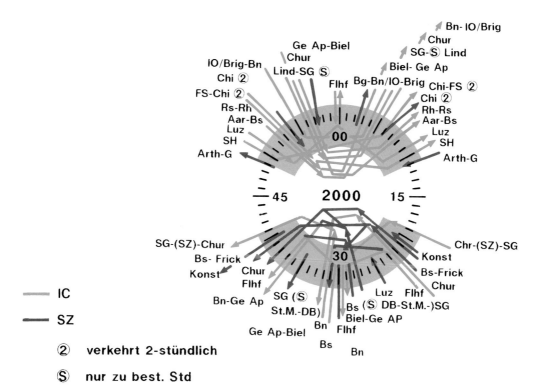

Bn- IO/Brig
Chur
SG-Ⓢ Lind
Biel- Ge Ap
Bg-Bn/IO-Brig   Chi-FS ②
Ge Ap-Biel
Chur
IO/Brig-Bn   Lind-SG Ⓢ
Chi ②   Flhf
FS-Chi ②   Chi ②
Rs-Rh   Rh-Rs
Aar-Bs   Aar-Bs
Luz   Luz
SH   SH
Arth-G   00   Arth-G

45   2000   15

SG-(SZ)-Chur   Chr-(SZ)-SG
Bs- Frick   30   Konst
Konst   Chur   Bs-Frick
           Flhf   Chur
Bn-Ge Ap   SG (Ⓢ)   Luz   Flhf
           St.M.-DB)   Bs (Ⓢ DB-St.M.-)SG
Ge Ap-Biel   Biel-Ge AP
                Bn   Flhf
              Bs
                 Bn

──── IC

──── SZ

② verkehrt 2-stündlich

Ⓢ nur zu best. Std

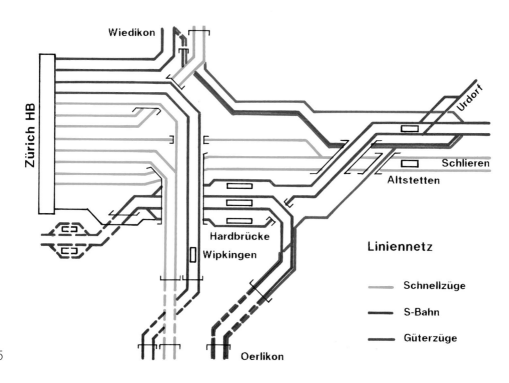

Wiedikon

Zürich HB

Urdorf

Schlieren

Altstetten

Hardbrücke

Wipkingen

Oerlikon

Liniennetz

──── Schnellzüge

──── S-Bahn

──── Güterzüge

Frequenz auf. Diese Frequenzen – der Rangierverkehr und Lokwechsel usw. sind dabei nicht berücksichtigt – und der Fahrplan der S-Bahn führten zum Rahmenplan 1983, welcher in der Grafik auf Seite 44 unten schematisch dargestellt ist. Hauptmerkmal ist die Entflechtung der Fernverkehrsströme unter sich im Bereich der Perronanlagen bis zur Unterführung Langstrasse (im sogenannten Vorbahnhof), eine Entflechtung des S-Bahn-Verkehrs vom Fernverkehr im Abschnitt Zürich HB – Altstetten durch den Bau einer zweiten Doppelspur und dem Bau von dritten Streckengleisen nach Wiedikon – Thalwil, Wipkingen – Oerlikon und ins Limmattal (bis vor Altstetten).

Die Darstellung auf Seite 45 oben zeigt die Ein- und Ausfahrten des IC- und Schnellzugsverkehrs im Konzept Bahn 2000. Vermehrt gegenüber heute wird vor allem die Zahl der Züge zur vollen Stunde, wobei als wichtiges Element die Dauer dieser Bewegungen von ca. 32 Minuten auf ca. 22 Minuten verringert wird. Für die umsteigenden Kunden bedeutet dies kürzere Wartezeiten in Zürich und damit auch kürzere

und attraktivere Reisezeiten. Für den Bahnhof Zürich ergibt sich damit eine rund 1.7fache Verdichtung des Verkehrs. Die in der Figur auf Seite 45 unten dargestellten täglichen Zugzahlen führen zu fünf betrieblichen Forderungen, denen die Anlagen des Bahnhofes genügen müssen: grössere Zugdichte, kürzere Zugfolgezeiten, dichtere Anschlussgruppen, kürzere Anschlusszeiten und Geschwindigkeitserhöhung im unmittelbaren Bahnhofbereich. Die betrieblichen Forderungen und die Zugzahlen führen nun zum Rahmenplan 1989 (siehe unten), dessen Grundgedanke darin liegt, die Verkehrsströme des IC- und Schnellzugverkehrs von jenen der S-Bahn zu trennen. Dies bedingt den Ausbau der Zufahrtstrecken Zürich – Thalwil und Zürich – Wipkingen – Oerlikon auf vier Gleise. Die Möglichkeit, gemäss Rahmenplan 1989 von Zürich Altstetten wie auch von Zürich Oerlikon her sowohl die nördlichen wie auch die südlich gelegenen Perrongleise anzufahren, dient dazu, den Fernverkehr auch im Vorbahnhof unter sich zu entflechten. Mit diesen Massnahmen gelingt es, die Zugfolgezeiten zu verkürzen, sich gegenseitig behindernde Querfahrten

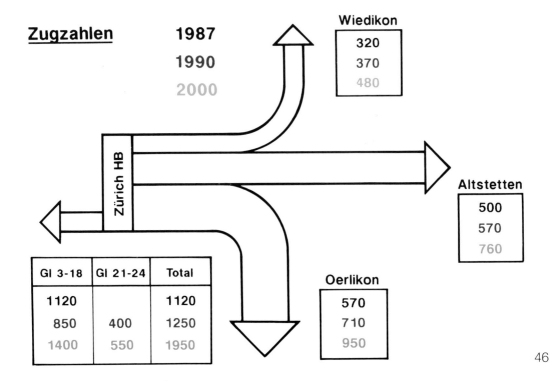

Zugzahlen **1987**
1990
2000

Wiedikon

320
370
480

Zürich HB

Altstetten

500
570
760

Gl 3-18	Gl 21-24	Total
1120		1120
850	400	1250
1400	550	1950

Oerlikon

570
710
950

im Vorbahnhof zu vermeiden und die Fahrgeschwindigkeiten zu erhöhen. Die im dargestellten Rahmenplan 1989 vorgesehenen Ausbaumassnahmen erfüllen ihren Zweck nur dann, wenn auch die Publikumsanlagen nochmals angepasst werden. Diese Anpassung geschieht durch das Bauvorhaben der Überbauung Zürich HB Südwest. Mit dem in der Überbauung integrierten Zusatzbahnhof kann auch die geforderte kurze Umsteigezeit erreicht werden.

Der Bahnhof untersteht einem ständigen Wandel. Es ist nicht verwunderlich, dass der grösste Bahnknotenpunkt der Schweiz auch einen erheblichen Teil der Investitionsmittel der SBB beansprucht. Der Bahnhof Zürich ist nicht nur Zielort, sondern auch bedeutende Transitstelle. Er steht damit im Dienste eines grossen Teils der Bevölkerung des ganzen Landes. Investitionen in Zürich sind deshalb landesweit von Nutzen.

Perronumbau Zürich HB

Die rechtlichen Grundlagen der S-Bahn Zürich

Jean-Pierre Kälin

Was den Bau und Betrieb der S-Bahn Zürich betrifft, war (aus Gründen, die an anderer Stelle erläutert worden sind) davon auszugehen, dass das neue Verkehrssystem auf den bestehenden und auf neu zu bauenden Anlagen der SBB betrieben wird, und zwar mit Betriebsmitteln der SBB. Diese standen damit im vornherein als künftiger Betriebsführer fest, und es war deshalb auch naheliegend, dass sie für die neuen Anlagen die Verantwortung als Bauherr übernahmen, während sich der Kanton Zürich auf die Mitfinanzierung beschränkte. Dabei war eine neue Form der Zusammenarbeit zu finden, die es bisher nicht gegeben hatte, war doch der Bund bisher stets allein zuständig für «seine SBB». Die Kantone anderseits waren traditionell für die konzessionierten Transportunternehmungen auf ihrem Gebiet (mit-)verantwortlich, nicht aber für die SBB.

Welche politisch-rechtlichen Grundlagen waren und sind für die Zusammenarbeit zwischen dem Kanton Zürich und dem Bund bzw. seiner öffentlichen Unternehmung SBB massgebend?

Auszugehen war von Artikel 3, Absatz 2, des SBB-Gesetzes von 1944, wonach die SBB nach gesunden betriebswirtschaftlichen Grundsätzen zu verwalten und zu betreiben sind. Das bedeutet, dass sie ihre Investitionsentscheide unter Berücksichtigung der voraussichtlichen Rendite der zu erstellenden Objekte treffen müssen und dass es ihnen verwehrt war und ist, im Kanton Zürich ein besseres Leistungsangebot zu erbringen als in vergleichbaren Landesteilen.

Artikel 19 des SBB-Gesetzes bestimmt ergänzend dazu, dass im Falle des Baus neuer Linien im grundlegenden Bundesbeschluss zu bestimmen ist, mit welchem Betrag die Baurechnung der SBB zu belasten ist. Die Belastung soll den kommerziellen Wert der neuen Linie nicht übersteigen.

Die nachfolgend erläuterte Wirtschaftlichkeitsrechnung hat gezeigt, dass durch die zu erwartenden Mehrerträge aus dem S-Bahn-System höchstens die dadurch bedingten Betriebsmehrkosten gedeckt werden können. Für eine Verzinsung des eingesetzten Kapitals reicht der Ertragszuwachs sicher nicht aus. Das bedeutete, dass die S-Bahn durch Dritte mitzutragen war.

Artikel 3, Absatz 3, der erst 1977 im Rahmen einer «Sparübung» vom Bundesgesetzgeber ins SBB-Gesetz eingefügt worden war, lieferte die nötige Rechtsgrundlage für die Kostenbeteiligung des Kantons. Die Bestimmung lautet:

> «An Investitionen und Leistungen der Bundesbahnen, welche die Erfordernisse von Absatz 2 übersteigen, haben sich Dritte, die daran in besonderem Masse interessiert sind und entsprechende Begehren stellen, angemessen zu beteiligen.»

Diese Bestimmung wurde seit ihrem Erlass so verstanden, dass die SBB keine neuen Leistungen im Interesse und auf Verlangen Dritter übernehmen dürfen, die ihre finanzielle Lage verschlechtern würden. Sie ist in den Leistungsaufträgen (LA) des Bundes 1982 und 1987 an die SBB präzisiert worden, und zwar 1987 in dem Sinne, dass die SBB im regionalen Personenverkehr – und dazu gehört der S-Bahn-Bereich – «grundsätzlich stündliche Verbindungen mit Verdichtungen im Spitzenverkehr» anzubieten haben. Für diese Leistungen und die dafür nötige Infrastruktur kommt der Bund auf, was darüber hinausgeht, ist von den diese Leistungen verlangenden Dritten (insbesondere Kantonen) zu finanzieren (Art. 1 Abs. 4 LA 87). Auf diese Grundlage ist die Zusammenarbeit zwischen Bund/SBB und dem Zürcher Verkehrsverbund beim Betrieb der S-Bahn im Rahmen des 1988 abgeschlossenen Vertrags gestellt worden.

48

Der Kanton Zürich hat den Grundstein für eine gezielte Förderung des öffentlichen Verkehrs im Kanton im Jahr 1972 gelegt, als die Zürcher Stimmbürger mit grossem Mehr dem Gesetz über den regionalen öffentlichen Verkehr zugestimmt haben. Mit diesem wichtigen Gesetz wurden die Rechtsgrundlagen für eine grosszügige Unterstützung des regionalen öffentlichen Verkehrs durch den Staat geschaffen. Neu war in diesem Gesetz vor allem, dass der Kanton auch an die SBB Beiträge ausrichten kann, wenn diese eine S-Bahn auf dem Kantonsgebiet einrichten.

Das Zürcher Verkehrsfondsgesetz von 1978 schliesslich sieht die Zweckbindung öffentlicher Mittel für den öffentlichen Verkehr mittels jährlicher Einlage von 40 Mio Franken in einen Fonds vor. Diese Mittel standen nun für die Realisierung der S-Bahn zur Verfügung. Sie waren um so wertvoller, als der Bund – im Gegensatz zu seiner Bereitschaft von 1973 – in den späten siebziger und frühen achtziger Jahren wegen seiner angespannten Finanzlage keinen A-fonds-perdu-Beitrag mehr leisten mochte und die Stadt Zürich die Erstellung der S-Bahn zwar befürwortete, deren Mitfinanzierung aber nicht als ihre Aufgabe erachtete.

Die vorstehenden Ausführungen zeigen, wie auf Bundes- und kantonalzürcherischer Ebene – nicht zuletzt unter dem Eindruck der damals laufenden Arbeiten für eine schweizerische Gesamtverkehrskonzeption – die Rechtsgrundlagen entstanden sind, die eine sinnvolle Aufgabenteilung zwischen dem Bund und seiner Verkehrsunternehmung SBB einerseits und den Kantonen anderseits ermöglicht haben. Der Kanton Zürich hat diese Entwicklung bewusst gefördert und als erster Schweizer Kanton die Chance genutzt, zusammen mit den SBB in vorbildlicher Zusammenarbeit dieses grossartige neue Regionalverkehrssystem zu realisieren: die S-Bahn Zürich.

Die Wirtschaftlichkeit und die Finanzierung des Betriebs im Verkehrsverbund

Hans-Rudolf Kamber und Hans Flury

In der Botschaft zur Volksabstimmung über die S-Bahn Zürich vom 29. November 1981 war für das Zusatzangebot ein Ertragsüberschuss von 8 bis 13 Millionen Franken in Aussicht gestellt worden. Dieses positive Ergebnis der damaligen Wirtschaftlichkeitsbeurteilung ist darauf zurückzuführen, dass man mit den neuen Durchmesserlinien durch den Zürcher Hauptbahnhof einen grossen Produktivitätseffekt erwartete und dass die von unabhängiger Seite durchgeführten Prognosen ein sehr hohes Verkehrswachstum voraussahen.

Die Wirtschaftlichkeitsrechnung ist laufend aktualisiert worden. Die Gründe, weshalb heute eher mit ungedeckten Kosten für das Zusatzangebot gerechnet wird, sind darauf zurückzuführen, dass neuere Prognosen zurückhaltender sind, dass in der Zwischenzeit Netzerweiterungen und Mehrleistungen beschlossen wurden und dass die S-Bahn-Fahrzeuge die SBB teurer als vorgesehen zu stehen kommen.

Schon im ersten Zusammenarbeitsvertrag vom 3. Februar 1982 zwischen den SBB und dem Kanton Zürich war vereinbart worden, dass der Kanton die ungedeckten Kosten des Zusatzangebots zu übernehmen habe, wobei ihm wegen seines grossen finanziellen Engagements während den ersten fünf Jahren eine Beitragsbefreiung zugestanden wurde. Im folgenden soll dargestellt werden, wie die finanzielle Verantwortung im neu geschaffenen Verkehrsverbund zwischen Bund, Kanton und den SBB geregelt ist.

Grundsätzlich tritt die Verbundorganisation ZVV mit einem koordinierten Verbundangebot am Markt auf. Sie bestellt die Produktionsleistungen bei den Transportunternehmungen und entschädigt ihnen die Kosten voll. Auch bei den SBB bestellt der ZVV das Verbundangebot; es handelt sich dabei um alle S-Bahn- und Regionalzüge im vereinbarten Verbundbetriebsgebiet. Da aber der Bund die finanzielle Verantwortung für die Grundleistungen trägt, übernimmt der Kanton nur die finanzielle Verantwortung für die ungedeckten Kosten der Zusatzleistungen und allfällige Ertragsausfälle aus dem Verbundtarif im Verbundangebot, aber auch in den Schnellzügen.

Die Finanzierung ist mit dem Verkehrs- und Tarifverbund vor allem aus zwei Gründen auf eine neue Basis gestellt worden: Erstens entspricht die dem Art. 3 Abs. 3 des SBB-Gesetzes inhärente Unterteilung des Verbundangebots in Grund- und Zusatzangebot nicht dem Prinzip der integralen Planung, Kontrolle und Steuerung des Verbundangebots und zudem würde sich die Definition eines «echten» Grundangebots und die Bestimmung seiner Kosten und Erlöse schon bald als hypothetisch und damit auch willkürlich erweisen. Zweitens wollte man die von ausländischen Lösungen her bekannten grossen Probleme der Einnahmenaufteilung auf SBB und die übrigen Transportunternehmungen vermeiden. Es wurde deshalb eine einfache, mit bestehenden Instrumenten beherrschbare Lösung angestrebt, die folgenden Anforderungen genügt:

1. Die Gleichbehandlung Zürichs mit andern Kantonen ist bei Bestellung von Zusatzleistungen der SBB zu gewährleisten.

2. Die Belastungen des Bundes und des Kantons sind auf Planrechnungen abzustützen.

3. Der Anreiz zum unternehmerischen Handeln muss beibehalten und gefördert werden.

4. Die Finanzierungslösung muss in das Rechnungswesen der SBB integriert werden können.

5. Sie muss bei einer allfällig neuen Aufgabenteilung zwischen Bund und Kanton im

regionalen Personenverkehr angepasst werden können.

Unter Berücksichtigung dieser Anforderungen sieht die Finanzierungslösung in den Grundzügen folgendes vor:

• Das Verbundbetriebsgebiet, in dem Bund und ZVV die finanzielle Verantwortung gemeinsam tragen, ist im Zusammenarbeitsvertrag mit dem ZVV klar definiert. Die Ausdehnung über die Kantonsgrenzen hinaus ist aufgrund verkehrlicher und betrieblicher Gegebenheit erforderlich.

• Der ZVV erhält alle Einnahmen aus Verkäufen von Verbundfahrausweisen. Die Einnahmen aus normalen schweizerischen und internationalen Fahrausweisen, welche teilweise im Verbundangebot benützt werden, bleiben bei den SBB.

• Der ZVV hat den SBB die statistisch erfassten Fahrten mit dem Verbundfahrausweis in S-Bahn-, Regional- und auch in den Schnellzügen zu «normalen» SBB-Tarifen abzugelten. Allfällige Differenzen zum Tarifniveau des Verbunds, aber auch die Minderverlöse infolge des Durchtarifierungseffekts werden vom ZVV getragen, der die Tarifhoheit besitzt.

• Für die Finanzierung der nicht gedeckten Kosten des Verbundangebots wird sowohl der Abgeltungsregelung des Bundes für das Grundangebot (Übernahme der vollen ungedeckten Betriebskosten) als auch der Beitragsregelung für Dritte (Übernahmepflicht der ungedeckten Zusatzkosten) Rechnung getragen. Das Verbundangebot wird leistungsmässig in Grundleistungen und Zusatzleistungen aufgeteilt. Die Grundleistungen entsprechen dem Leistungsumfang des Fahrplanangebots der SBB im Verbundbetriebsgebiet im Fahrplan 1987/89, der Rest sind Zusatzleistungen. Die Verbunderlöse werden im Verhältnis der Grund- und Zusatzleistungen aufgeteilt. Der ZVV partizipiert auf der andern Seite im Ausmass der Zusatzleistungen an den proportionalen und den klar definierten fixen Kosten des Verbundangebots. Eine allfällige Kostenunterdeckung aus dem Erlösanteil und dem Kostenanteil aus den Zusatzleistungen ist vom ZVV zu übernehmen. Die Beitragsbefreiung während fünf Jahren bleibt aufrechterhalten.

Die Finanzierungslösung, wie sie in Zürich gefunden wurde, wird für künftige S-Bahn-Angebote in andern Regionen der Schweiz richtungweisend sein.

Neue Haltestelle Jona

Die Finanzierung der Baukosten

Peter Zuber

Grundsätzliches

Schon bei der ersten S- und U-Bahn-Vorlage in den 70er Jahren waren zwischen SBB und Kanton Zürich Grundsätze entwickelt worden, wie die zusätzlichen Bauwerke der S-Bahn zu finanzieren seien. Dabei standen als Kriterium die Funktionen der Linie und Bahnhöfe, auf denen die Erweiterungen erfolgen sollten, im Vordergrund: Wird ein Bauwerk nur für den Agglomerationsverkehr verwirklicht, so ist es grundsätzlich ganz von Dritten zu finanzieren, wobei allfällige Vorteile für die SBB in Abzug gebracht werden. Steht die Linie aber auch dem Güter- oder dem Schnellzugsverkehr zur Verfügung, ist ein entsprechender Teiler definiert worden. Das zeigt, dass bereits damals für die Finanzierung nicht allein auf die Verursachung oder Auslösung der Investition abgestellt worden ist, sondern dass die Benützung oder Nutzniessung berücksichtigt wurden.

Diese Grundsätze sind sinngemäss in die Finanzierungslösungen für das Kernprojekt und die Teilergänzungen eingeflossen. Da die Zürichberglinie mit dem neuen unterirdischen Teil des Hauptbahnhofs nur von S-Bahn-Zügen befahren wird, liegt die finanzielle Verantwortung grundsätzlich beim Kanton Zürich.

Die Entstehung des Kostenteilers Kanton Zürich 80% / SBB 20%

Der Beitrag der SBB ermittelte sich nach den Vorteilen, die ihnen aus der S-Bahn erwuchsen, insbesondere der substantiellen Entlastung des Hauptbahnhofes von den Regionalzügen. Die damit ermöglichte Verbesserung im nationalen Verkehr war den SBB, aufgrund sorgfältiger Berechnungen, 100 Mio. Franken wert (Mai 1980), genau jenen Betrag, den der Regierungsrat des Kantons Zürich als unerlässliches Minimum erachtete. Auf Druck der vorberatenden kantonsrätlichen Kommission ge-

lang es dem Zürcher Regierungsrat im April 1981, den SBB gegen das Recht auf kommerzielle Nutzung der neuen Bahnhofflächen weitere 30 Mio. Franken abzuringen, so dass der gültige Kostenteiler wie folgt aussah:

Kanton	523 Mio. Franken oder	80 %
SBB	130 Mio. Franken oder	20 %
Total	653 Mio. Franken oder	100 %

Für die Aufteilung allfälliger Mehr-/Minderkosten gilt ebenfalls der Schlüssel 80/20.

Dass man mit den gleichen Grundsätzen, über deren Einhaltung die Aufsichtsbehörde der SBB, das Bundesamt für Verkehr, wachte, auch ganz pragmatisch zu anderen Kostenteilern gelangen konnte, zeigen die zwischen Kanton Zürich und SBB getroffenen Vereinbarungen über die anderen gemeinsamen Bahnausbauten:
- Ausbau Wallisellen – Uster (Volksabstimmung 18.2.1979), Kanton 66,7%, SBB 33,3%. Der SBB-Anteil entspricht den wegfallenden Erneuerungsarbeiten auf dieser Strecke.
- Erste Teilergänzungen S-Bahn: Knonaueramt, Aathal – Wetzikon (Volksabstimmung 7.12.1986). Der Kanton übernimmt 72 der veranschlagten 89,2 Mio. Franken, also ebenfalls 80%, aber als festen, nur mit der Teuerung zunehmenden Betrag. Allfällige projektgebundene Mehrkosten müssten von den SBB allein getragen werden. Diese Regelung entstand unter dem Eindruck der 13 prozentigen Kostenüberschreitung am Kernprojekt.
- Zweite Teilergänzungen S-Bahn, Ausbauten auf mehreren Linien im Kanton Zürich zwecks Konsolidierung und Erweiterung des S-Bahn-Angebots. Kanton Zürich 235 Mio. Franken oder 55,7%, SBB 185 Mio. Franken oder 44,3%. Dieser Gesamtkostenteiler ergibt sich aus der Summe der einzelnen Vorhaben, an die der Kanton Zürich je nach Art und Nutzen für die S-Bahn 100%, 80%, 40% oder überhaupt nichts bezahlt.

52

Unkomplizierte Handhabung

Die Auszahlung der Kantonsbeiträge an den Bauherrn SBB erfolgte vierteljährlich, entsprechend dem Baufortschritt: Aufgrund des Bauprogrammes wurden im Mai jeweils die Jahrestranchen festgelegt und der Angleich an die effektiven Baukosten erfolgte mit der ersten Tranche des folgenden Jahres.

Wer zahlt, befiehlt: Der Kanton Zürich erhielt ein Genehmigungsrecht für alle Bauherrenentscheide mit finanziellen Folgen wie Ausbaustandard, allgemeines Bauprojekt, Vergebungen über 5 Mio. Franken, jährliche Bauprogramme, Bauabrechnung. Nach jahrelanger unkomplizierter Zusammenarbeit darf man sagen, dass diese Mitsprache den Bau nicht behinderte, sondern im Gegenteil, dank konstruktiver Beiträge der Sachbearbeiter des Kantons, verbesserte.

Zur Submissions- und Vergebungspraxis

Max Glättli

Kaum waren die Freude und Genugtuung über das ausgezeichnete Abstimmungsergebnis vom November 1981 gewichen und von der mühevollen Sorge um eine möglichst rasche Bereinigung der Projektpläne abgelöst worden, regte sich in Kreisen des Baugewerbes auch schon das Interesse für die Frage, nach welchen Grundsätzen die bervorstehenden Arbeiten wohl ausgeschrieben und vergeben würden. Das überrascht aus verschiedenen Gründen nicht: Im Tiefbau hatte man sich von der Rezession in der zweiten Hälfte der 70er Jahre noch nicht völlig erholt. Auftragsreserven waren keine vorhanden. Die Konkurrenzsituation hatte sich sichtbar verschärft; die Zahl der Bewerber bei öffentlichen Submissionen war deutlich gestiegen: Das Auftragsvolumen der S-Bahn mit rund 400 Mio. Franken war in dieser Situation hochwillkommen. Dabei war man nicht nur an der Aufteilung und Grösse der einzelnen Baulose, sondern vor allem sehr kritisch daran interessiert, ob und wie weit der Kanton Zürich auf die Vergebung Einfluss nehmen werde, nachdem er wohl 80 % der Baukosten der Neubaustrecke finanzierte, die Bauherrschaft jedoch den SBB überliess. Als logische Konsequenz dieser Grundbestimmung sah der Zusammenarbeitsvertrag Kanton/SBB denn auch vor, alle Arbeitsvergebungen gemäss Submissionsverordnung des Bundes unter Anwendung der Ausführungsbestimmungen der SBB vorzunehmen, und zwar durch die SBB selbst. Immerhin sicherte sich der Kanton ein dem Regierungsrat zustehendes Genehmigungsrecht bei Vergebungen von mehr als 5 Mio. Franken.

Es gab in Unternehmerkreisen nicht wenige, die meinten, der Kanton hätte sich angesichts seines hohen finanziellen Engagements wesentlich weitergehende Mitbestimmungsrechte ausbedingen sollen. Versuche, die Regierung zum Schutze gegen die befürchtete auswärtige Konkurrenz einzuschalten, blieben nicht aus, hatten indessen keinen Erfolg, weil sich der Regierungsrat bei allem Wohlwollen gegenüber der zürcherischen Bauwirtschaft strikte an die Abmachungen mit den SBB hielt. Er hat mit dieser klaren Haltung der Sache gedient, ohne die zürcherischen Unternehmungen wirklich zu benachteiligen. Er erleichterte den SBB ihre Rolle als Treuhänder des Kantons. Als solche waren sie in erster Linie verpflichtet, mit Rücksicht auf die Steuerzahler möglichst günstig zu bauen. Über dieses Kriterium hätte sich auch der Kanton selbst nicht hinwegsetzen können, und zwar auch dann nicht, wenn er die Bauherrschaft ausgeübt oder sich wenigstens zusätzlich ein Mitbestimmungsrecht für alle kleinen Submissionen unter 5 Mio. Franken ausbedungen hätte. Würde er sogar seine eigene Submissionsordnung als massgebend erklärt haben, so wäre auch nach dieser der Zuschlag nicht einfach zwangsläufig, ohne jede Rücksicht auf die Wirtschaftlichkeit des Angebotes an Firmen mit Sitz im Kanton Zürich, möglich gewesen.

Wenn nun jedoch der Vertrag zwischen Kanton und SBB tatsächlich kein Genehmigungsrecht des Kantons für Aufträge unter 5 Mio. Franken enthielt, so dass die Vergebungskompetenz für den Grossteil aller Aufträge bei den SBB blieb, so war das einheimische Baugewerbe trotzdem nicht schutzlos der ausserkantonalen Konkurrenz ausgeliefert. Auch nach der Verordnung der SBB erhält bei gleich günstigen Angeboten in der Regel der Bewerber mit Wohnort oder Geschäftsniederlassung in der Nähe des Ausführungsortes den Vorzug. Diese Regel wird in der Praxis sehr ernst genommen: So waren z.B. beim Bau der Doppelspur Wallisellen – Uster, die zu zwei Dritteln durch den Kanton finanziert wurde, auch ohne verbriefte Rechte des Regierungsrates alle zwanzig in den Jahren 1980 und 1981 erteilten Aufträge mit einem Gesamtbetrag von über 33 Mio. Franken und Auftragssummen zwischen 100000 und 7 Mio. Franken ausnahmslos an zürcherische Unternehmungen vergeben worden, und zwar zumeist an solche aus der engern Region des Baugeschehens.

Welches Bild ergibt sich nun heute nach Abschluss der wesentlichsten Rohbauarbeiten an der Neubaustrecke der S-Bahn Zürich? Bei einem auf rund 450 Mio. Franken veranschlagten Bauvolumen sind Arbeiten von insgesamt 40 Mio. Franken an ausserkantonale Firmen vergeben worden, zählt man die Bauunternehmung Marti mit dem Los 2.03 auch dazu. Sieht man von der Bauteuerung und von Projektänderungen ab, konnten die im Voranschlag eingesetzten Baukosten als solche eingehalten werden. Diese Zahlen zeigen, dass das Potential der zürcherischen Bauwirtschaft ausreichend war, um für den weitaus überwiegenden Teil aller Aufträge konkurrenzfähige Angebote zu erhalten, ohne dass die Zürcher Bauunternehmungen einen weitergehenden Schutz benötigten, um zu Aufträgen beim Bau der S-Bahn zu kommen. Ein solcher Schutz hätte zwangsläufig den freien Wettbewerb eingeschränkt und damit letztlich eben auch gegen die Prinzipien der freien Marktwirtschaft verstossen. An diesem wichtigen Pfeiler der Gesellschaftsordnung soll auch in Zukunft nicht gerüttelt werden.

Projektorganisation und -überwachung

Ernst Ruosch, Paul Signer und Peter Hübner

Allgemeines

Hohe Investitionen, vielfältige technische Probleme, das komplexe Betriebskonzept für die S-Bahn Zürich, wie auch die Einführung des Tarifverbunds sind Merkmale eines für Schweizer Verhältnisse ungewöhnlichen Grossprojekts. Seine Realisierung innerhalb von acht Jahren war deshalb eine Herausforderung, die nur dann mit Erfolg zu bestehen war, wenn alle Arbeiten von Anfang an unter die straffe Leitung einer wohldurchdachten, umfassenden Projektorganisation der Bauherrschaft (SBB) gestellt werden konnten.

Neben dem Auftrag als solchem bestimmten vor allem die Mitwirkung des Kantons und die bestehende Organisationsstruktur bei den SBB deren Aufbau. Besonders im Blick auf die Partnerschaften setzte das Projekt neue Massstäbe. Im Sinne des Leistungsauftrags der SBB fand erstmals eine so umfassende und weitgehende Zusammenarbeit mit einem Kanton statt, der sich entschlossen hatte, den Regionalverkehr auf dem SBB-Netz auszubauen. Als Besteller des neuen Angebots hatte er ein Recht auf Mitwirkung und Mitbestimmung bei der Realisierung. Zu diesem Zweck waren im Zusammenarbeitsvertrag wohl der Rahmen und die Form des Mitwirkens festgelegt worden, nicht aber die Mechanismen in allen Einzelheiten. War schon beim Vertragswerk Neuland beschritten worden, galt dies speziell auch für die Gestaltung der Führungsorgane und ihren Aufgabenbereich. Um jederzeit rasch zu sach-, termin- und kostengerechten Entscheidungen zu kommen, war auch der Informationsfluss festzulegen.

Intern überträgt die Geschäftsordnung der SBB die Projektierung und Ausführung von Bauvorhaben im Normalfall den in mehrere Fachabteilungen gegliederten Kreisdirektionen. Von Anfang an stand als Randbedingung fest, dass sich die Projektorganisation in die vorhandene Struktur der Kreisdirektion in Zürich einfügen müsse. Eine Neubauabteilung, wie sie bei grösseren ausländischen Bahnunternehmen für solche Fälle üblich ist, kam aus vorwiegend wirtschaftlichen Gründen nicht in Betracht. So wurden die bereichsspezifischen Projektleitungen für Bau, Produktion (Betriebsplanung), Rollmaterialbeschaffung und -unterhalt wie auch für das Marketing (Mitwirken der SBB im Verkehrsverbund) in die betreffenden Fachabteilungen integriert. Die Koordination wurde einer dem Baudienst angegliederten, operationell jedoch dem Kreisdirektor unmittelbar unterstellten Gesamtprojektleitung übertragen.

Gesamtprojektorganisation Bauherr

Die Projektorganisation für die Führung des Gesamtprojekts (wie übrigens auch jene für die einzelnen Projekte) ist in einem Projekthandbuch festgehalten. Darin sind der Auftrag, die Organisation (Organe, Organigramm, Aufgabenbeschreibungen), das Informationswesen (inkl. Öffentlichkeitsarbeit) sowie die Planung und Überwachung der Leistungen, Termine, Kosten und Projektänderungen und anderes mehr dargestellt.

Folgende Führungsorgane stehen im Einsatz:

S-Bahn Führungsgruppe

• *Auftrag:* Stellt die Inbetriebnahme des gesamten S-Bahn-Systems auf Mai 1990 sowie eine Teilinbetriebnahme Bahnhof Museumstrasse–Stadelhofen per Mai 1989 sicher.

• *Vorsitz:* Kreisdirektor SBB

• *Mitglieder:* Vertreter des Kantons Zürich, Vertreter der Stadt Zürich, Chefs der Abteilungen Bau, Betrieb, Zugförderung, Verkaufsleitung, Liegenschaften und kommerzielle Nutzung sowie des Stabes der 56

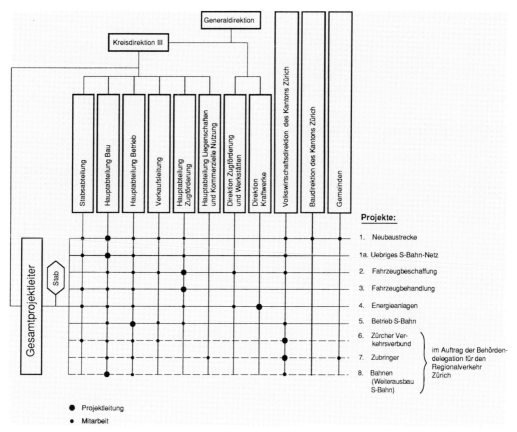

Organigramm Gesamtprojekt (Matrix-Projektorganisation)

SBB Kreisdirektion III, Gesamtprojektleiter und Projektleiter Neubaustrecke

• *Periodizität:* ca. vierteljährlich

Gesamtprojektleitungs-Sitzung

• *Auftrag:* Stellt die Koordination der Projekte im Rahmen des Gesamtprojekts im Hinblick auf die Teilinbetriebnahme Mai 1989 und die Inbetriebnahme des gesamten S-Bahn-Systems Mai 1990 sicher
• *Vorsitz:* Gesamtprojektleiter
• *Mitglieder:* Projektleiter Bereiche 1– 8
• *Periodizität:* ca. vierteljährlich (zwei Wochen vor Sitzungen S-Bahn Führungsgruppe)

Hauptaufgaben Gesamtprojektleiter und Projektleiter:

• Gesamtprojektleiter (Mitarbeiter Bau III): Der Gesamtprojektleiter stellt die Inbetriebnahme des gesamten S-Bahn-Systems auf Fahrplanwechsel Mai 1990 sicher. Eine Teilinbetriebnahme Bahnhof Museumstrasse – Stadelhofen war auf Fahrplanwechsel Mai 1989 sicherzustellen. Er koordiniert die Projekte und stellt einen zielgerichteten Informationsfluss sicher.

• Projektleiter (Mitarbeiter der projektleitenden Abteilungen): Der Projektleiter stellt die Funktionstüchtigkeit des überragenden Teilsystems (Projekts) gemäss den Leistungs-, Termin- und Kostenvorgaben sicher. Er ist dem Gesamtprojektleiter für die Projektbelange bzw. den zuständigen Abteilungschefs für die Fachbelange unterstellt.

Stabsstelle des Gesamtprojektleiters ist das Projekt-Managementbüro Brandenberger + Ruosch AG. Es unterstützt die Gesamtprojektleitung in Fragen der Projektorganisation, der Planung und Überwachung von Leistungen, Terminen und Kosten.

Die vorliegende Gesamtprojektorganisation hat sich bewährt. Der Auftrag der Koordination und Integration aller Teilsysteme des S-Bahn-Systems wurde erfüllt, so dass der den Stimmbürgern versprochene Inbetriebnahmetermin eingehalten werden kann.

Projektorganisation Neubaustrecke

Die Neubaustrecke S-Bahn Zürich zwischen Zürich HB und Dietlikon/Dübendorf ist gemäss dem Auftrag des Zürchervolks vom 29.11.1981 im Rahmen der bewilligten Kredite bis 27.5.1990 zu erstellen.

Projektorganisation:
Das untenstehende Organigramm stellt eine Matrix-Projektorganisation dar. Es zeigt die Zusammenarbeit von Stamm- und Projekt-Organisation auf. Die Stellen der Stammorganisation, die Fachsektionen, haben Einfluss auf das Wer, Wie, Wann und die projektbezogenen Stellen, die Projektleitung auf das Was, Wann und Wo. Die Sektion S-Bahn hat als federführende Sektion die Aufgabe der Projektleitung in der Bauabteilung übernommen.

Hauptaufgaben Projektleiter und Teilprojektleiter:
• Der Projektleiter Neubaustrecke ist verantwortlich für die qualitäts-, kosten- und termingerechte Projektabwicklung. Er leitet und koordiniert die Projektierung, Ausführung und Inbetriebnahme der Neubaustrecke. Er führt die nötigen Entscheide rechtzeitig herbei und stellt die Koordination mit Dritten (Kanton, Gemeinde und anderen Organisationen) sicher.

Organigramm Neubaustrecke

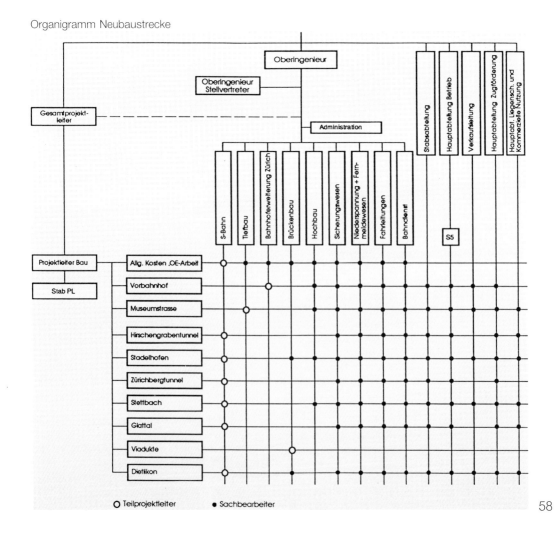

• Der Teilprojektleiter nimmt dieselben Aufgaben wie der Projektleiter Neubaustrecke für sein Teilprojekt wahr.

Auch für den Baubereich ist als Stab der Projektleitung das Ingenieurbüro Brandenberger + Ruosch AG eingesetzt. Zur Entlastung und Unterstützung des Projektleiters und der Teilprojektleiter sind ihm folgende Problemkreise zugewiesen: Projektorganisation, Planung und Überwachung der Leistungen, Termine, Kosten, Kapazitäten und Projektänderungen.

Heute darf festgestellt werden, dass die Projektorganisation Neubaustrecke ihrer Aufgabe gewachsen war. Das anspruchsvolle Projekt Neubaustrecke wird in der geforderten Qualität innerhalb des vorgesehenen Termin- und Kostenrahmens abgeschlossen. Die Zusammenarbeit aller beteiligten Stellen funktioniert gut. Nötige Modifikationen und Projektänderungen wurden frühzeitig erkannt und konnten optimal aufgefangen werden. Die Informationsflüsse waren gut geregelt und bildeten die Basis für termin- und sachgerechte Entscheide sowie einer wirksamen Kontrolle.

Dieses Resultat ist auch das Verdienst der qualifizierten und engagierten Projekt- und Teilprojektleiter und Sachbearbeiter dank der vorbehaltlosen Unterstützung durch die Gesamtprojektleitung und zuständigen Abteilungsleitungen. Jede Organisation steht und fällt mit den Leuten, die dahinter stehen.

Führungs- und Koordinationsorgane

Organ	Auftrag	Vorsitz	Teilnehmer	Periodizität
Projektleiter-Sitzung	Stand Arbeiten, Qualitäts-Termin- und Kostensituation; Entscheidungsanträge behandeln	Projektleiter Neubaustrecke oder Stellvertreter	SC S-Bahn, Teilprojektleiter, Vertreter Betriebsabteilung	2-monatlich
Projektleiter-Sitzung mit Fachdiensten	Querinformation und Koordination der Arbeiten der Fachdiensten; Termin- und Kostennachführung	Projektleiter Neubaustrecke oder Stellvertreter	Analog Projektleiter-Sitzung und Vertreter Fachsektionen	2-monatlich
Arbeitsgruppen-Sitzung	Behandlung aller auftretenden Probleme pro Teilprojekt	Teilprojektleiter	Sachbearbeiter der Fachdienste und der beteiligten privaten Büros	monatlich
Bausitzung	Behandlung aller die Bauausführung betr. Probleme eines Teilprojektes	Teilprojektleiter oder Bauleitung	Vertreter der Bauleitung und der Unternehmer	wöchentlich - monatlich

Kosten- und Terminüberwachung

Die Kosten- und Terminüberwachung ist ein Teil des Informationssystems. Das Informationssystem ist auf die Projektorganisation abgestimmt. Es hat allen am Projekt beteiligten Stellen die nötigen Informationen zu liefern, und zwar so, dass diese ihre Aufgabe zur rechten Zeit wirkungsvoll wahrnehmen können.

Die Informationen müssen rasch, vollständig und zielgerichtet in einfacher, lesbarer Form vorliegen und sich auf Leistungen, Kosten, Termine und Projektänderungen beziehen. Das Informationssystem soll ein «Frühwarnsystem» sein, welches durch periodische Soll/Ist-Vergleiche Abweichungen des effektiven vom geplanten Ablauf aufzuzeigen hat, damit die nötigen korrektiven Massnahmen möglichst ohne Zeitverzug eingeleitet werden können.

Dieses Ziel wurde beim Bau der S-Bahn Zürich mit vierteljährlichen Standberichten und zweimal jährlich erstellten Endkostenprognosen angestrebt.

Kostenüberwachung

Ziel jeder Kostenüberwachung muss es sein, jederzeit den Überblick über die Gesamtkosten bzw. die Endkosten zu haben. Bei sich abzeichnenden Abweichungen sind die Konsequenzen auf das Gesamtprojekt rasch und umfassend aufzuzeigen und die nötigen korrektiven Massnahmen einzuleiten. Der Kostenüberwachung wurde beim Bau der S-Bahn schon von Anfang an ein hoher Stellenwert zugewiesen. Die Komplexität des Projekts, das neu einzuführende Rechnungswesen der SBB (PAR), aber auch die Verantwortung gegenüber dem Partner Kanton Zürich setzen eine ständige und genaue Überwachung der Kostensituation voraus.

Bei der ersten Überprüfung des Kostenstands traten bei den beiden Partnern Kanton und SBB unterschiedliche Auffassungen über die Auslegung der Kreditlimiten zutage: Beim Kanton Zürich wurde, wie bei politischen Vorlagen üblich, der Kreditbetrag der S-Bahn als Kostendach interpretiert. Bei den SBB dagegen wurde der Kreditbetrag, dem Projektstand des generellen Projekts gemäss, als Kostenangabe mit einem Toleranzband von mindestens ± 10% verstanden; dies ebenfalls gemäss den Gepflogenheiten in allen übrigen SBB-Projekten. Die SBB bevorzugen dieses Vorgehen, weil dadurch nicht alle Projekte mit grossen Reserven angereichert werden, die dann, weil vorhanden, auch aufgebraucht werden. Als grosse Bauherrin sind die SBB überzeugt, insgesamt so billiger realisieren zu können.

Für die Kostenüberwachung steht bei den SBB seit 1984 ein projektorientiertes Auftrags-Rechnungssystem (PAR) auf dem IBM-Grossrechner in Bern im Einsatz. Das Rechnungsprogramm ist für die Überwachung sämtlicher Bauprojekte der SBB ausgelegt und verfügt über sämtliche projektrelevanten Informationen in Voranschlagszahlen auf jedem Niveau, jeden Budgetzahlen und aufgelaufenen Kosten. Dabei werden die aufgelaufenen Kosten des Projekts direkt aus einem Kreditoren-System belastet. Der Projektleiter kann auf jedem beliebigen Niveau Informationen abrufen, z.B. auf der Auftragsebene den aktuellen Zahlungsstand.

Für das Grossprojekt S-Bahn wurde die Kostenüberwachung während der Bauausführung ergänzend auf einem Nebensystem auf PC-Basis gefahren. Dieses Nebensystem entstand aus dem Bedürfnis, Zahlen aus dem Projekt rasch und flexibel nach verschiedensten Kriterien aufarbeiten zu können. Insbesondere sollte es das Erkennen und Bewirtschaften von finanziellen Reserven erlauben. Die Konsistenz der Daten im S-Bahn Kosten-Überwachungssystem mit den Daten im SBB-Grosssystem konnte durch ein direktes Dateneinlesen in den PC ab dem HOST-Rechner gelöst werden.

Das S-Bahn Kosten-Überwachungssystem, eine Tabellenkalkulation, welche ihre Kostenunterlagen mit direktem Datentransfer ab der S-Bahn-Kostendatenbank auf den Grossrechner der SBB holt, ermöglicht folgende Auswertungen:

• Zurückrechnen aller relevanten Kostendaten auf die Preisbasis 1980 bis zur Schlussabrechnung,
• Ausdruck der Kostenstruktur pro Teilprojekt in einer Tabelle,

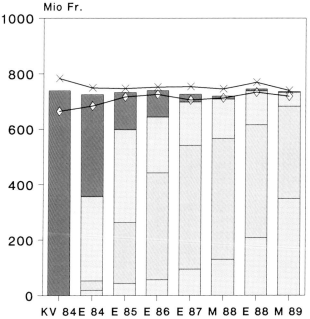

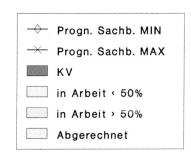

Mio Fr.

Progn. Sachb. MIN
Progn. Sachb. MAX
KV
in Arbeit ‹ 50%
in Arbeit › 50%
Abgerechnet

KV 84 E 84 E 85 E 86 E 87 M 88 E 88 M 89

Grafische Darstellung Endkostenprognose

- Budgetierung der Kosten auf jeder Stufe bis zum Projektende,
- Zusätzliche Angaben über definitive und prognostizierte Änderungen für die Bestimmung der Restkosten bzw. der zu erwartenden Endkosten.

Als Hilfe für die Teilprojektleiter und für die Sachbearbeiter werden periodisch Kostentabellen mit aktuellen Ist-Kosten erstellt.

Für die Erfassung der finanziellen Auswirkungen von Projektänderungen wurden im Hilfssystem definitive und prognostizierte Änderungen pro Konto geführt. In den definitiven Änderungen sind alle genehmigten Nachträge aufgelistet. Damit in einem Grossprojekt wie der S-Bahn Zürich eine Restkosten-Bewirtschaftung überhaupt möglich ist, müssen auch Abweichungen, seien es Mehr- oder Minderkosten, in einem möglichst frühen Stadium berücksichtigt werden. Im Kostenüberwachungssystem S-Bahn werden solche Abweichungen deshalb als definitive oder prognostizierte Änderungen aufgenommen. Mittels dieser Methodik ist es möglich, sich abzeichnende Reserven zu erkennen und damit Mehraufwendungen z.B. infolge Projektänderungen zu finanzieren, womit stets ein guter Überblick über die Kostensituation gewährleistet ist.

Als wichtiges Führungsmittel der Projektleitung wurden die periodischen Endkostenprognosen eingeführt. Das Projekt wird dabei an einem festgelegten Stichtag analysiert und die Endkosten, bzw. der Endkostenbereich, mit zwei verschiedenen Methoden ermittelt. Einerseits wird rechnerisch jedem Restkostenbetrag eine dem Bauzustand entsprechende Toleranz von ± 20% zugewiesen und so die Bandbreite für die Endkosten ermittelt. Anderseits werden für die Ermittlung der Bandbreite der Endkosten Erkenntnisse der zuständigen Projektleiter über sich abzeichnende, positive oder negative Veränderungen im finanziellen Ablauf der Bauarbeiten berücksichtigt. Für die Resultatbeurteilung werden alle Angaben nach den Kriterien Teilprojekte und Sachbereiche zusammengefasst. Im Endkostenbericht werden diese Daten zum bessern Verständnis auch graphisch dargestellt.

Die obige Abbildung zeigt den Verlauf der Endkostenprognose für die S-Bahn Neubaustrecke seit der Festlegung der Kosten gemäss Allgemeinem Bauprojekt bis Mitte 1989. Dabei sind zwei Veränderungen hinsichtlich Mehrkosten Ende 1986 und Ende 1988 erkennbar. Ende 1986 führten die Schwierigkeiten im Hirschengrabentunnel zu Mehrkosten, die später teils durch Minderkosten in anderen Bereichen, teils durch Versicherungszahlungen wieder aufgefangen werden konnten. Ende 1988 führte der Anstieg der Bodenpreise und damit auch erhöhte Forderungen für Rechtserwerbe zu der Kostensteigerung. Dieser Bereich kann auch heute noch nicht in seiner ganzen Tragweite abgeschätzt werden. Dank dieser Modelle ist eine zielgerichtete Überwachung der über 3000 Einzelkonti überhaupt möglich. Die Endkostenprognosen werden jeweils den zuständigen Organen des Kantons und den SBB zur Genehmigung vorgelegt.

Terminüberwachung

Ziel der Terminüberwachung ist es, die Inbetriebnahme der S-Bahn am 27. Mai 1990 sicherzustellen. In einem komplexen Projekt der vorliegenden Art geht es vor allem darum, den kritischen Weg festzustellen und über die gesamte Projektdauer zu verfolgen. Dieses Ziel kann nur mit einem mehrstufigen Terminplanungssystem erreicht werden.

Für die Neubaustrecke wurden folgende Stufen erarbeitet:

- Stufe 0: Rahmenprogramm gemäss Abbildung auf Seite 26;
- Stufe 1: Terminprogramm über die gesamte Neubaustrecke in Form eines Liniendiagramms als Führungsmittel für die Projektleitung;
- Stufe 2: Bauprogramm der einzelnen Teilprojekte in Form von Balkenplänen, Liniendiagrammen oder Netzplänen als Führungsinstrument der Teilprojektleiter bzw. der zuständigen Bauleitungen;
- Stufe 3: Detailprogramme der einzelnen Unternehmungen und Montagefirmen in Form von Balkenprogrammen und Liniendiagrammen.

Für die Überwachung der Ausbauphase dienten detaillierte Netzpläne, in denen vor allem für die Tunnelstrecken auch die Gleisbelegungen dargestellt werden konnten. Für diese Programme wurde ein EDV-Netzplanprogramm eingesetzt und in kritischen Phasen wöchentlich nachgeführt.

Das Terminplanungssystem konnte zwar nicht alle Probleme lösen, hat aber doch wesentlich dazu beigetragen, dass auch in hektischen Momenten die Übersicht nicht verlorenging und der Endtermin eingehalten werden konnte.

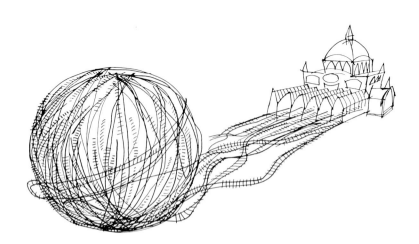

Besondere eisenbahntechnische Probleme

Ewald Koller, Rolf Gutzwiller, Manfred Lörtscher und Hanspeter Rubi

Einleitung

Zu den eisenbahntechnischen Baubereichen gehören vor allem die Stellwerk-, Fahrleitungs- und Gleisanlagen. Aber auch die Kabel-, Niederspannungs- und Telekommunikationsdienste haben sich mindestens teilweise mit bahnspezifischen Besonderheiten zu befassen.

Bei der Erarbeitung des Abstimmungsprojekts war es das erklärte Ziel, für die Neubaustrecke der S-Bahn Zürich nur bewährte und gängige Techniken und Materialien einzusetzen, um Risiken in dieser Hinsicht möglichst zu vermeiden. Vor allem im Bereich des Hauptbahnhofs war die Verknüpfung mit dem bestehenden Netz sehr einfach geplant. Bei der detaillierten Untersuchung der vertraglich mit dem Kanton Zürich vereinbarten Transportleistungen zeigte sich indessen, das grössere Änderungen und der Einsatz von neuen technischen Hilfsmitteln unerlässlich waren, um die Leistungsfähigkeit der vorhandenen Anlagen ausreichend zu heben.

Anlagenausbau und neue Systeme

Bei den Zulaufstrecken des Hauptbahnhofs ergab sich die Notwendigkeit, in Richtung Zürich Altstetten eine zweite Doppelspur zu bauen. Während verschiedener Bauphasen war sodann auf der Südseite des ehemaligen Rangierbahnhofs eine, wenn auch teilweise nur einspurige, Verbindung unerlässlich. Sie bleibt auch in Zukunft im Blick auf Unregelmässigkeiten eine wertvolle Entlastung der Stammstrecke. Im Hauptbahnhof selbst waren ursprünglich nur vier neue Weichen vorgesehen. Bei der Projektbereinigung stieg die Zahl auf 34. Bei der hohen künftigen Zugskadenz sind sie eine zwingende Voraussetzung für den Betriebsablauf zwischen Hallengleisen, Vorbahnhof und Zulaufstrecken.

Zentralstellwerk und Betriebsleitzentrum

Die bisherige Bedienungsordnung im Zentralstellwerk Zürich hätte den Anforderungen nach Inbetriebnahme der S-Bahn nicht mehr genügt. Die Bedienungshäufigkeit würde die manuellen Möglichkeiten des Stellwerkpersonals bei weitem übersteigen. Deshalb muss künftig eine Rechneranlage die Routinehandlungen dort übernehmen, wo sich die Zugläufe im voraus einprogrammieren lassen. Damit entfallen die Zeitverluste für die Disposition und das Einstellen der Fahrwerkstrassen der Züge. Die 1966 in Betrieb genommene Sicherheitsebene des Zentralstellwerks kann jedoch belassen und voll in das neue System integriert werden.

Ausserdem muss das Zentralstellwerk zu einem Fernsteuerzentrum ausgebaut werden, das erlaubt, die Stellwerke in Zürich Hardbrücke, Zürich Museumstrasse, Zürich Stadelhofen und Stettbach zu bedienen. Mit einer neuen Bedienungsebene werden diese Anlagen, das Zentralstellwerk selbst, wie auch Zürich Wipkingen und später die Strecken im Limmattal, Knonaueramt sowie am rechten und linken Zürichseeufer automatisiert und ferngesteuert. Im normalen Betriebsablauf werden dabei sämtliche Zugfahrstrassen mit Hilfe einer alle Fahrplanangaben enthaltenden Datenbank automatisch durch die Rechner eingestellt. Die Fahrdienstleiter haben – auch mittels Tastatur und Bildschirm – nur noch die Rangierfahrten und alle nichtplanmässigen Fälle zu behandeln.

Die Zugleitung, die bisher nur Telex und Telephon als Informations- und Befehlswege zur Verfügung hatte, wird durch eine Betriebszentrale ersetzt, die zusätzlich mit Zugfunk ausgerüstet ist. Deren Aufgabe umfasst die Disposition auf dem ganzen S-Bahnnetz und den übrigen Strecken des Kreises III der SBB (Raum Zürich und Ostschweiz). Die Anlage stellt den Disponen-

Zugsfunk

ten in verschiedenen graphischen Formen den Soll-Zustand auf Grund des Fahrplans und den Ist-Zustand auf Grund der Zugsstandortmeldungen zur Verfügung, die teils automatisch, teils noch manuell über ein spezielles Datennetz aus dem gesamten Dispositionsbereich eintreffen.

Wie bereits oben erwähnt, ist der Einsatz des Zugfunks unerlässlich, und zwar auf dem ganzen Netz der S-Bahn. Er ermöglicht Verbindungen zwischen ortsfesten Leitstellen und den Zügen unterwegs. Indem die Fernsteuerzentren und die Betriebsleitzentrale dem Fahrpersonal mündliche und codierte Anweisungen geben und umgekehrt Meldungen über Unregelmässigkeiten entgegennehmen können, wird der betriebliche Ablauf einfacher und flüssiger. Ausserdem kann der Dienst am Kunden bei besonderen Vorkommnissen durch direkte Information in den Zügen über die Betriebszentrale wesentlich verbessert werden.

Ferner wurde festgestellt, dass die Kapazität der Zugabfahrtsanzeigeanlage des Hauptbahnhofs aus dem Jahre 1976 erschöpft ist. Sie könnte deshalb nicht den neuen Anforderungen entsprechend angepasst werden, so dass ihr Ersatz zwingend ist. Die neuen, ebenfalls rechnergesteuerten Anzeigeanlagen in den umliegenden Bahnhöfen und im Hauptbahnhof selbst beziehen ihre Angaben aus der oben erwähnten Datenbank sowie aus Stellwerkinformationen. Sie werden ebenfalls im Kommandoraum des Fernsteuerzentrums bedient und arbeiten bei normalem Betriebsablauf ohne manuelle Eingriffe.

Für Lautsprecherdurchsagen an Kunden und dienstliche Zwecke muss eine neue, rechnergestützte Kommunikationsanlage im Hauptbahnhof und auf allen angrenzenden Linien mit insgesamt 450 Sprechstellen eingerichtet werden.

Stellwerk- und Signalanlagen der Neubaustrecke

Neue Stellwerkanlagen in Zürich Hardbrücke, Zürich Museumstrasse, Zürich Stadelhofen und Stettbach haben einen sicheren und automatisierbaren Betriebsablauf zu gewährleisten. Sie werden in der Innenschaltung alle in Relaistechnik nach dem sogenannten «Spurplanprinzip» gebaut, bei welchem die geographische Anordnung der Gleise, Weichen usw., elektrischen Stromkreisen entspricht. Die Stellwerke Zürich Hardbrücke und Zürich Museumstrasse wurden von Siemens projektiert und geliefert (Typ SpDrS 60), Zürich Stadelhofen und Stettbach von Integra (Do 67). Sie steuern gesamthaft rund 50 Weichen und 150 Hauptsignale an.

Im Bereich der S-Bahn Neubaustrecke und der Haltestelle Zürich Hardbrücke ergeben sich fahrplanmässige Zugfolgen im $2^{1}/_{2}$-Minutenabstand. Das setzt voraus, dass bei den Haltestellen der nachfolgende Zug bereits einfahren kann, wenn der ausfahrende die Haltestelle noch nicht vollständig verlassen hat. Diese Bedingung ist ein wesentlicher Grund dafür, dass ein neues Signalsystem installiert werden muss, welches bislang bei den SBB erst in Versuchsausführung auf der Glattalstrecke (Dübendorf – Uster) angewendet wurde. Im Gegensatz zur alten Signalisierung, bei der unterschiedliche, historisch gewachsene und heute nicht erweiterbare Lichtkombinationen als Haupt- oder Vorsignalbilder angezeigt werden, wird beim neuen System die Fahrerlaubnis nur mit einem einzigen Lichtpunkt (rot, orange oder grün) und die zulässige Geschwindigkeit mit einer leuchtenden Ziffer angezeigt.

Auch für die Gleisfreimeldung, ein System, das sicher erkennen muss, ob ein Gleisabschnitt mit Fahrzeugen belegt oder frei ist, werden neue Wege beschritten: Bei allen bis heute bei den SBB eingesetzten Systemen sind die Gleisabschnitte elektrisch 64 voneinander getrennt durch sogenannte Isolierstösse, das heisst Unterbrüche in den Schienen, die namhafte Störungs- und Lärmquellen darstellen. Auf der Neubaustrecke kommen jetzt erstmals sogenannte stosslose Isolierungen zum Einsatz, mit wesentlich verminderten Instandhaltungskosten, besserem Fahrkomfort, weniger Lärm- und Erschütterungsemissionen und einem einfacheren und kostengünstigeren Erdungssystem.

Die knappen Abstände zwischen den Zügen und der intensive Verkehr verlangen nach einer neuen Zugsicherung, die menschliches Versagen des Lokomotivführers weitgehend ausschliesst. Das gewählte System wurde an verschiedenen Standorten erprobt und ist heute einsatzbereit. 1991 wird in erster Priorität ein Teil der S-Bahn Zürich damit ausgerüstet. Es erlaubt nicht nur eine punktuelle Überwachung der Zugsbewegungen, sondern der auf der Lokomotive eingebaute Rechner kontrolliert die zwischen Vorsignal und Hauptsignal (Haltepunkt) gefahrene Geschwindigkeit und leitet notfalls eine Schnellbremsung ein.

Bahnstromversorgung

Die hohen Kurzschlussleistungen erfordern teilweise den Einbau von schnelleren Leistungsschaltern mit höherer Abschaltleistung und die Trennung der Fahrleitungsanlagen mit Hilfe von Schutzstrecken: Damit entstehen die Netzbereiche Limmattal (mit total 80 MVA Unterwerksleistung) und Zürichsee (100 MVA), die im Kernbereich des gemischten S-Bahn, IC- und Güterverkehrs die Bahnstromversorgung sicherstellen.

Kreisleitstellen und Schaltposten

Um die Verfügbarkeit der Fahrleitungsanlagen zu erhöhen, werden im Bereich Zürich, Altstetten-Ost und -West, Hardbrücke und Wiedikon neue Lastschaltposten und im Hauptbahnhof Zürich total 14 Nebenschaltposten erstellt, verbunden mit einer verbesserten Sektoreneinteilung dieser weitverzweigten Fahrleitungsanlagen. Für den operativen Betrieb der Bahnstromversorgung auf der 15-kV-Ebene

wird eine Kreisleitstelle zur rechnergestützten Fernsteuerung aller Schaltpostenanlagen des Kreises III der SBB erstellt. Ihr Standort wird mit der Betriebsleitzentrale zusammengelegt, um eine optimale Zusammenarbeit bei Streckensperrungen, für planmässigen Unterhalt und Störungen usw. sicherzustellen. Die Betriebsaufnahme ist im Oktober 1990 vorgesehen.

Fahrleitungsanlagen

Im neuen viergleisigen, unterirdischen Bahnhof Zürich-Museumstrasse werden mit Zugfolgezeiten von 150 Sekunden gleichviel Züge verkehren wie auf den oberirdischen 16 Gleisen des Kopfbahnhofs. Im neuen Bahnhofteil würden sich somit Störungen an der Fahrleitung besonders stark auswirken. Neben einer feingegliederten Sektoreneinteilung wurde deshalb zur Vereinfachung der Fahrleitungsanlage (Wegfall von vielen Gleistrennern, einfacheres Drahtwerk, weniger Abfangungen) eine Stromschienen-Fahrleitung montiert. Ihre Mehrkosten gegenüber

Stromschienen-Fahrleitung im Weichenbereich Zürich-Museumstrasse

der herkömmlichen Fahrleitung können durch reduzierten Unterhalt und weniger Störungen wirtschaftlich begründet werden. Die Hauptkomponenten der Stromschiene wurden seit Sommer 1984 auf der Strecke Oerlikon – Opfikon – Kloten im täglichen Einsatz erfolgreich erprobt.

Ausser dem Bau der Fahrleitung an der Neubaustrecke mussten sodann grossräumig Querschnittverstärkungen an bestehenden Anlagen von zirka 28 km Länge vorgenommen werden. Praktisch alle Strecken des Kernbereiches werden mit der Fahrleitung Typ R-Fl ausgerüstet, und zwar mit einem Kupfernennquerschnitt von 107 mm². Als längste zusammenhängende Fahrleitungsanlage wird mit dem gleichzeitigen Bau von zwei Doppelspurinseln die 32 km lange Einspurstrecke Altstetten – Affoltern – Zug total umgebaut.

Zusätzlich wurden mit Rücksicht auf die Bedürfnisse der S-Bahn seit 1985 weitere 65 km neue Fahrleitungen durch SBB-eigenes Personal montiert. Im Hinblick auf den Einsatz von Doppelstockwagen auf dem ganzen S-Bahnnetz mussten sodann punktuell bei bestehenden Tunneln und Brücken technisch oft schwierige Anpassungen an der Fahrleitung vorgenommen werden, um die erforderlichen Fahrdrahthöhen zu erreichen. Erschwerend ins Gewicht fiel dabei, dass die Arbeiten vorwiegend nur in den kurzen nächtlichen Betriebspausen durchgeführt werden konnten.

Ergänzend wurden rund 15 km 15 kV-Speiseleitungen neu erstellt. Als eindrücklichstes Beispiel sei die neue Betonmastenleitung auf Stadtgebiet vom Unterwerk Zürich bis zum Bahnhof Museumstrasse erwähnt, die insgesamt 4 x 2 Speisesysteme überträgt. Ein Teil der Speiseleitungen musste auf der unterirdischen Strecke zusammen mit den entsprechenden Umgehungsleitungen der Bahnhöfe Museumstrasse und Stadelhofen verkabelt werden. Die Querschnitte der Kabelanlage konnten mit Hilfe der erwähnten Rechenprogramme für die künftigen Belastungen optimiert werden. Besondere Beachtung verdienen die Beanspruchung der Kabelschirme und das entsprechende Erdungskonzept, vor allem im unterwerknahen Bereich mit Kurzschlussströmen bis gegen 30 kA.

Gleisbau

Die Wahl des Oberbaumaterials (Schienen, Schwellen, Befestigung) wie auch die Gleisbettung als solche haben einen entscheidenden Einfluss auf den künftigen Unterhalt, aber auch auf den Umfang der störenden Emissionen (Lärm und Erschütterungen) im Betrieb.

Die starke Belastung der Neubaustrecke (alle 2 bis 3 Minuten ein Zug) und die teilweise grossen Steigungen bis zu 40 Promille werden zu intensiven Unterhaltsarbeiten führen, soll die Funktionstüchtigkeit und Sicherheit auch dieses Teils der Anlagen hinreichend gewährleistet werden. Erschwerend kommt hinzu, dass sich Gleisbauarbeiten auf dieser Schlagader des Verkehrs nur in den kurzen Nachtpausen durchführen lassen. Eine sehr sorgfältige Evaluation war daher allein schon unter dem Aspekt des Unterhalts geboten.

Ob schotterlose Gleise, wie bereits 1975 im Heitersbergtunnel und 1979 im Flughafenbahnhof eingebaut, oder ein konventioneller Oberbau vorzusehen sei, wurde unter Berücksichtigung der Erfahrungen nochmals eingehend untersucht. Wirtschaftlichkeitsrechnungen ergaben, dass der schotterlose Oberbau längerfristig unterhaltsfreundlicher ist und niedrigere Gesamtjahreskosten aufweist. Schienen und Schwellen sind leichter austauschbar, was besonders auch bei Schadenfällen (z.B. Entgleisungen) von Bedeutung ist, um die Zeit der Betriebsunterbrüche minimal halten zu können. Schliesslich lässt sich das Material problemlos in das Bewirtschaftungskonzept der SBB einfügen.

Die Neubaustrecke der S-Bahn Zürich unterquert in geringer Tiefe die Altstadt sowie das Gebiet Hottingen/Riesbach. Besichtigungen im Ausland (Wiener U-Bahn, RATP Paris) bestätigten, dass in dieser Situation die Problematik der Übertragung von Körperschall und Erschütterung die konstruktive Ausbildung entscheidend beeinflusst. Eine Arbeitsgruppe, zusammengesetzt aus Vertretern der Generaldirektion, der Kreisdirektion III der SBB sowie des Ingenieurbüros Glauser, Studer, Stüssi machte es sich in der Folge zur Aufgabe, geeignete Lösungen für die einzelnen Bauabschnitte zu finden.

Schon beim Zusammentragen aller Unterlagen zeigte es sich, dass noch kein fertiges Rezept existierte, welches einfach hätte übernommen werden können. Richtlinien für die zulässigen Auswirkungen waren damals noch nicht vorhanden, so dass diese Planungswerte in Zusammenarbeit mit der Kantonalen Lärmschutzkommission zunächst einmal bestimmt werden mussten.

In einer weiteren Phase mit Versuchen wurden ausgewählte Oberbautypen geprüft und optimiert. Ausserdem wurden Luftschallmessungen in schon bestehenden Tunnel mit gleichem Querschnitt (Heitersberg mit schotterlosem Gleis, Borntunnel mit Schotterbett) durchgeführt und ausgewertet. Es ergab sich, dass der schotterlose Oberbau bei gleicher Geschwindigkeit und gleicher Schienenoberfläche lauter ist, der Zustand der Schienen (geschliffen oder ungeschliffen) jedoch ca. 11 dB und die Differenz zwischen den einzelnen Wagentypen über 20 dB ausmachen. In einem weiteren Versuch wurde bei einem Gleis im Flughafen Kloten durch Austausch der Gummischuhe das optimale System gesucht und ohne Mehrkosten eine zusätzliche Körperschalldämmung

von 6 bis 8 dB erreicht. Versuchsweise wurden sodann im Zimmerbergtunnel drei Unterschottermattentypen verlegt und auf ihre Eigenschaften geprüft.

Als Ergebnis kommen die Schwellen im Tunnelbereich der Neubaustrecke auf der durchgehenden Betontragplatte in neuentwickelte Schwellenschuhe zu liegen, welche die Körperschallemissionen in Richtung Oberfläche signifikant reduzieren. In speziell oberflächennahen Bereichen mit Weichenverbindungen sind zusätzliche Massnahmen zu treffen, wie das Verlegen von Unterschottermatten oder das Anordnen von Massefedersystemen. Der Entscheid über deren Einbau wurde abgestützt auf Immissionsprognosen. Die verschiedenen zum Einbau kommenden Typen sind in der untenstehenden Tabelle zusammengefasst. Ein gezielter Beitrag orientiert an anderer Stelle im einzelnen über die Massnahmen gegen Körperschall und Erschütterungen.

Die komplizierten Weichenanlagen im Bahnhof Museumstrasse sowie die Gleise und teilweise die Weichen im Bahnhof Stadelhofen werden mit UIC 54-Schienen auf Holzschwellen in ein Schotterbett verlegt.

Massnahmen am Oberbau

Stufe	Dämmleistung >40 Hz	Schotter-Oberbau		Schotterlos
		Kiesplanum	Betonsohle	
0	Vergleichsbasis			
1	ca. 5-10 dB	Altpneumatte Versuche Zimmerbergtunnel Bhf. Stadelhofen		optimierter Schwellenschuh
2	ca. 10-15 dB	hochwertige USM Versuch Zimmerbergtunnel	Altpneumatte Riesbachtunnel Versuch Bhf. Stadelhofen	
3	ca. 15-20 dB		hochwertige USM ZSB: Rampe, Limmat, Stadelhofen Basel: Gellertdreieck	leichtes MFS ZSB: First Church
4	über 20 dB		MFS ZSB: Rämistrasse	MFS ZSB: Central

Im Hirschengraben- und Zürichbergtunnel kommt für Gleise und Weichen der schotterlose Oberbau mit UIC 54-Schienen zur Anwendung, wie er sich in verschiedenen Tunneln (Bözberg, Heitersberg) bereits bewährt hat. Im Glattal, das heisst von Stettbach bis Dübendorf bzw. Dietlikon, wurde der Oberbau mit Schiene UIC 60 (bei den Weichen auf Holz-, bei den Gleisen auf Betonschwellen) in einem konventionellen Schotterbett ausgeführt.

Profil- und Perronanpassungen

Der Einsatz von Doppelstockwagen auf dem gesamten S-Bahnnetz verlangt überall das Lichtraumprofil II. Konkret ergab sich daraus vor allem, dass Erweiterungen in den oberen Eckenbereichen des Lichtraumprofils notwendig werden. So waren Anpassungen in Tunneln (z.B. Wipkingertunnel), Verschiebungen von Signalen und Anhebungen oder Verschmälerungen von Perrondächern vorzunehmen. Für die Fahrdrahthöhe ist ein Minimalmass von 4.88 m vorgeschrieben. Daraus resultieren

Vorfabrizierte Schutznischen im Hirschengrabentunnel

Rekonstruktion Wipkingertunnel

z.B. Gleisabsenkungen bei Brücken oder der Ersatz der Fahrleitung durch eine Stromschiene (z.B. Engetunnel).

Bauliche Massnahmen lösten sodann auch die Einstiegbedingungen für die Doppelstockwagen aus. Als Minimum sind durchgehend 25 cm hohe Perronkanten über eine Länge von 320 m notwendig. Das Sollmass beträgt indessen 55 cm. Besonders auf frequenzstarken Bahnhöfen gewährleistet nur die 55 cm hohe Perronkante einen hinreichenden Ein- und Aussteigekomfort und damit eine möglichst kurze Fahrgastwechselzeit. Der Gepäckverkehr muss hier auf Karrenüberfahrten an den Perronenden verlegt oder über Rampen und Unterführungen abgewickelt werden. Kleinere und grössere Ergänzungsarbeiten auf praktisch allen Bahnhöfen im S-Bahnbereich waren die Folge dieser Forderung. In einzelnen Fällen weiteten sich diese Arbeiten sogar zu einem umfassenden Umbau ganzer Bahnhofanlagen aus. Mit Rücksicht auf das grosse Bauvolumen wird nicht jedes dieser Vorhaben im Mai 1990 vollständig abgeschlossen sein, ohne indessen die Aufnahme des S-Bahnbetriebes zu verzögern.

Zur Sicherheit des künftigen Bahnbetriebs auf der Neubaustrecke

Peter Zuber

Was ist denn gefährlich an der Neubaustrecke?

Die S-Bahn Zürich ist eine normale, moderne Bahn, welche entsprechend dem hohen Leistungsbedürfnis geplant und gebaut wird. Als solche wird sie selbstverständlich mit der modernsten Sicherheitstechnik wie z.B. Zugüberwachung und Zugfunk ausgerüstet. Dank der Automatisierung der Überwachungsanlage ist die Bahn in den letzten Jahrzehnten, trotz zunehmender Verkehrsdichte, noch sicherer geworden; Automaten sind zirka tausendmal sicherer als der Mensch. Das Todesfall-Risiko im Zug beträgt heute zirka 0,05 auf 100 Mio. Personenkilometer. Anschaulicher ausgedrückt heisst das: wenn jemand jeden Tag, statt zu arbeiten, acht Stunden Eisenbahn führe, also z.B. nach Paris und zurück, müsste er das 10 000 Jahre lang machen, bis ihn nach statistischer Wahrscheinlichkeit der Unfalltod ereilen würde. (Auf der Strasse träte dieser schon nach wenigen 100 Jahren ein.) Das Risiko eines tödlichen Unfalls im Haushalt ist etwa gleich gross; damit ist Bahnfahren etwa gleich gefährlich wie zu Hause bleiben.

Somit bestand eigentlich kein Grund, die Sicherheitsfrage von Grund auf neu aufzurollen. Dennoch beschäftigte sich die Projektleitung schon früh mit der Frage, ob mit der Neubaustrecke nicht auch neue Gefahrenherde geschaffen würden: die neuen Dimensionen, die grosse Ansammlung von Personen am selben Ort, dazu noch unterirdisch, unter Häusern und Flüssen, waren ungewohnt. Konkreter ausgedrückt bestand

1. die Sorge, etwas falsch zu bauen, so etwas wie eine Falle, aus der die Passagiere keinen Ausweg mehr finden würden, wenn sich ein Bagatellunfall wie z.B. ein kleiner Brand ereignet, der andernorts harmlos wäre, hier aber unversehens katastrophale Ausmasse erreichen könnte (der Brand in London, King's Cross, verursachte am 18. November 1987 30 Tote);

2. die Sorge, dass während der Projektierung von irgendeiner Seite Begehren nach exorbitant teuren Sicherheitsmassnahmen wie z.B. Paralleltunnel oder Fluchtschächte gestellt würden. Bedenken seitens der Projektleitung, die ja auch für die Kosten verantwortlich ist, könnten mit der unfairen Gegenfrage «Übernehmen Sie die Verantwortung, wenn etwas passiert?» ausgeräumt werden.

Die Projektleitung musste sich diese Fragen stellen. Offensichtlich ist sogar die Bahn nicht hundert Prozent sicher. Aber wie sicher ist sicher genug? Welche Risiken darf oder muss man eingehen? Welche nicht? Um solchen Sorgen zu begegnen, wurde bereits in der Planungsphase der S-Bahn eine Arbeitsgruppe aus bahninternen Fachleuten und professionellen Sicherheitsberatern gebildet, der sogenannte «Sicherheitsrat», und mit folgenden Aufgaben betraut:

• Alle vorstellbaren Unfallszenarien in Gedanken durchzuspielen und zu prüfen, mit welchen Massnahmen sie verhindert oder, wenn dies nicht mit Sicherheit möglich sein sollte, in ihren Auswirkungen harmloser gestaltet werden könnten.

• Ein optimales Massnahmenpaket vorzuschlagen, also eines, das ein akzeptables Sicherheitsniveau mit minimalem Aufwand erreicht.

Die Risiken und die möglichen Gegenmassnahmen

Der Sicherheitsrat ging davon aus, dass die Bauwerke und technischen Einrichtungen richtig bemessen und ausgeführt wurden. Er vergewisserte sich, dass die klassischen Ingenieurprobleme wie z.B. die richtige Bemessung von Fundationen und

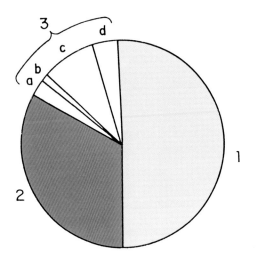

Verteilung der Risiken im Hirschengrabentunnel:
1. Zugunfälle, 2. Brand, 3. Weitere Unfallarten:
a) Sabotage, b) Gewaltverbrechen, c) Personen-
unfälle, d) Arbeitsunfälle

Stützen durch andere Stellen geprüft wurden, und konzentrierte sich auf die dadurch nicht abgedeckten Sicherheitsprobleme. Er stellte fest:

• Zugunfälle und Brand stellen die Haupt-
risiken bei der S-Bahn dar.

• Die Wahrscheinlichkeit eines Unfalls im
Bahnhof Museumstrasse ist höher als beispielsweise auf einer typischen Vorortsta-
tion mit zehnmal weniger Zügen und hun-

Risikoprofil mit Schutzziel

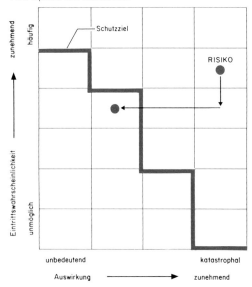

dertmal weniger Passagieren pro Tag. Im
statistischen Vergleich steigt das kollektive
Risiko (Opfer pro Kilometer und Jahr) etwa
proportional zu den Frequenzen.

• Es sind zahlreiche Sicherheitsmassnahmen z.B. gegen die Brandgefahr denkbar:
Alarm- und Rettungskonzept, Sprinkleranlage, Rauchabzugsschacht, Rettungsstollen parallel zum Tunnel u.a.m. Darunter hat
es billige und teure, wirksame und weniger
wirksame und somit auch vernünftige und
weniger vernünftige Massnahmen. Es
wäre wenig sinnvoll, alle realisieren zu wol-
len; somit besteht die Kunst in der richtigen Auswahl.

Zur Auswahl der Gegenmassnahmen, oder wie sicher ist sicher genug?

Die Auswahl erfolgt:

1. Nach Vorschriften
Sind Vorschriften vorhanden, ist der Fall
klar: die Sicherheitsmassnahme wird
selbstverständlich realisiert. Für die hier zu
untersuchenden Sicherheitsfragen lagen
indessen kaum Normen oder Vorschriften
vor. Deshalb wurden auch ausländische
Vorschriften, insbesondere jene der BRD,
konsultiert. Sie tragen leider nur wenig zur
Klärung bei. Verschiedene Massnahmen,
die im Ausland vorgeschrieben sind, zeigen sich für die Verhältnisse der S-Bahn
Zürich als nicht angemessen. Beispielsweise wird bei den deutschen S-Bahnen mindestens alle 800 Meter ein Notausstieg
verlangt. Im Flachland kann dies sinnvoll
sein; bei der S-Bahn Zürich ergäbe diese
Forderung Nottreppen mit Höhendifferenzen bis zu 180 Metern, was kaum noch
einen Nutzen bringt (unsere Kunden sind
nicht nur Spitzensportler), hingegen mit
enormen Kosten verbunden ist.

2. Nach bestem Ermessen
Fehlten Vorschriften, so stützte sich der
Entscheid, welche Massnahme zu ergrei-
fen sei, auf den Stand der Technik, auf das
Urteil von Fachleuten und die systemati-
sche Analyse und Bewertung von Risiken.
Man kann das auf zwei Arten illustrieren:

a) Mit Hilfe des Schutzziels
Die Eintretenswahrscheinlichkeit jeder Gefahr wurde geschätzt und einer von sechs 70

Stufen zwischen «häufig» und «unmöglich» zugeordnet. Gleichermassen stufte das Team die Auswirkung jeder Gefahr in vier Kategorien von «unbedeutend» bis «katastrophal» ein.

Im Risikoprofil gelangen die Risiken grafisch zum Ausdruck. Jede Gefahr wird durch einen numerierten Punkt dargestellt: je weiter oben rechts er liegt, desto grösser ist die Tragweite, je mehr unten links, desto harmloser. Irgendwo dazwischen liegt die Grenze, unter der ein Risiko als akzeptabel, die erwartete Sicherheit als ausreichend erachtet wird: Man nennt diese Grenze das Schutzziel.

Risiken, die das gewünschte Schutzziel und somit die erwartete Sicherheit nicht erreichten, mussten durch risikovermindernde Massnahmen innerhalb des Schutzziels gebracht werden. Risikovermindernde Massnahmen sind solche, welche entweder die Eintretenswahrscheinlichkeit einer Gefahr reduzieren oder ihre Auswirkung vermindern, oder beides zusammen. Standen mehrere Massnahmen zur Auswahl, wurden selbstredend die kostengünstigsten gewählt.

Diese Methode ist anschaulich und nachvollziehbar. Man kann die Liste, wie es hier geschah und bis am Tage der Eröffnung noch geschehen wird, mit immer wieder neu geschaffenen Gefahren und Gegenmassnahmen ergänzen. Weil sie aber mehr intuitiv als analytisch vorgeht, ermöglicht sie keine quantifizierbaren Aussagen oder Vergleiche.

b) Mit Hilfe von Kosten/Nutzen-Überlegungen
Die untersuchten Massnahmen weisen bezüglich ihrer Kosten und ihres Nutzens grosse Unterschiede auf. Gewisse Massnahmen erbringen für wenig Geld eine grosse Risikoreduktion, die Wirkung anderer Massnahmen ist trotz enormer Kosten bescheiden. Beispielsweise wird bei der Massnahme «Alarm- und Rettungskonzept» statistisch gesehen für Fr. 600 000.– ein Menschenleben gerettet. Beim «parallelen Rettungsstollen» würden hingegen mehr als 100 Mio. Franken aufgewendet, um ein Menschenleben zu retten.

Mit dieser Methode erhält man eine objektive, in Zahlen ausgedrückte Beurteilungsgrundlage zur Auswahl des optimalen Massnahmenpaketes. Die Zahlen sind selbstverständlich nur so gut wie die manchmal mit Vorsicht aufzunehmenden statistischen Grundlagen, auf denen sie beruhen. Die Methode ermöglicht Verglei-

Das individuelle Risiko eines Bahnreisenden von Zürich nach Wetzikon wird ab 1990 durch die Inbetriebnahme der S-Bahn kleiner werden.

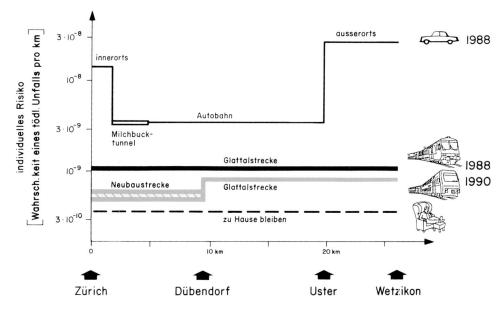

che mit anderen Streckenabschnitten der S-Bahn und mit anderen Bahnanlagen. Wie erwartet, angesichts der relativ hohen Sicherheit der Bahn, sind die Kosten für die Rettung eines Menschenlebens recht hoch, nämlich in der Grösse von mehreren Millionen Franken.

Schlussfolgerung: die S-Bahn-Neubaustrecke ist mindestens so sicher wie andere Bahnlinien

Die intensive Beschäftigung mit der Sicherheit der Neubaustrecke hat der Projektleitung ein differenziertes Bild der Gefahren vermittelt.

Sie hat – und das ist das Verdienst der intuitiv-anschaulichen Methode «Schutzziel» – ein gutes Gewissen, weil sie mit den besten Leuten jedes Faches versucht hat, an alle Gefahren zu denken, weil sie nach bestem Wissen und Ermessen die vernünftig scheinenden Massnahmen angeordnet und ihre Ausführung kontrolliert hat.

Sie weiss – dank der analytischen Methode «Kosten/Nutzen-Vergleich» –, dass die Sicherheitsmassnahmen ausgewogen sind. Es ist ihr bekannt, dass sich auf der Neubaustrecke, mit statistischer Wahrscheinlichkeit, alle paar Jahre ein tödlicher Unfall ereignen könnte, sie weiss aber auch, dass sie damit nicht aus dem bei Bahnen üblichen hohen Sicherheitsrahmen fällt, sondern sogar eher auf der günstigen Seite liegt. Sie darf annehmen, dass die Bauwerke das für Bahnen akzeptable Sicherheitsniveau aufweisen, um so eher, als gegen Katastrophen mit vielen Toten besonders viel vorgekehrt wurde, im Wissen um die Aversion gegen solche Grossunfälle. Sie kann schliesslich dem Einzelreisenden in Aussicht stellen, dass er auf der S-Bahn noch sicherer fahren wird als auf der «gewöhnlichen» Bahn.

S-Bahn Zürich

Technische Gesamtaspekte

Die geologischen Verhältnisse entlang der Neubaustrecke

Geologische Übersicht

Matthias Freimoser

Die Neubaustrecke der S-Bahn Zürich vom Hauptbahnhof bis Wallisellen berührt geologisch recht unterschiedliche Gesteinsarten. Mit dem Zürichbergtunnel zwischen Hottingen und Stettbach und mit dem Hirschengrabentunnel zwischen Stampfenbachstrasse und Künstlergasse wurden Felsgesteine der Oberen Süsswassermolasse durchfahren.

Im Limmat- und Hauptbahnhofbereich erfolgte der Tunnelbau in vom würmeiszeitlichen Rhein-Linth-Gletscher unterschiedlich hart vorbelasteten Lockergesteinen und in spät- bis nacheiszeitlichen See- und Flussablagerungen. Zwischen dem Heimplatz und dem Schacht St. Antonius wurde zweimal – unter der Winkelwiese

und beim Kreuzplatz – der markante Endmoränenwall von Zürich, welcher von der Hohen Promenade über den Lindenhof und Ulmberg auf die andere Seeseite zu verfolgen ist, sowie dessen Vorfeld aus groben Gletscherbachablagerungen unterquert. Im Bereich des auf der Wallinnenseite gelegenen Bahnhofs Stadelhofen erfolgt gegen Westen der Übergang in die jungen Ablagerungen des Zürichsees.

Auch östlich des Zürichbergs ist der Baugrund durch mächtige eiszeitliche und späteiszeitliche Lockergesteine, welche die tief ausgeräumte Felsrinne des Glattales füllen, gekennzeichnet.

Im folgenden sollen die Gesteinsformationen einzeln vom Hauptbahnhof bis ins Glattal hinüber geologisch und hydrologisch kurz charakterisiert werden.

Geologisches Profil Hauptbahnhof–Weinbergstrasse

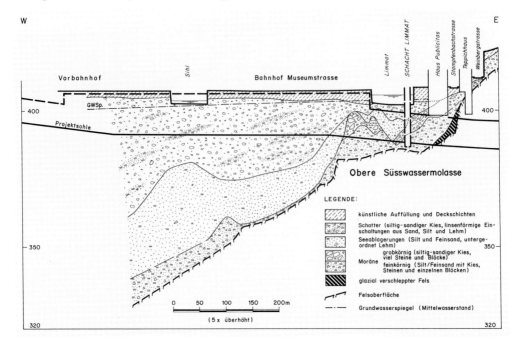

74

Streckenabschnitt Vorbahnhof bis Stampfenbachstrasse

Robert Arnold und Matthias Freimoser

Der Abschnitt Vorbahnhof bis Stampfenbachstrasse der S-Bahn Zürich liegt im östlichen Randbereich des stadtzürcherischen Limmattales. Das Teilgebiet Hauptbahnhof–Bahnhofplatz Limmatraum ist infolge dieser randlichen Lage zur nordöstlichen Talflanke und zur südlich gelegenen würmeiszeitlichen Lindenhofmoräne wesentlich vielfältiger und komplexer aufgebaut als die weiter westlich anschliessende Talebene (vgl. Bild Seite 74). Aus dieser Randlage ergibt sich auch die von Osten gegen Westen zunehmende Mächtigkeit der Lockergesteine, in welchen die Bauwerke zu erstellen waren.

Der Felsuntergrund besteht aus Gesteinen der Oberen Süsswassermolasse. Die Felsoberfläche fällt von Osten nach Westen nicht gleichmässig, sondern getreppt ab, in einer Bohrung nahe der Sihl wurde sie erst in 78 m Tiefe erreicht. Unter der Limmat findet sich eine plateauartige Verebnungsfläche, unter der Stampfenbachstrasse dagegen eine fast vertikale Steilstufe, an der ein ca. 10 m dickes Paket aus vom Gletschereis vollkommen zerschertem und disloziertem Molassefels klebt.

Über dem Molassefels finden sich würmeiszeitliche Moränen. Im Trasseebereich besitzen diese in ihren tieferen Teilen hauptsächlich eine feinkörnige, siltig-sandige, schwach tonige Grundmasse, in die Kies, Steine und einzelne Blöcke eingestreut sind. Diese feinkörnige, kompakt gelagerte und praktisch wasserundurchlässige Grundmoräne fehlt im Limmatbereich stellenweise. Überlagert wird sie von einer ausgesprochen blockreichen, sandig-kiesigen Moränenschicht, die wegen des zurücktretenden Feinanteils relativ gut durchlässig ist. Die Moränenobergrenze verläuft im Limmatbereich längs dem Trassee ziemlich unruhig und fällt im Bereich des Bahnhofareals steil gegen Westen ab.

Auf der Moräne liegen siltig-feinsandige Seeablagerungen, die am rechten Limmatufer auskeilen. Ihre Mächtigkeit nimmt limmattalabwärts in Richtung Westen bei gleichzeitig fallender Schichtobergrenze zu. Die praktisch kohäsionslosen Seeablagerungen sind im Bahnhofgebiet im natürlichen, ungestörten Zustand sehr dicht gelagert, was auf eine teilweise Vorbelastung durch einstiges Gletschereis deutet.

Der weitaus grösste Teil des im Lockergestein verlaufenden Streckenabschnittes liegt im Schotter, der im Projektgebiet materialmässig hauptsächlich aus schwach bis mässig siltigem, sandreichem Kies mit Steinen und einzelnen Blöcken aufgebaut ist. Darin finden sich linsenförmige Einschaltungen aus Sand sowie – in kleinerer Anzahl und vor allem am Rand des Schottervorkommens im Bahnhofgebiet – zum Teil ausgedehntere Stillwasserablagerungen aus Ton, Silt und Feinsand. Die Mächtigkeit des im Bereich des Neumühlequais auskeilenden Schottervorkommens nimmt in Richtung Westen zu und beträgt unter der Sihl bereits rund 30 m. Die Lagerungsdichte des Schotters ist im Randgebiet bei der Limmat durchwegs als locker bis mitteldicht einzustufen. Weiter westlich wurde im Gebiet des Haupt- und Vorbahnhofs, wie übrigens im ganzen übrigen zürcherischen Limmattal, in den obersten 4 – 6 m des Schotters eine mittlere bis grosse, darunter eine mittlere Lagerungsdichte festgestellt.

Über dem Schotter wurden mit Ausnahme der Flussbette von Sihl und Limmat überall geringmächtige Deckschichten und vielerorts auch künstliche Auffüllungen aufgeschlossen.

Das Gebiet Hauptbahnhof liegt im obersten Abschnitt des ausgedehnten Limmattal-Grundwasserstromes, dessen räumliche Ausdehnung mit dem Schottervorkommen weitgehend identisch ist. Den Grundwasserstauer bilden hier teils die siltig-feinsandigen Seeablagerungen, teils die feinkörnige Moräne. Die Speisung des Grundwassers erfolgt einerseits durch die Sihl und andererseits im Gebiet des Hauptbahnhofs vor allem durch die Limmat. Der Grundwasserspiegel fällt im Projektgebiet mit wenigen Promillen in Richtung Westen und weist einen Schwankungsbereich von rund 3.5 m auf. Er schliesst permanent an den Limmatspiegel an, wogegen ein direkter Anschluss des Grundwasserspiegels an den Sihlwasserspiegel im Trasseebereich der S-Bahn Zürich nur bei hohem Grundwasserstand vorhanden ist.

Die Felsenstrecke des Hirschengrabentunnels

Matthias Freimoser

Zwischen der Stampfenbachstrasse und der Künstlergasse liegt der Hirschengrabentunnel ganz im Fels der Oberen Süsswassermolasse. Wie im Zürichbergtunnel besteht die vor ca. 14 Millionen Jahren im Bereich einer flachen Schwemmebene im nördlichen Vorland der sich bildenden Alpen entstandene Gesteinsfolge aus einer fast horizontal liegenden, relativ dünnbankigen Wechsellagerung von Mergeln, Sandsteinen und Siltsteinen. Das Zürcher Gebiet lag damals recht weit entfernt von den Schüttungszentren, weshalb die im Hörnli- und Napfgebiet mächtigen Nagelfluhfolgen hier ganz fehlen. Die sich zur Gliederung der Zürcher Molasse anbietenden Leithorizonte aus Süsswasserkalken oder Bentonitlagen liegen wie beim Zürichbergtunnel ausserhalb des Tunnelprofils.

Hirschengrabentunnel Felsenstrecke
Brustbild bei SBB-km 100.417

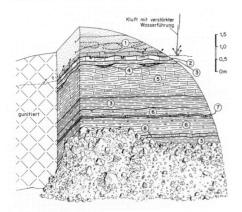

① Schräggeschichtete, relativ wenig zementierte Sandsteine (Rinnenfüllung) mit harten Knauern und Mergelkalk-Resedimenten an der Basis
② Süsswasserkalk mit Wurzelspuren
③ Toniger Mergel, mässig-stark bunt
④ Toniger Mergel, auffällig zinnoberrot
⑤ Mergel, mässig bunt
⑥ Siltiger Mergel, schwach bunt
⑦ Siltiger Tonstein, schwarzgrünlich, «bituminös», mit Schneckenresten
⑧ Feinsandstein, hart, graubraun

Zur Gliederung der Schichtfolge konnten aber mehrere, über grössere Distanzen verfolgbare Schwarzhorizonte («bituminöse Horizonte») benutzt werden. Im Gegensatz zum Zürichbergtunnel wurden innerhalb der Wechsellagerung aber auch einige Sandsteinrinnen – zum Beispiel bergseits unterhalb der Parkgarage Central (vgl. Bild links auf dieser Seite) und in der Nähe des Unterwerkes EWZ Sempersteig – angetroffen, welche durch eine deutlich erhöhte Wasserführung auffielen.

Die Klüftung und Verwitterung des Molassefelses war besonders schön im Zwischenangriffsschacht Hirschengraben zu studieren. Sie beschränkte sich auf die obersten ca. 10–15 m der Schichtfolge. Dort fanden sich zum Teil sogar einige Zentimeter klaffende, lehmgefüllte Klüfte; in der Baugrube EWZ Sempersteig war der Fels durch zwei senkrecht zueinander stehende Kluftscharen mauerwerkartig zerlegt. Im Tunnel selbst war aber von dieser Entspannungsklüftung und Verwitterung, abgesehen von wenigen Metern unter der Grundmoränendecke an beiden Tunnelenden, praktisch nichts zu sehen.

Die Lockergesteinstrecke des Hirschengrabentunnels

Matthias Freimoser

Von Anfang an war wegen der schwierigen Baugrundverhältnisse und der übrigen ungünstigen Rahmenbedingungen (diverse zu unterfahrende Bauten usw.) klar, dass die Auffahrung des Lockergesteinabschnittes des Hirschengrabentunnels zwischen Florhof und Bahnhof Stadelhofen bautechnisch das «pièce de résistance» im Zuge des Zürcher S-Bahnbaues darstellen würde. Für das ca. 350 m lange nördliche Teilstück wurde ein Schildvortrieb mit vorgängiger Grundwasserabsenkung von der Terrainoberfläche aus vorgesehen, während die restlichen ca. 150 m vom Bahnhof Stadelhofen her im Gefrierverfahren angegangen werden sollten.

Die Schildmontage erfolgte am Ende der Molassefelsstrecke; zu durchfahren war eine würmeiszeitliche, äusserst heterogen aufgebaute, glazial vorbelastete Schicht-

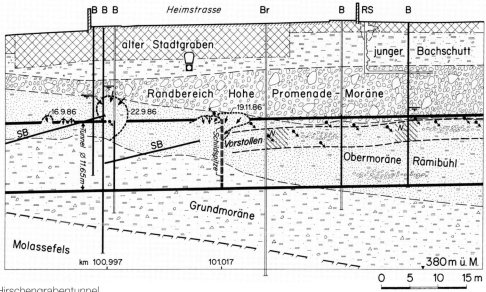

B B B   Heimstrasse   Br   B RS   B

alter Stadtgraben

junger Bachschutt

Randbereich Hohe Promenade Moräne

16.9.86   22.9.86   19.11.86

SB

SB

Schildspitze

Vorstollen

Obermoräne Rämibühl

Grundmoräne

Molassefels

km 100.997   101.017

380 m ü. M.

0   5   10   15 m

Hirschengrabentunnel
Lockergesteinstrecke Bereich Heimstrasse

B: Vertikalbohrung
SB: Schrägbohrung
Br: Brunnen
RS: Rammsondierung
N: Nische

serie aus Moränen, verschwemmtem Moränenmaterial, eiszeitlichen Seeablagerungen und Schottern. Der Kernbereich zwischen Hirschengraben und Rämistrasse gehört zur Hohe Promenade-Moräne bzw. zu deren Unterlage, im nordöstlichen Vorfeld schliessen sich ältere würmeiszeitliche Lockergesteine des Gletscherstandes Rämibühl an, über welche glazial nicht mehr vorbelasteter, grober Gletscherbachschutt am Aussenrand der Hohen Promenade-Moräne geschüttet worden ist (vgl. Bild oben).

Die im Bereich Künstlergasse-Florhof dem Fels aufliegende Grundmoräne – auch hier fand sich übrigens wie unter der Stampfenbachstrasse oder beim Schacht St. Antonius eine Lage aus glazial verschlepptem Fels – ist deutlich weniger homogen ausgebildet als zum Beispiel jene unter dem Neumühlequai oder beim Schacht St. Antoniuskirche. In ihr finden sich immer wieder Lagen aus Kies und Sand, trotz dieses relativ heterogenen Aufbaues konnte diese Grundmoräne aber durch die Vakuumbrunnen einigermassen entwässert werden.

Als bautechnisch besonders heikel erwiesen sich die auf der Grundmoräne folgenden, oft sauberen, kohäsionsarmen Sande der Rämibühl-Obermoräne, insbesondere weil sie praktisch nicht injizierbar waren. Diese Sande erschienen kurz nach dem Florhof im Tunnelfirst; erschwert wurde im Bereich Heimstrasse-Krautgartengasse die Situation dadurch, dass über diesen Sanden direkt der grobe Gletscherbachschutt der östlichen Flankenentwässerung des Gletschers (Randbereich Hohe Promenade-Moräne) liegt. An der Basis dieses vergleichsweise sehr gut durchlässigen Schichtgliedes zirkuliert Wasser, welches auch die Sande der Unterlage destabilisiert hat und von den Brunnen nicht in ausreichendem Mass gefasst werden konnte. In den Sanden kam es im Bereich der Heimstrasse zu mehreren Niederbrüchen, die aber dadurch, dass der Deckel aus Gletscherbachschutt gut injizierbar war, zum Glück kein katastrophales Ausmass annahmen. Sie zwangen aber immerhin zu einer Unterbrechung der Schildfahrt und zur vorgängigen Ausführung eines Pilotstollens, von dem aus weitere Bauhilfsmassnahmen wie Entwässerung, Jetting und/oder Injektionen ausgeführt werden konnten.

Von der Krautgartengasse an wurden die Baugrundverhältnisse dann wieder besser: Der grobe Gletscherbachschutt ver-

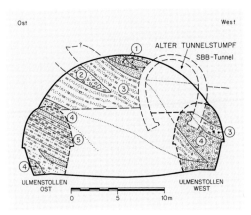

Ost · West

ALTER TUNNELSTUMPF
SBB-Tunnel

ULMENSTOLLEN OST · ULMENSTOLLEN WEST

0 · 5 · 10m

Brustbild aus dem Rämistrassentunnel
(ca. SBB-km 101.410)

① Sand und Kies, mehr oder weniger sauber
② Gemisch Silt/Sand/Kies, steinig
③ Fein- und Mittelsand, siltig, wenig kiesig,
  feingeschichtet
④ Fein- und Mittelsand, stark siltig, kiesig,
  ungeschichtet
⑤ Silt, sandig, feingeschichtet

① – ② Faziestyp Moräne
③ – ⑤ Faziestyp eiszeitliche Seeablagerungen

schwand aus dem Firstbereich bzw. führte kein Wasser mehr. Auch die Sande wurden von eher grundmoränenartigen Sedimenten abgelöst. Im Bereich Hirschengraben-Winkelwiese erfolgte unter der Hohen Promenade-Moräne der Vortrieb in kiesreichen, geschichteten Lockergesteinen, die gut entwässerbar waren, andererseits aber auch erstaunlich viel Wasser brachten.

Vom Bereich Winkelwiese nördlich der Rämistrassen-Häuser wurde dann die eigentliche, sandwich-artig aufgebaute Hohe Promenade-Moräne gequert.

Bahnhof Stadelhofen

Matthias Freimoser

Der vom Zeltweg gegen den See absinkende Molassefels liegt im Bahnhofbereich Stadelhofen schon in unbekannter Tiefe, er wurde auch durch eine 50 m tiefe Bohrung am Ostrand der Stadelhofer Anlage nicht mehr erreicht. Dasselbe gilt für die über dem Fels folgende Grundmoräne.

Das Bahnhofareal Stadelhofen befindet sich geologisch im Bereich der Innenflanke der Hohen Promende-Moräne. Diese zeigt einen wesentlich komplizierteren Aufbau als er üblicherweise bei End- und Seitenmoränen anzutreffen ist: Eigentliche Moränenbildungen wechsellagern mit flach gegen den See hin abfallenden Paketen aus Seeablagerungen. Dies ist damit zu erklären, dass der Gletscher während des Zürich-Stadiums relativ lange im heutigen Seebecken lag und die in seinem Vorfeld sedimentierten Eisrandablagerungen bei Pendelbewegungen der Gletscherstirn verstossen und mit Moränenmaterial vermischt worden sind. Die Grenzen zwischen den beiden Lockergesteintypen – Moräne und eiszeitliche Seeablagerungen – sind aber fliessend, auch mehr oder weniger saubere Kiese sind anzutreffen, welche beim Aufbau des Gefrierkörpers im Rämistrassentunnel wegen ihrer «Trockenheit» Schwierigkeiten brachten.

Seewärts des Bahnhofgebäudes tauchen die glazial vorbelasteten eiszeitlichen Sedimente rasch unter weiche bzw. locker gelagerte Seeablagerungen, Strand- und Sumpfablagerungen hinab, welche ihrerseits von mächtiger künstlicher Auffüllung bedeckt sind. Letzteres gilt vor allem für den Bereich der nahegelegenen alten Hafenanlagen und der letzten Stadtbefestigung.

Die Lockergesteine der Hohe Promenade-Moräne sind sehr unterschiedlich, insgesamt aber nur bescheiden durchlässig. Seewärts des Bahnhofs liegen die Grundwasserspiegel mehrheitlich etwas unter dem Seespiegel und steigen von dort gegen die Seitenmoräne hin mit ca. 2-3% an.

Die Geologie der Einspurröhren (von Schacht St. Antonius bis Bahnhof Stadelhofen)

Matthias Freimoser

Als erstes wurde in diesem Streckenabschnitt der Schacht bei der St. Antoniuskirche abgeteuft. Die dabei angetroffene Schichtfolge ist aus dem Schemaprofil (Bild Seite 79 oben) ersichtlich. Besonders eindrücklich war an der Basis der ungemein kompakten Grundmoräne eine weni- 78 ge Dezimeter dicke Lage von glazial verschlepptem Molassefels. Der grobe Gletscherbachschutt über der Grundmoräne stellt einen alten Bekannten dar: Wir sind ihm schon im Tunnelfirst des Hirschengrabentunnels im Bereich Heimstrasse am Aussenrand der Hohen Promenade-Moräne begegnet. Auch im Schacht St. Antoniuskirche führte dieser Gletscherbachschutt an der Basis, vor allem in den Depressionen der wasserstauenden Grundmoränenoberfläche, Grundwasser.

Das Längsprofil (Bild unten) verdeutlicht, dass gegen den Bahnhof Stadelhofen hin die Felsoberfläche ganz allmählich absinkt und im Tunnelfirst in zunehmendem Mass Lockergesteine erscheinen. Solange es sich dabei um die hart vorbelastete Grundmoräne handelte, war dies für den Tunnelbau noch recht unproblematisch. Schwieriger wurden die Verhältnisse, als unter der Klosbachstrasse dann diese Grundmoräne praktisch ganz ausdünnte und im Tunnelfirst die wasserführenden groben Gletscherbachablagerungen erschienen. Das Zurückdämmen des darin zirkulierenden Wassers mittels Injektionen war mühsam und kostspielig.

Zwischen Kreuz- und Merkurstrasse erfolgte dann die Verzahnung der Gletscher-

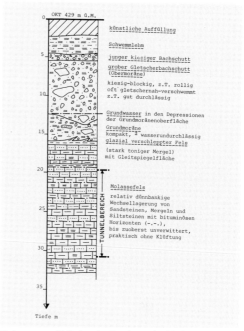

Schemaprofil Schacht St. Antoniuskirche

bachablagerungen des Aussenrandes der Hohen Promenade-Moräne mit deren komplex aufgebauten Sedimentfolgen aus Moränenmaterial, eiszeitlichen Schottern und Seeablagerungen, wie sie schon für den Bereich Hirschengraben/Winkelwiese beschrieben wurden.

Einspurröhre Stadelhofen–Schacht St. Antoniuskirche (Axe 200, «Seeröhre»)

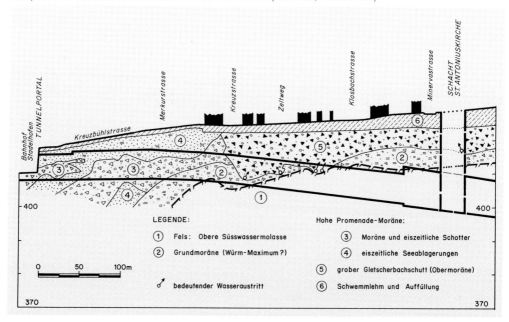

Zürichbergtunnel: Geologischer Befund

Paul Felber

Geologie

Die im Zürichbergtunnel angetroffenen Verhältnisse sind in mehrfacher Hinsicht bemerkenswert:

Der Zürichbergtunnel verläuft praktisch schichtparallel in der Oberen Süsswassermolasse (OSM): Die einen Durchmesser von 11.5 m aufweisende Tunnelröhre durchschneidet auf der Gesamtlänge von 4.35 km ein angenähert horizontal liegendes Schichtpaket aus Mergeln und Sandsteinen von lediglich 17.7 m Mächtigkeit. Das Längenprofil des Zürichbergtunnels ist dokumentiert durch 52 detaillierte geologische Tunnelaufnahmen im Bereich der Vortriebsbrust. Dieses Längenprofil stellt somit für die Molasse einen einzigartigen Aufschluss dar, welcher es gestattet, einen 17.7 m mächtigen Schichtstoss und dessen Gesteinscharakter (Fazies) praktisch lückenlos über 4.35 km seitlich zu verfolgen.

Eine in diesem Ausmass bisher in der OSM nicht bekannte, grossflächige «Überschwemmungsebenen-Fazies» hat eine ausserordentlich ruhig gelagerte Schichtabfolge entstehen lassen, deren dm- bis m-mächtige Schichten nur sehr allmähliche seitliche Veränderungen zeigen und im Zürichbergtunnel in der Regel Hunderte von Metern bis kilometerweit verfolgt und zuverlässig korreliert werden können.

Am bemerkenswertesten ist eine schwarze Leitschicht aus tonigem Mergel und mürbem, braun-schwarzem Sandstein mit fossilen Schneckenschalen. Diese zwischen Tunnelfirst und Tunnelmitte verlaufende, um 0.5 m mächtige Schicht konnte von

Geologisches Profil durch den Zürichberg längs der Tunnelachse (Baubefund)

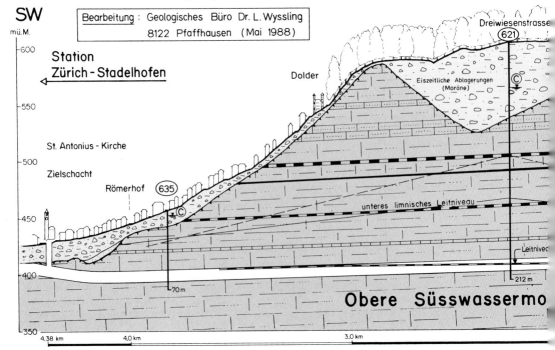

der Randzone Stettbach über 3.5 km weit Richtung Hottingen durchgehend verfolgt werden; sie wird deshalb hier als «Leitniveau des Zürichbergtunnels» bezeichnet.

Schichtversetzende Verwerfungen oder Brüche wurden im Zürichbergtunnel keine angetroffen. Die von Pavoni (1957) postulierte Zürichbergstörung existiert nicht.

Hydrologie und Wasserführung

Der Zürichbergtunnel zeichnet sich durch eine ausserordentlich geringe Bergwasserführung aus. Der gesamte zentrale Tunnelabschnitt von über 4 km Länge ist «trokken» (total 0 – 0.9 l/min Sickerwasser), und nur in den Randzonen wurde ein minimaler Bergwasseranfall von wenigen Minutenlitern gemessen. Mit Ausnahme der Randzone Stettbach (Tunnelmeter 0 – 130) war es im Tunnel so trocken, dass die beim Fräsvortrieb resultierende Staubentwicklung zu besonderen Massnahmen Anlass gab (Sprinkleranlage auf der Tunnelbohrmaschine).

Im Zentrum des Zürichberges konnte ein tiefliegender Porenwasser-Druckspiegel im Molassefels nachgewiesen werden, welcher knapp 100 m tiefer liegt als der Hangwasserspiegel in den darüberliegenden Lockergesteins-Deckschichten und welcher mit einem durchschnittlichen Gefälle von 20 °/oo von der Bergmitte zu den Bergflanken hin abfällt. Bemerkenswert ist die nachweislich ausgesprochen anisotrope Gebirgsdurchlässigkeit, bewirkt durch die angenähert horizontale Wechsellagerung von praktisch undurchlässigen Mergeln mit zumindest poren-durchlässigen Sandsteinschichten. Der natürliche Druckabbau von der Bergmitte gegen die Bergflanken vollzieht sich vor allem in horizontalen Sandsteinschichten.

Bezüglich der baulichen Eingriffe zeigen die Porenwasserdruckveränderungen im Molassefels eine ganz erstaunliche Sensibilität. So verursachte die «sanfte» Vorbeifahrt der Tunnelbohrmaschine im Berginnern bei B 621 eine signifikante Kompression (Anstieg: «Bugwelle») bzw. Dekompression (Abfall) des Porenwasserdruckes im Tunnelniveau, und die in der Nähe von B 621 später durchgeführten Felssprengungen hatten gar extreme Druckspiegelanstiege von bis zu 60 m zur Folge.

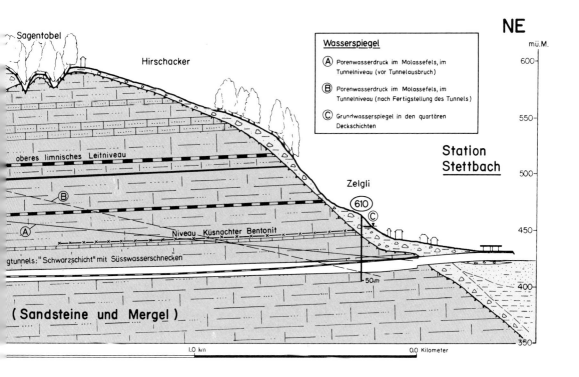

Die in der Randzone Stettbach überwachten Quellen zeigten keine Beeinflussung durch den Tunnelbau.

Die Entsorgung des während der Bauphase anfallenden, mit Zementmilch und hohem pH belasteten Tunnelwassers konnte mit Erfolg bei Stettbach durchgeführt werden (Sandfilterbecken; dann Einspeisung via Sickergalerie ins Grundwasser, bzw. Ableitung zusammen mit Grundwasser aus Bauwasserhaltung Stettbach in die Glatt).

Geotechnik, Tunnelbau

Der im Zürichbergtunnel angetroffene Molassefels wurde in vier lithologische Gesteinsgruppen gegliedert, welche zugleich auch geotechnisch relevante Einheiten bilden, nämlich:

① Sandsteine: Druckfestigkeit sehr variabel, Mittel: 60 N/mm^2, Maximum: ca. 100 N/mm^2

② Harte feinsandige Mergel und Kalke (inkl. «Siltsteine»): Druckfestigkeit 15 – 60 N/mm^2, Mittel: 40 N/mm^2

③ Weiche tonige Mergel, ± schwellfähig: Druckfestigkeit 0 – 40 N/mm^2, Mittel: 20 N/mm^2

④ Schwarze Leithorizonte (Tonmergel bis Sandsteine): Druckfestigkeit sehr variabel, Mittel: 20 N/mm^2

Über den gesamten Tunnel verteilen sich diese vier Gesteinstypen mengenmässig wie folgt:

①   6 – 60 %, Mittel: 35 %

②   10 – 71 %, Mittel: 43 %

③ und ④   12 – 38 %, Mittel: 22 %

Im Zürichbergtunnel wurden keine extrem schwellfähigen Mergel oder Bentonit-Horizonte angetroffen. Die mittels Extensometern während drei Jahren gemessenen vertikalen Felsdeformationen betragen an der Sohle und im Scheitel des Tunnels maximal 0.5 – 2 mm; sie sind zudem im Abklingen begriffen und dürften somit –

wegen des fehlenden Bergwasserzutrittes – künftig bezüglich Tunnel- bzw. Gleisdeformation kein Problem darstellen.

Die Standfestigkeit des Felses im Zürichbergtunnel wird entscheidend beeinflusst durch die praktisch tunnelparallele horizontale Lagerung der Molasseschichten. Im allgemeinen wurde folgendes festgestellt:

• Sandsteine (1) und feinsandige harte Mergel (2) sind standfest. Beobachtete minimale Standzeit: > 1 Tag (örtlich beobachtet: >4 Wochen).

• Wurden im Tunnelfirst tonige weiche Mergel (3) oder «Schwarzschichten» (4) angefahren, dann sind diese stets nachbrüchig. Standzeit praktisch = 0. Die in Firstmitte über dem Schild bzw. hinter den Tübbingen beobachtete Ausbruchtiefe bzw. Felsauflockerung beträgt im Maximum 0.5 bis 0.7 m. Zufolge der ± tunnelparallelen Schichtlagerung waren solche Strecken mit Firstniederbrüchen – wurden sie einmal angefahren – über längere Distanzen ununterbrochen vorhanden, so z.B. von Tunnelmeter 0 – 170, 1 300 – 2 000, 2 700 – 4 350.

In der Randzone Stettbach mit geringer Felsüberdeckung von 1.5 – 8 m und geringer totaler Überdeckung von 10 – 20 m konnten dank eines gezielten Messprogrammes, welches im Hinblick auf eine Präzisierung der Setzungsprognose für die stark überbaute Randzone Hottingen durchgeführt wurde, Beobachtungen und Zusammenhänge zwischen Standfestigkeit und Terrainsetzungen erarbeitet werden, welche für die künftige Projektierung seichtliegender Tunnels von allgemeinem Interesse sind:

• Stelle A 2 (Tunnelmeter 50, 5 m Felsbzw. 10 m Totalüberdeckung): gebrächer Fels im First mit Wasserzutritt hat Firstniederbrüche von 0.5 m Mächtigkeit zur Folge. 1.5 m über dem Tunnelfirst betragen die maximalen Setzungen im Fels nach 8 bis 14 Tagen um 7 cm. An der Terrainoberfläche bildet sich innert 1 bis 4 Tagen ein steiler Setzungstrichter aus (Maximalsetzung: 3.8 cm). Setzungsschäden an Gebäuden wurden nicht beobachtet.

• Schlussfolgerung: die Erfahrungen zeigen, dass den Setzungen durch die gewählte Vortriebsmethode Tunnelbohrmaschine / Schild / Tübbingssicherung Grenzen gesetzt sind, welche praktisch noch im akzeptablen Bereich liegen. Die Verhältnisse in der Randzone Stettbach dürften für die Zürcher Molasse als extrem gewertet werden, zufolge Zusammenwirkens mehrerer ungünstiger, d.h. die Setzungen begünstigender Umstände (geringe Felsüberdeckung, stärkere Klüftung, Wasserzutritte).

Als Folge der günstigeren geologischen Verhältnisse (grössere Überdeckung, geringe Firstausbrüche, praktisch kein Wasserzutritt) resultierten in der Randzone Hottingen nur sehr geringe Setzungen von maximal 8 mm an der Terrainoberfläche, welche keine Gebäudeschäden verursachten.

Fräsvortrieb: Die mittlere Vortriebsleistung pro Tübbingring zu 1.2 m betrug 50 bis 60 min. Es konnte ein direkter Zusammenhang zwischen der Druckfestigkeit der angefahrenen Felstypen und der Vortriebsleistung festgestellt werden: längste Fräszeiten bis max. 70 min. pro Tübbingring beim Vorkommen von maximalem Sandsteinanteil an der Tunnelbrust; minimale Fräszeiten von 40 – 45 min. pro Tübbingring beim «symmetrischen» Auftreten von mächtigen weichen Mergeln im First und an der Sohle. Gewisse Steuerabweichungen der Tunnelbohrmaschine, welche allerdings stets innerhalb der Toleranz lagen, ergaben sich dann, wenn eine ausgesprochen «einseitige» Verteilung der Felstypen an der Tunnelbrust angefahren wurde (zum Beispiel nur harte Sandsteine unten, nur weiche Mergel in der oberen Tunnelhälfte).

Es darf hier festgehalten werden, dass im Zürichbergtunnel geologische Prognose und Befund eine sehr weitgehende Übereinstimmung erfahren haben.

Geologie des Glattales

Niklaus Sieber

Geologische Übersicht

Die S-Bahn Zürich überquert den zentralen Teil des Glattales, dessen Form und geologischer Aufbau vor allem durch die letzte Vergletscherung (Würm-Eiszeit) eines Seitenarmes des Linth-Rhein-Gletschers geprägt wurde. Nachdem der Gletscher die alte Sedimentfüllung ausgeräumt und in der Molasse eine bis mindestens 80 m unter Terrain reichende Rinne angelegt hatte, kam es nach der Ablagerung der Stirnmoränen im Gebiet Schwamendingen-Wallisellen-Dübendorf und nach dem Rückschmelzen des Gletschers zu einer Auffüllung des Taltroges mit einer mächtigen, vorwiegend sandig-siltigen Sedimentserie.

Vor dem weiteren Abschmelzen des Gletschers und der Ausbildung des Greifenseebeckens wurde im Glattal eine Deckschicht aus fluvioglazialen Kiessanden abgelagert. Danach erodierten die Schmelzwasserläufe lokal wieder bis in die unterliegenden Beckenfüllungen, so dass heute die fluvioglazialen Ablagerungen stark wechselnde Mächtigkeiten aufweisen.

Nach Rückzug des Gletschers und der nachfolgenden Erwärmung entstanden im Glattal grössere Verlandungsebenen, in denen sich Sumpf- und Überschwemmungsablagerungen seitlich mit verschwemmtem Gehängeschutt verzahnten. Von den Hängen des Zürichberges her bildeten sich bis ins Gebiet des heutigen Glattlaufes Bachschuttfächer. Generell sind die geologischen Verhältnisse sowohl vertikal wie horizontal stark wechselnd.

Als Grundwasserleiter sind vor allem im Bereich der Station Stettbach die Bach- und Gehängeschuttablagerungen sowie die fluvioglazialen Kiessande und einzelne sandig-kiesige Zonen der Beckenfüllung von Bedeutung. Die Durchlässigkeiten variieren zwischen k = 4 x 10^{-3} bis 5 x 10^{-4} m/s bei einer Amplitude des Grundwasserspiegels von 1 bis 1.5 m im Bereich der Viadukte resp. ca. 3 m im Bereich der Station Stettbach. Das Gefälle ist generell gegen die Glatt gerichtet.

Geotechnische Beschreibung

Allgemeines zum Bodenmodell

Zur Bestimmung der bodenmechanischen Eigenschaften der Lockergesteine im Hinblick auf die Dimensionierung der Fundationen der Viadukte resp. der Baugrube für die Station Stettbach wurden umfangreiche Serien von Feld- und Laborversuchen durchgeführt, während die Lagerungsdichte im Feld mittels Standard Penetration Tests im Bohrloch sowie Rammsondierungen untersucht worden ist.

Die Bestimmung der Scherfestigkeit erfolgte mit Drehflügel- und Zugversuchen im Bohrloch und Direktscherversuchen im Labor. Beim Zugversuch handelt es sich um einen nach Art der Bodenanker vergossenen Teil des Bohrlochs, versehen mit einer bis an die Geländeoberfläche reichenden Zugstange; die Messung der Verschiebungen unter wechselnden Zugkräften sowie der Grenzzugkraft beim Ausreissen geben wertvolle Resultate.

Das Setzungsverhalten wird weitgehend durch die Zusammendrückbarkeit bestimmt; mit Hilfe von Dilatometerversuchen im Bohrloch und Zusammendrückungsversuchen im Labor-Oedometer ergaben sich die Grundlagen für die elasto-plastischen Kennwerte der Böden. Beim Dilatometerversuch wird im Bohrloch eine Manschette mit variablem Druck an die Bohrlochwand gepresst unter gleichzeitiger Messung der Deformationen; man erhält so ein Mass für den horizontalen Verformungsmodul.

Schliesslich ist die Wasserdurchlässigkeit des Untergrundes ein wichtiger Parameter, der für die Bemessung der Baugruben sowie für die Abschätzung der Beeinflussung benachbarter Grundwasserfassungen eine grosse Rolle spielt. Die Durchlässigkeit wurde in der Bohrung mittels Pump- und Absenkversuchen bestimmt.

Für die Bauwerke im Glattal wurde ein Bodenmodell ausgearbeitet, in dem die verschiedenen Schichten ausgeschieden wurden. Damit die für die Viadukte eingeladenen Wettbewerbsteilnehmer alle unter den gleichen Voraussetzungen arbeiten konnten, wurden neben den Schwankungsbreiten der Bodenkennwerte noch Rechenwerte für die massgebenden Bodenparameter angegeben. Das Längenprofil des Bodenmodells durch das Glattal im Bereich des Viaduktes Neugut ist im Beitrag «Brückenprojekt» von Hans Heinrich Sallenbach ab Seite 384 in diesem Buch dargestellt.

Bach- und Gehängeschuttablagerungen

Vorwiegend sandige Silte mittelgrosser Plastizität (Rechenwerte: Raumgewicht 19 kN/m^3, Reibungswinkel 30 Grad, Zusammendrückbarkeitswert 10 000 kN/m^2).

Verlandungssedimente

Tonige Silte mit viel organischem Material, stellenweise Torf (Rechenwerte: Raumgewicht 17 kN/m^3, Reibungswinkel 20 Grad, Kohäsion 8 kN/m^2, Zusammendrückbarkeitswert 2 500 kN/m^2).

Fluvioglaziale Kiessande

Saubere bis siltige, dicht gelagerte, durchlässige Kiessande (Rechenwerte: Raumgewicht 21 kN/m^3, Reibungswinkel 37 Grad und Zusammendrückbarkeitswert 30 000 kN/m^2).

Spätglaziale Beckenfüllung

Aufgrund der Lagerungsdichte können zwei verschiedene Einheiten unterschieden werden, nämlich einerseits (durch den Gletscher) vorbelastete und andererseits nicht vorbelastete Beckenfüllungen. Die beiden Böden sind sehr heterogen aufgebaut: neben feinkörnigen Sedimenten findet man auch sandige und kiesige Einlagerungen (Rechenwerte: Raumgewicht 21 kN/m^3, Reibungswinkel 30 Grad, Zusammendrückbarkeitswert vorbelastet: 15 000 kN/m^2, nicht vorbelastet: 9 000 kN/m^2).

Moräne

Die Moräne ist dicht bis sehr dicht gelagert und kann in eine siltig-tonige Grundmoräne und eine vorwiegend sandig-kiesige Seitenmoräne unterteilt werden (Rechenwerte: Raumgewicht 22 kN/m^3, Reibungswinkel 30 Grad, Kohäsion 5 kN/m^2, Zusammendrückbarkeitswert 60'000 kN/m^2).

Molassefels

Die Molasse als felsiger Untergrund des Glattales besteht aus Mergeln und Sandsteinen mit einer stellenweise bis zu 4.5 m mächtigen Verwitterungszone. Für die Submissionswettbewerbe der Viadukte stellten die geotechnischen Berichte die Grundlagen für die Dimensionierung der Fundationen dar. Als Randbedingung waren im Wettbewerbsprogramm Setzungsgrenzwerte von 3 cm Absolutsetzung und 2 cm Setzung zwischen benachbarten Fundamenten vorgegeben. Da die Rechenwerte nicht aus Messungen an einer Fundation, sondern nur auf den vorgängig beschriebenen, mittelbaren Versuchen basieren, waren grundsätzlich Pfahlbelastungsversuche vorgeschrieben.

Konzept der Vermessung aus Sicht des Bauherrn

Alfred Roth

Einleitung/Aufgabenstellung

Die Vermessung begleitet ein Baugeschehen von der Projektierung über die Bauausführung bis zu den Abschlussarbeiten in Form von Planwerken wie auch Überwachungsarbeiten:

Vorerst sind gute und aktuelle Plangrundlagen Bedingung für eine speditive und wirtschaftliche Projektbearbeitung. Der Vermesser wirkt mit bei der Festlegung der Trassen und Definition der Axen von Bauwerken, Gleisen und Weichen bzw. berechnet deren Koordinaten, heutzutage mittels moderner EDV-Instrumente. Grundlage für die Übertragung projektierter Bauten in Lage und Höhe ins Gelände und zur Sicherstellung ihrer Zusammenschlüsse ist ein übergeordnetes Fixpunktnetz.

Das Messen, Ergänzen oder Überprüfen des Grundlagennetzes erfolgt im allgemeinen in der bauvorbereitenden Phase.

Baubegleitend fallen dann weitere Aufgaben an wie:
• Aussteckung und Markierung für den Landerwerb und die öffentliche Auflage
• Aufnahmen der beanspruchten Grundstücke für spätere Rekonstruktion und Wiederinstandstellung
• Schaffen und Unterhalten der Baufixpunktnetze
• Bauabsteckungen und baubegleitende Vermessungen
• Beobachtungs- und Deformationsmessungen
• Grenzmutationen
• Erstellung der Bahnhof- und Streckenpläne 1:1000
• Gleis(rück)versicherung
• Langzeitmessungen

Erarbeitung der Grundlagen

Im Hinblick auf kommende Grossbauten sowie auf eine Erneuerung (ab 1990) der alten, amtlichen innerstädtischen Vermessung wurde 1975 über die Stadt Zürich neu trianguliert (Landesnetz).

Für das Kernprojekt S-Bahn Zürich strebten die SBB an, mit der gesamten Vermessung, aber auch der technischen Planung und Projektierung der Neubaustrecke zwischen Langstrasse und Dietlikon auf einheitlichen, widerspruchsfreien Grundlagen zu basieren. Allerdings mussten hiezu drei bestehende stadtzürcherische Koordinatennetze überlagert werden.

Die Neutriangulation konnte aufgrund ihrer Aktualität und Qualität als Grundlage der Vermessung und zur Absteckung der diversen Tiefbauten vorgegeben werden. Das Projekt S-Bahn Zürich selbst wurde vollumfänglich im homogenen Netz «Neue Landeskoordinaten» gerechnet und bearbeitet.

Die Plangrundlagen in Form von Katasterplänen mussten zusätzlich mit dem Netz «Neue Landeskarte» versehen werden. Die während der Projektbearbeitung in den Ingenieurbüros auftretenden Nachbarprobleme mit den städtischen Grundlagen und Koordinatensystemen waren mit Transformationen zu lösen.

Grundlage für die Höhe bildete das 1981 gemessene und neu ausgeglichene Höhennetz über die Stadt Zürich. Es diente für Bauausführung, Baukontrollen und Langzeitmessungen.

Bleibt zu erwähnen, dass nach Abschluss der Bauarbeiten somit sämtliche Axen und Projektunterlagen im neuen Plan- und Vermessungswerk der Stadt Zürich integriert sein werden und keiner weiteren Bearbeitung bedürfen.

Organisation

Bauvorbereitende Vermessungsarbeiten werden nötig, noch lange bevor die Wahl der Linienführung im Detail feststeht. Diese wird erst im Laufe der Projektierung sukzessive auf die Lösungsvariante reduziert. Man arbeitet anfänglich in einer Trassierungsbandbreite. Die projektierenden Ingenieurbüros stehen noch nicht fest, die Anforderungen an die Vermessung könnten eigentlich noch gar nicht definiert werden. Trotzdem sind Vorarbeiten im Zusammenhang mit der Projektierung schon fällig, die formell das Vorhandensein des Vermessungsnetzes bedingen.

Voraussetzungen zur befriedigenden Lösung dieser Probleme für den Bauherrn:
• Er muss selbst über genügend praktische Bauerfahrung verfügen und ein qualifiziertes Vermessungsbüro mit diesen Aufgaben und der Koordination beauftragen, oder
• er besitzt, wie im Falle der S-Bahn Zürich, einen eigenen Vermessungsdienst, der für die obigen Belange zuständig ist.

Nach geltender SIA-Regelung wäre jedes mit der Bauleitung beauftragte private Ingenieurbüro für die entsprechende Bauvermessung verantwortlich. Bei Bahnbauten kommt aber hinzu, dass es mit der Vermessung des Rohbaus nicht sein Bewenden hat, sondern noch bahnspezifische Aufgaben wie Gleisbau, Fahrleitungsbau, Gleisversicherung und Erstellung der Streckenpläne dazu kommen. Es ist deshalb vernünftig, wenn bei Bauarbeiten der SBB die Leitung, Aufsicht und Koordination der Vermessungsarbeiten dem bahneigenen Geometerdienst obliegen.

Die ausführungsspezifischen Vermessungsarbeiten, wie sie in der Einleitung etwa aufgezählt sind, wurden an fünf Vermessungsbüros vergeben:

Rampe und Bahnhoferweiterung unter der Museumstrasse: an Ing.- + Vermessungsbüro H. Lüscher, Zürich

Hirschengrabentunnel, Bahnhof Stadelhofen, Einspurröhren: an Vermessungsbüro P. Kasper, Kloten

Zürichbergtunnel: an Swissair Photo & Vermessungen AG, Zürich

Station Stettbach: an Wenaweser & Wolfensberger AG, Zürich

Viadukte im Glattal, Verflechtung Dübendorf: an Gebr. Gossweiler AG, Nachfolger Schärli und Streuli, Dübendorf

Aspekte wie spezifisches Know-how, personelle Kapazität des Büros, örtliche Zuständigkeit als Geometer, bzw. Übereinstimmung mit den Bauleitungsabschnitten lagen der obigen Aufteilung zugrunde. Die Vermessungsarbeiten für den Umbau und die Verflechtung der Linien in der Station Dietlikon wurden vom Bahngeometer selbst ausgeführt.

Koordination der Vermessung

Bei komplexen Bauten ist es heute üblich, dass nebst dem Vermessungsbüro auch

Die Figur zeigt das Prinzip der Bauorganisation für die S-Bahn Zürich.
Die Vermessung figuriert auf allen Stufen.

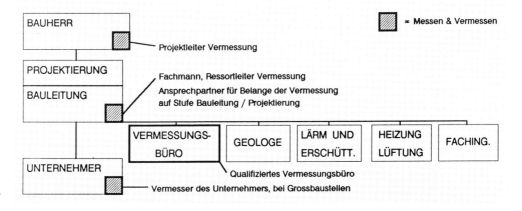

auf Stufe Projektierung/Bauleitung sowie beim Unternehmer ein für die Thematik Vermessung zuständiger Mitarbeiter tätig ist. Bei grossen Untertagbaustellen ist der Unternehmer-Vermesser permanent mit Messen/Vermessen beschäftigt.

Aufgabenzuteilung, Zuständigkeiten und Verantwortlichkeiten der Vermesser auf allen Stufen wurden in einem Pflichtenheft festgehalten (1). Es zeigt unter anderem, dass die Projektleitung und Koordination der Vermessung, die Berechnung von Bahn- und wichtigsten Bauwerkaxen, wie die Beschaffung der geodätischen und Plangrundlagen in der Hand des «Bahngeometers» verbleiben. Im Pflichtenheft wurden auch die Genauigkeitsforderungen, Durchschlagsfehler usw. pro Teilprojekt vorgegeben.

Aufteilung der Vermessungsarbeiten

Vermessungsarbeiten	Ausführung durch			
	Bauherr	Vermesser	Bauleitung	Unternehmer
a) Grundlagennetz	(x)	x		
Baufixpunkte		x		
b) Achsberechnungen und Ax-Umrechnungen	x	(x)		
c) Aufnahmen Ist-Zustand für Rekonstruktionen + Projektierung				
- nach Koordinaten		x		
- einfache Einmessung			x	
d) Absteckung der				
- Bauwerksaxen und Hauptpunkte		x		(x)
- Gleise, Perronkanten	x	x		
e) Detailabsteckung der				
- Bauteile				x
- bahntechn. Ausrüstung	x	x		
- Stützen im Gleisbereich		x		(x)
f) Erstellen der Gleisversicherung	x	x		
g) Baukontrollen				
- Vortriebsmaschine		x		x
- Tunnelprofil		(x)	x	
- Bauwerksteile Koord.bezogen		x	(x)	
nicht Koord. bezogen			x	
h) Deformationsmessungen		x	x	
i) Ausmass-Aufnahme für Abrechnung			x	x
k) Aufnahmen für				
- Ausführungspläne bauspezfisch		(x)	x	
- Katasterpläne SBB	x	x		

Für die Zuteilung der eigentlichen Vermessungsarbeiten galt die Tabelle auf Seite 88.

Mit dieser Regelung konnte der vermessungstechnische Vertreter des Bauherrn bei der Formulierung der Genauigkeitsansprüche jedes Bauwerks vom Wünschbaren auf das Notwendige tendieren und dadurch auf eine ökonomische Ausführung der Vermessung hinwirken. Für innerstädtische Tiefbauten sind die Vermessungskosten nicht marginal: zählt man sämtliche Aufwendungen von Bauherr, Vermessungsbüro, Bauleitung und Unternehmung zusammen, kommt man auf bis 2 % der Erstellungskosten (2). Eine Koordination und Optimierung drängt sich auf.

Die baubegleitenden Vermessungen wurden losweise auf Kosten/Nutzen der Messmethode, Messgenauigkeit, Lage der Baufixpunkte, Überwachung der Messergebnisse usw. bereinigt und danach zur Ausführung ins Gefüge «Bauleiter, Vermesser, Unternehmer» gegeben.

Erfahrungen

Unter dem Gesichtspunkt der Zusammenarbeit Bauingenieur-Vermessungsingenieur erwies es sich als ausgesprochen zweckmässig, bei jedem projektierenden/bauleitenden Ingenieurbüro einen einzigen Ansprechpartner – sozusagen als Schnittstelle – für die Belange der Vermessung zu bezeichnen. Über ihn wurden die Axdefinitionen, Berechnungen, Absprachen mit der Bauleitung und dem projektierenden Ingenieur usw. abgewickelt. Der gleiche Mitarbeiter stellte auch die Verteilung und Information bürointern und büroextern sicher. Die Form der Projektdefinition war: Computerberechnungen der Gleisaxen sowie Absteckungspläne 1:500 oder 1:1000 der Gleise und Weichen.

Der Bauingenieur sucht normalerweise «sein Optimum», also die technisch günstigste und wirtschaftlichste Linienführung. Wie und woher gemessen wird, interessiert ihn nicht. Einfache Lösungen des Bauingenieurs sind deshalb für den Vermesser meist anspruchsvoll und komplex, zum Beispiel dann, wenn im innerstädtischen Bereich als einzige Möglichkeit die Richtungsübertragung für den anschliessenden Tunnel über tiefe Zwischenangriffsschächte verbleibt.

Aus Gründen der Unterhaltserleichterung werden neue Bahntunnels um den «technischen Spielraum», eine Erweiterung von 20 cm, vergrössert, der bereits während der Bauzeit genutzt werden kann. Bei der Suche der wahrscheinlichkeitsmässig und wirtschaftlich günstigsten Lösung für den Zürichbergtunnel konnte der zwei- und dreifache Durchschlagsfehler statistisch in diesen technischen Spielraum hereingenommen werden, so dass die für den Ausbruchquerschnitt anzuwendende Fehlerfortpflanzung nach Gauss nur mit dem einfachen mittleren Fehler belastet wurde.

Schlussbemerkung

Allen Vermessern gebührt Anerkennung für ihren Einsatz, die erbrachte Leistung und die Qualität der Arbeit. Detaillierte Angaben über die Ausführung der Vermessung sind in den Schlussberichten der beteiligten Büros enthalten.

Literatur:
(1) Zürcher S-Bahn, Organisation der Vermessungsarbeiten 1983, SBB Bauabteilung Kreis III
(2) Ingenieurvermessung 88, X. Internationaler Kurs, Ferd. Dümmler Verlag Bonn, Vortrag D6: Qualität, Wirtschaftlichkeit und Konzeption der Bauvermessung für die Zürcher S-Bahn

Die koordinierende Rolle des Vermessungsingenieurs

(dargestellt am Beispiel der S-Bahn-Strecke St.Antoniusschacht – Stettbach)

Paul Gfeller und Franz Krebs

Grundsätzliche Überlegungen

Komplexe Bauvorhaben, wie die Neubauten für die S-Bahn, erfordern umfangreiche Planung, Absprachen und Koordination unter vielen Beteiligten und Betroffenen. Es sind technische, juristische, finanzielle, zeitliche, organisatorische Aspekte zu analysieren und zu koordinieren – Aufgaben, welche der Bauherr durch Projektverfasser und Bauleitung wahrnehmen lässt.

Alle diese Arbeiten aber sind darauf angewiesen, dass rechtzeitig und dauernd aktuelle Informationen über die tatsächlichen räumlichen Verhältnisse im Baugelände und seiner Umgebung verfügbar sind. Geeignete Plangrundlagen sind Ausgangspunkt aller Projektierungsarbeiten, Pläne begleiten das Projekt durch Genehmigungsverfahren und sind Anweisungsform für den ausführenden Unternehmer, der daraus ersieht, wo was zu erstellen ist.

Die Aufgabe, diese Dienstleistung für alle zu erbringen, übernimmt der Vermessungsingenieur, sei es als privater Vermessungsunternehmer oder als Amtsstelle.

So beschaffte der Bahngeometer frühzeitig die Plangrundlagen aus der amtlichen Vermessung und vergab 1983 auf Grund der Offertausschreibung die Vermessungsaufgaben für die Strecke HB Zürich-Stadelhofen-Stettbach-Dietlikon in Teilabschnitten an vier verschiedene Büros.

Die Oberleitung und Koordination, insbesondere die Berechnung der Bahnaxen blieben in seiner Hand.

Benützte man früher als Grundlage graphische Darstellungen, in einem bestimmten Planmassstab aufgenommen und kartiert, so stützt sich heute die Vermessung auf die EDV-gerechte Messung, Verarbeitung und Speicherung von Masszahlen in Koordinatenwerte. Diese Punkte bilden die Liniendefinitionen für Axen, Kanten oder Umrisse von Flächen und Kuben, die Definitionen für zwei- respektive dreidimensionale Gebilde, die sich natürlich auch am Bildschirm graphisch darstellen und ausplotten lassen.

Speicherung, Nachführung, Darstellung und Weitergabe der Daten sind so prinzipiell einfach geworden.

Der rasante Fortschritt in diesen Bereichen hat auch die Messinstrumente verändert. Alle sind durch elektronische Bauteile leistungsfähiger, kleiner, rascher, präziser geworden und haben das Messen einfach gemacht.

Diese Vorteile werden vielerorts genutzt, es gilt aber auch zu bedenken, wo Gefahren und Fehlerquellen lauern und Schaden verursachen können.

Der Vermessungsingenieur als Spezialist im Umgang mit «Messen» weiss um diese Zusammenhänge; er kann die Genauigkeit der Geräte, die Zuverlässigkeit der Messanordnung beurteilen und abschätzen, welcher Messaufwand getrieben werden muss, um zuverlässig die Absteckung der kostspieligen Bauwerke zu gewährleisten. Er weiss, dass der Umgang mit den vielen Zahlen, deren Verwaltung, Nachführung und Sicherung eine Aufgabe mit vielen Gesichtern ist, die Sachverstand und geeignete Mittel (Datenverwaltungs-Programme) erfordert, und er kennt Bedeutung und Möglichkeiten der anschaulichen Darstellung.

Die Koordinaten der Objektpunkte bilden das geometrische Gerippe, das die rechnerische Behandlung aller räumlichen Bezüge zu den bestehenden und projektierten Bauten ermöglicht. Sie machen es auch möglich, für die Absteckung, das heisst die Übertragung der projektierten Objektlage in die Realität des Geländes von Fall zu Fall passende Methoden zu finden. Es müssen nämlich die rasch wechselnden Verhältnisse auf der Baustelle in Betracht gezogen werden.

Voraussetzung dafür, dass bei schrittweiser lokaler Absteckung isolierter Bauteile das ganze Objekt sich dann nahtlos zusammenfügt, ist aber, dass das abstrakte Koordinatensystem durch Fixpunkte versichert ist. Diese müssen über die ganze Dauer des Bauvorhabens stabil bleiben und zugänglich sein. Entsprechend dem Baufortschritt ist das Fixpunktenetz ständig zu kontrollieren und bei Bedarf zu erweitern. Die Auswahl, Ausgestaltung und Kontrolle dieser Fixpunkte ist die vornehmste Aufgabe des Vermessungsingenieurs. Gerade bei Grossbauten ist dies nicht einfach zu bewerkstelligen.

Das Vermessungslos Zürichbergtunnel

Die Arbeiten umfassten das «Grundlagennetz», die laufende Vortriebskontrolle während der Fräsphase und die Feinabsteckung und Aufnahmen für die Bahngleise auf der Tunnelstrecke Stettbach – St. Antoniusschacht.

Als Grundlage für die Richtungsübertragung wurde 1983 ein oberirdisches Netz vom Portal Stettbach bis zum St. Antoniusschacht gemessen. Dieses Netz umfasste Stationen in Wangen, auf dem Hotel International, dem Radiogebäude, dem Lochergut und auf dem Uetliberg. Die anschliessenden Nachbarlose schlossen an gleichen Fixpunkten in der Nähe der Losgrenze an.

Die Ausgangshöhen konnten vom neu gemessenen städtischen Höhenfixpunktenetz übernommen werden.

Der Ausbruch erfolgte mit einer Vollschnittfräse, welche mit zwei, in den Kurven mit drei Laserstrahlen geführt wurde. Der Standort der Laser musste alle 200 m in der Geraden und alle ca. 30 m in der Kurve nachgenommen werden. Der von der Unternehmung montierte Laser war genau einzumessen und der Laserstrahl in Bezug zur Soll-Tunnelaxe zu bringen. Die verlangte Genauigkeit setzte möglichst gute Mess-Bedingungen voraus, so dass nur während der Vortriebsunterbrüche am Sonntag gemessen werden konnte.

Stationspunkt an Tunneldecke

Die Berechnung und Auswertung der Resultate erfolgte sofort nach der Messung, so dass die neuen Werte für die Steuerung des weiteren Vortriebs am Montag abend zur Verfügung standen.

Gemessen wurde hauptsächlich mit Instrumenten der Firmen Kern und Wild. Die Winkel wurden mit dem Sekundentheodolit E2, die Distanzen mit dem aufsetzbaren Distanzmesser DM503 gemessen. Die Höhenübertragung erfolgte mit einem automatischen Präzisionsnivellierinstrument Na2 mit Invarlatten.

Da sich die Plazierung der Laser nach den Bedürfnissen einer optimalen Steuerung der Fräse zu richten hatte, gab es bei der

Messstation, unter Laserstation temporär montiert

Vermessung gewisse Probleme mit den Instrumentenstandorten. Um den Laser im Firstpunkt des Tunnels zu erreichen, waren Stationspunkte an der Decke nötig, die mit Hilfskonstruktionen realisiert wurden und bei den Messungen erhöhte Vorsicht verlangten.

Nach 4.3 km Vortrieb von Stettbach her erfolgte der Durchschlag beim St. Antonius - Schacht. Die Abweichungen von 15 mm quer, 62 mm längs und 9 mm in der Höhe entsprachen den Erwartungen, doch war die Richtungsübertragung wegen der Überdeckung des Portalbereiches durch den Bau des Bahnhofs Stettbach eine zusätzlichen Erschwernis.

Neben den Laserkontrollen wurden stichprobenmässige Kontrollen der Tübbingprofile und der Fahrbahnhöhen durchgeführt. Nach Fertigstellung des Rohbaus folgte die Versicherung der Gleispiste und der neuen Gleise, und zwar mittels Bolzen in den Wänden, alle 20 m in den Bogen und alle 50 m in der Geraden. Anhand dieser Bolzen wurde der Gleisunterbau betoniert und anschliessend die Gleise verlegt und gerichtet.

Den Abschluss bildete die Aufnahme des fertigen Bauwerkes mit allen Installationen und Einrichtungen. Diese Aufnahmen führten schliesslich zum Bahnplan.

Die gute Zusammenarbeit mit Bahngeometer, Bauleitung und dem Vermesser der Bauunternehmung hat zum erfolgreichen Ablauf geführt.

Unbeachtet von der interessierten Öffentlichkeit versieht der Vermessungsingenieur seine zudienenden Aufgaben. Der Laie findet heute, dank dem Laserstrahl sei das präzise Bauen keine Kunst mehr, er bedenkt nicht, dass jemand dafür besorgt sein muss, den Laserstrahl in die richtige Richtung und Lage zu bringen. Ist es vermessen, dafür Anerkennung zu erwarten?

Massnahmen gegen Körperschall und Erschütterung

Gérard Rutishauser

Risikobeurteilung

In zunehmendem Masse werden heute die Immissionen der Bahn als störend empfunden, welche früher scheinbar ohne Klagen toleriert wurden. Bei unterirdischen Bahnanlagen wird zwar die Luftschallausbreitung praktisch verunmöglicht, in Fällen aber, wo Gebäude direkt oder sehr nahe im Tunnel unterfahren werden, sind die Vibrationen massgebend. Diese Vibrationen, welche bei der Durchfahrt eines Zuges erzeugt werden, pflanzen sich im Untergrund und in den Bauwerken fort und werden als Erschütterungen oder abgestrahlter Körperschall wahrgenommen. Sie können unter Umständen als störend empfunden werden.

Auch beim innerstädtischen Neubauabschnitt der S-Bahn Zürich war es angezeigt, allfällige Risiken, welche später zu Klagen Anlass geben könnten, bereits in der Projektphase zu erkennen und vorsorgliche Massnahmen zu planen. Zu diesem Zweck war schon 1983 eine Arbeitsgruppe unter der Leitung von H.P. Rubi, Sektionschef Bau III SBB, gebildet worden. Die technischen Abklärungen sowie Projekt und Bauleitung der Massnahmen wurden dem Ingenieurbüro GSS Glauser, Studer, Stüssi, Zürich, übertragen.

Um Anhaltspunkte über die Ausgangssituation und Vergleichsmöglichkeiten im Falle späterer Klagen zu haben, mussten vor Beginn der Bauarbeiten sogenannte Nullmessungen durchgeführt werden. Mit den umfangreichen Erschütterungsmessungen im innerstädtischen S-Bahnabschnitt sowie mit vereinzelten Messungen im Glattal wurde die Firma Geotest, Oetwil a.d.L., beauftragt.

Auf die Frage «wo können störende Immissionen auftreten» wurde mit einem einfachen Prognoseverfahren eine Antwort zu geben versucht. Dabei galt es folgende Kriterien zu berücksichtigen:

- Rollmaterial, Art, Geschwindigkeit und Häufigkeit der Züge
- Gleisoberbau
- Tunnelkonstruktion
- Geologie und Hydrologie
- Bebauung, Art und Nutzung

Nach eingehender Untersuchung und Beurteilung unter Einbezug der kantonalen Lärmbekämpfungskommission gelangte die Arbeitsgruppe zum Schluss, dass auf folgenden Streckenabschnitten besondere Schutzmassnahmen unumgänglich seien:
1. Rampe Vorbahnhof
2. Limmatquerung
3. Unterquerung Central
4. Unterquerung Rämistrasse
5. Bahnhof Stadelhofen
6. Verzweigungsbauwerk Kreuzbühlstrasse
7. Abschnitt Merkurstrasse – Zeltweg
8. Schacht Kirche St. Antonius

Theorie und Randbedingungen

Beim fahrenden Zug erzeugen die unvermeidlichen Abweichungen vom absolut

Rad-Schiene; kleinste Unregelmässigkeiten erzeugen beim fahrenden Zug dynamische Kräfte

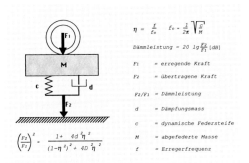

$$\eta = \frac{f}{f_0} \qquad f_0 = \frac{1}{2\pi}\sqrt{\frac{c}{M}}$$

$$\text{Dämmleistung} = 20 \lg \frac{F_2}{F_1} \text{ [dB]}$$

F_1	= erregende Kraft
F_2	= übertragene Kraft
F_2/F_1	= Dämmleistung
d	= Dämpfungsmass
c	= dynamische Federsteife
M	= abgefederte Masse
f	= Erregerfrequenz

$$\left(\frac{F_2}{F_1}\right)^2 = \frac{1 + 4d^2\eta^2}{(1-\eta^2)^2 + 4D^2\eta^2}$$

Einfaches Masse-Feder-System: Begriffe und Zusammenhänge

ruhigen Lauf ein Wechselspiel von Kräften in verschiedenen Richtungen. Diese dynamischen Kräfte werden von der Schiene über den Oberbau in den Untergrund oder in die Tunnelkonstruktion abgeleitet, wo sie sich in Form verschiedenartiger Wellentypen in die Umgebung ausbreiten.

Mit Hilfe eines sogenannten «Masse-Feder-Systems» kann es gelingen, erzwungene Schwingungen so umzuwandeln, dass sie nicht mehr störend wirken. Dabei werden die Federkräfte der elastischen Abstützung so mit den dynamischen Erregerkräften abgestimmt, dass nur noch ein kleiner Anteil an Reststörkräften übertragen wird. Die Dämmleistung eines Masse-Feder-Systems ist gross bei grosser abgefederter Masse und/oder weicher Abfederung. Beiden sind Grenzen gesetzt, innerhalb welcher ein Optimum zu suchen ist.

Grosse Massen, beispielsweise schwere elastisch gelagerte Betonplatten, brauchen Raum, für welchen das Tunnelprofil unter Umständen mit erheblichen Mehrkosten auszuweiten ist. Eine weiche Federung bewirkt eine stark gekrümmte Biegelinie des Gleises unter statischer Last eines Zuges. Aus fahrdynamischen Gründen sind auch hier Grenzen gesetzt. Grundsätzlich können aber sehr steife Fahrbahnen etwa in Form durchgehender Betonplatten weicher gelagert werden als aufgelöste Systeme mit geringer Biegesteifigkeit. Diese Überlegungen haben je nach Bedingungen und Erfordernis zu abgestuften Systemen geführt:
- optimierter elastischer Schwellenschuh (schotterloses Gleis)
- Unterschottermatten

- Fahrbahnplatte auf Gummimatte betoniert
- schweres Masse-Feder-System in Elementbauweise
- schweres Masse-Feder-System mit durchgehend betoniertem Schottertrog

Unterschottermatte

Diese Matten werden, wie es der Name sagt, unter dem Gleisschotter eingebaut. Die Vielfalt der angebotenen Unterschottermatten erfordert bereits in der Projektphase sorgfältige Abklärungen.

Unterschottermatten weisen in der Regel eine Stärke zwischen 25 und 60 mm auf. Wir unterscheiden folgende Arten:
- Vollgummi
- Gummi-Hohlprofile
- Gummigranulat oder -schnitzel
- Schaumstoffe
- Gummi einseitig profiliert
- Fahrflächen von Altpneus

Die garantierte Dämmleistung der verschiedenen Matten liegt zwischen 10 dB und 18 dB (für den massgebenden Körperschalldämmbereich um 50-60 Hz). Die Wahl des Mattentyps erfolgte deshalb selektiv nach den örtlich festgelegten Anforderungen sowie nach dem Leistungs-/Preis-Verhältnis, was dazu führte, dass bei der S-Bahn Zürich sehr unterschiedliche Mattentypen eingesetzt wurden.

Dämmleistung der Unterschottermatte im Abschnitt Rampe Vorbahnhof

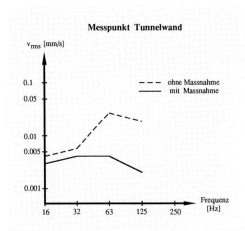

94

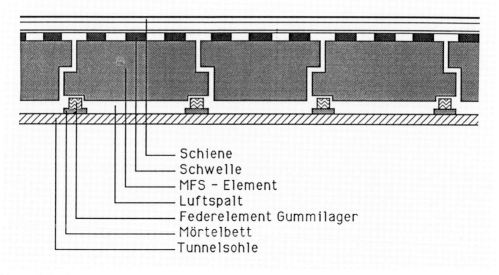

Schiene
Schwelle
MFS - Element
Luftspalt
Federelement Gummilager
Mörtelbett
Tunnelsohle

Masse-Feder-System Central: Schematischer Längsschnitt

Eine erste Abnahmemessung wurde im Abschnitt Rampe Vorbahnhof durchgeführt. Die dort eingesetzte Vibrex-Matte weist oberhalb ca. 60 Hz eine Dämmleistung von über 15 dB auf (vgl. Bild Seite 94 unten). Die Messung erfolgte durch Vergleich eines Rampenabschnittes ohne Matte gegenüber einem solchen mit Unterschottermatte.

Auf den in der Zusammenfassung genannten Abschnitten wurden Matten der Firmen Angst und Pfister AG, Zürich, Bibus Uto Stahl, Wädenswil, Rolba AG, Wetzikon, und Schubarth + Co., Basel, eingesetzt.

Masse-Feder-System

Masse-Feder-Systeme wie diejenigen bei der S-Bahn Zürich sind Anfertigungen nach Mass. Sie erfordern einen hohen Aufwand in der Projektierung und Ausführung. Sie kommen deshalb nur unter extremen Verhältnissen in Frage.

Central

Aufgrund der Risikobeurteilung waren hier Massnahmen zu treffen, welche im Frequenzbereich über 50 Hz mindestens eine Schwingungsreduktion von 20 dB bewirken. Aus Gründen des Bauablaufs wurde ein System aus vorfabrizierten Betonfertig-

teilen gewählt. Es besteht aus Elementen von 3,12 m Länge, 3,12 m Breite und 0,76 m Höhe. Das Elementgewicht beträgt 19 t bzw. 6 t/m[1]. Um dieses Gewicht zu erreichen, wurden alte Eisenbahnschienen einbetoniert, womit sich ein Eisengehalt von 730 kg je m^3 Beton ergab. Wie aus dem Längsschnitt (Bild oben) ersichtlich ist, liegt jedes zweite Element an seinen Enden auf querliegenden Gummi-Federelementen. Die Steifigkeit dieser Elemente ist so ausgelegt worden, dass die vertikale Translations-Eigenfrequenz ca. 8 Hz beträgt. Die 92 Betonelemente wurden per Bahn aus dem Betonwerk der Firma Rudolf Stüssi AG in Dällikon angeliefert und mit einem Schienenkran versetzt. Dazu wurden lediglich acht Arbeitstage benötigt.

Versetzen der 19 t schweren Betonelemente im Abschnitt Central

Die Federelemente von Huber + Suhner AG, Pfäffikon, wurden vorgängig auf Mörtelstreifen exakt auf die vorgegebene Höhe verlegt. Aufgrund der Berechnungen sollte die Dämmleistung bei 20 Hz bereits etwa 10 dB und oberhalb 50 Hz mehr als 20 dB betragen. Die Messergebnisse unter Betrieb werden mit Spannung erwartet.

Rämistrasse

Unter den Häusern an der Rämistrasse, welche der S-Bahn-Tunnel praktisch ohne Überdeckung unterquert, liegen die Weichenanlagen für den Bahnhof Stadelhofen. Weichen erzeugen besonders starke Erschütterungen. Die Situation ist demzufolge bezüglich der Schwingungsübertragung auf die Häuser als äusserst kritisch zu beurteilen. Nur mit maximal wirksamen Massnahmen gegen Erschütterungen kann das Wohnen und Arbeiten darin noch ermöglicht werden.

Weil die Weichenanlagen am besten auf Schotter zu verlegen sind, wurde an dieser Stelle ein elastisch gelagerter Schottertrog ausgeführt (Bild unten). Er weist eine Länge von 125 m, eine maximale Breite von 12 m und eine mittlere Bodenstärke von 65 cm auf. Soweit als möglich wird im Doppelspurtunnel jedes der zwei Gleise in einem separaten Trog gelagert, so dass zwei getrennte Tröge nebeneinander lie-

gen. Wo dies aus gleisgeometrischen Gründen, also im Weichenbereich, nicht mehr möglich ist, werden die beiden Tröge verbunden, so dass sich ein einziger breiter Trog über die ganze Tunnelbreite erstreckt. Der ganze Gleistrog besteht aus einem Stück. Er wurde direkt auf die Tunnelsohle betoniert. Als Trennschicht wurde vorgängig ein Wachsfilm auf eine Sohle aufgespritzt. Die seitlich hochgehenden Trogabschlüsse wurden vorfabriziert und vor dem Betonieren der Trogsohle neben das bestehende Bankett versetzt. Die Betonarbeiten, von der Firma Scheifele mit grosser Präzision ausgeführt, verliefen reibungslos.

Im Trog wurden Lagerschächte ausgespart. Nachdem der Beton erhärtet war, wurde der ganze Trog, am einen Ende beginnend, hydraulisch angehoben. Die hydraulischen Pressen wurden in den Lagerschächten in dafür ausgesparten Nischen angesetzt. Nachdem ein Teil des Troges um ca. 8 cm angehoben war, konnten neben den Pressen die elastischen Lager versetzt werden. Dann wurde der Trog wieder sukzessive abgesenkt, wobei die Lager ihre Stützfunktion übernahmen. Zwischen Sohle und Trog verblieb ein Zwischenraum von ca. 6 cm. Der ganze Hebevorgang wurde so gesteuert, dass jedes Lager gleich belastet wird. Dies ermöglicht eine optimale Abstimmung des Masse-Feder-Systems. Nach Beendigung

Masse-Feder-System Rämistrasse: Schematischer Querschnitt durch den Schottertrog

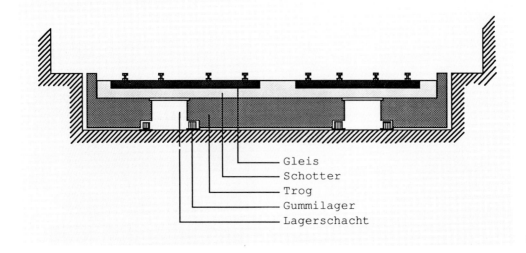

Gleis
Schotter
Trog
Gummilager
Lagerschacht

der Lagermontage wurden die Lagerschächte mit schweren Abdeckungen geschlossen.

Die 140 Gummilager der Marke Clouth, welche von der Firma Schubarth in Basel geliefert wurden, weisen je ein Gewicht von 25 kg auf. Aufgrund der Berechnungen sollte die Dämmleistung noch etwas höher sein als beim System am Central, nämlich ca. 12 dB ab 20 Hz und mehr als 22 dB ab 50 Hz. Auch hier stehen die Messungen an Ort noch aus.

Zusammenfassung der Massnahmen

Gesamthaft wurden auf eine Streckenlänge von rund 1,3 km Immissionsschutzmassnahmen getroffen. Das sind etwa 12 % der Neubaustrecke oder 40 % der innerstädtischen Strecke zwischen Hauptbahnhof und Schacht St. Antoniuskirche. Die Baukosten ohne Projekt und Bauleitung liegen je Gleismeter zwischen Fr. 3700.– für das Masse-Feder-System Rämistrasse und Fr. 700.– für Unterschottermatten im Bahnhof Stadelhofen (Preisbasis 1987). Einen Überblick über die getroffenen Massnahmen gegen Körperschall und Erschütterungen vermittelt folgende Auflistung:

Abschnitte	Massnahme
Rampe 260 m	Unterschottermatte abgestuft in der Dämmleistung
Limmat 140 m	hochwertige Unterschottermatte abgestuft in der Dämmleistung
Central 150 m	Masse-Feder-System, schotterlos, Elementbauweise
Rämistrasse 130 m	Masse-Feder-System, Schottertrog
Stadelhofen ca. 300 m	Unterschottermatten, verschiedene Typen
Kreuzbühlstrasse 140 m	hochwertige Unterschottermatte
Merkurstrasse 150 m	leichtes Masse-Feder-System, schotterlos
St. Antonius 70 m	leichtes Masse-Feder-System, schotterlos

Risiko und Versicherung

Ernst Bratteler und Ernst Jucker

Die Grösse der SBB erlaubt ihr, normalerweise als Selbstversicherer aufzutreten. Im Falle der S-Bahn wurde von diesem Grundsatz abgewichen, um zwei Ziele zu erreichen:

1. Abwälzung des nicht kalkulierbaren finanziellen Risikos
2. Delegation des kaum abschätzbaren Arbeitsaufwandes zur Regulierung von Schadenersatzansprüchen.

Aufgrund der Projektangaben wurde vor Baubeginn ein Gefahrenbild erstellt sowie das Schadenpotential analysiert und beurteilt.

Zusätzlich zu den bei jedem Bauvorhaben anzutreffenden «üblichen» Risiken sind Untertagbauten in schweizerischen Städten durch eine Reihe von Risikomerkmalen gekennzeichnet. Sie stellen für das entstehende Bauwerk wie auch für die Umgebung gleichermassen eine beträchtliche Gefährdung dar. Von Bedeutung sind dabei:
- Oberflächennähe
- Lockermaterial
- Grundwasser
- Flussläufe

Als Risiken mit Katastrophenpotential wurden beim Bau der S-Bahn Zürich die folgenden Projektteile eingestuft:
- Unterquerung von Sihl und Limmat
- der Bahnhof Museumstrasse direkt vor und unter der Fassade des Landesmuseums
- die Lockergesteinstrecke des Hirschengrabentunnels mit zum Teil extrem kleiner Überdeckung und Grundwasservorkommen.

Zum Zeitpunkt der Ausschreibung waren die Projektierungsarbeiten weitgehend ausgeführt. Das Versicherungskonzept wurde deshalb für die Submission ohne Berufshaftpflicht der Ingenieure international ausgeschrieben. Ein Versicherer-Kon-

sortium, unter Führung der «Zürich», legte die beste Variante vor.

Getrennt von dieser Versicherungslösung erstellten die «Zürich» und Ernst Basler & Partner AG Gefahrenanalysen mit Blick auf die Sicherheit der Anlagen. Die daraus gewonnenen Sicherheitsaspekte wurden in der Planungsphase mitberücksichtigt.

Im Schadenfall zeigt es sich, ob sich der massgeschneiderte Versicherungsbeitrag bewährt. Bis Ende November 1989 wurden 219 Schadenfälle bearbeitet (182 Haftpflichtschäden, 37 Sachbeschädigungen am entstehenden Bauwerk). Das Ziel ist erreicht worden: möglichst nur ein Gesprächspartner für die Schadenermittlung sowie eine rasche und kulante Abwicklung im Interesse aller beteiligten Parteien.

Die Versicherung für das Kernprojekt der S-Bahn Zürich

Für das Versicherungskonzept der S-Bahn war das Zusammentreffen mehrerer aussergewöhnlicher Umstände wegleitend: ein sehr in die Länge gezogenes Bauwerk und die dadurch bedingte komplexe Baustellenorganisation mit einer Vielzahl von Beteiligten, die Realisierung in dicht bebautem städtischem Gebiet, hohe Versicherungswerte und hohes Schadenpotential.

Eine herkömmliche Versicherungslösung, bei der jeder am Bau Beteiligte seinen angestammten unterschiedlichen Versicherungsschutz beibehält, konnte für das S-Bahn-Projekt nicht befriedigen.

Im Schadenfall wäre eine Vielzahl von Versicherern angesprochen gewesen. Jeder hätte den Schaden aufgrund anderer Vertragsbedingungen beurteilt. Deckungslücken und Mehrfachversicherungen wären nicht zu vermeiden gewesen.

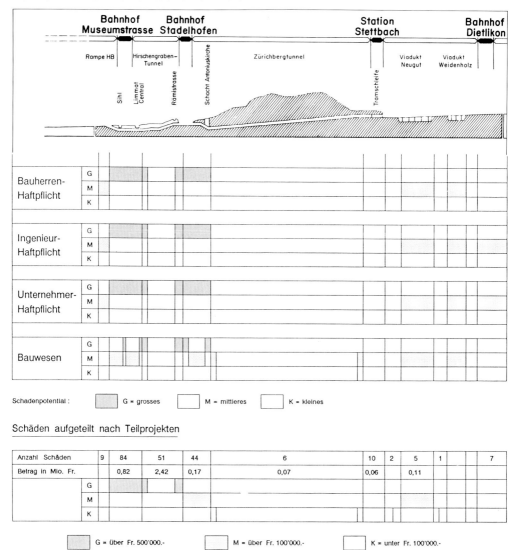

Schäden aufgeteilt nach Teilprojekten

Das schliesslich realisierte Konzept sah deshalb von Anfang an vor, alle in Frage kommenden Risiken und Personen durch einen einzigen speziellen Vertrag zu versichern. Diese «Bauplatz-Police» wurde mit der «Zürich» als führender Gesellschaft und unter Beteiligung dreier weiterer Gesellschaften («Winterthur», «National» und «Elvia») abgeschlossen. Sie umfasst im wesentlichen folgenden Schutz:

Haftpflichtversicherung

Haftpflichtversicherung, geltend für Personen-, Sach- und gewisse Vermögensschä-den. Die Versicherung umfasst u.a. folgenden Personenkreis:
• die SBB (Versicherungsnehmer) und den Kanton Zürich als Bauherren
• die vom Versicherungsnehmer beauftragten Geologen, Architekten und Ingenieure im Nachgang zu ihrer Stammpolice, Bauunternehmer und Bauhandwerker sowie deren Mitarbeiter von Grund auf.

Auch für die Haftpflicht-Garantiesumme wurde eine dem Projekt angemessene Sonderlösung gefunden. Sie ist zweistufig konzipiert:
• für Schäden bis 10 Mio. Franken pro

Ereignis: volle Deckung, bis die Summe aller Zahlungen 200 Mio. Franken erreicht
• für Schadenanteile über 10 Mio. Franken: volle Deckung, bis die Summe dieser Zahlungen 90 Mio. Franken erreicht.

Bauwesen-Versicherung

Die Bauwesen-Versicherung umfasst die Versicherung des entstehenden Bauwerks gegen Beschädigung und Zerstörung während der Bauzeit bis zur Abnahme. Die Versicherungssumme aller Teilprojekte zusammen belief sich bei Vertragsabschluss 1983 auf 570 Millionen Franken.

Um Doppelversicherung zu vermeiden, konnten die am Rohbau beteiligten Unternehmer die durch die S-Bahn-Police versicherten Tätigkeiten gegen Prämienreduktion aus ihren Stammpolicen ausschliessen.

Aufgrund der hier skizzierten Lösung erreichte die Bauherrschaft mit dem Vertragsabschluss die für die Versicherung vorgegebenen Ziele: einen optimalen, einheitlichen, transparenten Versicherungsschutz für alle Beteiligten unter Vermeidung von Lücken und Mehrfachdeckungen zu einer angemessenen Prämie.

Qualitätsanforderungen der Bauherrschaft

Peter Hübner

Die Projektleitung eines Grossprojekts wie der Neubaustrecke der S-Bahn Zürich ist gemäss ihrem Pflichtenheft verantwortlich, dass das Projekt zu den vereinbarten Kosten zeitgerecht und in guter Qualität ausgeführt wird. Der Projektleiter steht dabei in diesem Dreigestirn von Kosten/Terminen/Qualität oft vor Zielkonflikten, ist doch die billigste Ausführung nicht unbedingt jene von bester Qualität. (Fast ebenso häufig ist es allerdings auch nicht die teuerste Ausführung!)

In diesem Rückblick soll gezeigt werden, wie der Bauherr in seinen Entscheiden oft zwischen Investition im Bau oder Unterhalt während dem Betrieb nach einem Optimum suchen muss. Dabei kommt dem Unterhalt und damit der Qualität der Bahntunnels angesichts der langen Nutzungsdauer (mindestens 100 Jahre) sowie in Würdigung des dichten S-Bahn-Verkehrs ein starkes Gewicht zu.

Der Qualitätsbegriff umfasst aber gerade bei einem Grossprojekt nicht die Bauwerkqualität allein, vielmehr sind weitere Überlegungen anzustellen über die Qualitätssicherung der Bauausführungen und besonders aber über die Betriebssicherheit. Die lange Nutzungsdauer, die hohen betrieblichen Anforderungen verlangen einen entsprechenden Qualitätsstandard für Bahntunnels. Bei der Erstellung der S-Bahn Zürich hat es sich einmal mehr bestätigt, dass Qualität nur dann erreicht werden kann, wenn Bauherr, Ingenieur und Unternehmer gemeinsam verantwortungsvoll zusammenarbeiten.

Allgemeine Überlegungen

Jeder Bauherr hat vor der Auslösung von Bauinvestitionen seine Anforderungen an die geplante Baute bezüglich Nutzungsart und Nutzungsdauer zu definieren und damit zusammenhängend Konzepte für den baulichen Unterhalt des künftigen

Bauwerks vorzusehen. Dabei wird er anstreben, die Jahresfolgekosten, bestehend aus dem Aufwand für Amortisation, Verzinsung und laufenden Unterhalt, zu minimalisieren. Die mit der Nutzungsdauer eines Bauwerks zusammenhängenden finanziellen Bewegungen sind schematisch dargestellt worden:

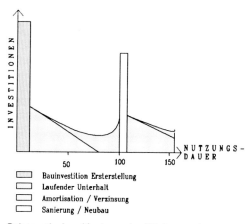

Schematischer Kostenverlauf/Nutzungsdauer

Diese Darstellung veranschaulicht, wie die Investitionstätigkeit der Bauzeit abgelöst wird durch die Verzinsung und Amortisation während der Nutzungsdauer; mit steigendem Alter des Bauwerks kommen laufend höhere Ausgaben für den Unterhalt hinzu. Wenn die Unterhaltskosten unwirtschaftlich werden, ist der Bauwerkzustand genau zu überprüfen, und es ist eine Totalsanierung oder ein Neubau auszulösen, worauf die Jahreskosten wieder auf die reine Verzinsung und Amortisation sinken. Der optimale Zeitpunkt der Erneuerung/Sanierung ergibt sich aus Wirtschaftlichkeitsberechnungen. Die Diagramme auf der folgenden Seite illustrieren den gegenwärtigen jährlichen Unterhalts- und Totalsanierungsaufwand für die Tunnels im Kreis III der SBB.

Aus diesen Überlegungen lässt sich leicht folgern, dass ein Bauwerk qualitativ so beschaffen sein sollte, dass seine Nutzung

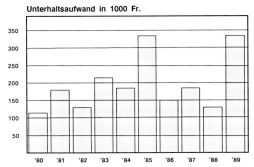

Unterhaltsaufwand in 1000 Fr.

Jährlicher Aufwand für laufenden Unterhalt

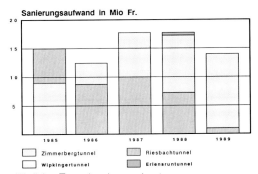

Sanierungsaufwand in Mio Fr.

Jährliche Tunnelsanierungskosten

☐ Zimmerbergtunnel   ▨ Riesbachtunnel
☐ Wipkingertunnel   ▧ Erlensruntunnel

mit möglichst kleinem Unterhaltsaufwand während der ganzen Nutzungsdauer uneingeschränkt möglich ist. Leider ist aber Qualitätsverbesserung oft auch mit Investitionsteigerung verbunden; somit stehen alle am Bau Beteiligten vor der Aufgabe, zwischen Investitionsaufwand und späterem Unterhaltsaufwand die gesamthaft optimale Lösung zu finden. Da der Bauherr den Investitionsaufwand durch seine Qualitäts- oder aber auch Komfortansprüche selber definiert, hat er vor allem die letzteren sehr sorgfältig auf ihre Unerlässlichkeit zu prüfen. Im Falle der Erstellung von Tunnels sind die Qualitätsansprüche noch auf das Umfeld auszudehnen, wird dieses doch z.B. durch die gewählte Baumethode und die damit eventuell verbundenen Setzungen stark tangiert. Dazu sind vor allem im städtischen Gebiet auch die Umwelteinflüsse zu beachten. Hier kann sich die Periode der Bauerstellung mit ihren Emissionen als massgebend erweisen. Im Folgenden seien einige der Überlegungen zusammengestellt, die bei den Tunnelbauten der S-Bahn Zürich gemacht wurden.

Anforderungen an das Tunnelnormalprofil

Die Investitionskosten können grundsätzlich dann minimal gehalten werden, wenn der Tunnelquerschnitt möglichst klein gewählt wird. Doch für den späteren Betrieb des Tunnels ist eine allzu knappe Gestaltung des Querschnittes letztlich nicht wirtschaftlich: Aus Gründen der Unterhaltserleichterungen sind Vergrösserungen sinnvoll: In neuen SBB-Tunnels wird deshalb durch eine Erweiterung um 20 cm Platz geschaffen für den sogenannten techni-

schen Spielraum, eine Raumreserve, welche in der Lebensdauer des Tunnels vielfältig genutzt werden kann. Bereits während der Bauzeit können gewisse Bautoleranzen aufgenommen werden, wie etwa die Durchschlagsgenauigkeit, die bei den Tunneln der S-Bahn Zürich mit einem mittleren Fehler von 2 bis 5 cm angesetzt war. Ebenso wurde es möglich, die auf die schwierigen geotechnischen Verhältnisse zurückzuführenden Vortriebsungenauigkeiten des Schilds im Hirschengrabentunnel aufzufangen. Während der Nutzungsdauer des Tunnels erlaubt der technische Spielraum die Aufnahme von Deformationen ohne Nachteil für den Bahnbetrieb. Ebenso sind Sanierungen wie Sicherungen, Abdichtungen oder Wasserfassungen einfacher und kostengünstiger ausführbar und schränken den Betrieb weniger ein. Weiter ist in Notfällen die Erweiterung des Fluchtraums durch den technischen Spielraum erwünscht.

Anforderungen an die Tunnelabdichtungen

Die Anforderungen an die Dichtung eines Bahntunnels lassen sich wie folgt umschreiben: Der Tunnel darf durch eine wasserdurchlässige Stelle grundsätzlich keinen betrieblichen Nachteil erleiden, und es darf sich kein progressiv wirkender Folgeschaden ausbilden. Aus elektrischen wie auch betrieblichen Gründen muss deshalb der Tunnel auf Schwellenbreite dicht ausgebildet werden. Ausserhalb dieses Bereichs sind aber lokal nasse Stellen akzeptierbar, falls nicht Eisbildung zu progressiven Schäden führen könnte. Dies ist der möglichen tiefen Innentemperaturen wegen vor allem im Portalbereich oder bei 102 kurzen Tunnels zu beachten. Aus diesen Anforderungen wurde bei der S-Bahn eine Bauausführung mit einer wasserdichten Innenbetonschale ohne zusätzliche Abdichtung hergeleitet. Ausnahmen bilden der Bahnhof Museumstrasse sowie die Flussunterquerungen, wo es in Anbetracht des grossen Wasserüberdrucks nicht verantwortet werden konnte, die Isolation wegzulassen. Beim Hirschengrabentunnel war eine Ausführung mit Isolation und armierungsfreier Innenschale wirtschaftlicher.

Anforderungen an die Gleisbettung

Wirtschaftlichkeitsberechnungen ergaben, dass langfristig der schotterlose Oberbau, dank geringerer Unterhaltskosten, die günstigste Ausführungsart für die Tunnels der S-Bahn bildet. Ausser in gewissen Weichenbereichen kommen die Gleise deshalb in allen Tunnels generell auf eine Betontragplatte zu liegen.

In einem weiteren Optimierungsprozess wurde die Dimensionierung dieser Tragplatte in einer speziellen Studie überprüft. Dabei galt es abzuklären, wie weit der Armierungsgehalt reduziert werden darf, immer unter Beachtung, dass die Lebensdauer der Betontragplatte nicht unter der Nutzungsdauer des Tunnels, das heisst in der Grössenordnung von mindestens 100 Jahren, liegen sollte. Die Studie konnte auf Erfahrungen im Flugpistenbau und im Nationalstrassenbau zurückgreifen, und es konnten die dort erhaltenen Resultate auf die Anwendung für Bahntunnels umgerechnet werden. Die Ergebnisse der Untersuchung erlaubten der Bauherrschaft, auf die Armierung der Betontragplatte des schotterlosen Oberbaus zu verzichten. Neben der Kostenersparnis ergibt sich so weiter die willkommene Gelegenheit, einen Rohstoff zu sparen, dessen Herstellung sehr energieintensiv ist. Weiter zeigte sich im Bauablauf, dass die Betontragplatte ohne Armierung sehr viel rascher und in bester Betonqualität mit einem Fertiger erstellt werden konnte.

Wahl der Baumethode

Bei der Ausschreibung für einen Bahntunnel-Neubau wird die Bauherrschaft in der Regel eine Anzahl von Angeboten erhal-

Fertigung Betontragplatten im Zürichbergtunnel

ten, die sich vielfach in der Baumethode unterscheiden und als Konsequenz natürlich auch zu verschiedenen Angebotssummen führen. Der Bauherr hat nun die Aufgabe, den Investitionsaufwand zu minimalisieren. Dabei hat er zu prüfen, ob auch das preisgünstigste Angebot zu diesem Ziel führen kann. Bei den Tunnels der S-Bahn in der Zürcher Altstadt, die unter dicht bebautem Gebiet in geringer Tiefe und in geologisch heiklem Untergrund liegen, war die Wahl der Baumethode besonders sorgfältig abzuwägen. Zum einen galt es, die Sicherheit der angebotenen Baumethode und insbesondere der vorgeschlagenen Bauhilfsmassnahmen grundsätzlich zu überprüfen und zu beurteilen. Zum andern wurden die verschiedenen prognostizierten Setzungen kritisch analysiert. Dabei waren insbesondere die Auswirkungen auf die Überbauung sowie das Strassen- und Werkleitungsnetz über den Tunnels bezüglich der zu erwartenden Setzungsschäden zu beziffern. Aufgrund dieser fiktiven Schadenprognosen waren die verschiedenen Baumethoden dann zu bewerten, und es ergab sich ein weiteres Auswahlkriterium für die Baumethode. Konkret führte dieses Auswahlverfahren zum Beispiel beim Hirschengrabentunnel dazu, dass die billigste Baumethode ausgeschieden werden musste. Anderseits zeigte dieses numerische Bewerten von Setzungsschäden auch, dass sich oft der Einsatz einer teureren Baumethode aus Sicherheitsüberlegungen wirtschaftlich nicht rechtfertigen liess.

Weitere Überlegungen bei der Wahl der Baumethode galten der Umweltverträglichkeit. So begrüssten die SBB aus Gründen des Energieverbrauchs, dass z.B. bei den Einspurröhren des Zürichbergtunnels statt der energieintensiven Gefriermethode das Jettingverfahren erstmals in grösserem Umfange in der Schweiz angeboten wurde, ein Verfahren, das nicht zuletzt aus den erwähnten energetischen Gründen zukunftsträchtig sein dürfte. Im erwähnten Baulos konnten damit gegen 1 Mio. kWh an elektrischer Energie eingespart werden.

Qualitätssicherung bei der Ausführung

Die Ausführungspläne von Bahnbauten sind gemäss den gesetzlichen Bestimmungen von den Aufsichtsbehörden zu genehmigen. Im Falle der SBB ist diese Aufgabe vom Bundesamt für Verkehr an die Bahn zurückdelegiert. Allerdings übersteigt sie bei einem Grossprojekt wie der Neubaustrecke der S-Bahn Zürich die Kapazität der SBB-internen Organisation. Für die Tunnels wie auch für kritische allgemeine Tiefbauten waren deshalb Prüfingenieure zugezogen worden, deren Pflichtenheft die aufsichtsbehördliche Überprüfung der Konstruktionen wie auch deren Beurteilung hinsichtlich der Wirtschaftlichkeit umfasste. Im Vortrieb erfolgten periodisch geologische Aufnahmen, die zusammen mit der messtechnischen Überwachung zum Ziele hatten, allfällige Problemabschnitte zu erfassen, die während der Nutzungsdauer des Tunnels von Bedeutung sein könnten. Die Ergebnisse dieser geologischen Aufnahmen sind in den Ausführungsplänen zu dokumentieren. Auf den Rat dieser Experten konnte in kritischen Phasen im Verlaufe der Bauausführung zurückgegriffen werden. Besonders wertvoll war diese Zusammenarbeit z.B. im Hirschengrabentunnel in den Phasen des Schildstillstands. Einer besonderen Beachtung bedarf der Aufbau eines Netzes von Überwachungspunkten im Tunnel, welches erlauben soll, die während dem Bau erfassten Tunneldeformationen auch während der Nutzungsdauer weiter zu verfolgen. Deshalb ist frühzeitig die Möglichkeit der Kontrollmessungen unter Berücksichtigung des Bahnbetriebs abzuklären.

Jettingmaschine in den Einspurröhren

Sicherheit im Betrieb

Die Neubaustrecke der S-Bahn Zürich zeichnet sich betrieblich dadurch aus, dass in den Spitzenzeiten stark besetzte Züge in sehr dichtem Fahrplan mit relativ hoher Geschwindigkeit verkehren. Dies könnte zu einem grundsätzlich höheren Unfallrisiko für die Benützer dieses Verkehrsmittels führen. Mit gezielten Massnahmen war deshalb sicherzustellen, dass ein ausreichend hohes Sicherheitsniveau entsprechend dem übrigen SBB-Netz erreicht wird. In einer umfassenden Sicherheitsstudie zweier spezialisierter Ingenieurbüros sind alle vorgeschlagenen Sicherheitsmassnahmen hinsichtlich ihres Kosten / Nutzen-Verhältnisses analysiert worden. Insbesondere waren die Rettungsmöglichkeiten bei Brandfällen in den Tunnels zu überprüfen. Diese Studien zeigten wiederholt, dass betriebliche Vorkehrungen sinnvoller sind als bauliche Investitionen. Die Sicherheitsstudie wird deshalb mit ihren Ergebnissen Eingang in das Pflichtenheft des S-Bahn-Betriebs finden.

Erdungs- und Beeinflussungsfragen

Manfred Lörtscher

Anforderungen

Die vielen Kunstbauten (Brücken und Tunnels) der Neubaustrecke, die eine andere Erdfühligkeit als Gleise im freien Gelände aufweisen und die teilweise sehr nah an bestehenden Häusern und deren Einrichtungen vorbeiführen, verlangen ein gut abgestimmtes Erdungskonzept. Dabei geht es um die Gesamtheit der Massnahmen, die bei den Bahn-, Bauwerk- und Wassererden getroffen werden können.

Da ein S-Bahn-Zug mit drei Einheiten bei Geschwindigkeiten über 50 km/h Wirkleistungen von nahezu 12 Megawatt (= 12000 kW) aufnimmt und die Zugfolgezeiten kurz sind, fliessen entsprechend grosse Fahrleitungsströme, die gezielt zu den Unterwerken zurückgeführt werden müssen. Neben den einschlägigen Verordnungen über elektrische Schwachstrom- und Starkstromanlagen sind die entsprechenden Anforderungen in der VEAB (1) festgehalten.

Der Streckenabschnitt Stadelhofen – Museumstrasse liegt stark im Einflussbereich der Streuströme der VBZ: Grössere Traktionsleistungen der modernen Strassenbahnzüge verbunden mit der kleinen Fahrleitungsspannung von 600 V Gleichspannung führen zu grossen Streuströmen. Die Richtlinien zum Schutz gegen Korrosion durch Streuströme (2) sind in der Projektierung und Bauausführung vollumfänglich berücksichtigt worden.

Beeinflussungsprobleme

Im Kernbereich können auf einzelnen Speiseabschnitten über 20 gleichzeitig arbeitende S-Bahn-Lokomotiven fahren. Wenn auch die Störwirkung des einzelnen neuen Triebfahrzeugs vergleichsweise sehr klein ist, so entstehen durch eine praktisch lineare Addition (Messungen SBB vom August 1987) der einzelnen Störströme Werte, die im Erdungskonzept nicht vernachlässigt werden können.

Neben der Stromzuführung über die eigentlichen Fahrleitungen, die durch die Gleislage gegeben ist, wurden in den Tunnelstrecken die 15 kV-Hochspannungskabel konsequent getrennt von den Niederspannungskabeln auf der einen Seite der Gleise verlegt. Durch ein neues, besonderes Erdungskonzept dieser einphasig betriebenen Hochspannungskabelanlage (total 20 km) wird ein grosser Anteil des Rückstroms gezielt über isolierte Erdrückstromleiter geführt, so dass die Beeinflussungen reduziert werden (Messungen SBB vom Juni 1988).

Vermaschung von Bahn- und Bauwerkerde

Das Konzept zur eigentlichen Erdung musste frühzeitig mit allen beteiligten Bau- und Elektroingenieuren festgelegt werden, da ein Teil der Massnahmen bereits beim Rohbau zu berücksichtigen war. Wenn auch das Grundkonzept einer möglichst guten Vermaschung der beiden Erden von allen anerkannt wurde, so mussten viele Einzelheiten baulosweise unterschiedlich gelöst werden. Dies ergibt sich aus den verschiedenen Tunnelquerschnitten (Einspur, Doppelspur, runde, eckige Profile usw.) und der konstruktiven Vielfalt.

Auf der ganzen Neubaustrecke wurden im Rahmen der Bahnerde folgende Massnahmen getroffen: Durchgehende Erdseile (95 mm^2 Cu) pro Gleis unter besonderer Berücksichtigung des Standorts für ein fahrbares Unterwerk 132 kV/15 kV im Neugut sowie Verstärkung der Erdseile im Bahnhof Zürich (Rampe/Vorbahnhof). Durch den Einbau von Tonfrequenz-Gleisstromkreisen für die Stellwerktechnik entfallen die Gleisstösse zur Isolierung der einzelnen Gleisabschnitte. Neben der günstigen Wirkung auf Lärm und Erschütte-

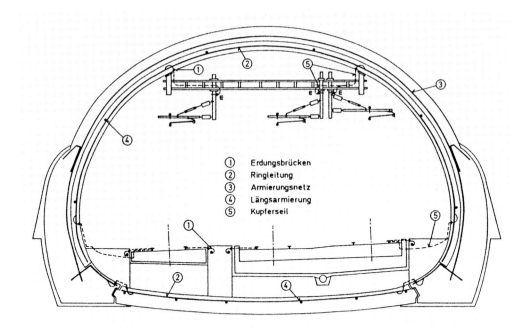

Überblick über vermaschte Bauwerk- und Bahnerde

① Erdungsbrücken
② Ringleitung
③ Armierungsnetz
④ Längsarmierung
⑤ Kupferseil

rungen können deshalb für die Rückstromführung alle Schienen uneingeschränkt verwendet werden. Zur wirksamen Begrenzung von Schritt- und Berührungsspannungen auf zulässige Werte wurden durchgehend auf der Aussenseite der Gleise Banderder verlegt. Erdseile, Schienen und Banderder werden durchschnittlich alle 100–150 m durch Ringleitungen miteinander verbunden. Neben den vorgeschriebenen Erdungen der Signale, Fahrleitungstragwerke usw. musste im Stationsbereich zusätzlich geprüft werden, welche Perroneinrichtungen im Publikumsbereich an die Bahnerde anzuschliessen sind. Insbesondere auf den Stationen Stettbach und Stadelhofen sind die Schnittstellen betreffend 50 Hz-Versorgung (Trennung bzw. gezielte Erdverbindungen) von grosser Bedeutung. In Stettbach wurde zudem eine klare Trennung zwischen dem VBZ-Gleichstromsystem und den übrigen elektrischen Anlagen realisiert. Dies ist bei den Bahnhöfen Stadelhofen und Museumstrasse wegen den bereits bestehenden Gebäuden und Einrichtungen in unmittelbarer Nähe der Neubauten nicht möglich.

Als Massnahme gegen Lärm und Erschütterungen wurden die Gleise teilweise auf Unterschottermatten oder auf Masse-Feder-Systeme verlegt. Die verwendeten Materialien sind elektrisch isolierend, so dass die Armierung der einzelnen Blöcke des Masse-Feder-Systems einzeln mit der Bahnerde verbunden werden musste.

Gleichstrom-Streuströme

Besondere Erdungs-Massnahmen wurden dort erforderlich, wo eine Gefährdung der Bausubstanz durch Gleichstromstreuströme zu befürchten war. Durch die Lage des VBZ-Strassenbahnnetzes und der zugehörigen Gleichrichterstationen Drahtzug, Hohe Promenade, Haldenegg und Shopville kommt der Abschnitt Stadelhofen – Central und der Bahnhof Museumstrasse in den Bereich austretender Streuströme. Je nach Ausführungsart der Aussen- und Innenschale in den einzelnen Bauwerkabschnitten der Tunnels wurden ausgewählte Armierungseisen in Längs- und Querrichtung verschraubt oder verschweisst und durch den Einbau von sogenannten Erdungsbrücken an die Oberfläche geführt. Mit diesen Anschlusspunkten können die einzelnen Betonierabschnitte miteinander kontinuierlich verbunden und gezielt an die früher erwähnten Ringleitungen der Bahnerde angeschlossen werden. Damit ist eine enge Vermaschung von Bahn- und Bauwerkerde möglich, so dass insbesondere die Streuströme anteilmässig weniger durch das Bauwerk fliessen. Um sie gezielt aus dem Erdungssystem herauszuführen, sind folgende gerichtete «Drainagen» in Vorbereitung: Rämistrasse, Florhof, Central, Museumstrasse und Zollbrücke. Ihre Wirkung, die durch Anpassungen zu optimieren sein wird, kann erst nach der Fertigstellung aller Arbeiten beurteilt werden.

Die weit über tausend in der Stützmauer des Bahnhofs Stadelhofen und im Bahnhof Museumstrasse versetzten Anker sind besonders korrosionsgeschützt und haben keine Verbindungen zur Bauwerk- bzw. Bahnerde (3).

Mit einer Vielzahl gezielter Massnahmen war trotz der unterschiedlich gestalteten Bauabschnitte ein klares Erdungskonzept möglich. Damit konnten die verschiedenen Anforderungen betreffend Rückstromfüh-

15 kV-Speiseleitungen Unterwerk Zürich/Sihlquai-Hauptbahnhof (siehe auch Beitrag «Besondere eisenbahntechnische Probleme» ab Seite 63)

rung, Berühr- und Schrittspannungen, allgemeiner Beeinflussung sowie Korrosionsschutz erfüllt werden.

Literatur:
(1) Verordnung über elektrische Anlagen von Bahnen («VEAB»)
(2) Richtlinien zum Schutz gegen Korrosion durch Streuströme von Gleichstromanlagen, SEV-Korrosionskommission, Dok. C3 d, Ausgabe 1981
(3) SIA-Dokumentation D 031, Korrosion und Korrosionsschutz, Teil 4, Anker und Spannkabel, 9. März 1989

S-Bahn Zürich

Projektierung und Bauausführung

Neubau der SBB-Unterführung Langstrasse 1983–1986

Arthur Hitz und Kurt Hohl

Allgemeines und kurzer historischer Rückblick

Sämtliche Gleise des HB Zürich überqueren etwa 600 m ausserhalb der Perronhallen die stark befahrene und auch dem öffentlichen Verkehr (Trolleybus der VBZ) dienende Langstrasse, allgemein als «Langstrassenunterführung» bekannt. Die Langstrassenunterführung wurde anlässlich der mit der Verlegung der Oerlikoner-Linie und mit der gleichzeitig erfolgten Inbetriebnahme der rechtsufrigen Zürichsee-Linie vorgenommenen ersten Erweiterung des Bahnhofes Zürich in den Jahren 1892/94 erstellt, und zwar als Ersatz für den damals noch bestehenden Niveauübergang der Langstrasse über die Gleise der Aarauer- und der linksufrigen Seebahnlinie.

Die Tragkonstruktion der Langstrassenunterführung bestand ursprünglich aus zwölf einzelnen Bogenträgern aus Stahl. Die Gleisauflagerung erfolgte mittels hölzerner Brückenschwellen direkt auf den Stahllängsträgern. Die direkte Lagerung hatte zur Folge, dass jegliche seitliche Gleisverschiebung wie auch der Einbau von Weichen im Brückenbereich absolut unmöglich waren.

Anlässlich des zweiten Ausbaues der Zürcher Bahnanlagen 1928/31 wurden drei Bogen entfernt, um die Möglichkeit zu schaffen, ein Weichenkreuz und eine Weichenverbindung einzubauen. Anstelle der

Bau der alten Brücke 1892/94

ausgebauten Bogen wurde eine Konstruktion aus einbetonierten Doppel-T-Trägern eingebaut. Seit 1931 bis zum Neubau 1983 wurden keine baulichen Veränderungen mehr vorgenommen.

Gründe für den Neubau der Unterführung

Es sind in der Hauptsache drei Gründe, die dazu führten, das bestehende Objekt durch einen vollständigen Neubau zu ersetzen.

• Die eingangs erwähnte direkte Gleisauflagerung und das weitgehende Fehlen des Schotterbettes verunmöglichten praktisch jede Änderung der Gleisanlage im Brückenbereich.

• Der Bau der Zürichberg-Linie und des neuen Bahnhofs Museumstrasse im Rahmen der S-Bahn machten es notwendig, auf der Nordseite für die Zufahrtrampe zum Bahnhof Museumstrasse zwei zusätzliche Gleise und eine Weichenverbindung anzuordnen.

• Das bestehende Bauwerk wies in seinen ältesten Bauteilen ein Alter von fast 90 Jahren auf. Ein Brückenbauwerk aus Stahl, das einem solch intensiven Verkehr unterworfen ist wie die Langstrassenunterführung, nähert sich nach etwa 90–100 Jahren Lebensdauer seinem Ende.

In erster Linie waren es aber die Bedürfnisse der S-Bahn, die es notwendig machten, den Neubau zu realisieren.

Die Bedürfnisse der Stadt Zürich, die bei der Projektierung des Neubaues zu berücksichtigen waren

Den Organen der SBB war selbstverständlich bekannt, dass bei einem allfälligen Neubau der Unterführung auch verschie-

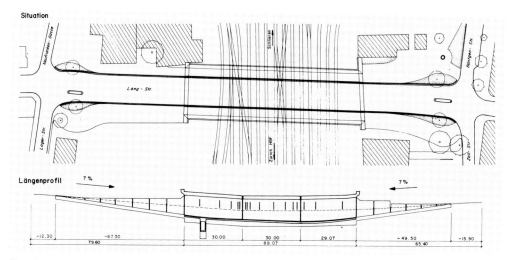

Situation und Längenprofil

denen Bedürfnissen der Stadt Zürich Rechnung getragen werden muss. Aus diesem Grunde wurden die Projektierungsarbeiten von allem Anfang an in engster Zusammenarbeit mit dem Tiefbauamt der Stadt Zürich vorangetrieben. Es waren aber nicht nur die Bedürfnisse des Neubauprojektes an sich, die diese Zusammenarbeit erforderlich machten, sondern auch die zahlreichen baulichen und strassenverkehrstechnischen Massnahmen während des Neubaues der Brücke.

Das Neubauprojekt

Das neu erstellte Bauobjekt umfasst das rund 90 m lange, Platz für 18 Gleise bietende eigentliche Unterführungsbauwerk sowie die beiden Zufahrtrampen Süd und Nord mit 90 bzw. 70 m Länge. Gegenüber der ursprünglichen Lage der Langstrasse, die die Gleise im rechten Winkel unterquert, weist das Neubauprojekt eine geringfügige Abdrehung von etwa 3° auf; die Strassenanschlüsse an die beidseitigen Querstrassenzüge (Röntgenstrasse/Zollstrasse und Lagerstrasse/Neufrankengasse) werden dadurch verbessert. Der erforderliche totale Neubau der beiden Rampen war bedingt durch die im Unterführungsbereich nötige Absenkung der Strassennivellette um etwa 3 m. Verursacht wurde diese Absenkung einerseits durch die wesentlich tiefere Lage der neuen Brückenunterkante (eine Folge der grösseren Bauhöhe, herrührend aus Schotterbett

und Betonplatte), zum anderen durch die Notwendigkeit, die lichte Durchfahrthöhe für den Trolleybus auf minimal 5.0 m zu vergrössern. Die Zufahrtrampen erhielten eine Steigung von etwa 7 %, was für den Strassenverkehr noch tragbar ist. Eine Reduktion dieser Steigung hätte zu sehr umfangreichen und kostspieligen Anpassungen im Bereich der Querstrasseneinmündungen geführt.

Die Langstrasse wurde in dem vom Umbau betroffenen Bereich (zwischen den Einmündungen Röntgenstrasse und Lagerstrasse) gemäss den Anforderungen der Stadt Zürich verbreitert, und zwar die Fahrbahn von 10.0 m auf neu 13.5 m und die Trottoirs von 3.0 m auf 4.0 m. Aus Gründen des Immissionsschutzes sind die letzteren räumlich von der Fahrbahn getrennt und bieten gleichzeitig Platz für einen separaten Velofahrweg.

Als Tragsystem für die eigentliche Brückenkonstruktion wurde aufgrund eingehender Kostenvergleiche ein sogenanntes «falsches Sprengwerk» gewählt. Dieses System hat, neben den wirtschaftlichen Vorteilen, den Vorzug, dass für die Fussgänger und Radfahrer dank der schrägen Seitenwand ein sehr geräumiger Verkehrsraum vorhanden ist, der den unangenehmen Tunneleindruck stark mildert. Durch die massive Betonwand, die durch Anordnung von Glasbauelementen aufgelockert ist, können die Fussgänger und Radfahrer wirksam gegen die Immissionen des Auto-

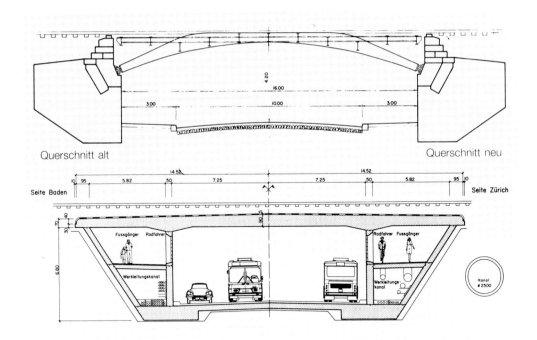

Querschnitt alt   Querschnitt neu

Seite Baden   Seite Zürich

verkehrs abgeschirmt werden. Zudem müssen sie, dank der Anordnung ihres Verkehrsweges in Hochlage, nicht die vollen Höhendifferenzen der Langstrasse bewältigen. Der Raum unter den Gehwegen dient in optimaler Weise als sehr geräumige Werkleitungskulisse. Für die Bauausführung bedeuteten die Schrägstiele eine wesentliche Vereinfachung des Arbeitsablaufes. Die Hinterfüllungsarbeiten entfielen praktisch zur Gänze, und demzufolge waren auch nur minime Setzungen im Gleisbereich hinter der Brücke zu erwarten, was für den Bahnbetrieb von grösster Bedeutung war.

Der Unterbau wurde in schlaff armiertem Eisenbeton ausgeführt, die Brückenplatte hingegen, mittels nachträglich eingezogener Spannkabel, in der Längsrichtung voll vorgespannt. Damit war es möglich, die durch den Bauvorgang bedingte, quer unter allen Gleisen durchlaufende und etwa in der Strassenachse angeordnete Arbeitsfuge zu überbrücken (vgl. hiezu die Abbildungen der Bauphasen II und III). Die Brückenplatte erhielt damit auch in diesem kritischen Querschnitt die volle Tragfähigkeit.

Das Unterführungsbauwerk ist auf kiesigem Baugrund und gerade noch knapp über dem mittleren Grundwasserspiegel fundiert, so dass eine aufwendige Wasserhaltung vermieden werden konnte.

Die Gestaltung der Unterführung und der Immissionsschutz

Die Stadtverwaltung hat sich mit den Fragen der städtebaulich/architektonischen Gestaltung des Unterführungsbauwerkes, samt der näheren Umgebung, eingehend auseinandergesetzt und die Grundlagen im Gespräch mit den interessierten Kreisen erarbeitet. Ziel der Gestaltung war es, die Verbindungsfunktion der Langstrassenunterführung zwischen den beiden Stadtkreisen 4 und 5 zu verbessern und vor allen Dingen auch diesen Bereich der Langstrasse für die Fussgänger freundlicher zu gestalten.

Die Immissionen vom Bahnbetrieb her – in der Hauptsache der Lärm der die Strassenunterführung überquerenden Züge und Rangierkompositionen – konnten beim neuen Bauwerk infolge des durchgehenden Schotterbettes ganz erheblich reduziert werden. Dies wirkt sich nicht nur für die Fussgänger, die die Unterführung benützen, vorteilhaft aus, sondern in ganz besonderem Masse auch auf die umliegenden Wohnhäuser.

112

Bauablauf

Das Studium der Bauabläufe hatte von folgenden Randbedingungen auszugehen:

Seitens SBB

Dauernde und möglichst vollständige Aufrechterhaltung des Verkehrs während der ganzen Bauzeit (dies bei bis zu 4000 Zugs- und Rangierbewegungen pro Tag). Minimale Betriebsbehinderungen im Zusammenhang mit dem Einbau der Hilfsbrückenprovisorien.

Seitens Stadt

Dauernde und möglichst ungestörte Aufrechterhaltung des privaten und öffentlichen Verkehrs auf mindestens zwei Fahrspuren zu 3.25 m Breite. Ermöglichen des Fussgängerverkehrs während der ganzen Bauzeit.

Seitens Werke

Bereitstellen von neuen Leitungsführungen für Kanalisationen, EWZ, Gas, Wasser und PTT derart, dass mit vertretbaren Ausschaltzeiten oder Unterbrüchen auf die neuen Leitungen umgestellt werden kann.

Die grosse Absenkung der Strassennivellette verunmöglichte eine Etappierung des Bauvorhabens in Strassen-Längsrichtung, da die dabei entstehenden steilen Rampen vom Bus- und Privatverkehr nicht bewältigt werden konnten. Das Projekt beruhte deshalb auf einem Bauvorgang, der die Unterführung in eine Etappe auf der Ostseite (Seite HB) und eine solche auf der Westseite (Seite Altstetten) aufteilte.

Da fast alle bestehenden Werkleitungen auf der Westseite der Unterführung lagen, wurde zuerst die Unterführungshälfte auf der Seite Zürich HB erstellt. Dies ermöglichte es, die Werkleitungen vor dem Baubeginn der Westhälfte in die bereits fertige

Monate	1983				1984				1985				1986			
	3	6	9	12	3	6	9	12	3	6	9	12	3	6	9	12
1. Vorarbeiten (Hilfsbruecken, Abbruch alte Bruecke)	▨															
2. Bauphase I (Hilfsbruecken, Abbruch alte Bruecke)		▨	▨	▨												
3. Bauphase II (Unterfuehrungshaelfte Seite Zuerich)					▨	▨	▨									
4. Bauphase III (Unterfuehrungshaelfte Seite Baden)								▨	▨	▨						
5. Fertigstellungsarbeiten											▨	▨				

△ Ursprüngliches Bauprogramm   Bauprogramm Ausführung ▽

Monate	1983				1984				1985				1986			
	3	6	9	12	3	6	9	12	3	6	9	12	3	6	9	12
1. Vorarbeiten	▨	▨														
2. Bauphase I (Hilfsbruecken, Abbruch alte Bruecke)		▨														
3. Bauphase II (Unterfuehrungshaelfte Seite Zuerich)			▨	▨	▨	▨	▨	▨								
4. Bauphase III (Unterfuehrungshaelfte Seite Baden)								▨	▨	▨	▨	▨				
5. Fertigstellungsarbeiten													▨	▨		

Fundamentwand in Unterführungsmitte

Ausbau und Abtransport der 300 Tonnen schweren Betonbrücke

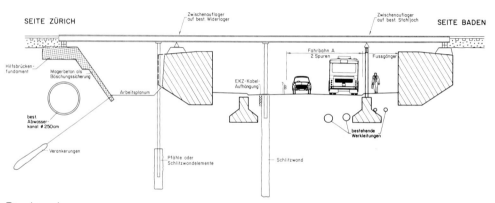

SEITE ZÜRICH

Zwischenauflager auf best. Widerlager

Zwischenauflager auf best. Stahljoch

SEITE BADEN

Hilfsbrücken-fundament

Magerbeton als Böschungssicherung

Arbeitsplanum

EKZ-Kabel-Aufhängung

Fahrbahn A 2 Spuren

Fussgänger

best. Abwasser-kanal ⌀ 250cm

Verankerungen

Pfähle oder Schlitzwandelemente

Schlitzwand

bestehende Werkleitungen

Bauphase I

Antransport und Einbau einer Spezialhilfsbrücke

Deckenschalung unter den Hilfsbrücken

Unterführungshälfte Ost

PTT-Kabeltrassee in provisorischer Hochlage

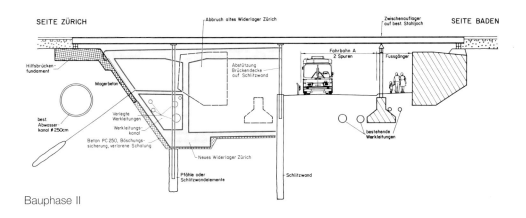

SEITE ZÜRICH — Abbruch altes Widerlager Zürich — Zwischenauflager auf best. Stahljoch — SEITE BADEN

Hilfsbrücken-fundament

Magerbeton

best. Abwasser-kanal Ø 250cm

Verlegte Werkleitungen

Werkleitungs-kanal

Beton PC 250, Böschungs-sicherung, verlorene Schalung

Abstützung Brückendecke auf Schlitzwand

Fahrbahn A 2 Spuren

Fussgänger

bestehende Werkleitungen

Neues Widerlager Zürich

Pfähle oder Schlitzwandelemente

Schlitzwand

Bauphase II

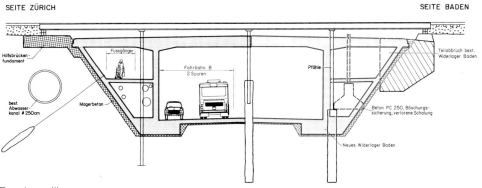

SEITE ZÜRICH — SEITE BADEN

Hilfsbrücken-fundament

Fussgänger

Fahrbahn B 2 Spuren

Pfähle

Teilabbruch best. Widerlager Baden

best. Abwasser-kanal Ø 250cm

Magerbeton

Beton PC 250, Böschungs-sicherung, verlorene Schalung

Neues Widerlager Baden

Bauphase III

Ansicht des fertiggestellten Bauwerkes

Osthälfte der neuen Unterführung zu verlegen (s. Bauphasen I und II).

Bauprogramm

Das ursprüngliche Bauprogramm sah vor, die Bauarbeiten in drei Jahren durchzuführen. Effektiv resultierte eine Bauzeit von $3^1/_2$ Jahren. Diese Bauzeitverlängerung rührte vor allem daher, dass sich die Bauabläufe mit den zahlreichen Provisorien für alle Verkehrsträger (Bahn, öffentlicher und privater Verkehr) sowie den unzähligen Werkleitungen noch wesentlich schwieriger gestalteten als angenommen. Auch der sehr harte Winter 1984/85 hinterliess diesbezüglich seine Spuren.

Bauphasen

Als erstes mussten die Fundamente für das umfangreiche (wahrscheinlich Europas grösstes) Hilfsbrückenprovisorium für die 14 bestehenden Gleise erstellt werden. Die total 28 Hilfsbrücken wurden links und rechts auf den alten Widerlagern sowie auf einer Fundamentwand in Unterführungsmitte abgestützt. Diese Wand diente später in den Bauphasen II und III zugleich als Stützmauer für die unterschiedlichen Niveauverhältnisse und, ganz wichtig, als provisorische Mittelabstützung für die neue östliche Unterführungshälfte.

Für die Ausführung dieser Vorarbeiten musste der Strassenverkehr auf zwei Fahr-

spuren in der westlichen Hälfte der alten Unterführung reduziert werden, eine Einschränkung, welche für die ganze Bauzeit Bestand hatte.

Bauphase I

Diese Bauphase umfasste im wesentlichen den Abbruch der alten Unterführung, bestehend aus neun Stahlbogenbrücken aus den Jahren 1895 und drei massiven Betontragbrücken aus den dreissiger Jahren sowie dem unmittelbar nachfolgenden Einbau der 28 Bahnhilfsbrücken.

Die Arbeiten bedingten temporär Totalsperren der Unterführung für den Strassenverkehr, was nur nachts möglich war. Für den Abbruch der bis zu 300 Tonnen schweren Betonbrücken wurden sogar Wochenend-Sperrungen unumgänglich. Zusätzlich musste während dieser Bauphase der Trolleybusbetrieb der VBZ auf Autobusse umgestellt werden. Insgesamt waren für die äusserst heiklen, aber auch spektakulären Abbruch- und Hilfsbrückenarbeiten neun Nacht- und drei Wochenend-Schichten erforderlich.

Bauphase II

Fünf Monate nach dem offiziellen Baubeginn, nachdem die umfangreichen Vorbereitungsarbeiten und der Abbruch der alten Unterführung abgeschlossen waren, konnte dann endlich mit dem Bau der östlichen Unterführungshälfte, einschliesslich der Rampen in Richtung Helvetiaplatz bzw. Limmatplatz, begonnen werden.

Eine bautechnisch harte Knacknuss stellte dabei das Erstellen der vorgespannten Brückenplatte direkt unter den Gleishilfsbrücken bei äusserst prekären Platzverhältnissen dar. Durch die zweiteilige Ausführung der Brückenplatte konnten vorerst nur die Hüllrohre für die Vorspannkabel einbetoniert werden, und die Brückendecke musste in der Mitte provisorisch abgestützt werden.

Am Schluss dieser Bauphase wurden die neuen Trassen für die Werkleitungen sowie den VBZ-Trolleybus erstellt, so dass im Januar 1985 ein nahezu nahtloser Umzug von der alten West- in die neue Osthälfte der Unterführung möglich war.   116

Bauphase III

In der dritten Bauphase wurde der Westteil des neuen Bauwerkes erstellt, analog zur Bauphase II.

Die grössere Behinderung stellte diesmal ein umfangreiches Bauprovisorium dar für eines der wichtigsten PTT-Kabeltrasse in der Stadt Zürich. Nicht weniger als drei Dutzend zum Teil armdicke Kabel galt es in exponierter Hochlage unter den Gleishilfsbrücken sorgfältig zu hüten. Nach dem Betonieren der Brückenplatte konnten die beiden Deckenteile der neuen Unterführung vorgespannt (zusammengespannt) und die provisorische Mittelabstützung abgebrochen werden.

Fertigstellungsarbeiten und Eröffnung

Für die umfangreichen Umgebungs- und Gestaltungsarbeiten verblieben noch knapp vier Monate Zeit. Am 20. Oktober 1986 wurde die neue Unterführung offiziell eröffnet.

Die Kosten für das neue Kreuzungsbauwerk betragen Fr. 26 438 000.– (inkl. Teuerung), Fr. 112 000.– weniger als im Kostenvoranschlag vorgesehen war.

Am Bau Beteiligte:

Bauherr: SBB Bauabteilung Kreis III und Tiefbauamt der Stadt Zürich

Oberbauleitung: SBB, Sektion Brückenbau

Projekt + Bauleitung: Fietz AG Bauingenieure ETH/SIA

Vorarbeiten: Meier + Jäggi AG, Zürich

Abbrucharbeiten: Otto Näf AG, Spreitenbach

Stahlhilfsbrücken: Schäppi AG, Zürich, und Paul Weber AG, Seewen/Schwyz

Haupt-Baumeisterarbeiten: ARGE Züblin AG, Schafir + Mugglin AG, Mathys AG, Zürich

Strassenbauarbeiten: R. Schiess AG, Zürich

Langstrasse und Vorbahnhof, Abbruch der alten Brücke

Jakob Hefti

Allgemeines und Randbedingungen

Die Langstrassenunterführung aus dem Jahre 1894, mit Ausbau um 1930, genügte den Anforderungen eines leistungsfähigen S-Bahnnetzes nicht mehr.

Der für den Neubau notwendige Totalabbruch der neun Stahlbogenbrücken (180 t Stahl) sowie der drei mit DIN-Trägern armierten Betonbrücken (insgesamt 730 t armierter Beton) gestaltete sich von den Randbedingungen her äusserst anspruchsvoll. Die Aufrechterhaltung des Bahnbetriebes sowie des Individualverkehrs, die eigentlichen Abbrucharbeiten, der Hilfsbrückeneinbau und die Arbeiten für den definitiven Neubau erforderten eine reibungslose Zusammenarbeit aller am Bau Beteiligten.

Die Hauptabbrucharbeiten konnten nur nachts während kurzen Sperrzeiten ausgeführt werden, die dichte städtische Überbauung zwang gleichzeitig zu einem möglichst immissionsarmen Bauablauf. Im Betrieb stehende Werkleitungen im alten Strassenkörper der Unterführung mussten

Absenken und Ausfahren der Betonbrücke mit Spezialtiefladeanhänger

während des Abbruchvorganges überwacht (Gasdetektoren), abgeschiebert oder infolge zu hoher Bodenpressung durch Hebezeuge umgelegt werden.

Insgesamt waren zum Ausbau der alten Brückentragwerke neun Nachtschichten (Stahlbrücken) sowie drei Wochenendeinsätze (Betonbrücken) notwendig.

Abbrucharbeiten

Betonbrücken

Die mit DIN-38-Trägern armierten, 50 cm starken Brückenplatten waren im Widerlagerblock fest eingespannt und durch zwei gelenkig gelagerte Stützjoche aus Stahl in drei Felder geteilt. Zur Trennung der Be-

Kernbohrungen im Widerlagerblock, Trennstelle mit freigelegten DIN-Trägern

	ARBEITSGATTUNG	2000	2100	2200	2300	2400	0100	0200	0300	0400	0500	0600
S P E R R U N G E N	Sperrung Langstrasse		■	■	■	■	■	■	■	■	■	■
	Gleissperrungen			■	■	■	■	■	■	■	■	■
V O R B E R E I T U N G S P H A S E	Abschrankungen vorbereiten / Brückenabbruch / Gleisausbau	■	■									
	Alte Brücke abbrennen, absenken / Ausfahren mit Tiefgänger				■							
	Demontage Widerlagerklotz / Vorbereiten Hilfsbrücken / Montage Hilfsbrückenjoche						■	■				
E I N B A U	Montage Hilfsbrücke + Schienen									■	■	

Zeitprogramm Brückenausbau T8 (Samstag auf Sonntag)

tonplatte vom Widerlager wurden horizontale, sich überlappende Kernbohrungen von 18 cm Durchmesser auf einer Länge von 2.50 m vorgetrieben. Zur Aufrechterhaltung der Tragfunktion wurden in jede dritte Bohrung Vollstahlzylinder eingesetzt.

In einem weiteren Arbeitsschritt galt es, Trennstellen für den raschen Brückenausbau während der zur Verfügung stehenden Sperrzeiten vorzubereiten. Nach Montage zweier Hilfsjoche, welche die gesamten Bahnlasten aufnehmen konnten, wurde der Beton zwischen den Stahlträgern mittels vertikaler Kernbohrungen herausgetrennt. Die Entfernung des Betons zwischen den Flanschen der Träger erfolgte durch Sprengung mit Knallzündschnur. Die Löcher hierfür trieb man mit Sauerstofflanzen vor. Für die Bestimmung des Lochabstandes und der Sprengstoffmenge waren umfangreiche Vorversuche notwendig. Diese Vorarbeiten konnten (mit Schutzmassnahmen) ohne Störung des Bahnbetriebes und des Strassenverkehrs durchgeführt werden.

Die spektakulären Abbrucharbeiten, nämlich das Abtrennen und Ausfahren der Brückenelemente mit einem Einzelgewicht von bis zu 285 t, erfolgte an drei Wochenenden.

Im Balkenprogramm oben ist am Beispiel der Betonbrücke T8 der terminliche Ablauf der verschiedenen Arbeiten dargestellt.

Die vorgängig mit hydraulisch absenkbaren Stützböcken unterstellte Brückenplatte wurde an den vorbereiteten Stellen mit

Brückenquerschnitt mit Trennstelle; Schutz der provisorisch umgelegten Wasserleitung

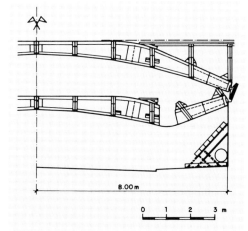

8.00 m

0   1   2   3 m

Abgesenkter Bogen, bereit zum Ausfahren

Spezialwerkzeugen getrennt und mittels Tiefladeanhänger ausgefahren. Gleichzeitig wurden die Widerlagerblöcke entfernt, so dass mit dem Hilfsbrückeneinbau begonnen werden konnte.

Das Zerkleinern der Brückenelemente in transportfähige Einzelteile geschah vor Ort mit hydraulischem Abbauhammer.

Stahlbrücken

Pro Nachtschicht von abends 21 Uhr bis morgens um 6 Uhr konnte jeweils ohne Vorbereitungsarbeiten ein Zweigelenkbogen ausgebaut werden. Zuerst entfernte man die auf der Brückenunterseite angebrachte Blechverkleidung. Anschliessend wurde der Bogen in Feldmitte unterstützt, und man schnitt – auf dem Längsschnitt unten gut ersichtlich – zwei Trennschlitze im oberen Flansch und Steg heraus. Durch das Wegziehen der Hilfsabstützung senkte sich der Bogen infolge dieser zwei künstlich geschaffenen plastischen Gelenke auf die im Trennbereich positionierten provisorischen Auflagetöpfe. Jetzt konnten der Bogen fertig getrennt und die Einzelteile auf Spezialfahrzeugen ausgefahren werden.

Fazit

Mit der Wahl des oben beschriebenen Abbruchverfahrens konnten rund 30 Nachtschichten und ca. 100 Stunden lärmintensive Spitzarbeiten mit hydraulischem Abbauhammer eingespart werden.

Teilprojekt 1: Einführung Vorbahnhof

Arthur Hitz und Kurt Hohl

Abgrenzung Teilprojekt 1

Das Teilprojekt 1, Einführung Vorbahnhof, umfasst folgende Bauobjekte:

Los 1.01:

Ersatzbauten für die im Zusammenhang mit der Neubaurealisierung im Eilgutareal abzubrechenden Anlagen (Werkstattgebäude der SBB-Fachdienste)

Los 1.02:

Provisorische Anpassungen von Gleisanlagen und bahntechnischen Ausrüstungen als Ersatz für die während dem Bau des Bahnhofs Museumstrasse aufgehobenen Hallengleise 15 und 16 (im folgenden unter dem Titel «Provisorische Gleise A 17 und A 18» zusammengefasst)

Los 1.03:

Offene Rampe Einfahrt Bahnhof Museumstrasse westlich des Tunnelportals mit al-

len notwendigen Anpassungen und Erweiterungen der Gleisanlagen im Vorbahnhof

Für die Realisierung bestand zwischen den verschiedenen Baulosen zeitlich gesehen folgender Zusammenhang:

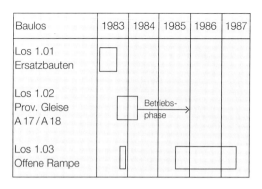

Baulos	1983	1984	1985	1986	1987
Los 1.01 Ersatzbauten	☐				
Los 1.02 Prov. Gleise A 17 / A 18		☐	Betriebsphase →		
Los 1.03 Offene Rampe		☐		☐	

Auf das Baulos 1.01 wird in den nachfolgenden Ausführungen nicht, auf das Los 1.02 nur in geraffter Form eingegangen.

Übersicht über die einzelnen Baulose

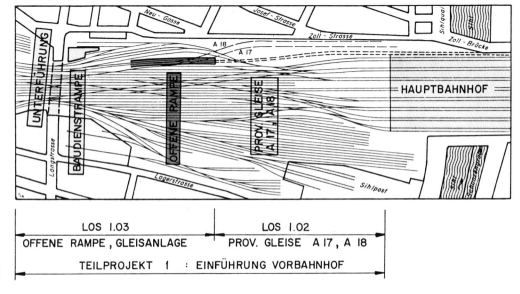

Provisorische Gleise A17 und A18 mit geschlossener Rampe im Bauzustand

Los 1.02, Provisorische Gleise A 17 und A 18

Der Bau des Bahnhofs Museumstrasse mittels der sogenannten «Deckelbauweise» (Näheres dazu in den Beiträgen von Peter Rüedlinger und Werner Spirgi, ab Seite 158) bedingte eine temporäre Ausserbetriebnahme der Gleise 15 und 16 in der Halle des Hauptbahnhofes. Da der ausgelastete Betrieb des Zürcher Hauptbahnhofes einen Ausfall von zwei Gleisen unmöglich verkraften konnte, musste im ehemaligen Eilgutareal für die Dauer von 1 ¹/₂ Jahren Realersatz geschaffen werden.

Der Standort Eilgutareal entlang der Zollstrasse stellte wegen der relativ langen Verbindungswege zu den bestehenden Hallengleisen 1 bis 14 sicherlich keine Ideallösung dar. Weil aber nur ein Standort ausserhalb der Baustelle des Bahnhofes Museumstrasse in Frage kam, mussten die Reisenden des Bahnhofs «Nebenwil», wie er einmal ironisch in einem Zeitungsartikel genannt wurde, während einer beschränkten Zeit gewisse Unzulänglichkeiten in Kauf nehmen.

Der Provisoriums-Charakter dieser Bahnanlage bestimmte natürlich massgeblich den baulichen Ausbaustandard. Für die beiden 350 bzw. 325 Meter langen Gleise wurde im wesentlichen gebrauchtes Schienenmaterial eingesetzt, und das 120 Meter lange Perrondach bestand aus einer Holzkonstruktion mit Wellblechdach.

Perronanlage der provisorischen Gleise A17 und A18

Nach der Ausserbetriebnahme des Provisoriums A 17/A 18 (bzw. der Wiederinbetriebnahme der rekonstruierten Hallengleise 15 und 16) Ende September 1985 diente das Gleis A 18 während zwei weiteren Jahren als Verladegleis für den bahnseitigen Abtransport von Aushubmaterial (Erläuterungen im Beitrag von Ulrich Haldimann ab Seite 175).

Los 1.03, Offene Rampe und Abstellgleise

Übersicht über die Anlage

Die doppelspurige Einführung der S-Bahn in den Bahnhof Museumstrasse via Vorbahnhof verläuft mit Beginn kurz nach der Unterführung Langstrasse (die auch aus diesem Grund erneuert und dabei verbreitert wurde) zuerst in einer offenen Rampe,

Normalquerschnitt der offenen Rampe

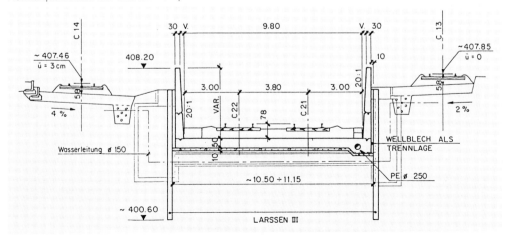

123

Spundwandarbeiten im Bereich von
Fahrleitungseinrichtungen

bevor sie dann beim Kilometer 99.331
(Teilprojektgrenze 1–2) in den unterirdischen Rampenteil eintaucht.

Um im Bereich der Unterführung Langstrasse einen kreuzungsfreien Zusammenschluss mit der bestehenden Doppelspur
der Käferberglinie zu erhalten, wurde das
Gleis Oerlikon – Zürich HB der letztgenannten Linie auf die Nordseite der Rampe
Bahnhof Museumstrasse verlegt. Der Anschluss an die bestehenden Hallengleise

Einbau der Deckenarmierung im Sandwich des
Zugsverkehrs

16, 17 und 18 (Numerierung ab Mai 1989)
erfolgte über dem geschlossenen (unterirdischen) Teil der neuen Rampe.

Nördlich dieses Streckengleises wurde als
Ersatz für die mit dem Bau der Rampe verschwundenen Abstellgleise eine dreigleisige Abstellanlage erstellt.

Am nordwestlichen Rand des Projektgebietes, im Eckbereich Langstrasse/Zollstrasse, wurde als Ersatz für die ebenfalls
wegfallende Verladerampe eine neue
Rampe mit entsprechenden Anschlussgleisen erstellt.

Projekt offene Rampe

Die offene Rampe weist eine Länge von
ca. 158 m auf. Das Gefälle beträgt 2.8 %.
Der Querschnitt wird aus einer Bodenplatte mit Stärken von 50 bis 80 cm und zwei
seitlichen Stützwänden mit geneigten Innenflächen gebildet. Die lichte Breite beträgt 9.80 m und bietet Platz für die beiden
Gleise C 21 und C 22, welche im Abstand
von 3.80 m zum Bahnhof Museumstrasse
führen. Die Gleise sind auf einem Schotterbett von ca. 65 cm Stärke gelagert. Beidseitig entlang den Stützwänden werden
die Kabelanlagen der SBB geführt. Der
ganze Bereich der offenen Rampe liegt
über dem Grundwasserspiegel auf tragfähigem Schotter.

Bauausführung

Der Ablauf der Bauarbeiten wurde vor allem durch die folgenden Bedingungen diktiert:

Vorne links: Baudienstrampe
Bildmitte: Offene Rampe mit Portalansicht der
geschlossenen Rampe

• uneingeschränkte Aufrechterhaltung des Bahnbetriebes

• Anpassung an den Bauvorgang und den Baufortschritt beim Teilprojekt 2 und beim Neubau der Unterführung Langstrasse.

Im weiteren lagen die hauptsächlichsten Probleme in der sicheren Einflechtung der Arbeiten in den normal weiterlaufenden Zugs- und Rangierbetrieb. Dies traf ganz besonders auf den westlichen Teil der offenen Rampe zu, als mit der Inbetriebnahme des Gleises C 14 die Baustelle in eine exponierte Insellage, umgeben von fahrplanmässigem Zugverkehr, zu liegen kam.

Im Juni 1987 stand die Rampe termingerecht als Erschliessungs-Trassee für die Ausbauarbeiten des Bahnhofes Museumstrasse zur Verfügung.

Am Bau Beteiligte:

Bauherr: Schweizerische Bundesbahnen

Oberbauleitung: SBB Sektion Bahnhoferweiterung Zürich

Projekt und Bauleitung: Fietz AG Bauingenieure, Zürich

Projekt Gleisanlagen: Ing.-Büro K. Strickler, Regensdorf

Baumeisterarbeiten Los 1.02: Kibag AG, Uster

Baumeisterarbeiten Los 1.03: ARGE ZSB: Meier Jäggi AG, Zürich, J. Wiederkehr AG, Otelfingen, R. Kern, Bülach

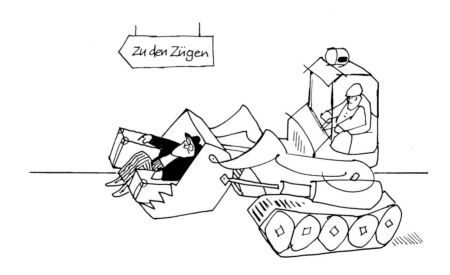

Teilprojekt 2: Bahnhof Museumstrasse – Einige Anmerkungen des Teilprojektleiters

Walter Bützer

Eingeengt zwischen Landesmuseum und Hauptbahnhof liegt der neue, zweigeschossige Durchgangsbahnhof mit seinen vier Gleisen unter der Museumstrasse, in einem Gebiet mit stark wechselnden geologischen Verhältnissen. Er unterquert die beiden Flüsse Sihl und Limmat und ist damit einer der technisch anspruchsvollsten Abschnitte der ganzen S-Bahn-Neubaustrecke. Das zeigt sich auch am hohen Laufmeterpreis von 380'000 Franken.

Planungseinflüsse

Oberstes Leitziel der Planung war es, einen kundenfreundlichen, hellen und betriebssicheren unterirdischen Bahnhof nach neusten technischen Erkenntnissen zu bauen, der den Anforderungen der nächsten Jahrzehnte genügen würde. Die Publikumsanlagen sollten übersichtlich, sicher und bequem gestaltet werden. Unter anderem dienen dazu, mit Rücksicht auf die grossen Höhenunterschiede zwischen der bestehenden Bahnhofhalle und dem neuen Perrongeschoss, Rolltreppen und Lifte.

Während die Planung des von S-Bahn-fremden Einflüssen mehr oder weniger unabhängigen Perrongeschosses in den wesentlichsten Teilen schon 1984 abgeschlossen werden konnte, gestalteten sich die planerischen Arbeiten an den eigentlichen Publikumsanlagen anspruchsvoller. Sie waren auch zeitaufwendiger, zumal sie viel enger mit den entsprechenden Anlagen des Hauptbahnhofs verknüpft sind, die auch dem Fernreiseverkehr und damit den Zielen des Projekts Bahn 2000 zu dienen haben. Um heute und in Zukunft allen Anforderungen gewachsen zu sein, ergab sich die Notwendigkeit ergänzender Bauten im Bereiche des Hauptbahnhofs, wie zum Beispiel den neuen Nordtrakt, die Unterkellerung der grossen alten Halle mit neuen Fussgängerpassagen und die Verbreiterung der Perronunterführung West.

Sie alle stehen funktionell mit dem Fussgängergeschoss im neuen Durchgangsbahnhof unter der Museumstrasse in engem Zusammenhang. So kam hier die koordinierte Planung erst im Herbst 1987 so weit zum Abschluss, dass sich die definitive Gestaltung im Fussgängergeschoss des neuen Bahnhofteils festlegen liess.

Die Planung der oberirdisch in Erscheinung tretenden Ausgänge sowie die Wiederherstellung der Strassenverkehrsanlagen im unterfahrenen Bereich des Bahnhofquais, der Museumstrasse, der Zollstrasse und des Sihlquais erfolgte in Zusammenarbeit mit den zuständigen Ämtern des Kantons und der Stadt Zürich. Unzählige Projektvarianten wurden jeweils diskutiert. Dabei setzte es oftmals auch ein hartnäckiges Ringen um kleine Details ab, bevor sich die vielen auseinanderlaufenden Interessen aller Beteiligten unter einen Hut bringen liessen. Zwar sind die Entscheide in erheblichem Mass durch den vorgegebenen Kredit und durch die Termine mitbestimmt worden. Trotzdem gab es immer wieder in praktisch letzter Minute Änderungen und Ergänzungen. So ist zum Beispiel noch im Oktober 1989 von interessierter Seite eine Modifikation des genehmigten Projekts am Treppenaufgang zum Landesmuseum beantragt worden.

Auslösung Bauvorhaben Dritter

Es ist an sich naheliegend, dass der Baubeschluss der S-Bahn Zürich in nächster Umgebung weitere Projekte der öffentlichen Hand und von privaten Bauherren auslöste. Als Beispiele seien die nachfolgenden Bauvorhaben Dritter im Bereiche des Sihlquais erwähnt:

• Die bestehende Perronunterführung West, gleichzeitig Fussgängerverbindung zwischen den Stadtkreisen 4 und 5, wird bis über die Zollstrasse hinaus verlängert. Der neue, gedeckte Bahnhofausgang führt

durch den Keller eines Geschäftshauses direkt zur Tramhaltestelle Sihlquai.
• Die Tramgleise wurden hier seitlich verlegt, so dass die ein- und aussteigenden Fahrgäste die Strasse nicht mehr überqueren müssen.
• Es wurden vorsorglich bauliche Massnahmen für die geplante Sihlexpressstrasse ausgeführt, so dass bei späterer Verwirklichung dieses Strassenprojekts weder im S-Bahn-Querschnitt noch an der Oberfläche am Sihlquai Verkehrsbehinderungen eintreten werden.
• Die Tragkonstruktion der S-Bahn wurde im Bereich der projektierten Gleisüberbauung der HB-City-Immobilien AG verstärkt, damit die künftig anfallenden Lasten dieser Überbauung zu gegebener Zeit ohne weiteres aufgenommen werden können.
• Die neue Zollbrücke ist im Vergleich zur alten um eine Fahrspur erweitert worden.

Mit dieser Liste ist nur ein Teil jener Bauvorhaben Dritter am Sihlquai erwähnt, welche nicht Bestandteil des S-Bahn-Kredits waren. Trotzdem sind diese Projekte unter Verrechnung der entsprechenden Kosten von der Bauherrschaft der S-Bahn ausgeführt worden. Dies nicht zuletzt im Interesse einer termingerechten Inbetriebnahme der S-Bahn, aber auch aus wirtschaftlichen Erwägungen. Selbstverständlich ist die ohnehin unter massivem Zeitdruck stehende Projektorganisation durch solche Bauvorhaben noch zusätzlich gefordert worden.

Sicherheitsaspekte

Wassereintritte, Brand und Explosion mit entsprechender Rauchentwicklung, Zug- und Arbeitsunfälle wie auch die Bedrohung von Fahrgästen und Personal durch Sabotage sind die Schwerpunkte im Spektrum möglicher Gefahren. Die Wahrscheinlichkeit des Eintretens jeder dieser Gefahren war abzuschätzen und in einem Risikoprofil graphisch festzuhalten. Das zu erreichende Schutzziel wurde dann durch den Sicherheitsrat der S-Bahn bestimmt. Die Aufgabe, risikomindernde Massnahmen zu planen und anzuordnen, um dieses Ziel zu erreichen, war eine sehr interessante und zugleich anspruchsvolle Aufgabe. Die umfassende und systematische Bearbeitung des ganzen Problemkomplexes gibt die

Bauzustand 1985

Gewissheit, dass die verlangten Schutzziele gegebenenfalls erreicht werden können, so dass den Bahnbenützern ein Verkehrsmittel zur Verfügung stehen wird, bei dem das individuelle Risiko im Vergleich zum Auto rund zehnmal kleiner ist.

Projekt und Bauausführung

Schon die ersten Bauprogrammstudien liessen erkennen, dass der Bahnhof Museumstrasse auf den sogenannten kritischen Weg zu liegen kam. Der von den politischen Instanzen vorgegebene Termin für die Inbetriebnahme der S-Bahn im Mai

1990 war nur realistisch, wenn im Anschluss an das generelle Projekt, das der Volksabstimmung zugrunde lag, direkt und ohne Zeitverlust das Submissionsprojekt in Angriff genommen wurde. Es ist in erster Linie diesem Vorgehen und dem zielbewussten Einsatz des beauftragten Ingenieurbüros zu verdanken, wenn bereits März 1983, also nur sechzehn Monate nach dem Entscheid der Stimmbürger, die ersten Arbeiten in Fluss kamen. Eine geschickte Einteilung in einzelne Baulose und der Bauvorgang selbst trugen dazu bei, dass die angestrebten Termine und Kostenvorgaben im wesentlichen eingehalten werden konnten. Sie ermöglichten ferner, den Bahnbetrieb wie auch den öffentlichen und privaten Verkehr auf Strasse und Schiene rund um den Bahnhof herum und speziell im Bereich der Museumstrasse jederzeit, wenn auch mit gewissen Erschwernissen, aufrechtzuerhalten.

Eine besondere Herausforderung war für den Projektleiter die in dieser Dichte ungewohnte Konfrontation mit Umweltproblemen. Dazu gehörte zum Beispiel die Frage «Erhaltung oder Ersatz des Baumbestandes» entlang der Museumstrasse und am Sihlquai. Zeigte sich, dass mit technischen Massnahmen ein Baum geschont werden konnte, wurden die erforderlichen Kosten kaum gescheut. So wurden zum Beispiel zum Schutz der prachtvollen Platanen westlich des Landesmuseums Bewässerungsanlagen und stählerne Schutzgerüste eingebaut und das provisorisch verlegte Tramgleis mittels Hilfsbrücke in erhöhter Lage über den Wurzelbereich geführt. In Zusammenarbeit mit dem kantonalen Fischereiaufseher liess man sodann der Gestaltung des Lebensraums der Fische und ihren Laichplätzen besondere Sorgfalt angedeihen, und zwar sowohl für die einzelnen Bauetappen der Flussquerungen als auch für den endgültigen Zustand.

Was den Umweltschutz betrifft, verdient schliesslich noch die Tatsache Beachtung, dass es unter Einsatz umfangreicher Fördereinrichtungen möglich war, den Aushub im Umfang von 600 000 Tonnen auf der Schiene in die Deponie zu transportieren oder der Wiederverwendung zuzuführen, soweit es sich um kiesiges Material handelte.

Die entscheidende Aufgabe der Projektleitung und der beauftragten Ingenieure war indessen ohne Zweifel die Koordination der vielen einzelnen Baustellen und Etappen des komplexen Bauvorhabens. Hiezu drängte sich eine peinlich genaue laufende Planung auf, die naturgemäss ausserordentlich arbeitsintensiv war. Es darf hervorgehoben werden, dass zum guten Lauf der Arbeiten sehr entscheidend auch die kantonalen und städtischen Organe beigetragen haben, welche die baulichen Massnahmen im Bereich der Flussquerungen sowie alle Werkleitungsverlegungen und Verkehrsumleitungen durch ihr kooperatives und unbürokratisches Verhalten wesentlich erleichtert haben.

Bahnhof Museumstrasse:
Übersicht über Projekt und Bauvorgang

Nutal Bischoff, Alfred J. Hagmann

Projekt

Der viergleisige Durchgangsbahnhof verbindet die 12 km lange S-Bahn-Neubaustrecke mit dem nationalen und internationalen Eisenbahnnetz. Er befindet sich unter der Museumstrasse und den ehemaligen Gleisen 15 und 16 (heute 17 und 18) des Zürcher Hauptbahnhofes. Seine Höhenlage wird durch die Flüsse Sihl und Limmat bestimmt, welche beide unterquert werden müssen. Auf der untersten Ebene, dem Perrongeschoss mit einer lichten Breite von 36 m und einer lichten Höhe von 6 m, sind zwei Mittelperrons von je 320 m Länge und 10.35 m Breite und die vier Gleise 21 bis 24 angeordnet. Über den beiden Perrons befindet sich eine be-

gehbare Leitungsgalerie, die auf dem Querschnitt (siehe unten) gut sichtbar ist.

Zum Teilprojekt 2, Bahnhof Museumstrasse, gehören auch der überdeckte Teil der Rampe, welche die Verbindung zum Eisenbahnnetz herstellt, und die Limmatunterquerung bis zum Beginn des Hirschengrabentunnels. Diese beiden zweispurigen Bahntunnels enthalten die Gleisanlagen für einen vollständigen Spurwechsel und sind mit seitlichen Nischen versehen.

Die über den Perrons liegende Ebene, das Fussgängergeschoss, wird durch Schanzengraben, Sihl und die geplante Sihlexpressstrasse in zwei voneinander unabhängige Hallen «Museumstrasse» und

Querschnitt Bahnhof Museumstrasse

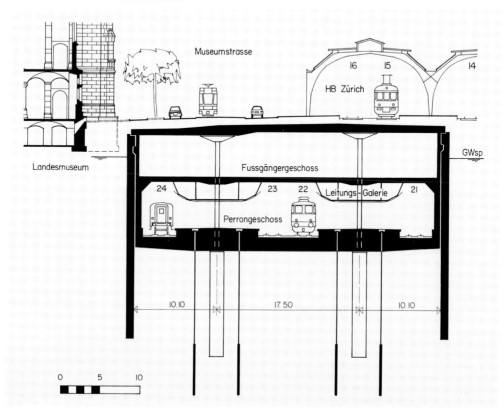

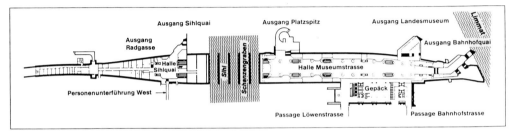

Fussgängergeschoss mit den Hallen Museumstrasse und Sihlquai

«Sihlquai» aufgeteilt. Als Vertikalverbindungen zwischen den beiden Geschossen stehen Rolltreppen, Lifte und feste Treppen zur Verfügung. Die beiden Hallen stellen die Fussgängerverbindungen zwischen dem Perrongeschoss und dem restlichen Teil des Hauptbahnhofes sowie den Strassen und Tramhaltestellen der Stadt Zürich her. Sie beherbergen zudem verschiedene Dienstleistungs-, Verkaufs- und Restaurationsbetriebe für die Bahnreisenden.

Die Halle Museumstrasse bildet mit einer Länge von rund 200 m und einer Breite von 36 m die Drehscheibe der Fussgängerverbindungen. Zwei Querverbindungen auf gleicher Höhe zum Shopville sorgen für die Entlastung der heutigen Querhalle von einem Teil des Umsteigerverkehrs. Nebenbetriebe, Kioske, Kaffees usw. sind entlang den Aussenwänden angeordnet, so dass sich die Verkehrsfläche zusammenhängend und übersichtlich präsentiert.

Der Ausgang Bahnhofquai umfasst zwei feste Treppen zu den Traminseln und eine zum limmatseitigen Trottoir. Unter diesem Ausgang liegt die Kältezentrale, welche den gesamten Kältebedarf sowohl für den Bahnhof Museumstrasse als auch für die bestehenden Bauten im HB Zürich abdeckt.

Der Ausgang Landesmuseum bedient die nördliche Seite der Walchebrücke und den Weg zum Platzspitz. Ein Mehrzweckraum und ein Kaffee sind mit diesem Ausgang kombiniert.

Der Ausgang Platzspitz liegt zwischen dem Landesmuseum und dem Schanzengraben. Er ist mit einer provisorischen Rampe versehen, welche der Warenanlieferung für die Läden im Fussgängergeschoss dient. Nach dem Bau der unter dem Bahnhofquai geplanten unterirdischen Anlieferungsanlage des Hauptbahnhofes Zürich soll diese Rampe wieder abgebrochen werden.

Eine breite Treppe verbindet die Halle Sihlquai mit der Personenunterführung West. Rolltreppen, eine feste Treppe und Lifte dienen als Vertikalverbindung zum Erdgeschoss und zu der geplanten Überbauung HB-Südwest. Die beiden Ausgänge Radgasse und Sihlquai führen zu den benachbarten Strassen und zur Tramhaltestelle Sihlquai.

Die technischen Räume zum Betrieb des unterirdischen Bauwerkes und der Bahnanlagen sind am westlichen und östlichen Ende des Fussgängergeschosses angeordnet. Weitere technische Räume befinden sich im vierten Untergeschoss des Nordtraktes. Von dort werden die Medien über einen Leitungskanal unter dem Perrongeschoss hindurch und durch zwei Vertikalschächte zu den beiden Leitungsgalerien geführt.

Baugrund- und Grundwasserverhältnisse

Das Bauwerk durchquert ein Gebiet mit stark wechselnden geologischen Verhältnissen. Unter künstlichen Auffüllungen und lokal auftretenden Überschwemmungssedimenten liegt ein bis 25 m mächtiger Schichtkomplex aus moränennahen Limmattalschottern. In etwa 25 bis 30 m Tiefe folgen kompakt gelagerte, eiszeitliche und späteiszeitliche Seeablagerungen. Gegen Osten, zwischen Bahnhofquai und Neumühlequai, ändern sich die Verhältnisse: die Mächtigkeit des Schotterkomplexes nimmt ab, und die Seeablagerungen keilen aus. In 15 bis 20 m Tiefe folgen hier verschwemmte Moräne, Grundmoräne und schliesslich die gegen Osten ansteigende 130

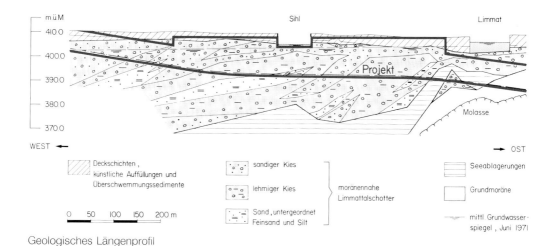

m ü.M
410.0
400.0
390.0
380.0
370.0

Sihl   Limmat

Projekt

Molasse

WEST ←   → OST

▨ Deckschichten, künstliche Auffüllungen und Überschwemmungssedimente	⬚ sandiger Kies	▭ Seeablagerungen
0 50 100 150 200 m	⬚ lehmiger Kies	▭ Grundmoräne
	⬚ Sand, untergeordnet Feinsand und Silt	⎓ mittl. Grundwasserspiegel, Juni 1971

morännennahe Limmattalschotter

Geologisches Längenprofil

Felsoberfläche der Oberen Süsswasser-molasse. Das Bauwerk liegt im Grundwasser, der mittlere Grundwasserstand fällt von 404.5 m ü.M. am Bahnhofquai auf 402.0 m ü.M. bei der Sihl. Er liegt rund 10 m über der Schienenhöhe des Perrongeschosses. Weitere Angaben über die Baugrund- und Grundwasserverhältnisse befinden sich im Beitrag von Robert Arnold und Matthias Freimoser (Seite 75).

Konstruktive Gestaltung und Fundation

Die zweigeschossige Konstruktion ist als geschlossener Stahlbetonkasten mit zwei in Perronmitte angeordneten Stützenreihen ausgebildet. In der Halle Museumstrasse ist die Decke über den Stützenköpfen mit flachen Pilzen verstärkt. Die Decken über dem Fussgänger- und dem Bahngeschoss sind vorgespannt. Beidseits der Perronenden, beim Übergang vom vier- zum zweigleisigen Bauteil, lagern die Decken auf vorgespannten Unterzügen.

Die Fundation ist auf zwei verschiedene Belastungszustände ausgelegt. Während im Endzustand die Lasten der beiden Stützenreihen über die Bodenplatte auf den Baugrund abgegeben werden bzw. dem Auftrieb entgegenwirken, müssen die Stützen im Bauzustand auf Pfähle abgestellt werden. Der gewählte Stützenraster führt im Bauzustand bei abgesenktem Grundwasserspiegel zu maximalen Pfahlbelastungen von 12 MN. Die Pfähle sind als unverrohrte Bohrpfähle mit einem Durch-

messer von 180 cm und einer Länge von 12 bis 15 m ausgeführt worden. Die Bemessung der Pfahlfundation stützt sich auf die Resultate von Probebelastungen. Zum Ausgleich grösserer Setzungen und Setzungsdifferenzen wurden Flachpressen zwischen Pfahlkopf und Stützenfuss eingebaut.

Auftriebssicherung

Bereits im frühen Projektstadium wurde klar, dass aus wirtschaftlichen und techni-

Schnitt durch Stützenfuss

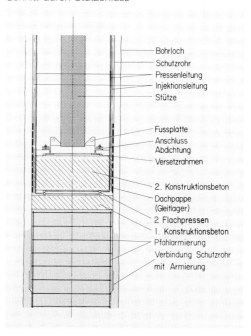

Bohrloch
Schutzrohr
Pressenleitung
Injektionsleitung
Stütze

Fussplatte
Anschluss Abdichtung
Versetzrahmen

2. Konstruktionsbeton
Dachpappe (Gleitlager)
2 Flachpressen
1. Konstruktionsbeton
Pfahlarmierung
Verbindung Schutzrohr mit Armierung

schen Gründen Permanentanker für die Auftriebssicherung nicht zu vermeiden sind. Mit verschiedenen Massnahmen ist es gelungen, von der Sihl an westwärts auf Anker zu verzichten sowie im Bereich zwischen Limmat und Sihl mit dem Gewicht des Bahnhofgebäudes und der Schlitzwände den mittleren Grundwasserstand abzudecken. Die Permanentanker haben damit zur Hauptsache den Schwankungsbereich des Grundwasserspiegels über dem Mittelstand aufzunehmen.

Die prinzipielle Anordnung der Auftriebsanker ist aus dem Querschnitt Seite 129 ersichtlich. Die Anker – Lockergesteins- oder Felsanker, je nach Lage der Felsoberfläche – weisen eine freie Länge von 7 bis 20 m und eine Verankerungslänge von 6 m auf. Die Gebrauchslasten betragen 500 kN bzw. 750 kN. Um Deformationen zu verhindern, sind die Anker auf die Gebrauchslast vorgespannt. Angesichts der hohen Anforderungen, die an die Bauwerke der S-Bahn Zürich gestellt werden, wurden Einflüsse auf die Dauerhaftigkeit und Zuverlässigkeit der Auftriebsanker sowie mögliche Verbesserungen sorgfältig untersucht. Es zeigte sich, dass die auf dem Markt angebotenen Permanentanker Schwachstellen sowohl in der Konstruktion als auch in der Anfälligkeit auf Ausführungsfehler aufwiesen, welche die Dauerhaftigkeit beeinträchtigen können. In Anbetracht der hohen Anforderungen wurden deshalb verschiedene technische Massnahmen und zusätzliche Ausführungskontrollen realisiert, mit denen die Zuverlässigkeit der Anker erhöht und deren Lebensdauer verlängert werden konnte.

Abdichtung und Streustromschutz

Gegen das Eindringen von Grundwasser und elektrischen Streuströmen ist das

Massnahmen zur Erhöhung der Zuverlässigkeit und Verlängerung der Lebensdauer der Permanentanker

Technische Massnahmen am Anker

- Isolationsplatte (Cevolit 2 mm) zwischen Ankerplatte und Bauwerk sowie Isolation der Distanzhalter am inneren Ankerstutzen

- PVC-Montagebänder ersetzt durch Nylonbandschellen bzw. Baumwollband mit Naturkautschukklebstoff

- Nicht-Kontrollanker ausgerüstet mit Ankerkopf mit Aussengewinde, Ankerkopf mit fettverpresster Blechhaube geschützt und einbetoniert

- Korrosionsschutzanstrich im Ankerkopfbereich der Kontrollanker anstelle Verzinkung

Technische Überprüfungen

- Überprüfung sämtlicher technischer Daten (Stahlqualität, Hüllrohre, Abmessungen, Korrosionsschutzfett, Injektionszusatzmittel, usw.)

- Inspektion der Produktionsanlagen des Ankerlieferanten

Ausführungskontrollen (zusätzlich zu Norm SIA 191)

- Überprüfung der Wasserdichtigkeit des Ankerhüllrohres vor und nach der Injektion mittels Messung des elektrischen Widerstandes

- Überprüfung der Ankerkopfisolation durch elektr. Widerstandsmessung

Bauwerk mit zweilagigen, kunststoffmodifizierten Bitumendichtungsbahnen vollflächig geschützt. Auch alle Durchdringungen für Leitungen und Auftriebsanker sind wasserdicht und elektrisch isolierend ausgebildet. Wegen der grossen Ausdehnung des Bauwerkes und der grossen Zahl von Anschlüssen bei Bauetappen, Ausgängen, Durchdringungen usw. wurden folgende Massnahmen zur Ortung und Sanierung von allfälligen Leckstellen getroffen:

• Kontroll- und Injektionsstutzen im Bereich schwieriger Anschlüsse und Übergänge

• Abschottungen

• Drainagesystem zur Ableitung von Leckwasser im Bereich von Schwachstellen.

Wegen der Vorspannkabel kommt dem Schutz des Bauwerkes vor Streuströmen grosse Bedeutung zu. Durch das Fernhalten des Wassers wird erreicht, dass der Beton trocken bleibt und seine elektrische Leitfähigkeit reduziert ist. Die elektrisch isolierende, elastische Abdichtung verhindert das Eindringen von unerwünschten Streuströmen weitgehend. Als zusätzliche Massnahme wird die Armierung des Bauwerkes vernetzt und geerdet. Auch die Hüllrohre der Spannkabel sind geerdet. Allfällig eintretende Streuströme werden auf diese Weise kontrolliert abgeleitet.

Schutz gegen Erschütterungen und Körperschall

Das Tram befährt die Decke des Bahnhofes Museumstrasse mit sehr geringer Überdeckung. Um die Immissionen unter die festgesetzte Zielgrösse von 0.4 mm/s Schwinggeschwindigkeit bei den Erschütterungen und von 55 dB(A) beim Körperschall zu senken, wurden folgende Massnahmen getroffen:

1. Einbau eines Massefedersystems im Bereich der Weichen (Ausgänge Landesmuseum und Limmat) und bei fehlender Überdeckung (Bahnhofquai),
2. Einbau einer schalldämmenden Kunststoffmatte zwischen Bauwerkdecke und Kieskoffer im restlichen Bereich der Museumstrasse.

Das Bild unten zeigt einen Schnitt durch das Massefedersystem. Bei den SBB-Gleisen 15 und 16 (heute 17 und 18), welche ebenfalls über der Decke des Bauwerks liegen, ist der Gleistrog so ausgebildet, dass bei Bedarf eine Unterschottermatte eingebaut werden kann.

Bauvorgang

Die Baustelle für den Bahnhof Museumstrasse liegt nicht bloss mitten in der Stadt und unmittelbar neben dem Hauptbahn-

Schnitt durch Massefedersystem unter dem Tramtrassee

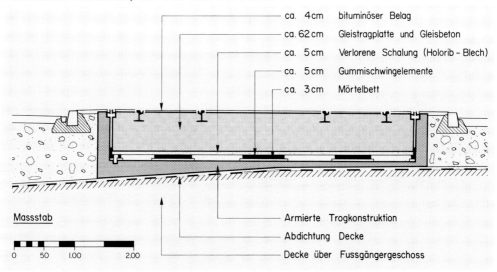

ca. 4 cm	bituminöser Belag
ca. 62 cm	Gleistragplatte und Gleisbeton
ca. 5 cm	Verlorene Schalung (Holorib - Blech)
ca. 5 cm	Gummischwingelemente
ca. 3 cm	Mörtelbett

Armierte Trogkonstruktion
Abdichtung Decke
Decke über Fussgängergeschoss

Massstab

0   50   1.00   2.00

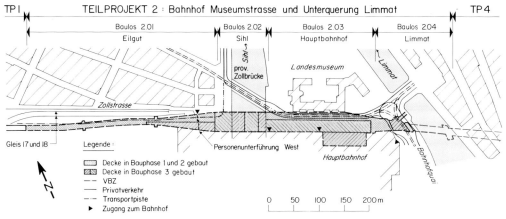

Baulos 2.01   Baulos 2.02   Baulos 2.03   Baulos 2.04
Eilgut   Sihl   Hauptbahnhof   Limmat

Sihl

prov. Zollbrücke

Landesmuseum

Limmat

Zollstrasse

Gleis 17 und 18

Legende :

Personenunterführung West

Hauptbahnhof

Bahnhofquai

☐ Decke in Bauphase 1 und 2 gebaut
▨ Decke in Bauphase 3 gebaut
– · – VBZ
——— Privatverkehr
– ·· – Transportpiste
▶ Zugang zum Bahnhof

0   50   100   150   200 m

Situation Bahnhof Museumstrasse mit Etappierung der Decke
und Verkehrsprovisorien Bauphasen 3 und 4

hof, sondern auch zwischen zwei für die innerstädtischen Verkehrsbeziehungen wichtigen Flussübergängen. Alle Überlegungen mussten davon ausgehen, die an diesem Verkehrsknoten bestehenden Beziehungen für den öffentlichen und privaten Verkehr während der fast siebenjährigen Bauzeit zu erhalten. Zudem war zu berücksichtigen, dass der Zugang und die Zulieferung zum Hauptbahnhof jederzeit zu gewährleisten ist.

Ausweichrouten für den öffentlichen und privaten Verkehr durch den Park der Platzpromenade wurden untersucht, mussten aber ausgeschlossen werden. Sie hätten zwar den Bauablauf von wesentlichen Auflagen befreit, der Eingriff in die Parkanlage mit dem alten Baumbestand war jedoch nicht zu verantworten. Bauvorgang und Etappierung waren deshalb so zu wählen, dass Tram-, Privat- und Fussgängerverkehr während der Bauarbeiten in der Museumstrasse verbleiben konnten.

Diese wichtigsten Randbedingungen führten zur Wahl der sogenannten Deckelbauweise für die ganze Länge des zweigeschossigen unterirdischen Bahnhofs. Sie wurde den jeweiligen örtlichen Verhältnissen angepasst, wobei der Bauvorgang in jedem Baulos anders gestaltet werden musste.

Als erstes waren Werkleitungen umzulegen (Los 2.06 Werkleitungen Platzpromenade) und ein Provisorium für die abzubrechende Zollbrücke zu bauen (Los 2.05

Prov. Zollbrücke sowie Los 2.07 Verkehrsprovisorium Sihlquai). Anschliessend, von 1983 bis 1987, erfolgte in den vier Hauptlosen der Rohbau des ganzen Bahnhofes mit Ausnahme der Ausgänge Sihlquai, Platzspitz und Landesmuseum. Diese Bauarbeiten waren in vier Bauphasen unterteilt. In den ersten drei Bauphasen wurden bis zum Sommer 1985 die seitlichen Schlitzwände, die Pfahlfundationen, die Stahlstützen und die oberste Decke gebaut. Damit die unter den Gleisen 15 und 16 liegenden Bauteile erstellt werden konnten, mussten diese Gleise aufgehoben und ins ehemalige Eilgutareal verlegt werden (Gleise 17 und 18 im Bild oben).

Ab Sommer 1985 erfolgten in der vierten Bauphase Aushub und Betonierarbeiten für die unter der obersten Decke liegenden Bauteile bergmännisch. Der Aushub wurde durch Aussparungen in den Decken emporgehoben und auf Förderbändern zur Eisenbahnverladestelle transportiert (Los 2.09 Aushubabtransport).

Der Grundwasserspiegel wurde mittels Filterbrunnen abgesenkt, welche wegen der Deckelbauweise schon vor dem Betonieren der obersten Decke gebohrt werden mussten. Zur Beschränkung der Pumpwassermenge wurden die Schlitzwände wo immer möglich in die Seeablagerungen eingebunden oder bis in die feinkörnigen Bodenschichten verlängert. Zur terminlichen Entflechtung verschiedener Bauarbeiten wurden mehrere Querabschottungen aus Spundwandprofilen gerammt. 134

Das geförderte Grundwasser wurde via Fussgängergeschoss zu den Absetzbecken an der Erdoberfläche geführt. Von da bestand die Möglichkeit, das Wasser via Transportleitung in die Versickerungsbrunnen im Eilgutareal oder über eine Entlastungsleitung direkt in den nächsten Vorfluter (Sihl oder Limmat) abzugeben. Im Zustand der grössten Grundwasserspiegelabsenkung, bei vollständig ausgehobenem Perrongeschoss, betrug die geförderte Grundwassermenge 15 m^3/min. Für die Überwachung wurde ein grossräumiges Überwachungsnetz mit sechs automatisch registrierenden Schreibpegeln und 25 Piezometern eingerichtet.

Der Bau des Tunnels unter der Limmat erfolgte bergmännisch nach dem Gefrierverfahren. Aus zwei Schächten, einer in der Limmat am Ufer Neumühlequai, der andere im Bahnhofquai, wurden Gefrierrohre in den Boden vorgetrieben, welche den Aufbau eines tragfähigen Gefrierkörpers ermöglichten. Im Schutze dieses Gefrierkörpers wurde dann der Tunnel bergmännisch vom Schacht Limmat her ausgebrochen und mit Spritzbeton gesichert. Anschliessend konnte die Abdichtung verlegt und das Tunnelgewölbe betoniert werden.

In der fünften Bauphase vom Herbst 1987 bis Ende 1989 erfolgte die Wiederherstellung der Strassen und der Bau der restlichen Ausgangsbauwerke. Am Sihlquai wurde die Gelegenheit benutzt, bauliche Vorkehrungen für den später vorgesehenen Bau der Sihlexpressstrasse zu treffen. Diese verhindern, dass die jetzt neu erstellten Trassees für Tram und Privatverkehr am Sihlquai wieder abgebrochen, durch aufwendige Provisorien ersetzt und später wieder neu gebaut werden müssen. Diese Vorkehrungen umfassen den Rohbau des Sihlexpressstrassenbauwerkes auf 25 m Länge zwischen dem westlichen Widerlager der neu gebauten Zollbrücke und dem unterirdischen Teil des Ausganges Sihlquai sowie den mittleren, unter dem neuen Tramtrassee liegenden Teil der Decke samt provisorischen Abstützungen auf ca. 60 m Länge. Diese Bauarbeiten erfolgten in offenen Baugruben, wobei in einer ersten Etappe der Bauteil Sihlexpressstrasse und in einer zweiten der Ausgang Sihlquai gebaut wurden. Da der Ausgang Sihlquai durch das Gebäude Zollstrasse 2 führt, mussten Ost- und Südfassade dieses Hauses unterfangen werden. Diese Bauarbeiten wurden innerhalb der Lose 2.12 Wiederherstellung Sihlquai und 2.14 Werkleitungen Sihlquai ausgeführt. Die Wiederherstellung der Museumstrasse (Los 2.13) umfasst auch den Rohbau der beiden Ausgänge Platzspitz und Landesmuseum.

Die Strassenbauarbeiten wurden in fünf Bauetappen unterteilt. Beginnend auf der Seite Hauptbahnhof wurden sukzessive die Fahrbahnen und das Tramtrassee gebaut und in Betrieb genommen. Die beiden Aufgänge sind in offenen Baugruben erstellt worden, wobei wegen des Verkehrs jeweils zwei Bauetappen notwendig

Baugrube Ausgang Sihlquai

waren. Unter den Tramtrassees mussten Hilfsbrücken eingebaut werden.

Die Bauarbeiten am Bahnhof Museumstrasse haben an alle Beteiligten sehr hohe Anforderungen gestellt. Verschiedentlich entstand der Eindruck, die Grenzen des Machbaren seien erreicht. Dank des überdurchschnittlichen Einsatzes aller an Projekt und Ausführung Beteiligten konnten die überaus anspruchsvollen Rohbauarbeiten termingerecht und im vorgesehenen Kostenrahmen abgeschlossen werden. Dafür sei allen auch seitens des mit Projekt und Bauleitung betrauten Ingenieurs bestens gedankt.

Beteiligte an Projekt und Bauleitung

Oberbauleitung: SBB, Bauabteilung Kreis III, Sektion Tiefbau

Projekt und Bauleitung: Basler & Hofmann, Ingenieure und Planer AG, Zürich

Architekt: Steiger Partner AG, Zürich

Geologie: Dr. H. Jäckli AG, Zürich

Vermessung: H. Lüscher, Zürich

Provisorische und neue Zollbrücke: SKS Ingenieure AG, Zürich

Projekt Gedeckte Rampe: Fietz AG, Bauingenieure, Zürich

Projekt Aushubverladeanlage: Lanz/Poier, Maschineningenieure, Bülach

Erschütterungen: GSS Glauser, Studer, Stüssi, Ingenieure SIA/ASIC AG, Zürich

Innenausbau: Architektengemeinschaft T. und R. Haussmann, Steiger Partner AG

Haustechnikkoordination und Sanitäranlagen: Synerga AG, technische Planungen, Haustechnik, Zürich

Heizungs- und Lüftungsanlagen: Schindler Haerter AG, Beratende Ingenieure, Zürich

Elektrische Anlagen: Bakoplan, Elektroingenieure AG, Zürich

Fahrleitungen: P. Keller, Ingenieurbüro AG, Dübendorf

Architektur im Hauptbahnhof

Hansruedi Stierli

S-Bahn-Vorlage: Ein hervorragendes Ingenieurbauwerk wird geplant. Die Bauherrschaft ist formiert; die Herrschaft über den Bau liegt bei den Ingenieuren. Die Höhen sind in Centimetern, die Breiten in Dezimetern, die Kosten in Megafranken festgelegt. Die Architekten sind unvermeidbar geworden: «Wie gestaltet man eine begrabene Betonkiste? Wie belebt man einen zu niedrigen Innenraum? Wie kommerzialisiert man einen 36 m breiten Korridor?»

Das Vertrauen in den Architekten schlägt in Erwartungen an ihn um. Sein Gestaltungsdrang bringt Ideen hervor. Aus Ideen werden Pläne, aus Plänen Wirklichkeit.

Reisen und Shopping in «depressiver» Umgebung? Nein! Expressive Räume sind gefragt mit Luft, Breite und Höhe. Gepäckwägeli sind Passagierfeinde – in den Un-

tergrund mit ihnen. Aber der Platz fehlt! Unten, hinten, oben, links, rechts, dazwischen und an zahllosen weiteren Orten müssten sie Platz finden, müsste es verschoben werden können, das Gepäck; es landet im unterirdischen Zwischengeschoss, recht nahe bei den Perrons.

Der unterirdische Bahnhof hinter dem Bahnhof muss aufgebrochen werden. Löcher, Licht, Luft, Ideen strömen ein. Oberlichter vermitteln frohe Gefühle. Spiegelwände bringen den Reisenden das Landesmuseum nahe.

Aber die Ideen-Träume sind Schäume, die Wirklichkeit schlägt zu: die strassenbenützende Stadt Zürich braucht Spuren. Vier Spuren – keine Oberlichter mehr. Demonstranten zerschlagen Glas – keine Spiegelungen mehr unseres schönen Landesmu-

Perspektive der Wunschvorstellungen

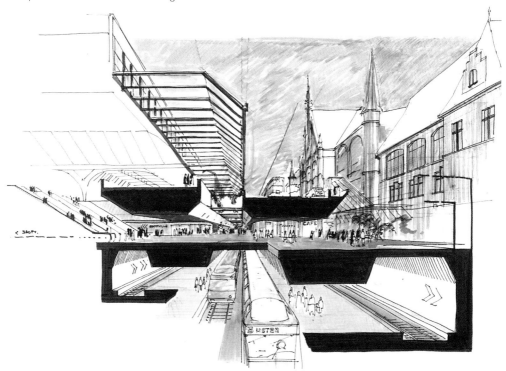

seums; das Sicherheitsdenken und die Putzüberlegungen gehen vor.

Die Station Seilergraben-Uni wurde verworfen. Die ganzen Reisebewegungen konzentrieren sich auf den Hauptbahnhof. Die vielen Reisenden brauchen mehr Platz, die Passage Löwenstrasse verbreitert sich zu einer Ladenpassage. Das kommerzielle Zürich beginnt sich zu interessieren: In der Achse Bahnhofstrasse entsteht eine zweite Ladenpassage. Das grosse H entsteht, Passagen werden projektiert.

Die ursprüngliche Eigenständigkeit des S-Bahnhofs Museumstrasse, welcher ausschliesslich für den Zürcher S-Bahn-Betrieb vorgesehen war und der wegen seiner abgesonderten Lage einen eigenen Charakter aufweisen sollte, wird in das neue HB-Gesamtkonzept integriert – mit Folgen: Ein grosses, zusammenhängendes Fussgängerparadies für den Reisenden und die Shoppingleute. Edles Material prägt die Atmosphäre, die Strassenarchitektur vermittelt ein Gefühl klärender Ordnung.

Allgemeine Überlegungen

Der Entscheid, den Wannerschen Bahnhof zu erhalten und als historisches Denkmal zu schützen, setzt voraus, das ehrwürdige Baudenkmal auch weiterhin in seiner Funktion als Hauptbahnhof zu nutzen. Das Gebäude soll ein Symbol für den öffentli-chen Verkehr von und nach Zürich bleiben und damit seiner städtebaulichen Bedeutung weiterhin gerecht werden.

Die neuen Voraussetzungen fordern jedoch bedeutende bauliche Eingriffe, die neugeschaffenen Raumfolgen im Untergrund auch eine angemessene Architektursprache. Es ist das Ziel der Architekten, räumliche Zusammenhänge mit einer eigenen architektonischen Identität zu schaffen, welche alle funktionellen Anforderungen zu erfüllen vermögen.

Der Kontrast zwischen alt und neu wird nicht vernebelt, das Neue zwar untergeordnet, jedoch eigenständig formuliert, sichtbar, aber nicht dominant.

Projekt-Idee und Gestaltung des Perrongeschosses

Grundlage für das Projekt bildeten das von der Gleisführung her gegebene Perrongeschoss in Tieflage und das sich darüber befindende Fussgängergeschoss.

Der architektonische Ausdruck besonders in der viergleisigen Halle mit den beiden Mittelperrons ist von der Technik mitbestimmt. Durch die massigen, runden Vollstahlstützen wird die darüberliegende grosse Last des Bauwerkes spürbar. Eine längsgewellte Blechdecke über dem Perronbereich nimmt die Galerie mit allen technischen Installationen auf, dient

Perrongeschoss

Perron-Aufbauten

138

Seitliches Marmorband

gleichzeitig als Träger für Beleuchtungskanäle, Mittellampen mit Spiegeln zur Aufhellung der Perronmitte sowie für die vielfältigen Signale und Orientierungstafeln, und gliedert die Raumhöhe.

Einheitlich gestaltet sind die verschiedenen Einbauten auf den Perrons wie Telefonkabinen, technische Räume, Feuerlöschposten, die Aufgänge zu den Fluchtwegen usw. Dazwischen sind Sitzgruppen aufgestellt.

Besonders auffällig ist das ornamental gestaltete, beidseitig je ca. 300 m lange und 90 cm hohe weiss-schwarz-weisse Marmorband, das beidseitig die mit blauem Akustikputz behandelten Wände aufgliedert.

Gestaltung Halle Museumstrasse und Passagen

Bezüglich der kommerziell genutzten Flächen und der Verkehrswege im 1. und 2. Untergeschoss galten für die Architekten folgende Überlegungen:

• Die erste Priorät gilt den Bedürfnissen des Bahnbetriebes und des Bahnreisenden, dessen Bewegungsmöglichkeiten, dessen Orientierung und dessen Komfort.

• Das reiche Angebot an Einkaufmöglichkeiten und Dienstleistungen tritt ergänzend dazu, soll aber so gestaltet werden, dass es der gesetzten Priorität entspricht. (Ein Bahnhof ist kein Shopping-Center.)

Die unterirdischen, durch vielerlei technische Erfordernisse geformten Räume erhalten eine klare und ablesbare Ordnung durch eine bescheidene, aber prägnante Sekundärarchitektur.

Thema: Strassenarchitektur

Wir schaffen eine «Strassenarchitektur» – Fassaden, Wege und Plätze –, eine geordnete Raumfolge mit angenehmen Proportionen.

Halle Museumstrasse

Die Reihung der Plätze entspricht im Bahnhof Museumstrasse den Zugängen zu den darunterliegenden Gleisen.

Verbindungen zum «Shopville», Marktplatz

Die beiden wichtigen Passagen zum «Shopville» werden in gleicher Weise gestaltet, das «H»-Konzept wird respektiert und weiterentwickelt. Dem Querbalken des «H» kommt eine besondere Bedeutung zu. Nahtstelle sind die drei Öffnungen in der Decke der Halle. Dort sind die grosszügigen Treppen- und Aufzugsanlagen zusammengefasst, welche die Bahnhofhalle und das Bahnreisezentrum mit den darunterliegenden Bahnhofpassagen verbinden. Bei der Anordnung der Treppen, Rolltreppen und der verglasten Lifte wurde auf sinnvolle, die Orientierung erleichternde Verknüpfung der verschiedenen Geschosse geachtet. Interessante räumliche Durchblicke verbinden alle drei Ebenen.

Rolltreppenanlage

Ladengestaltung

Dem kommerziell genutzten Bereich und dessen Attraktivität wird grosse Beachtung geschenkt. Dies gilt auch für die räumliche Gliederung. Auch in Stosszeiten sollen die Ladengeschäfte gut zugänglich und gut sichtbar sein.

Eine regelmässige und einfache Fassadengliederung erlaubt eine grosse Flexibilität in bezug auf die Ladengrössen.

Durch den gleichmässigen Rhythmus von Pfeilerelement und Öffnung entsteht eine ruhige Gesamtwirkung der Strassenräume,

Individuell gestalteter Laden

die sich vom «optischen Getöse» eines reinen Verkaufszentrums unterscheiden soll; (Einheit trotz Vielfalt). Die gleich grossen Öffnungen zwischen den Pfeilern können je nach Wunsch des Mieters individuell ausgebaut werden. Es sind Schaufenster, konventionelle Türanlagen, automatische Türen oder auch falt- und wegschiebbare Verglasungen denkbar. Jeder Öffnung ist für die Beschriftung ein beleuchtetes oder hinterleuchtetes Feld zugeordnet, welches vom Mieter gestaltet werden kann und soll; (Vielfalt trotz Einheit).

Orientierung

Eine differenzierte Ornamentierung des Bodenbelages erleichtert die Orientierung. Für die Blinden sind taktile Kontraste vorgesehen. Die Ornamente nehmen Bezug auf die Plätze und die Erschliessungswege. Im Bahnhof Museumstrasse weisen auskragende, keilförmige Vordächer auf die Durchgänge und Ausgänge hin.

Materialwahl

Die Materialwahl entspricht den extrem harten Anforderungen für ein Bahnhofgebäude. Die Wirkung entsteht durch den Hell-Dunkel-Kontrast der verwendeten, einfachen und «gewöhnlichen» Materialien:

• glatte Natursteinplatten (Marmor) und Kantenprofile aus Chromstahl für die Pfeiler- und Wandverkleidungen,
• heller Granit, gestockt, für die Sockelpartien,
• Granitplatten weiss und schwarz für die Bodenbeläge.

Der Hell-Dunkel-Kontrast lässt eine gewisse Verschmutzung zu, die Erscheinung bleibt trotzdem «frisch». Das Ganze soll gut altern, wenig Pflege brauchen, so weit als möglich «vandalensicher» sein und dennoch eine befriedigende ästhetische Ausstrahlung haben.

Zwischengeschoss

Das Zwischengeschoss enthält alle Dienstleistungsfunktionen, die ein moderner Bahnhof erfüllen muss:

- Gepäckfächer
- Fundbüro
- WC-Anlagen
- Telefondienste, usw.

Seine Gestaltung enspricht der des 2.Untergeschosses.

Halle im Erdgeschoss

Eine besondere Herausforderung stellt die Gestaltung der Halle im Erdgeschoss, welche – einmal ganz befreit von allen störenden Einbauten – einer der grössten und schönsten Innenräume der Schweiz sein wird. An dieser Stelle durchdringen und ergänzen sich zwei Architekturen. Die Erdgeschossfläche der Halle wird als Platzfläche respektiert, der riesige Raum darüber bleibt in seinen Proportionen erhalten. Die neuen Bauteile durchstossen die Hallenebene und weisen auf die vertikalen Verbindungen hin. Trotz ihrer bescheidenen Grösse «besetzen» sie den Platz und verunmöglichen so spätere Einbauten. In den Bodenöffnungen sind die Verbindungen zu den beiden Untergeschossen zusammengefasst. Die Durchdringung der Teile verdeutlicht die funktionalen Zusammenhänge. Eine optische Verbindung zwischen oben und unten wird sichergestellt.

Glasaufzüge

Attraktive gläserne Aufzugtürme machen auf die darunterliegenden Dienstleistungs- und Einkaufsebenen aufmerksam. Die Aufzüge dienen auch den Behinderten.

Treffpunkt

Ein Treffpunkt mit Uhrturm ist von allen Seiten gut sichtbar und deshalb gut zu finden. Er ist der einzige «Einbau» in der Halle. Seine Stellung ist so gewählt, dass

Querschnitt mit technischen Installationen

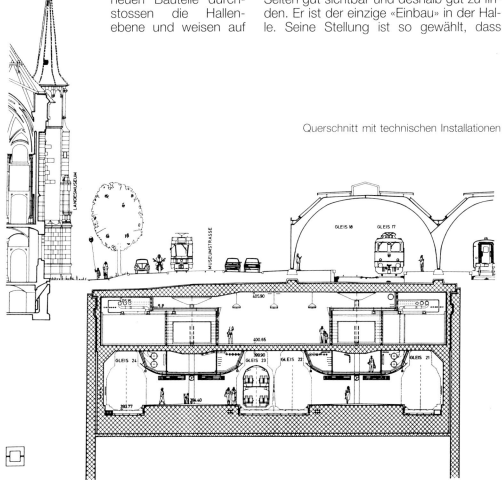

141

Historische Halle mit neuen Einbauten
(Modellaufnahme)

durch Wartende keine Staus im Fussgängerfluss entstehen.

Bodenbelag

Für die ganze Halle ist ein neuer Bodenbelag vorgesehen, dessen Musterung auf die historische Halle und auf die neugeschaffenen Erschliessungen Bezug nehmen wird.

Technisches

Die technischen Räume der SBB sind im Westen über dem Gleiskasten angeordnet. Besonders umfangreich und kompliziert sind die Lüftungs-, Kälte- und Elektroeinrichtungen. Ein ausgefeiltes Energiekonzept mit Grundlast Bodenheizung, Klima- und Wärmerückgewinnungsanlagen sichert einen sparsamen Betrieb. Schwierige technische Probleme waren auch zu lösen bezüglich Wasserversorgung, Entwässerung, Pumpstationen, Brand- und Personenschutz (Notzufahrten, Notausgänge) sowie verschiedener Sicherheitseinrichtungen.

Bahntunnels schaffen lüftungstechnisch besondere Probleme. Da keine Entspannungsschächte gebaut werden konnten, um die grossen Druckwellen abzuleiten, sind alle Treppenlöcher und Ausgänge ins Freie maximal vergrössert worden, damit die Luftzugserscheinungen zumutbar bleiben.

Durch geeignete Schallschutzmassnahmen – wie Akustikputze an Wänden und Decken sowie Durisolplatten bei den Galerien unter den gelochten und gewellten Profilblechelementen im Perrongeschoss – wird die Lärmentwicklung optimal gedämmt.

Konstruktion und Bemessung des Bauwerkes

Sandro Perucchi

Die gewählte Deckelbauweise hat die Konzeption der Tragkonstruktion massgeblich beeinflusst. So muss die oberste Decke auf Stützen gelagert werden, die in vertikalen Bohrlöchern auf vorgängig erstellten Pfählen versetzt worden sind. Damit ist von vornherein ein System von horizontalen und vertikalen Elementen, das heisst von Decken und Stützen, fixiert, das an und für sich logisch ist, das aber viele Alternativen ausschliesst, die bei einer normalen Bauweise von unten nach oben denkbar wären. Aus naheliegenden Gründen hat man versucht, wenn immer möglich die definitiven Stützen einzubauen. Nur

in Ausnahmefällen hat man auf provisorische Stützen zurückgegriffen.

Der Stützenraster wurde so ausgelegt, dass er grösstmögliche Bewegungsfreiheit auf den Perrons und in der Halle gewährleistet und einen möglichst grossen Sicherheitsabstand zu den Gleisen aufweist. Auf jedem Perron ist eine Reihe von Stützen im Abstand von ca. 13.6 m angeordnet worden. Mit der Festlegung des Stützenrasters war es allerdings bei weitem nicht getan. Im Laufe der jahrelangen Projektierung hat man verschiedentlich versucht, einzelne Stützen zugunsten einer bequemen örtlichen Problemlösung zu verschieben. Es ist deshalb wichtig, dass solche einmal festgelegten, übergeordneten Konzepte wenn auch nicht stur, so doch entsprechend einer Bauhierarchie eingehalten werden. Dabei ist allerdings zu erwähnen, dass der Bahnhof wohl unterirdisch, aber nicht auf der grünen Wiese liegt. So galt es unzählige Randbedingungen des bereits gebauten oder zukünftig zu bauenden Umfeldes zu erfüllen (Hauptbahnhof, Gleisfeld, Überbauung HB-Südwest usw.), die einige kleinere Abweichun-

Betonpilzgeometrie

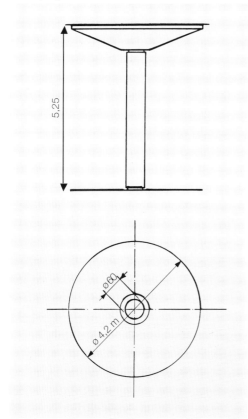

Decke über Fussgängergeschoss, Schalung

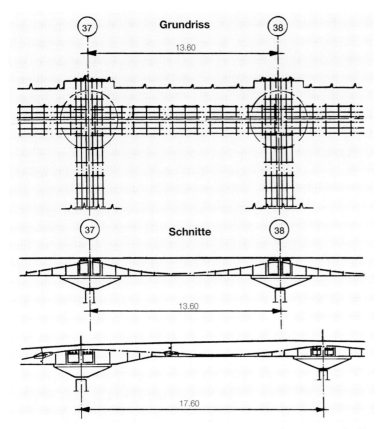

Decke über Fussgängergeschoss, Vorspannung

toten Lasten erfordert.

Da bei der Deckelbauweise die oberste Decke zuerst gebaut werden musste, zu diesem Zeitpunkt aber die Konzepte für die Beleuchtung der Halle, den Ladenausbau usw. noch nicht vorlagen, entschied man sich, sämtliche Installationen auf Putz zu montieren. Von daher war eine möglichst ebene Deckenuntersicht erwünscht. Die Flachdecke hätte diese Bedingung am besten erfüllt und zudem die geringste Konstruktionsstärke aufgewiesen. Sie wäre auch der Bestrebung entgegengekommen, die Raumhöhe der Halle möglichst gross zu halten. Jedoch vermochte diese eher gesichtslose Konstruktion ästhetisch nicht zu befriedigen. Man wollte die Tragkonstruktion zeigen, wobei den Architekten eine Kassettendecke vorschwebte. Dazu ist zu sagen, dass die Decke in zahlreiche, den Verkehrsbahnen folgende Bauetappen unterteilt war, wodurch die Arbeitsfugen nicht immer in die statisch gewünschten Zonen niedriger Beanspruchung zu liegen kamen. Aus diesem Grund war eine Konzentration der Ar-

gen vom Normalabstand erforderlich machten. Hingegen blieben die zahlreichen Vertikalverbindungen, wie feste Treppen, Rolltreppen, Lifte usw., dem Stützenraster untergeordnet.

Die Dilatationsfugen wurden nicht am Ende eines Feldes angeordnet, was eine Doppelstütze erfordert hätte, sondern im Fünftelspunkt der Spannweite. Somit blieben die Stützen im Normalrhythmus. Das Bauwerk, das eine Gesamtlänge von ca. 860 m aufweist, ist in Abständen von 60 bis 80 m dilatiert.

Decke über dem Fussgängergeschoss

Die unter der Strasse liegenden Werkleitungen wurden nicht in die Decke einbetoniert, sondern auf der Decke über der Abdichtung verlegt; eine Lösung, die im Hinblick auf spätere Strassenumbauten sicher Vorteile bietet, die aber eine Aufbaustärke von ca. 1.0 m mit entsprechend grossen

Decke über Fussgängergeschoss, Armierung

△ Schmieden der Vollstahlstützen bei von Roll

▽ Vollstahlstütze

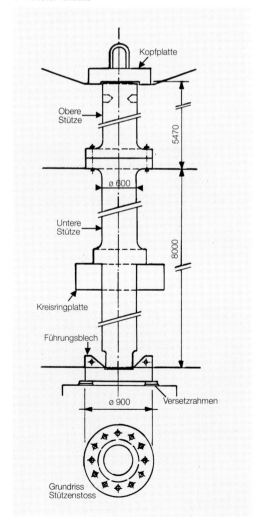

mierung in einzelnen Rippen, wie dies bei der Kassettendecke der Fall gewesen wäre, zu vermeiden.

Für die Haupthalle östlich der Sihl wählte man schliesslich eine Deckenplatte mit grossen konischen Betonpilzen über den Stützen. Diese Konstruktion ist die ideale Lösung für eine punktgestützte Decke, weist sie doch gerade über den Stützen, wo die Beanspruchungen hoch sind, die grössten Konstruktionsstärken auf. Auf die Gestaltung der Betonpilze hat man grosse Sorgfalt verwendet. Auch wenn sie durch die Ladeneinbauten teilweise verdeckt werden, prägen sie doch den Gesamteindruck der Fussgängerhalle. Den Übergang zwischen dem Betonpilz und der Stahlstütze bildet eine versenkte Kopfplatte. Da die Stahlstützen im Fussgängergeschoss eine Brandschutzverkleidung erhalten, war deren Aussendurchmesser für die Proportionen massgebend.

Die Decke weist in Querrichtung zur Halle eine mittlere Spannweite von 17.5 m auf, während die Randfelder nur ca. 10 m weit gespannt sind. Somit ergeben sich für die Mittelfelder Spannweiten von 17.50 x 13.60 m. Die Decke hat relativ hohe Lasten zu tragen, nämlich ausser dem Eigengewicht den ca. 1.0 m starken Strassenkoffer sowie die Verkehrslasten von Hauptstrassen, Strassenbahn und zwei SBB-Gleisen des Hauptbahnhofes.

Wegen der relativ grossen Spannweiten und Lasten ist die Decke partiell vorgespannt. In jedem Stützstreifen sind sechs parabelförmig geführte Vorspannkabel à 2300 kN angeordnet; die daraus resultierenden Umlenkkräfte entsprechen ungefähr 90 % der ständigen Lasten. Die zentrische Betonspannung beträgt ca. 1 N/mm^2. Die Vorspannung wurde in zwei Stufen, drei bzw. zehn Tage nach dem Betonieren einer Etappe, aufgebracht. Unmittelbar danach sind die Vorspannkabel mit Zement injiziert worden. In den Arbeitsfugen sind die Kabel gekoppelt. Die Kupplungen liegen im Querschnitt relativ nahe der neutralen Achse, so dass die vom Verkehr erzeugten Zusatzspannungen relativ klein bleiben.

Ein für die Bemessung der Decken wichtiger Lastfall war der Stützenausfall. Die

145

SBB haben für Gleisarealüberbauungen durch Dritte eine Richtlinie für die Auslegung der Tragkonstruktion aufgestellt, die auch bei diesem Bauwerk sinngemäss angewandt wurde. Danach wurde als besonderer Lastfall der Ausfall von einer Stütze sowie von zwei Stützen untersucht. Im Bereich Museumstrasse ist die Tragkonstruktion so bemessen, dass beim Ausfall einer Stütze die Bruchsicherheit noch 1.3 und beim Ausfall von zwei Stützen hintereinander 1.0 beträgt.

Decke über dem Perrongeschoss

Diese Decke hat im Grundriss die gleiche Geometrie wie die obere Decke, sie weist aber zusätzlich zahlreiche Öffnungen für Treppen, Lifte usw. auf. Im Bereich östlich der Sihl wurde sie als Platte von 60 cm Dicke mit Voutenverstärkung entlang der Stützenreihe ausgelegt und mit vier Vorspannkabeln à 2300 kN pro Stützstreifen partiell vorgespannt; die zentrische Betonspannung beträgt ca. 1 N/mm². Die resultierenden Umlenkkräfte entsprechen ca.

75 % der ständigen Lasten. Da die Deckenstirn von den Schlitzwänden verdeckt war, mussten die Querkabel von Spannnischen aus wechselseitig vorgespannt werden. Während des Aushubs des Perrongeschosses diente die Decke als Spriessung zwischen den Schlitzwänden.

Bodenplatte und Wände

Massgebend für die Bemessung dieser schlaff armierten Bauteile ist der Wasser- und der Erddruck. Die Bodenplatte ist relativ dick ausgelegt worden, um einen Teil des Auftriebes zu kompensieren. Dadurch ist das Bauwerk bei mittlerem Wasserstand im Gleichgewicht. Um die grossen Auftriebskräfte beim höchsten Wasserstand aufzunehmen, wurden Bodenanker eingebaut, die auf die Gebrauchslast vorgespannt sind.

Die vier Gleise liegen in ca. 90 cm tiefen Wannen. Die massiven Perrons bilden einen guten Anprallschutz für die darauf ste-

Versetzen der unteren Stütze

Versetzen der oberen Stütze

henden Stützen. Falls eine Lokomotive entgleisen sollte, wird sie durch ihr grosses Gewicht kaum die Gleiswanne verlassen, hingegen ist bei einem Zusammenstoss zweier Züge ein Ausscheren und Aufbäumen der Wagen denkbar.

Vollstahlstützen

Die Stütze aus Vollstahl weist die kleinstmöglichen Abmessungen auf, was im Hinblick auf die engen Platzverhältnisse auf den Perrons ein gewichtiger Vorteil ist. Die Stützen sind aus Stahl St 52-3 ($\sigma_f = 295$ N/mm^2) geschmiedet.

Im Perrongeschoss müssen die Stützen eine Anprallkraft von 2 MN (200 t) aufnehmen können. Die Spannungen dürfen dabei die Elastizitätsgrenze nicht überschreiten. Dies ergab einen Durchmesser von 50 cm. Dort wo die Stütze nicht ausfallen darf, wurde sie für eine zweifache Anprall-last von 4 MN (400 t) ausgelegt; der Durchmesser beträgt hier 60 cm.

Wegen der relativ grossen Stützenlänge von ca. 14 m mussten die Stützen in zwei Teilen geschmiedet werden. Der Stoss mit Doppelflansch wurde als Auflager für die Decke über dem Perrongeschoss genutzt. Während die Stützenlasten im Bauzustand (ca. 12 MN) über eine Fussplatte auf die

Verbindung der Stützenteile

Pfähle abgegeben werden, werden sie im Endzustand nach Ansteigen des Grundwasserspiegels von der Bodenplatte aufgenommen. Das entsprechende Auflager für die volle Last von 20 MN wurde als Kreisring ausgebildet. Im Perrongeschoss bleiben die Stützen unverkleidet, da sie einen Brandwiderstand F90 aufweisen. Im Fussgängergeschoss hingegen werden die Stützen mit einer Brandschutzverkleidung versehen.

Das Zusammensetzen der zwei Stützenteile in vertikaler Lage am Kran und das Versetzen der bis zu 20 t schweren Stützen im Bohrloch erforderten eine genaue Planung. Um eine gute Lagegenauigkeit zu erreichen, wurde zuerst eine Fussplatte mit Führungsrippen auf dem Pfahl versetzt. Danach wurde die Stütze blind abgesenkt.

Bauleitung - Ausgewählte Problemlösungen

Felix C. Jenny, Alfred J. Hagmann

Ausschreibung

Aufteilung in Lose

Da die Ausführung des Teilprojektes Museumstrasse zeitlich auf dem kritischen Weg lag, wurde im Anschluss an das Generelle Projekt direkt das Submissionsprojekt in Angriff genommen. Wichtig für die spätere Bauausführung war die geschickte Aufteilung in Baulose, wobei folgende Randbedingungen und Gesichtspunkte einbezogen wurden:

- Geologie, Topografie und Flüsse
- Verschiedene Baumethoden
- Installationsflächen (sehr beschränkt, da im Stadtzentrum)
- Termine für die Ausführung (ergibt Anzahl Parallelbaustellen)
- Komplexität der Aufgabe (Risikoverteilung in bezug auf Zeit)
- Volkswirtschaftliche bzw. politische Gründe (Verteilung der Arbeiten auf eine grössere Anzahl von Bauunternehmungen) in einer Zeit nicht ausgelasteter Kapazitäten
- Termine für Submissionsprojekt/Ausschreibung/Vergabe (ab Volksabstimmung bis Baubeginn: nur 1 bis 2 Jahre)

Die Evaluation führte zur Aufteilung des Teilprojektes Museumstrasse in vier grosse Rohbaulose, zwei Baulose für die Erstellung von drei Aufgängen und für die Wiederinstandstellung des Strassenbereiches sowie in zehn Lose für Spezialarbeiten und übrige Rohbauarbeiten.

Submissionen

Die Submissionen des Teilprojektes Museumstrasse waren die ersten der S-Bahn Zürich. Es fiel ihnen somit eine Art Wegbereiterrolle zu. Nicht zuletzt deshalb wurde Form, Inhalt und Präsentation minuziös evaluiert und zusammen mit dem Bauherrn in seine endgültige Form gebracht. Angesichts der Bedeutung des Bauvorhabens wurde bei verschiedenen Fragen der Baumeisterverband eingeschaltet. Die Submissionen bestanden bei den Hauptlosen aus drei Dossiers (Vertrag und Bedingungen, Leistungsverzeichnis, Pläne). Der Aufbau der Submissionen entsprach allgemeingültiger Praxis, wobei allerdings aus Rationalisierungsgründen die Vorbemerkungen gemäss Normpositionskatalog aufgrund der Ähnlichkeit gewisser Lose aus dem Leistungsverzeichnis herausgelöst und diesem als selbständiges Kapitel

Hauptloseinteilung Bahnhof Museumstrasse

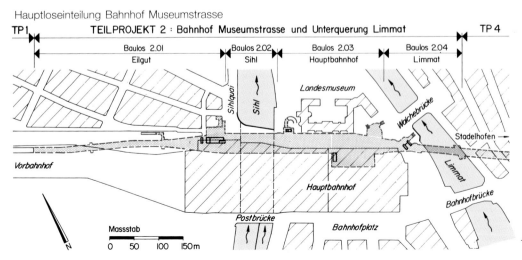

148

mit Zusatzbemerkungen vorangestellt wurden.

Die grundsätzlichen Überlegungen des Projektverfassers zur Projekterarbeitung wurden den Submissionen in einem Kapitel «Gedanken des Projektverfassers» angefügt. Wo Unternehmervarianten zu erwarten waren, enthielten die Submissionen die vom Unternehmer zu beachtenden Randbedingungen, wie beispielsweise beim Los 2.04 Bahnhofquai/Limmat, bei dem aussichtsreiche, das Teilprojekt Museumstrasse überschreitende Lösungen möglich waren. Daher wurden auch die Daten für Submission und Offertabgabe mit dem Nachbarlos 4.03 abgesprochen. In der Folge traf tatsächlich eine Unternehmervariante «Gefrierverfahren» für beide Lose zusammen ein. Sie bot unter anderem verkehrstechnische Vorteile und eine um ein Jahr verkürzte Bauzeit. Die Kosten wurden im Rahmen der kurzen Evaluationszeit und der Vorhersehbarkeit nicht wesentlich höher als jene für die günstigste Kombination der Offerten für die ausgeschriebenen Lösungen geschätzt. Unter Würdigung aller Aspekte entschied sich die Bauherrschaft für diese Variante.

Bei den Rohbaulosen wurde den Unternehmern die Möglichkeit geboten, eine gegenüber dem Belegsverfahren vereinfachte Materialteuerungsabrechnung zu vereinbaren. In den Baulosen «Eilgut» und «Hauptbahnhof» konnte in der Folge ein vom Projektverfasser entwickeltes Verfahren eingeführt werden, welches eine wesentliche Vereinfachung mit sich brachte und welches sich für alle Beteiligten bewährt hat. Bei später ausgeschriebenen Losen wurde zum Vergleich das in der Zwischenzeit «salonfähig» gewordene Objektindexverfahren ebenfalls mit gutem Erfolg angewandt.

Aufgrund der knappen Projektierungstermine war eine gewisse «rollende Planung» nicht zu vermeiden, welche ihre Auswirkung bis ins Stadium der Offert- und Vertragsausarbeitung hatte. So mussten in einigen Fällen substantielle Arbeiten raschmöglichst nachofferiert werden; beim Los «Hauptbahnhof» betraf dies den Bau der Untergeschosse für das durch die SBB kurzfristig beschlossene Gebäude «Nordwesttrakt». Da hier im Gegensatz zur S-Bahn Zürich die SBB die vollen Kosten zu tragen hatten, musste in aller Eile ein zusätzliches Devis und ein neuer Vertrag ausgearbeitet werden.

Nach Abschluss aller Rohbauarbeiten kann festgestellt werden, dass sich der Aufbau der Submissionen und Verträge grundsätzlich bewährt hat. Trotzdem ist festzustellen, dass bei den grossen Rohbaulosen die strikte Anwendung der NPK-Positionen dazu führte, dass pro Werkvertrag etwa vier Fünftel aller Positionen nur etwa einem Fünftel der Vertragssumme entsprachen. Ein grosszügigeres Zusammenfassen solcher Positionen könnte den Arbeitsaufwand der Direktbeteiligten reduzieren. Ein erhöhtes finanzielles Risiko der Vertragspartner wäre dadurch wohl kaum zu erwarten.

Arbeitsvergebung

Bei den vier grossen Rohbaulosen sah der Zeitplan zwischen Ausgabe der Submissionsunterlagen und Offerteingabe einen Zeitraum von zwei bis drei Monaten vor. Für Offertevaluation und Vergabeprozedere waren zusätzlich drei bis vier Monate einzurechnen, da bei Vergaben über 5 Mio. Fr. der Vergebungsantrag sowohl von der Generaldirektion der SBB wie vom Kanton Zürich genehmigt werden musste. Bei Auftragssummen unter 5 Mio. Fr. verringerte sich der Zeitbedarf um 3 bis 4 Wochen, da die Kompetenz zur Vergabe bei der SBB Kreisdirektion III lag. Aus der Tabelle auf Seite 157 sind die am Rohbau beteiligten Unternehmungen und Arbeitsgemeinschaften, die Vergabesummen und der Baubeginn ersichtlich.

Ausführung

Organisation Bauleitung

Angesichts des grossen Bauvolumens sowie insbesondere der Aufteilung in 15 Rohbaulose wurde die Bauleitung durch ein Team mit zeitlich angepasstem Personalbestand wahrgenommen.

Um dem Bauherrn eine gute und gleichmässige Qualität aller Arbeiten zu garantieren und seine Kontakte zu den einzelnen Baulosen zu vereinfachen, wurde eine Organisation gemäss Abbildung unten aufgebaut. Die Bauleitung hatte einen Personalbestand inklusive Sekretariat von zeitweilig bis zu 15 Personen. Während der Startphase der Bauausführung wurde zwischen den Losbauleitungen und der Gesamtbauleitung eine Zwischenstufe (Abschnittsbauleiter) eingesetzt. Diese temporär bestehende funktionale Stufe erleichterte den Anlaufprozess, welcher erfahrungsgemäss eine Kumulation von Aufgaben und Schwierigkeiten mit sich bringt.

Um trotz der grossen Anzahl von Bauleitern effizient zu bleiben, wurde jeder örtlichen Bauleitung ein Informations-Handbuch abgegeben. Dieses Handbuch hatte zum Ziel, jedem (ausgebildeten) Bauleiter über sein Fachwissen hinaus projektorientierte Ergänzungen des Bauherrn zu vermitteln. Dies betraf insbesondere Verantwortungen, Kompetenzen, administrative Eigenheiten und Abläufe, Regelungen, Usanzen, Formulare, Organisation usw. Das Handbuch hat sich bewährt, indem viele Rückfragen, administrative Irrwege

und Aufwand beim Einarbeiten neuer Mitarbeiter vermieden bzw. minimalisiert werden konnten. Es ist empfehlenswert, dass der Bauherr dem Ingenieur solche Informationen zur Verfügung stellt.

Da infolge Termindruckes der Vorlauf der Projektierung nur gering war, bot sich der Bauleitung die Möglichkeit, durch laufende Rückmeldung von Erfahrungen an Projektierungsentscheiden mitzuwirken. Infolge der «rollenden Planung» kamen oft in letzter Minute noch bauseitige Wünsche für Projektanpassungen und -änderungen. In solchen Fällen konnte die Bauleitung mit der Beurteilung der Auswirkung auf die Termine, Kosten und Organisation der Bauausführung einen wesentlichen Beitrag zur Entscheidungsfindung leisten.

Terminplanung und Koordination

Aufgrund der engen Verflechtung und der zahlreichen Abhängigkeiten der Bauabläufe zwischen den verschiedenen Losen wurde vor Submissionsbeginn ein Gene-

Organigramm Bauleitung Rohbau

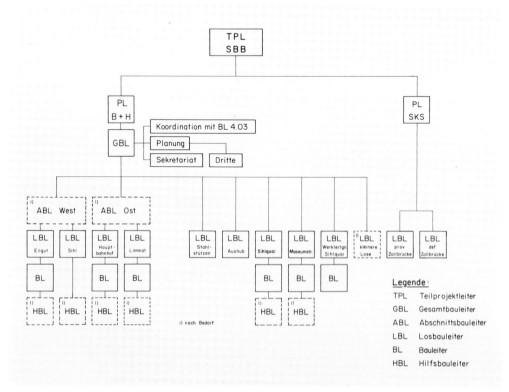

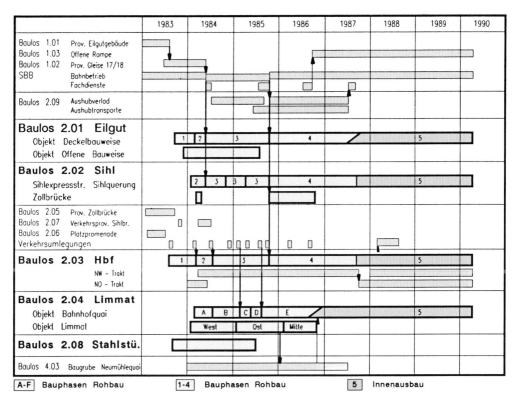

	1983	1984	1985	1986	1987	1988	1989	1990

Baulos 1.01 Prov. Eilgutgebäude
Baulos 1.03 Offene Rampe
Baulos 1.02 Prov. Gleise 17/18
SBB Bahnbetrieb
Fachdienste

Baulos 2.09 Aushubverlad
Aushubtransporte

Baulos 2.01 Eilgut
Objekt Deckelbauweise
Objekt Offene Bauweise

Baulos 2.02 Sihl
Sihlexpressstr. Sihlquerung
Zollbrücke

Baulos 2.05 Prov. Zollbrücke
Baulos 2.07 Verkehrsprov. Sihlbr.
Baulos 2.06 Platzpromenade
Verkehrsumlegungen

Baulos 2.03 Hbf
NW – Trakt
NO – Trakt

Baulos 2.04 Limmat
Objekt Bahnhofquai
Objekt Limmat

Baulos 2.08 Stahlstü.

Baulos 4.03 Baugrube Neumühlequai

| A-F | Bauphasen Rohbau | 1-4 | Bauphasen Rohbau | 5 | Innenausbau |

Generelles Bauprogramm

relles Bauprogramm entwickelt. Dieses enthielt die wichtigsten übergeordneten Bauphasen, Arbeitsabläufe und Verkehrsumlegungen für die Rohbaulose sowie die Arbeiten Dritter wie jene der Fachdienste der SBB und der VBZ.

Die wichtigsten Fixpunkte aus diesem Generellen Bauprogramm wurden in die Verträge integriert. Für die Überschreitung solcher Fixpunkte wurden Konventionalstrafen ausgesetzt.

Das Rahmenprogramm musste mit eiserner Hand administriert werden, damit der Rückstand einer Teilbaustelle nicht fatale Rückwirkungen auf das Ganze auslöste. Über allem stand das in jedem Vertrag schriftlich fixierte Interesse des Bauherrn an einer möglichst frühzeitigen (vorzeitigen) Bauvollendung.

Verschiedene Umstände führten zwingend dazu, nichts dem Zufall zu überlassen und während der gesamten Bauzeit die Arbeitsplanung der kommenden Schritte technisch und zeitlich minuziös vorzuberei-

ten. Dazu gehörten insbesondere die knappen Bautermine, die gegenseitigen Abhängigkeiten der Bauarbeiten innerhalb des S-Bahn-Projektes, aber auch die Nahtstellen zu angrenzenden Bauarbeiten (wie der durch die SBB nachträglich beschlossene Rohbau von Untergeschossen im Bereich des HB-Nordwesttraktes) oder zu den Sanierungsarbeiten der Stadt an der Walchebrücke.

Zeuge dieser enormen Anstrengungen sind die Protokolle von Hunderten von Koordinations- und Bausitzungen. An diesen Sitzungen waren oft nicht nur Unternehmung und Bauleitung, sondern zusätzlich je nach Notwendigkeit der Bauherr, die verschiedensten Sektionen und Dienste der SBB, die städtischen Ämter, Werke und Betriebe sowie kantonale und eidgenössische Ämter und Betriebe vertreten.

Ziel der vielen Koordinationssitzungen war einerseits die vorausschauende, mittelfristige Planung und Koordination über eine ganze Bauphase, was sich letztlich in übergeordneten Phasenprogrammen konkretisierte, und andererseits die Übereinstimmung der kurzfristigen Detailprogramme der verschiedenen Beteiligten. Im weiteren galt es auch, den Stand der Arbeiten mit den detaillierten Bauprogrammen zu vergleichen, um allfällige Korrekturmassnahmen möglichst frühzeitig anordnen zu können.

Die terminliche Koordination zwischen den verschiedenen Baulosen bzw. Verträgen wurde durch die den Losbauleitungen übergeordnete Stelle, nämlich durch die Gesamtbauleitung des Teilprojektes, wahrgenommen. Auf dieser Stufe wurden systematisch und vorausschauend die Abhängigkeiten an den zahlreichen Nahtstellen zwischen den verschiedenen Losen und zu Dritten ermittelt und analysiert. Diese Abhängigkeiten wurden möglichst reduziert oder eliminiert durch Einflussnahme auf die Bauprogrammgestaltung oder in Zusammenarbeit mit der Projektierung. So wurde vermieden, dass ein Rückstand in einem Los zeitlich auf andere Lose durchschlagen konnte.

Speziell arbeitsintensiv und komplex waren die Planungen überall dort, wo Verkehrsströme, Werkleitungen und Flüsse in Querrichtung zur S-Bahn verliefen, wie im Baulos 2.04 Bahnhofquai/Limmat. Diese Verhältnisse führten zu einer Aufstückelung der Bauarbeiten mit umfangreichem Variantenstudium, um allen interessierten Stellen ein akzeptables Bauprogramm und einen befriedigenden Verkehrsablauf bieten zu können. Verkehrsunterbrüche an den Hauptachsen waren praktisch nie möglich, und nur in Ausnahmefällen durften kurz dauernde Verkehrsumleitungen oder Fahrspurreduktionen angeordnet werden.

Der komplexen Aufgabe zum Trotz und dank grossem und koordiniertem Einsatz aller am Bau Beteiligten konnten fast alle Arbeiten der Hauptlose mit Vorsprung auf das Generelle Bauprogramm abgeschlossen werden. Bei der an Überraschungen reichen Limmatquerung konnte wohl das vom Unternehmer vorgeschlagene und vom Bauherrn akzeptierte, um ein Jahr verkürzte Bauprogramm nicht eingehalten werden, die effektive Bauzeit der Hauptarbeiten war aber auch hier kürzer als nach dem Generellen Bauprogramm. Somit konnten die nachfolgenden bahntechnischen Arbeiten bereits im August 1987, d.h. etwa eineinhalb Monate früher als ursprünglich geplant, in Angriff genommen werden. Im Fussgängergeschoss und in der Halle Sihlquai wurde dieser Vorsprung von den nachfolgenden Innenausbauarbeiten leider nicht genutzt.

Kostenüberwachung

Für ein grosses und komplexes Bauwerk ist die Kostentransparenz und die laufende Kostenüberwachung eine Notwendigkeit. Im Teilprojekt Museumstrasse bildete der zu Beginn erstellte Kostenvoranschlag die Grundlage für die laufende Gegenüberstellung der tatsächlichen Aufwendungen mit den Kostenvorgaben. Diese Aufgabe gliederte sich in zwei Teile:

Abrechnung der Ist-Kosten:

Ausgangslage bildeten die Werkverträge mit den Unternehmern. Die Abrechnung erfolgte für Akkord- und Regiearbeiten immer auf der Preisbasis des jeweiligen Werkvertrages, das heisst, die Teuerung wurde separat erfasst. Bestellungsänderungen wurden über Nachtragsofferten abgerechnet, deren Kosten nach Möglichkeit immer von vertraglich bestehenden oder verwandten Positionen abgeleitet wurden.

Bestimmung der End-Kosten:

Für jede Leistungsposition wurden zweimal jährlich die mutmasslichen Endkosten als Summe von bereits geleisteten plus noch zu leistenden Arbeiten errechnet. Anschliessend folgte der Vergleich der Endkosten mit der Kostenvorgabe. Bei der zweiten jährlichen Endkostenschätzung wurden zusätzlich für jede Leistungsposition die Budgetzahlen für die kommenden Jahre zu Handen der Bauinvestitionsrechnung bestimmt.

Zur Kostenüberwachung kann zusammenfassend folgendes festgestellt werden:

Der Kostenvoranschlag basierte auf dem Generellen Projekt. Der direkte Übergang vom Generellen Projekt zum Ausführungsprojekt führte zur bereits erwähnten «rollenden Planung» sowie zu Projektanpassungen mit entsprechenden Mehrkosten. Weitere Kostensteigerungen entstanden durch den Wandel der «Regeln der Baukunde». Bei der vorliegenden mehrjährigen Bauausführung sind auf verschiedenen Gebieten (zum Beispiel elastische Abdichtungen, Verankerungen) die neuesten Erkenntnisse berücksichtigt worden.

Die Komplexität der Aufgabe führte auch zu einigen unerwarteten Problemen, welche spezielle Massnahmen nötig machten. So musste in einem Los ein Beschleunigungsprogramm in die Wege geleitet werden, um einen wichtigen Zwischentermin einhalten zu können, und andererseits waren Massnahmen technischer Natur notwendig, was zu Mehrkosten führte. Es resultierten aber auch Minderkosten, beispielsweise durch geschickte Anpassung von Bauvorgängen, kürzere Vorhaltezeiten infolge vorzeitig erreichter Bautermine sowie durch die Kostenteilung nach dem Gleichzeitigkeitsprinzip bei Arbeiten für Dritte. Es kann mit Genugtuung festgestellt werden, dass sich Mehr- und Minderkosten weitgehend neutralisiert haben, so dass die prognostizierten Endkosten für den Rohbau des Teilprojektes Museumstrasse (inkl. Mehrleistungen für Dritte) in der Grössenordnung der Kostenvorgabe von ca. 170 Mio. Fr. liegen werden.

Qualitätssicherung

Der ganze Baukörper des Bahnhofes Museumstrasse liegt im Untergrund. Über 80% des Querschnittes taucht ins Grundwasser ein. Über und innerhalb des Baukörpers ist fast jeder Quadratmeter Fläche intensiv genutzt.

Diese Randbedingungen allein schon zeigen auf, dass der Qualitätssicherung nicht nur bei der Projektierung, sondern auch bei der Bauausführung eine hohe Priorität zukommen musste, um spätere Sanierungen zu vermeiden. Als besonders potentielle Schwachstellen mit gravierenden Konsequenzen im Falle eines Versagens waren zu beachten:
• die elastische Grundwasserabdichtung rund um das Bauwerk herum
• die Erdung und elektrische Drainage möglichst aller Metallelemente im Bauwerk
• die Auftriebsverankerung

Diese kritischen Elemente wurden während der Bauausführung besonders intensiv überwacht und praktisch lückenlos geprüft und abgenommen. Sehr bewährt hat sich in diesen Fällen die je nach Situation zeitweilige oder permanente und unabhängige Doppelkontrolle durch andere Fachleute aus dem eigenen Büro oder durch Dritte. Alle wichtigen Erkenntnisse aus diesen Doppelkontrollen wurden selbstverständlich den übrigen Losbauleitungen zur Kenntnis gebracht.

Aus den reichhaltigen Erfahrungen auf der Baustelle seien zwei Beispiele herausgegriffen:

Beim Erstellen der Hilfspfähle als provisorische Fundamente für die Vollstahlstützen sowie bei sämtlichen Schlitzwänden hatten die Unternehmer hohe Anforderungen bezüglich der Abweichung von der Vertikalen zu erfüllen. Das Einhalten der verlangten Toleranz (0.5%) musste durch die Unternehmer nachgewiesen werden. Dies geschah oft mit relativ einfachen Methoden. Die Bauleitung entschloss sich, diese Nachweise ihrerseits auf ihre Qualität hin zu überprüfen. Dazu wurden stichprobenweise Querschnittsmessungen nach dem Ultraschallprinzip (Codesol, Fa. Solexperts) durchgeführt und mit den Resultaten der Unternehmung verglichen. So konnte nachgewiesen werden, dass in einem Fall die Unternehmermethode unzutreffende Resultate lieferte. Diese Methode wurde in der Folge nicht mehr verwendet.

Bei einem Längseisen, das im Winter an einem bereitliegenden Schlitzwandarmierungskorb abgebrochen war, begnügte sich die Bauleitung nicht nur mit der Kon-

Schlitzwandarmierungskorb

Sprödbrüche bei Kreuzschweissung
(Stahl III a Box)

trolle der Reparatur. Sie ordnete eine Untersuchung des harmlos aussehenden Vorkommnisses an. Dabei kamen überraschende Ergebnisse an den Tag: Schlitzwand-Armierungskörbe werden aus Stabilitäts- bzw. Formerhaltungsgründen an diversen Armierungskreuzungen geschweisst (Heftschweissungen). Die Bruchstelle lag genau am Ort einer solchen Schweissung und betraf das Armierungseisen mit dem grösseren Durchmesser (Bild oben). Die zu zwei Stahlhandelsfirmen entsandten EMPA-Fachleute stellten folgendes fest: Die Schweissungen erfolgten im Werkhof mit relativ hohen Stromstärken an nicht vorgewärmten Armierungen (Box-Stahl). Die Schweisszeit betrug nur zwei bis neun Sekunden. Daraus resultierten hohe Temparaturgradienten mit Versprödung infolge Martensitbildung, und dies insbesondere bei grossen Armierungsdurchmessern (Durchmesser 34 bis 40 mm) und bei tiefen Temparaturen (unter ca. 5°C). Bei den Stahlhandelsfirmen mussten in der Folge entgegen langjähriger Usanz Korrekturen beim Schweissen durchgesetzt werden: Weniger Heftschweissungen, niedrigere Abschmelzleistungen und/oder Vorwärmen der Armierung bei Temperaturen unter 5°C. Die spätere Einführung der besser schweissbaren Topbar-Qualität entschärfte die Situation.

Die beiden Beispiele zeigen, dass ein waches Sensorium und ein gesundes Beurteilungsvermögen wichtige Eigenschaften sind, die ein Bauleiter besitzen muss. Je schlimmere Folgen potentielle Fehlleistungen auf der Baustelle haben können, desto kritischer sind die angewandten Methoden zu hinterfragen und zu prüfen.

Immissionen

Um den Einfluss der Bauarbeiten am Teilprojekt Museumstrasse auf die Umgebung feststellen zu können, wurden vor Baubeginn diverse Null-Messungen bezüglich Setzungen, Lärm und Erschütterungen vorgenommen. So vor allem im nördlich zum Baulos Eilgut liegenden Quartier (Kreis 5) und am Landesmuseum. In acht repräsentativen Gebäuden wurden beispielsweise Lärmmessungen durchgeführt und ausgewertet. An den meisten Gebäuden längs der Zollstrasse und dem Landesmuseum wurden vorsorglich Risseprotokolle von Fassaden und zum Teil von Innenräumen aufgenommen.

Im westlichsten Abschnitt des Teilprojektes, im Bereich der überdeckten Rampe im Raum Eilgut, wurde auf einer Länge von ca. 150 m die offene Bauweise angewandt. Der Baugrubenabschluss bestand aus gerammten Larssen 24 Spundwandbohlen. Das Rammen der 20 m langen neuen Bohlen erfolgte mit einer modernen 6.5 t Vibroramme (PTC 25 H1). Angesichts der grossen zu rammenden Fläche von 7000 m² wurden vorgängig Rammversuche ausgeführt. Diese dienten der Überprüfung der Rammbarkeit der gewählten Bohlen im kiesigen Untergrund und der Beurteilung der Erschütterungseinwirkungen auf die Bausubstanz nördlich der Zollstrasse. Der Versuch ergab, dass die Bohlenwahl richtig war und dass selbst bei den nächststehenden Gebäuden (Abstand 30 m) aufgrund der gemessenen Schwinggeschwindigkeiten nicht mit Schäden gerechnet werden musste.

Die Praxis zeigte dann aber doch, dass die viele Wochen dauernden Rammarbeiten einzelnen Anwohnern Probleme verursachten; ihr Geduldsfaden drohte wegen des Lärms und der Erschütterungen zu reissen. Dies obwohl die einschlägigen Lärmgrenzwerte und die Richtwerte bezüglich Erschütterungen mit wenigen Ausnahmen eingehalten waren. Bezüglich Lärm wurde festgestellt, dass bei sich verengenden Abständen zwischen Gebäuden die Schallpegel durch Konzentration der Schallwellen wiederum anstiegen.

In älteren Gebäuden erzeugte die Vibroramme bei Schwingfrequenzen von 20 bis

25 Hz starke Anregungen auf die Holzbalkendecken (Eigenfrequenz ca. 15 Hz), während bei den Steinfassaden mit ca. 40 Hz Eigenfrequenz nur geringe Schwinggeschwindigkeiten gemessen worden sind. Es gingen zu dieser Zeit viele Klagen von Anwohnern über Risseschäden an ihren Liegenschaften ein. Der grosse Teil dieser Klagen betraf interessanterweise Fassadenschäden, obwohl gerade dort die Einwirkung der Rammarbeiten am geringsten war. Die vor Baubeginn bei vielen Gebäuden vorsorglich aufgenommenen Rissprotokolle erleichterten die Beurteilung der eingetroffenen Klagen. Auf der Baustelle wurden in der Folge verschiedene Massnahmen getroffen, um die Auswirkungen von Lärm und Erschütterungen auf Anwohner und Bausubstanz zu reduzieren. Eine erfolgreiche, wenn auch teure Massnahme war das Vorbohren härterer Bodenschichten. Zusätzlich wurde die Rammzeit pro Tag auf vier bis fünf Stunden beschränkt und eine Mittagspause von zwei Stunden eingehalten.

Der zentrale Abschnitt im Teilprojekt Museumstrasse wurde auf einer Länge von ca. 580 m in Deckelbauweise ausgeführt. Dabei wurden Schlitzwände von 25 m bis 29.5 m Tiefe erstellt. Obwohl zeitweilig gemeisselt werden musste, um eingedrungenen Beton aus dem Nachbarelement zu zerhacken oder um im Bereich der Grundmoräne liegende Blöcke zu zerkleinern, waren Lärm und Erschütterungen dermassen gering, dass kaum jemals eine Klage eintraf. Die Deckelbaumethode hat sich bezüglich Immissionen im städtischen Gebiet hervorragend bewährt.

Im Gegensatz zur offenen Bauweise konnten bei der Deckelbauweise aus dem Schlitzwandaushub Proben entnommen und untersucht werden. Dies ermöglichte, aufgrund des angetroffenen Baugrundes in einigen Gebieten an Ort und Stelle zu entscheiden, die Schlitzwand tiefer als vorgesehen auszuführen. Dadurch mussten später bei der Wasserhaltung kleinere Mengen gepumpt werden, was sich positiv auf den Grundwasserhaushalt im Bereich westlich der Limmat auswirkte.

Im östlichsten Abschnitt des Teilprojektes wurde auf einer Länge von knapp 90 m die Gefrierbauweise angewandt. Die Instal-

lation (Gefrieranlage, Leitung, im Boden verlegte Gefrierrohre) verursachten keinerlei störende Immissionen.

Um die Zahl der Lastwagenfahrten und deren Immissionen auf den städtischen Verkehr zu reduzieren, wurde im Teilprojekt Museumstrasse der Grossteil des Aushubes über eine Förderbandanlage ins Eilgutareal befördert und per Bahn abtransportiert. Dabei traten zeitweilig Lärmprobleme auf, insbesonders bei den Aufgabestellen. Auch die über Monate dauernde Bewirtschaftung der Pufferdeponie für den Bahnverlad mittels Pneulader führte zu vereinzelten Reklamationen aus der Anwohnerschaft.

Zusammenfassend kann festgehalten werden, dass die Immissionen zum grössten Teil gering waren und nur im Umfeld der offenen Bauweise zu nennenswerten Belästigungen führten. Das Rammen von Spundwänden mit Vibrorammen in Gebieten mit alter Bausubstanz hat sich als problematisch erwiesen.

Öffentlichkeitsarbeit

Das Teilprojekt Museumstrasse liegt im Zentrum der Stadt an neuralgischer Stelle.

Im Westen grenzte die Baustelle an ein Quartier (Kreis 5) mit vielen Wohnungen und vorwiegend kleineren Geschäfts- und Handwerksbetrieben sowie einigen Restaurants und Hotelbetrieben. Auch das Strassennetz im östlichsten Teil des Quartiers war betroffen. So musste beispielsweise die Durchfahrt auf der Zollstrasse für die ganze Dauer der Bauarbeiten unterbrochen werden. Im mittleren Abschnitt grenzte die Baustelle an die Südfassade des Landesmuseums und beeinflusste den privaten und öffentlichen Verkehr in der Museumstrasse und im Bereich Sihlquai. Im Osten, d.h. im Raum Bahnhofquai und Limmat, beeinflussten die Arbeiten den privaten und öffentlichen Verkehr im Bereich Bahnhofquai, den Schiffsverkehr in der Limmat und die Gebäude auf der rechten Seite der Limmat (Läden, Hotel).

Von allem Anfang an wurde daher grosser Wert auf eine umfassende und kontinuierliche Information der Öffentlichkeit gelegt.

Baustellentafel

Dies auch aus der Erkenntnis heraus, dass Immissionen von der Bevölkerung besser ertragen werden, wenn sie zum voraus über Art, Intensität und Dauer der Einwirkung orientiert ist. Die Orientierung erfolgte nach einem detailliert ausgearbeiteten und abgestimmten Informationskonzept. Dabei wurde unterschieden zwischen der Gesamtbevölkerung und der direkt betroffenen Anwohnerschaft. Die Orientierung der Gesamtbevölkerung erfolgte über Pressekonferenzen, Pressemitteilungen,˙ Baustellenführungen, Inserate, Schaukasten und Baustellentafeln.

Die direkt betroffene Anwohnerschaft wurde noch intensiver informiert. Dazu gehörten Orientierungsversammlungen, Baustellenführungen, Anwohnerschreiben, Inserate und persönliche Vorsprachen. Der Informationsgehalt ging dabei von der Ankündigung von immissionsträchtigen Arbeiten über Verkehrsumlegungen bis hin zur Erläuterung von ganzen Bauabläufen.

Als aufwendig, aber wirkungsvoll erwies sich das Einrichten eines Sorgentelefons durch die Bauleitung, welches über Jahre Tag und Nacht der Bevölkerung Gelegenheit gab, zusätzliche Informationen direkt, kompetent und sofort zu erhalten. Auch Beobachtungen und Reklamationen konnten so umgehend und persönlich deponiert werden. Die Bauleitung bekam vom Bauherrn die Kompetenz, in Extremfällen belästigte Anwohner kurzfristig in Hotels unterbringen zu können.

Das Konzept hat sich bewährt. Trotz jahrelanger Bauarbeiten in nächster Nähe von Wohnhäusern kam nie kollektiver Unmut auf. Aufgrund einzelner Reklamationen und Hinweise konnten die Immissionen durch gezielte Massnahmen auf den Baustellen sogar auf ein erträglicheres Mass vermindert werden.

Beteiligte Unternehmer Rohbau		Vergabe-summe Mio Fr.	Bau-beginn
Los 2.01 *Eilgut*	Meier + Jäggi AG Zürich, Barizzi AG Zürich, K. Eicher AG Regensdorf	21.6	Sept. 83
Los 2.02 *Sihl*	Spaltenstein AG, AG Heinrich Hatt-Haller, Fietz Leuthold AG, AG Conrad Zschokke, alle Zürich	18.5	Feb. 84
Los 2.03 *Hauptbahnhof*	Marti AG, Grund + Tiefbau AG, W. Rüdisühli, alle Zürich	27.7	Aug. 83
Los 2.04 *Bahnhofquai/ Limmatquerung*	Locher & Cie AG, Ed. Züblin & Cie AG, Walo Bertschinger AG, Schafir & Mugglin AG, alle Zürich	24.9	Feb. 84
Los 2.05 *Prov. Zollbrücke*	A. Piatti AG, Dietikon	1.0	März 83
Los 2.06 *Werkleitungen Platzpromenade*	Walo Bertschinger AG, Zürich	0.3	Feb. 83
Los 2.07 *Verkehrsproviso-rium Sihlquai*	Walo Bertschinger AG, Zürich	0.2	Okt. 83
Los 2.08 *Stahlstützen*	Von Roll AG, Stahlprodukte, Gerlafingen	3.0	Aug. 83
Los 2.09 *Aushubabtransport*	Carlo Vanoli AG, Thalwil, Kieswerk Hüntwangen AG	2.8	Juni 84
Los 2.10 *Deformations-messungen*	Stump Bohr AG, Zürich, Solexperts AG, Schwerzenbach	0.2	März 85
Los 2.11 *Aushubabtransport*	AGIR AG, Ottenbach	0.1	Juli 84
Los 2.12 *Wiederherstellung*	Granella AG, Würenlingen, J. Wiederkehr AG, Dietikon, Reller AG, Dietikon, S+W Bauunter-nehmung AG, Wettingen,	7.2	Sept. 87
Los 2.13 *Wiederherstellung Museumstrasse*	Marti AG, Zürich	7.0	Nov. 87
Los 2.14 *Werkleitungen Sihlquai*	Kessler Tiefbau & Geleisebau, Zürich	0.6	Juli 87
Los 2.15 *Wassertank Bereitschaftsanlage*	J. Wiederkehr AG, Dietikon	0.4	Sept. 88
Los 2.17 *Fugenkonstruktion Museumstrasse*	H. Honegger AG, Rorbas	0.05	Feb. 89
Los 2.18 *Trennmauer Sihl*	Marti AG, Zürich	0.07	März 90

Zur Projektierung des Bauloses 2.01 Eilgut

Peter Rüedlinger

Umfang des Projektes

Das Baulos 2.01 Eilgut umfasst die Rohbauarbeiten für den westlichen Teil des Bahnhofs Museumstrasse. Der Projektierungsabschnitt liegt zwischen der Zollstrasse und dem Gleis 14 des Hauptbahnhofs im Eilgutareal; er wird im Westen bei km 99.328 durch das Portal und im Osten bei km 99.709 durch das Trassee der künftigen Sihltiefstrasse begrenzt. Das Bauwerk besteht im Westen aus einer ca. 185 m langen eingeschossigen Rampe (sogenannte Gedeckte Rampe). Östlich

davon liegt der ca. 200 m lange, zweigeschossige Teil des Bauwerks, welcher mit der trompetenförmigen Querschnittaufweitung die Verbindung zwischen der Rampe und dem Bahnhof mit den Perronanlagen darstellt. Über dem Perron- und Bahngeschoss befindet sich das sogenannte Fussgängergeschoss, in welchem von Westen nach Osten die Betriebsschutzanlage, die Technischen Betriebsräume der SBB sowie die Halle Sihlquai als Publikumsanlage angeordnet sind. Die beiden Ausgänge Radgasse und Sihlquai führen zum nördlich gelegenen Stadtquartier und zur nahegelegenen Tramhaltestelle im Sihlquai. Das Projekt des Aufgangs Sihlquai lag Anfang 1983, im Zeitpunkt der Ausschreibung, erst als Vorprojekt in mehreren Varianten vor. In der Folge ist das Projekt noch einmal vollständig überarbeitet und schliesslich im Rahmen des Bauloses 2.12 Wiederherstellung Sihlquai, mit finanzieller Beteiligung von privater Seite in einer grosszügigeren Variante ausgeführt worden.

Situation und Längenprofil

Bauvorgang

Im nahezu 400 m langen Projektierungsabschnitt stand als Baustellen- und Installationsbereich nur ein schmaler Streifen zwischen den Bahnanlagen und der Zollstrasse bzw. den provisorischen Gleisen 17 und 18 zur Verfügung. Der Bauablauf der Inselbaustelle hatte zahlreichen Randbedingungen Rechnung zu tragen. Nachfolgend sind die wichtigsten aufgeführt.

Verkehrsbeziehungen

Alle Überlegungen zu den Bauvorgängen hatten davon auszugehen, dass die damaligen Verkehrsbeziehungen für den öffentlichen und privaten Verkehr erhalten bleiben und eine gute Erreichbarkeit der Anlagen des Hauptbahnhofs und der VBZ-Haltestellen auch während der Bauzeit gewähr- 158 leistet ist. Als sehr einschneidende Bedingungen erwiesen sich insbesondere:

• Die dauernde Aufrechterhaltung der quer zur Baustelle verlaufenden Fussgängerverbindung zwischen Zollstrasse/Radgasse und Kasernenstrasse in der Personenunterführung West sowie der Aufgänge zu den Perronanlagen.

• Die Gewährleistung einer Zufahrt für die Transporte der Schweizerischen Speisewagengesellschaft (SSG) zur Belieferung der Züge bzw. Speisewagen.

• Die dauernde Gewährleistung einer auch Dritten zugänglichen Zufahrt zur westlichen Baustelle der Gedeckten Rampe sowie zur Aushubdeponie und dem Verladeplatz im Baulos 2.09 Aushubverlad.

Nachbarlose

Die sehr starke Abhängigkeit und Verknüpfung zu den angrenzenden Baulosen hat den Bauablauf in grossem Masse bestimmt. Es galt insbesondere zu berücksichtigen:

• Termingerechte Erstellung der südlichen Bauwerkteile während des 16monatigen Betriebsunterbruches der Gleise 15 und 16, welcher durch das Terminprogramm der Baulose 2.02 Sihl und 2.03 Hauptbahnhof vorgegeben war.

• Rechtzeitiges Bereitstellen von Zufahrt und Deponieflächen für das Baulos 2.09 Aushubverlad, dessen Baubeginn im Juni 1984 vorgesehen war.

• Fertigstellung der Gedeckten Rampe bis Ende August 1985 und anschliessende Übergabe des Baustellengebietes an das Baulos 2.09, damit die Installationen für die Aushubverladeanlage rechtzeitig bereitgestellt werden können.

• Vorzeitige Fertigstellung und Einrichtung einzelner technischer Betriebsräume im Fussgängergeschoss.

Gewählter Bauvorgang

Für die Ausarbeitung der Submissionsunterlagen wurden verschiedene Varianten von Bauabläufen untersucht. Die Abklä-

rungen ergaben, dass für den westlichen Abschnitt, die Gedeckte Rampe, eine konventionelle Bauweise mit einer offenen Baugrube am wirtschaftlichsten ist. Für den östlichen, zweigeschossigen Bauwerkabschnitt zeigte sich, dass einzig die Deckelbauweise in der Lage ist, die strengen Randbedingungen und Anforderungen zu erfüllen. Eine konventionelle Bauweise hätte in der Halle Sihlquai, dem wohl anspruchsvollsten Bauteil in diesem Abschnitt, zwar die Ausführung der vorgespannten Betonkonstruktionen wesentlich vereinfacht, sie wäre aber mit grossen Erschliessungs- und Installationsproblemen und insbesondere mit einer nicht tolerierbaren Überschreitung des vertraglichen Zwischentermins und entsprechenden Auswirkungen auf die Nachbarlose verbunden gewesen.

Der Bauvorgang für den östlichen, zweigeschossigen Bauabschnitt sah vor, während den Bauphasen 1 und 2 im Bereich der Betriebsschutzanlage die beiden seitlichen Schlitzwände und die Decke, im Bereich der Technischen Betriebsräume und der Halle Sihlquai die nördliche Schlitzwand, die nördlichen Stützen samt Pfahlfundationen sowie die nördliche Hälfte der Decke zu erstellen. Nach Inbetriebnahme der provisorischen Gleise 17 und 18 konnten in der Bauphase 3 die Betriebsgleise 15 und 16 samt zugehörigem Perron und Hallendach abgebrochen und die restlichen Bauwerkteile, d.h. die Schlitzwände, Stützen und Fundationen sowie die Deckenhälfte im Süden fertiggestellt werden. Anschliessend galt es, die abgebrochenen Bahnhofanlagen wieder aufzubauen, um sie auf den Fahrplanwechsel im Herbst 1985 wieder in Betrieb nehmen zu können. Einiges Kopfzerbrechen bereitete in dieser Bauphase der Bauvorgang für den baulichen Anschluss und Übergang an die bestehende Personenunterführung West und den Posttunnel, da die Fussgängerverbindung zur Zollstrasse dauernd aufrechtzuerhalten war. Die vielen Abhängigkeiten und entsprechend zahlreichen Etappen sowie eine kurzfristige Projektänderung und eine aussergewöhnliche Kälteperiode im Winter 1984/85 haben die Aufgabe dem Ingenieur und dem Unternehmer nicht leicht gemacht. In der vierten und letzten Bauphase wurde in einer ersten Etappe der Aushub unter Tag für das

Bauphase 1 und 2

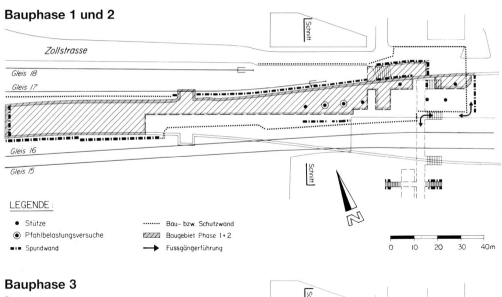

LEGENDE :

- **●** Stütze
- **◉** Pfahlbelastungsversuche
- **■·■** Spundwand

·········· Bau- bzw. Schutzwand

▨ Baugebiet Phase 1+2

→ Fussgängerführung

0 10 20 30 40m

Bauphase 3

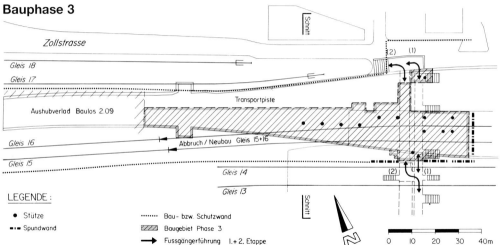

LEGENDE :

- **●** Stütze
- **■·■** Spundwand

·········· Bau- bzw. Schutzwand

▨ Baugebiet Phase 3

→ Fussgängerführung 1.+ 2. Etappe

0 10 20 30 40m

Bauphase 4, Aushub Perrongeschoss im Bereich Halle Sihlquai

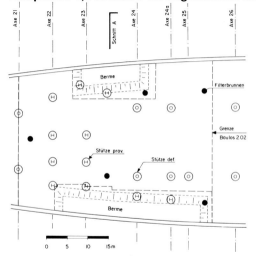

0 5 10 15m

160

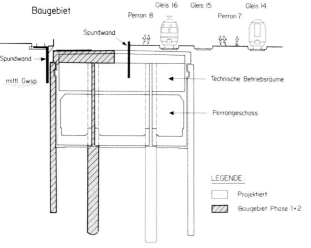

Baugebiet

Gleis 16 Gleis 15 Gleis 14
Perron 8 Perron 7

Spundwand
Spundwand
mittl. Gwsp.

Technische Betriebsräume

Perrongeschoss

LEGENDE:
Projektiert
Baugebiet Phase 1+2

Fussgängergeschoss ausgeführt und die Decke über dem Bahngeschoss sowie die Seitenwände betoniert. Anschliessend erfolgte in einer zweiten Etappe der Aushub für das Bahn- und Perrongeschoss und die Erstellung der massiven Bodenplatte und der Aussenwände.

Ausführungsprojekt Gedeckte Rampe (Objekt offene Bauweise)

Baugrube

Die Gedeckte Rampe wurde in einer umspundeten, zweimal abgestützten Baugrube erstellt. Zu diesem Zweck war vorgesehen, das Grundwasser mittels Filterbrunnen in der Baugrube abzusenken. Das geförderte Wasser war über die nahegelegenen Versickerungsbrunnen entlang der Zollstrasse dem Grundwasserträger wieder zurückzugeben. Eine unerwartet starke Rückkoppelung zwischen Baugrube und Versickerungsanlage, ein grosser Wasserandrang aus den schräg einfallenden, wasserführenden Schichten sowie ein hoher Ausgangsgrundwasserspiegel erforderten jedoch sehr bald, die Rückversickerung auf ein Minimum zu beschränken bzw. vorübergehend einzustellen und die Pumpwassermengen der Sihl zuzuführen. Ausserdem musste zur Erreichung des Absenkziels stellenweise eine offene Wasserhaltung angeordnet werden.

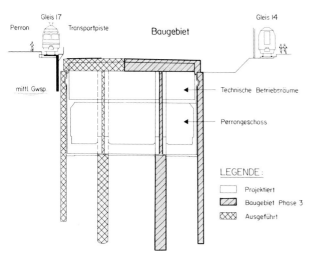

Perron Gleis 17 Transportpiste Baugebiet Gleis 14

mittl. Gwsp.

Technische Betriebsräume

Perrongeschoss

LEGENDE:
Projektiert
Baugebiet Phase 3
Ausgeführt

Etappe / 2. Etappe

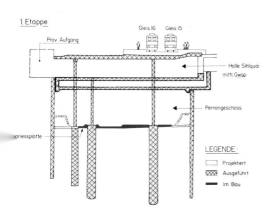

1. Etappe

Prov. Aufgang
Gleis 16 Gleis 15

Halle Sihlquai
mittl. Gwsp.

Perrongeschoss

Spriessplatte

LEGENDE:
Projektiert
Ausgeführt
Im Bau

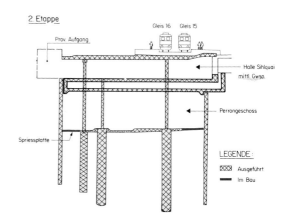

2. Etappe

Prov. Aufgang
Gleis 16 Gleis 15

Halle Sihlquai
mittl. Gwsp.

Perrongeschoss

Spriessplatte

LEGENDE:
Ausgeführt
Im Bau

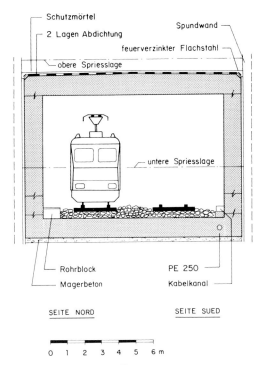

Querschnitt Gedeckte Rampe

Tragkonstruktion

Das Bauwerk ist als einzelliger Kasten ausgebildet und in Abständen von ca. 30 m dilatiert. Für die Betonkonstruktion wurde ein hochwertiger Beton mit einem Zementgehalt von 300 kg/m³ und ein Wasser/Zementwert von höchstens 0.5 verlangt. Durch Zugabe eines Betondichtungsmittels war eine ausreichende Sperre gegen eindringendes Grundwasser zu erreichen. Die Decke wurde zudem mit einer zweilagigen Abdichtung gegen oberflächliches Sickerwasser geschützt.

Ausführungsprojekt zweigeschossiges Bauwerk (Objekt Deckelbauweise)

Baugrube

Baugrube und Baugrubenabschlüsse wurden nur auf die kurzfristigen Bau- und Belastungszustände infolge Aushubs der beiden Geschosse ausgelegt. Im Endzustand müssen die Belastungen infolge Wasserdruckes und Umlagerungen des Erddruckes durch das Bauwerk aufgenommen

werden. Die statische Berechnung und Bemessung der Schlitzwände hatte einem möglichst einfachen und ungehinderten Arbeitsablauf Rechnung zu tragen. Aus diesem Grunde wurde eine relativ dicke Wand von 80 bis 100 cm Stärke gewählt, welche im Bauzustand nur durch die beiden als Spriessung wirkenden Geschossdecken gestützt wird. Die Tiefe der Schlitzwände von ca. 20 bis 25 m ergab sich aus der Bedingung, für den Dimensionierungsgrundwasserspiegel eine minimale Sicherheit gegen hydraulischen Grundbruch zu erreichen. Sie wurde im Bereich der Halle Sihlquai streckenweise um bis zu ca. 4 m vergrössert, um die Wand in die in dieser Tiefe anstehenden, ziemlich undurchlässigen Schichten einzubinden und damit den Wasserandrang in die Baugrube reduzieren zu können. Eine Besonderheit für die Projektierung stellten die im Bereich der Halle Sihlquai zu realisierenden Anschlussbauten an die bestehende Unterführung im Süden und den künftigen Ausgang im Norden dar. In diesem Bereich musste die Schlitzwand über grössere Strecken im Fussgängergeschoss ausgespart werden. Die nurmehr durch die Decke über dem Perrongeschoss gestützte Wand liess es nicht zu, den Aushub bis auf die Sohle der Bodenplatte ohne zusätzliche Abstützung auszuführen. Um auf den Einbau einer Vielzahl von temporären Verankerungen verzichten zu können, entschloss sich der Projektverfasser, eine Spriessplatte als Abstützung vorzusehen. In einem ersten Schritt wurde der Aushub bis zur Sohle ausgeführt und dabei vor der Schlitzwand eine Berme zur Stützung der Wand belassen. Anschliessend erfolgte der Einbau einer ca. 30 cm starken Platte auf der Sohle, welche in einem zweiten Schritt im Bereich der Berme etappenweise bis zu den Schlitzwänden ergänzt wurde (Bild Seite 160/161).

Fundation

Als Folge des gewählten Bauverfahrens müssen die Lasten der beiden Geschossdecken bereits im Bauzustand auf den Untergrund übertragen werden. Im Bereich der Betriebsschutzanlage und teilweise auch der Technischen Betriebsräume werden die Lasten bei Deckenspannweiten von ca. 12 bis 20 m einzig über die Schlitzwände abgetragen. Die an den 162

Baugrund abgegebenen Vertikalbelastungen liegen dabei in der Grösse von ca. 450 bis 600 kN/m. Im übrigen Bereich der Technischen Betriebsräume sowie der Halle Sihlquai wurde das Fundationskonzept für den Bauzustand grundsätzlich auf das Tragsystem im Endzustand abgestimmt. Dennoch mussten zahlreiche provisorische Stützen und Pfähle vorgesehen werden, welche im Bereich der im Bauzustand noch nicht vorhandenen Liftschächte, der grossen Deckenöffnung oder zur Entlastung einzelner stark beanspruchter Stützen und Fundamente notwendig waren. Für die Fundation der in Perronmitte angeordneten Vollstahlstützen waren maximale Belastungen von ca. 9 MN zu berücksichtigen. Neben statischen Gründen erforderten die Abmessungen der Stütze für deren genaues Versetzen einen Pfahl-

durchmesser von 180 cm. Für die Bestimmung der erforderlichen Pfahllänge wurde nach dem im Bild unten dargestellten Konzept vorgegangen. Dabei galt es, eine zulässige Pfahlsetzung von 2 cm einzuhalten. Die Nachweise erfolgten mit den bekannten Verfahren. Obwohl diese aufgrund von Erfahrungen bei vergleichbaren Bauwerken verfeinert werden konnten, ergibt ihre Anwendung auf die vorliegenden Verhältnisse nicht hinreichend sichere Ergebnisse. Deshalb war die Überprüfung der Bemessungsgrundlagen und damit des Trag- und Setzungsverhaltens durch Probebelastungen unerlässlich.

Probebelastungen

Im ganzen Abschnitt des Teilprojekts Museumstrasse konnte für die Probebela-

Konzept für die Pfahldimensionierung

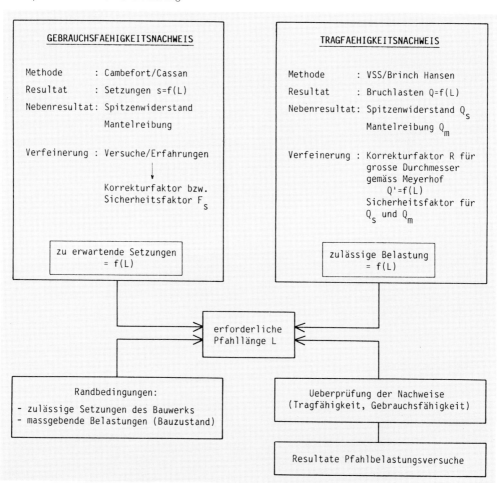

stungen kein Standort ausserhalb des Baustellenbereichs gefunden werden, der die geologischen Bedingungen erfüllt und die Durchführung der Probebelastungen vor dem Baubeginn erlaubt hätte. Aus dem Bauablauf und der terminlich eng begrenzten Abfolge der Bauphasen in den einzelnen Baulosen blieb als einzige Möglichkeit, die Probebelastungen im Los Eilgut an zwei für das Bauwerk definitiv erstellten Pfählen durchzuführen.

Die Belastungsversuche hatten zum Ziel,

• das Trag- und Setzungsverhalten der Pfähle, insbesondere die Beziehung zwischen Pfahlbelastung und Pfahlsetzung, zu ermitteln,
• die Lastübertragung im System Pfahl-Boden (in Abhängigkeit der geologischen Struktur) abzuklären,
• die verwendeten Dimensionierungsgrundlagen anhand der gemessenen Ver-

suchsresultate zu überprüfen und zu beurteilen, ob und wieweit «flankierende» Massnahmen notwendig werden könnten, insbesondere Massnahmen zum Ausgleich von Setzungsdifferenzen (Pressen), Massnahmen zur Verbesserung der Tragfähigkeit des Baugrundes (beispielsweise Injektionen) oder Massnahmen zur Entlastung einzelner Pfahlfundationen.

Für die Messung der massgeblichen Daten wurden die Probepfähle mit den im Bild dargestellten Messeinrichtungen versehen.

Vor Belastungsbeginn musste auf der Decke jeweils zentrisch über dem Versuchspfahl ein Ballast von 1000 Tonnen (10 MN) aufgebaut werden. Die Belastung des Pfahles wurde mit Flachpressen erzeugt, die zwischen Pfahlkopf und Stütze angeordnet waren und die sich gegen die Decke mit dem aufliegenden Ballast abstützten. Die Belastung wurde stufenweise aufgebracht. Um die Last auf der gewünschten Stufe konstant halten zu können, mussten die auftretenden Pfahlsetzungen mit Hilfe der Pressen laufend kompensiert werden.

Die Ausführung der Versuche und ihre Auswertung sind im Detail in Lit. (1) und (2) beschrieben. Die beiden Probepfähle zeigten ein für Reibungspfähle charakteristisches Verhalten. Es konnten teilweise sehr hohe Mantelreibungswerte beobachtet werden. Aus den Probebelastungen wurden wichtige Erkenntnisse und Schlüsse für die Projektierung und Ausführung der Fundation für alle Baulose gewonnen, u.a.:

• Die aufgrund der Probebelastungen ermittelten Mantelreibungswerte weisen auf eine gute Verzahnung der unverrohrt hergestellten Pfähle mit dem Boden hin. Für die Dimensionierung der im Bauzustand mit ca. 9 MN, in den übrigen Baulosen bis zu 12 MN belasteten Pfähle kann im vorliegenden Baugrund von den Bemessungswerten gemäss Tabelle Seite 166 ausgegangen werden.

• Neben den geologischen Bedingungen, die es im Rahmen der Detailprojektierung genau abzuklären und zu berücksichtigen gilt, muss vor allem grösster Wert auf eine sorgfältige Herstellung der Pfähle, insbesondere auf eine minimale Herstellungs-

Instrumentierung der Probepfähle

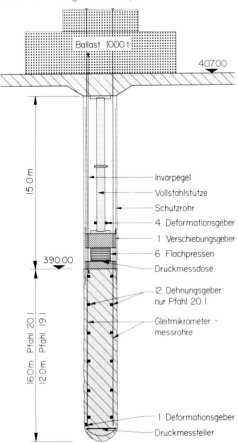

Ballast 1000 t

407.00

15.0 m

390.00

16.0 m Pfahl 20.1
12.0 m Pfahl 19.1

Invarpegel
Vollstahlstütze
Schutzrohr
4 Deformationsgeber
1 Verschiebungsgeber
6 Flachpressen
Druckmessdose
12 Dehnungsgeber nur Pfahl 20.1
Gleitmikrometer - messrohre

1 Deformationsgeber
Druckmessteller

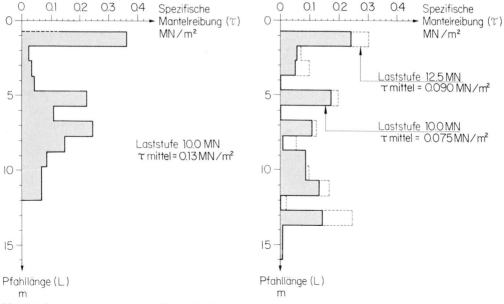

Mantelreibungsverteilung Probepfähle 19.1 (links) und 20.1 (rechts)

zeit, eine Beschränkung der Einwirkungszeit der Bentonitsuspension im ausgehobenen Bohrloch, eine Reinigung der Bohrlochsohle vor dem Betonieren usw. gelegt werden.

• Bedingt durch den sehr wechselhaften Aufbau des Baugrundes kann nicht ausgeschlossen werden, dass bei einzelnen Pfählen grössere Setzungen als die vorhergesagten auftreten. Deshalb sollte auf den Einbau der Pressen für den Ausgleich grösserer Setzungen und Setzungsdifferenzen nicht verzichtet werden.

Während den Aushubarbeiten wurde das Setzungsverhalten aller Pfähle mittels Präzisionsnivellement regelmässig überprüft. Für den Fall, dass die Pfähle grössere Setzungen als erwartet erreichten, war ein Vorgehenskonzept für die zu ergreifenden Massnahmen ausgearbeitet worden. Da die gemessenen Setzungen im Baulos Eilgut nach dem Aushub des Fussgängerge-

Freigelegte Pfähle im Perrongeschoss: verrohrt hergestellt (links) und unverrohrt hergestellt (rechts)

Baugrund	Gebrauchslast: 10 – 12 MN Zulässige Setzung: 20 mm	
	Spitzendruck (MN/m²)	Mantelreibung (MN/m²)
Kiesige Schichten		ca. 0.1-0.16
Feinkörnige Schichten	ca. 1.0	ca. 0.04-0.08

Bemessungswerte für die Pfahlfundation

schosses nur wenige Millimeter betrugen und durch den Aushub des Perronge-schosses keinen Zuwachs mehr erfuhren, konnte hier auf die Ausführung solcher Massnahmen verzichtet werden.

Grundwasserabsenkung

Anders als bei konventionellen Baugruben waren bei der vorliegenden Bauweise die

Filterbrunnen vor dem Bau der Decke und wegen der Etappierung der Arbeiten teilweise auch vor der Vollendung der Schlitzwände zu erstellen. Dadurch war es nicht möglich, den Bedarf an Brunnen anhand gezielter Absenkversuche zu minimalisieren. Anzahl und Lage der Brunnen mussten schon im voraus festgelegt werden. Im Bereich des Objekts Deckelbauweise wurden insgesamt 14 Filterbrunnen vorgesehen. Für den Fall, dass das Absenkziel nicht erreicht werden kann, waren zudem flankierende Massnahmen, wie zusätzliche Pumpensümpfe und Drainagegräben, geplant. Das Wasserhaltungskonzept sah vor, Einsatz, Kontrolle und Wartung sowie Energieversorgung der Pumpen vom Fussgängergeschoss aus vorzunehmen. Das Grundwasser war über eine der beiden im Fussgängergeschoss installierten Sammelleitungen in das ca. 5 m über Terrain angeordnete Absetzbecken zu pumpen. Von dort konnte das Wasser via Transportleitung direkt in die Versickerungsbrunnen entlang der Zollstrasse oder in die Sihl geleitet werden.

Massnahmen und Vorgehen bei unzulässigen Pfahlsetzungen

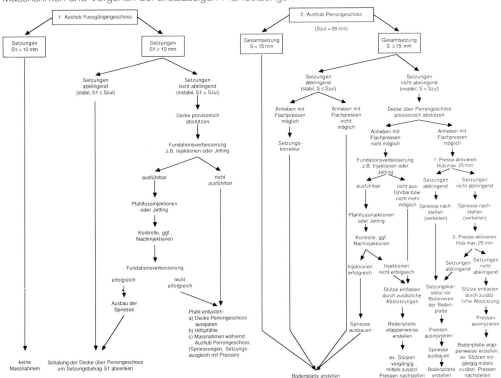

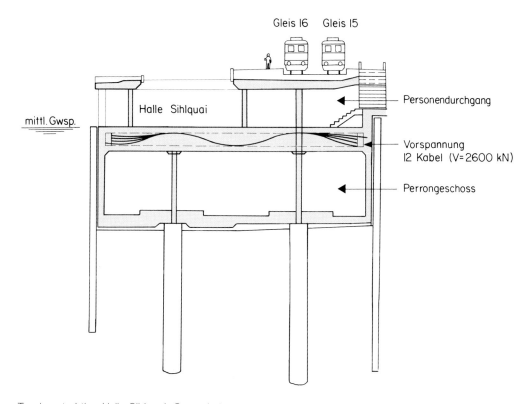

Tragkonstruktion Halle Sihlquai, Querschnitt

Entsprechend dem Aushubvorgang war der Grundwasserspiegel in zwei Etappen abzusenken. Dabei wurde mit einer Pumpwassermenge von ca. 1.5 bis 2.5 m³/min für die erste Phase bzw. von ca. 5 bis 10 m³/min für die zweite Phase gerechnet. Angesichts des grossen Wasserandrangs, welcher im westlichen Teil der Baugrube wegen des zunehmend mächtigeren und durchlässigeren Schotters zu erwarten war, wurden vor Beginn der zweiten Aushubetappe Absenkversuche durchgeführt. Dieses Vorgehen hat sich als sehr zweckmässig erwiesen, konnten doch aufgrund der Versuche die zur Erreichung des Absenkziels notwendigen Mittel und Massnahmen abgeklärt und deren Einsatz rechtzeitig geplant und optimiert werden.

Tragkonstruktion

Das Bauwerk ist als geschlossener Kasten ausgebildet, dessen Tragkonstruktion für die Deckelbauweise ausgelegt ist. Bei der Bemessung waren insbesondere auch die Lasten der geplanten mehrgeschossigen Überbauung HB-Südwest zu berücksichti-

gen. Aus diesem Grunde musste die Decke über dem Fussgängergeschoss im Bereich der Betriebsschutzanlage mit einer Vorspannung verstärkt und im Bereich der Technischen Betriebsräume mit trapezförmigen Unterzügen versehen und vorgespannt werden. Im Bereich der Halle Sihlquai ist die Decke über dem Fussgängergeschoss wegen der grossen Deckenöffnung als punktgestützte Flachdecke konzipiert. Die von der Überbauung HB-Südwest stammenden Lasten müssen von den Stützen bis auf die Decke über dem Perrongeschoss geführt werden. Diese Decke ist aus einer unteren und einer oberen Platte mit einem Zwischenraum von 1.7 m aufgebaut. Die beiden Platten sind im Bereich der Stützenachsen durch ein System von bis zu 2.40 m breiten Trägern, welche in Querrichtung und teilweise auch längs des Bauwerks angeordnet sind, verbunden. Die hohen Gebäudelasten werden über diese Träger den in Perronmitte liegenden Stützen und Liftwänden oder den Aussenwänden zugeführt und von dort in die Bodenplatte eingeleitet. Stützenlasten von bis zu 20 MN erforderten ausserordentlich hohe Armierungsgehalte in den Abfangträgern sowie die konzentrierte Anordnung von Vorspannkabeln mit einer Vorspannkraft von 2600 kN.

Im Gegensatz zum Baulos 2.03 Hauptbahnhof kann die Auftriebssicherheit im vorliegenden Abschnitt ohne den Einbau von Permanentankern gewährleistet werden. In den kritischen Bereichen wie den Technischen Betriebsräumen und im nördlichen Teil der Halle Sihlquai konnte der Auftriebsüberschuss durch Mobilisierung des Eigengewichts der Schlitzwände und durch Zusatzgewichte dank lokaler Verstärkungen der Bodenplatte kompensiert werden.

Entsprechend der Bedeutung des künftigen Bahnhofs sind an das Bauwerk hohe Qualitätsanforderungen gestellt worden. Neben hohen Betonfestigkeiten galt es auch, die vorgespannte Betonkonstruktion gegen Einwirkungen wie Grundwasser, Streuströme usw. ausreichend zu schützen. Aus diesem Grund wurde das zweigeschossige Bauwerk mit einer zweilagigen Abdichtung aus kunststoffmodifizierten Bitumendichtungsbahnen versehen. Bei der Projektierung waren dabei zahlreiche Anschlüsse an bestehende Bauten sowie verschiedene Leitungsdurchdringungen zu berücksichtigen. Sie erforderten eine sorgfältige Detailbearbeitung und vielfach neue, ungewöhnliche Lösungen.

Literatur:
(-) Geologisches Büro Dr. H. Jäckli AG, Geologische Untersuchungen Teilprojekt Einführung Vorbahnhof und Museumstrasse, 20. April 1983
(-) N. Bischof, B. Trommer, Bahnhof Museumstrasse: Bauvorgang, Wasserhaltung. Studientagung FGU; SIA-Fachgruppe für Untertagbau vom 29. Mai 1986 (SIA-Dokumentation D004)

(1) A.J. Hagmann, P. Rüedlinger, Bahnhof Museumstrasse: Projektierung und Ausführung der Grossbohrpfähle und Vollstahlstützen. Studientagung SIA-Fachgruppe für Brücken- und Hochbau vom 27. September 1985 (SIA-Dokumentation Nr. 94)
(2) Pfahlbelastungsversuche. Bericht B 283-41, Basler & Hofmann, August 1983/Dezember 1984

Zur Ausführung des Bauloses 2.01 Eilgut

Werner Spirgi

Das Baulos 2.01 umfasst die Rohbauarbeiten für den Zwischenteil der Zufahrtrampe zum Bahnhof Museumstrasse im Eilgutareal. Diese Bauarbeiten wurden vom Unternehmerkonsortium Arge Eilgut, Meier + Jäggi AG, Barizzi AG und K. Eicher Bauunternehmung AG, von September 1983 bis Mitte 1987 ausgeführt.

Vor diesem Baulos liegt der Teil der offenen Rampe, Baulos 1.03, der nach Erstellung der gedeckten Rampe von der ARGE ZSB unter der Federführung der Firma Meier + Jäggi AG in konventioneller Art, mit Spundwänden in offener Baugrube, erstellt worden ist.

Im Bereich des Bauloses 2.01 kamen prinzipiell zwei verschiedene Bauverfahren zur Anwendung: Im Objekt 03, km 99.507 bis km 99.709, waren die Platzverhältnisse und Randbedingungen derart einschränkend, dass dieses nur in der Deckelbauweise verwirklicht werden konnte. Die gedeckte Rampe, Objekt 04, zwischen km 99.328 und km 99.507, wurde von April 1984 bis Oktober 1985 in offener Baugrube erstellt.

Bau des Objektes 03: Geschlossene, zweigeschossige Rampe in der Deckelbauweise

Bei diesem zweigeschossigen Bauteil musste die Deckelbauweise angewandt werden, um einerseits den Betriebsunterbruch der Gleise 15 und 16, in deren Einfahrtachse die Rampe lag, auf eine möglichst kurze Zeit zu beschränken und um andrerseits für die Bauarbeiten genügend Installations- und Verkehrsfläche zu schaffen. Um sich nebst der Erfüllung aller

Versetzen der Vollstahlstützen

Herstellung der Schlitzwand

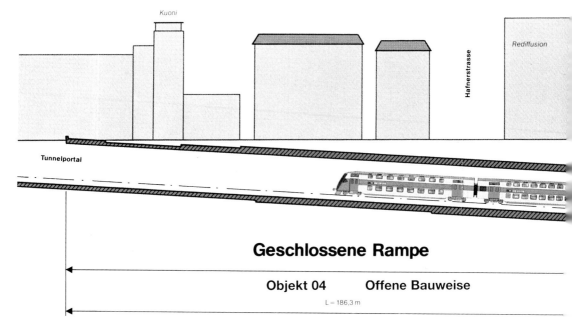

Geschlossene Rampe

Objekt 04   Offene Bauweise

L = 186,3 m

Längsschnitt durch die Objekte 04 und 03

Randbedingungen noch selbst bewegen zu können, musste der Unternehmer in zahlreichen Etappen stets neuen Bewegungsraum schaffen. Die diversen Verkehrsführungen erforderten eine dreimalige Umstellung der Bau-Container. Aus diesem Grunde musste das Bauwerk in vier Phasen ausgeführt werden, deren Ablauf aus den Darstellungen der Bauphasen 1 + 2 und der Bauphase 3 hervorgeht. Der komplexe Bauablauf der Phase 4 wird nachfolgend detailliert beschrieben, damit die Vielfältigkeit dieses Bauvorganges näher ausgeleuchtet werden kann:

Bauphase 4, Detailablauf der Bauarbeiten unterhalb der Decke

• Abbruch der provisorischen Treppen auf Perron G
• Erstellen der Klärbecken und der Grundwasserableitungen zur Sihl
• Montieren der Beschickungsanlagen für das bauseits zur Verfügung gestellte Materialtransportband
• Grundwasserabsenkung im Bereich der ersten Aussparungen (bis UK Zwischendecke)
• Aushub Fussgängergeschoss

Bauphase 1 und 2, September 1983 bis Mai 1984

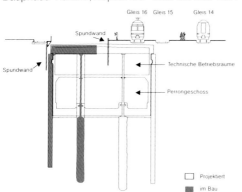

Bauphase 3, Juni 1984 bis September 1985

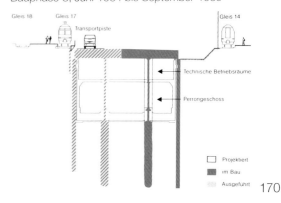

170

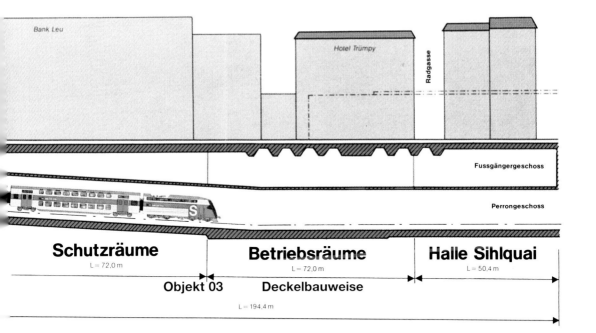

Bank Leu

Hotel Trümpy

Radgasse

Fussgängergeschoss

Perrongeschoss

Schutzräume
L= 72,0 m

Betriebsräume
L= 72,0 m

Halle Sihlquai
L= 50,4 m

Objekt 03 **Deckelbauweise**

L= 194,4 m

- Aufschneiden der verlorenen Bohrlochverrohrungen und Freilegen der Vollstahlstützen
- Profilieren der Schlitzwand
- Wasserdichter Verputz auf Schlitzwand
- Aufbringen der Grundwasserabdichtung
- Planum, Einbringen des Unterlagsbetons und der Trennlage als Schalung für die Decke über dem Perrongeschoss
- Armieren, Betonieren der Zwischendecke
- Ergänzen der Abdichtung bis UK Decke über Fussgängergeschoss
- Erstellen der Wände, Abbrechen der provisorischen Stützen
- Grundwasserabsenkung für Aushub des Perrongeschosses
- Aushub Perrongeschoss
- Erstellen des Planums
- Aufschneiden der verlorenen Bohrlochverrohrungen und Freilegen der Vollstahlstützen
- Einbringen des Unterlagsbetons, Erstellen der Abdichtungsunterlage
- Versetzen der Entlastungsstutzen und Erstellen der Grundwasserabdichtungen auf Boden und im Bereich der unteren Wandhälfte
- Erstellen der Bodenplatte
- Ergänzen der Grundwasserabdichtung bis UK Decke über Perrongeschoss

171

- Armieren, Schalen und Betonieren der Wände
- Betonieren der Liftschächte und Abbrechen der provisorischen Stützen
- Verschliessen der Filterbrunnen

Bemerkungen zur Ausführung des Objekts 03

Die Schlitzwand und die unverrohrten Pfähle mit Durchmesser 180 cm wurden von der Firma TIF Contractor AG, die verrohrten Pfähle mit Druchmesser 90 bis 130 cm durch die Firma Meier + Jäggi AG erstellt.

Die zwei Probebelastungen wurden nach einem Vorschlag der Meier + Jäggi AG mit einem zentrisch über dem Versuchspfahl aufgeschichteten Ballast von 1000 Tonnen aus 3200 Stahlrohlingen von je 4.0 m Länge und 315 kg Gewicht ausgeführt. Die Versuchsanordnung ist im vorangehenden Beitrag von Peter Rüedlinger über die Projektierung genau dargestellt.

Ausser der obersten Decke wurde sämtlicher Beton dieses Objektes gepumpt. Das Gefälle und die Distanz bis 300 m stellten bei einem Beton mit WZ-Faktor von 0.5

Aushub unter der Decke

einige Anforderungen an Rezeptur und Geräteeinsatz.

Unter der Erdgeschossdecke in der Halle Sihlquai, wo für die massiven Oberzüge im Doppelboden mit sehr schweren Vorspannkabeln kein Kran zur Verfügung stand, herrschten besonders schwierige Verhältnisse.

Ballast für Probebelastung

Ein besonderer Arbeitsaufwand entstand auch bei der Nachprofilierung der Schlitzwand, deren strenge Ausführungstoleranzen von 0.5 % teilweise nicht eingehalten werden konnten und deshalb grosse Flächen abgespitzt und freiliegende Armierungseisen wieder eingunitiert werden mussten, bevor der wasserdichte Verputz und die Isolation aufgebracht werden konnten.

Bau des Objektes 04: Gedeckte Rampe in offener Baugrube

Als Objekt 04 wird die 180 m lange gedeckte Rampe vom Portal bei km 99.328 in Richtung Hauptbahnhof bezeichnet. Dieses Bauobjekt besteht aus einem in Sperrbeton ausgeführten rechteckigen Kasten mit den Innenmassen von 10.5 m Breite und 7.0 m Höhe.

In der Submission war eine grosse Baugrube von 180 m Länge in einer Bauetappe vorgesehen. Das Unternehmerkonsortium offerierte eine Variante in drei Etappen à 60 m mit der Ausführung von je zwei Kastenelementen von 30 m. Um die Bauzeit zu reduzieren, wurde jedoch die zweite und dritte Etappe in einer Baugrube von 120 m zusammengefasst. Die Tiefe der Baugruben betrug 9 bis 14 m, entsprechend mussten Spundwandbohlen von 15 bis 20 m Länge gerammt werden. Mit schweren Stahlprofilen als Longarinen und Spriesse wurden die Baugruben in zwei Spriesslagen abgestützt.

Die Bauarbeiten in der offenen Bauweise wurden bei beiden Baugruben in folgender Reihenfolge ausgeführt:

• Erstellen der Bauabschrankungen und Schutzgerüste
• Rammen der Spundwände für Element 1 und 2, resp. 3 bis 6
• Erstellen der Filterbrunnen
• Installation der Klärbecken und Transportleitung zur Sihl
• Aushubarbeiten und Spriessen der Spundwand
• Erstellen des Planums, Einbau des Unterlagsbetons
• Erstellen der Bodenplatte in Elementen von 30 m
• Erstellen der Wände in Etappen

Offene Baugrube

Rammen der Spundbohlen

- Erstellen der Deckenplatte inkl. Abdichtung
- Einbringen und Verdichten von Aushubmaterial über die Decke bis OK Terrain
- Ziehen der Spundwände

Spezielle Bemerkungen zur Ausführung des Objektes 04

Mit Filterbrunnen mit Durchmesser 600 mm wurde der Grundwasserspiegel bis ca. 1.0 m unter die Baugrubensohle abgesenkt. Für die Absenkung des Grundwasserspiegels waren wesentlich grössere Pumpenleistungen erforderlich als ursprünglich vorgesehen. Wegen eines Sikkerwasser-Kurzschlussstromes konnte praktisch keine Rückversickerung vorgenommen werden. Das Wasser musste daher über das Perrondach direkt in die Sihl geleitet werden. Dazu wurden im Absetzbecken drei Pumpen von je 15'000 lt/min installiert.

Der Baugrubenaushub wurde mit Raupenbagger und Raupenladeschaufeln, der Materialtransport innerhalb des Loses mit Grossdumpern von 10 m³ Muldeninhalt ausgeführt. Das Aushubmaterial wurde mit speziellen Bahnwagen via Schiene abtransportiert.

Besondere Schwierigkeiten bereitete das Rammen und Ziehen der ca. 7'000 m² Spundwände infolge der Rücksichtnahme auf die Anwohner in diesem dicht über-

bauten Gebiet. Der dichte Baugrund musste mit einem Drehbohrgerät bis auf eine Tiefe von ca. 7 m vorgebohrt und durch lockeres Aushubmaterial wieder verfüllt werden, bevor die Spundwandbohlen mit modernen Geräten einvibriert werden konnten. Ein Teleskop-Pneukran von 35 t Tragfähigkeit vibrierte so mit einem 4 t schweren Vibro-Rammhammer die Doppelbohlen in 10 bis 15 Minuten in eine Tiefe von 20 Metern. Speziell geklemmt und verschweisst wurden die Schlösser der Doppelbohlen, um den Klirreffekt zu mindern. Die erlaubten Vibrationsgrenzwerte wurden aus den Deutschen Normenwerken entnommen.

Der gesamte Beton dieses Objektes wurde von drei Stellungen über der Baugrube

Bauprogramm

	1983	1984	1985	1986	1987
Zweigeschossiger Bauteil					
Schlitzwand und Decke Nord					
Schlitzwand und Decke Süd					
Aushub und Betonarbeiten Fussgängergeschoss					
Aushub und Betonarbeiten Perrongeschoss					
SBB-Betrieb auf Gleis 15 und 16					
SBB-Betrieb auf Gleis 17 und 18					
Geschlossene Rampe					
Baugrube 1, Betonarbeiten Elemente 1+2					
Baugrube 2, Betonarbeiten Elemente 3–6					

mit einem Kran von 35 m Ausladung eingebracht. Für die erste Bauhälfte wurde
der Beton in einer eigenen Anlage hergestellt. Die Zufuhr des Betonkieses erfolgte
mit LKW, wobei die Retourfahrten stets
für Aushubabtransporte genutzt werden
konnten.

Technische Daten:

Die technischen Daten und Bauleistungen
sind in der folgenden Übersicht dargestellt.

Abmessungen:

Loslänge	381 m
Breiten	13 - 38 m
Tiefen	8 - 15 m

Hauptmassen:

Aushub	87 000 m³
Schlitzwände	
d = 80 cm	3 400 m²
d = 100 cm	6 600 m²
Bohrpfähle	
Ø 110 - 180 cm	360 m
Filterbrunnen	26 Stk.
Spundwände	9 200 m²
Beton	38 000 m³
Schalung	42 000 m²
Armierung	4 600 t
GW-Abdichtung	13 000 m²

Belegschaft: 25 – 40 Mann

Aushubverlad und -transport per Bahn, Baulos 2.09

Ulrich Haldimann

Aushubtransporte per Bahn

Kies und Schotter werden schon seit längerer Zeit per Bahn transportiert. Die Kieswerk Hüntwangen AG beispielsweise transportiert mehr als 90 % des abgebauten Kieses auf der Schiene. Aushubmaterial ist grundsätzlich für den Bahntransport prädestiniert, da es sich um ein ausgesprochenes Massengut handelt. Trotzdem wurde ein Bahntransport für Aushubmaterialien erst Ende der siebziger Jahre für den Hauenstein-Basistunnel und den Milchbucktunnel in Zürich realisiert. Bei der Planung der S-Bahn Zürich war von Anfang an klar, dass das Aushubmaterial von den Baustellen Bahnhof Stadelhofen, Hirschengrabentunnel und Bahnhof Museumstrasse per Bahn befördert werden musste. Gesamthaft fielen auf diesen drei Grossbaustellen 1.2 Mio. Tonnen Material an, was etwa 80 000 Lastwagenfuhren entspricht. Nachdem speziell der Bau des Bahnhofs Museumstrasse den Verkehr wesentlich behinderte, war eine zusätzliche Belastung des Strassennetzes mit diesen 80 000 Fuhren nicht mehr tragbar.

Der Bahntransport von Aushubmaterial erfordert eine erhebliche Infrastruktur. Da die SBB selbst nicht über das Wagenmaterial verfügten, entschlossen sie sich, die Stellung des erforderlichen Wagenmaterials sowie den Transport und den Entlad des Aushubmaterials in einer Submission auszuschreiben (Los 2.09). In der Folge wurde der Kieswerk Hüntwangen AG, die bereits über einen entsprechenden Bahnanschluss sowie über eine erste Serie von Spezialwagen für Aushubtransporte verfügte, der Auftrag erteilt.

Wagenmaterial

Für einen effizienten Belad, Transport und Entlad von Aushubmaterial sind Spezialbahnwagen zwingend. Bei der Konstruktion solcher Wagen geht es darum, vernünftige Kompromisse zwischen den verschiedenen Anforderungen zu finden. Wegen der üblicherweise beschränkten Gleislängen auf den Verlade- und allenfalls auch Entladeplätzen wird eine kurze Bauart angestrebt. Dieses Ziel konnte mit einer Baulänge von nur 11.5 m für einen Vierachswagen erreicht werden. Wünschenswert ist einerseits eine möglichst grosse Nutzlast und andererseits für den rauhen Baustellenbetrieb eine möglichst robuste Bauart der Wagen. Mit der gewählten relativ leichten Bauart wurde bei einem Eigengewicht von nur 23 t eine Nutzlast von 57 t erreicht. Im Betrieb zeigte sich, dass die gewählte Konstruktion eher zu leicht war, was entsprechende Unterhaltsarbeiten zur Folge hatte. Eine weitere Forderung war, die Wagen mit einer Kippvorrichtung zu versehen, die einen effizienten, aber trotzdem betriebssicheren Entlad ermöglicht.

Belad der Bahnwagen mittels Radlader

Entlad mit hydraulischer Kippvorrichtung

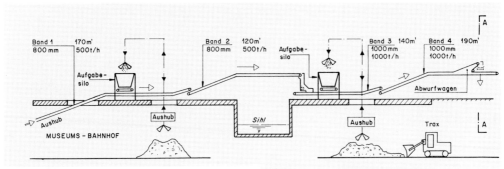

Aushub Verladeanlage S-Bahn Zürich

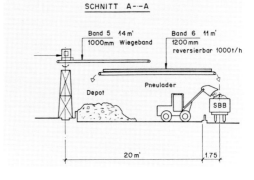

SCHNITT A—A

Die Wagen wurden mit einer hydraulischen Kippvorrichtung ausgerüstet. Damit auch lehmiges Material problemlos entladen werden kann, ist ein möglichst steiler Kippwinkel erforderlich; wegen der Standsicherheit der Wagen muss er andererseits möglichst klein gewählt werden. Die beschafften Wagen haben einen Kippwinkel von 45° und sind aus Sicherheitsgründen zusätzlich mit Schienenzangen ausgerüstet. Dadurch kann ein Umkippen der Wagen bei extremen Betriebsverhältnissen vermieden werden.

Randbedingungen für den Bahnverlad

Da die Investitionen für das Wagenmaterial sehr hoch sind, war von Anfang an klar, dass der Wageneinsatz optimal geplant werden musste. Angestrebt wurde eine Beladezeit von zwei Stunden pro Blockzug, eine Fahrzeit von und nach Hüntwangen von insgesamt zwei Stunden und eine Entladezeit von ebenfalls zwei Stunden. Aufgrund dieser Vorgabe waren im Extremfall theoretisch bis zu drei Umläufe pro Tag möglich. Diese Zielsetzung wurde auch erreicht, als während den Spitzenzeiten ein Zug tagsüber zwei Fuhren ab der Baustelle Bahnhof Museumstrasse und nachts eine Fuhre ab der Baustelle Hirschengraben-Tunnel abtransportierte.

Da auf den Baustellen die Aushubarbeiten normalerweise kontinuierlich während der ganzen Arbeitszeit zu erfolgen haben und andererseits für den Belad der Züge nur eine beschränkte Zeit zur Verfügung steht, ist ein Direktverlad des anfallenden Aushubmaterials nur beschränkt möglich. Bei der Baustelle Bahnhof Museumstrasse war ein Zwischendepot mit einem Volumen von ca. 5000 t erforderlich, um einen kontinuierlichen Fortgang der Aushubarbeiten einerseits und einen geregelten Bahnabtransport anderseits sicherzustellen.

Planung der Verladeanlage

Für den Verlad des Aushubmaterials stand auf dem Areal des ehemaligen Eilgutbahnhofes ein Platz zur Verfügung. Das anfallende Aushubmaterial kam aus den Losen Eilgut, Sihlquerung, Hauptbahnhof und Limmatunterquerung. Wegen der prekären Platzverhältnisse sowohl innerhalb der Baustelle wie auch auf dem öffentlichen Strassennetz war eine Anlieferung des gesamten Aushubmaterials auf Pneufahrzeugen unerwünscht. Aufgrund dieser Vorgabe entschied sich die Bauherrschaft zum Bau einer von der Firma Lanz + Poier geplanten Förderbandanlage. Eine Förderbandanlage entlang des ganzen Objektes mit vorbereiteten Materialaufgabestellen an den verschiedenen Bauöffnungen wurde vorgesehen. Den Unternehmern der verschiedenen Baulose sollte während der ganzen Bauzeit ein ständiger Abtransport des anfallenden Aushubmaterials ermöglicht werden. Insgesamt sechs Förderbän- 176

Verladeanlage, Sicht Richtung Altstetten links; Band 4, Mitte Wiegeband, rechts Reversierband

Verladeanlage, Sicht Richtung Hauptbahnhof; links Bahnwagen, rechts Zwischendeponie

der mit Gurtbreiten zwischen 800 und 1 200 mm und einer Gesamtlänge von 650 m bewältigten die anfallenden Spitzenleistungen von 500 bis 1 000 t/h problemlos. Die Anlage wurde in Betrieb sehr ungleichmässig belastet, weil die Unternehmer ihre Arbeitsprogramme unabhängig voneinander gestalten konnten. Dies war ein entscheidender Vorteil gegenüber andern Transporten, wo ja immer die entsprechende Fahrzeugflotte zu disponieren ist. Eine fahrbare Kombination von Bandabsetzer und Verladebrücke stellte das eigentliche Kernstück der Anlage dar. Mit dieser in der Schweiz erstmals angewendeten Kombination wurde einerseits ein kontinuierlicher Direktverlad stehender Blockzüge und andererseits ein vollständiges Füllen der Zwischendeponie mit einer Grundfläche von 12 x 160 m und einem Fassungsvermögen von 3 000 m³ ermöglicht. Von der Kommandokabine auf der Verladebrücke aus konnte die ganze Anlage bedient und über einen stufenlos regulierbaren Antrieb verschoben werden. Die Anlage erlaubte das Verladen eines Block-

zuges innerhalb von 1 ¹/₂ Stunden. In die Verladebrücke wurde eine Bandwaage eingebaut, welche ein präzises Beladen der Bahnwagen ermöglichte. Die kumulativen Tonnagen wurden in einem separaten Zählwerk erfasst und konnten bei Bedarf ausgedruckt werden. Trotz extrem schwankender Fördermengen wurde vom Lieferanten der Waage eine Toleranz von ± 1 % garantiert. Auf Zwischendepots abgeworfenes Material und mit Lastwagen zugeführte Kleinkubaturen wurden mit einem Pneulader parallel zu dem mit der Bandanlage antransportierten Material verladen.

Betriebserfahrungen

Das gewählte Konzept hat sich in der Praxis bewährt. Die Bedienungsequipe von drei Mann fertigte pro Tag bis zu fünf Blockzüge, d.h. ca. 5 000 t Aushub, ab. Das anfallende Material konnte von den verschiedenen Baulosen jederzeit angeliefert werden, so dass ein kontinuierlicher

Verlad des Materials in Bahnwagen; links Bedienungskabine

Auf dem mit dem Material vom Milchbucktunnel und der S-Bahn Zürich rekultivierten Gelände gedeiht der Hüntwanger «Gruebewy».

Fortschritt sichergestellt war. Auch der Transport nach Hüntwangen erfolgte ohne wesentliche Probleme. Mit dem anfallenden Material wurde ein Teil der Kiesgrube Hüntwangen wiedergestaltet und rekultiviert.

Auf dem von Milchbuck-Tunnel und S-Bahn angelieferten Rückfuhrmaterial gedeiht der Hüntwanger «Gruebewy». Die Kieswerk Hüntwangen AG hat für die vorbildliche Wiedergestaltung ihres Areals von der Europäischen Gemeinschaft einen speziellen Preis erhalten.

Die von den SBB für ihre eigenen Bauten durchgeführten Bahntransporte hatten Signalwirkung. Auch private Bauherren haben in der Folge beschlossen, Aushubmaterial per Bahn transportieren zu lassen. Die für die S-Bahn-Baustellen beschafften Aushubwagen sind in der Zwischenzeit für andere Baustellen im Einsatz und bedienen auch den fixen Umschlagplatz der DEBAG im Güterbahnhof Zürich.

Technische Daten der Verladeanlagen

Bandbreiten	Band 1, 2	800 mm
	Band 3, 4, 5	1 000 mm
	Band 6	1 200 mm

Bandgeschwindigkeit	2 m/sec

Bandlängen	Band 1	170 m
		Aufgabestellen
		Lose 2.03 und 2.04
	Band 2	120 m
		Sihlüberquerung
	Band 3	140 m
		Aufgabestellen
		Lose 2.01 und 2.02
	Band 4	190 m
		mit Bandabsetzer
	Band 5	14 m
		Wiegeband
	Band 6	11 m
		reversierbar und fahrbar

Absetzer und Verladeanlage

Leistung	600 m³/h bzw. 1 000 t/h
Fahrbereich Verladebrücke	160 m
Fahrgeschwindigkeit	stufenlos regulierbar
Spurweite Verladebrücke	20 m

Zur Projektierung des Bauloses 2.02 Sihl

Heinz Kaspar und Andreas Wälti

Das Baulos 2.02 Sihl umfasst die Rohbau-arbeiten im Bereich der Sihl und der geplanten Sihlexpressstrasse. In diesem rund 100 m langen Teilabschnitt unterquert der Bahnhof Museumstrasse die Gewässer Sihl und Schanzengraben mit der Zollbrük-ke und den Gleis- und Perronbrücken der Gleise 15 und 16 (neu 17 und 18). Zu den Bauarbeiten im Baulos 2.02 Sihl gehören deshalb auch der Abbruch und der Neu-bau der Zollbrücke sowie die Entfernung und die Wiederherstellung der Gleis- und Perronbrücken mit dem darüberliegenden Teil der Perronhalle. Zwischen Sihlexpress-strasse und linkem Brückenwiderlager der Sihl ist eine Werkleitungskulisse plaziert.

Tragkonstruktion

Die vier Brückenpfeiler sowie die beiden Widerlager sind als tragende Betonschei-ben ausgebildet, deren Querschnittform von den alten gemauerten Pfeilern über-nommen wurde. Wegen der hohen Lasten erwies sich eine Vorspannung als zweck-mässig. Unten angehängt ist die Decke über dem Perrongeschoss, die als 1.20 m bis 1.60 m starke, schlaff armierte Beton-platte ausgebildet ist. Dieses System ist aussen auf den Schlitzwänden und innen auf den Vollstahlstützen abgestützt.

Im Bereich der geplanten Sihlexpress-strasse sind die als tragende Scheiben ausgebildeten Wände wegen der geringe-ren Lasten nicht vorgespannt. Hier ist je-doch zusätzlich der Lastfall Explosion be-rücksichtigt. Die erforderlichen Nachweise wurden für einen Überdruck von 1 bar ge-führt.

Wegen der hohen ständigen Lasten im Bereich der Sihl und des gegen Osten ab-fallenden Grundwasserspiegels sind keine Bodenanker zur Aufnahme der Auftriebs-kräfte erforderlich, wie das in anderen Tei-len des Bahnhofs Museumstrasse notwen-dig ist.

Bauvorgang Sihlquerung

Als bauvorbereitende Massnahmen wur-den vor dem Baubeginn in separaten Bau-losen die provisorische Zollbrücke und die

Längsschnitt Baulos 2.02 Sihl

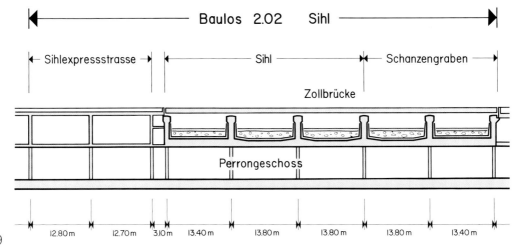

Werkleitungsumlegungen erstellt, so dass bei Baubeginn die Zollbrücke und der Sihlquai verkehrsfrei und der Baugrund ohne Werkleitungen waren. Von den beiden über dem Bauwerk liegenden Gleisbrükken, welche als stählerne Trogbrücken und als Durchlaufträger die fünf Öffnungen von jeweils 13.8 m Spannweite überqueren, konnten die westlichen drei Felder auf die Pfeiler der ehemaligen Zollbrücke verschoben und so als Installationsfläche benutzt werden. Sie wurden später wieder an ihren alten Platz zurückversetzt. Die über den östlichen beiden Feldern gelegenen Brückenteile mussten aus Platzgründen abgebrochen werden. Ein Kostenvergleich zeigte, dass Abbruch und Neubau günstiger zu stehen kamen als Demontage, Abtransport, Lagerung und Wiedermontage.

Gegenüber den Nachbarlosen unterscheidet sich der Bauvorgang der Deckelbauweise im Los Sihl dadurch, dass zuerst die Decke über dem Perrongeschoss betoniert und diese entsprechend dem Flusslauf quer zum Bauwerk etappiert wurde. Von den fünf Durchflussöffnungen konnten jeweils deren zwei gleichzeitig mit Spundwänden abgeschlossen werden. Die unter dem Sihlbett liegende Decke des Perrongeschosses und die darüber liegenden Brückenpfeiler und Widerlager wurden somit in drei Etappen gebaut.

In jeder der drei Etappen der Sihlquerung waren von der Flusssohle aus zuerst die

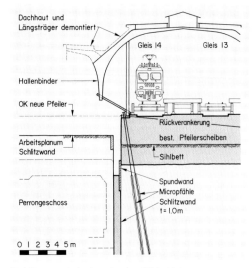

Schlitzwandarbeiten in der Sihl, Abfangung Perronhallendach und Sicherung der verbleibenden Pfeilerfundamente

seitlichen Schlitzwände und die Pfahlfundationen mit den Vollstahlstützen sowie die Filterbrunnen für die spätere Wasserhaltung beim Aushub des Perrongeschosses zu erstellen. Unter den Widerlagerscheiben wurden je zwei Pfähle angeordnet, während bei den mittleren vier Pfeilerscheiben ein zusätzlicher Pfahl mit einer Hilfsstahlstütze nötig war. Auf der Südseite war die Schlitzwand unmittelbar vor den Brückenpfeilern beim Gleis 14 abzuteufen. Um die Standsicherheit des offenen Schlitzes zu gewährleisten und unzulässige Pfeilersetzungen zu vermeiden, wurde der ge-

Längsschnitt 2. Bauetappe

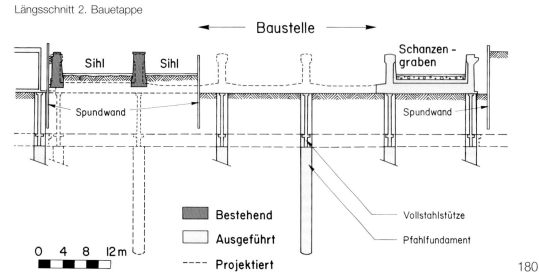

180

Erste Etappe

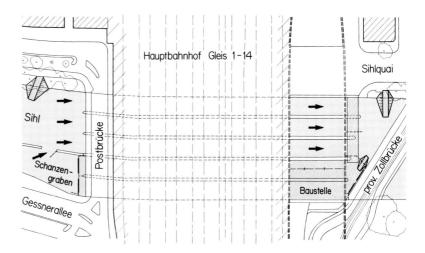

Zweite Etappe

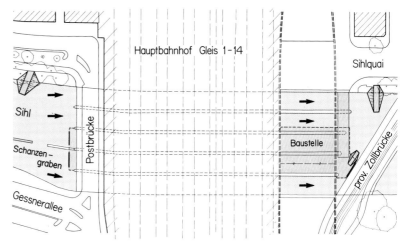

Dritte Etappe

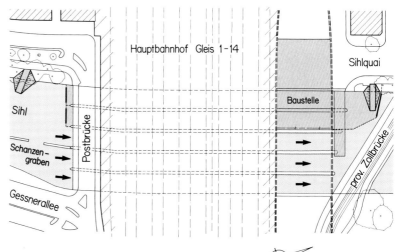

Flussbereich

Baustellenbereich

Baulos 2.02 Sihl

0 10 20 30 40 50 m

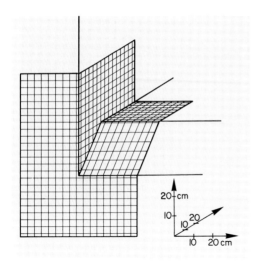

Abdichtung, isometrische Darstellung für Kunststoffeinlage in komplizierter Ecke

Querschnitt im Bauzustand und im Betriebszustand. Die im Bauzustand eingebauten Schrägspriesse dienten als Abstützung der Schlitzwand und zugleich zur Entlastung der Pfahl-fundation.

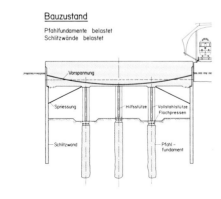

Bauzustand

Pfahlfundamente belastet
Schlitzwände belastet

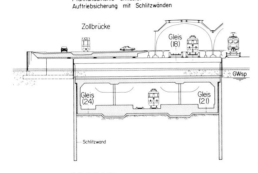

Betriebszustand

Pfahlfundamente entlastet
Auftriebsicherung mit Schlitzwänden

fährdete Pfeilerbereich mittels Rückverankerung und Mikropfählen entlastet. Nach dem Aushub erfolgten die Betonarbeiten für die Decke über dem Perrongeschoss und die Pfeilerscheiben.

Bei den Abdichtungsarbeiten waren anspruchsvolle konstruktive und ausführungstechnische Probleme zu lösen, um bei allen Anschlüssen neben der Wasserdichtigkeit auch die elektrische Isolation zu gewährleisten. So wurden für komplizierte Ecken anhand von räumlichen Darstellungen Einlagen aus Kunststoff-Folien vorfabriziert. Wegen der hohen Lagerpressungen musste der Schlitzwandkopf mit einem Stahlblech abgedichtet werden. Die Abdichtung der Decke wurde mit einer armierten Betonplatte geschützt, auf welcher die ca. 1 m mächtige Kiessohle der Sihl und des Schanzengrabens aufliegt.

Mit den Aushubarbeiten im Perrongeschoss, d.h. unter der bereits erstellten Decke, wurden die Decke und somit die Pfeilerscheiben zunehmend belastet. Um die Pfeilerscheiben nicht mit unzulässigen, differentiellen Setzungen zu beanspruchen, wurde die auf die Pfahlfundation wirkende Belastung vor Aushubbeginn im Herbst 1985 durch Aufpressen der am Stützenfuss eingebauten Flachpressen aufgebracht. Dies erlaubte auch, die Pfahlsetzungen vorwegzunehmen. Für die Bemessung der Pfeilerscheiben mussten die aus dem Bauvorgang resultierende Belastungsgeschichte sowie die damit verbundenen Systemwechsel berücksichtigt werden. Zu den Lastfällen im Bauzustand gehörte auch ein Pressenausfall bzw. zu grosse Pfahlsetzungen.

Die unter Druck gesetzten Flachpressen wurden während der ganzen Zeit des Aushubes in einer speziell eingerichteten Zentrale überwacht. Die Messungen zeigten, dass einige Pfähle die verlangte Traglast nicht erreichten bzw. zu hohe Setzungen aufwiesen. Es war deshalb nötig, mit besonderen Massnahmen diese Pfähle zu entlasten. Im wesentlichen wurde dies erreicht durch Verstärkung der für die Stützung der Schlitzwände ohnehin notwendigen Schrägspriesse und durch Erhöhung der Belastung auf denjenigen Pfählen, die eine ausreichende Tragreserve besassen.

182

Nach erfolgtem Aushub wurde der durch das Anheben der Flachpressen entstandene Spalt zwischen Stützenfuss und Pfahlkopf ausbetoniert und die Flachpressen mit Zementsuspension ausinjiziert. Anschliessend erfolgten die Abdichtungs- und Betonierarbeiten des Perrongeschosses.

Bauvorgang Sihlexpressstrasse

Parallel zu den Arbeiten der Sihlquerung erfolgte am Sihlquai der Rohbau der auf der Höhe der Fussgängerebene liegenden Sihlexpressstrasse. Da als erstes die Decke über dem Perrongeschoss betoniert wurde, musste eine rund 6 m tiefe Baugrube ausgehoben werden. Als Baugrubenabschlüsse dienten auf der Nord- und Südseite die Schlitzwände, während auf den beiden andern Seiten Spundwände gerammt wurden. In den beiden Decken ausgesparte Bauöffnungen dienten später als Zugang für die Bauarbeiten im Perrongeschoss.

Der Bau der Zollbrücke

In der Sihl konnte gleichzeitig mit den Arbeiten im Perrongeschoss die Zollbrücke am alten Standort wiederaufgebaut werden. Auf Verlangen der Stadt Zürich wurde die Brücke um die Breite einer zusätzlichen Fahrspur für den Abbiegeverkehr in die Zollstrasse erweitert. Die Gestaltung der sichtbaren Teile der neuen Brücke wurde in enger Zusammenarbeit mit dem Stadtbaumeister der Stadt Zürich geplant. Der Brückenoberbau ist als massive, vorgespannte Betonplatte ausgebildet.

Das Hochwasserrisiko während der Sihlquerung

Durch die Baugruben für die Sihlquerung wurde das Abflussprofil der Sihl eingeengt, weshalb die Fliessgeschwindigkeiten lokal zunahmen und der Wasserspiegel vor der Baugrube aufgestaut wurde. Die dadurch bedingten Erosionen, zusätzlichen Auftriebskräfte und auch möglichen Überschwemmungen mussten beim Projekt mitberücksichtigt werden.

Zum 336 km² grossen Einzugsgebiet der Sihl gehören das 157 km² grosse Einzugsgebiet des Sihlsees, das Alptal und die Hochebene von Rothenthurm mit der Biber. Der Sihlsee wurde 1937 das erste Mal gefüllt. Das durch die Etzelwerke turbinierte Wasser fliesst seither in den Zürichsee; nur die Restwassermenge sowie die Hochwasserüberschüsse gelangen weiterhin in die Sihl. Der Sihlsee hat mit seinem Stauraum einen grossen Einfluss auf den Verlauf der Sihlhochwasser, indem grosse Wassermengen vorübergehend zurückgehalten werden. Aus finanziellen sowie aus betrieblichen Gründen konnte für den Bau der S-Bahn kein zusätzlicher Hochwasserstauraum durch temporäres Absenken des Seespiegels geschaffen werden. Somit musste mit normalen Hochwasserabflüssen gerechnet werden.

Von den Behörden wurde die Gewährleistung eines Hochwasserabflusses von 450 m³/s gefordert. Ein baustellenbedingter Einstau wäre toleriert worden, durfte aber nicht zu einem Überlaufen des Sihlprofiles führen. Der maximal mögliche Sihlabfluss wurde von den Behörden mit 550 m³/s angenommen. In der Tabelle unten auf dieser Seite sind die Eintretenswahrscheinlichkeiten für die jeweiligen Hochwasserabflussspitzen während der 20monatigen Bauzeit dargestellt.

Es war vorgesehen, die Baugruben bei einer Abflussmenge von 300 m³/s zu fluten, das Risiko dazu betrug rund 2 % (6-0.2 %). Die 300 m³/s waren gleichzeitig als Risikowassermenge festgelegt, welche den Schadenersatz bei Hochwasser zwischen dem Bauherrn und dem Bauunternehmer regelte; wäre die Risikowassermenge überschritten worden, hätten die betreffenden Schäden von der Bauherrschaft über-

Eintretenswahrscheinlichkeit (Risiko) von Hochwasserabflussspitzen während der 20monatigen Bauzeit. Die angegebenen Werte variieren in einem Vertrauensintervall mit dem Irrtumsrisiko von 5 %:

Risiko für	150 m³/s:	50 – 23 %
	200 m³/s:	26 – 6 %
	300 m³/s:	6 – 0.2 %
	400 m³/s:	1 – 0.03 %
	500 m³/s:	0.4 bis weniger als 0.02 %

nommen werden müssen. Die Etappierung in drei Schritten und die Baugrubenflutung ab 300 m³/s stellte die optimale Lösung dar: bei einer Baugrubenflutung von weniger als 300 m³/s wäre das Risiko, dass einmal oder mehrmals hätte geflutet werden müssen, zu gross gewesen. Andererseits hätten durch grössere Baugruben mit nur zwei Etappen oder einer Risikowassermenge von mehr als 300 m³/s die Fliessgeschwindigkeiten und der Aufstau vor der Baustelle derart zugenommen, dass deren mögliche Konsequenzen schwerer gewogen hätten als die Flutung.

Die Hochwasseralarmorganisation

Zur Bekämpfung des Hochwassers auf der Baustelle wurde ein Alarmplan aufgestellt, mit welchem die Aufgaben und Verantwortungen aller Beteiligten von der Abflussprognose bis zur Schadenabwehr vorgängig geregelt wurden. Dazu wurde mit der Wasserwehr des Tiefbauamtes der Stadt Zürich zusammengearbeitet, welche 40 km flussaufwärts mit der damaligen Abflussmessstation bei Schindellegi eine Meldestelle besass. So betrug die Zeit zwischen den ersten Anzeichen in Schindellegi für ein mögliches Hochwasser der Grössenordnung von 200 m³/s auf der Baustelle acht bis zwölf Stunden. Die Laufzeit der eigentlichen Hochwasserspitze von Schindellegi bis zur Stadt Zürich beträgt im allgemeinen 2 bis 4 Stunden.

Zur Entgegennahme von Hochwassermeldungen hatte die Bauleitung jeweils während des Sommers einen ständigen Pikettdienst aufgebaut. Meldungen kamen von

Die ca. 30 cm hohe Wasserwelle um 01.49 Uhr des 26. Juli 1984. Vor der Welle im Bildvordergrund die wenige cm hohe Wasserführung. Links im Bild die für den Bau der S-Bahn Zürich erhöhte Trennmauer zwischen der Sihl und dem Schanzengraben (1. Bauetappe).

den Etzelwerken (Sihlsee), der Abflussmessstation in Schindellegi sowie vom Eiswehr in der Brunau, unmittelbar vor der Stadt Zürich. Für die Interpretation und eine möglichst frühe Vorhersage der Abflussmengen auf der Baustelle wurden umfangreiche Untersuchungen durchgeführt, welche beim Eintreffen von Meldungen eine rasche Prognose gestatteten.

Es war vorgesehen, bei einer Abflussprognose von mehr als 250 m³/s einen vorgängig bestimmten Krisenstab einzuberufen, der auf dem Platz über die nötigen Massnahmen entscheidet, insbesondere das Öffnen der Tore zum Fluten der Baugrube. Gleichzeitig mit der Bildung des Krisenstabes hätten die Krane und die Bagger mit Besatzungen bereitgestellt werden

Baugrubenabschluss während des Hochwassers in der Nacht vom 25./26. Juli 1984. Das Wasser blieb rund 1 m unterhalb der Spundwandbegrenzung. Im Bild sichtbar ist das 8 m breite Tor mit den Ketten für das Hochziehen zum Fluten der Baugrube.

Wasserspiegelverlauf der Sihl bei der Postbrücke zwischen dem 25. und 30. Juli 1984

müssen, welche für die Bekämpfung von möglichen Verstopfungen der Öffnungen der Gleisbrücken nötig gewesen wären.

Das Hochwasser in der Nacht vom 25./26. Juli 1984

Das grösste Hochwasserereignis während der Sihlquerung ereignete sich in der Nacht vom 25. auf den 26. Juli 1984. Der maximale Abfluss auf der Baustelle betrug ca. 135 m^3/s; diese Wassermenge wird durchschnittlich nur alle vier Jahre erreicht oder überschritten; der durchschnittliche Abfluss beträgt vergleichsweise ca. 5 m^3/s.

Das Hochwasser entstand durch starke Niederschläge im Alptal, die so intensiv waren, wie es nur alle 100 Jahre einmal der Fall ist. Die Niederschläge im Einzugsgebiet des Sihlsees wurden vollständig vom Sihlsee zurückgehalten. Im Einzugsgebiet zwischen Schindellegi und Zürich fielen unbedeutende Niederschläge.

Die sehr heftigen Niederschläge im Alptal führten zur Bildung einer Hochwasserwelle in der Alp und anschliessend in der Sihl. Der schnell ansteigende Wasserspiegel wurde in Schindellegi um 21.55 Uhr registriert, und die Hochwasserwelle traf um 01.50 Uhr in Zürich ein. Für die Flussstrecke von 40 km benötigte die Wellenfront somit nicht ganz vier Stunden, ihre Geschwindigkeit betrug 2.8 m/sec. Die Wellenfront wurde bei der Baustelle der S-Bahn Zürich von der Postbrücke aus beobachtet. Die ca. 20 bis 30 cm hohe Welle

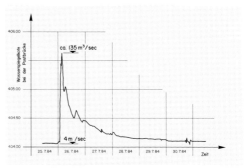

Pfeiler der provisorischen Zollbrücke während dem Hochwasser in der Nacht vom 25./26. Juli 1984 bei der Abflussspitze von 135 m^3/s.

überschlug sich teilweise (Bild Seite 184). Hinter der Front stieg das Wasser sehr rasch an, in fünf Minuten um 1.0 m und in 10 Minuten um ca. 1.4 m (Bilder Seite 184 und oben).

Das Pikett der Bauleitung erhielt die erste Meldung um 22.30 Uhr. Mit den zusätzlich eingeholten Informationen wurde gegen 23.00 Uhr ein Hochwasserabfluss von bis zu 200 m^3/s für die Zeit um 01.00 Uhr prognostiziert. Das bisher in Schindellegi noch nie registrierte sprunghafte Ansteigen des Wasserspiegels bis zum je registrierten Maximum erschwerte die Prognose. Die nachträglich laufend vorgenommene Beurteilung der Lage ergab zu keinem Zeitpunkt eine Abflussprognose von 250 m^3/s, weshalb der Krisenstab nicht alarmiert werden musste.

Bauausführung der Sihlquerung, Baulos 2.02

Henry Bachmann

Das dem Konsortium anvertraute Los 2.02 Sihlunterquerung bedeutete durch seine komplexen Bauvorgänge für alle Beteiligten eine grosse Herausforderung. Um hier einen Einblick in die Problematik dieses Bauwerkes zu geben, sei versucht, dem Leser aus einiger Distanz die Geschichte dieser Baustelle objektiv, selbstkritisch, nicht aber ohne Randnotizen aufzuzeichnen. Der Verfasser des nachfolgenden Berichtes ist der Bauführer, seine Ausführungen sind somit ein Frontbericht.

Grundlagen zur Projektausführung

Der Bauvorgang wurde von zwei Hauptkriterien bestimmt: einerseits von den Zwischen- sowie den Endterminen und anderseits entscheidend durch die Sihl.

Verlegen der Vorspannung und Einlagen 2. Etappe Zollbrücke (Ende Oktober 1986).

Der Bericht «Das Hochwasserrisiko während der Sihlquerung» hatte die Etappierung massgebend beeinflusst.

Der Bauvorgang wurde somit auf folgende Abflussmengen ausgelegt:

• Sommerhalbjahr
350 m³/s ohne Rückstau
450 m³/s mit Rückstau

• Winterhalbjahr
200 m³/s ohne Rückstau

Die Normalabflussmenge (Mittelwasser für die Periode 1938 bis 1980) betrug für diesen statischen Zeitraum 6,8 m³/s.

Für die Ausführung wurden also sehr hohe Sicherheiten verlangt.

Prekäre Platzverhältnisse

Das Los 2.02 Sihlquerung war eingeklemmt, östlich durch das Los 2.03 Bahnhof Museumstrasse und westlich durch das Los 2.01 Eilgut. Die Zufahrt zur Baustelle war auch die Zufahrt zum Los 2.01 Eilgut und zum Los 2.09 Aushubverlad.

Während des Abstimmungskampfes der S-Bahn versprach die Bauherrschaft dem Stimmbürger, dass der gesamte Aushub per Bahn abtransportiert werde, um den städtischen Verkehr nicht zusätzlich und unnötig zu belasten. Weil das Transportband das Material erst ab der Bauphase 4 direkt zur Bahnverladestation befördern konnte, musste der bis dahin anfallende Aushub der Nachbarlose durch die Zufahrt der Baustelle Sihlquerung geführt werden.

Trotz bestmöglicher Koordination war ein gelegentlicher Kollaps nicht zu vermeiden. Jedes Los versuchte durch forcierten Aushub Zeit zu gewinnen, was bei dem knappen Bauprogramm mehr als verständlich war.

186

Bedeutend schlimmer waren die häufigen Rochaden der Grossgeräte, bedingt durch die vielen Etappierungen. Oft blieb nichts anderes übrig, als diese Bewegungen in Randstunden oder – sofern bewilligt – an Abenden oder Samstagen auszuführen. Den Lieferanten erging es nicht besser, denn das tonnenweise angelieferte Material musste umgehend eingebaut werden, damit die Baustelle nicht total überstellt wurde. Für Verspätungen hatte, ja konnte man kein Verständnis haben. Minuziös geplant musste alles angeliefert werden, wobei der Kran pausenlos im Einsatz stand.

Die motorisierten Frühbesucher des Restaurants Vorbahnhof, die jeweils die Baustelleneinfahrt als Parkplatz benutzten, mussten immer wieder vertrieben werden.

Die Platzverhältnisse waren während der gesamten Bauzeit äusserst prekär und ein wirtschaftliches Arbeiten war teilweise kaum möglich.

Eine einfache Feststellung sei im nachhinein gestattet: Wäre das Los Sihlquerung infolge der voraussehbaren Platzverhältnisse nicht besser auf die Nachbarlose aufgeteilt worden?

Die Durchquerung der Sihl

Im April 1984, nach vorgängig verlegten Werkleitungen, wurde mit den eigentlichen Arbeiten begonnen, und zwar mit den Baugrubenabschlüssen der Etappe 3a und Teilen von 3b. Da zu jener Zeit noch die Züge in den Gleisen 15 und 16 einfuhren, konnte eigentlich nur an den Nordteilen der Etappe 3a und an der Sihlexpress-Strasse gearbeitet werden. Diese Arbeiten wurden als Etappe 2 bezeichnet und beschränkten sich auf reinen Spezialtiefbau (Erstellen von einigen Metern Schlitzwänden sowie je vier Pfählen und Filterbrunnen).

Nach dem Fahrplanwechsel Ende Mai 1984 konnten die Gleise 15 und 16 verlegt und die Perronhalle 7 demontiert werden. Letztere galt es subtil zu zerlegen. Fensterscheiben, Dachrinnen usw. wurden numeriert, palettiert und abgeführt. Bald stand nur noch das nackte Stahlgerippe.

Aushub Etappe 3c. Im Hintergrund sind die prekären Platzverhältnisse ersichtlich.

Infolge der Gelenkanordnung der Pfetten musste die Halle von West nach Ost demontiert werden. Das Schwierigste war jedoch der Abtransport der grossen Binder. So mussten vier Stück mit dem Schweissbrenner verkürzt werden, andernfalls wäre ein Abtransport nicht möglich gewesen.

Nun wurden die Gleisbrücken 15 und 16 ca. 40 m sihlabwärts verschoben, wo sie vorübergehend als Kranbrücken dienten. Damit begannen die eigentlichen Tiefbauarbeiten. Eine ungnädige Uhr begann zu ticken, sie duldete keinen Verzug.

Bis im September 1984 lief alles programmgemäss. Dann kam die Aushubphase 3a. Das Aushubmaterial konnte nicht wie gewünscht abtransportiert werden. Die kurze Piste zum Los Aushubverlad war dauernd belegt, und die Lastwagenfahrer und Baggerführer übten sich in Geduld. So büsste die Bauherrschaft volle zwei Wochen auf das Bauprogramm ein, welche es später mit grossen Kosten wieder einzuholen galt.

Die Hallenbinder werden demontiert.

In der Nacht vom 1. auf den 2. Oktober 1984, kurz vor Aushubende der Etappe 3a, wurde die Baustelle vollständig überflutet. Ursache der Überschwemmung war die alte Hochwasserentlastungsleitung (0,5 m³/s) unter dem Bahnhof. Damals wurde parallel zur bestehenden eine neue Leitung gebaut. Mit diesen Arbeiten hatte die Arge Sihlquerung nichts zu tun. Die alte Leitung wurde für das Ableiten des anfallenden Wassers im Graben gebraucht. Dazu musste jeweils der nächste Schachtdeckel gelöst werden. Am Abend des 1. Oktober wurde sicher ein Deckel – wenn überhaupt – nicht sorgfältig genug verschlossen. Er wurde anderntags einige Meter neben dem Schacht gefunden. Durch diesen Schacht dürfte das Wasser in die Baugrube eingedrungen sein.

Die Baugrube war zum kleinen See geworden und von den Maschinen war nur noch die Hydraulik eines Baggers zu sehen. Passanten auf der Zollbrücke staunten ebenso wie die Baustellenbelegschaft angesichts dieser unliebsamen Bescherung.

So blieb nichts anderes übrig, als die Baugrube leerzupumpen (ca. 12 000 m³ Wasser), die Bagger zu bergen und andere Maschinen anfahren zu lassen. Nach drei Tagen wurde wieder voll gearbeitet und die Aushubphase 3a beendet, doch der Zeitverlust wog schwer.

Im Oktober 1984 fällte die Leitung der Arge Sihl einen schwerwiegenden, aber richtigen Entscheid. Man gab die strikte Etappierung auf. Es wurden Beschleunigungsmassnahmen eingeleitet. Sinn und Zweck dieser Massnahmen war, die auf das Bauprogramm vorhandene sowie die zusätzlich zu erwartende Verzögerung aufzuholen, um den Fahrplanwechsel um jeden Preis sicherzustellen. Noch im gleichen Monat wurde mit den Tiefbauarbeiten für die Etappe 3b begonnen. Das heisst, der obere Baugrubenabschluss bei der Postbrücke wurde mittels tiefer liegender Spundwand gesperrt, unterwasserseitig wurde die Baugrube durch einen Erddamm geschützt. Somit konnten die Schlitzwände, Pfähle und Filterbrunnen der

Längsschnitt Etappe 3c

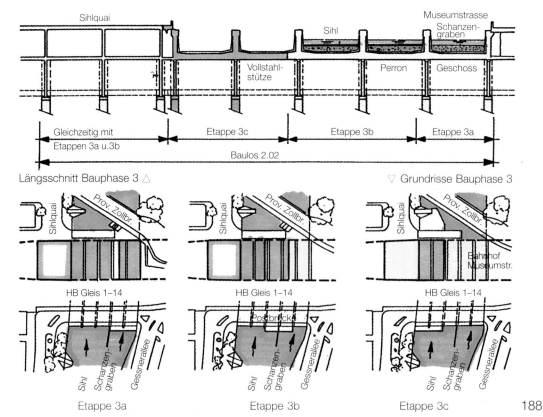

Längsschnitt Bauphase 3 △   ▽ Grundrisse Bauphase 3

Etappe 3a   Etappe 3b   Etappe 3c

Die Baugrube der Etappe 3a ist überschwemmt. Das Wasser wird ausgepumpt, um die Maschinen zu bergen.

Etappe 3b gleichzeitig mit den Betonarbeiten der Etappe 3a ausgeführt werden. Natürlich vergrösserte sich dadurch die Gefahr einer Überflutung der Baugrube, doch der Vorteil des Zeitgewinns überwog. Tatsächlich wurde die Baugrube in der Nacht vom 26./27.11.1984 nochmals durch ein kleines Hochwasser von 44 m³/s überflutet. Gemäss den der Baustelle zur Verfügung stehenden Angaben hätte dieser Bauzustand einem Hochwasser von 60 bis 80 m³/s standhalten müssen!

Aushub eines Bentonitpfahles Ø 200 cm der Etappe 3c.

Nach jenen denkwürdigen Tagen glaubte man, den Zusammenhang zwischen Hydrologie und Astrologie gefunden zu haben. So vertraute man daher nur noch auf die wirklich wichtigen Gradmesser: den Pegelstand des Sihlsees, die Wetterprognosen sowie den Sättigungsgrad des Wassers im Boden. Dem Rückhaltebekken Sihlsee hätte bei der Festlegung der Bauetappen mehr Beachtung geschenkt werden müssen. Die wirklich mächtigen Hochwasser der Sihl haben sich nämlich vor den Zeiten der Sihlsee-Erstellung ereignet, also vor 1938. Trotz dieses kleinen Rückschlages konnten die Arbeiten nach drei Tagen zügig fortgesetzt werden. Ende Dezember 1984 wurde die Etappe 3a beendet. Die Sihl hatte jetzt wieder $2\,^{3}/_{4}$ Durchflussöffnungen.

Im Januar 1985 wurde überdies eine zusätzliche Spundwand längs Pfeiler 30 geschlagen sowie auf dem bestehenden Pfeiler 30, bzw. Widerlager 29, eine 100-t-Baggerbühne erstellt. Es war nun möglich, die Tiefbauarbeiten der Etappe 3c vorgängig ab einer hochwassersicheren Plattform auszuführen.

Eine weitere wichtige Massnahme war der Entscheid, die Sihlbettauffüllungen (Isolation, Schutzbeton, Kiesschüttungen) der Etappen 3b und 3c erst nach dem Rückverschub der Gleisbrücke auszuführen.

Nach Ostern 1985 wurde allgemein sichtbar, dass der Zwischentermin vom 30.08.1985 (Wiedererstellung der Gleise 15 und 16) eingehalten werden konnte. Die von der Arge Sihl bereits im Oktober 1984 eingeleiteten Beschleunigungsmassnahmen begannen sich positiv auszuwirken.

Nun galt es, den Brückenverschub vom 10. Juli 1985 zu planen. Dabei stellte der Vermesser fest, dass die theoretische Lage der alten Brücke mit der tatsächlichen nicht übereinstimmte und die rückzuschiebenden Brücken an den neuerstellten Teilen anstossen würden. Die schiefen Verschubbahnen mussten alsdann um 6 cm Richtung Langstrasse verschoben werden. Auf dem Papier war die Lösung einfach! Am 9. Juli 1985, 16.00 Uhr, erfolgte der Zugversuch, und weil es klappte, beschloss man darauf, die Brücke

Antransport einer 22 t schweren Vollstahlstütze. Der Versetzkran ist in Stellung. Die Schlitzwandarbeiten laufen auf Volltouren. Diese Arbeiten werden von einer 100 t Nutzlastbühne aus ausgeführt (Spannweite ca. 14 m).

Die Gleisbrücken 15 und 16 werden zurückgeschoben. Die restlichen Hallenbinder können jetzt wieder aufgestellt werden. Neben den Gleisbrükken werden die Perronbrücken 7 und 8 erstellt. Die eigentliche Wiedermontage der Halle kann beginnen.

noch gleichentags in ihre Endlage zu verschieben. Durch diesen Entscheid verpassten einige Gäste das lang im voraus angekündigte Spektakel.

Zu nehmen waren noch die letzten Hürden: die Wiederinstandstellung der Perronhallen sowie die Fertigstellung der Brückenbauten.

Am 27. August 1985, drei Tage vor Vertragstermin, konnte die Arge Sihl der Bauleitung mit Genugtuung melden: «Die Halle ist zur Abnahme bereit!»

Am 27. September 1985 wurde in den Perronhallen zusammen mit der Belegschaft der Baulose 2.01 Eilgut und 2.03 Bahnhof Museumstrasse Zwischenaufrichte gefeiert.

Untertagarbeiten
(Bauphase 4, September 1985
bis 31. Juli 1987)

Im September 1985 konnte im Perrongeschoss mit dem Aushub unter Tag begonnen werden. Vorgängig wurden Flachpressen zwischen den Pfählen und den Vollstahlstützen aktiviert, d.h. die Pfähle wurden bis auf maximal 1 200 t sukzessive vorbelastet. Die in der Ausschreibung für einen Setzungsausgleich des Bauwerkes vorgesehenen Flachpressen wurden damit auch noch für Pfahlbelastungsversuche verwendet.

Für das Aktivieren dieser Flachpressen sind über 10 km Kupferleitungen vorgän-

gig verlegt und in eine Zentrale geführt worden. Jede der 66 Pressen war mit einem Manometer versehen. So konnte jeweils der für einen bestimmten Bauzustand gewünschte Druck mittels einer hydraulischen Presse erzeugt werden. Als Druckflüssigkeit diente normales Leitungswasser mit einem Zusatz von Frostschutz.

Der vom Projekt-Ingenieur gewünschte Druck musste für jede Presse gesichert sein, denn die in diesem Bauzustand von den 22 Pfählen und der Schlitzwand Nord und Süd getragene Decke über dem Perrongeschoss vertrug keinerlei Deformationen.

Dieses komplexe Flachpressensystem aufrechtzuerhalten erforderte einen beträchtlichen Aufwand. So wurde jede Presse täglich zweimal geprüft und wenn nötig auf die Soll-Last gebracht. Bei Auflastveränderungen – erzeugt durch den Aushubfortschritt der 4. Etappe, den Schutzbeton, den Wasserstand der Sihl usw. – mussten

Durchstich Ost vom Los 2.03 Hauptbahnhof.

ganze Teile des Systems angepasst werden, um die Lastumlagerungen der Decke auszugleichen.

Der dafür Verantwortliche hatte sich zur Verfügung zu halten. Während Samstagen, Sonn- und Feiertagen besorgte die Securitas die Kontrolle. Überraschende Telefonate an das Baustellen-Kader bedeuteten Zusatzarbeiten an Wochenenden, Silvestermorgen usw. Der Auftrag war klar, die Arbeit duldete keinen Verzug.

Der Bauvorgang der Etappe 4 war wie folgt vorgesehen:
• Vollflächiger Aushub bis Kote 394.50
• Einbau von Schrägspriessen im Sihlbereich Nord und Süd
• Abtiefen des Aushubes bis UK Fundation
• Erstellen der Grundwasserabdichtung und Bodenplatte, 1. Teil
• Umspriessungen
• Abtiefen des Aushubes bis UK Fundation
• Erstellen der Grundwasserabdichtung und Bodenplatte, 2. Teil
• Erstellen der Auftriebsanker im Bereich Sihlexpress-Strasse
• Erstellen der Wände

Doch es kam anders. Beim Aktivieren der Pressen zeigte sich, dass fünf Pfähle die verlangte Tragkraft innerhalb der zulässigen Setzung nicht erreichten. Dies führte zu zahlreichen Krisensitzungen. Die Sicherheit verlangte alles, koste es was es wolle, denn inzwischen fuhren über der Baustelle die Züge in den Gleisen 15 und 16 aus und ein.

Es wurden wichtige Massnahmen beschlossen:
• Die Sicherung des Pfahles 27.2 mittels eines Ringes von 10 Jet-Pfählen
• Zusatz-Schrägspriessungen
• Einbau von 5 zusätzlichen Vertikalspriessen für die Decke Perrongeschoss.

Daraus resultierten für den Aushub unzählige Etappen und Unteretappen, die so kompliziert waren, dass auch der Eingeweihte sie kaum nachvollziehen kann. Im April 1986 war der Aushub zum grössten Teil abgeteuft, und endlich konnten die eigentlichen Betonarbeiten in Angriff genommen werden.

Die Pfeiler der Zollbrücke werden verlängert.

Zeitweise glich die Baustelle unter der Sihl eher einem Dom. Sie war eine riesige Halle, unterteilt durch mächtige Säulen, in der vor zahlreichem Publikum und bei guter Ambiance ein Sinfoniekonzert hätte stattfinden können.

Die Bodenplatte wurde als erstes erstellt, unterteilt in 18 Etappen von 250 bis 520 m³. Trotz einer durchschnittlichen Leistung von 35 bis 38 m³ Beton pro Stunde ergaben sich lange Betoniertage. Die minimal zu erstellende Plattendicke betrug 1.20 m, die maximale 1.87 m, mit dem Perron gerechnet volle 3.07 m. Für die Bodenplatte wurde ca. 9 000 m³ Beton und ca. 800 t Armierungsstahl benötigt.

Im Bereiche der Sihlexpress-Strasse wurde die Bodenplatte wegen der zu geringen Auflast zusätzlich verstärkt (Ballastbeton). Durch diese Massnahme konnte man auf die vorgesehenen 32 Auftriebsanker verzichten.

Im Frühsommer 1986 wurden die Durchstiche nach Osten und Westen gefeiert. Von nun an bestand wieder Sichtkontakt zu den Nachbarlosen 2.01 und 2.03.

Nachdem die drei Baustellenleiter fast ein Jahr lang kaum mehr Notiz voneinander genommen hatten, sahen sie sich wieder öfters. Es begann ein grosser Wettbewerb. Jeder versuchte es besser zu machen und vor allem schneller zu sein als der andere. Dabei waren die guten Rezepte der eigenen und der anderen Küche dienlich, keiner war zu stolz, sie anzuwenden.

Im Spätherbst 1986 begannen die Arbeiten für die Wände. Das Prozedere wiederholte sich: Sockel, Wände und Vouten – insgesamt dreimal 22 Etappen.

Der weitere Bauablauf verlief ohne Komplikationen, und so konnten die Arbeiten zweieinhalb Monate vor Termin abgeschlossen werden.

Mitte Juni 1987, kurz vor Rohbauende, wurde in sichtlich gelöster Atmosphäre das Aufrichtefest gefeiert.

Zollbrücke

Die Bauarbeiten der neuen Zollbrücke wurden im April 1986 in Angriff genommen. Ursprünglich war dieser Baubeginn für den September 1985 vorgesehen.

Abklärungen betreffend Geometrie der Brücke (Strassen- und Trottoirbreite sowie Tramspur, Parkplätze usw.) verzögerten den Baubeginn um gut sechs Monate. Dazu kam, dass mittlerweile die Bauarbeiten für die SZU im Gange waren. Für Los 2.02 Sihlquerung hatte das direkte Konsequenzen, denn der Schanzengraben war jetzt wieder abgesperrt, d.h. statt der vorgesehenen fünf Sihldurchflussöffnungen waren nur noch deren drei in Betrieb. Dies hatte zur Folge, dass die für die Sihlpfeilerverlängerung vorgängig erstellten Spundwände schon bei einer Durchflussmenge von 20 m^3/s überflutet wurden und die für die Abstützung des Lehrgerüstes vorgesehenen Joche in der Sihl durch das AGW nicht mehr zugelassen wurden.

Das erste Problem konnte gelöst werden, indem einerseits bewusst Überschwemmungen in Kauf genommen wurden, anderseits durch zusätzliche Schalungen die eigentliche Bauzeit für das Erstellen eines Pfeilers erheblich reduziert wurde. In der

Das Lehrgerüst ist verschoben.

Folge wurde die Baustelle dann auch einige Male überflutet, doch das Reinigen der diversen Baugruben war wesentlich billiger als ein aufwendiges Aufsetzen der Spundwände. Das zweite Problem wurde mit an den Pfeilern verankerten Hängebügeln gelöst. So wurde das Lehrgerüst auf die schweren Hängebügel abgestellt, und die Sihl konnte weiterhin ungehindert durch die drei verbliebenen Durchflussöffnungen fliessen.

Der Überbau der neuen Zollbrücke wurde in vier Hauptetappen gebaut. Hinzu kamen die provisorische Überdeckung längs der Perronhalle 7 sowie die 5. Etappe. Infolge des stadteinwärtsfahrenden Individualverkehrs konnte der nordöstliche Spickel der Brücke, die 5. Etappe, erst im Herbst 1988 gebaut werden.

Mitte August 1986 begannen die Arbeiten mit dem Lehrgerüst und Anfang Dezember konnten die beiden ersten Etappen bereits vorgespannt werden.

Im Januar 1987 baute man das Lehrgerüst aus und setzte es um für die 3. Etappe. Dann konzentrierte man die Kräfte voll auf das Perrongeschoss.

Nach dem Eintreffen der Saisonniers im Frühjahr 1987 begannen die Arbeiten an der 3. Etappe, und Ende Juni war auch die 4. Etappe betoniert.

Mitte Juni 1987 begann die Räumung der Grossbaustelle. Hunderte von Tonnen Stahlträgern, Holz usw. wurden in die verschiedenen Werkhöfe zurücktransportiert. Die Installationen wurden abgebrochen, die Arbeiten vertragsgemäss beendet.

Die Bauzeit für die Sihlunterquerung betrug knapp 42 Monate, eine Zeit, geprägt von Vielfalt und Intensität. Sämtliche Zwischentermine sowie der vorgeschobene Endtermin wurden eingehalten – eine grosse Genugtuung für die Verantwortlichen und die vier Unternehmungen der Arbeitsgemeinschaft.

Eine Schlacht war geschlagen und erfolgreich abgeschlossen. Aber jede Schlacht – auch eine gewonnene – hinterlässt Blessuren. Die Zeit wird sie heilen!

Allen Beteiligten sei für die gute Zusammenarbeit in hektischen, aufregenden, d.h. nicht immer ganz einfachen Zeiten auf der Baustelle 2.02 Los Sihl gedankt.

Zur Projektierung des Bauloses 2.03 Hauptbahnhof

Bernhard Trommer

Umfang des Bauloses 2.03 Hauptbahnhof

Das Baulos 2.03 umfasste die Rohbauarbeiten des Bahnhofes Museumstrasse zwischen dem Ostufer des Schanzengrabens und dem östlichen Perronende etwa auf der Höhe des Nordosttraktes. Die Bauwerklänge beträgt ca. 210 m, die maximale Breite ca. 40 m, die Aushubsohle lag im allgemeinen ca. 16.5 m, in einzelnen Bereichen gar 19.5 m unter dem Terrain. Inbegriffen waren alle Vorbereitungs- und Nebenarbeiten wie Verkehrsprovisorien für die Museumstrasse inklusive VBZ-Trassee, Werkleitungsanpassungen, Teildemontage des Querperronhallendaches, Abbruch und Neubau des Gleises 15 sowie der dazugehörenden Perrons usw. Die genaue Geometrie der Aufgänge Platzspitz und Landesmuseum war zum Zeitpunkt der Bauausführung noch nicht bekannt. Aus diesem Grunde wurden die Aufgänge erst anschliessend im Rahmen des Bauloses 2.13 Wiederherstellung Museumstrasse erstellt.

Während der Submission beschlossen die SBB, auf dem Areal des Nordwesttraktes eine neue Überbauung mit drei Ober- und vier Untergeschossen zu realisieren. Das Bauvorhaben wurde notwendig, um das Raumangebot des bestehenden Hauptbahnhofes für betriebliche und technische Zwecke zu erweitern. Wegen der starken Verknüpfung mit dem neuen Bahnhof Museumstrasse entschlossen sich die SBB, die vier Untergeschosse des Nordwesttraktes gleichzeitig mit dem Baulos 2.03 Hauptbahnhof zu erstellen. Das Bauwerk weist eine Länge von ca. 85 m und eine Breite von ca. 25 m auf, die Aushubsohle lag im allgemeinen ca. 17.5 m und im Bereich des Werkleitungsgeschosses (5. Untergeschoss) 19.5 m unter dem Terrain. Die Unterkellerung des Nordwesttraktes wurde in der Folge als unabhängiges Objekt mit separatem Vertrag, parallel zum Baulos 2.03 geplant, gebaut und abgerechnet.

Randbedingungen für die Projektierung

Die Projektierung des Bauloses 2.03 wurde durch zahlreiche Randbedingungen hinsichtlich der vorgesehenen Nutzung, der speziellen Lage und nicht zuletzt auch der qualitativen Anforderungen geprägt. Die wichtigsten seien an dieser Stelle speziell erwähnt.

Bauwerkgeometrie und Lage

Die Fassade des Schweizerischen Landesmuseums bestimmte die Lage der nördlichen Abschlusswand des gesamten Bahnhofs Museumstrasse. Der Abstand zu den exponiertesten Fundamentvorsprüngen des Landesmuseums beträgt lediglich etwa 1.2 m. Da der Querschnitt des Perrongeschosses wegen des Lichtraumprofils und der Perronbreite vorgegeben war, kam in der Folge die südliche Abschlusswand unmittelbar neben das frühere Gleis 14 zu liegen. Über dem Perrongeschoss verblieb zwischen den Flussläufen der Sihl und der Limmat genügend Bauhöhe für eine komfortable Fussgängerverteilebene. Die Aussenwände der Nordwesttraktunterkellerung wurden aus wirtschaftlichen Überlegungen ohne Zwischenraum unmittelbar an die Fundamente der verbleibenden Nachbarbauwerke (Nordosttrakt und Bahnhofhalle) angeschlossen.

Neben den geometrischen Abmessungen stellte vor allem die innerstädtische Lage in unmittelbarer Nähe des Hauptbahnhofes hohe Anforderungen an die Projektierung des Bauvorhabens. So waren in der Museumstrasse der Trambetrieb, der Individualverkehr und alle wichtigen Fussgängerbeziehungen ohne Unterbrechungen und ohne Leistungsreduktion zu gewährleisten. Daneben galt es auch die Erschliessung des Hauptbahnhofes für Bahnkunden, aber auch für die Schweizerische Speisewagengesellschaft und die 194

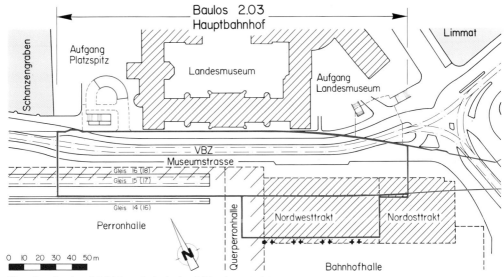

Situation Baulos 2.03 Hauptbahnhof mit Nordwesttrakt

PTT dauernd sicherzustellen, dies insbesondere auch im Bereich des verbleibenden Gleises 14. Mit spezieller Sorgfalt wurde bei der Planung zudem eine möglichst publikumsfreundliche Erschliessung des Landesmuseums berücksichtigt.

Qualitative Anforderungen

Entsprechend der Bedeutung des Bauwerkes und den damit verknüpften Erwartungen an eine lange Lebensdauer war bei der Projektierung hohen Qualitätsanforderungen Rechnung zu tragen. Ein spezielles Problem stellte dabei der Schutz des Bauwerkes vor den massiv auftretenden Kriechströmen dar. Zusätzlich war bei der Planung der kulturhistorisch äusserst wertvollen Bausubstanz des Schweizerischen Landesmuseums und der Bahnhofhalle des Zürcher Hauptbahnhofes gebührend Rechnung zu tragen. Insbesondere durften Immissionen wie Setzungen und Erschütterungen die vorgängig festgelegten strengen Grenzwerte nicht übersteigen.

Baugrund- und Grundwasserverhältnisse

Vorgängig durchgeführte Untersuchungen zeigten, dass der Baugrund im Bereich des Bauloses 2.03 bis in eine Tiefe von mindestens 25 m unter Terrain aus sogenannten moränennahen Limmattalschottern besteht. Dabei handelt es sich um ein vorwiegend kiesiges Material mit stark

wechselndem Anteil von Sand und Silt. Unter den Limmattalschottern stehen bis in grössere Tiefen kompakt gelagerte Seeablagerungen aus sandigem Silt an (1).

Der mittlere Grundwasserspiegel liegt im Bereich des Bauloses 2.03 zwischen

Schlitzwandarbeiten vor dem Landesmuseum

195

402.0 und 403.0 m ü.M., also rund 11 m über der allgemeinen Aushubsohle. Das Wasser strömt mit einem Gefälle von ca. 0.5 % parallel zur Bauwerklängsaxe von Osten nach Westen. Die Schotter weisen eine grosse Wasserdurchlässigkeit auf. Bei der Projektierung der Baugrube war zu

berücksichtigen, dass die notwendige Grundwasserabsenkung einen möglichst geringen Einfluss auf das umliegende Grundwasserfeld ausübt. Eine grossräumige Feldabsenkung war zu vermeiden.

Das Baugrubenkonzept

Die Würdigung aller Randbedingungen führte zur Wahl der sogenannten Deckelbauweise. Die Etappierung der Bauarbeiten hatte sich dabei weitgehend nach den notwendigen Verkehrsumlegungen zu richten.

Die erste Bauphase umfasste die nördliche Schlitzwand und den nördlich des VBZ-Trassees liegenden Deckenstreifen. Der stadtauswärts führende Privatverkehr konnte zu diesem Zweck während einiger Monate auf dem entsprechenden VBZ-Gleise geführt werden. Die Breite des Deckenstreifens machte etwa einen Viertel der gesamten Bauwerkbreite aus und reichte gerade aus, um die nördliche Fahrspur und das verschobene provisorische VBZ-Trassee aufzunehmen.

Anschliessend konnte in der zweiten Bauphase die nördliche Stützenreihe und die Decke bis zur Bauwerkmitte erstellt werden. Aus diesem Deckenteil wurden dann die stadteinwärts führende Spur, ein Abstellstreifen für Taxis sowie das Trottoir und eine Fahrspur für die Zufahrt der Schweizerischen Speisewagen-Gesellschaft zum Hauptbahnhof erstellt. Damit war die Museumstrasse in ihrer provisorisch verschobenen Lage hergestellt.

In der dritten Bauphase konnten nun die Schlitzwand, die Stützenreihe und der Deckenteil der südlichen Bauwerkhälfte gebaut werden. Das Gleis 15 des Hauptbahnhofs mitsamt den dazugehörenden Perrons wurde nach dem Fahrplanwechsel im Frühjahr 1984 abgebrochen. Die entsprechenden Anlagen waren bis zum Fahrplanwechsel im Herbst 1985 wieder herzustellen. Neben dem neuen Gleis 15 verblieb bis zum Rohbauende ein ca. 10 m breiter Installationsstreifen mit fünf ca. 5 mal 8 Meter grossen Bauöffnungen.

In der vierten Bauphase konnte im Herbst 1985 mit den Aushubarbeiten unter der 196

Deckelbauweise, Querschnitt mit Bauvorgang

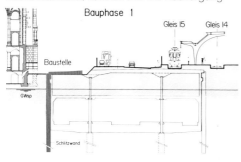

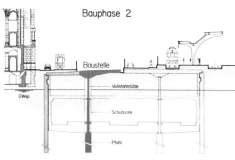

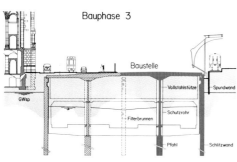

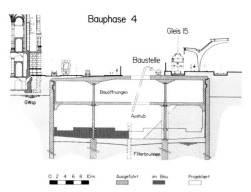

Decke begonnen werden. Dabei wirkte die Decke nicht nur als Brücke, sondern auch als Spriessplatte zwischen den Baugrubenabschlüssen. Zwischen den Schlitzwänden wurde das Grundwasser mit vorgängig erstellten Filterbrunnen abgesenkt (2). Das Aushubmaterial wurde über die Bauöffnungen auf ein Förderband und dann ins westlich gelegene Eilgutareal zum Bahnverlad befördert. Nach dem Aushub des Fussgängergeschosses wurde die Decke über dem Perrongeschoss wiederum auf dem anstehenden Erdreich betoniert. Diese Decke lag einerseits auf den Vollstahlstützen, im Bereich der Schlitzwände wurde sie andererseits durch die Aussenwände an der Decke über dem Fussgängergeschoss aufgehängt. Danach konnten in einer weiteren Bauetappe das Perrongeschoss ausgehoben und die Bodenplatte sowie die fehlenden Aussenwände betoniert werden. Die Unterkellerung des Nordwesttraktes erfolgte gleichzeitig nach dem selben Bauverfahren. Die Decken über dem 2. und dem 4. Untergeschoss wurden erst nachträglich erstellt.

Projektierung der Baugrubenabschlüsse

Dimensionierung der Schlitzwände

Zur Bestimmung der massgebenden Gefährdungsbilder der Schlitzwand wurden die Mittelwerte und die Streubereiche der verschiedenen Einflussgrössen wie Erddruck, Auflasten, Wasserdruck, Deformationen, statische Modellbildung usw. erhoben. Die Einwirkungen wurden in Hauptgefahren und Begleitumstände unterteilt. Durch eine entsprechende Wahl der Grösse der Einwirkungen und Partialsicherheitsfaktoren wurde je ein mittleres und ein extremes Gefährdungsbild ausgewählt.

Die Dimensionierung der Schlitzwand erfolgte anschliessend mit zwei verschiedenen Nachweisen, einem Spannungsnachweis und einem Bruchnachweis. Der Spannungsnachweis wurde für das mittlere Gefährdungsbild geführt, dabei durften die Betonrandspannung den Wert von $12\,N/mm^2$ und die Stahlspannungen

Dimensionierungskonzept für Schlitzwände

Nachweise / Belastungen	Mittleres Gefährdungsbild	Extremes Gefährdungsbild
Wasserdruck	Mittelwasser (MW) Druckabbau gemäss Sickernetz	Höchstwasser (HHW) Druckverteilung hydrostatisch
Absenkziel	2-3 m unterhalb Baugrubensohle	Baugrubensohle
Erddruck/Erdwiderstand	erhöht aktiv $\lambda ao = {}^1/_2 (\lambda a + \lambda o)$ • ϕ 'mittel, c' = 0 • $\delta = {}^2/_3 \phi$ 'mittel • $\eta = 2.0$	erhöht aktiv $\lambda ao = {}^1/_2 (\lambda a + \lambda o)$ • ϕ 'min, c' = 0 • $\delta = {}^1/_2 \phi$ 'min • $\eta = 1.5$
Auflasten	ständige Lasten (inkl. SBB)	ständige und variable Lasten
Statisches System	Fuss gebettet	Fuss (teilweise) eingespannt
Bemessung	zulässige Spannungen • σ b = $12\,N/mm^2$ • σ fe = $240\,N/mm^2$ Bruchsicherheit grösser 1.8	Bruchsicherheit des ersten plastischen Gelenkes grösser 1.0

240 N/mm² nicht überschreiten. Mit einem Bruchnachweis wurde überprüft, dass bei einem extremen Gefährdungsbild der obere Grenzwert der Beanspruchung den unteren Grenzwert des Widerstandes im massgebenden Schnitt nicht überschritt. Das heisst, die Bruchsicherheit des ersten plastischen Gelenkes musste beim oberen Belastungsgrenzwert mindestens 1.0 betragen. Es zeigte sich, dass je nach Bemessungsquerschnitt entweder die eine oder die andere Bemessungsmethode massgebend war.

Aufgrund des gewählten Dimensionierungskonzeptes ergab sich für den massgebenden Rohbauzustand eine statisch erforderliche Schlitzwandtiefe von ca. 25 m. Diese Tiefe garantierte auch eine gerade genügende Sicherheit gegen hydraulischen Grundbruch. Die Schlitzwand wurde nur durch die Decke und die Zwischendecke gestützt. Während den Bauarbeiten waren im Normalfall keine weiteren Abstützungen oder Verankerungen notwendig. Durch die grosse Feldweite im Perrongeschoss entstanden im Bereich der Zwischendecke (Auflager) und im Bereich des Perrongeschosses (Feldmitte) in den Schlitzwänden relativ hohe Momentbeanspruchungen. Die aufgelegten Decken bewirkten andererseits in der Schlitzwand Normalspannungen. Ein Einsatz von Vorspannkabeln war aus wirtschaftlichen und ausführungstechnischen Gründen nicht sinnvoll. Nach Optimierung aller Randbedingungen fiel die Wahl auf eine 1 m dicke, schlaff armierte Schlitzwand.

Überprüfung der Stabilität des bentonitgestützten Schlitzes

Der ausführende Bauunternehmer entschloss sich zur Ausführung von Schlitzwandelementen mit einer Länge von 3.1 m und zu einer Bentonitdosierung von 50 kg pro m³ Suspension. Aufgrund dieser Angaben wurde die Sicherheit des ausgehobenen Schlitzes in Anlehnung an die DIN-Norm 4126 systematisch auf folgende Kriterien untersucht:

• Zutritt von Grundwasser
• Unterschreiten des statisch erforderlichen Flüssigkeitsspiegels
• Abgleiten von Einzelkörnern

• den Schlitz gefährdende Gleitflächen im Boden.

Die Abklärungen zeigten, dass die Schlitzwand im allgemeinen entsprechend den vom Unternehmer gewünschten Vorgaben ausgeführt werden konnte. Die Sicherheit von schlitzgefährdenden Gleitflächen im Boden war allerdings im Bereich der Fassadenvorsprünge des Landesmuseums knapp und im Bereich der Pfeilerfundamente der grossen Bahnhofhalle ungenügend.

Massnahmen beim Landesmuseum und bei der Bahnhofhalle

Beim Landesmuseum mussten zur Begrenzung der zu erwartenden, unzulässig hohen Setzungen und Setzungsdifferenzen die unarmierten Bruchsteinfundamente verstärkt werden. Zu diesem Zweck wurden die Limmattalschotter unter der Fundamentsohle bis in eine Tiefe von ca. 5 m ausinjiziert. Zusätzlich wurde im Bereich des besonders exponierten Westflügels statt der vorgesehenen vier Elemente mit einer Länge von 3.1 m deren fünf mit einer Länge von ca. 2.5 m ausgeführt.

Die Fassade der Bahnhofhalle wurde um die Jahrhundertwende auf einem durchgehenden, ca. 3 m hohen Streifenfundament aus Bruchsteinmauerwerk gegründet, das im Bereich der Haupt- und Nebenpfeiler Verstärkungen aufweist. Unter den Hauptpfeilern, die Lasten bis 5000 kN an den Baugrund abgeben, sind die Fundamente bis zu 3 m dick. Der Stabilitätsnachweis des bentonitgestützten Schlitzes ergab im Bereich dieser Pfeilerfundamente ungenügende Sicherheiten. Setzungsdifferenzen von mehr als 10 mm zwischen benachbarten Pfeilern hätten bereits Schäden an der massiven Sandsteinfassade zur Folge gehabt. Es mussten deshalb Massnahmen ergriffen werden, um die Stabilität des Schlitzes zu gewährleisten und um die Setzungen der Pfeiler auf das zulässige Mass zu beschränken. Nach Abklärung verschiedener Varianten gelangte eine Lösung zur Ausführung, bei der die Lasten der Hallenpfeiler abgefangen wurden. Zu diesem Zweck durchbohrte man die Fundamente unter den Hauptpfeilern mit zwei übereinanderliegenden horizontalen Boh-

Bohrungen an den Pfeilerfundamenten der
Bahnhofhalle für Abfangkonstruktion

Schnitt durch Hallenpfeiler mit Abfangkonstruktion für den Aushub der kritischen
Schlitzwandelemente

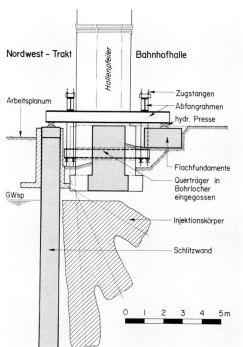

rungen. In das Loch wurde ein Abfangträ-
ger eingegossen, der mit Zugstangen an
einem rechteckigen Stahlrahmen aufgehängt wurde. Dieser Stahlrahmen lag bau-
werkseitig auf zwei ausserhalb des kritischen Bereiches vorgängig betonierten
Schlitzwandelementen und hallenseitig auf
zwei eigens erstellten Fundamenten. Während der Ausführung des kritischen
Schlitzwandelementes wurde das Pfeiler-
fundament mit vier hydraulischen Pressen
um ca. 80 % der ständigen Last entlastet.
Zum Vermeiden von Einbrüchen von Erdmaterial in den Schlitz und zur Reduktion
der Setzungen wurde der Baugrund unter
den Hallenfundamenten vorgängig injiziert.

Nach Abschluss der Schlitzwandarbeiten
lagen die Setzungen sowohl beim Landesmuseum als auch bei den Fassadenpfei-
lern der Bahnhofhalle unter den zulässigen
Werten. Der Zustand der Bruchsteinfundamente ist bei den gewählten Lösungen
nicht verändert worden. Damit konnten
auch allfällige Folgeschäden durch kapillar
aufsteigende Feuchte vermieden werden.
Salzausblühungen an den historischen
Natursteinfassaden sind nicht zu erwarten.

Überprüfung des Deformationsverhaltens

Verschiedene Überlegungen zeigten, dass
während den Aushubarbeiten im Perrongeschoss je nach Gefährdungsbild mit horizontalen Schlitzwandkopfverschiebungen

Abfangkonstruktion nach dem Betonieren
des kritischen Schlitzwandelementes

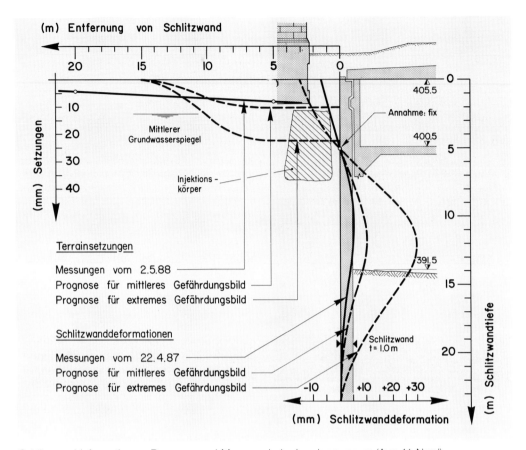

(m) Entfernung von Schlitzwand

20 15 10 5 0

405.5

Annahme: fix

Setzungen

(mm)

10

20 — Mittlerer Grundwasserspiegel

30

40 — Injektions-körper

400.5

391.5

__Terrainsetzungen__

Messungen vom 2.5.88
Prognose für mittleres Gefährdungsbild
Prognose für extremes Gefährdungsbild

__Schlitzwanddeformationen__

Messungen vom 22.4.87
Prognose für mittleres Gefährdungsbild
Prognose für extremes Gefährdungsbild

Schlitzwand t = 1.0 m

-10 +10 +20 +30

(mm) Schlitzwanddeformation

(m) Schlitzwandtiefe

Schlitzwanddeformationen, Prognose und Messung beim Landesmuseum (Axe 41 Nord)

von ca. 5 bis maximal 15 mm und mit einer Druchbiegung im unteren Feld von ca. 10 bis maximal 30 mm zu rechnen war. Die untere Grenze der Bereiche galt für ein mittleres Gefährdungsbild, die obere entsprach extremen Beanspruchungsgrenzwerten. Aufgrund dieser Deformationsbetrachtungen wurden entsprechende Prognosen für die zu erwartenden Terrainsetzungen ausserhalb des Bauloses 2.03 erarbeitet.

Zur Überwachung des Bauwerkes wurden bei den Schlitzwänden an verschiedenen Stellen Slope Indicator- und Trivecmessrohre eingebaut. An den umliegenden Gebäuden wurden Setzungsmessbolzen versetzt. Die während den Bauarbeiten vorgenommenen Messungen zeigten, dass die effektiv auftretenden Deformationen im Bereich der aus mittleren Beanspruchungen zu erwartenden Deformationen lagen und dass somit das der Dimensionierung

zugrundegelegte mittlere Gefährdungsbild zutreffend war.

Das Fundationskonzept

Fundationskonzept im Bauzustand

Das Fundationskonzept musste auf zwei verschiedene Hauptbelastungszustände ausgelegt werden. Im Bauzustand (Grundwasserspiegel abgesenkt) wurden die Schlitzwände und Pfahlfundationen durch das Gewicht der Decken belastet. Für die Schlitzwand ergaben sich dadurch Auflasten von ca. 0.3 MN pro Laufmeter, für die Pfahlfundamente ca. 9 bis 11 MN.

Etwa die Hälfte der Pfahlfundationen lag auf ihrer gesamten Länge in den eher locker gelagerten, moränenartigen Limmattalschottern. Bei der anderen Hälfte reichte der Pfahlfuss in die kompakt gelagerten, 200 siltigen Seeablagerungen. Die Vorhersage des Lastsetzungsverhaltens der Pfähle war schwierig, je nach Berechnungsverfahren ergaben sich stark abweichende Resultate (3). Dem Ausführungsprojekt wurde eine mittlere Pfahltragfähigkeit zugrunde gelegt. Das daraus entstehende Risiko wurde mit zusätzlichen Massnahmen abgedeckt. So wurden zum Beispiel bei allen Pfählen im Bereich des Pfahlkopfes zwei Flachpressen eingebaut, die eine Korrektur von allfällig auftretenden, unzulässig grossen Setzungen oder Setzungsdifferenzen erlaubten. Das Setzungsverhalten der Pfahlfundamente wurde während der Aushub-

Fundationskonzept im Bauzustand und im Betriebszustand

Bauzustand

Pfahlfundamente belastet
Schlitzwände belastet

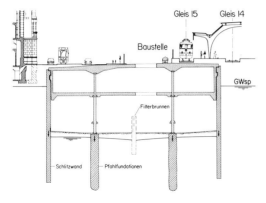

Betriebszustand

Pfahlfundamente entlastet
Auftriebsicherung mit Ankern und Schlitzwänden

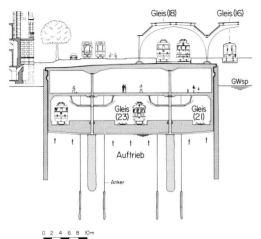

0 2 4 6 8 10m

arbeiten mit Präzisionsnivellementen regelmässig überwacht. Die gemessenen Setzungen der Pfähle erreichten während der Aushubarbeiten des Fussgängergeschosses im Maximum ca. 10 mm. Während den Aushubarbeiten des Perrongeschosses überwog offensichtlich der Einfluss der Baugrundentlastung den Einfluss der zusätzlichen Pfahlbelastung, so dass keine weiteren Setzungen auftraten. Die Stützensenkungen konnten von der relativ weichen Deckenkonstruktion ohne Probleme aufgenommen werden. Auf die Ausführung der projektierten Massnahmen bei zu grossen Stützensenkungen konnte deshalb im Bereich des Bauloses 2.03 und des Nordwesttraktes verzichtet werden, die unter den Vollstahlstützen eingebauten Flachpressen brauchten nicht aktiviert zu werden.

Fundationskonzept im Gebrauchszustand

Im Gebrauchszustand wirkt die Bodenplatte als Flachfundation. Das Grundwasser verursacht am Bauwerk Auftriebskräfte, die Pfahlfundamente sind entlastet. Bis zum Mittelwasserstand reicht das Gewicht des Gebäudes, der angehängten Schlitzwände sowie der permanenten Nutzlasten für eine genügende Auftriebssicherheit aus. Bei Wasserständen über dem Mittelwert sind zur Gewährleistung einer genügenden Auftriebssicherheit im Bereich des Bauloses 2.03 ca. 300 und im Bereich des Nordwesttraktes ca. 100 permanente Auftriebsanker mit einer Gebrauchskraft von je 0.5 MN eingebaut worden.

Auftriebsanker

Gründliche Untersuchungen liessen Zweifel aufkommen, ob eine Auftriebssicherung mit permanenten Ankern den Vorstellungen bezüglich hoher Lebensdauer des Bauwerkes und entsprechender Unterhaltsfreundlichkeit gerecht würde (4). Als kritische Punkte erwiesen sich insbesondere die Korrosionsbeständigkeit der handelsüblichen Produkte und die Wasserdichtigkeit des Bauwerkes; die Grundwasserabdichtung wird von jedem Auftriebsanker durchdrungen. Bezüglich Korrosionsschutz schreibt die Norm vor, dass der Anker seine Funktion während der Betriebszeit des Bauwerkes ohne Abminderung der Sicherheit zu gewährleisten hat. Sie empfiehlt, das Bauwerk derart zu entwerfen, dass in einem späteren Zeitpunkt ausfallende Anker jederzeit ersetzt werden können. Entsprechende Abklärungen ergaben, dass ein späterer Ersatz von versagenden Ankern zwar technisch möglich, aus betrieblicher Sicht jedoch problematisch wäre.

Bei der Projektierung der Auftriebsverankerung wurde nach folgendem Konzept vorgegangen:

• Die Anzahl der Auftriebsanker wurde durch Projektanpassungen auf ein wirtschaftlich vertretbares Minimum reduziert; z.B. durch Vergrösserung der Betonabmessungen, Änderung von statischen Systemen, usw.
• Die Gebrauchskraft V_G der Anker wurde zu 500 kN, die Bruchkraft V_U zu 1000 kN festgelegt. Die Anfangsspannkraft V_O lag bei 530 kN. Die mittlere freie Ankerlänge liegt bei 17 m, die Verankerungsstrecke bei 6 m. Alle Anker wurden nachinjizierbar ausgeführt, sämtliche Ankerköpfe weisen ein Aussengewinde auf. Entsprechend dem Vorschlag des Unternehmers wurde der Projektierung der Auftriebsanker VSL-Litzenanker zugrundegelegt.
• Am Auftriebsanker wurden in Zusammenarbeit mit dem Ankerlieferanten technische Verbesserungen vorgenommen. Das Ziel war ein materialtechnologisch einwandfreier, wasserdichter und elektrisch isolierender Korrosionsschutz aller Stahlteile und damit eine möglichst hohe Lebensdauer der Auftriebsanker.
• Zur Qualitätssicherung wurde neben den üblichen Versuchen (Versuchsanker, Kontrollanker mit ausführlicher Spannprobe, normale Spannprobe, usw.) bei jedem Anker die Wasserdichtigkeit und die elektrische Isolation des Ankerkopfes mit Widerstandsmessungen überprüft.
• Aus terminlichen und technischen Grün-

den konnten die Auftriebsanker erst nach dem Betonieren der Bodenplatte erstellt werden. Entsprechend den Angaben des Unternehmers wurden deshalb für Ankerausfälle während der Herstellung über das ganze Baulos verteilt ca. 5 % Reserveankerstutzen eingebaut.

Alle 295 im Baulos 2.03 ausgeführten Auftriebsanker erfüllten die Prüfkriterien der Spannproben nach Norm SIA 191, 8 % der Anker nachdem sie nachinjiziert worden waren. Bei der Prüfung des elektrischen Widerstandes des Ankerhüllrohres erreichten nach der Inneninjektion 13 % und nach der Spannprobe weitere 8 % der Anker den geforderten Wert von 200 M Ohm nicht. Etwa bei der Hälfte dieser Anker lag der Widerstandswert zwischen 1 k Ohm und 200 M Ohm. Diese Ankerhüllrohre weisen vermutlich nur unbedeutende Fehlstellen auf. Zusammen mit dem Umstand, dass weitere Barrieren das Einsickern von Grundwasser durch den Auftriebsanker verwehren, darf angenommen werden, dass nur ein kleiner Teil der Anker mit zu geringem Widerstandswert am Hüllrohr undicht ist. Undichte Anker müssen mit Injektionen im Ankerkopfbereich abgedichtet werden. Die Prüfung des elektrischen Widerstandes zwischen dem gespannten Anker und der Bodenplatte ergab bei allen Ankern Werte, die über den geforderten 10 Ohm lagen.

Abschliessend darf festgehalten werden, dass dank des ausserordentlichen Einsatzes aller Beteiligten, insbesondere auch auf Seite der Unternehmung, unter zum Teil schwierigen Bedingungen ein Bauwerk hoher Qualität erstellt werden konnte. Dank neuen Prüfverfahren war es im besonderen möglich, die Qualität der Auftriebsverankerung zu verbessern: So wurden z.B. bei 5 % der Auftriebsanker Beschädigungen der Ankerhüllrohre festgestellt, die vor dem Injizieren der Anker behoben werden konnten.

Literatur:
(1) Geologisches Büro Dr. H. Jäckli AG, Geologische Untersuchungen Teilprojekt Einführung Vorbahnhof und Museumstrasse, 20. April 1983
(2) N. Bischof, B. Trommer, Bahnhof Museumstrasse: Bauvorgang, Wasserhaltung. Studientagung FGU; SIA-Fachgruppe für Untertagbau vom 29. Mai 1986 (SIA-Dokumentation D004)
(3) A.J. Hagmann, P. Rüedlinger, Bahnhof Museumstrasse: Projektierung und Ausführung der Grossbohrpfähle und Vollstahlstützen. Studientagung SIA-Fachgruppe für Brücken- und Hochbau vom 27. September 1985 (SIA-Dokumentation Nr. 94)
(4) A. Steiger, A.J. Hagmann, Permanentanker: Korrosionsschutz und Dauerhaftigkeit. Schweizer Ingenieur und Architekt, Heft 33-34/1987

Baulos 2.03 Hauptbahnhof –
Zur Ausführung der Rohbauarbeiten

Ruedi Kellenberger

Die nachfolgenden Betrachtungen sollen aus der Sicht des verantwortlichen Baustellenleiters einen Überblick über die einzelnen Bauphasen geben. Ausserdem wird versucht, das ganze Umfeld und die Komplexität einer solchen Grossbaustelle im Zentrum der Stadt Zürich zu beschreiben.

Submission

Im Frühjahr 1983 wehte ein harter Wind in der Bauwirtschaft, als die vielen Lose der S-Bahn-Neubauten nacheinander zur Ausschreibung gelangten. Die grossen Arbeiten im anspruchsvollen Tiefbau waren dazumal dünn gesät. Der Ansturm auf diese Arbeiten im Raume Zürich war demzufolge äusserst gross.

Das Augenmerk der Bauunternehmung Marti AG war von allem Anfang an auf das erste grosse Teilstück, nämlich das Los 2.03 Rohbauarbeiten Bahnhof Museumstrasse gerichtet. Folgende Überlegungen bewogen sie damals dazu:

- Voraussehbare klare Linienbaustelle
- Bauablauf hundertprozentig klar
- Grosse Massen mit Wiederholungseffekt
- Eigenleistung bis 85%
- Grossgeräte im Spezialtiefbau (Grund- und Tiefbau AG) vorhanden (Systemangebot)
- Starke und gut eingespielte Eisenbetonequipe wurde frei
- Grundauslastung über mehrere Jahre
- Möglichkeiten für spätere Anschlussaufträge
- Weiteraufbau gutes Image im Raume Zürich

Die eigentliche Submissionsbearbeitung dauerte fast drei Monate und beschäftigte bis zu fünf Leute intern. Grosser Wert wurde auf einen sauberen technischen Bericht gelegt, welcher später auch der AVOR zu dienen hatte.

Folgende wichtigste Knacknüsse, welche später auch richtungweisend waren, mussten gelöst werden:

- Betonkonzept (Werkbeton oder eigene Betonanlage an Ort)
- Installationskonzept (über Tag / unter Tag)
- Einheitspreise für Beton, Schalung und Armierung
- Spezialtiefbauarbeiten (Konzept und Einheitspreise für Grossbohrpfähle, Schlitzwände, Filterbrunnen inkl. kompletter Wasserhaltungsinstallation)

Ablauf der Submission

- Abholen der Unterlagen ab Montag, 8. November 1982

Flugaufnahme vom Los 2.03 während der Bauphase 2 (Juni 1984)

- Begehung Freitag, 12. November 1982
- Bearbeitung (ca. drei Monate)
- Eingabe Freitag, 11. Februar 1983
- Stichtag für die Kostengrundlage des Angebots: 28. Januar 1983
- diverse Submissionsverhandlungen mit dem Ingenieur
- Vergabe der Arbeit ca. Ende Juni 1983
- Baubeginn: 2. August 1983

Leider verzögerte sich die Vergabe des zukünftigen Loses aus politischen Gründen um einen Monat, so dass man erst Anfang August 1983 mit den Hauptinstallationen beginnen konnte. Dieser Umstand zwang die ARGE, die Arbeiten bis zum unverschiebbaren Zwischentermin März 1984 (Umlegung VBZ auf bereits erstellten Deckenteil und Inbetriebnahme der neuen provisorischen Zollbrücke) nochmals stark zu beschleunigen.

Wichtigste technische Daten Los 2.03

Loslänge	212 m
Losbreite (exkl. NW-Takt)	38 m

Hauptmassen:

Schlitzwände d = 100 cm	11 000 m²
Bohrpfähle Ø = 180 cm	800 m'
Aushub	120 000 m³
Schalungen	31 000 m²
Armierungsstahl	4 300 t
Beton	42 000 m³

Summe Rohbau gem. Vertrag   28.5 Mio.

Vergabe an ARGE:

Marti AG Zürich
Grund- und Tiefbau AG Zürich
W. Rüdisühli Zürich

Organigramm

Diese Konstellation erlaubte es, schnell, direkt und kostengünstig zu operieren. Es waren keine langwierigen ARGE-Sitzungen notwendig.

Die hierarchischen Strukturen wurden auf das Notwendigste beschränkt. Die beiden Bauführer wurden erst einge-

stellt, als das Arbeitsvolumen sich durch zusätzliche Neuaufträge, wie Nordwest-Trakt, Passage West-Lichthof, Neubau Museumstrasse, massiv vergrössert hatte. Der Personalbestand betrug während der ersten vier Jahre ca. 40 bis 50 Personen.

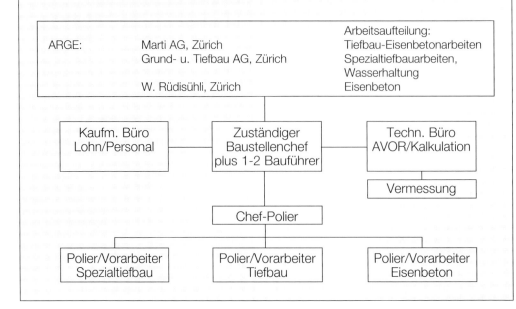

Mit grosser Genugtuung vernahm man von der Vergabe dieser Arbeit. Die federführende Firma Marti AG war sich auch sofort bewusst, welch grosse Verantwortung in den nächsten vier Jahren zu übernehmen war. Als oberster Geschäftsgrundsatz galten hier die Einhaltung der Termine und die Qualität. Bei der Wahl des Baustellenleiters und vor allem des Chefpoliers wurden ganz bestimmte Fähigkeiten verlangt. Die Erwartungen, die in sie gesetzt wurden, waren enorm. Neben den geforderten Qualifikationen wurde besonders auf folgende Schwerpunkte geachtet: Seriosität und Durchhaltewille. Es ist keiner Unternehmung gedient, wenn bei einer grossen Baustelle in der Halbzeit das Kader erneuert oder ausgewechselt werden muss. Diese Punkte wurden vollumfänglich erfüllt. Für die Baustelle gab dies über all die Jahre eine beruhigende, solide Kontinuität.

AVOR – Arbeitsvorbereitung

Die Arbeitsvorbereitung ist am Anfang eines solchen Objekts der zentrale Punkt. Von hier laufen die Fäden zu allen Beteiligten. Baustelleninstallation, Bauablaufstudien, Bauprogramme usw. sind am Anfang als Herzstück anzusehen. Von der AVOR sind hier Lösungen auszuarbeiten, welche dann auf der Baustelle eventuell noch verbessert umzusetzen sind. Nach und nach wird dann die Arbeit der AVOR von der Baustelle selber bewältigt, denn das vielschichtige Wissen über alle Details der Baustelle haben mit der Zeit nur noch die Leute an der Front.

Bauprogramm

Das Basisbauprogramm über die vier Jahre wurde der Submission beigelegt.

		1983	1984	1985	1986	1987	1988	1989	1990
Phase 1	Spezialtiefbau Stahlbeton								
Phase 2	Spezialtiefbau Stahlbeton								
Phase 3	Spezialtiefbau Stahlbeton								
Phase 4	Erdarbeiten Stahlbeton								
Bahnhof-Innenausbau + Bahntechnische Einrichtungen									

Die Arbeitsbauprogramme wurden halbjährlich bis jährlich je nach Bauphase erstellt. Daneben wurden in unzähligen Stunden Detailprogramme über einzelne Wochen oder komplexe Arbeitsabläufe erarbeitet.

Betonkonzept

Schon in der Submissionsphase wurde von der Geschäftsleitung entschieden, eine Betonanlage zu stellen, damit der Beton an Ort und Stelle fabriziert werden konnte. Gründe dazu waren vor allem in der viel grösseren Flexibilität, der grossen Betoniermasse und der Lage der Baustelle im Zentrum der Stadt zu finden. Man konnte somit Tag und Nacht ohne Transportprobleme Beton herstellen und ihn mit Hilfe der Betonpumpe an jeden gewünschten Ort der Baustelle bringen. Vor allem für die terminlich sehr knapp einkalkulierten Schlitzwandarbeiten brachte diese Lösung aussergewöhnliche Vorteile in bezug auf Zeit- und Materialersparnis.

Installationen auf der Baustelle

Die Installationen waren beim Los 2.03 grundsätzlich in drei Phasen aufgegliedert, nämlich:

a) Grundinstallation (wenn möglich bis Bauende am gleichen Ort)

b) Installationen für Bauphasen über Tag

c) Installationen für Bauphasen unter Tag

Folgende Grundinstallationen wurden sofort bei Baubeginn errichtet:

• Mannschaftsbaracke für ca. 60 Leute mit Aufenthaltsraum und allen notwendigen sanitären Einrichtungen
• Polierbüro (zwischen Landesmuseum und Sihl)
• Büros für Bauführer und Bauleiter (auf der Arcade des HB Zürich)
• Betonanlage 1500 l mit Kiessilo (105 m³) und Zementsilo (50 t)
• Betonpumpe (Schwing BP 550, 90 KW)
• Trafo mit Notstromgruppe inkl. Feinverteiler
• Wasserinstallation

Für die Installation Bauphasen über Tag brauchte es noch folgende Geräte:

- zwei grosse Baukrane beidseits des Landesmuseums (Laufkatzkran Wolff 192 SL und 120 SL)
- komplette Bentonitanlage mit zwei Tanks, Rührwerk, Zu- und Rückleitungen
- schwere Baumaschinen für den Spezialtiefbau (Seilbagger Pingueli 100F 42 t, Seilbagger Weserhütte 55 t, Seilbagger Northwest 41 40 t, Seilbagger Rusten RB 30 34 t)
- Tiefbaugeräte (RH6, Menzi Muck, beide mit Abbauhammer, Dumper, diverse Kleingeräte usw.)
- Werkleitungsbrücke nach Phase 1 über Individualverkehr und VBZ.

Bauphasen 1 bis 4 aus der Sicht des Unternehmers

Bauphase 1 (August 1983 bis März 1984)

Das erste halbe Jahr war durch ein sehr gedrängtes Bauprogramm vorgezeichnet. Nur dank des grossen Einsatzes der gesamten Mannschaft konnte das Ziel, März 1984 – Umlegung VBZ auf neues Trassee, erreicht werden.

Ablaufschema Deckelerstellung Phase 1:

- Bauwände entlang Landesmuseum erstellen

- Entfernen von Kettenpfosten, Bänken, Bäumen, Sträuchern
- Aufbruch und Abtransport Beläge im Strassen- und Trottoirbereich
- Injektionen Fundamente Landesmuseum (zur Sicherung derselben)
- Erstellen der Führungsmauern für die Schlitzwand
- Erstellen der Schlitzwandabschnitte in Längen von ca. 2.60 m bis 3.50 m (Tiefe 25 m, d = 100 cm)
- Parallel dazu Bohren der fünf Filterbrunnen
- Erstellen der Planie für die verlorene Deckenschalung (ca. 30 cm Wandkies und 5 bis 10 cm Magerbeton fein abgezogen)
- Gleichzeitig Abspitzen der Schlitzwandkrone und Freilegen der Armierung im Schlitzwandkopf
- Verlegen der Schalung (kunststoffbeschichtete Sperrholzplatten, 4 mm stark)
- Verlegen der schweren Armierung und Einlegen der Vorspannkabel
- Abschalen der Betonieretappen und Reinigen derselben
- Betonieren des Feldes mit Pumpbeton (ca. 250 bis 300 m³ pro Feld). Geforderte Festigkeiten: 40 N/mm² nach 28 Tagen
- Ausschalen und frühestens nach sieben Tagen Aufbringen der Abdichtung (zweischichtig mit 5 mm starken, kunststoffmodifizierten Abdichtungsbahnen)
- Aufbringen des netzarmierten Schutzmörtels, ca. 4 cm
- Strassen- und Gleisbau VBZ für die Inbetriebnahme Bauphase 2

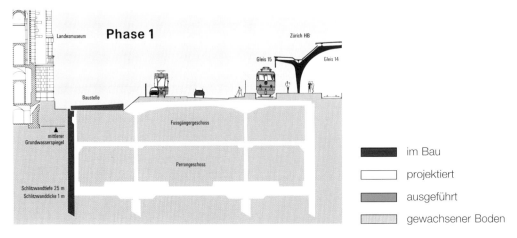

Erstellen der Schlitzwände

Das Projekt

Um alle Verkehrsverbindungen der Museumstrasse während der ganzen Bauzeit durchgehend gewährleisten zu können, wurde der unterirdische S-Bahnhof in «Deckelbauweise» erstellt. Das Bauwerk wurde als geschlossener Betonkasten ausgebildet und auf die ganze Länge mit Schlitzwänden abgeschlossen. Beide Bahnhofdecken stützen, zusammen mit der Bodenplatte, die seitlichen Schlitzwände ab.

Doppelbelastung

Während der Bauphase übertragen die Schlitzwände die Vertikallasten in den tragfähigen Baugrund. Im Endzustand steht das Bauwerk unter Auftrieb. Ein Teil dieser Kräfte wird durch das Eigengewicht der Schlitzwände im kraftschlüssigen Auftriebsnocken aufgenommen.

Der Bauvorgang

Die 100 cm starke Schlitzwand wurde konventionell mit schweren Hydraulik- und Seilgreifern, gestützt durch Bentonitsuspension, abgeteuft. Nach dem Versetzen des Armierungskorbes und der Abschalungsrohre wurden die einzelnen Elemente im Kontraktorverfahren betoniert.

Die Besonderheit

Die Fassade des denkmalgeschützten Schweizerischen Landesmuseums befindet sich nur rund einen Meter hinter der nordseitigen Schlitzwand. Weder Setzungen noch Erschütterungen waren zulässig. Der Baugrund unter den gefährdeten Fundamenten wurde vorgängig mit Zementinjektionen verfestigt. Diese Massnahme und die sorgfältige Ausführung der Schlitzwand führten dazu, dass das renovierte Landesmuseum während der ganzen Bautätigkeit nicht den geringsten Schaden erlitt.

Probleme und Schwierigkeiten

Die Bauphase 1 war gekennzeichnet durch zu enge Platzverhältnisse, zu nah aneinandergereihte Arbeitsetappen und zu dicht beieinander arbeitende Baumaschi-

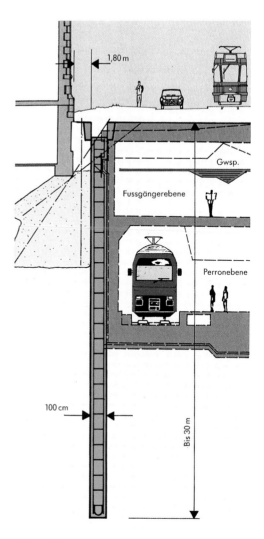

Schema Erstellen der Schlitzwand

nen. Auch die Jahreszeit mit den unberechenbaren Wintertagen brachte dem Unternehmer hin und wieder zeitliche Rückschläge. Doch zu guter Letzt hat man den ersten Zwischentermin ohne Zwischenfälle erreicht, was mit einer Extrafahrt in einem alten Tram mit anschliessendem Morgenessen ausgiebig gefeiert wurde.

Bauphase 2 (März 1984 bis Oktober 1984)

Die Bauphase 2 war eine reine Inselbaustelle, also im «Sandwich» des öffentlichen Verkehrs, installationstechnisch nicht unproblematisch. Man entschied sich für den

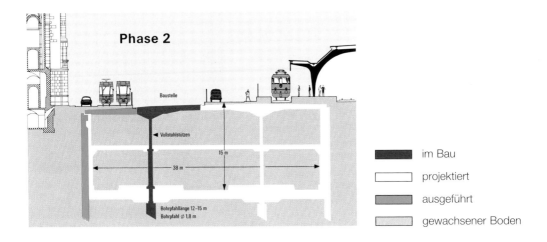

Phase 2

Baustelle

Vollstahlstützen

15 m

38 m

Bohrpfahllänge 12–15 m
Bohrpfahl ∅ 1,8 m

■	im Bau
□	projektiert
▨	ausgeführt
□	gewachsener Boden

Bau einer 20 m langen und 7 m hohen Werkleitungsbrücke aus leichten Fachwerkträgern. So konnte man direkt bei der Betonaufbereitungsanlage alle notwendigen Werkleitungen (Betonpumprohr, Wasserleitung, Stromkabel usw.) über diese Brücke in die Felder der Phasen 2 und 3 führen. Eine weitere Besonderheit in dieser Bauphase war das Erstellen der 15 von insgesamt 30 geplanten Vollstahlstützen.

Der Bauablauf dieser äussert interessanten Arbeit war wie folgt:

• Erstellen einer runden Bohrschablone ∅ 185 cm aus Beton mit separatem Schacht seitlich für das Einbringen der Bentonitflüssigkeit.
• Abteufen der Bohrung ∅ 180 cm auf ca. 32 m Tiefe mittels eines Rundgreifers, welcher an einem grossen Seilbagger (Pin-

Blick nördlich in Bauphase 2 während den Spezialtiefbauarbeiten

Abteufen mit Rundgreifer für Erstellung Grossbohrpfahl ∅ 180 cm im Bentonitverfahren

208

Konstruktionsaufbau

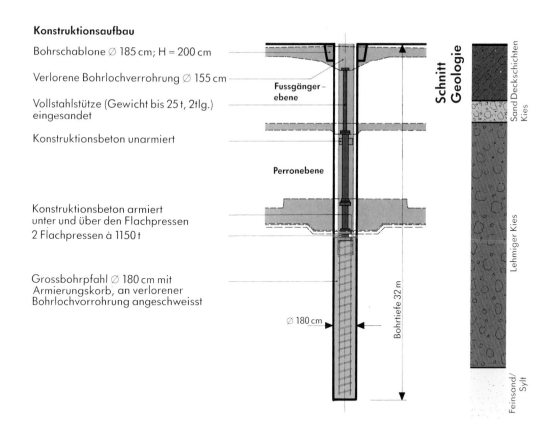

Bohrschablone ⌀ 185 cm; H = 200 cm

Verlorene Bohrlochverrohrung ⌀ 155 cm

Vollstahlstütze (Gewicht bis 25 t, 2tlg.) eingesandet

Konstruktionsbeton unarmiert

Konstruktionsbeton armiert
unter und über den Flachpressen
2 Flachpressen à 1150 t

Grossbohrpfahl ⌀ 180 cm mit
Armierungskorb, an verlorener
Bohrlochvorrohrung angeschweisst

Fussgänger-ebene

Perronebene

⌀ 180 cm

Bohrtiefe 32 m

Schnitt Geologie

Sand Deckschichten
Kies

Lehmiger Kies

Feinsand/Sylt

Erstellen Grossbohrpfahl und Stahlstütze

gueli 100 F42 t) montiert war. Während des Aushubs sorgfältiges Nachfüllen der Bentonitsuspension (der Bentonitspiegel musste immer über dem Grundwasserspiegel liegen). Die Abweichungstoleranz von ± 1 Prozent in der Vertikalität musste strikte eingehalten werden.
• Nach Beendigung des Aushubes und Reinigen des Bohrloches sofortiges Einbringen einer 15 Meter langen Korbarmierung. Daran angeschweisst eine ca. 16 Meter lange Bohrlochverrohrung mit ⌀ 155 cm.
• Betonieren des Pfahles mit Beton PC 350 noch am gleichen Tag.
• Absaugen der Bentonitflüssigkeit in der verlorenen Bohrlochverrohrung und anschliessend Einbau einer Stahlleiter und Installation einer Frischluftzufuhr.
• Abspitzen des Pfahlkopfes in 16 m Tiefe und Erstellen eines kleinen armierten Fundamentes als zukünftiges Auflager der beiden Freyssinet-Flachpressen.
• Einbau der zwei Freyssinet-Flachpres-

sen mit seitlich hochgezogenen Kupferrohren. Bei der Aktivierung dieser Pressen in einem späteren Zeitpunkt werden diese Kupferrohre als Injektionsleitungen benützt. (Hubkraft 1150 t, max. Hubhöhe 50 mm.)
• Einbau einer zweiten Fundamentplatte über den Pressen, getrennt von der Bohrlochverrohrung.

Beginn der Bewehrungsarbeiten auf fertig erstellter Schalung (vorne rechts Pilzschalung)

Bauphase 2 während der Eisenbetonarbeiten
(Erstellung Decke über Fussgängergeschoss)

Stützenmitte während des Einsandens des Hohlraums der Bohrlochverrohrung.

• Vorgefertigte, in zwei Teilen gelieferte Pilzschalung darüber versetzen und Stützenkopf sauber montieren.

• Für die Eisenbetonarbeiten analoger Bauablauf wie in Bauphase 1.

Dieser Bauvorgang gelang der ARGE besonders gut, nicht nur weil keine der 60 Flachpressen aktiviert werden musste (max. Hebungen oder Setzungen von 10 mm), sondern weil das Fehlerbild der Lage bei allen Stützen (Kopf und Fuss) innerhalb der Toleranzgrenze gelegen hatte.

Fehlerbild   Mst. 10:1

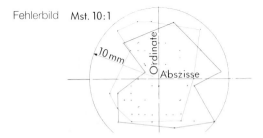

Bauphase 3 (September 1984 bis Mai 1985)

Für den Ablauf dieser Bauphase war es notwendig, einen Teil des Perrondaches von Gleis 15 zu entfernen.

Entlang des in Betrieb bleibenden Gleises 14 erstellte man während den kurzen Nachtpausen des Bahnbetriebs eine Spundwand. Diese wurde nötig, weil der Höhenunterschied neue Decke Bahnhof

• Exaktes Versetzen der Fussplatte aus Stahl.

• Anschliessend Versetzen der 22 Tonnen schweren, bauseits gelieferten Vollstahlstützen mit eigenem Seilbagger (Weserhütte 55 t) in die Kerbung der Fussplatte.

• Genaues Richten der ca. 15 m langen Stahlstütze mittels eigens von der ARGE entwickelter Vermessungslehre, Fixieren mit Konstruktionsbeton unarmiert in der

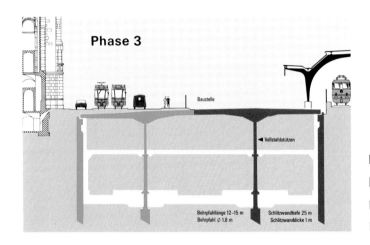

im Bau
projektiert
ausgeführt
gewachsener Boden   210

Museumstrasse – OK Gleis 14 zu gross wurde. Die anfallenden Schlitzwandarbeiten in dieser Zone bereiteten der ARGE etwelches Kopfzerbrechen. Mit viel Mühe gelang es, den Schlitzwandaushub zwischen den stehengelassenen Perrondachträgern auszuführen. Gleichzeitig wurden die Bauarbeiten für die restlichen 15 Vollstahlstützen in Angriff genommen.

Dank der grösseren Installationsfläche in dieser 3. Bauphase konnte man die Bauabläufe besser optimieren (grössere Vorlaufzeiten). Diesem Umstand ist es zu verdanken, dass man die wichtige Bauphase 4, Beginn des Aushubs unter Tag, fünf Monate früher als vorgesehen starten konnte.

Bauphase 4 (April 1985 bis September 1987, Rohbauende)

Aushub Fussgängergeschoss

Mit einem grossen Hydraulikbagger (RH 14, 33 t, 165 PS) nahm man das anfallende Aushubmaterial aus den eigens für diesen Zweck ausgesparten Aushuböffnungen heraus und belud damit die bauseitig organisierten Lastwagen.

Das kiesige Material wurde zum grössten Teil weiterverwendet, sei es in Aufbereitungsanlagen oder direkt irgendwo an Ort und Stelle. Den eigentlichen Aushub unter Tag bewerkstelligte man mit einem Pneulader (Cat 966 C). Die mittlere Leistung dieses Aushubspieles erbrachte ca.

Aushubphase im Perrongeschoss

800 m³ lose pro Tag (Spitzenleistung 1100 m³ lose pro Tag).

Aushub Perrongeschoss

Für diesen mengenmässig grössten Aushub benötigte man noch zusätzliche Installationen. Das unterdessen bauseits erstellte Förderband zwang die ARGE, eine kleine Beschickungsanlage zu stellen. Diese bestand aus einem ca. 25 m³ fassenden

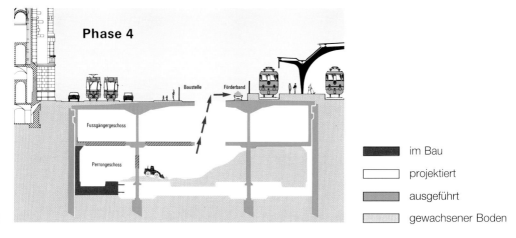

Vorsilo (Stauraum für unregelmässig anfallendes Aushubmaterial) mit darauf montiertem Überfallrost (Aussortieren der Steine grösser als 35 cm) und einem Sekundärförderband von ca. 6 m Länge, welches zum Hauptförderband führte.

In der Perrongeschossebene löste ein Trax Cat 977 K (19 t, 170 PS) das recht kompakte Material von der Aushubbrust. Anschliessend brachte ein Pneulader Cat 966 C (15 t, 170 PS) dieses unter die Aushuböffnung. Von hier gelangte das meist kiesige Material mittels eines Greifers (2 m^3), welcher von einem P+H 955 Seilbagger (59 t, 320 PS) bis 20 m hochgezogen wurde, in das im Schwenkbereich liegende Vorsilo und von dort mit dem Sekundärförderband zum Hauptförderband.

Wasserhaltung

Das sorgfältige Erstellen des gesamten Wasserhaltungssystems war für diese Baustelle besonders wichtig. Der ganze Baustellenbereich unter Tag war bis ca. 11 m unter dem vorhandenen Grundwasserspiegel, somit durfte man hier keine unliebsamen Überraschungen provozieren.

Die vielen Ableitungen der diversen Filterbrunnen wurden mittels neuer Pipeline-Rohren, Ø 150 mm, sauber an der Decke des Fussgängergeschosses montiert und in einer geordneten Rohrkulisse beim Ausgang Platzspitz über ein Absetzbecken (alter Eisenbahntank) in die Sihl geführt. Die exakte Überwachung der max. elf in Betrieb genommenen Filterbrunnen wurde von der Bauleitung und Unternehmung gemeinsam ausgeführt. Die durchschnittliche Fördermenge der in Betrieb stehenden 1 000- bis 1 500-l-Pumpen war kleiner als vorausberechnet (ca. 400 - 500 l/min. pro Pumpe im Durchschnitt).

Über die ganze Bauzeit betrachtet, hatte man die Wasserhaltung fest im Griff, und es gab zu keiner Zeit Probleme damit.

Schlitzwandbearbeitung

Folgende chronologische Arbeitsabläufe waren hier einzuhalten:

- Freilegen der Schlitzwand
- Grossflächiges Abspitzen der Überprofile

- Aufbringen, wenn nötig Reprofilieren, und Abtaloschieren eines Spritzmörtels als spätere Unterlage der Abdichtung
- Aufflämmen der kunststoffmodifizierten Abdichtungsbahnen, zweilagig, überlappend
- Aufspritzen eines netzarmierten Schutzmörtels
- Armieren, einhäuptig Schalen und Betonieren der Vormauerung (Wandstärke Fussgängergeschoss 40 cm, Perrongeschoss 70 cm)

Abdichtungsarbeiten

Die Abdichtungsarbeiten wurden ausgeführt durch die Firma Stammbach AG, Zürich.

Der ganze Bauwerkkörper des neuen unterirdischen Bahnhofs wurde mit einer Grundwasserisolation versehen. Der Bauherr entschied sich für die Ausführung mit kunststoffmodifizierten Bitumenbahnen. Diese wurden in zwei Lagen von 5 mm Stärke entweder in Heissbitumen eingelegt und verschweisst (Boden-Deckenbereich) oder zweilagig aufgeflämmt (Wandbereich). Nahtstellen, welche von der Bauleitung streng kontrolliert wurden, waren die Etappen- und Werkleitungsanschlüsse. Die heikelste Arbeit für den Abdichtungsunternehmer bestand sicher bei den 295 für spätere Ankerbohrungen vorgesehenen Anschlüssen bei den Stahlrohrdurchdringungen. Bei diesem Arbeitsvorgang mussten ca. 4000 Schrauben richtig angezogen werden (Klemmflanschen).

Verlegen der Armierung und Vorspannung unter Tag

Zum Verlegen der Armierungen und Vorspannkabel unter Tag montierte man Kranbahnschienen an die Decke. Mit diesen mobilen 4-t-Kranen konnte jeder Arbeiter die seitlichen Verschiebungen der schweren Lasten selber ausführen. Auf den Einsatz eines teuren, abgasunfreundlichen und unbeweglichen Pneukrans konnte somit verzichtet werden.

Betoniervorgang unter Tag

Zentraler Punkt bei diesem Objekt war sicher das Betonieren der vielen Etappen unter Tag.

212

Perrongeschoss vor Einbau der bis 2.50 m starken Bodenplatte

Sämtlicher Beton auf der Baustelle wurde von der eigenen Betonanlage hergestellt und mit Hilfe einer Betonpumpe an den Einbauort gebracht. Der Einsatz mit Fertigbeton in diesem Falle wäre aus technischen wie auch zeitlichen Gründen kaum möglich gewesen.

Einen weiteren kostensparenden Ablauf brachte der Einsatz eines modifizierten Pumpenwagens beim Einbauort. Benützt wurde nur noch der über 20 Meter lange, hydraulisch bewegliche Pumpenarm, an den man die Pumpenleitung anschloss. Mit diesem Pumpenarm erreichte man alle Stellen des Betonierfeldes mühelos. Durch diesen technischen Vorteil konnte man bis zu vier Personen beim Betonieren einsparen.

Dank Zugabe eines Hochverflüssigers im Beton waren Förderlängen bis 300 Meter ohne Probleme zu bewältigen. Auch die im Werkvertrag geforderten Festigkeitswerte sind bei jeder Betonetappe mühelos erreicht worden.

Die Betonieretappengrösse betrug durchschnittlich 300 m³. Die Rekordmenge von gegen 500 m³ pro Feld wurde in der 2.50 m starken Bodenplatte des Perrongeschosses erreicht.

Die heiklen Wandanschlüsse im Fussgängergeschoss wurden mit Erfolg in Spritzbeton ausgeführt. Die seitlichen Vouten im Perrongeschoss erstellte man gleichzeitig mit der darüberliegenden Decke. Die Wände in den Perrongeschossebenen wurden durch vorgängig in der Decke eingelegte Betonierrohre problemlos von der Fussgängergeschossebene aus betoniert.

Ankerarbeiten

Mit der Ausführung der Ankerarbeiten wurde die Firma Injectobohr AG Zürich beauftragt.

Zur Auftriebssicherung brauchte es im Los 2.03 noch 295 permanente Auftriebsanker. Diese wurden aus technischen und terminlichen Gründen von der fertig erstellten Bodenplatte des Perrongeschosses aus erstellt. Die ca. 23 Meter langen Anker (freie Ankerlänge 17 m, Verankerungsstrecke 6 m) bohrte man durch die in der Bodenplatte eingelegten Stahlrohrausspa-

Tägliche Organisationsaufgaben des Baustellenkaders

Maschineneinsatz	Personaleinsatz	Materialnachschub
Festlegen, wer der direkte Vorgesetzte des Maschinisten ist	Über- und Unterstellungsverhältnisse festlegen	Zuständigkeit und Verantwortlichkeit für Materialabruf festlegen
Zuteilen des Einsatzortes und des Einsatzbereiches	Zuteilen des Arbeitsplatzes	Betrieb der baustelleneigenen Produktionsanlagen organisieren
Zuweisen der auszuführenden Tätigkeiten	Zuweisen der auszuführenden Tätigkeiten	
Sämtliche an einem bestimmten Arbeitsprozess zusammenwirkenden Maschinen und Arbeitskräfte koordinieren		Materialnachschub auf vorgesehenen Materialbedarf abstimmen
Notwendige Ausrüstung und Hilfsmittel beschaffen	Notwendige Werkzeuge, Kleingeräte und Hilfsmittel (z.B. Schalungen)	Material bei Lieferanten oder baustelleneigenen Anlagen abrufen
Erforderliche Informationen und Angaben (z.B. Absteckung) vermitteln	Erforderliche Informationen (z.B. Pläne, Arbeitsskizzen usw.) und Angaben (z.B. Absteckung) vermitteln	Materialtransport und -umschlag organisieren
Service und Reparaturdienst organisieren	Nachschub aller benötigten Bau- und Hilfsstoffe organisieren	
Nachschub der Treibstoffe, Schmiermittel, Ersatzteile usw. organisieren		

rungen mit Ø 155 mm. Alle Anker wurden von der Bauleitung mit Hilfe der elektrischen Widerstandsmessung auf ihre Wasserdichtigkeit geprüft. Das anfallende Bohrgut musste mit Absetzbecken aufgefangen und schliesslich mit Hilfe von Schlammulden entsorgt werden.

Zwei Jahre nach Abschluss dieser anspruchsvollen Ankerarbeiten kann man mit Genugtuung feststellen, dass die Wasserdichtigkeit bei den 295 permanenten Auftriebsankern immer noch voll gewährt ist.

Rohbauarbeiten Nordwest-Trakt

Parallel zu den Arbeiten am neuen Bahnhof unter der Museumstrasse wurden die vier Untergeschosse des Nordwest-Trakts erstellt. Diese Arbeit wurde damals unter gleichen Bedingungen analog Los 2.03 an dieselbe ARGE vergeben. Die Rohbaukosten gemäss separatem Werkvertrag betrugen ca. 11 Mio. Franken.

Zusammenarbeit mit Bauherrschaft und Bauleitung

Die Zusammenarbeit mit diesen Organen war von allem Anfang an überdurchschnittlich gut.

Das zeigte sich sofort im grossen Einsatz der örtlichen Bauleitung, welche mit nie erlahmendem Elan alle auftretenden Fragen 214

Stimmungsbild im Perrongeschoss am «Tag des offenen Tunnels» (21. und 22. März 1987)

und Probleme umgehend zu lösen versuchte. Die strenge, aber sehr korrekte Bauleitungsarbeit wirkte sich auch positiv auf die Baustelle aus.

Auch das Verhältnis zur Bauherrschaft war in all den Jahren sehr gut. Dezent im Hintergrund, trotzdem immer gut informiert dank monatlichen grossen Bausitzungen, wurde dem Unternehmer genügend grosser Freiraum gewährt. Das gute Verhältnis widerspiegelte sich in den diversen gemüt-

lichen Festen auf der Baustelle, am Tag des offenen Tunnels im März 1987 sowie bei der gelungenen Aufrichte im September 1987.

Schlussgedanken

Die Rohbauarbeiten sind nun seit über zwei Jahren abgeschlossen. Die Schlussabrechnung konnte vertragsgemäss unter Dach gebracht werden. Von schweren Unfällen blieb man im Los 2.03 zum grossen Glück verschont. Auch das Verhältnis zu den im Umfeld der Baustelle Betroffenen (Landesmuseum, Betriebe des Hauptbahnhofes) blieb stets gut, obwohl gewisse Emissionen oft über das Zumutbare gingen.

Dank dem grossen Einsatz aller Beteiligten ist ein Bauwerk entstanden, welches qualitativ und kostenmässig den hohen Ansprüchen des Bauherrn gerecht geworden ist und welches dem in den letzten Jahren ein wenig angeschlagenen Image der Baubranche eine wohltuende Aufwertung brachte.

Zur Projektierung des Bauloses 2.04 Bahnhofquai/Limmat

Martin Bosshard

Übersicht

Umfang und Geometrie

Das Baulos 2.04 Bahnhofquai/Limmat ist Bestandteil des Bahnhofs Museumstrasse und umfasst die Rohbauarbeiten vom Ende des Bauloses 2.03 Hauptbahnhof bis zum östlichen, rechten Limmatufer am Neumühlequai, wo anschliessend das Teilprojekt 4 beginnt. Kernstück des Bauloses 2.04 ist dabei die Unterquerung der Limmat. Weitere Bestandteile des Bauloses 2.04 sind die Querung des Bahnhofquais mit zwei Ausgängen, der Ausgang Limmat, Werkleitungsarbeiten, die Rohbauarbeiten für die Wasserfassung Limmat sowie die Strassenbauarbeiten für die Neugestaltung des Knotens Museumstrasse. Inbegriffen waren dabei auch alle Vorbereitungs- und Hilfsmassnahmen wie Werkleitungsprovisorien, Hilfsbrücken, Plattformen in der Limmat usw.

Das Baulos 2.04 weist eine Gesamtlänge von 164 m mit sehr unterschiedlichen Querschnitten auf. So beträgt die maximale Breite bei der Losgrenze 2.03/2.04 ca. 32 m, während die minimale unter der Limmat ca. 13 m beträgt. Im Bahnhofquai findet der Übergang vom vollen Querschnitt des Bahnhofs Museumstrasse mit seinen vier Gleisen mit Perron- und Fussgängergeschoss auf den zweigleisigen Tunnel der Limmatquerung statt. Gegen das rechte Limmatufer erfolgt eine Aufweitung des Querschnittes, um im Bereich des ehemaligen Schachtes Limmat den Übergang zu zwei eingleisigen Tunnels zur Unterfahrung des Publicitas-Gebäudes zu ermöglichen.

Das Bauwerk befindet sich im Bahnhofquai mit 1 m Überdeckung knapp unter dem Terrain, während die Aushubkote bis max. 18.5 m unter die Oberfläche reicht. Der Tunnel der Limmatquerung unterquert

Übersicht, Umfang und Geometrie Baulos 2.04 Bahnhofquai/Limmat

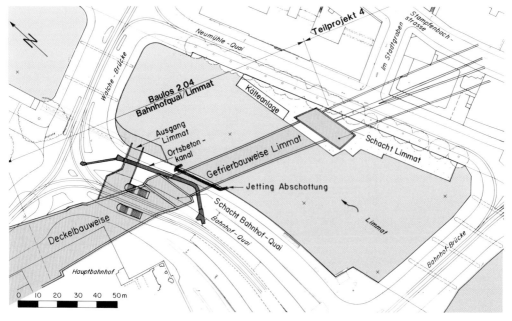

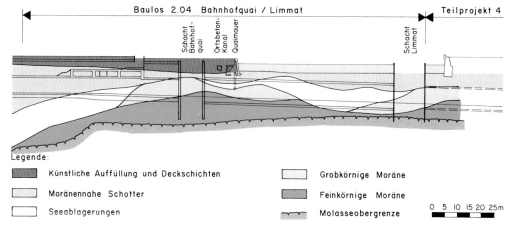

Baulos 2.04 Bahnhofquai / Limmat — Teilprojekt 4

Schacht Bahnhofquai / Ortsbeton-Kanal Quaimauer / Schacht Limmat

Legende:

Künstliche Auffüllung und Deckschichten	Grobkörnige Moräne
Moränennahe Schotter	Feinkörnige Moräne
Seeablagerungen	Molasseobergrenze

0 5 10 15 20 25m

Längenprofil Baulos 2.04 Bahnhofquai/Limmat mit aufgeschlossenem geologischem Aufbau

alsdann die Quaimauer am Bahnhofquai mit einem Abstand von Aussengewölbe und Fundament von lediglich 0.8 m und die Überdeckung des Tunnels in der Limmat beträgt nur ca. 2.5 bis 3.5 m. Der Tunnel taucht gegen Osten ab, um seinen tiefsten Punkt unter der Stampfenbachstrasse zu erreichen.

Baugrund und Grundwasserverhältnisse

Das Bauwerk durchquert im Bereich des Bauloses 2.04 stark wechselnde geotechnische Verhältnisse. Dabei sind die künstlichen Auffüllungen am Bahnhofquai (aus der Zeit des Quaimauer- und Unterführungsbaues) von Limmattalschottern unterlagert. Diese sind sehr heterogen gelagert und bestehen mehrheitlich aus den zwei Teilschichten, vorwiegend sandige Kiese und stark siltig-sandige Kiese. Mit Durchlässigkeitsbeiwerten von $3 \times 10^{-4}\,m/s$ bis $3 \times 10^{-3}\,m/s$ beherbergt diese Formation denn auch den Limmattaler Grundwasserstrom. Dieser Grundwasserstrom wird durch die Limmat gespiesen, welche im Bereich des Bahnhofquais Richtung Westen infiltriert. Damit entsteht im Projektgebiet des Bauloses 2.04 das Phänomen, dass die Grundwasserströmung unmittelbar unterhalb der Flusssohle in Limmat-Längsrichtung verläuft, während sie weiter unterhalb – insbesondere im Quaimauerbereich – quer zur Flussrichtung fliesst. Unterhalb der Limmattalschotter stehen praktisch undurchlässige Seeablagerungen aus Feinsand und Silt mit wenig Kies an, welche gegen Osten auskeilen.

Die Sandsteine der nach Osten ansteigenden oberen Süsswassermolasse werden von der Grundmoräne überlagert. Diese Grundmoräne wurde in der Prognose als vorwiegend magere, sandig-kiesige Lehme beschrieben. Es waren abgesehen von den praktisch undurchlässigen lehmigen Partien Durchlässigkeiten von max. $1 \times 10^{-4}\,m/s$ zu erwarten.

Resultate von drei Gefrierversuchen an Bodenproben der Schotter (Quelle: Institut für Grundbau und Bodenmechanik der ETH Zürich)

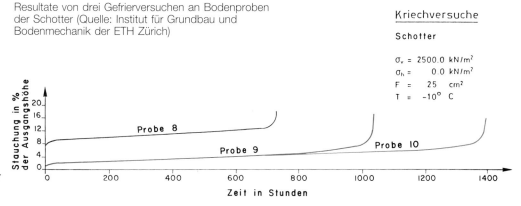

Kriechversuche

Schotter

$\sigma_v = 2500.0\ kN/m^2$
$\sigma_h = 0.0\ kN/m^2$
$F = 25\ cm^2$
$T = -10°\ C$

Stauchung in % der Ausgangshöhe

Probe 8
Probe 9
Probe 10

Zeit in Stunden

Schwierigkeiten bei der Ausführung der Ramm- und Verankerungsarbeiten für den Schacht Limmat (Blöcke und grosse Wasseraustritte) bewogen Bauleitung und Unternehmung, der Bauherrschaft das Abteufen von zwei flachabfallenden ca. 50 m langen Sondierbohrungen aus dem Schacht Limmat zu beantragen. Die dabei durchgeführten Untersuchungen zur Bestimmung der Durchlässigkeitsbeiwerte zeigten, dass diese mit Werten bis zu 6×10^{-4} m/s höher waren als prognostiziert, und andererseits, dass diese höheren Werte nicht nur lokal auftreten, sondern praktisch durchgehend im ganzen Projektgebiet. In der Folge wurde dann die Grundmoräne in eine grobkörnige mit vorwiegend siltig-sandigem Kies und viel Steinen und Blöcken (mit den erwähnten Durchlässigkeiten) und in eine praktisch undurchlässige feinkörnige mit vorwiegend sehr magerem, sandigem Lehm und viel Steinen und Blöcken aufgeteilt.

Ausschreibung

Variantenstudium und Auswirkungen auf das Submissionsverfahren für die Limmatquerung

Im Anschluss an die Volksabstimmung im November 1981 galt es das technische Konzept für die Limmatquerung zu erarbeiten mit dem Ziel, bis Frühjahr 1982 Klarheit über das Submissionsverfahren dieses Abschnittes zu erhalten. In einem ersten Arbeitsschritt wurden elf technisch mögliche Lösungen erarbeitet und miteinander verglichen. Der Variantenvergleich führte zum Entscheid, folgende drei Lösungen weiter zu bearbeiten:

• Deckelbauweise in trockener Baugrube
• Deckelbauweise unter Wasser
• Gefrierverfahren

Der anschliessende eingehendere Variantenvergleich umfasste die Aspekte Kosten, Ausführungsrisiken, Bauablauf sowie wasserbauliche Kriterien. Dabei zeigte sich, dass die wichtigen Kriterien Kosten und Einengung der Limmat bei den drei Lösungen keine wesentlichen Unterschiede aufwiesen. Die Variante Deckelbauweise in trockener Baugrube erhielt eine etwas günstigere Gesamtbeurteilung als die übrigen beiden. Diese Variante bestand zum

Grossteil aus gut erfassbaren Tiefbauarbeiten mit weitgehend konventionellen Baumethoden, was für eine Ausschreibung dieser Variante sprach. Der Vergleich zeigte aber auch, dass ein allfälliges Angebot einer bergmännischen Methode mit Hilfe des Gefrierverfahrens gute Chancen haben würde. Man entschloss sich deshalb zu den im folgenden dargelegten Vorkehrungen:

• Es war ersichtlich, dass ein Gefrierverfahren nur eine Chance hätte, wenn die Baulose 2.04 und 4.03 kombiniert werden könnten: Die Ausschreibungen dieser Baulose erfolgten deshalb koordiniert und gleichzeitig.
• Falls eine Gefrierlösung angeboten würde, bliebe bis zur Ausführung zu wenig Zeit, um vertiefte gefriertechnische Untersuchungen auszuführen: Es wurden vorgängig der Submission ergänzende geotechnische Erkundungen veranlasst und mit Bodenproben Gefrierversuche durchgeführt, deren Resultate den Ausschreibungsunterlagen beigelegt wurden.
• Es war ersichtlich, dass das Gefrierverfahren einen Schacht in der Limmat bedingte, um die Bohrlängen auf ein ausführbares Mass zu limitieren: In den Ausschreibungsunterlagen wurden Randbedingungen für das Gefrierverfahren formuliert, um diesen Einbau allenfalls zu ermöglichen.
• Es zeigte sich, dass das Gefrierverfahren nur mit Zusatzmassnahmen ausführbar war. Der damalige Stand der Erkenntnisse und Ideen wie Isolation der Flusssohle, zusätzliche Gefrierrohre und Spundwandabschottungen wurde an die Offertsteller weitergegeben.

Gefrierversuche

Anschliessend an die ergänzenden Baugrunduntersuchungen wurde das Institut für Grundbau und Bodenmechanik (IGB) der ETH Zürich beauftragt, mit den gewonnenen Bodenproben Gefrierversuche durchzuführen. Diese Versuche bestanden aus Druckfestigkeits- und Kriechversuchen und wurden für Proben der geotechnischen Schichten Schotter (Teilschicht stark siltig-sandige Kiese) und Seeablagerungen durchgeführt.

Die untersuchten Materialien zeigten Druckfestigkeiten von 2.9 und 4.6 MN/m^2 218 für die Seeablagerungen sowie 3.4 und 4.2 MN/m² für die Schotter.

Die Kriechversuche wurden mit konstanten Belastungen von 2.0 oder 2.5 MN/m² über einen langdauernden Zeitraum bis zum Versagen durchgeführt. Stellvertretend sind in Bild auf Seite 217 unten die Resultate von drei Versuchen der Schotter mit einer Belastung von 2.5 MN/m² ersichtlich, wobei die Bruchzeiten zwischen 28 und 58 Tagen variieren. Für die statischen Berechnungen des Gefrierkörpers im Detailprojekt wurde ausgehend von diesen Versuchen eine Festigkeit des gefrorenen Bodens von 2.0 MN/m² angenommen.

Hydraulische Modellversuche

Die vor der Submissionsphase an der Versuchsanstalt für Wasserbau, Hydrologie und Glaziologie (VAW) der ETH Zürich durchgeführten hydraulischen Modellversuche hatten folgende Ziele für die zur Ausschreibung gelangte Deckelbauweise:

• Optimierung von Anzahl und Form der Bauetappen in der Limmat
• Untersuchungen der Rückstau- und Strömungsverhältnisse im Bereich der Baugruben
• Abklärungen der Ufersicherheit und des Kolkgeschehens bzw. Bestimmung des Kolkschutzmaterials
• Beurteilung der Auswirkungen auf die Limmat-Schiffahrt

Die Modellversuche zeigten, dass die ursprünglich vorgesehenen vier Etappen zur Querung der Limmat mit einer hydraulisch günstigen Rautenform und mit Leitwänden für die Randbaugrube auf drei Etappen reduziert werden können. Dieser Bauvorgang gelangte denn auch zur Ausschreibung.

Nach dem Einreichen der Unternehmervariante Gefrierverfahren durch eine Arbeitsgemeinschaft konnten die hydraulischen Auswirkungen dieser Lösung direkt getestet werden, die Einbauten optimiert und mit dem Ausschreibungsprojekt verglichen werden. Dieser Vergleich ergab folgende Resultate:

• Wegen der günstigeren Strömungsverhältnisse kann eine Aufschüttung über dem Tunnel von max. 50 bis 70 cm zur Aufnahme der Wärmeisolation toleriert werden.
• Der Rückstau aller Einbauten für das Gefrierverfahren erreicht mit dieser Aufschüttung die gleichen Werte wie beim Ausschreibungsprojekt.
• Die Kolkverhältnisse sind bei der Unternehmervariante eindeutig günstiger.
• Die Schiffahrt wird durch die flächenmässig kleineren Einbauten weniger behindert.

Offertvergleich und Vergebung

Im Sommer 1983 wurden für das Baulos 2.04 elf vollständige Offerten, davon drei Unternehmervarianten bezüglich Teilarbeiten, und für das Nachbarbaulos 4.03 dreizehn vollständige Offerten, davon sieben Unternehmervarianten mit z.T. grösseren

Oberflächen-Strömungsbild des Abflusses von 250 m³/s bei der mittleren Bauetappe beim Ausschreibungsprojekt (Quelle: Versuchsanstalt für Wasserbau, Hydrologie und Glaziologie der ETH Zürich)

Oberflächen-Strömungsbild des Abflusses von 250 m³/s bei der Unternehmervariante Gefrierverfahren mit Schacht Limmat und Plattformstützen (Quelle: Versuchsanstalt für Wasserbau, Hydrologie und Glaziologie der ETH Zürich)

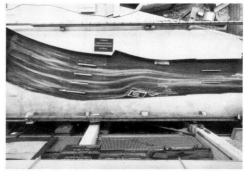

Abweichungen vom Ausschreibungsprojekt eingereicht. Zudem reichten zwei Arbeitsgemeinschaften Kombiofferten ein, welche beide Baulose umfassten, wobei diejenige der Arbeitsgemeinschaft Limmatquerung ALQ (Locher & Cie. AG, Ed. Züblin & Cie. AG, Walo Bertschinger AG und Schafir & Mugglin AG) die Querung der Limmat mit dem Gefrierverfahren enthielt. Obwohl in den Ausschreibungsunterlagen gewisse Vorbereitungen zugunsten einer wirtschaftlichen Gesamtlösung gemacht worden waren, bedurfte es zahlreicher Abklärungen, Aufrechnungen und Vereinbarungen, um diese Offerte auf einen mit den Ausschreibungsprojekten preislich und technisch vergleichbaren Stand zu bringen.

Als Resultat des vertieften Angebotsvergleiches präsentierte sich die Kombinations-Rangfolge wie folgt:

projekt notwendig gewesenen Dienstbrücke über die Limmat
• Kleinere Transportkubaturen über die Strasse (ca. 43 % des Ausschreibungsprojekts) durch Wegfall von temporären Schüttungen und kleinere Betonkubaturen wegen der statisch besseren Wirkung eines Gewölbes.

Ausführungsprojekt

Bahnhofquai

Wie im Baulos 2.03 wurde das Bauwerk im Bereich des Bahnhofquais ebenfalls mit der Deckelbauweise erstellt, weshalb hier lediglich auf einige Besonderheiten eingegangen wird.

Infolge des Ansteigens der geologischen Formationen feinkörnige Grundmoräne

Rang	Baulos 2.04	Baulos 4.03	Angebot rein netto Baulos 2.04 + 4.03
1.	ARGE LGV Ausschreibungsprojekt	ARGE Limmatquerung Unternehmervorschlag	Fr. 31.45 Mio.
2.	ARGE Limmatquerung: Gefrierverfahren Ausschreibungsprojekt Bahnhofquai, Unternehmervorschlag Limmat		Fr. 31.78 Mio.
3.	ARGE LGV Ausschreibungsprojekt	ARGE Brunners Erben Ausschreibungsprojekt	Fr. 31.94 Mio.

Obwohl die Kombiofferte Gefrierverfahren der ALQ nicht das billigste Angebot für beide Baulose 2.04 und 4.03 war, wurde diese aufgrund folgender weiterer Kriterien als günstigste erachtet, worauf die ALQ den Zuschlag erhielt:

• Kein Angriffsschacht im Neumühlequai und damit geringere Immissionen für die Anlieger
• Kürzere Bauzeit als die Ausschreibungsprojekte
• Geringere Beeinträchtigung des Limmatraumes
• Einfachere Erschliessung der Baustelle durch Wegfall der für das Ausschreibungs-

und Molasse in östlicher Richtung konnten die Schlitzwände durchwegs in die Grundmoräne eingebunden werden bzw. deren Ausführungstiefe wurde durch die Molasse beschränkt. Wegen der guten Qualität der Sandsteine der Molasse genügte eine Einbindetiefe von ca. 50 cm. Dieser Umstand erleichterte insbesondere die Arbeiten für die Wasserhaltung, genügte doch die Ausführung von drei Filterbrunnen, welche in der Folge nicht einmal dauernd betrieben werden mussten.

Am Bahnhofquai verlaufen die Verkehrsströme sowie zahlreiche Werkleitungen quer zum Bauwerk, weshalb auch Schlitz- 220

Überblick auf Bauarbeiten am Bahnhofquai mit Schlitzwandarbeiten für Deckelbauweise und Schacht Bahnhofquai

Betonierarbeiten für das Masse-Feder-System neben und unter der VBZ-Hilfsbrücke

wände und Decken in Etappen quer zum Bauwerk erstellt werden mussten. Verkehr sowie die meisten Werkleitungen durften nicht unterbrochen und nur zeitweise eingeschränkt werden. Diese Auflagen sowie die zahlreichen Werkleitungen ergaben sehr komplexe Verhältnisse, und die für die Bauarbeiten am Bahnhofquai charakteristischen, äusserst prekären Platzverhältnisse stellten an alle Beteiligten hohe Anforderungen. So musste z.B. die Decke über dem Fussgängergeschoss auf einer Länge von 76 m in zwölf Bauetappen aufgeteilt werden. Die Bauabläufe mussten bis ins Detail studiert, vorbereitet und mit den beteiligten Ämtern, Werken und den VBZ abgesprochen werden, um das gedrängte Terminprogramm einhalten zu können.

Wegen der Neugestaltung des Verkehrsknotens Museumstrasse/Walchebrücke wurden die Tramgleise im Zuge des Neubaus des ganzen VBZ-Gleisdreieckes etwas nach Westen verschoben. Da man diesen Umstand für die Bauarbeiten der S-Bahn Zürich ausnützen wollte, wurden diese mit den Umbauarbeiten der VBZ koordiniert. Damit musste nur ein Teil der Schlitzwände und der Decke unter den in Betrieb stehenden Tramgleisen gebaut werden. Betriebsunterbrüche der VBZ-Linien am Bahnhofquai wurden nicht gestattet.

Für den Bau der fünf teilweise oder ganz unter den VBZ-Gleisen liegenden Schlitzwandelemente wurden von den VBZ insgesamt sechs verlängerte Nachtpausen von 20.00 bis 05.00 Uhr zugestanden. Während dieser Zeit wurden die Gleise

mitsamt der darunter montierten Einzelträger-Hilfsbrücke demontiert, die Schlitzwandarmierung versetzt, das Element betoniert und abschliessend die Gleisbrücken wieder montiert. Das Ziehen der Abschalungsrohre wie auch die Aushubarbeiten für das nächste Element erfolgten in einer darauffolgenden normalen Nachtpause von 00.30 bis 05.00 Uhr.

Zum Bau des unter den Tramgleisen liegenden Deckenteils musste ein Grossteil des Gleisdreieckes mit einer Hilfsbrücke abgefangen und bis ca. 40 cm angehoben werden. Diese Massnahme zur Gewinnung von Bauhöhe war auch unter anderem deshalb notwendig, weil nach dem Erstellen der Decke noch ein Masse-Feder-System eingebaut werden musste. Dieses System hat den Zweck, die Immissionen von Erschütterungen und Körperschall in den Publikumszonen der S-Bahn unter festgelegte Grenzwerte zu senken. Erste Messergebnisse bestätigten die Funktionstüchtigkeit des gewählten Systems, so dass dieses anschliessend auch über dem Ausgang Landesmuseum vorgesehen wurde.

Ausgang Limmat

Der Ausgang Limmat führt zukünftige S-Bahn-Passagiere vom Fussgängergeschoss über eine Treppe auf eine ca. 6 m über die Limmat auskragende Platte und damit an die Oberfläche. Wegen den beschränkten Platzverhältnissen durch die Neugestaltung des Knotens Museumstrasse/Walchebrücke und weiterer Randbedingungen bezüglich Werkleitungen befindet sich der Treppenaufgang ca. 1.0 m

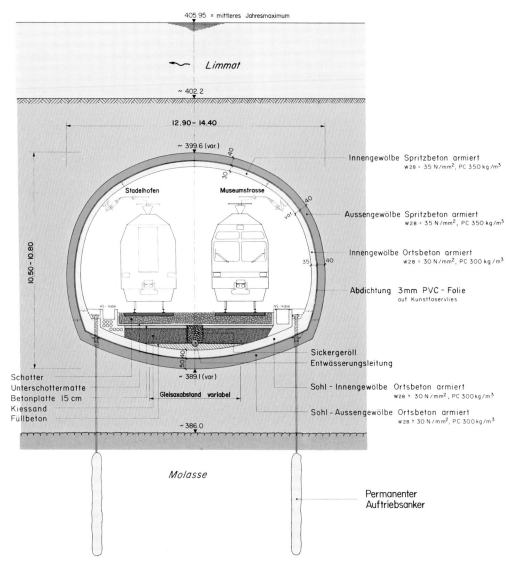

405.95 = mittleres Jahresmaximum

Limmat

~ 402.2

12.90 – 14.40

~ 399.6 (var.)

Stadelhofen

Museumstrasse

10.50 – 10.80

Innengewölbe Spritzbeton armiert
w28 = 35 N/mm², PC 350 kg/m³

Aussengewölbe Spritzbeton armiert
w28 = 35 N/mm², PC 350 kg/m³

Innengewölbe Ortsbeton armiert
w28 = 30 N/mm², PC 300 kg/m³

Abdichtung 3mm PVC - Folie
auf Kunstfaservlies

Sickergeröll
Entwässerungsleitung

Schotter
Unterschottermatte
Betonplatte 15 cm
Kiessand
Füllbeton

Gleisaxabstand variabel

~ 389.1 (var)

Sohl - Innengewölbe Ortsbeton armiert
w28 ≧ 30 N/mm², PC 300 kg/m³

Sohl - Aussengewölbe Ortsbeton armiert
w28 ≧ 30 N/mm², PC 300 kg/m³

~ 386.0

Molasse

Permanenter
Auftriebsanker

Querschnitt Tunnel Limmatquerung

unterhalb des Hochwasserspiegels der Limmat. Im Falle eines Einsturzes des Bauwerkes würde deshalb eine direkte Verbindung von der Limmat zu den Publikumszonen der S-Bahn entstehen. Dieser Gefährdung wurde in der Projektierung Rechnung getragen, indem mögliche Schadenszenarien untersucht und in den Berechnungen berücksichtigt wurden. Um Fälle wie massive Sabotageakte oder grössere kriegerische Ereignisse ebenfalls noch zu berücksichtigen, wurde die Konstruktion derart konzipiert, dass ein Versagen oberhalb des Wasserspiegels eintreten würde, und im Bauwerk wurden kon-

struktive Vorkehrungen getroffen, die einen raschen Einbau einer Abschottung ermöglichen.

Während des Baues von Aufgang und Kragplatte bestand diese Gefährdung ebenfalls. Dieser wurde Rechnung getragen, indem die Baugrube in der Limmat mit einer tiefen Einbindung der Spundwände und einer Ersatzspriesslage am Boden (Herausschlagen der Spriessung durch herabfallende Kranlasten) versehen wurde und die Kranpfeiler mit Prellpfählen (Schiffsanprall) geschützt wurden. Um selbst massive Ereignisse wie den Einsturz 222 des Kranes oder ein gleichzeitiges Auftreten anderer Vorkommnisse abzudecken, wurde der Ausgang an seiner engsten Stelle direkt temporär abgeschottet.

Limmatquerung

Der zweigleisige Tunnel unter der Limmat wurde nach dem Unternehmervorschlag der ALQ bergmännisch erstellt, wobei der Ausbruch und die Sicherung im Schutze eines mit dem Gefrierverfahren erstellten Frostkörpers erfolgte. Dazu wurden zunächst zwei Schächte, einer in der Limmat am Ufer des Neumühlequais mit einer Tiefe von 21 m und einer am Bahnhofquai mit 18.5 m Tiefe unmittelbar neben den VBZ-Gleisen erstellt. Während der Schacht am Bahnhofquai mittels Schlitzwänden abgeschlossen wurde, kamen für den Schacht Limmat bis 25 m lange gerammte Spundwandprofile zur Anwendung. Für das Rammen dieser sehr langen Spundwände mussten vorgängig Vorbohrungen mittels Greifern von 90 cm Durchmesser erstellt werden. Von beiden Schächten aus wurden anschliessend die Gefrierbohrungen gegen die Limmatmitte vorgetrieben, um einen von Schacht zu Schacht durchgehenden Frostkörper zu erhalten.

Der Vortrieb erfolgte anschliessend vom Schacht Limmat aus mit nachfolgendem Einbau der Sicherung, d.h. des Aussengewölbes. Das Aussengewölbe besteht aus einem 50 cm starken Sohlengewölbe in Ortsbeton mit einer Druckfestigkeit von 30 N/mm². Parament und First bestehen aus 40 cm dickem armiertem Spritzbeton mit Nennfestigkeiten von 35 N/mm². Der Einbau der Netzarmierung erfolgte unter Zuhilfenahme von Gitterträger-Einbaubogen. Mit fortschreitendem Ausbruch musste das Aussengewölbe mittels temporärer Auftriebsanker gegen den Auftrieb gesichert werden.

Die Abdichtung besteht aus einer 3 mm dicken PVC-Folie, verlegt auf ein Kunstfaservlies. Um der Tatsache des Unterwassertunnels mit Wasserdrücken bis ca. 16 m Wassersäule Rechnung zu tragen, wurden verschiedene zusätzliche Massnahmen vorgesehen. So wurden z.B. die Betonieretappen mit Körperfugenbändern und alle Arbeitsfugen mit aussenliegenden Fugenbändern versehen, um im Falle von

Paramentschalung Tunnel Limmatquerung mit verlegter Abdichtung und Armierung

Wassereintritten Hinterläufigkeiten möglichst zu verhindern. Zusätzlich dazu wurden die Übergänge vom Tunnel zu den Tagbauabschnitten in den Schächten mit einem Prüf- und Injektionssystem versehen. Dieses System erlaubt es, die doppellagige Abdichtung mittels Vakuum zu prüfen oder im Falle von Undichtigkeiten mit Kunstharz zu injizieren.

Das Innengewölbe besteht aus einer 40 cm dicken Sohle in Ortsbeton und 30 bis 35 cm Schalbeton in den Paramenten. Die Variation des Gleisabstandes wurde mit dem 30 cm dicken Firstgewölbe aus Spritzbeton erreicht. Damit war es möglich, eine durchgehend gleichbleibende Paramentschalung zu verwenden und auf eine aufwendige variable Firstschalung zu verzichten.

Für die Bemessung des Innengewölbes wurde das Aussengewölbe als nicht mittragend berücksichtigt, aber es konnte eine erhöhte Bettung des Innengewölbes durch das Aussengewölbe angenommen werden. Lastfälle wie Brand und Zuganprall auf die Paramente wurden untersucht und sind in den Berechnungen berücksichtigt.

Nach Vortriebsende konnte mit dem Erstellen der permanenten im Fels verankerten Auftriebsanker begonnen werden. Die Kombination von temporären und permanenten Auftriebsankern wurde deshalb gewählt, weil ein unmittelbar dem Vortrieb folgendes Versetzen von Permanentankern unter den herrschenden Baustellenbedingungen die an die Anker gestellten hohen Qualitätsanforderungen nicht hätte gewährleisten können.

Massnahmen zur Sicherstellung des Gefrierverfahrens

Voraussetzung für den Erfolg einer bergmännischen Unterquerung der Limmat war der plangemässe Aufbau und Unterhalt des Frostkörpers bei ausreichender Tragfähigkeit des Eises. Obschon gemäss einschlägiger Fachliteratur der Aufbau eines Frostkörpers grundsätzlich in jedem Boden möglich wäre, hätten vor allem der Kälteabtrag durch das fliessende Grundwasser und die Limmat diesen Aufbau verhindern können. Dieser Gefahren waren sich Projektant und Unternehmung frühzeitig bewusst, weshalb die Unternehmung in Anlehnung an die Ideen des Projektverfassers bereits «Massnahmen zur Sicherstellung des Gefrierverfahrens» in ihrem Angebot offerierte. Diese Massnahmen wurden in der Offertbereinigungsphase noch erweitert und im Vergebungsantrag aufgerechnet. Nachdem die Bauarbeiten zur Erstellung des Schachtes Limmat bereits angelaufen waren, galt es die verschiedenen Massnahmen oder deren Kombinationen gemeinsam zu beurteilen und zu vergleichen. Die von Prof Dr. Jessberger im Auftrag der Firma Philipp Holzmann (im Unterakkord der ALQ) durchgeführten Gefrier-

berechnungen zeigten, dass einerseits eine Isolation des Frostkörpers zwingend notwendig war, andererseits der Kälteabtrag durch die Grundwasserströmungen nur dann keinen nennenswerten Einfluss haben und deshalb in den Berechnungen vernachlässigt werden kann, wenn die Filtergeschwindigkeit 2.0 m/Tag nicht übersteigt. In der Folge wurden diese 2 m/Tag Grundwasserströmungsgeschwindigkeit als obere Limite für die Ausrichtung der zu treffenden Massnahmen angenommen. Die Abklärungen zeigten dann rasch, dass dieses Ziel am aussichtsreichsten mit einer Kombination von Massnahmen zu erreichen war, weshalb man sich im Frühjahr 1984 zur Ausführung der Lösung «Kombi» entschloss. Für diese Lösung wurde das Gesamtrisiko am kleinsten beurteilt, was die etwas höheren Kosten und eine leicht verlängerte Bauzeit gegenüber anderen Lösungen ausglich. Im wesentlichen bildeten die folgenden Massnahmen die Bestandteile der gewählten Lösung:

• Der Frostkörper musste von Schacht zu Schacht wasserdicht durchgebildet sein, bevor mit dem Ausbruch begonnen werden konnte. Ein etappenweises Vorgehen wie beim Milchbucktunnel hätte am Etap-

Massnahmen zur Sicherstellung des Gefrierverfahrens und Temperaturmessanordnung

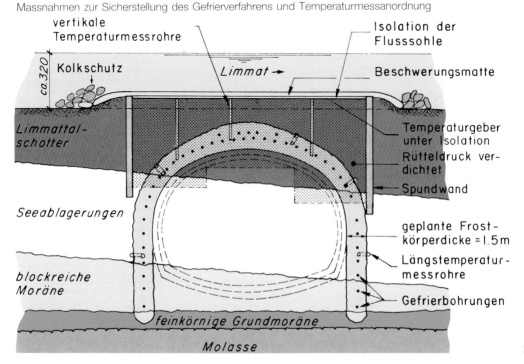

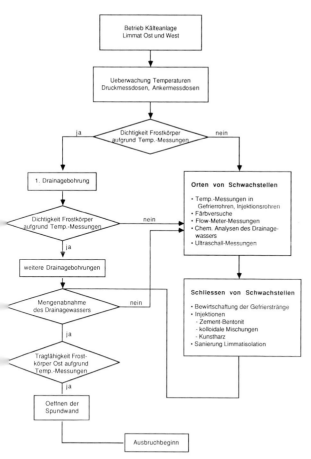

```
┌─────────────────────────┐
│   Betrieb Kälteanlage    │
│   Limmat Ost und West    │
└─────────────────────────┘
            │
            ▼
┌─────────────────────────┐
│ Ueberwachung Temperaturen│
│ Druckmessdosen, Ankermessdosen │
└─────────────────────────┘
            │
            ▼
      ◇ Dichtigkeit Frostkörper
   ja  aufgrund Temp.-Messungen  nein
```

Sicherheitskonzept und Vorgehensplan beim
Vortriebsbeginn

Orten von Schwachstellen

• Temp.-Messungen in
  Gefrierrohren, Injektionsrohren
• Färbversuche
• Flow-Meter-Messungen
• Chem. Analysen des Drainage-
  wassers
• Ultraschall-Messungen

Schliessen von Schwachstellen

• Bewirtschaftung der Gefrierstränge
• Injektionen
  - Zement-Bentonit
  - kolloidale Mischungen
  - Kunstharz
• Sanierung Limmatisolation

penende zu hohe Grundwasserströmungen verursacht.

• Die Grundwasserströmungen bei der Infiltrationsstrecke quer zum Bahnhofquai waren mittels eines Jettingschirmes abzuschotten. Ohne diese Massnahmen hätten sich Geschwindigkeiten von über 200 m/ Tag ergeben.

• Die Grundwasserströmungen im flusssohlennahen Bereich in Limmatlängsrichtung waren mit Spundwänden bis in die Seeablagerungen entlang des Bauwerkes abzuschotten.

• Die oberflächennahen Partien des Limmattalschotters waren mit dem Rütteldruckverfahren zu behandeln, um die K-Werte zu reduzieren und um den Boden zu homogenisieren. Nachträgliche Messungen haben ergeben, dass mit dieser Massnahme der K-Wert auf 1–5 x 10^{-5} m/s reduziert werden konnte.

• Einem Kälteabtrag durch die Limmat war mit einer Isolation oder einer Abdek-

kung zu begegnen. Diese Isolation musste nicht, wie in anderen untersuchten Systemen, wasserdicht sein, sondern musste, um funktionstüchtig zu bleiben, ein Unterströmen mit Flusswasser verhindern.

• Lokalen Bodeninhomogenitäten, insbesondere im unbehandelten Bereich zwischen Schacht Bahnhof und der Quaimauer, sollte, sofern erforderlich, mit systematischen Injektionen beim Bohren der Gefrierlöcher begegnet werden.

Im nachhinein betrachtet kann wohl festgestellt werden, dass sich die angewandten Massnahmen bewährt haben. Mit Ausnahme eines Leckes im Frostkörper in der Nähe des Schachtes Limmat zeigte der Frostkörperaufbau in den behandelten Zonen der Paramente und der Kalotte keine Unregelmässigkeiten. Damit war es gelungen, einen Frostkörper mit der sehr geringen Überdeckung von min. 1.5 m zur Flusssohle unter einem Fluss in hochdurchlässigen Schottern und komplexen Grundwasserströmungen zu erstellen. Das erwähnte Leck in der Kalotte ist vermutlich auf einen Hochwasserschaden während den Verdichtungsarbeiten zurückzuführen.

*Temperaturmessungen,
Sicherheitskonzept*

Die Dichtigkeit des Frostkörpers von Schacht zu Schacht sowie eine ausreichende Tragfähigkeit beim Vortriebsort waren die Grundvoraussetzungen für ein gefahrloses Arbeiten im Schutze des Frostkörpers. Der Frostkörper musste also kontrollierbar sein. Diese Kontrolle wurde im wesentlichen mittels Temperaturmessungen sichergestellt. Dazu wurden Temperaturmessketten mit Geberabständen von 3 m in Bohrungen versetzt, welche im Schacht im Gefrierrohrkreis beginnen und den Frostkörper in Rohrlängsrichtung nach aussen durchfahren. Ergänzend dazu wurden insgesamt neun vertikale Temperaturmessbohrungen vom Gelände bzw. vom Flussboden aus bis zum Ausbruchrand abgeteuft sowie horizontale Messketten unmittelbar unter der Isolierung auf der Flusssohle verlegt. Damit standen insgesamt 253 Temperaturmesspunkte zur Verfügung, welche an eine automatische Erfassungs- und Registrieranlage angeschlossen waren, was eine kontinuierliche Beurteilung bezüglich Temperatur und

Ausdehnung des Frostkörpers ermöglichte. Einen heiklen Zeitpunkt stellte der Vortriebsbeginn, d.h. das Öffnen der Spundwand im Schacht Limmat dar, bei welchem die Gewissheit vorhanden sein musste, ob der Frostkörper tragfähig und dicht war. Dazu wurde ein Sicherheitskonzept oder Vorgehensplan erarbeitet.

Nach einer Aufbaudauer der Frostkörper von 62 Tagen für Limmat Ost und von 48 Tagen für Limmat West wurden die Frostkörper am 7. Dezember 1986 aufgrund der Temperaturmessungen als dicht beurteilt, und es wurden anschliessend die Drainagebohrungen vorgetrieben und geöffnet. Die anfallende Wassermenge aus den Drainagen nahm aber nicht wie erwartet ab, sondern blieb in etwa konstant, so dass am 17. Februar 1986 die Befürchtungen zur Gewissheit wurden, dass eine oder mehrere Undichtigkeiten oder Lecks in den Frostkörpern vorhanden sein muss-

ten. Anschliessend galt es in einer überaus hektischen Phase die Schwachstellen zu orten und zu schliessen. Die Ortung gestaltete sich unter anderem deshalb sehr schwierig, weil trotz des dichten Netzes von Temperaturfühlern aus den Temperaturverläufen keine schlüssigen Hinweise auf die Örtlichkeiten der Schwachstellen abzuleiten waren. In der Folge wurden dann Gefrierrohre ausgebaut und mit Temperaturgebern bestückt, Färbversuche durchgeführt und schliesslich mittels Ultraschallmessungen die kritischen Bereiche des Frostkörpers systematisch untersucht. Es stellte sich dabei heraus, dass sich bis auf die erwähnte Leckstelle in der Kalotte alle übrigen Schwachstellen in den Zonen der grobkörnigen Grundmoräne mit den erwähnten hohen Durchlässigkeiten befanden.

Für die Sanierung selbst kamen neben einem länger dauernden Durchlaufbetrieb

Temperaturverläufe je eines Gebers der Frostkörper Ost und West und unter der Limmatisolation mit Betriebsregime der Frostkörper

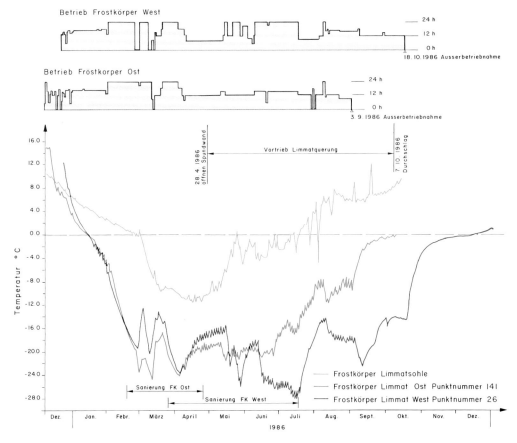

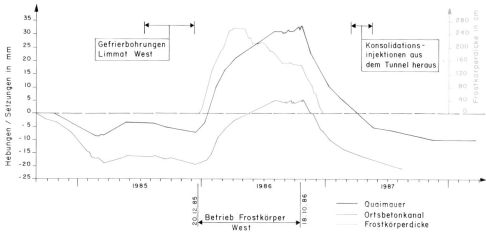

Deformationen Quaimauer und Ortsbetonkanal am Bahnhofquai mit Entwicklung der Frostkörperdicke

der Kälteanlage im wesentlichen Injektionen zur Anwendung. Dabei wurden zur Hauptsache Zement-Bentonit-Mischungen verwendet, welche bei schnell wegströmendem Injektionsgut mit chemischen Zusätzen zu kolloidalen Mischungen «verdickt» wurden. Ergänzt wurden diese Injektionen durch einzelne punktuelle Kunstharzinjektionen.

Im Bild auf Seite 226 sind stellvertretend für die unzähligen Messungen die Temperaturverläufe von je einem Messgeber der Frostkörper Ost und West und eines Gebers unter der Limmatisolation dargestellt. Dabei zeigt sich, dass wegen des durch die Sanierungsarbeiten bedingten, langandauernden Durchlaufbetriebes in ungestörten Bereichen bedeutend tiefere Temperaturen erreicht wurden als es technisch nötig gewesen wäre. Dementsprechend erreichten die Frostkörper auch eine grössere Dicke als erforderlich, was sich insbesondere beim Ausbruch erschwerend auswirkte, da das Ausbruchprofil zu ca. 60 % zugefroren war, so dass gefrorenes Material abgebaut werden musste. Der Temperaturverlauf des Punktes 101 (Bild Seite 226) unter der Limmatisolation zeigt ausserdem den direkten Erfolg der Limmatisolierung, wurden doch unterhalb dieser Temperaturen bis −10 °C gemessen, während die Limmat selbst in jenem Zeitpunkt Temperaturen von +4 bis 6 °C aufwies. Nach erfolgter Durchfahrt des Vortriebes führten Deformationen dazu, dass die Isolation unterströmt wurde, worauf sich die Temperaturen wieder der Limmattempera-

tur anglichen. Zu diesem Zeitpunkt war aber die Isolationswirkung nicht mehr erforderlich.

Unterquerung Quaimauer und Ortsbetonkanal am Bahnhofquai

Wie im Bild auf Seite 216 ersichtlich, unterquert der Tunnel der Limmatquerung die Quaimauer am Bahnhofquai sowie einen Ortsbetonkanal mit sehr knappen Überdeckungen, wobei der Abstand vom Aussengewölbe zum Quaimauerfundament lediglich 0.8 m beträgt. Es war deshalb mit durch die Bauarbeiten bedingten Setzungen zu rechnen, weshalb im Kostenvoranschlag Sanierungsmassnahmen von Quaimauer und Kanal eingerechnet und im Werkvertrag Konsolidationsinjektionen vorgesehen wurden. Nach dem Durchschlag der Limmatquerung am 7. Oktober 1986 konnte die Kälteanlage am 18. Oktober 1986 ausser Betrieb genommen werden, und der Frostkörper West begann aufzutauen. Während dieser Auftauphase wurden die Eisstände mit den Temperaturmessungen genau verfolgt, so dass Anfang bis Ende November 1986 in insgesamt fünf Kampagnen die geplanten Konsolidationsinjektionen ausgeführt werden konnten. Die in Bild oben dargestellten vertikalen Deformationen zeigen, dass bei der Quaimauer eine gesamte bleibende Setzung von ca. 10 mm resultierte, welche sich aus 7 mm durch den Schachtbau und lediglich 3 mm durch den eigentlichen Tunnelbau zusammensetzte. Diese sehr geringen Setzungen wurden ei-

227

nerseits durch die setzungsarme Spritzbetonbauweise, andererseits durch die eingeleiteten Injektionen während des Schachtbaus und der Auftauphase des Frostkörpers erreicht. An Quaimauer und Ortsbetonkanal wurden dann auch keinerlei Schäden festgestellt, so dass sich Sanierungsmassnahmen erübrigten.

Schlussbemerkungen

Dank der engagierten Zusammenarbeit aller Beteiligter konnten die Limmat und der Bahnhofquai erfolgreich unterquert werden. Das Gefrierverfahren konnte dank zahlreicher Hilfsmassnahmen auch in den vorliegenden komplexen Verhältnissen erfolgreich angewandt werden, die angetroffenen geotechnischen Verhältnisse zeigten aber auch, dass man an die Grenzen des Anwendungsbereiches dieser Baumethode vorgestossen war. Trotz der erwähnten Schwierigkeiten während der Ausführung konnten die für die Vergebung ausschlaggebenden Vorteile der Unternehmervariante Gefrierverfahren im wesentlichen erreicht werden.

Die Anwendung des Gefrierverfahrens bei der Unterquerung der Limmat (Baulose 2.04 und 4.03)

Rolf Egli

Die beiden Baulose Bahnhofquai/Limmat (Baulos 2.04) und Neumühlequai/Publicitas (Baulos 4.03) weisen sehr unterschiedliche Querschnittsformen und -weiten auf. Mit aussergewöhnlich geringen Überdeckungen müssen verschiedene Hauptverkehrsadern, die Limmat und Überbauungen unterquert werden.

Der sich nach beiden Seiten stetig aufweitende Querschnitt unter der Limmat ist bis 15 m breit, wobei die Überdeckung zur Flusssohle lediglich 2,5 bis 3,5 m beträgt.

Die beiden Einspurröhren im Baulos Neumühlequai/Publicitas haben im Gefrierabschnitt unter dem Neumühlequai und im Übergang zum Hirschengrabentunnel die Form aufgestellter Ellipsen. Unter dem Publicitasgebäude, bei dessen Neubau seinerzeit das S-Bahntrassee bereits freigehalten wurde, ist die Profilform rechteckig.

Baukonzept und Sondervorschlag

Die Ausschreibung sah vor, das Bauwerk im Bereich der Limmat in drei Etappen mit der Deckelbauweise im Schutze von umspundeten Kästen zu erstellen. Die Einspurröhren in Form rechteckiger Regelprofile im Abschnitt Neumühlequai sollten von der Publicitas her mittels der Gefrierbauweise bergmännisch vorgetrieben werden. Überlegungen und Randbedingungen für eine allfällige Anwendung des Gefrierverfahrens auch im Limmatabschnitt wurden bereits in der Ausschreibung dargelegt.

Die Arbeitsgemeinschaft Limmatquerung hat in enger Zusammenarbeit mit der Philipp Holzmann AG einen Sondervorschlag eingereicht, dem der bergmännische Tunnelvortrieb im Schutze von Gefrierkörpern sowohl unter der Limmat als auch unter dem Neumühlequai zugrunde lag.

Übersicht über die Baustelle

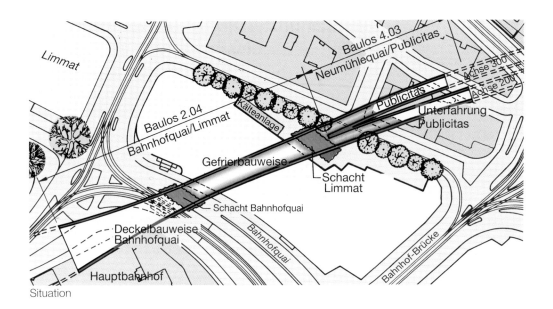

Situation

Das Konzept sah zwei Schächte vor, wodurch technisch vertretbare Gefrierabschnitte entstanden, indem die Gefrierbohrungen auf eine maximale Länge von 40 m begrenzt werden konnten.

Vom Hauptschacht in der Limmat aus erfolgten die gesamten Tunnelbauarbeiten; einerseits bis zum Bahnhofquai und anderseits bis zur Losgrenze zum nachfolgenden Hirschengrabentunnel.

Der zweite Schacht am Bahnhofquai diente ausschliesslich zur Herstellung der Gefrierbohrungen für den westlichen Abschnitt unter der Limmat.

Der Sondervorschlag brachte gegenüber dem Amtsvorschlag wesentliche Vorteile:

• Weitgehende Freihaltung des Flussquerschnittes und damit reduzierte Einschränkung des Abflussprofiles;
• Geringere Beeinträchtigung des Verkehrs am Neumühlequai durch den ausserhalb der Verkehrsflächen situierten Angriffsschacht Limmat;
• Erhaltung des Baumbestandes am Neumühlequai;
• Verminderung des Baustellenverkehrs am Bahnhofquai;
• Geringere Immissionen, da der überwiegende Teil der Bauarbeiten im «Untergrund» abgewickelt werden konnte;

• Reduktion der Aushubabtransporte mit Lastwagen, da die Tunnelprofile im Vergleich zur offenen Bauweise erheblich kleiner gehalten werden konnten.

Die beiden Einspurröhren unter dem Neumühlequai wurden nacheinander aufgefahren. Zuerst wurde der Gefrierkörper des Tunnels Achse 200 aufgebaut und dieser Abschnitt bis unter das Publicitasgebäude ausgebrochen. Der daneben liegende Gefrierkörper des Tunnels Achse 300 stützte sich gegen den bereits mit der Innenschale versehenen Nachbartunnel ab. Mit einem vorgängig gebohrten Injektionsschirm über den Tunnelfirsten wurde die starke Grundwasserströmung unter der Quaimauer hindurch vermindert.

Vor Inangriffnahme der Ausbrucharbeiten unter der Limmat mussten flankierende Massnahmen ergriffen werden, auf die an anderer Stelle eingegangen wird.

Baugrund und Aufschlüsse

Die Geologie der Lockergesteine in der Umgebung von Zürich ist stark geprägt von der letzten Eiszeit. Der Linth-Rhein-Gletscher hinterliess bei seinem Rückzug markante Endmoränenwälle während verschiedenen stationären Phasen. Die Baustelle Limmatquerung befindet sich etwa 400 Meter talwärts des grossen Endmorä- 230 nenwalls aus dem «Zürcher-Stadium». Hinter diesen Moränenwällen staute sich meistens ein See auf, in dem vor allem siltig-feinsandige Seeablagerungen entstanden. Durch Pendelbewegungen und erneute kurze Vorstösse des Gletschers wurden diese Seeablagerungen zum Teil glazial vorbelastet und verfaltet oder sogar von Moräne bedeckt. Am unmittelbaren Gletscherrand gelangten heterogene randglaziäre Sedimente zur Ablagerung, welche ein Spektrum von sehr grobkörnigen Blockzonen bis zu feinen, tonigen Silten umfassen. Nach dem Rückzug des Gletschers wurden von der Sihl bis zu 30 Meter mächtige Schottermassen auf die eiszeitlichen Ablagerungen geschüttet.

Der anstehende Baugrund ist demzufolge sehr heterogen aufgebaut. Der Bahnhof

Museumstrasse liegt in den Schottern der Sihl und der Limmat. Im Bereich des Bauloses Limmat liegen über dem Fels der Oberen Süsswassermolasse kompakte, feinkörnige Grundmoräne, moränenartige Ablagerungen sowie teilweise vorbelastete Seeablagerungen, die etwa beim Schacht Limmat auskeilen. Sie sind überschüttet durch die Limmatschotter. Im Abschnitt Neumühlequai steigt die Grundmoräne stark an. Der steil ansteigende Molassefels erreicht die Tunnelsohle unter dem Publicitashaus. An der Losgrenze liegt der Tunnel vollständig im Fels.

Im Verlaufe der Bauarbeiten konnten durch umfassende geologische Aufnahmen wichtige, bis dahin unbekannte Erkenntnisse gewonnen werden, die nach zusätzlichen Massnahmen verlangten.

Tunnelbauarbeiten aus dem Schacht Limmat

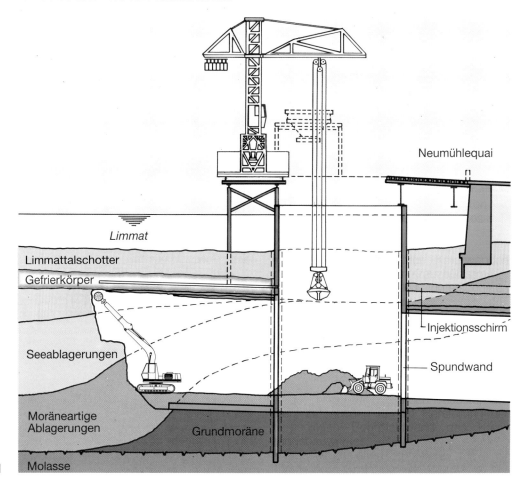

Die Vorbohrungen für die Spundwände des Schachtes Limmat, vor allem aber die Bohrungen für die Alluvialanker im Schacht liessen eine tiefe, limmatparallele Rinne in der Grundmoräne erkennen, welche teilweise bis auf den Fels hinunterreichte. Die Grundmoräne fehlte auf einer Teilstrecke ganz, so dass randglaziale Ablagerungen oder Seeablagerungen teilweise direkt auf dem Fels lagern.

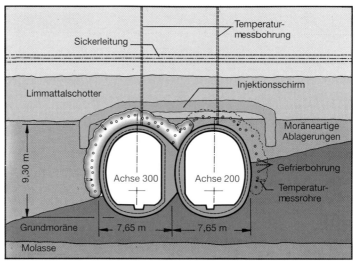

Einspurröhren unter dem Neumühlequai

Zwischen Grundmoräne und Seeablagerungen wurde eine bisher nicht aufgeschlossene Schicht von extrem heterogenen Ablagerungen festgestellt. Diese bestand aus teilweise in Lagen gehäuften grossen Blöcken, aus kantigem bis gerundetem Kies sowie aus Sanden und Silten. Die Lagerungsdichte und vor allem die Durchlässigkeiten in diesen Ablagerungen und den Schottern wiesen eine viel grössere Streubreite auf als ursprünglich angenommen werden durfte.

Die Wasserinfiltration aus der Limmat in den Schotter beginnt erst etwa 300 Meter oberhalb der Baustelle. Diese befindet sich also am Anfang des Limmattal-Grundwas-

Ausbruch in der Achse 300

serstroms. Erst im Verlaufe der Bauarbeiten konnte durch Untersuchung der Wasserqualität festgestellt werden, dass neben dem Grundwasser in den Limmattalschottern auch noch ein zweites Grundwasserstockwerk in den durchlässigen, randglaziären Ablagerungen vorhanden ist.

Massnahmen zur Sicherstellung des Gefrierverfahrens

Voraussetzungen

Das Gefrierverfahren ist grundsätzlich in jedem Boden anwendbar; die Grenzen sind jedoch in Relation zu den vorhandenen Randbedingungen zu setzen.

Beim vorliegenden Bauwerk bildet die Grundwasserströmung das Hauptkriterium für die Beurteilung. Eine maximale Fliessgeschwindigkeit von 2 m pro Tag (24 Std.) ist als Grenzwert für den sicheren Aufbau eines Frostkörpers vorgegeben.

Weitere Anforderungen werden gestellt, wie

• zielgenaues Bohren und Kontrolle der Bohrgenauigkeit;
• eine Kälteanlage mit ausreichender Leistung und die systemgerechte Verteilung der erzeugten Kälte;
• laufende Überwachung der Temperaturverhältnisse im Frostkörper;

232

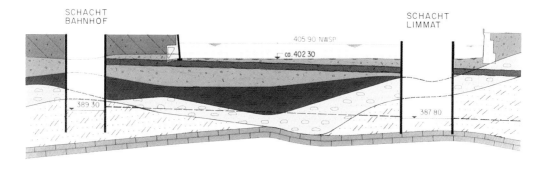

SCHACHT
BAHNHOF

SCHACHT
LIMMAT

405.90 NWSP
co. 402.30

389.30

387.80

| | AUFFÜLLUNG (VORWIEGEND KIESIG) | | GRUNDMORÄNE (HART, DICHT) |

AUFFÜLLUNG
(VORWIEGEND KIESIG)

LIMMATTALSCHOTTER

SEEABLAGERUNGEN
(TEILWEISE VORBELASTET)

GRUNDMORÄNE
(HART, DICHT)

MOLASSE

GEFRIERKÖRPER

MORÄNENARTIGE ABLAGERUNGEN
(TEILWEISE STARK WASSERFÜHREND)

Längenprofil mit aufgeschlossener Geologie

• Verhinderung eines übermässigen Wachstums bzw. Kälteabtrages des Frostkörpers.

Konzept der Massnahmen

Die geringe Überdeckung zwischen Tunnelfirst und Flusssohle, bestehend aus lokker gelagerten Schottern, die Wassertemperatur der Limmat von bis zu 22° C im Sommer sowie die Grundwasserverhältnisse bildeten die grössten Hindernisse, die sich der Anwendung des Gefrierverfahrens entgegenstellten.

Bei der Konzeption des Sondervorschlages wurden bereits

• eine zweite Lage Gefrierbohrungen über dem Scheitel,
• eine thermische Isolation der Flusssohle sowie
• Injektionen zur Verminderung der Wasserdurchlässigkeit vorgesehen.

Aufgrund einer Risikoanalyse wurden vom projektierenden Ingenieur und der Unternehmung verschiedene Varianten zur Reduktion der Grundwasserströmung studiert. Die gewählte Lösung «Trog-RDV» ist im Bild rechts dargestellt und beinhaltet folgende Massnahmen:

• Spundwand beidseitig des Frostkörpers bis in die dichten Seeablagerungen zur Unterbindung einer flussparallelen Sickerströmung im Limmattalschotter.
• Verdichtung des Schotters bis in den Kalottenbereich mit dem Rütteldruckver-

Blockdiagramm der verschiedenen Massnahmen für die «Trog-RDV»-Lösung

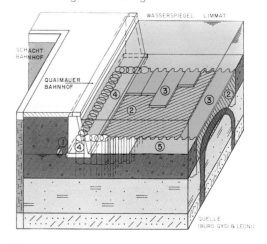

WASSERSPIEGEL LIMMAT

SCHACHT
BAHNHOF

QUAIMAUER
BAHNHOF

QUELLE
(BÜRO GYSI & LEONI)

1	SICKERLEITUNG		SCHLITZWAND
2	GERÜTTELTER BODEN-KÖRPER		GEFRIERKÖRPER
3	THERMISCHE ABDECKUNG		LIMMATSCHOTTER
4	JETTING DICHTWAND		SEEABLAGERUNGEN
5	SPUNDWÄNDE		GRUNDMORÄNE

233

fahren unter Zugabe von Feinmaterial; gleichzeitig wurde damit die Zielgenauigkeit der Bohrungen verbessert.

• Vertikale Jetting-Dichtwand unter die Quaimauer des Bahnhofquais mit dem Ziel, die Strömungsgeschwindigkeiten von der Limmat her zu verringern.

Als Folge der erwähnten Rinne mussten seitliche Wassereintritte unter dem Gefrierkörper hindurch erwartet werden; mit der ursprünglichen Grösse der Frostkörper war deren Einbinden in die Grundmoräne nicht mehr gegeben.

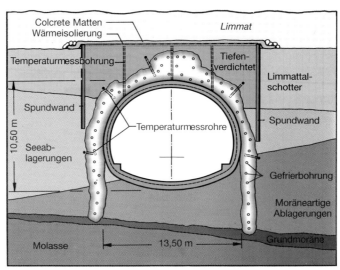

Lage der Gefrierbohrungen im Limmatbereich

Diesem Umstand wurde durch zusätzliche Gefrierbohrungen Rechnung getragen, welche fächerförmig bis in die Molasse hinunter reichten. Die Vergrösserung der Frostkörper war erheblich, wuchs doch das zu vereisende Bodenvolumen um etwa 25 %.

Rütteldruckverfahren

Die flussparallelen Sickerströmungen wurden mit zwei Spundwandreihen beidseitig des Frostkörpers unterbunden. Der dazwischenliegende Boden wurde mit der Methode der Tiefenverdichtung homogenisiert und die vorhandene Durchlässigkeit reduziert. In einem Raster von jeweils drei Rüttelpunkten mit zwei Metern Seitenlänge bearbeitete man den Limmatbereich von einer Schiffsbatterie aus systematisch auf eine mittlere Tiefe von fünf Metern.

Mit einem – über jeden Rüttelpunkt auf den Flussgrund abgestellten – Mantelrohr von 150 cm Durchmesser konnte trotz freifallender Materialzugabe das Ausschwemmen von Feinkomponenten weitgehend verhindert werden.

Je nach den vorgefundenen Bodenverhältnissen wurde ein abgestuftes Kies-Sand-Gemisch oder in den schlammigen Partien reiner Schotter zugegeben.

Es zeigte sich, dass die notwendige Menge Zugabematerial bis zum Zweifachen

des üblichen Masses betrug, so dass man mehr als 1 m^3 Fremdmaterial pro Tiefenmeter und Rüttelpunkt zugeben musste. Dies weist auf eine sehr lockere Lagerung des Limmatbodens hin.

Mit dem Rütteldruckverfahren konnte die notwendige Grundlage für die Tragfähigkeit des Frostkörpers geschaffen werden.

Mit einem einfachen Pumpversuch im Mantelrohr konnten nahe dem Flussgrund Durchlässigkeitsbeiwerte von $k = 1 \times 10^{-7}$ bis 1×10^{-5} m/s gemessen werden, wodurch sich der Erfolg dieser Massnahme bestätigte.

Das Hochwasser im September/Oktober 1984 führte zu einer teilweisen Auskolkung des gerüttelten Bodens. Die nachfolgende Wiederaufschüttung und Nachverdichtung konnte nicht mehr in die untere, bereits verdichtete Zone eingebunden werden, da die Rüttelflasche nicht mehr in den verdichteten Boden einzudringen vermochte. Erst die später durchgeführten Ringspaltinjektionen beim Rückzug der Gefrierbohrrohre bewirkten die notwendige Bodenverbesserung.

Abdeckung der Limmatsohle

Eine Besonderheit stellt der Einbau einer thermischen Abdeckung auf der Limmatsohle dar. Der Gefrierkörper bildet sich als 234

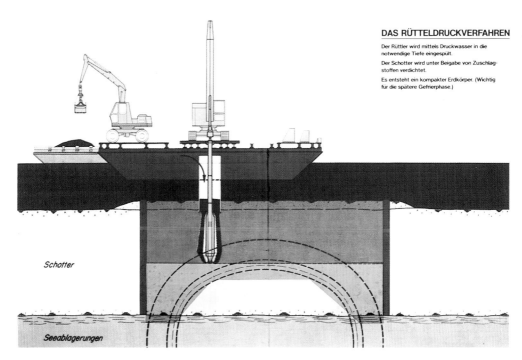

DAS RÜTTELDRUCKVERFAHREN

Der Rüttler wird mittels Druckwasser in die notwendige Tiefe eingespült.

Der Schotter wird unter Beigabe von Zuschlagstoffen verdichtet.

Es entsteht ein kompakter Erdkörper. (Wichtig für die spätere Gefrierphase.)

Schotter

Seeablagerungen

Tiefenverdichtung mit dem Rütteldruckverfahren

Folge der geringen Überdeckung (2,50 bis 3,50 m) bis unmittelbar unter die Flusssohle, so dass das wärmere Limmatwasser übermässig viel Kälte abführen kann. Der Gefahr einer Temperatur-Erosion des Frostkörpers wird durch den Einbau einer dämmenden Isolation begegnet. Welche Anforderungen werden an dieses System gestellt?

• Wärmeleitfähigkeit k = 0.035 kcal/mh °C
• Geringe Wasseraufnahme des Abdeckungsmaterials
• Minimale Bauhöhe, da die Schwellenhöhe für Einbauten begrenzt ist
• Kein grossflächiges Unterströmen durch das Flusswasser
• Sicherheit gegenüber Auftrieb, Hochwasser, Kolk oder mechanischer Beschädigung
• Verträglichkeit mit Limmat- und Grundwasser
• Möglichkeiten zur Überwachung und Kontrolle

Nach verschiedenen Vorversuchen wurde folgende Lösung ausgeführt:
• Geschlossenzellige PVC-Hartschaumplatten, die in 6 cm starke Platten geschnitten und teilweise beschichtet wurden. Die Platten sind mittels PVC-Schar-

nieren verbunden und mussten für die Verlegung zusammengefaltet werden.
• Auftriebssicherung mit VSL-Beschwerungsmatten (d = 15 cm), die während dem Verlegevorgang kontinuierlich mit Colcrete-Mörtel verfüllt wurden.
• Das ganze System wurde mittels eines Kastens verlegt, der unter der Überwachung von Tauchern über die Flusssohle gezogen wurde; die gefüllten Beschwerungsmatten legten sich auf die aus dem Kasten gezogenen Isolationsplatten und verhinderten damit das Aufschwimmen.
• Die Fugen zwischen den einzelnen Bahnen sowie alle Randabschlüsse mussten von Tauchern in Handarbeit eingepasst und beschwert werden.
• Der Hohlraum zwischen der gerüttelten Flusssohle und der Abdeckung wurde nachträglich mit Colcrete-Mörtel ausgegossen.

Die Temperaturen an der Flusssohle wurden durch ein System von Messkabeln überwacht, die in den Fugen eingelegt waren. Periodische Tauchgänge sowie Nivellements ausgesuchter Punkte vervollständigten das Überwachungssystem.

Der Verlegevorgang erfüllte die Erwartungen, wobei allerdings der Anteil an mühe-

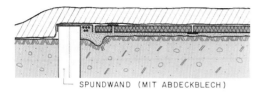

SPUNDWAND (MIT ABDECKBLECH)

- VERDICHTETER LIMMATBODEN (RDV)
- VERFÜLLUNG MIT COLCRETE MÖRTEL
- PVC – HARTSCHAUMPLATTEN, AIREX
- VSL – BESCHWERUNGSMATTEN

Abdeckung der Limmatsohle

voller Kleinarbeit für den Anschluss in den Randzonen überaus hoch war.

Die Sohle musste jeweils vor dem Verlegen vorbereitet und planiert werden, um ein sattes Anliegen der Platten zu ermöglichen.

Das angewandte System hat sich bewährt, obwohl als Folge des bis zum Flussgrund gewachsenen Frostkörpers Hebungen von bis zu 15 cm auftraten; die sich dabei einstellenden, klaffenden Fugen in den unarmierten Bewehrungsmatten mussten mit Colcrete-Mörtel nachinjiziert werden.

Gefrierarbeiten

Bohrarbeiten

Das Bohrverfahren musste den schwierigen, wechselhaften Bodenverhältnissen und dem unter Druck stehenden Grundwasser Rechnung tragen.

Der Abstand der Bohrungen untereinander betrug zwischen 80 und 90 cm.

Um eine möglichst hohe Zielgenauigkeit bei den bis zu 45 m langen Bohrungen zu erreichen, wurde erstmals das sogenannte «Doppelkopf-Überlagerungsbohrverfahren» mit einem Bohrdurchmesser von 152,4 mm angewandt.

Hierbei wird mit Aussen- und Innengestänge gearbeitet. Beide Gestänge haben unterschiedliche Drehzahlen und gegenläufige Drehrichtungen.

Aussen- und Innengestänge können gegeneinander verschoben werden, so dass das Versatzmass variiert werden kann. Bohrgerät und -werkzeug mussten schrittweise an die teilweise extremen Bodenverhältnisse angepasst werden.

Auf den Einsatz von Bohrschablonen musste wegen der stark voneinander abweichenden Tunnelquerschnitte verzichtet werden. Stattdessen wurden die Bohrgeräte selbst auf den in der Höhe verstellbaren Bohrplattformen eingemessen und festgesetzt.

Als Massnahme gegen drückendes Wasser und die damit verbundenen Bodenausspülungen wurden an den Bohransatzpunkten wasserdruckhaltende Stopfbüchsen angebaut. War die geforderte Bohrlänge erreicht, wurde das Gestänge von der Bohrkrone ausgeklinkt, die alsdann als Verschluss des Bohrrohrs diente.

Das Gestänge konnte dadurch ohne unkontrollierten Wasserzutritt und Bodenentzug ausgebaut und die Gefrierrohre Ø 101.6 mm eingeschoben werden. Mit dem Zurückziehen des Bohrrohres wurde gleichzeitig der Ringspalt zwischen dem Gefrierrohr und dem Erdreich mit einer Zement-Bentonit-Suspension verpresst. Die oft sehr lockere Lagerung des Baugrundes führte stellenweise zu grossen Verpressmengen.

Bohrgerät für die Gefrierbohrungen im Schacht Limmat

Der Ausbau der Bohrrohre erfolgte mittels einer hydraulischen Ziehpresse.

Die geforderte Genauigkeit betrug 1 % der Bohrlänge. Die Bohrlochvermessung erfolgte mittels eines Deflectometers.

Für die Beurteilung des ganzen Systems der Bohranordnungen ist die gegenseitige Lage der Gefrierrohre von grösserer Bedeutung als die absolute Abweichung der einzelnen Bohrungen.

Aufbau und Betrieb der Gefrierkörper

Das gesamte Gefriersystem muss so bemessen werden, dass es den Aufbau des Frostkörpers mit den statisch erforderlichen Abmessungen sicherstellt. Andererseits ist eine Minimierung der Energiekosten anzustreben.

Während in der Angebotsphase analytische Ansätze beim Frostkörper Neumühlequai ausreichten, wurden beim Frostkörper Limmat Berechnungen mit der FE-Methode durchgeführt, um den heiklen Randbedingungen besser Rechnung tragen zu können. Bei dieser Methode kann eine Vielzahl von Parametern wie

- Geometrie des Ausbruchs
- Bauablauf
- Anordnung der Gefrierrohre
- Leistung, Betrieb und Steuerung der Kälteanlage
- Grundwasserströmungen

berücksichtigt werden.

Als Ergebnis erhält man neben der zu erreichenden Frostkörperdicke auch die Temperaturverteilung im Frostkörper in Abhängigkeit der Gefrierzeit.

Die wärmetechnischen Berechnungen wurden im Laufe der Bauzeit verschiedentlich den eingetretenen Änderungen – sei es in der Grösse der Gefrierkörper oder im Bauablauf – angepasst; gleichzeitig konnten die gewonnenen Aufschlüsse berücksichtigt werden.

Grundsätzlich kann festgestellt werden, dass die errechneten Gefrierzeiten für die Dichtigkeit und Tragfähigkeit der Frostkör-

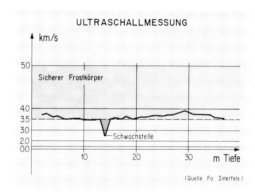

Entwicklung der Gefrierkörperdicke gemäss Berechnung

per sehr gut mit den effektiven Zeiten übereinstimmten, sofern die zulässigen Strömungsgeschwindigkeiten nicht überschritten waren.

Nachdem die Tragfähigkeit erreicht war, wurde der Gefrierkörper im intermittierenden Kühlbetrieb erhalten, um ein unnötiges Anwachsen zu vermeiden. Die Dauer der Einschaltphasen ergab sich dabei aus der Beurteilung ausgesuchter Temperaturmessgeber.

Überwachung

Die erforderliche Gefrierkörperdicke betrug 1,50 m bei einer mittleren Frostkörpertemperatur von -10° bis -15° C.

Kälteanlage

Ausbrucharbeiten unter der Limmat

Die Kälteanlage wies einen Leistungsbereich von 200'000 bis 430'000 kcal/h bei einer Soletemperatur von -10° bis -40° C auf.

Der Betrieb der Kälteanlage und das Rohrsystem sowie die Temperaturen im Untergrund mussten ständig überwacht werden. Folgende Methoden kamen zur Anwendung:

• Messketten in vertikalen und horizontalen Bohrungen,
• Messketten unter der Wärmedämmung auf dem Limmatboden,
• mobile Messketten, die nach Bedarf in einzelne Gefrierrohre eingeführt werden konnten,

Ultraschallmessungen:
Feststellen einer Stelle ungefrorenen Bodens

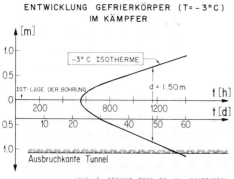

ENTWICKLUNG GEFRIERKÖRPER (T=-3°C)
IM KÄMPFER

(QUELLE: BERICHT PROF. DR. H.L. JESSBERGER)

• Temperatur-, Druck- und Durchflussmessungen im Rohrleitungssystem und in der Kälteanlage,
• durchgehende Überwachung durch einen Geräteführer.

Eine automatische Messanlage erfasste und registrierte die Werte der über 350 Temperaturmessgeber zyklisch.

Zu den Kontrollmessungen gehörte das Beobachten von vertikalen und horizontalen Verformungen während der Gefrier- bzw. Auftauphase.

Verschiebungsmessungen und Präzisions-Nivellements in einem engen Rasternetz dienten zur Überwachung der Bewegungen an der Geländeoberfläche. Mit Konvergenzmessungen in verschiedenen Querschnitten wurden die Deformationen des Aussen- und Innengewölbes überwacht.

*Beurteilung der Dichtigkeit;
Unregelmässigkeiten*

Für die Beurteilung der Gefrierkörper sind die Temperaturmessungen massgebend. Sie geben Aufschluss darüber, ob der Frostkörper geschlossen ist, bzw. die geforderte Stärke erreicht hat. Abweichungen einzelner Geber in der Temperaturentwicklung lassen in der Regel auf Unregelmässigkeiten im Frostkörper bzw. Untergrund schliessen.

Der besonderen Situation der Baustelle – Gefrierkörper im Grundwasser und unmittelbar unter der Flusssohle liegend – wurde mit einem Sicherheitsplan Rechnung getragen, dem ein Konzept zusätzlicher Massnahmen zur Kontrolle der Dichtigkeit zugrunde lag.

Mittels Drainagebohrungen wurden die Tunnelkörper entwässert, gleichzeitig die Dichtigkeit geprüft.

Nimmt der Wasserzutritt im Verlauf der Zeit nicht genügend ab, muss auf vorhandene «Fenster» und Schwachstellen geschlossen werden. Das Eingrenzen und Lokalisieren dieser Störzonen gestaltete sich teilweise schwierig und verlangte nach weiteren Messungen und Massnahmen:

• Periodische Messung von Druck, Temperatur und Menge des zufliessenden Wassers im Schacht.
• Gezielte Impfversuche mit verschiedenen Färbmitteln geben Auskunft über noch vorhandene Wasserläufe sowie die Strömungsrichtungen.
• Kurzfristiger Einsatz mobiler Messketten in einzelne, ausgewählte Gefrierrohre.

Mit diesen Methoden konnten Unregelmässigkeiten in den Gefrierkörpern unter dem Neumühlequai mit ausreichender Genauigkeit geortet werden.

Die Ursache des an sich kleinräumigen Lecks konnte nicht schlüssig eruiert werden; am wahrscheinlichsten scheint, dass ein vorhandener Hohlraum aus der Zeit des Baues der ehemaligen Mühleanlagen den Aufbau des Frostkörpers lokal verhindert hat.

Mit verschiedenen Injektionsmaterialien und -anordnungen gelang es schliesslich, den Wasserweg zu stopfen.

Die Temperaturentwicklung beim Aufbau der Gefrierkörper unter der Limmat entsprach anfänglich den prognostizierten Werten.

Erst die Drainagebohrungen zeigten, dass undichte Stellen in einem Bereich vorhanden sein mussten, der nicht durch Temperaturmessungen überwacht werden konnte. Färbversuche ergaben diesmal kein eindeutiges Bild.

Mittels Ultraschallmessungen (Firma Interfels) zwischen benachbarten Gefrierrohren konnten schliesslich Fehlstellen und Unregelmässigkeiten genauer lokalisiert werden. Das System basiert auf den unterschiedlichen Fortpflanzungsgeschwindigkeiten der Schallwellen im Wasser (etwa 1500 m/s) und im Eis (etwa 3600 m/s). Die Störungen lagen hauptsächlich in den bereits erwähnten, randglazialen Ablagerungen («Blockteppich»), die durch die seinerzeitigen Sondierbohrungen nicht erfasst worden waren; der vorgegebene Grenzwert der Durchlässigkeit wurde hier deutlich überschritten.

Mit gezielten Injektionen wurde erfolgreich gegen die vorhandenen Schwachstellen vorgegangen. Zement-Bentonitmischungen unterschiedlicher Konsistenz wurden über Manschettenrohre in die kritischen Zonen gepresst, ergänzt durch punktuelle, aber wirkungsvolle Kunstharzinjektionen (Wilkit).

Als weitere Massnahme zum Schliessen von «Fenstern» wurden Versuche mit dem sogenannten «Intensiv-Gefrieren» unternommen; während eines vorgegebenen Zeitraumes werden Teile des Gefrierkörpers mit der vollen Kälteleistung beaufschlagt, während die restlichen Rohrstränge abgeschaltet sind. Dadurch sinkt die Vorlauftemperatur rasch auf bis zu -40° C.

Die Wirkung dieser Massnahmen ist jedoch eher bescheiden und eignet sich allenfalls im «Verbund» mit Injektionen.

Während die Lecksanierung in der Axe 200 etwa fünf Wochen dauerte, erstreckte sich die Lokalisierung und das Stopfen der Fenster im Gefrierkörper unter der Limmat über einen Zeitraum von fast vier Monaten. Durch ein gestaffeltes Vorgehen konnte jedoch der Vortrieb unter der Limmat vor dem Abschluss der Sanierung auf der Bahnhofseite begonnen werden, so dass sich die entstandenen Verzögerungen nicht vollumfänglich im Bauprogramm niederschlugen.

Tunnelbau

Die drei Tunnelabschnitte wurden im vollen Profil aufgefahren, wobei die Ortsbrust gestaffelt und leicht geneigt ausgebildet war.

Gestaffelter Ausbruch im Tunnel Limmat

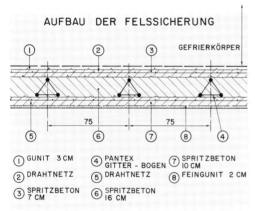

AUFBAU DER FELSSICHERUNG

GEFRIERKÖRPER

75   75

① GUNIT 3 CM
② DRAHTNETZ
③ SPRITZBETON 7 CM
④ PANTEX GITTER - BOGEN
⑤ DRAHTNETZ
⑥ SPRITZBETON 16 CM
⑦ SPRITZBETON 10 CM
⑧ FEINGUNIT 2 CM

Prinzip der Felssicherungsmassnahmen
am Beispiel Neumühlequai

Kalotten-Strosse wurden in Etappenlängen von etwa 1.50 m ausgebrochen und mit Spritzbeton sowie Drahtnetzen gesichert. Der Ringschluss erfolgte innerhalb 8 m hinter der Ortsbrust, das Sohlgewölbe wurde in 4-m-Etappen betoniert und der Ring mittels Pantex-Gitterbogen und Spritzbeton geschlossen.

Die letzte Netzlage wurde im rückwärtigen Bereich verlegt und eingespritzt. In der Kalotte wurde unmittelbar nach dem Ausbruch ein Brustverzug zusammen mit der ersten Spritzbetonschicht aufgebracht. Die gefrorenen Bodenzonen wurden mit einem Schrämbagger abgebaut. Der mit einem Teilschnittkopf Eickhoff ET 110 ausgerüstete Liebherr 952 Raupenbagger verfügte über den notwendigen Aktionsradius und

Schrämbagger zum Abbau
des gefrorenen Bodens

hat sich in den gegebenen Verhältnissen bewährt. Kern und Sohle wurden unter der Limmat mit einem weiteren Hydraulikbagger mittels Reisszahn, Abbauhammer und Schwenklöffel ausgebrochen. Das Ausbruchmaterial wurde mit Pneu- und Radladern in den Schacht Limmat geschuttert.

Anfänglich gestalteten sich die Ausbrucharbeiten als Folge der engen Platzverhältnisse im Schacht mühsam; die Situation verbesserte sich mit dem Anstich der zweiten Röhre und insbesondere des Tunnels unter der Limmat zusehends.

In den Einspurröhren konnten etwa 5 bis 6 m Vortrieb pro Woche im Regelvortrieb der Gefrierstrecke erreicht werden. Im Tunnel unter der Limmat betrug die Vortriebsleistung im Mittel etwa 4.5 m pro Woche.

Die Durchführung der Arbeiten erfolgte dabei teilweise im Dreischichtbetrieb. Die Schrämleistungen variierten in diesem heterogenen Baugrund stark; insbesondere hatten die zahlreichen Findlinge aller Grössen und das gefrorene Bodenmaterial eine Verminderung der Schneidleistungen zur Folge, verbunden mit einem grossen Meisselverschleiss.

Das Erhalten der Gefrierkörper während den Ausbrucharbeiten bot keine besonderen Probleme. Die Temperaturen konnten dank genügender Reserven des Kälteaggregates und mit einem angepassten Betriebsprogramm jederzeit sicher im Griff gehalten werden.

Der ersehnte Durchschlag im Schacht Bahnhofquai konnte am 7. Oktober 1986 gefeiert werden. Anschliessend wurde die Abdichtung verlegt und der Innenring betoniert; als letzte Arbeit mussten beide Schächte ausgebaut und geschlossen werden.

Nach dreieinhalbjähriger, hektischer Bautätigkeit konnte das Werk dem Bauherrn übergeben werden.

Schlussbemerkungen

Die angestrebten Vorteile des Sondervorschlages konnten bei der Unterquerung der Limmat ohne Abstriche realisiert werden.

Kernabbau mit Hydraulikbaggern

Der denkwürdige Durchschlag unter der Limmat konnte am 07.10.86 gefeiert werden.

Mit dem Gefrierverfahren, in Kombination mit vielen Sondermassnahmen, konnten die Voraussetzungen für die sichere Durchführung dieser schwierigen Bauaufgabe geschaffen werden.

Die angetroffenen Baugrundverhältnisse führten dazu, dass der Grenzbereich des Verfahrens verschiedentlich erkennbar wurde.

Dank der Zusammenarbeit und dem Engagement aller Beteiligten konnten die vielfältigen Probleme jedoch gemeistert und damit das Gefrierverfahren in extremen Verhältnissen erfolgreich angewandt werden.

SBB – S-Bahn Zürich, Limmatquerung

Projektleitung:
SBB, Bauabteilung Kreis III, Zürich

Grundwasserabdichtung und Innenausbau in den Einspurröhren

Projekt und Bauleitung Unterfahrung Neumühlequai (Baulos 4.03):
Elektrowatt Ingenieur-Unternehmung AG, Zürich

Projekt und Bauleitung Limmatquerung (Baulos 2.04):
Basler & Hofmann, Ing. und Planer AG, Zürich

Arbeitsgemeinschaft Limmatquerung:
Locher & Cie AG, Zürich
Ed. Züblin & Cie AG, Zürich
Walo Bertschinger AG, Zürich
Schafir & Mugglin AG, Zürich

Gefrierarbeiten für die Arbeitsgemeinschaft:
Philipp Holzmann AG, D-7800 Freiburg

Geotechnisch-geologische Beratung der Arbeitsgemeinschaft:
Gysi & Leoni, Ingenieurbüro für Geotechnik + Geologie, Zürich

Die Limmat ist unterquert!

Teilprojekt 4: Die Unterquerung der Altstadt und ihre Tücken

Bernard Wüst

Vom Central bis zum Bahnhof Stadelhofen aus der Sicht des Teilprojektleiters

Nach dem neuen «Bahnhof Museumstrasse» (offizielle Bezeichnung Zürich HB Gleis 21-24) wurde die Altstadt rechts der Limmat bis zum Bahnhof Stadelhofen vom 1300 m langen Hirschengrabentunnel bergmännisch unterfahren. Von einem Angriffsschacht etwa in Tunnelmitte erfolgte der Vortrieb nach beiden Seiten in wechselnden geologischen Verhältnissen. Die Endbereiche des Tunnels beim Central und bei der Rämistrasse wurden unter schwierigen Verhältnissen in anspruchsvollen Konstruktionen separat ausgeführt.

Nicht nur geologische, sondern auch Bevölkerungsschichten waren zu unterqueren.

Persönlich war dies eine grosse Herausforderung, galt es doch das Projekt innert den gesetzten Fristen und innerhalb des Kostenvoranschlags abzuschliessen und ausserdem, soweit vertretbar, noch Anwohnerwünsche in Sachen Einschränkung der Arbeitszeit zu berücksichtigen, sei es beim Erstellen des Startschachts bei der Friedenskirche oder beim eigentlichen Tunnelvortrieb unter der Altstadt.

Dank einer breitangelegten, offenen Orientierung der betroffenen Anwohner durch die SBB und Bauleitung anlässlich von Orientierungsabenden, Tunnelbesichtigungen oder sogar im persönlichen Gespräch wurde ein Klima geschaffen, das bis zum Schluss als gut bezeichnet werden konnte. Persönliche Briefe, zum Beispiel von alt Stapi Emil Landolt und anderen Anwohnern, bestätigen dies.

Durch die Linienführung der S-Bahn unter der Altstadt ergaben sich weitere interessante Kontakte, wie jener zum ehemaligen Verkehrsminister, alt Bundesrat Dr. Willy Spühler. Gerade an seinem 85. Geburtstag wurde sein Wohnhaus unterquert. Weiter brachte der Baulärm (Bohrarbeiten für die Filterbrunnen, Grundwasserabsenkung) Gespräche mit der Schriftstellerin und Publizistin Frau Laure Wyss, die sich bekanntlich für Minderheiten engagiert. Auch die «Kunstszene» wurde durch die Linienführung tangiert. So gab es Berührungspunkte mit den verschiedenen Galerien an der Rämistrasse, dem Kunsthaus wie auch zur Aquarellmalerin Inge Nabholz-Schumann. Verschiedene Ereignisse brachten die Projektleitung auch mit Pro Helvetia, der Pestalozzistiftung, Ärzten und Psychiatern, aber auch mit einzelnen Bürgern dieses Altstadtteiles zusammen.

All diese Kontakte wie auch jene zu Ämtern und Verwaltungen haben eine reiche Abwechslung in den täglichen Arbeitsablauf eines Teilprojektleiters gebracht.

Beton ist eine gerissene Sache – Vorsorgliche Bestandesaufnahme

Um den Zustand bestehender Bauten festzuhalten, galt es, alle Gebäude in einem festgelegten Perimeter durch externe Architekten einer gründlichen Bestandesaufnahme zu unterziehen; wo notwendig wurden die Rissaufnahmen durch den Stadtammann beglaubigt.

Obwohl versicherungstechnisch der Geschädigte jeweils den Beweis erbringen muss, dass allfällig aufgetretene Schäden durch den S-Bahnbau verursacht wurden, haben sich die angeordneten Aufnahmen als Gegenbeweis bewährt, denn Schadenmeldungen trafen auch aus Distanzen von über 400 m seitlich der Tunnelachse ein. Wofür die S-Bahn-Baustelle alles hätte hinhalten sollen, war unglaublich und ist sicher auch eine Erscheinung unserer Zeit!

Zürcherisches Ballenberg-Museum

Durch diese Rissaufnahmen ergab sich die Gelegenheit, hin und wieder in typische stadtzürcherische Gebäude Einblick zu nehmen. Dabei war es jeweils faszinierend, etwas über die Entstehungsgeschichte der einzelnen Häuser zu erfahren.

Auch über die Parzelle zwischen dem Statistischen Amt und der Friedenskirche, die für den Startschacht vorgesehen war, konnte man sich ein Bild machen, so zum Beispiel 1576 im Murerschen Stadtplan oder 1788 im Müllerplan, aber auch in einer Federzeichnung von J. Caspar Uelinger um 1755.

Im weiteren folgte auf der Strecke das Haus zum Rechberg, der Vordere Florhof, etwas seitlich das inzwischen renovierte Konservatorium, die beiden städtischen Gebäude Hirschengraben 20 und 22, die Häuser an der Winkelwiese sowie das prächtige «Haus zum Garten».

Dieser kulturhistorische «Lehrpfad» wurde bei Baubesichtigungen mitunter durch eine offizielle Altstadtführung abgerundet, um das Ganze in einen grösseren Rahmen zu stellen, womit bewiesen wäre, dass Bauen auch seine schönen Seiten haben kann.

Baumschutz grossgeschrieben

Dass die Tunneltechnokraten auch Sinn für die Natur haben, zeigte sich an der Betreuung der Bäume unmittelbar über oder neben dem Tunnel. Die im Gefahrenbereich liegenden Bäume wurden während der ganzen Bauzeit beobachtet, bewässert, gedüngt usw. Dass sie sich heute in einem guten Zustand befinden, zeigt eine Infrarot-Flugaufnahme des Gartenbauamts.

Ganz besondere Aufmerksamkeit wurde der prächtigen Linde und dem Kastanienbaum im Park der Geschwister von Muralt gewidmet (zwischen Rämistrasse und Stadelhofen), denn die beiden Bäume wurden im Gefrierverfahren unterquert. Eine Arbeitsgruppe, bestehend aus zwei Professoren, einem Baumchirurgen und weiteren Experten, nahm sich dieses heiklen Problems an. Die erarbeiteten Randbedingun-

gen und die angeordneten Überwachungen führten zum Erfolg. Auch international gesehen kann dieses Unterfangen als Pionierleistung betrachtet werden, denn es stand keine entsprechende Literatur zu diesem Thema zur Verfügung.

Die Geschwister von Muralt mussten ein grosses persönliches Opfer bringen, weil ihr Park beim Bau des unterirdischen Teils des Bahnhofs Stadelhofen abgetragen wurde. Seine Rekonstruktion war für alle Beteiligten eine anspruchsvolle Aufgabe.

Praktisch ein Jahr Baustillstand

Am 16., 17., 22. und 27. September 1986 ereigneten sich Niederbrüche. Derjenige vom 22. September führte zum ersten Schildstillstand. Ab 2. Oktober erfolgte eine Schildfahrt mit gewollten Unterbrüchen, die es erlaubten, Injektionen an der Tunnelbrust durchzuführen. Am 20. Oktober folgte ein erneuter Stillstand bis zum 31. Oktober (Niederbruch 70 m³). Parallel dazu wurden die ersten Terminhochrechnungen durchgeführt, das heisst Vergleich Soll-Vortriebsleistung (55 m/Monat) mit Ist-Vortriebsleistung (30 m/Monat).

Bis zum 17. Oktober 1986 waren 100 m' Tunnel im Lockergestein aufgefahren worden. Der Rückstand auf das Vertragsprogramm belief sich bereits auf sechs Wochen. Alle am Bau Beteiligten zeigten sich besorgt über den weiteren Verlauf der Arbeiten. Weitere Niederbrüche folgten vom 1. bis 30. November 1986, so dass der Schild ab 19. November 1986 definitiv stillstand. Nach jedem Ereignis hofften alle Beteiligten immer wieder, bessere Bodenverhältnisse anzutreffen. Auch die geologischen Untersuchungen haben ein derartiges Verhalten des Bodens nicht aufzeigen können.

In der Zwischenzeit analysierten SBB, Kanton, Projektverfasser und Unternehmung die Situation und fassten entsprechende weittragende Beschlüsse, wie zum Beispiel Gegenvortrieb und Pilotstollen, die nach Abschluss der Bauarbeiten sich als weitsichtig und richtig erwiesen haben.

Aus Sicht des Teilprojektleiters, der nicht nur dieses Bauloses, sondern zum damali-

11.11 Uhr

11.30 Uhr

11.45 Uhr

12.00 Uhr

12.15 Uhr, Winkelwiese

12.16 Uhr

12.30 Uhr

19.11.1987 Durchschlagfeier mit Stapi Landolt

gen Zeitpunkt noch 15 andere zu betreuen hatte, war diese Phase am interessantesten, wurden doch auch die zwischenmenschlichen Beziehungen sehr strapaziert.

Bis zum 3. September 1987, am Tag der Wiederinbetriebnahme des Schilds, wurde der Pilotstollen vorgetrieben, die Bodenverbesserungsmassnahmen wurden ausgeführt, und es wurde am Gegenvortrieb gearbeitet. Der weitere Vortrieb erfolgte praktisch problemlos mit ca. 4 m/Tag, das sind bei einem Durchlaufbetrieb 120 m/Monat oder das zweifache der Vertragsleistung. Und dann geschah es:

Am 11.11.1987, etwa um 11 Uhr 11

An jenem Mittwochmorgen, praktisch ein Jahr nach dem ersten Schildstillstand, versammelten sich Bauleitung, Unternehmer, das Schweizer Fernsehen, der Hof-Fotograf und die Projektleitung nach der ordentlichen Bausitzung in der Schildkaverne, einer Art «Garage» für den ankommenden Schild, und wollten den «inoffiziellen» Durchschlag an der Losgrenze unter der Winkelwiese beobachten.

Was zuerst als harmloses Rieseln zu sehen war, setzte sich von oben her zwischen Schildschneide und Kavernenbrust unaufhörlich fort und schwoll zur Lawine aus einzelnen kleinen und grossen Brokken, vermischt mit Wandkies an, bis die Tunnelröhre bis zum Scheitel aufgefüllt war.

In der Zwischenzeit setzte ein Rennen gegen die Uhr ein. Mittlerweile war es Mittagszeit geworden. Es wurde mit der Evakuation der Anwohner um die Winkelwiese begonnen, denn es war zu vermuten, dass sich der Niederbruch an der Oberfläche auswirken würde.

Die Anwohner mussten regelrecht vom Mittagstisch «gezerrt» werden, denn sie erkannten den Ernst der Lage nicht. Die Gasleitungen mussten abgestellt werden usw.

Die Beteiligten waren machtlos und mussten mitansehen, wie sich im Garten zwischen den Häusern Winkelwiese 5 (Stadtrat Egloff), Winkelwiese 6 (Löw) und Winkelwiese 10 (Stapi Landolt) ein senkrechter Krater mit einem Durchmesser von bis zu 10 Metern ausweitete. Der Sog und das Getöse gingen durch Mark und Bein. Da für den vorgesehenen Durchschlag eine Kamera bereit war, gelang es, noch rechtzeitig die verschiedenen Phasen des Ereignisses festzuhalten.

Nachher ging alles sehr schnell, alle Anwohner wurden zusammengerufen, registriert und eine vorsorgliche Übernachtung im Hotel organisiert. In der Zwischenzeit musste die Auffüllung des Kraters eingeleitet werden. Beton als pumpbares Material wurde vorgesehen, denn das Heranfahren und Kippen von Kiesmaterial wäre zu gefährlich gewesen. Um zirka 23.00 Uhr war das ca. 700 m^3 fassende Loch aufgefüllt.

Eine Woche später, am 19. November 1987, trafen sich praktisch alle Anwohner der Winkelwiese zusammen mit den Bauarbeitern, Bauleitern, Stadt- und Kantonsvertretern sowie die Bauherrschaft zur offiziellen Durchschlagsfeier, diesmal in horizontaler Richtung!

Gesamtprojekt Hirschengrabentunnel (Teilprojekt 4)

Lothar Garbe

Der 1300 m lange Hirschengrabentunnel umfasst die S-Bahn-Teilstrecke zwischen der Limmat und dem Bahnhof Stadelhofen.

In den folgenden Beiträgen wird entsprechend der Aufteilung dieses Abschnittes detailliert über das Projekt sowie die Bauausführung jedes Bauloses berichtet.

Zum Verständnis der Zusammenhänge und der gewählten Baulosaufteilung, die ursprünglich ganz anders vorgesehen war, sei vorher auf einige Gesamtaspekte und übergeordnete Gesichtspunkte beim Hirschgrabentunnel eingegangen.

Linienführung

Bei der Wahl der Linienführung war immer die Möglichkeit einer zusätzlichen Station von ca. 300 m Länge im Bereich der Universität zu berücksichtigen. Das bedeutet, dass ein Längsgefälle nicht über 1.5 ‰ und eine Horizontalführung mit Bogen gleich oder grösser 700 m in diesem Bereich eingehalten werden musste. Beim Projekt der Zürichberglinie, über das 1973 abgestimmt wurde, waren zwei Einzelröhren für den Tunnel geplant gewesen mit entsprechenden Profilvergrösserungen für die Stationsröhren.

Die Idee der zwei Röhren wurde für die S-Bahn zunächst übernommen, auch wenn in der Abstimmungsvorlage 1981 keine Station enthalten war. Wegen der baulichen Auswirkungen für eine zusätzlich erforderliche Weichenverbindung vor dem Bahnhofskopf Stadelhofen und wegen der vereinfachten Betriebs- und Unterhaltsbedingungen wurde später aber der Bau eines Doppelspurtunnels beschlossen. Neben der flachen Gradiente im Bereich einer möglichen Station in der Felsstrecke fällt die grosse Steigung im Bereich der Rämistrasse auf. Um unter den Häusern hindurchzukommen, war auf kurzer Strecke eine Neigung von 40 ‰ erforderlich, die sich bis zu den Perronanlagen des Bahnhofes Stadelhofen auswirkt.

Station Uni

Bald nach Beginn der Projektierungsarbeiten für die S-Bahn setzten die politischen Diskussionen um die zusätzliche Station ein. 1984 wurde dann ein Vorprojekt mit Kostenschätzung für die sogenannte «Station Uni» ausgearbeitet und zur Abstimmung gebracht, doch dabei verworfen.

Interessant an diesem Projekt waren neben der Gestaltung und Nutzung der riesigen Stationsröhre die Lösungen für die Ausgänge. Die grossen Höhenunterschiede zwischen Perron und Ausgängen (bis zur Uni z.B. mehr als 50 m) waren dabei das Hauptproblem. Aus den abgebildeten Architektenskizzen ist ersichtlich, dass eine mit einer grossen Kuppel überwölbte Verteilebene über der Stationsröhre geplant war. Von hier aus sollte eine grosse Rolltreppenanlage zur ETH und ein Fussgängertunnel zum Predigerplatz führen. Auch nach Ablehnung der Station wurde die Linienführung so beibehalten, dass – wenn auch unter viel schwierigeren Bedingungen – eine Stationsröhre an der vorgesehenen Stelle gebaut werden könnte.

Generelle Problemstellungen

Neben den an sich schon schwierigen tunnelbautechnischen Bedingungen in den Lockergesteinabschnitten des Hirschengrabentunnels stellten sich schon bald nach Aufnahme der Planungen die Einflüsse und Probleme der Umwelt ein. Der hohe Abstimmungserfolg der S-Bahn gab den Ingenieuren keineswegs Gewähr dafür, dass sie ihre Vorstellungen über die Projektgestaltung und die Organisation der Bauarbeiten ohne Widerstände in die Tat umsetzen konnten.

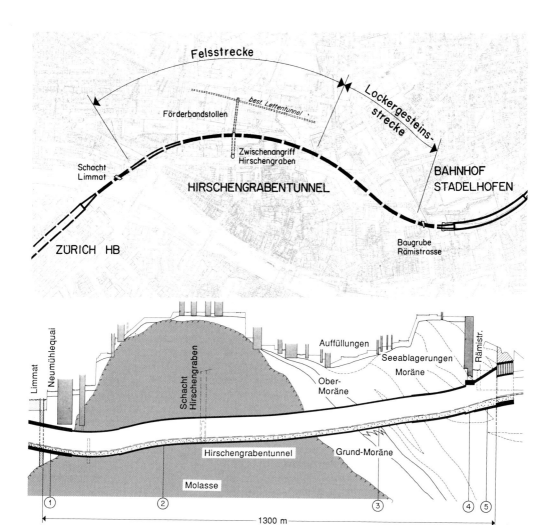

Hirschengrabentunnel, Situation und Längenprofil

Nicht die Zweckmässigkeit der S-Bahn wurde bezweifelt, vielmehr wurde in der Zeit des stark wachsenden Umweltbewusstseins quasi verlangt, die S-Bahn ohne Beeinträchtigungen der Umwelt zu bauen.

Dass dabei zum Teil überzogene Forderungen gestellt und massiv Eigeninteressen ins Spiel gebracht wurden, liegt auf der Hand. Es brauchte über eineinhalb Jahre, bis das Projekt so weit mit den Umweltinteressen abgestimmt war, dass es durch die noch anstehenden Rechtsverfahren (Plangenehmigungs- und Enteignungsverfahren) hindurchgebracht werden konnte. Es war eine Zeit der Infragestellung vieler unserer Ideen. Immer wieder mussten neue Ideen gefunden und geprüft werden. In einigen Fällen, wie z.B. bei der Rämistrasse, konnten verfahrene Situationen bzw. Konflikte nur beigelegt werden, indem von Bauherr und Ingenieur technisch im Grenzbereich des Machbaren liegende Lösungen zugestanden wurden.

Gerade in den Endbereichen des Hirschengrabentunnels, wo beim Central und bei der Rämistrasse Überbauungen und Strassen direkt über der S-Bahn verlaufen, stellten sich diese Umweltprobleme, die gekennzeichnet waren durch:
• harte Bedingungen zur Aufrechterhaltung des Verkehrs
• Platzbeschränkungen für Bauinstallationen
• Auflagen zum Erhalt unter Schutz gestellter Gebäude

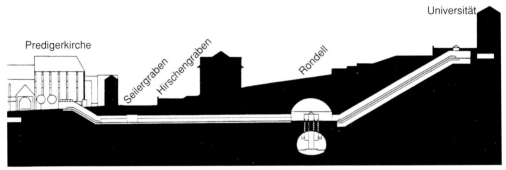

Geplante S-Bahn-Station Uni, Querschnitt

• Erhaltung und Schutz von Bäumen
• Eindämmung von Lärm und Erschütterungen sowie der Staubentwicklung
• Beschränkungen für die Bau- und insbesondere die Aushubtransporte

Die Diskussionen um die Lösungsmöglichkeiten kosteten viel Zeit. Schliesslich wurden in den Endbereichen anstatt offener Bauweisen spezielle Bauverfahren des Tunnelbaus festgelegt mit bedeutend längeren Ausführungszeiten. Die ursprüngliche Idee, den Hirschengraben von den Enden her aufzufahren, musste bei den sich abzeichnenden Zeitverlusten bis zum Start des Tunnelbaus aufgegeben werden. Das Zeitziel der S-Bahn «1990» wäre nicht mehr einzuhalten gewesen.

Die Suche nach einem Zwischenangriff für den Hirschengrabentunnel führte zur Prüfung verschiedener Standortvarianten. Als

einzig durchsetzbare Möglichkeit blieb das kantonale Grundstück beim Hirschengraben, bei der Einmündung der Mühlegasse in den Seilergraben.

Es ist kein Fall bekannt, wo ein Tunnel aus derart beengten Verhältnissen heraus gebaut worden wäre, wie sie an dieser Stelle herrschten. Es blieb aber keine andere Wahl, als zu versuchen, die Bedingungen für den Tunnelbau soweit wie möglich zu erleichtern, wie es z.B. durch den Abtransport des Ausbruches unterirdisch über einen Förderbandstollen möglich wurde.

Die unterschiedlichen Tunnelbauverfahren im Bereich des Hirschengrabentunnels sind also nicht Resultat technischer Optimierung in bezug auf die geologischen Verhältnisse, sondern zum guten Teil Lösungen, um den Forderungen der Umwelt zu genügen.

Angewandte Tunnelbauverfahren Hirschengrabentunnel

Neumühlequai	Hirschengrabentunnel		Häuser Rämistrasse	Tunnel Rämistrasse
①	②	③	④	⑤
Gefriermethode	Vortrieb mit Teilschnittmaschine	Schildvortrieb	Unterfangung Häuser	Gefriermethode

Neumühlequai / Central, Projekt (Baulos 4.03)

Lothar Garbe

Randbedingungen

Der 90 m lange Abschnitt zwischen der Limmat und der Stampfenbachstrasse verläuft ausschliesslich unter Strassen und knapp unter Gebäuden, so auch unter dem Bürohaus «Publicitas», bei dessen Erstellung der spätere Bau der S-Bahn bereits berücksichtigt worden war. Die das Gebäude tragenden Bohrpfähle bilden diagonal durch die Grundfläche zwei Gassen für je eine Tunnelröhre.

Beim späteren Entscheid, den Hirschengrabentunnel als Doppelspurröhre auszuführen, mussten im Bereich Central aufgrund dieser Vorinvestition zwei Einspurröhren beibehalten werden.

Die Felsoberfläche steigt in diesem Abschnitt von der Tunnelsohle bis über den Scheitel an. Die über dem Fels liegenden Lockergesteine (Moränen) sind unten dicht gelagert und werden nach oben lockerer und damit durchlässiger. Das Neumühlequai selbst besteht aus künstlichen Auffüllungen. Die Quaimauer lag in früheren Zeiten in der Flucht der heutigen Gebäudefassaden.

Das stark fliessende Grundwasser liegt etwas tiefer als die Limmat und wird zum Teil durch eine Drainageleitung, die neben einem grossen Abwasserkanal liegt, abgeleitet.

Festlegung des Ausführungskonzeptes

Die ursprüngliche Idee, den Hirschengrabentunnel weitgehend von einer grossen Baugrube im Neumühlequai aus vorzutreiben, musste wegen des harten Widerstandes der betroffenen Anrainer bald aufgegeben werden.

Ausgeschrieben für diesen Bereich wurde eine kleine Baugrube neben dem Publicitashaus mit bergmännischen Vortrieben Richtung Stampfenbachstrasse und Richtung Limmat.

Im Neumühlequai war als Bauhilfsmassnahme das Gefrieren vorgesehen. Bäume, Quaiwand und Kanalisationen konnten durch diese bergmännische Lösung erhalten werden. Durch den Entscheid des Bauherrn für eine Unternehmervariante, die das Gefrieren für Limmat und Neumühlequai vorschlug (mit Angriffschacht in der Limmat), konnte dann der gesamte Bereich Neumühlequai - Stampfenbachstrasse bergmännisch hergestellt werden.

Projektbeschreibung

In dem kurzen Abschnitt ergaben sich drei Bereiche mit unterschiedlichen Konstruktionen und Ausführungsmethoden:

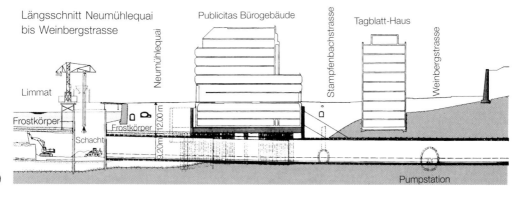

Längsschnitt Neumühlequai bis Weinbergstrasse

Limmat · Neumühlequai · Publicitas Bürogebäude · Stampfenbachstrasse · Tagblatt-Haus · Weinbergstrasse

Frostkörper · Schacht · Frostkörper · 12.00 m · 9.20 m · Pumpstation

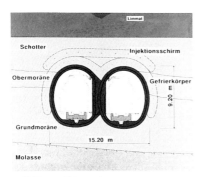

Querprofil Neumühlequai

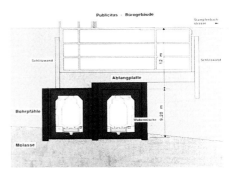

Querprofil Publicitas Bürogebäude

Im Neumühlequai wurde im Schutze eines Gefrierkörpergewölbes ein doppelschaliges «Brillen-Tunnelprofil» erstellt.

Der Vortrieb und der Ausbau erfolgten hintereinander. Bei der Festlegung des Bauvorganges und bei der Dimensionierung musste vor allem berücksichtigt werden, dass beim Ausbruch der zweiten Röhre dessen Gefriergewölbe «konzentriert» Auflagekräfte auf das zuvor hergestellte Gewölbe überträgt.

Die Grundwasserströmung in den oberen Schichten stellte für den Aufbau eines tragfähigen Gefriergewölbes ein besonderes Problem dar. Oberhalb der Gefrierkörper wurde deshalb vorgängig aus dem Angriffsschacht heraus ein Zement-Injektionsschirm hergestellt, zur Abdichtung und zur Verfestigung. Die Wirkung dieser Massnahme, d.h. die Wasserdichtigkeit, wurde mit horizontalen Drainagebohrungen vom Angriffsschacht aus auf der Innenseite des Eiskörpers überprüft.

Unter dem Bürohaus «Publicitas» mussten wegen des relativ engen Abstandes der Gründungspfähle des Gebäudes rechteckkige Rahmenquerschnitte hergestellt werden.

Unter der Stampfenbachstrasse wurden in Teilausbrüchen zwei doppelschalige, hufeisenförmige Tunnelröhren ausgeführt.

Die ganze Strecke ist voll isoliert mit einer umlaufenden, einlagigen PVC-Folie, die wegen der Armierungen der Innenschale mit speziellen Abstandshaltern gegen Verletzungen beim Armieren und Betonieren geschützt werden musste.

Der Sohlbereich in allen drei Teilen dieses Abschnittes wurde vertieft ausgebildet für den Einbau eines Masse-Federsystems für den Oberbau. Wegen des direkten Kontaktes der Bauteile des S-Bahn-Tunnels mit darüber liegenden Gebäuden (z.B. Hotel Central) waren diese Massnahmen zur Dämmung der Erschütterungen des Bahnbetriebes unerlässlich.

In der Stampfenbachstrasse wurde aufgrund von Risikoüberlegungen in bezug auf Wassereinbrüche eine Schachtverbindung aus einem Querschlag zwischen den Röhren bis an die Strassenoberfläche hergestellt. Für den Fall einer Überschwemmung infolge Rohrbruches u.ä. kann mit Zusatzpumpen für eine schnelle Entleerung des hier liegenden Tiefstpunktes der S-Bahn gesorgt werden.

Erfahrungen und Folgerungen

Vor und während der Ausführung wurden zahlreiche Probleme im Zusammenhang mit Sicherheitsfragen (Baurisiken) und Auswirkungen von Deformationen infolge des Tunnelbaus diskutiert.

In bezug auf die Folgen der prognostizierten Hebungen beim Gefrieren und Setzungen beim Vortrieb wurden im Neumühlequai folgende Fragen diskutiert:

• Sicherheit der Gasleitung von 500 mm Durchmesser
• Sicherheit des Trambetriebes bei grösseren Deformationen des Gleiskörpers (hierzu lagen keine konkreten Erfahrungen über Grenzwerte vor)
• Bestand bzw. Gefährdung der Bäume, 250

der Quaiwand sowie des grossen Abwasserkanals.

Mit Oberflächennivellements, geodätischen Lagevermessungen, Slope-Indicators und Konvergenzmessungen im Tunnel wurden die Deformationen laufend überwacht. In kritischen Bauphasen haben Gasspürtrupps der Stadt die Gasleitung täglich geprüft. Beschädigungen, die nach Bauende behoben werden müssen, betreffen vor allem die Strassenoberfläche mit dem Tramgleis sowie den alten Abwasserkanal.

Durch die Bohrarbeiten für die Rückverankerungen der Schachtwand, für den Injektionsschirm und für die Gefrierrohre sind am Neumühlequai infolge Materialverlustes und Erschütterungen Setzungen bis 30 mm aufgetreten.

Die Hebungen infolge Gefrierens erreichten max. 40 mm gegenüber den Null-Messungen. Die Quaiwand neigte sich bis 6 cm gegen den Fluss.

Die maximalen Setzungen bei der Gasleitung lagen bei ca. 70 mm, beim Tramgleis betrugen sie ca. 75 mm. In beiden Fällen sind keine Störungen ausgelöst worden.

Doppelprofil, Ausbruch zweite Röhre, vom Schacht her gesehen

Grössere Diskussionen in bezug auf die schädlichen Auswirkungen des S-Bahn Baues fanden im Vorfeld der Realisierung für das Bürogebäude Publicitas und das Hotel Central statt. Maximale Setzungen von 5 mm beim Bürogebäude und 9 mm an einer Ecke des Hotels Central brachten aber kaum erkennbare Schäden. Beim Felsaushub traten in den Gebäuden kurzfristig Erschütterungsbelästigungen auf, mit entsprechenden Reaktionen der Anwohner. Solche Reaktionen blieben nach Aufnahme des Bahnbetriebes aus. Das eingebaute Masse-Federsystem erfüllt also seine Rolle mit Erfolg.

Schacht Hirschengraben, Projekt Schacht (Baulos 4.02) und Förderbandstollen (Baulos 4.13)

Lothar Garbe, Ulrich Letsch

Mit dem Schacht und dem Förderbandstollen waren die Voraussetzungen für den Bau des Hirschengrabentunnels zu schaffen, und zwar für einen Vortrieb nach zwei Seiten.

Der Schacht nutzt ein kleines kantonales Grundstück zwischen dem Statistischen Amt und der Kirche der Urchristen-Gemeinde. Das Grundstück liegt an einer schmalen Strasse, dem Hirschengraben, der durch eine grosse Stützmauer vom darunterliegenden Seilergraben getrennt ist. Die sehr beengten Platzverhältnisse und die schlechte Zugänglichkeit bildeten extrem ungünstige Voraussetzungen für den Bau des längsten Tunnelabschnittes im Stadtgebiet. Standorte mit günstigeren Bedingungen wären allerdings nicht durchzusetzen gewesen. Nach positiver Abklärung mit einer Bauunternehmung, ob sich der Baubetrieb für die Herstellung des Tunnels in dem engen Schacht überhaupt bewerkstelligen lässt, waren noch weitere Randbedingungen, vorab mit der Stadt Zürich, zu verhandeln. Dazu gehörte der Abtransport des Ausbruches und die Erschliessung der engen Baustelle.

Nach Prüfung verschiedener Ideen, z.B. auch einer Verladenische in der Stützmauer des Seilergrabens, wurde dann die Idee von Prof. Fechtig, eine Förderbandverbindung zum bestehenden Lettentunnel zu schaffen, übernommen. Durch den Ab-

Schacht Hirschengraben

transport per Bahn entfielen rund 30 000 Lastwagenfahrten in der Stadt. Die Stadt Zürich erklärte sich dann auch bereit, zur Schonung der Bewohner «Auf der Mauer» eine signalisierte Ausfahrt der Lastwagen in Gegenrichtung zu gestatten und den Vorplatz vor der Baustelle durch Fällen von Ahornen, die in der Stadtluft ohnehin schlecht gedeihen, zu vergrössern.

Festlegung des Konzeptes und Projektbeschreibung

Das bauliche Konzept für die Gestaltung der verschiedenen Teile des Zwischenangriffes stellt einen Kompromiss dar zwischen den Anforderungen des Tunnelbaubetriebes, den Möglichkeiten in bezug auf die gegebenen Platzverhältnisse, die Geologie sowie den Bedingungen für Verlade- und Abtransporteinrichtungen usw. In Situation und Längsschnitt sind die einzelnen Bestandteile des Zwischenangriffes zu erkennen.

Der Schacht von ca. 32 m Tiefe wurde im Grundriss elliptisch mit Axen von 13 x 20 m Innendurchmesser gestaltet. Mit dieser Formgebung konnte auf vorgespannte Verankerungen verzichtet werden, die bei einer Rechteckform speziell für die hangparallele Lockergesteinüberlagerung der Molasse erforderlich gewesen wären. Der Pavillon des Stockargutes, direkt oberhalb des Schachtes, der mit EDV-Anlagen vollgestopft war, durfte bei den Aushubarbeiten auf keinen Fall durch Rutschungen zu Schaden kommen.

Mit der Elementbauweise wurde vorsichtig, beim oberen Teil beginnend, eine 60 cm dicke Schachtwand bis in den Felshorizont hinein abgeteuft. Im Fels wurde auf eine Sicherung mit 15 cm Spritzbeton und Mörtelanker von 3 m Länge übergegangen. Der 55 m lange Zugangsstollen erhielt für die Durchfahrt mit grossen Baumaschinen und den Einbau der Ventilationslutten den respektablen Querschnitt von 50 m².

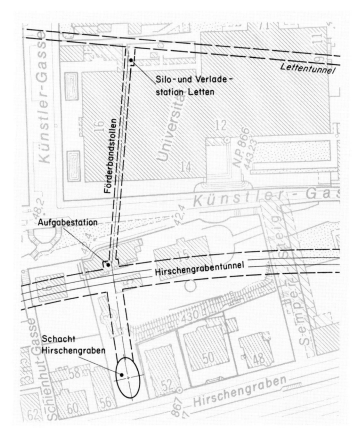

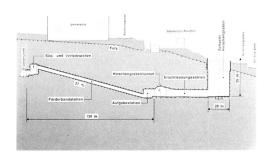

Zwischenangriff, Situation und Längsschnitt Schacht bis Lettentunnel

des Förderbandstollens (3 m breit, 2.8 m hoch) wurde aufgrund der Förderbandkonstruktion festgelegt, die zum grossen Teil vom Bau des Milchbucktunnels übernommen werden konnte. Wegen der höheren Lage des Lettentunnels ergibt sich eine Steigung von 27 % für den ca. 120 m langen Stollen. Der Stollen hat eine Sicherung aus 10 cm Spritzbeton. Die Kaverne für Zwischensilo und Förderband am Lettentunnel musste in den Betriebspausen der Bahn, d.h. in der Nacht, hergestellt werden.

Erfahrungen und Schlussfolgerungen

Die Bauausführung direkt neben und unter Gebäuden, die wie das Stockargut (durch frühere Erdbebeneinwirkung) in der Bausubstanz geschädigt waren, wurde mit verschiedenen messtechnischen Kontrollen in ihrer Auswirkung kontrolliert. Die Bilanz ist durchaus positiv. Schäden im Umfang kleiner Risse sind nur in geringem Ausmass aufgetreten.

Das Stockargut setzte sich um max. 3 mm, der Pavillon in der Messtoleranz von 2 mm. Die Setzungen des Schachtrandes und des Terrains unmittelbar daneben liegen bei max. 50 mm. Der Abstand der Längsseiten im oberen Teil verringerte sich um ca. 50 mm, derjenige der Stirnseiten vergrösserte sich um 30 mm.

Die Lärmbelästigung der Anwohner, speziell der Mitarbeiter des Statistischen Amtes, führte anfänglich zu erheblichen Reklamationen und Diskussionen, die aber mit dem Tieferwerden des Schachtes abnahmen. Nach Fertigstellung des Angriffschachtes und dessen Abdeckung beim Tunnelbau gab es dann keine Reklamationen infolge Lärmbelästigung mehr. Auch die Zu- und Wegfahrten der Lastwagen spielten sich nach einiger Zeit gut ein.

Beim Kreuzungspunkt mit dem Hirschengrabentunnel, der im Rahmen dieser Erschliessung bereits auf 50 m ausgebrochen werden sollte, liegt auch die Nische für das Aufgabesilo des Förderbandes. Die verschiedenen geometrischen Durchschneidungen beim Kreuzgewölbe erforderten respektable Betonstärken (60 cm) für Gewölbe und Sohlgewölbe und die Einhaltung der genau geplanten Ausbruch- und Sicherungsetappen. Der Querschnitt

Der Bau des Schachtes Hirschengraben, Zwischenangriff Hirschengraben (Baulos 4.02 und Baulos 4.13)

Orlando Gervasi

Im Frühsommer 1983 wurden der Arbeitsgemeinschaft G. Leimbacher, Zürich, J.F. Jost Bau AG, Schlieren, Kopp Bauunternehmung AG, Luzern, und H.R. Schmalz AG, Bern, die Vorbereitungsarbeiten für den Hirschengraben-Tunnel vergeben.

Bei diesem Auftrag handelte es sich um

• Vertikalschacht, F = 207 m², Tiefe 32 m'
• Zugangsstollen, F = 66 m², Länge 55 m'
• Zwei Teilstücke des Hirschengraben-Tunnels, F = 1 08 m², Länge 50 m'
• Förderbandstollen, F = 9 m², Länge 155 m', Steigung 27 %
• Kaverne für Materialumschlag beim Lettentunnel 1'330 m³

Um die Arbeiten am Haupttunnel nach Bauprogramm in Angriff nehmen zu können, musste mit dem Hirschengrabenschacht sofort nach Vergabe begonnen werden.

Anfang August 1983 wurde, trotz Ferienzeit, eine Gruppe mit der Ausführung der Verkehrsmassnahmen und der Aussen-installationen eingesetzt.

Als erstes mussten sich die Arbeiter an den Stadtverkehr gewöhnen. Diese Arbeiten erwiesen sich als umfangreicher und komplizierter als vorgesehen. Trotzdem konnten die Arbeiten am eigentlichen Schacht nach Programm begonnen werden.

Erschwert durch die sehr begrenzten Platzverhältnisse am Hirschengraben erstreckten sich die Vorbereitungen, inklusive Versorgung mit elektrischem Strom, Wasser und Anschluss an die Kanalisation, bis Ende September 1983.

Die Ausseninstallationen mussten grösstenteils auf Podeste über den Hirschengraben gestellt werden. Dabei handelte es sich um

• einen Laufkatzkran mit 10 t Nutzlast
• ein Umschlagsilo für Ausbruchmaterial mit 40 m Nutzinhalt
• Drucklufterzeugung mittels elektrischem Kompressor 17 m/min.
• Ventilation und Nassentstaubungsanlage «Sepax»
• Hochdruckpumpenanlage für Wasserhaltung
• Umschlaggeräte für Beton- und Trockengemisch
• Verschiedene Büro-, Aufenthalts- und Magazincontainer.

Um Zugang zum Schacht zu erhalten, mussten eine Bruchsteinmauer und ein gusseiserner Hag so demontiert werden, dass beide später wieder gleich aufgestellt

Schnitt durch den Schacht, Erschliessungs- und Förderbandstollen

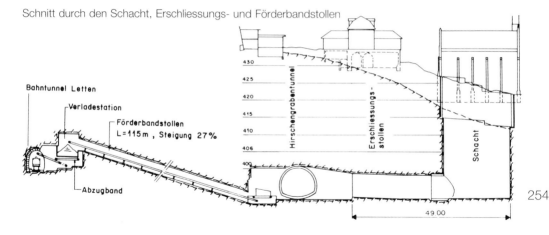

Bauinstallationen neben der Friedenskirche

methode zum Umschlagsilo Hirschengraben. Die TSM konnte die Krankübel zum grössten Teil direkt mit dem Förderband füllen.

Schwierigkeiten entstanden beim nassen und stark mergeligen Ausbruch infolge «Verklebens» in den Kübeln und im Silo. Zum Glück erwies sich die Molasse als ziemlich trocken. Die grössten Schwierigkeiten bereitete der Regen. Als Felssicherung wurden folgende Massnahmen laufend mit dem Abteufen nachgezogen :

- Gunit feinkörnig, 5 cm stark
- Felsanker «GD Mörtelanker» 3 m' systematisch 0.5 Stk./m²
- Netzarmierung ein- oder zweilagig
- Spritzbeton 15 cm.

Bei den verschiedenen Arbeiten entstanden auch Probleme, vor allem Lärm- und Staubimmissionen. Dank guter Zusammenarbeit und Hilfe der Bauherrschaft, der Bauleitung und der Stadtbehörden konnten auch diese Schwierigkeiten behoben werden.

werden konnten. Dabei wurde alles numeriert und fotografisch aufgenommen.

In der ziemlich kompakt gelagerten oberen Moränenzone des Schachtes wurde das Material durch Kleinbagger auf der Schachtsohle gelöst und mit 2 m³ Krankübeln mittels Laufkatzkran in den Umschlagsilo befördert. Der Abtransport zur Deponie erfolgte mit Lastwagen. Als Verkleidung wurden, in Etappen von 1.80 m Höhe, armierte Ortsbetonringe in Stärke 60 cm satt an die Aushubfläche eingebracht. Je nach Qualität der Moräne wurde horizontal in mehrere Elemente unterteilt, so dass die Sicherheit gegen Ausbrechen und Setzungen jederzeit gewährleistet war. Beim Betonieren mussten vor allem die Anschlüsse an die oberen Betonringe sehr sorgfältig ausgeführt werden.

Nach Erreichen der Felsoberfläche in der Molasse wurde der Felsaushub, in wechselseitig schräg geneigten Etappen von zirka 2 m' Mächtigkeit, mittels einer Teilschnittmaschine (TSM) AM 50 abgeteuft. Das relativ feinkörnige Ausbruchmaterial gelangte mit der bereits erwähnten Förder-

Auch der Zugangsstollen konnte im Teilausbruch mit der gleichen TSM aufgefahren werden. Die Portalzone musste mit Stahleinbaubogen HEB 160 gesichert werden. Für den Horizontaltransport, bis zu den Krankübeln, wurde ein Pneulader Cat 930 eingesetzt.

Die Erstellung des Kreuzgewölbes, bestehend aus Durchdringung eines Stollens von 66 m² mit dem Haupttunnel von 108 m², erforderte in der unregelmässigen Sandstein-Mergel-Molasse besondere Vor-

Blick in den Schacht: Materialumschlag

Kreuzungspunkt

sicht, Sorgfalt und einen entsprechenden Zeitaufwand. Da in verschiedenen Teilquerschnitten ausgebrochen wurde, mussten auch die Einbaubogen und die Armierungsgitter in Teile eingebaut und eingespritzt werden. Die totalen Gunit- und Spritzbetonstärken erreichten 65 cm. Das genügte, um Felsverschiebungen und Setzungen im mm-Bereich zu halten. Der nachfolgende Strossabbau des Tunnels und Stollens erlaubte die volle Ausnützung der TSM, die in dieser Phase auf zwei Maschineneinheiten vom gleichen Typ ergänzt wurde. Im Gegensatz zum Kalottenvortrieb mit 5 bis 6 m³/h konnten hier 7 bis 10 m³/h und Maschine abgebaut werden.

Während mit einer TSM die Teilstücke des Hirschengraben-Tunnels fertig ausgebrochen wurden, konnte mit der zweiten TSM mit dem Vortrieb des Förderbandstollens begonnen werden (Baulos 4.13). Die 27%-Steigung erwies sich als oberer Grenzwert für die Aufrechterhaltung eines ausreichenden Anpressdruckes. Nur der Umstand, dass im durchfahrenen Bereich praktisch kein Bergwasser angetroffen wurde, ermöglichte überhaupt den Ausbruch mittels TSM und eine regelmässige Leistung von etwa 6.00 m' pro Arbeitstag. Der Stollen wurde mit Spritzbeton und Armierungsnetzen gesichert. Während dieser Arbeitsphase mussten beim Kreuzungsbauwerk ziemlich komplizierte Ventilationsprobleme gelöst werden.

Die Umschlagkaverne beim Lettentunnel konnte nur im oberen Bereich mittels TSM ausgebrochen werden. Der untere Teil wurde im konventionellen Sprengverfahren mittels NONEL-Zünder abgebaut. Dabei musste sehr schonend gesprengt werden, da der Lettentunnel immer in Betrieb war. Für den Einbruch durften maximal 650 gr Gelatine A / Volumex pro Zündstufe und für die Ausweitung etwa 100 gr pro Zündstufe geladen werden.

Zwischen November 1983 und Oktober 1984 konnten alle Felsaushubarbeiten inklusive Sicherungs- und Verkleidungsmassnahmen abgewickelt werden. Am 17. September 1984 wurde der Durchschlag des Förderbandstollens zum Lettentunnel gefeiert.

Dank guter Organisation und guter Aufsicht, aber auch dem Verantwortungsbewusstsein aller aktiv Beteiligten, gelang es, diese anspruchsvollen und gefährlichen Arbeiten ohne Unfall durchzuführen.

Förderbandstollen vom Hirschengraben- zum Lettentunnel

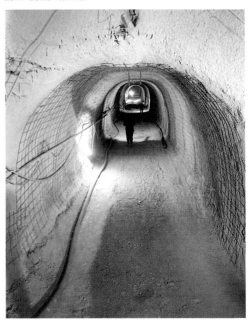

Förderanlage Hirschengrabentunnel – Lettentunnel (Baulos 4.14)

Heinz Ellenberger

Voraussetzungen

Die verantwortlichen Stellen der S-Bahn-Bauherrschaft schenkten bei der Planung der Bauarbeiten sowohl der Verkehrs- wie auch der Umweltbelastung im Baugebiet der Neubaustrecken grösste Aufmerksamkeit. Aus diesen Gründen wurde entschieden, das Ausbruchmaterial aus dem 1300 m langen Hirschengrabentunnel mit der Bahn und nicht mit LKW über das städtische Strassennetz abzutransportieren. Vom Zwischenangriffsschacht Hirschengraben wurde eigens zu diesem Zweck ein 120 m langer, 17 ° ansteigender Verbindungsstollen zum bestehenden Lettentunnel der SBB-Linie Zürich – Meilen – Rapperswil erstellt. Die Abteilung Fördertechnik der U. Ammann Maschinenfabrik AG in Langenthal erhielt von den SBB den Auftrag, eine vom Tiefbauamt des Kantons Zürich übernommene Förderbandanlage aus dem Milchbucktunnel für die neue Aufgabe anzupassen respektive umzurüsten. Der Anlageaufbau war demzufolge zu einem Teil gegeben. Mitbestimmend waren aber auch die beachtliche Höhendifferenz von mehr als 26 m von der Aufgabestelle beim Schacht Hirschengraben zur Verladestelle Lettentunnel und die relativ kurze Zeitspanne, die für den Materialverlad jeweils zur Verfügung stand. Die Abfuhr des Ausbruchmaterials konnte ausschliesslich nur in den Nacht-Zugspausen der einspurigen, stark frequentierten rechtsufrigen Zürichseelinie erfolgen. Die knappen Platzverhältnisse unter Tag, mit stark beschränkten Deponiemöglichkeiten, verlangten zudem eine absolut zuverlässige Materialabfuhr. Der Vortrieb im Hirschengrabentunnel durfte in keiner Weise durch nicht abgeführtes Ausbruchmaterial blockiert werden.

Anlage-Aufbau

All diese Gegebenheiten führten zusammen mit sicherheitstechnischen und auch wirtschaftlichen Überlegungen zu folgendem Anlageaufbau:
• Aufgabestelle beim Schacht Hirschengraben mit Silo 15 m³, Schutzrost und Abzugband 1200 mm x 4,66 m
• Weitertransport mit Hauptförderband 1000 mm x 103 m, 17 ° steigend

Förderbandstollen Schacht Hirschengraben-Lettentunnel

1 Schacht Hirschengraben
2 Hirschengrabentunnel
3 Aufgabestelle für Ausbruchmaterial
   Fassungsvermögen 15 m³; Schutzrost
4 Abzugband 1200 mm x 4,66 m
5 Förderband 1000 mm x 103 m; V = 1,5 m/sek.
   Förderleistung: 260 m³/h

6 Zwischensilo Kaverne Lettentunnel
   Fassungsvermogen 15 m³; Überfüllsicherung
7 Abzugband 1200 mm x 4,66 m
8 Verladeband aufschwenkbar, 1000 mm x 12 m;
   V = 1,6 m/sek., Förderleistung 350 m³/h
9 Bandwaage
10 Steuerpult mit Drucker
11 Rolltor
12 Lettentunnel
13 Transportzug SBB

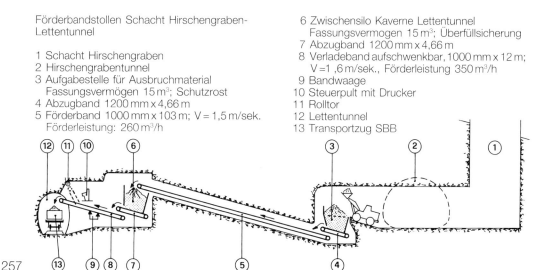

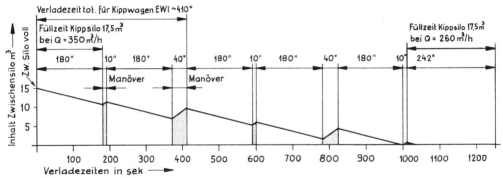

Zeitlicher Ablauf beim Beladen von Kippwagen mit zwei Behältern. Inhalt pro Wagen 2 x 17,5 m³ 2 x 29 t) in Relation zu Zwischensilo Inhalt 15 m³, Zufuhrleistung 260 m³/h und Verladeleistung 350 m³/h. Bei kontinuierlicher Zufuhr von 260 m³/h und kontinuierlicher Verladleistung von 350 m³/h sowie einer Manöverzeit von total 50 sek. ist der Zwischensilo nach dem Füllen von ca. zweieinhalb Kippwagen leer, d.h. die Verladeleistung beträgt ab diesem Zeitpunkt noch 260 m³/h (theoretische Anlage-Berechnung).

• Zwischensilo, Inhalt 15 m³ mit Abzugband 1200 mm x 4,66 m

• Weitertransport mit Verladeband 1000 mm x 12 m, im Bereich des Lettentunnels während der Stillstandzeit aufklappbar, eingebaute Bandwaage zur gewichtsmässigen Kontrolle des verladenen Materials.

Mit diesem Anlagekonzept war ein kontinuierlicher und schonender Betrieb des bei Vollbetrieb mit ca. 7 Tonnen Material beladenen Hauptbandes auch während den Rangierbewegungen des Verladezuges gewährleistet. Vor allem konnten auf diese Art grosse Stromspitzen, verursacht durch stetes Anfahren des Hauptbandes, vermieden, Verschleiss an Gurte und Antrieb auf einem Minimum gehalten werden. Für den Verladestopp beim Übergang von einem Wagen oder Behälter zum andern mussten lediglich das Abzugband unter dem Zwischensilo und das Verladeband kurz angehalten werden. Das Fassungsvermögen des Zwischensilos war ausreichend dimensioniert, um die vom Hauptförderband kontinuierlich angeführte Materialmenge während des erwähnten Verladunterbruchs aufnehmen zu können.

Verladevorgang

Das Diagramm oben zeigt den theoretischen Verlauf der Beladung eines Zuges, bestehend aus Wagen mit zwei kippbaren Behältern. Die Beladezeit eines rund 57 Tonnen fassenden Wagens sollte demgemäss bei voller Bandleistung ca. 6 bis 8 Minuten dauern. Dazuzurechnen ist die Zeit für das schrittweise Verschieben des

Aufgabestelle für Ausbruchmaterial am Kreuzpunkt Verbindungsstollen – Hirschengrabentunnel.

Förderband 1000 mm breit, 103 m lang, im Verbindungsstollen Schacht Hirschengraben – Lettentunnel. Die Bandsteigung beträgt 17°.

Zuges. Die Beladezeit einer 16-Wagen-Zugskomposition mit ca. 900 Tonnen Ausbruchmaterial betrug demgemäss theoretisch weniger als 140 Minuten. Das Diagramm zeigt zudem, dass ein Überfüllen des Zwischensilos bei ungestörtem Verschiebeablauf des Zuges nicht möglich war. Eine automatische Silostandüberwachung hätte ausserdem in einem Notfall eine Überfüllung verhindert. Die theoretisch machbaren Spitzenleistungen wurden indessen nie voll ausgeschöpft. Die Verladeleistung wurde stets von der möglichen Materialzufuhr aus dem Hirschengrabentunnel bestimmt. Der Personalbedarf für den eigentlichen Verlad des Ausbruchmaterials war beachtlich klein. Die SBB benötigte einen Lokomotivführer und einen Zugbegleiter, der von der Verladestelle aus über Funk die Zugs-Verschiebebefehle an den Lokführer übermittelte. Die Unternehmerseite benötigte für den Verlad des Felsmaterials ebenfalls zwei Mann: den Bediener der Bandanlage im Kommandostand bei der Verladestelle Lettentunnel und den Fahrer auf der Ladeschaufel für die Beschickung der Aufgabestelle beim Schacht Hirschengraben. Für den Verlad des recht schwierigen Moränematerials wurden bei der Aufgabestelle zeitweise zusätzlich ein bis zwei Mitarbeiter erforderlich, damit eine kontinuierliche Beschickung gewährleistet war.

Nächtlicher Verlad von Ausbruchmaterial im Lettentunnel. Das Verladeband wird, nachdem das Rolltor in der Abschlusswand hochgezogen wurde, in die Arbeitsstellung abgesenkt. Aus betriebstechnischen Gründen stand die SBB-Fahrleitung während des Verlades unter Spannung, was von der Unternehmerseite gewisse Vorsichtsmassnahmen erforderte.

Schlussbetrachtungen

Die Bandanlage Lettentunnel und der Verlad des Ausbruchmaterials auf Bahnwagen mit Abtransport auf eine Rekultivierungsdeponie in Hüntwangen haben sich sehr gut bewährt. Die Verladeanlage arbeitete während der ganzen dreieinhalbjährigen Einsatzzeit praktisch störungsfrei. Der unfallfreie Verlauf der Aushub-Verladearbeiten bestätigt ausserdem, dass die vorsorglicherweise installierten, umfangreichen Sicherheitseinrichtungen richtig waren und sich diese besonders im Bereich der Verladestelle Lettentunnel auch einwandfrei bewährt haben. Mit der Bahn sind rund 267 000 Tonnen Material abtransportiert worden, wodurch mehr als 30 000 Lastwagenfahrten durch das Stadtgebiet vermieden werden konnten.

Hirschengrabentunnel, Projekt (Baulos 4.05)

Lothar Garbe, Ulrich Letsch

Randbedingungen

Die wichtigste Randbedingung für den Tunnel war gegeben, als wegen der zeitraubenden Durchsetzungsprobleme für das S-Bahn-Projekt an der Rämistrasse und am Neumühlequai beschlossen werden musste, diesen Tunnel nicht von den Enden, sondern von einem Zwischenangriffsschacht aus nach zwei Seiten vorzutreiben.

Die mit diesem Konzept verbundenen Probleme für die Gestaltung des Zwischenangriffes und die Organisation des Baubetriebes beim eigentlichen Tunnelbau sind in separaten Beiträgen beschrieben.

Die Endabschnitte des gesamthaft 1300 m langen Tunnels sind als separate Baulose mit speziellen Bauverfahren ausgeführt worden. Von dem danach verbleibenden 1100 m langen Hauptteil des Tunnels liegen 700 m im Fels und ca. 400 m im Lockergestein. Der Felsteil besteht aus der Zürcher Süsswassermolasse, die den Tunnelbauern gut bekannt ist und keine besonderen Probleme aufwirft.

Die geologischen Verhältnisse in der Lockergesteinstrecke hingegen sind äusserst komplex und schwierig in tunnelbautechnischer Hinsicht. Der geologische Aufbau dieses Abschnittes entstand in der letzten Eiszeit, der Würmeiszeit.

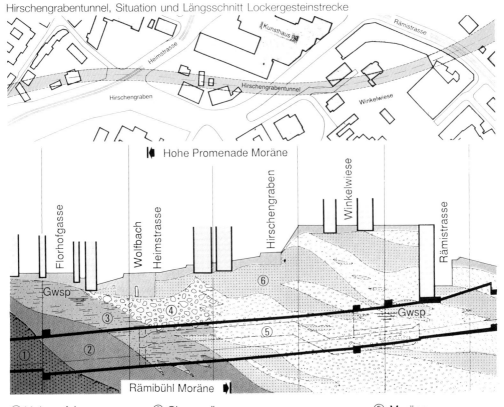

Hirschengrabentunnel, Situation und Längsschnitt Lockergesteinstrecke

① Molassefels
② Grundmoräne
③ Obermoräne
④ Verschwemmter Randbereich
⑤ Moräne
⑥ Seeablagerung

Nach Austritt aus dem Fels durchfährt der Tunnel zuerst die sehr standfeste Basis-Grundmoräne Rämibühl, dann die aus grobkörniger Moräne und feinkörnigen Seeablagerungen sandwichartig geschichtete Hohe-Promenade-Moräne.

Während der verschiedenen Vorstoss- und Rückzugstadien der Gletscher wurden die Lockergesteinablagerungen überwiegend vorbelastet, gleichzeitig aber zum Teil in ihrer Lage verändert und ineinander verschoben. So finden sich z.B. inmitten der feinkörnigen Seeablagerungen grosse Findlinge, und lokal treten gehäuft Blöcke auf.

Ein nicht vorbelasteter, verschwemmter Randbereich der Hohen-Promenade-Moräne liegt über dem Verzahnungsbereich dieser Moräne mit der Rämibühl-Moräne. Die eiszeitlichen Formationen sind überdeckt durch Bachablagerungen des Wolfbaches und Auffüllungen, z.B. der Schanzengräben, die zusammen Mächtigkeiten bis zu 8 m erreichen.

Das Grundwasser steht zwischen 6 m über Tunnelsohle bis 15 m über Tunnelscheitel an. Die Durchlässigkeiten schwanken zwischen $k = 1 \times 10^{-7}$ m/sec. bis 1×10^{-4} m/sec. Die Grundmoräne ist praktisch undurchlässig. Die Überlagerung in der Lockergesteinstrecke beträgt zwischen 15 und 28 m. Verschiedene Strassen mit setzungsempfindlichen Werkleitungen und Tramgleisen sowie einige alte Gebäude liegen über dem Tunnel.

Festlegung des Ausführungskonzeptes

Nachdem mit der Auslegung der verschiedenen Teile des Zwischenangriffes der Rahmen für die Organisation des Tunnelbaues gesetzt war, konnte parallel zu der sofort anlaufenden Ausführung des Schachtes das Projekt und die Ausschreibung der Tunnelbauarbeiten (Baulos 4.05) begonnen werden.

Die Bearbeitungsschwerpunkte waren:

• die Felsstrecke
• die Lockergesteinstrecke
• die Grundwasserabsenkung

• die Beurteilung der Auswirkungen von Setzungen auf Gebäude und Werkleitungen.

Für die Felsstrecke wurde aufgrund der Erfahrungen bei zahlreichen Tunnelbauten in der Zürcher Süsswassermolasse von vornherein die dabei bewährte Art der Ausführung vorgesehen:

• sprengungsfreier Abbau des Felses in Teilquerschnitten (Kalotte, Strosse)
• Sicherung mit Ankern, Netzen und Spritzbeton (in Störzonen mit Einbaubogen) dem Ausbruch folgend. Eine erste Spritzbetonschicht, direkt nach dem Ausbruch, versiegelt den verwitterungsanfälligen, tonhaltigen Mergel.
• Einbau eines Sohlgewölbes nach dem Auffahren von Kalotte und Strosse.

Im Hinblick auf die Volksabstimmung für die Station «Uni», die in der Felsstrecke im Bereich des Schachtes vorgesehen gewesen wäre, wurde in die Ausschreibung des Tunnels als Alternative der Vortrieb für die Stationsröhre von 320 m Länge mit einem Ausbruchquerschnitt von 160 m² aufgenommen. Bei positivem Volksentscheid hätte der Werkvertrag so ohne Zeitverlust auf das Terminprogramm inklusive die Stationsröhre aufgestellt werden können.

Der Bauvorgang wäre auch für den grossen Querschnitt eines Bahnhofes der gleiche geblieben. Beim Einsatz von Teilschnittmaschinen, die für die Zürcher Molasse ideal geeignet sind, hätten sich aber dem Bauunternehmer infolge des viel grösseren Querschnittes und des einzigen Zuganges durch den Schacht noch grössere Probleme mit der Entstaubung der

Felsvortrieb mit Teilschnittmaschine

Tunnelluft ergeben als bei einem Doppelspurprofil.

Die Lockergesteinstrecke mit ihren stark wechselnden Bodenverhältnissen bildete das eigentliche Kernproblem dieses Tunnels.

Die für die Wahl der Baumethode massgebende kritischste Strecke war der Abschnitt im Bereich des Kunsthauses im nicht vorbelasteten Moränenmaterial. Aufgrund der grossen Variationsbreite der Durchlässigkeiten des Bodens konnte zudem nicht von vornherein mit einer vollkommenen Grundwasserabsenkung bis auf die Tunnelsohle gerechnet werden.

Weiterhin waren wegen der Bebauung an der Oberfläche mit alten, teilweise bereits sanierten Gebäuden die Setzungen möglichst klein zu halten. Die zu wählende Baumethode musste entweder einen sicheren Vortrieb in allen anzutreffenden Verhältnissen erlauben oder aber genügend flexibel sein, um mit zusätzlichen Massnahmen den örtlichen Gegebenheiten angepasst werden zu können.

Aufgrund dieser Kriterien waren für den Vortrieb im Lockermaterial verschiedene Baumethoden denkbar. Um sich durch die Ausschreibung nur einer Baumethode nicht allzusehr festzulegen, wurde vom Bauherrn beschlossen, mehrere Varianten auszuschreiben. Dem Unternehmer war es freigestellt, zusätzlich auch andere geeignete Bauverfahren zu offerieren.

Ausgeschrieben wurden:

• Druckluftverfahren (Hufeisenprofil mit Spritzbetonaussenschale)
• Gefrierverfahren (Hufeisenprofil mit Spritzbetonaussenschale)
• Schildvortrieb (Aussenschale aus Tübbings)

Bedingt durch die Möglichkeit eines Schildvortriebes mussten zwei Profilformen ausgeschrieben werden.

Zur Unterstützung der Bauhilfsmassnahmen musste entlang der ganzen Lockergesteinstrecke das Grundwasser von der Oberfläche aus mit Filterbrunnen, allenfalls vakuumunterstützt in weniger durchlässigen Zonen, bis zu 25 m abgesenkt werden. Je nach gewählter Baumethode ist der Umfang der Absenkung verschieden. Bei der Druckluftmethode genügt eine Absenkung bis zum Tunnelscheitel, da das Wasser innerhalb des Profiles durch die Druckluft verdrängt wird. Dadurch hätte die Grundwasserabsenkung auf die halbe Tunnellänge beschränkt werden können. Bei den übrigen Varianten ist eine Absenkung bis auf Tunnelsohle notwendig, d.h. die Absenkung muss auf die gesamte Tunnellänge ausgeführt werden.

Bei der Submission wurden von vier Unternehmerkonsortien insgesamt neun Offerten eingereicht. Das Schwergewicht der Offerten lag beim Gefrierverfahren.

Von den eingereichten Offerten schieden die geeignete, aber zu teuer angebotene

Offerierte Baumethoden in der Lockergesteinstrecke

Baumethode	Druckluft	Gefrieren		Schild	Unternehmervarianten	
Beschrieb	Spritzbetonweise mit Ulmenstollenvortrieb unter Druckluft	Ausbruch im Schutze eines Gefrierkörper		Vollschild mit Tübbingeinbau	Spritzbetonbauweise ohne Einsatz von speziellen Bauhilfsmassnahmen	
		Gefrierarbeiten etappenweise aus dem Tunnel erstellt	Gefrierarbeiten aus Pressvortriebsstollen über dem Tunnelfirst erstellt		Vortrieb in kleinen Teilausbrüchen	Ausbruch mit Ulmenstollenvortrieb
Anzahl Offerten	1	2	2	2	1	1

Druckluftvariante sowie die Unternehmerlösung mit einem Vortrieb in kleinen Teilausbrüchen ohne spezielle Bauhilfsmassnahmen aus, letztere wegen der zu grossen Risiken und Mängel. Die Schlussevaluation wurde für die vorteilhafteste Gefriervariante, einen Schildvortrieb mit partiell möglicher mechanischer Brustsicherung, sowie für eine Unternehmervariante mit Spritzbetonbauweise und vorgängigem Ulmenstollenvortrieb durchgeführt. Es wurde eine Risikobeurteilung vorgenommen für Vortriebsverhältnisse im Baugrund zwischen optimistisch / erwartet / pessimistisch und in bezug auf die folgenden Kriterien:

• Sicherheit beim Vortrieb
• Risiken / Kosten (z.B. Folgeschäden infolge Setzungen an Gebäuden und Werkleitungen, Kosten zusätzlicher Bauhilfsmassnahmen)
• Anpassungsfähigkeit der Methode an sich ändernde Verhältnisse
• Bauzeitrisiko

Aufgrund dieser Gesamtbeurteilung entschied sich der Bauherr für die Variante mit dem Schildvortrieb. Die finanziellen sowie die programmlichen Vorteile, bei optimistisch bis erwartet angenommenen Verhältnissen, gaben den Ausschlag.

Die Abschätzung der Folgeschäden basierte auf Setzungsprognosen, die aufgrund von Finite-Elementberechnungen mit verschiedenen Bodenmodellen und Quervergleichen zu Messergebnissen und Schadenbildern beim Milchbucktunnel aufgestellt wurden. Auch die Berechnung der Schadenkosten basierte auf Erfahrungen beim Milchbucktunnel.

Bei sämtlichen im Bereich der Setzungsmulde (infolge Grundwasserabsenkung und Tunnelvortrieb) liegenden Häusern wurde der Einfluss der möglichen Setzungen auf die betroffenen Gebäude untersucht. Bei besonders gefährdeten Liegenschaften wurden detaillierte Risikoanalysen aufgestellt. Zur Beweissicherung wurden von den Gebäuden über dem Tunneltrassee Befundaufnahmeprotokolle (Rissprotokolle) aufgenommen.

Längs der ganzen Lockergesteinstrecke wurden alle Werkleitungen auf ihre Gefähr-

dung durch Setzungen kontrolliert und die zu ergreifenden Massnahmen wie vorübergehende Ausserbetriebnahme, Relinen von Gasleitungen oder Verlegen von alten Gas-, Wasser- und Kanalisationsleitungen festgelegt.

Für die Bauüberwachung wurde ein Messkonzept ausgearbeitet. Es umfasst an der Oberfläche Nivellementmessungen und geodätische Verschiebungsmessungen. Die Bewegungen im Baugrund wurden in ausgewählten Querschnitten mit Slope-Indicators und Gleitmikrometern von der Oberfläche aus überwacht. Die Kontrolle der Tunnelprofilverformungen wurde mit Konvergenzmessungen durchgeführt.

Projektbeschreibung

Die Felsstrecke beginnt bei der Stampfenbachstrasse mit zwei einspurigen Tunnels von 130 m Länge als Fortsetzung der beiden Röhren unter dem Publicitasgebäude. Das Tunnelprofil entspricht jenem der Einspurröhren des Zürichbergtunnels.

Die weiteren 510 m im Fels sind als Doppelspurtunnel ausgeführt. Das Gewölbe ist doppelschalig ausgebildet, mit einer 15 bis 25 cm dicken Spritzbetonsicherung und einem 30 cm starken Innengewölbe. Auf die ursprünglich vorgesehene Isolation mit 2 mm PVC-Folie wurde später vom Bauherrn im Doppelspurbereich aufgrund des geringen Wasseranfalls verzichtet.

Normalprofil Felsstrecke

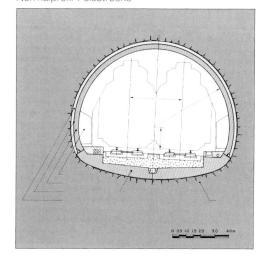

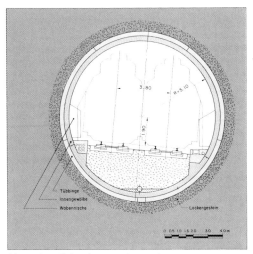

Normalprofil Lockergesteinstrecke

Das einschalige Sohlgewölbe ist auf Quelldruck dimensioniert.

Am Ende der Felsstrecke wurde das Profil auf 12 m Länge zu einer Kaverne vergrössert, in welcher die Montage des Schildes erfolgte. Das Kreisprofil im Lockergestein ist doppelschalig und voll isoliert mit einer 3 mm PVC-Folie. Der fünfteilige armierte Tübbingaussenring mit Schlussstein in der Sohle ist 30 cm dick, die Stärke der Innenschale beträgt 30 cm. Sie ist nicht armiert. Im Hirschengrabentunnel, der ein einseitiges Längsgefälle Richtung Central hat, befindet sich unter der Weinbergstrasse der tiefste Punkt der S-Bahn-Neubaustrecke. Hier wurde zwischen den einspurigen Röhren eine Pumpstation gebaut, wo alles Bergwasser der S-Bahntunnels und zum Teil Niederschlagwasser des Bahnhofs Stadelhofen gesammelt und über den Steigschacht in der Stampfenbachstrasse zur Limmat gepumpt wird.

Die Grundwasserabsenkung erfolgte von der Geländeoberfläche aus mit vertikalen, 20 bis 50 m tiefen Filterbrunnen beidseits der Tunnelröhre. Der Abstand zwischen den einzelnen Brunnen sowie die jeweilige Brunnentiefe richtete sich einerseits nach den örtlichen hydrologischen und bodenmechanischen Verhältnissen und andererseits nach der möglichen Anordnung unter Berücksichtigung der Bebauung an der Oberfläche. Ein Teil der Brunnen- sowie sämtliche Piezometerbohrungen wurden zur Ergänzung der geologischen Aufschlüsse als Sondierbohrungen ausgeführt. Zur definitiven Festlegung des Brunnenrasters wurden in den beiden geologisch unterschiedlichen Bereichen Florhof und Kunsthaus Absenkversuche durchgeführt. Mit den Resultaten dieser zwei Probeabsenkungen wurde der Brunnenraster in diesen Bereichen festgelegt und für die übrige Tunnelstrecke extrapoliert. Das gepumpte Grundwasser wurde in Sammelleitungen gefasst und an den Enden der Lockergesteinstrecke bei der Künstlergasse und in der Rämistrasse in z.T. neu verlegte Reinwasserleitungen eingeleitet. Während der ganzen Betriebszeit der Brunnen wurden 2 Mio. m^3 Wasser abgeleitet.

Zusatzmassnahmen in der Lockergesteinstrecke

Beim Vortrieb des Schildes traten nach ca. 80 m erhebliche Probleme mit Setzungen und Niederbrüchen auf, die zur Unterbrechung des Vortriebes zwangen, bevor noch die geologisch schwierigste Stelle mit der nicht vorbelasteten und wasserführenden Moräne erreicht worden war.

Bei den ersten Niederbrüchen konnte kein Restwasser im Moränenmaterial festgestellt werden. Der entscheidende Niederbruch, der zum Stopp des Vortriebes führte, wurde aber von geringen Restwassermengen ausgelöst, die ausreichten, das

Profil Gegenvortrieb

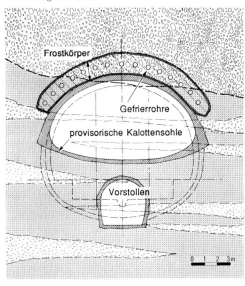

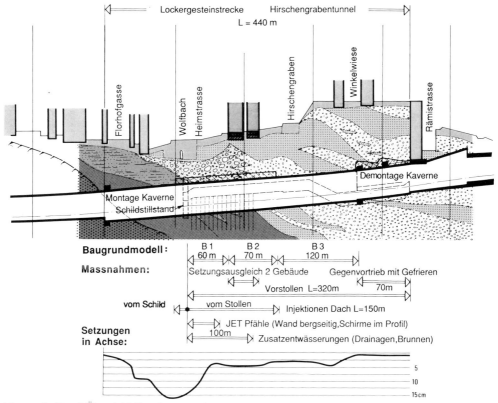

Längsschnitt mit Übersicht Zusatzmassnahmen

siltig-sandige Material aufzuweichen und in Schlamm zu verwandeln.

Die zuvor eingeleiteten Injektions- und Entwässerungsmassnahmen aus dem Schild heraus waren dieser geologischen Situation nicht gewachsen und konnten deshalb nicht fortgesetzt werden. Es hatte sich gezeigt, dass wegen der beengten Verhältnisse im Schild die Verfestigungsmassnahmen nicht mit ausreichender Wirksamkeit und Reichweite für das grosse, offene Vortriebssystem ausgeführt werden konnten. Es mussten also wesentliche Umstellungen zur Sicherstellung des Vortriebes und zur Einhaltung des Endtermines beschlossen werden.

Gegenvortrieb Rämistrasse

Der Endbereich bei der Rämistrasse, wo der Schild nach dem Vortrieb hätte ausgebaut werden sollen, lag im Programm besonders kritisch. Hier musste nach Fertigstellung des Rohbaus für die Dämpfung von Erschütterungen des Bahnbetriebes

ein schweres Masse-Federsystem, bestehend aus einem Stahlbetontrog für den Schotter, das auf auswechselbaren Federelementen aufgelegt wird, eingebaut werden.

Eine erste Entscheidung im Interesse der Sicherstellung des Endtermines bestand deshalb darin, 70 m Tunnel im Gegenvortrieb mit Hilfe des Gefrierverfahrens von der Rämistrasse aus herzustellen. Günstig für diesen Entscheid war, dass eine Gefrieranlage nach dem gerade abgeschlossenen Vortrieb unter der Rämistrasse zur Verfügung stand und dass die Unterfangung der Häuser Rämistrasse, von wo der Gegenvortrieb gestartet werden musste, fertiggestellt war.

Die für die noch aufzufahrenden 320 m Lockergesteinstrecke festgelegten Massnahmen und deren Ausdehnung sind im Bild auf dieser Seite im Überblick sowie in ihren Auswirkungen auf die Setzungen in der Tunnelachse dargestellt. Das Konzept und die Ziele der Massnahmen seien im folgenden kurz zusammengefasst:

Vorstollen

Der Vorstollen von 3.5 m Breite und 3.5 m Höhe wurde auf 140 m Länge vom Schild aus und auf 180 m von der Seite Rämistrasse her vorgetrieben. Mit durchschnittlichen Vortriebsleistungen von 2.5 m/AT war die Arbeit nach drei Monaten vollendet.

Auf der Schildseite war der Vortrieb wegen des laufenden Nachbruches von verschlammtem Feinmaterial und wegen des Wassers äusserst mühsam und konnte nur durch Einsatz von Stahlverzugsblechen über die gesamte Ausbruchlaibung und an der Ortsbrust bewältigt werden.

Der Stollen wurde auf der Schildseite in der für die weiteren Massnahmen vorteilhaften Lage ca. 1.20 m unter dem Scheitel des Schildes angeordnet.

Im Bereich des Gegenvortriebes wurde der Stollen auf Sohlhöhe angelegt. Dadurch wurde ein gleichzeitiger Vortrieb des Stollens und der Kalotte des Gegenvortriebes im Schutze des Gefrierkörpers ermöglicht.

Durch die zusätzliche Bodenerkundung mit dem Vorstollen konnte die Strecke zur Quantifizierung der Massnahmen in Teilbereiche mit unterschiedlichen «Baugrundmodellen» unterteilt werden.

Da Zweifel am Erreichen des Absenkzieles für die Grundwasserabsenkung bestanden, wurde im Stollen zusätzlich eine weitere Reihe Piezometer versetzt. Dabei stellte sich dann heraus, dass noch Wasser mit einem Druckniveau z.T. über der Stollensohle vorhanden war. Die Herkunft dieses Wassers konnte geologisch nicht geklärt werden.

Bodenverfestigungs- und Entwässerungsmassnahmen

Folgende Ziele sollten mit diesen Massnahmen erreicht werden:

• Ausreichende Verfestigung der durchlässigen, lockeren Bodenschichten über die Schildbreite hinaus.
• Fernhalten des Wassers von der empfindlichen, feinkörnigen Obermoräne bzw. Ableiten ohne schädigenden Einfluss.
• Gewährleistung der (senkrechten) Standfestigkeit der 7 m hohen Brust unterhalb des Vorstollens durch vollständige Entwässerung und/oder Verfestigungsmassnahmen.

Zur Bodenverfestigung kamen Injektionen im Scheitelbereich sowie das Jet-grouting zur gezielten Stützung empfindlicher, feinkörniger Bereiche zur Anwendung.

Die Injektionsbohrungen sind in Ebenen von 1.50 m Längsabstand angeordnet

Querprofil Bodenverfestigungsmassnahmen

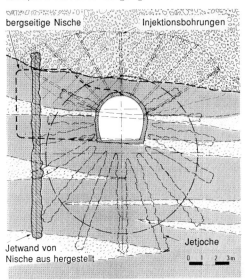

Querprofil Bodenentwässerungsmassnahmen

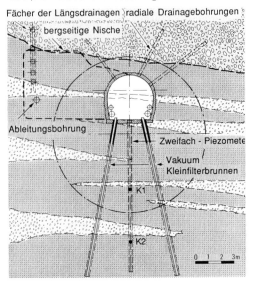

worden. Am Schildumfang betrug ihr radialer Abstand ebenfalls 1.50 m.

Noch vor den Injektionen wurden auf 30 m Tunnellänge, d.h. im besonders heiklen Abschnitt, Joche aus Jetsäulen im 3 m Abstand ausgeführt. Die strahlenförmig angeordneten Säulen sollten einerseits eine Vergitterung in den kohäsionslosen Boden bringen, andererseits als Auflager für den Vorstollen wirken und so das Absacken des Stollens mit den erdenklichen Folgen vermeiden.

Ausserhalb des Tunnelprofiles wurden mit engliegenden radialen Bohrungen aus zwei Nischen Abschirmwände von insgesamt 45 m Länge aus Jetpfählen aufgebaut. Sie sollten die Ausbildung grösserer seitlicher Hohlräume beim späteren Schildvortrieb verhindern sowie das Grundwasser in den oberen lockeren Schichten vor Erreichen des Tunnelquerschnittes zurückbehalten. Auf einer Länge von rund 100 m wurden vom Vorstollen aus Entwässerungsmassnahmen ausgeführt, bestehend aus Drainagebohrungen im oberen Bereich des Profiles und Vakuum-Kleinfilterbrunnen unterhalb des Vorstollens.

Grosse Wirksamkeit zeigten die ausserhalb der Jetwände ausgeführten Längsdrainagen. Die in engem Abstand aus den Seiten-Nischen heraus gebohrten Drainagen konnten das Schichtwasser fast vollständig fassen, nachdem die Jetwand für einen wirksamen Rückstau gesorgt hatte. Die Wassermenge schwankte zwischen 30 und 90 l/min. Durch verrohrte Zielbohrungen zwischen den Nischen und hinter dem Schild hindurch wurde für eine saubere, durch den Schildvortrieb nicht beeinflussbare Ableitung gesorgt.

Massnahmen an der Oberfläche

Eine erste Aktion betraf den Wolfbach, der in einer alten Eindolung in der Heimstrasse den Tunnel ca. 8 m über dem Scheitel quert.

In die Eindolung des Wolfbaches wurden auf 50 m Länge Kunststoffrohre eingezogen. Beim Ausmass der aufgetretenen Setzungen waren grössere Risse im Kanal und damit Wasserzufluss zu befürchten.

Setzungsausgleich mit hydraulischen Pressen

Aufgrund der weiterhin erwarteten hohen Setzungen bis 15 cm und der relativ schmalen Setzungsmulde trotz Stabilisierungsmassnahmen im Boden wurden für zwei alte Gebäude, die zum Teil über dem Tunnel liegen, folgende Sicherheitsmassnahmen ergriffen:

• Massnahmen zum Setzungsausgleich im Bereich der erwarteten Setzungsmulde
• Fassadensicherung (Zusammenbinden)
• Schutzgerüste gegen fallende Teile.

In die dem Tunnel zugekehrten Längswände, in den Querwänden und bei einigen Stützen sind nach Ersatz des Mauerwerks im Keller durch Beton mit durchgehender Längsfuge hydraulische Pressen eingebaut worden.

Aufgrund eines umfangreichen Überwachungs- und Messprogrammes konnte der Hub jeder Presse einzeln der Entwicklung der Setzungen angepasst werden. Nach Abklingen der Setzungen wurde der Spalt ausgemörtelt und die Pressen ausgebaut.

Erfahrungen und Folgerungen

Gerade der Hirschengrabentunnel hat wegen seiner ausserordentlichen Randbedingungen und den tunnelbautechnischen Schwierigkeiten, die ungewöhnliche Massnahmen und Einsätze erforderten, allen Beteiligten grosse Erfahrungen und Einsichten vermittelt. Aus der Sicht des Projektverfassers und der Bauleitung seien hier nur einige zusammengefasst.

Die Felsstrecke erwies sich wie vorgesehen als relativ problemlos. Das bestätigen die kleinen gemessenen Deformationen im Tunnel und an der Oberfläche. Die Setzungen übersteigen kaum 2 bis 3 mm. Auch bei der knappen Unterfahrung des «Tagblatthauses» zwischen Stampfenbach- und Weinbergstrasse, 2 m unter der Fundamentplatte, sind im Maximum nur 10 mm gemessen worden.

In der Lockergesteinstrecke waren die Deformationen erwartungsgemäss wesentlich grösser, vor allem in den ersten 100 m bis zum Schildstillstand. Sie liegen zwischen max. 12 cm beim alten Gebäude «Vorderer Florhof» und max. 17 cm in der Heimstrasse. Die entsprechenden Deformationen der Tramgleise haben den Betrieb der VBZ glücklicherweise aber nicht behindert. Strassenoberfläche, Werkleitungen und Tramgleise wurden zusammen mit anderen Vorhaben der Stadt in diesem Bereich wieder in Ordnung gestellt.

Weitere Reparaturen von Schäden betreffen die Gebäude beim Kunsthaus. Infolge der Setzungen, die nur bei den beiden grössten Gebäuden mit dem Presseneinbau ausgeglichen worden waren, sind in den ebenso alten Nebengebäuden z.T. grössere Risse-Schäden aufgetreten.

In der schwierigen Lockergesteinstrecke waren nach mühseliger Stabilisierung des Bodens vom Vorstollen aus beim Vortrieb wohl verschiedene Stärken des Schildes wieder erkennbar, z.B. grosse Vortriebsleistung, mechanisierte Arbeitsabläufe und grosse Arbeitssicherheit, doch zeigten sich gesamthaft die engen Grenzen, die einem Vortrieb mit offenem Schild durch die Bodeneigenschaften gesetzt sind.

Wenn neben geringer Kohäsion des Bodens noch Restwassermengen auftreten, sind die Möglichkeiten, die Stabilität der Ortsbrust zu gewährleisten, bei diesen «offenen» Schilden bald erschöpft.

Wesentliche Verbesserungen zur Begrenzung der relativ grossen Setzungen in nachbrüchigen Böden sind bei dieser Vortriebsart kaum möglich. Am günstigsten wirkte sich der Durchlaufbetrieb (d.h. Vortrieb ohne Halt auch an den Wochenenden) aus, der dem Boden nicht genügend Zeit zur Entspannung Richtung Ortsbrust und somit zu Deformationen lässt.

Die für die Weiterführung des Schildvortriebes beim Hirschengrabentunnel beschlossenen Massnahmen haben sich gesamthaft bewährt. Um das erwartete Resultat sicherzustellen, war in allen Phasen und bei jeder Massnahme ein grosses Engagement aller Beteiligten erforderlich.

Die Anwendungsmöglichkeiten des Jetgroutings müssen im Zusammenhang mit den Massnahmen als besonders gut herausgestellt werden, obwohl die Entsorgung in den Untertag-Verhältnissen äusserst problematisch war.

Mit den zahlreichen Massnahmen beim Hirschengrabentunnel wie Gegenvortrieb, Durchlaufbetrieb und Ausführung der Stabilisierungsmassnahmen sowie Ausnutzung aller Beschleunigungsmöglichkeiten nach dem Vortrieb war es möglich, trotz aller Schwierigkeiten und elfmonatigem Stillstand den Rohbau zum ursprünglich festgelegten Termin fertigzustellen.

Auf die Überraschung durch den Tagbruch, buchstäblich auf dem letzten Vortriebsmeter, wird an anderer Stelle des Buches detailliert eingegangen.

Nach der erfolgreichen Überwindung aller Schwierigkeiten wurde dieses Ereignis von den Beteiligten wie eine letzte Rache des Berges gegen seine Durchtunnelung empfunden. Dazu passt auch das Datum des dramatischen Ereignisses: der 11.11.1987.

Bauausführung Hirschengrabentunnel (Baulos 4.05)

Frank Brändli, Rudolf Schneebeli, Ernst Schneider, Samuel Steger

Auch die vollkommene Maschine vermag aus sich selbst heraus kein brauchbares Resultat hervorzubringen, wenn nicht der Mensch, vom Ingenieur bis zum Hilfsarbeiter, Tag und Nacht, bei Lärm und Staub, in Schmutz und Wasser, durch seinen persönlichen Einsatz deren Anwendung gewährleistet. Andererseits nützt aller menschliche Fleiss wenig, wenn nicht auf Grund von theoretischem Wissen und von Erfahrung vorausgedacht und so der Einsatz von Geräten und Hilfsmitteln geplant und in die Wege geleitet wird, um die unerlässliche Menschenarbeit zu unterstützen und zu erleichtern. Dies ist eine der mannigfachen Aufgaben, die eine Bauunternehmung zu lösen hat. Die nachfolgenden Ausführungen zeigen, wie verschiedene Teilaufgaben angepackt und gelöst worden sind. Daraus mag ersichtlich werden, wieviel Fleiss, Ausdauer und harte Knochenarbeit dahintersteckt.

Erschliessung der Baustelle

Der Auftrag für die Arbeitsgemeinschaft Hirschengrabentunnel bestand aus 234 m' Doppelspurtunnel in der Molasse Richtung Norden (Central), übergehend in die zwei Einspurröhren, ebenfalls in der Molasse liegend, von je 133 m' Länge, 277 m' Doppelspurtunnel in der Molasse Richtung Süden (Stadelhofen) und anschliessend 369 m' Kreisprofil im Lockergestein mit Grundwasser. Klar war auch von Anfang an, dass der Tunnel während der ganzen Bauzeit nur vom Schacht Hirschengraben aus zugänglich war, d.h. mit Ausnahme des Ausbruchabtransportes musste der ganze Betrieb über diesen Schacht abgewickelt werden. So haben sich die ersten Probleme im Baulos Hirschgrabentunnel schon beim Grundkonzept für die Baustelleneinrichtungen gezeigt. Der zur Verfügung stehende Platz war sehr eingeschränkt, auf der einen Seite durch die Friedenskirche und auf der anderen durch das Statistische Amt. Diese Verhältnisse

zwangen das Konsortium, die Installationen sehr sorgfältig zu planen und den innerstädtischen Verhältnissen anzupassen. Es war schon auf dem Papier ein wahres Puzzlespiel, alle unbedingt notwendigen Einrichtungen am richtigen Ort unterzubringen (siehe Situation).

So entschloss sich das Baukonsortium, in den 35 m tiefen Schacht eine Stahlkonstruktion einzubauen, unterteilt in sechs Stockwerke mit integriertem Treppenturm und mit einem Personenlift. Auf der einen Seite waren die Podeste für verschiedene Installationen wie Magazine, Druckluftanlage, Notstromgruppe usw. angeordnet, und auf der anderen wurden zwei Betonanlagen eingepasst mit den notwendigen Siloräumen für Kies und Sand sowie Zement (siehe Schnitt B-B, Seite 271).

Der Schacht wurde mit einem massiven Deckel abgeschlossen, um die Anwohner vor unangenehmen Immissionen zu schützen. In diesem Abschluss auf Terrainhöhe befand sich eine hydraulisch aufklappbare Öffnung von 4 x 10 m, durch welche sämtliches Material inkl. der notwendigen Gerä-

Blick auf den Installationsplatz mit den verschiedenen Containern im Hintergrund

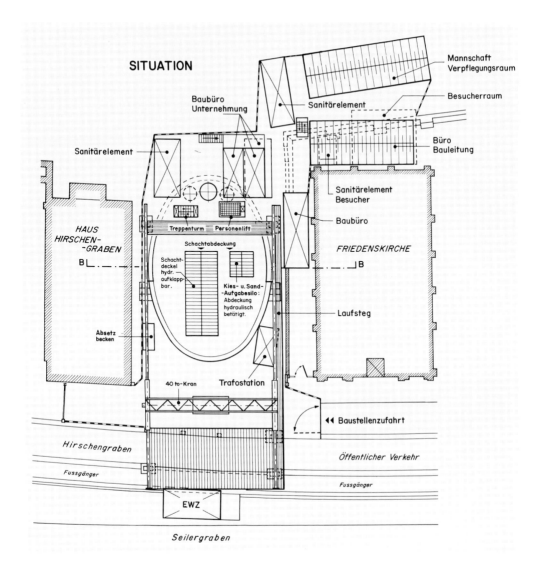

SITUATION

Mannschaft
Verpflegungsraum

Besucherraum

Baubüro
Unternehmung

Sanitärelement

Büro
Bauleitung

Sanitärelement

Sanitärelement
Besucher

Baubüro

HAUS
HIRSCHEN-
-GRABEN

B

FRIEDENSKIRCHE

B

Treppenturm   Personenlift

Schachtabdeckung

Schacht-
deckel
hydr.
aufklapp-
bar.

Kies- u.Sand-
-Aufgabesilo:
Abdeckung
hydraulisch
betätigt.

Laufsteg

Absetz
becken

40 to-Kran   Trafostation

Baustellenzufahrt

Hirschengraben

Öffentlicher Verkehr

Fussgänger

Fussgänger

EWZ

Seilergraben

te hinein- und nach Bauende auch wieder herausgebracht werden musste. Eine zweite Klappe deckte den Aufgabesilo für Kies und Sand ab. Die übrigen Einrichtungen (Büros, Räume für Mannschaft und Besucher, sanitäre Einrichtungen) beschränkten sich auf das absolute Minimum. Kantine und Schlafräume fanden keinen Platz. Kernstück und Lebensnerv der Baustelleneinrichtung war der Kran. Gewählt wurde ein 40-t-Portalkran, mit dem es möglich war, sämtliche Baumaschinen, Installationsteile, ja sogar voll beladene Lastwagen durch den Schacht zu befördern.

Die Werkstatt wurde unter Tag im 35 m langen Zugangsstollen untergebracht. Das gewählte Konzept hat sich sehr gut bewährt, und dank einem guten Platzmeister, der nie die Nerven verlor, konnte der Betrieb während der ganzen Bauzeit ohne grössere Probleme abgewickelt werden.

Vortrieb mit Teilschnittmaschine

Die Gerätewahl

Für den Ausbruch der Molassestrecke im Baulos Hirschengrabentunnel waren folgende Randbedingungen gegeben:
- das Gestein
- die verschiedenen Profilformen
- die Bauzeit

270

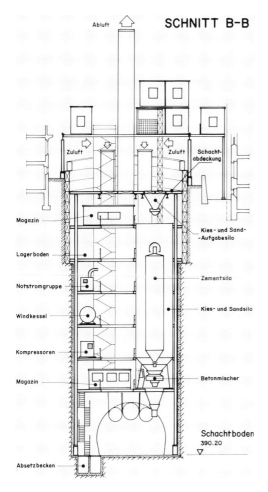

SCHNITT B-B

Abluft

Zuluft | Zuluft | Schacht-abdeckung

Magazin

Kies- und Sand--Aufgabesilo

Lagerboden

Notstromgruppe

Zementsilo

Windkessel

Kies- und Sandsilo

Kompressoren

Magazin

Betonmischer

Schachtboden
390.20

Absetzbecken

- die Tunnelerschliessung
- die Vorschriften betreffend Immissionen
- der Abtransport des Ausbruches per Förderband und Eisenbahn

Von Anfang an stand fest, dass nur der Einsatz von Teilschnittmaschinen (TSM) al-

len diesen Bedingungen gerecht werden konnte. Nach umfangreichen Evaluationen wurde eine Maschine vom Typ Atlas-Copco Eickhoff ET 160/300 Q gewählt.

Die Maschine wurde in Einzelteilen antransportiert, durch den Zugangsschacht in den Tunnel gebracht und dort zusammengebaut. Als Reservegerät wurde von einem ARGE-Partner eine teilrevidierte TSM vom Typ Westfalia WAV 170 mit Baujahr 1973 eingemietet. Die Geräte wiesen folgende Spezifikationen auf:

	ET 160/300	WAV 170
• Gewicht	87 t	53 T
• max. Schneidehöhe	5.9 m	5.4 m
• max. Schneidbreite	8.3 m	5.0 m
• Breite des Schneid-kopfes (Querantrieb)	1.8 m	1.3 m
• Schneidantrieb	300 kW	200 kW

Erzielte Leistungen

Aus einer Analyse, die von der Geotest AG, Zollikofen, für die Atlas Copco Eickhoff GmbH, Dortmund, ausgearbeitet worden war, sind für die ET 160/300 und für eine Totalkubatur von 43 300 m³ Molassefels die folgenden Leistungswerte zu entnehmen:

- Schneidleistung von 17.1 bis 31.3 m³/h
  Mittel: 22 fest m³/h
- Meisselverbrauch 0.03 bis 0.35 Stk/m³
  Mittel: 0.08 Stk/m³
- Ausnützungsgrad von 18 % bis 55 %
  Mittel: 38 %

Vertikaltransport eines voll beladenen Lastwagens

ET 160/300 im Kalottenvortrieb der Einspurröhre Axe 200. Das Bild zeigt eindrücklich die Verschiedenheit der aufzufahrenden Profile

ET 160/300 im Vortrieb

Die WAV 170 war als Reservegerät nur gerade im Sohlenausbruch und für den Vortrieb eines Nebenstollens eingesetzt. Deshalb liegen keine vergleichbaren Werte zur ET 160/300 vor.

Entstaubung

Die Natur dieses Bauwerkes brachte es mit sich, dass kein durchgehender Vorstollen oder Lüftungsstollen möglich war, so dass der Staub am Orte der Entstehung erfasst und durch die Arbeitsstellen weggeführt werden musste. Das Problem wurde grundsätzlich gelöst, indem zwei Sauglutten von je 800 mm Durchmesser möglichst nahe an die Schneidwerkzeuge der TSM geführt wurden. Jede Lutte war mit einem Trockenentstauber vom System Lühr und einem Luftdurchsatz von 10 m³/ sec verbunden. Mit der starken Saugwirkung von zusammen 20 m³/sec gelang es, den grössten Teil des Staubes einzufangen und auszuscheiden. Im Kalottenvortrieb funktionierte das System zufriedenstellend. Im Strossenabbau hingegen war es ausserordentlich schwierig, den nötigen Luftreinheitsgrad zu erreichen. Oft musste der Schneidvorgang unterbrochen werden, bis die Staubluft abgesogen war.

Überprofil

Im Baulos Hirschengrabentunnel hatte man es bei der oberen Süsswassermolasse mit einem tunnelbautechnisch günstigen Gestein zu tun. Das geologisch bedingte Überprofil war denn auch vernachlässigbar unbedeutend. Anders verhielt es sich mit dem arbeitstechnischen Überprofil. Die ET 160/300 arbeitete z.B. zu Beginn mit einer elektronischen Steuerung, die einen genauen Profilschnitt hätte ermöglichen sollen. Der Versuch musste aber bald aufgegeben werden, da das System wegen den geometrischen Gegebenheiten (Kurven, Gefällwechsel, Verdrehung des Profils) nicht befriedigte. Des weiteren entsteht bei Geräten mit Querschneidkopf als obere Profilbegrenzung eine Horizontale von mindestens 1,7 x Schneidkopfbreite. Da gerade im Scheitel aus statischen Gründen kein Unterprofil toleriert werden kann, entsteht notgedrungenermassen ein technisch bedingtes Überprofil im Scheitelbereich. Schliesslich sei auch noch auf die arbeitstechnischen Schwierigkeiten für den Maschinisten hingewiesen. Vor allem die schlechte Sicht wegen der Staubentwicklung behindert die optimale Führung des Schneidkopfes, und beim Ausbruch der Sohle, wo die Schneidwalze immer im geschnittenen Material dreht, muss der Maschinist praktisch blind arbeiten. Das mittlere Überprofil der gesamten Felsstrecke betrug 15 cm.

Fazit

Die gewählten Geräte haben die in sie gestellten Erwartungen in jeder Hinsicht erfüllt. Die Entstaubung und die Beherrschung der Profilgenauigkeit verlangten indessen Massnahmen, welche die Leistungsfähigkeit der teuren Maschine beeinträchtigten.

Baulüftung

Bei der Wahl des Lüftungssystems waren die folgenden Randbedingungen zu berücksichtigen:

- Innerstädtische Verhältnisse: sehr empfindlich auf Lärm und Staub.
- Baustelle zwischen den Häusern: schlechte Vermischung der Abluft mit der Umgebungsluft.
- Zwei Vortriebsrichtungen ab Zugangsstollen.
- Zugang zu den Arbeitsstellen nur durch 35 m tiefen Schacht möglich.
- Starke Staubbelastung der Tunnelluft durch Einsatz von Teilschnittmaschinen und Spritzbeton.
- Arbeitsplätze (Installationen) müssen aus Platzgründen im Schacht und im Zugangs-

stollen angeordnet werden und sollten durch staub- und abgashaltige Abluft nicht beeinträchtigt werden.

Auf Grund der Belüftungsvorschriften der SUVA wurden folgende Luftmengen ermittelt: Südast: Q_0 = 35.8 m³/sec, Nordast: Q_0 = 35.3 m³/sec.

Um den Randbedingungen Rechnung zu tragen, wurde das nachfolgende Konzept festgelegt:

• Anordnung der Ventilatoren in der Kalottenausweitung des Zugangsstollens zum Haupttunnel.
• Blasende Belüftung von Nord- und Südast je separat.
• Absaugen der Abluft an der Einmündung des Zugangsstollens in den Haupttunnel mit so grosser Leistung, dass zusätzliche Frischluft über den Schacht und Zugangsstollen angesogen wird.
• Ausblasen der Abluft mit hoher Geschwindigkeit über den seitlichen Gebäuden und den Baustelleninstallationen, in genügender Distanz zu den Frischluftansaugestellen.

Mit den gewählten Durchmessern von 2 x 1.60 m für die Frischluftkanäle und 2.00 m für den Abluftkanal konnte das für den Baustellenverkehr benötigte Lichtraumprofil im Zugangsstollen gewährleistet werden. Eine wertvolle Hilfe bei der Projektierung waren die «Angaben zu Baulüftung» von Herrn Dr. A. Haerter (SHB Schindler Haerter AG, Beratende Ingenieure). Die Höhe des Abluftkamins konnte auf Grund seiner Angaben etwas reduziert werden.

Bezüglich der Wahl der Schalldämpfer und der 90-Grad-Krümmer hingegen mussten aus Platzgründen Kompromisse getroffen werden. Für die Anpassung der Gebläse an die veränderten Betriebsbedürfnisse wurde die Verwendung von Frequenzumwandlern geprüft. Zum Einsatz kamen dann aber mehrstufige Ventilatoren.

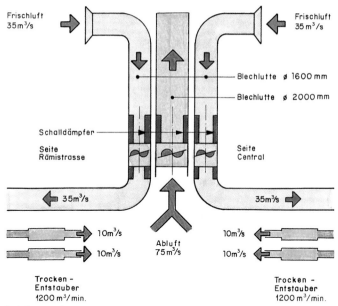

Belüftungs-Schema Hirschengrabentunnel

Schalldämpfung

Da der Schall sich ganz besonders in Richtung der Rohrachsen ausbreitet, wurde zuerst eine Variante mit Kulissenschalldämpfer untersucht. Aus Platzgründen im Zugangsstollen kamen aber nur Rohrschalldämpfer in Frage. Die Lärmmessungen der im Werkhof vormontierten Einheiten (Gebläse + Schalldämpfer) ergaben Werte von 70 – 80 dBA in 3 m Entfernung, also Werte, wie sie im Innern eines fahrenden Autos gemessen werden. Die Bestätigung der gelungenen Schalldämpfung wurde den Bauleuten durch die im Nachbarhaus während der Arbeitszeit geöffneten Bürofenster augenfällig angezeigt. Das gewählte Konzept hat sich sowohl hinsichtlich Frischluftversorgung der Arbeitsstellen als auch punkto Immissionen über die ganze Bauzeit bewährt.

Schildvortrieb in der Lockergesteinstrecke

Die Arbeitsgemeinschaft benützte für das Auffahren dieser Strecke den vorhandenen Schild der Firma Schafir & Mugglin AG, der sich bei anderen Tunnelbauten bestens bewährt hatte, und der folgende Spezifikationen aufweist:

273

- Durchmesser aussen   11.66 m
- Länge   7.45 m
- Gewicht   ca. 350 t
- Vorschubpressen   35 Stk. a 150 t
- Vorschubkraft total   5'250 t
- Pressenhub   1.20 m
- Schildmantel   8-teilig verschraubt

Die äussere Sicherung bestand aus fünfteiligen Tübbingringen von je 1 m Länge. Der Schild war mit einer Mittelbühne versehen, auf der zwei elektrisch angetriebene Kleinbagger (Brokk) mit Hammer- resp. Löffelausrüstung standen. Diese Geräte konnten praktisch die ganze obere Hälfte der Tunnelbrust abbauen. Um den grossen Querschnitt in kritischen Fällen zu unterteilen, war oberhalb der Mittelbühne noch eine hydraulisch verschiebbare Hilfsbühne angebracht. An diesen horizontalen Bühnen und an der Schildschneide waren einzeln bedienbare, längs verschiebbare Bruststützplatten montiert. Der Abbau in der unteren Hälfte geschah mit einem Raupenlader oder einem Bagger. Dieses Konzept bietet für die Belegschaft eine optimale Sicherheit. Neu war die Montage des Schildes unter Tag ohne Zugänglichkeit für normale Hebezeuge.

Am Ende der Felsstrecke wurde eine Montage-Kaverne ausgebrochen, in die ein speziell konstruiertes Montage-System, bestehend aus einem Rollenbock und einer aufgehenden Stützkonstruktion mit integriertem Hebezeug, eingebaut wurde. Die Montage (später auch die Demontage) geschah durch Verrollen des Schildes resp. der einzelnen Schildsegmente. Trotz anfänglicher Skepsis seitens der Baustellenmannschaft verlief die Montage problemlos. Am 1.7.86 begann der Vortrieb im Zweischichtenbetrieb. Der Start war mühsam, da das Profil auf ca. 50 m Länge teilweise noch im Fels lag. Der Abbau geschah in der oberen Hälfte mit den beiden Brokks und unten mit einem Hydraulikbagger RH 6 mit Hammerausrüstung. Zum Laden des Materials auf Grossfahrzeuge wurde ein Raupentrax CAT 977 eingesetzt.

Die Leistung lag bei 2 bis 3 m/AT.

Nun folgten wenige Meter ohne allzu grosse Probleme, und dann geschah die erste Überraschung, ein Niederbruch von ca. 70 m³. Dieser wurde sofort mit einem Kunststoffschaum verfüllt und der umliegende Boden mit Injektionsharz konsolidiert. Da der Boden immer unstabiler wurde, entschied man sich für einen vorauseilenden Injektionsschirm mit Silikat- und Zementinjektionen. Aber trotz aller Vorsicht wurde die Baustelle am 19. Nov. 1986 gezwungen, den Vortrieb nach einem weite-

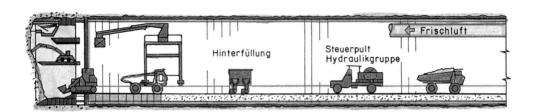

TÜBBINGEINBAU

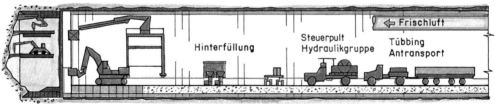

Tübbing - Versetzbagger

Blick in den Vorstollen. Schlamm und Wasser sind deutlich zu erkennen.

ren Wasser-, Schlamm- und Materialeinbruch endgültig einzustellen. Der Schild stand nun 15 m unter der Heimstrasse, und die dort verkehrenden Tramzüge konnten im Vortrieb akustisch wahrgenommen werden. Es folgten fieberhafte Besprechungen mit Bauherrschaft, Bauleitung, neutralen Experten, Geologen und Spezialunternehmungen, bis kurz vor Weihnachten 1986 gemeinsam der Entscheid gefällt wurde, einen Vorstollen zu erstellen und aus diesem Stollen heraus gezielte Bodenverbesserungsmassnahmen vorzunehmen, wie sie in anderen Berichten zu dieser Teilstrecke beschrieben sind. In mühsamer und zum grössten Teil händischer Arbeit wurde dieser Stollen von 12 m² Querschnitt ab Mittelbühne des Schildes vorgetrieben, und nach 142 m' folgte der Zusammenschluss mit dem Gegenvortrieb.

Die Bauzeit betrug drei Monate. Im August 1987 galt es, den Schild von Schlamm und Injektionsgut zu säubern, damit am 7. September 1987 der Vortrieb erneut aufgenommen werden konnte. In einem Zug und ohne Unterbruch musste die Strasse unterquert werden, was auch ohne wesentliche Überraschungen gelang. Für die letzten 200 Meter wurde ein dreischichtiger Durchlaufbetrieb organisiert; dabei betrug die Leistung 4 - 5 m/AT.

Die letzte unangenehme Überraschung erlebte die Vortriebsmannschaft am Los-

ende, also an der Kontaktstelle mit dem Nachbarlos. Die mit Spritzbeton gesicherte Brust der bereits von der Südseite her vorbereiteten Demontagekammer gab unter dem Horizontaldruck des auf sie zufahrenden Schildes nach, und es kam just unter der Winkelwiese zu einem Gross-Einbruch, der auch die umliegenden Häuser gefährdete. Dank raschem Handeln aller Beteiligten konnte eine Katastrophe vermieden werden. Das Loch (ca. 700 m³) wurde noch am gleichen Tag mit Beton verfüllt, und vom Tunnel aus wurde die Kontaktzone mit Kunstharz verfestigt, so dass Ende November 1987 in die Demontage-Kaverne eingefahren werden konnte.

Der Hohlraum zwischen Tübbingen und Gebirge wurde anfänglich in der Sohle mit Mörtel und am restlichen Umfang mit Rollkies verfüllt und anschliessend ausinjiziert. Im unstabilen Boden kam es aber im normalen Vortrieb zu Setzungen bis zu 15 cm, und die ersten zu unterfahrenden Häuser wiesen denn auch entsprechende Risse auf. Man entschloss sich darauf, die Tübbinge unmittelbar hinter dem Schild rundum mit Mörtel zu hinterfüllen mit dem Nachteil, dass der Mörtel auch hinter den Schildmantel floss und so die Steuerung des Schildes erschwerte. Diese Massnahme half aber sicher mit, die Setzungen fortan innerhalb der Toleranz von 6 cm zu halten. Nach geschlagener Schlacht kann festgehalten werden, dass sich der Schildvortrieb in der sauber entwässerten Moräne bewährt hat. Fliessendes Gebirge jedoch, wie es unter der Heimstrasse angetroffen wurde, lässt sich auch mit dem ausgeklügeltsten Brustverbau nicht ohne Bentonit- oder Druckluftstützung durchfahren.

Blick in den Schild kurz vor dem Losende. Im Hintergrund erkennt man den Vorstollen.

Grundwasserabsenkung in der Lockergesteinstrecke

Für den Schildvortrieb in der Lockergesteinzone war das Absenken resp. Entlasten des Grundwasserspiegels um 8 m bis gegen 20 m im Tunnelbereich von primärer Bedeutung. Die Entwässerung des Bodens mit dem gewählten System der Kleinfilterbrunnen, z.T. mit Vakuum, von der Oberfläche aus gestaltete sich dann äusserst schwierig und gelang nur teilweise. Die bestehende Überbauung, die Strassen und der enorm heterogene Baugrund mit den komplexen Grundwasserverhältnissen brachten eine Fülle von Problemen, von denen nachstehend einige kurz umschrieben sind.

Brunnenraster / Brunnenstandorte

Vorgesehen war ein Brunnenraster von 30 m entlang der ganzen Schildstrecke, der je nach Bedarf auf 15 m verdichtet werden konnte. Die definitive Standortwahl der Brunnen war, nach Absprache mit der Bauleitung, Sache der Unternehmung. Es zeigte sich bald, dass die städtebauliche Oberflächenstruktur (bebaute Flächen, schwer zugängliche Gartenanlagen mit altem, schützenswertem Baumbestand, verwinkelte Zonen, die mit einem Bohrgerät nicht erreicht werden konnten, und öffentliche Verkehrsflächen mit einem dichten Netz von Werkleitungen) einen planmässigen Brunnenraster verhinderte und zu zahlreichen Kompromissen führte. Im Endeffekt war aber der Abstand der über 50 Brunnen im Mittel sogar kleiner als 15 m. Doch gerade dort, wo eine weitere Verdichtung nötig gewesen wäre, war dies aus den erwähnten Gründen nicht mög-

Maschine im Garten

lich, was für den Tunnelvortrieb fatale Folgen hatte.

Brunnenherstellung / Brunnenausbildung

Es waren 4 $^1/_2$" und 6"-Filterbrunnen (teils mit Vakuum) mit Bohrtiefen zwischen 30 und 50 m herzustellen. Die meisten Standorte liessen nur Kleingeräte mit extrem hoher Leistung zu. Der grösstmögliche Endbohrdurchmesser der teleskopierten Spülbohrungen betrug ca. 250 mm. Trotz an sich ungenügender Filterstärke im untersten Teil der Bohrung haben sich der gewählte runde Filterkies von 1 bis 4 mm und die Filtertresse 1.0/1.2 mm über die ganze Betriebsdauer von zweieinhalb Jahren bestens bewährt. Bei extrem feinkörnigen Zonen in Verbindung mit Vakuumbrunnen aus den Sondierstollen heraus wurde als Filtermaterial auch Splitt 1 bis 3 mm mit Tresse erfolgreich verwendet. Die PVC-Filterrohre mit Schlitzweiten von 1 mm haben trotz der beachtlichen Tiefe dem Druck standgehalten. Damit die Brunnen auch als Vakuumbrunnen funktionieren konnten, musste die Filterzone mit einem Gemisch von Zement, Bentonit und Opalit gegen die Oberfläche abgedichtet werden. Zwei Absenkversuche in geologisch unterschiedlichen Zonen verdeutlichen, dass die Länge der Dichtungspfropfen den Bodenverhältnissen anzupassen ist. So musste beispielsweise in der Zone Heimstrasse bis Hirschengraben der Dichtungspfropfen bis deutlich unter den Grundwasserspiegel ins Tunnelprofil gezogen werden, was der vorwiegend horizontalen Entwässerung des Bodens im Scheitelbereich natürlich nicht förderlich war. Aber ohne Vakuum liess sich der Boden in diesem Bereich kaum entwässern. Dies bewiesen die Piezometermessungen deutlich. Für die Messungen haben sich dabei die Mehrfach-Mikropiezometer (Quarzkerzen, Steigleitung Ø 13 mm, Handablesungen), eingebaut und ausgetestet vom Institut für Grundbau und Bodenmechanik an der ETH Zürich, gut bewährt. Die von Sondierbohrungen vorhandenen 4 $^1/_2$"-Piezometer lieferten wegen ihrer zu grossen Referenzzeit keine brauchbaren Resultate.

Ausrüstung der Brunnen

Die geforderte Wassermenge pro Brunnen schwankte zwischen 0.01 l/min und 250 l/ 276

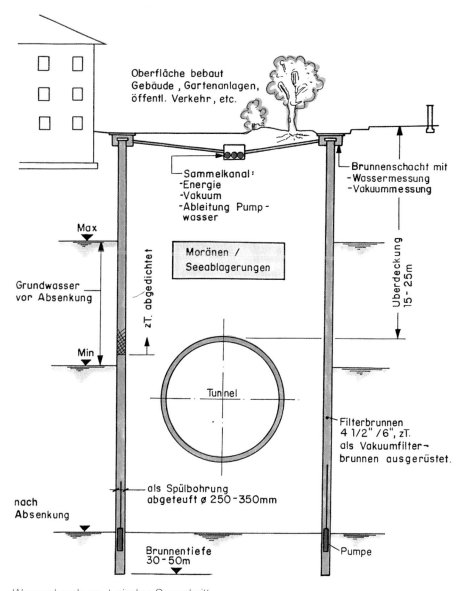

Oberfläche bebaut
Gebäude, Gartenanlagen,
öffentl. Verkehr, etc.

Sammelkanal:
-Energie
-Vakuum
-Ableitung Pump-
wasser

Brunnenschacht mit
-Wassermessung
-Vakuummessung

Morönen /
Seeablagerungen

Max

Grundwasser
vor Absenkung

zT. abgedichtet

Min

Tunnel

Überdeckung
15 - 25m

Filterbrunnen
4 1/2" / 6", zT.
als Vakuumfilter-
brunnen ausgerüstet.

als Spülbohrung
abgeteuft ∅ 250 - 350mm

nach
Absenkung

Brunnentiefe
30 - 50m

Pumpe

Wasserabsenkung, typischer Querschnitt

min. Total wurden 2000 bis 2500 l/min gepumpt und via Reinwasserkanäle in die Limmat geleitet. Die richtige Pumpenwahl wurde vor deren Einbau mit einem Absenkversuch im Filterbrunnen ermittelt. Die Brunnen wurden sorgfältig entsandet und stufenweise (Gravitation und Vakuum) angefahren. Jeder Brunnen war mit einer Wasseruhr, einem Vakuummeter und einer Entnahmestelle für Wasserproben (Sedimentation) ausgerüstet und konnte einzeln abgeschiebert werden. Mit Alarm- und Meldesystem war die ganze Anlage permanent überwacht. Über drei zentrale Stellen war bei einer Alarmierung sofort eruierbar, wo und welcher Art die Störung war.

Abschliessend kann gesagt werden, dass die umfangreiche Wasserhaltung in sich wohl funktioniert hat, dass aber aus den eingangs erwähnten Problemen der Wasserspiegel trotzdem nicht in allen Zonen in genügendem Masse abgesenkt werden konnte, so dass Zusatzmassnahmen aus dem Tunnel notwendig wurden.

Bauhilfsmassnahmen (Baulos 4.19)

Gustavo Rojas, Urs Rinderknecht

Im Rahmen des Ausbaus der S-Bahn Zürich wurde unter das dicht überbaute Universitätsviertel der Stadt Zürich eine zweispurige Tunnelröhre projektiert und gebaut. Der Hirschengrabentunnel bildet ein Teillos dieses Projektes. Infolge ausserordentlich schwieriger geologischer Verhältnisse in der Lockergesteinstrecke musste der Schildvortrieb auf der Höhe Heimstrasse im Herbst 1986 eingestellt werden.

Ausführungskonzept

Um den angetroffenen geologischen Gegebenheiten Rechnung zu tragen und den weiteren Schildvortrieb sicherzustellen, wurde nach eingehenden Studien zu folgenden Bauhilfsmassnahmen ab dem vorgängig erstellten 320 m langen Pilotstollen gegriffen:

• Ortsbruststabilisierung: fächerförmig radial angeordnete Jet-Pfähle

• Kalottensicherung: konventionelle Injektionen (Zement/Silikat)
• Wasserhaltung: Jet- und Drainageschirm ab zwei bergseitig erstellten Nischen
Kleinfilterbrunnen paarweise radial
Drainagebohrungen radial im Kalottenbereich

Die getroffenen Massnahmen hatten ergänzenden Charakter und sollten so einen weiteren ungestörten Schildvortrieb gewährleisten.

Ausführung der Arbeiten

Allgemeines

Die Arbeiten wurden am 6. April 1987 relativ kurz nach Vergebung begonnen. Durch die entstandene Verzögerung war die Realisierung des Hirschengrabentunnels im generellen S-Bahn-Bauprogramm auf den

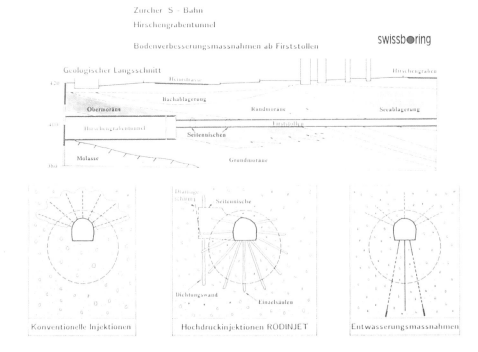

Zürcher S-Bahn
Hirschengrabentunnel
Bodenverbesserungsmassnahmen ab Firststollen

swissboring

Konventionelle Injektionen   Hochdruckinjektionen RODINJET   Entwasserungsmassnahmen

Hauptmasse

Arbeiten	Laufmeter Tunnel	Ort	Anzahl (Stk.)	Länge (m)	Zement (t)	Silikat (t)
Rodinjet	35	Vorstollen	162	920	262	
Hochdruckinjektionen	45	Nischen	135	1 200	318	
Konventionelle Injektionen	130	Vorstollen	670	3 490	466	84
Drainagebohrungen	50	Vorstollen	120	540		
	52	Nischen	39	270		
Kleinfilterbrunnen	93	Vorstollen	34	415		
Piezometer	180	Vorstollen	10	115		
Total			1 170	6 950	1 046	84

kritischen Weg geraten. Die Bauhilfsmassnahmen sollten darum konzentriert und parallel verlaufen, so dass keine weiteren Verzögerungen verursacht wurden. Die engen Platzverhältnisse verursachten für die Ausführung der Arbeiten grösste organisatorische Probleme.

An diesem Objekt waren unter der Leitung eines Ingenieurs und erfahrenen Bauführers bis zu 21 Spezialisten in einem 2-Schichtbetrieb beteiligt. Bis zu drei kurzfristig modifizierbare Bohrgeräte, fünf Injektionsgruppen (Zement und Silikat) und eine Rodinjet-Ausrüstung waren – bedingt durch das straffe Bauprogramm – zum Teil gleichzeitig im Einsatz.

Rodinjet-Hochdruckinjektionen

Durch die grossen zu überbrückenden Distanzen von den fixen Jet-Installationen am Eingang des Pilotstollens bis zu den Einsatzstellen (110 m bzw. 270 m) ergaben sich Versorgungs- bzw. grosse Entsorgungsprobleme (Bohr- und Zementrückfluss). Ein in Serie geschaltetes Rückpumpsystem für die Entsorgung von bis zu 10 m³ festem Material/Tag bis zu den im Haupttunnel stehenden Absetzbecken war die Lösung des Rückflussproblems. Die zu Beginn der Rodinjetarbeiten entstandenen Sohlhebungsprobleme wurden durch Anpassung der Parameter aufgehoben.

Konventionelle Injektionen

Um ein Ausspülen des Injektionsgutes in den stark wasserführenden Schichten zu verhindern, musste ein mehrphasiges Injektionssystem (6 Phasen Zement, 2-3 Phasen Silikat) gewählt werden. Dies bedingte eine ausserordentlich anspruchsvolle Überwachung der gesamten Injektionsarbeiten, da sich die einzelnen Injektionsfolgen innerhalb von 10 m Tunnellänge parallel in kurzen Abständen folgten.

Vacuum-Kleinfilterbrunnen / Piezometer

Die ganze Grundwasserabsenkung mittels Kleinfilterbrunnen unter Vaccum musste so konzipiert sein, dass mit dem wieder in Betrieb gesetzten Schildvortrieb einzelne Brunnen hintereinander ausgeschaltet und ausgebaut werden konnten, ohne die an-

Injektionen ab Vorstollen

Jetschirm ab Nischen

deren zu beeinträchtigen. Dies bedingte eine besondere Installation im engen Pilotstollen (Brunnen in Serie an eine Vacuum- bzw. an eine Entwässerungsleitung angeschlossen). Die Wirksamkeit dieser Massnahme konnte dabei direkt durch die periodisch dazwischen gebohrten Piezometer nachgewiesen werden. Auf diese Art gelang die Grundwasserabsenkung bis unterhalb der Sohlkote des Hauptprofiles.

Drainagebohrungen

Die im Kalottenbereich radial angeordneten Drainagebohrungen hatten eine Doppelfunktion. Einerseits dienten sie als Kontrollbohrungen im bereits ausinjizierten Bereich, anderseits musste noch eingeschlossenes Wasser weggedraint werden. Die ab den beiden Nischen hinter den Jet-

schirmen bergseitig gebohrten Drainageschirme hatten wiederum einen Wasseraufstau auf die dichte Jetwand zu verhindern. Das anfallende Bergwasser wurde dabei durch eine ausserhalb des späteren Tunnelprofils gebohrte und versetzte Stahlrohrleitung (2 x 19 m) abgeleitet, die in einem Tübbing-Durchbruch im bereits fertiggestellten Haupttunnel endete.

Zusammenfassung

Durch die Gesamtheit der ab dem Pilotstollen ausgeführten Bauhilfsmassnahmen (Jetting, Injektionen, Drainagen, Kleinfilterbrunnen) konnte der grosse Wasserandrang in den Pilotstollen bzw. in das Hauptprofil gestoppt und teilweise abgeleitet werden. Gleichzeitig wurde die vorgeschriebene Konsolidation im Kalotten- und Brustbereich so weit erreicht, dass ein ungestörtes Weiterfahren mit dem Schildvortrieb in diesen schwierigen geologischen Verhältnissen möglich wurde. Dank enormen Anstrengungen und einer guten Zusammenarbeit mit dem Bauherrn, der Projektierung und den Tunnelbauunternehmungen war es möglich, den Schild im Herbst 1987 nach ca. einem Jahr Pause wieder in Betrieb zu setzen und den Durchstich rechtzeitig zu feiern, so dass dieser Teilabschnitt der S-Bahn Zürich (HB–Stadelhofen) trotz aller auftretenden Schwierigkeiten wie vorgesehen bereits 1989 eröffnet werden konnte.

Häuser Rämistrasse, Projekt (Baulos 4.07)

Lothar Garbe

Randbedingungen

Die Unterfangung der Häuser Rämistrasse bildet einen nur ca. 25 m langen Abschnitt der S-Bahn im Stadtgebiet. Für die Gestaltung des Projektes und die Wahl der Baumethoden mussten auf engem Raum konzentriert vielfältige und komplizierte Probleme gelöst werden. Diese Probleme kommen zum grössten Teil aus der «Insellage» dieses Bauloses zwischen dem Hirschengrabentunnel und dem Tunnel Rämistrasse sowie aus den eingeengten Verhältnissen an der Oberfläche.

Als Stützwände konzipiert, grenzen die Häuser auf einer Seite an einen Park, der auf Höhe der Dächer liegt (s.a. Bilder Beitrag «Tunnel Rämistrasse»). Auf der anderen Seite, der Strassenseite, stand aufgrund des starken Verkehrs nur ein schmaler Streifen als Zugang zur Baustelle zur Verfügung.

Die geologischen Verhältnisse unter den Häusern waren ausgerechnet an dieser Stelle besonders schwer durchschaubar. Infolge der früheren Gletscherrandlage gibt es hier kleinräumige Wechsel verschiedenster Bodenstrukturen von feinkörnigen, praktisch undurchlässigen, siltigen Sanden (Seeablagerungen) über massive Steineinlagen (Blockteppich) bis zu grossen Blöcken.

Rämistrasse mit Fassaden der Häuser

Der gemessene Grundwasserspiegel liegt ungefähr auf halber Fahrraumhöhe. Das sagt jedoch wenig über den Wasserhaushalt aus, der entsprechend dem Bodenaufbau stark wechselt und eine planmässige Grundwasserabsenkung nicht zulässt.

Die ca. 100 Jahre alten Gebäude, im Rahmen einer Überbauung gleichzeitig erstellt, stehen unter Denkmalschutz. Eine Auskernung wäre zwar gestattet gewesen, doch die Fassadenwände hätten dabei erhalten werden müssen.

Für die Unterfangung ohne Abbrüche war davon auszugehen, dass mit Ausnahme der Keller und eines Teiles der Erdgeschosse der grösste Teil der vier betroffenen Liegenschaften während der Bauarbeiten als Wohn- bzw. Geschäftsräume weiterhin genutzt würde. Probleme mit Lärm waren damit vorherzusehen.

Festlegung des Ausführungskonzeptes

Infolge des geringen Abstandes (1.5 bis 2.5 m) von den Gebäudefundamenten kam eine rein bergmännische Lösung von vornherein nicht in Betracht.

Die Festlegung des Ausführungskonzeptes für die komplizierten Unterfangungsarbeiten war anfänglich noch durch folgende offene Fragen bzw. Entscheide erschwert:

• Querung Rämistrasse in offener oder bergmännischer Bauweise
• Unterfangung mit teilweiser Auskernung und Rückverankerung der Stützwände auf der Rückseite der Häuser oder Unterfangung in komplettem Zustand
• Lage des zu ersetzenden Abwasserkanales der Rämistrasse, der das S-Bahn-Profil kreuzte

Nach Festlegung der bergmännischen Bauweise für die Querung der Rämistrasse und der Zufahrtsbedingungen für die Hausunterfangung wurden für Teil- und Vollunterfangungen verschiedene Lösungen untersucht.

Für die Herstellung der im Vordergrund stehenden massiven, rahmenförmigen Unterfangungskonstruktion mit provisorischer Abfangung der Häuserlasten mittels Mikropfählen kamen verschiedene Verfahren in Frage:
• Wände aus Kleinpfählen, Schlitzwände usw.
• Decke in verschiedener Unterteilung in vorgespannter Konstruktion oder schlaff armiert.

Anstelle der Ausschreibung einer Lösung entschloss sich der Bauherr für die Durchführung einer zweistufigen Submission mit Vorauswahlverfahren und eigentlicher Offerte, die auch die Projektbearbeitung einschloss. Im Hinblick auf die massgebliche Rolle der Verfahrenstechnik für die denkbaren Baumethoden und den Stellenwert der Baustellenorganisation bei dieser Bauaufgabe sollte auf diesem Wege die beste und wirtschaftlichste Lösung gefunden werden.

Bereits nach dem Vorauswahlverfahren stellte sich heraus, dass aus wirtschaftlichen Gründen auf die Weiterverfolgung der Lösungen mit Auskernung eines oder mehrerer Gebäude verzichtet werden sollte.

Die sechs eingereichten Projekte und Offerten wurden gründlich untersucht und diskutiert. Der Auftrag erging an die ARGE AG C. Zschokke / AG Heinr. Hatt-Haller.

Der Vertrag in Form von Teilglobalen sah nur für gewisse Arbeiten mit höherem Baugrundrisiko, wie z.B. die Grundwasserabsenkung, preisliche Anpassungen vor.

Die Elektrowatt Ingenieurunternehmung AG wechselte aufgrund des gewählten Vorgehens des Bauherrn und der Werkvertragsform in die Rolle des Prüfingenieurs für Statik und Konstruktion, das sowohl für das definitive Bauwerk als auch für die Bauhilfsmassnahmen in den diversen Bauzuständen.

Beschreibung des Projektes

Das Projekt bzw. der Bauauftrag umfasste folgende Bestandteile, die im folgenden aufgezählt werden:

• Unterfangungsbauwerk bestehend aus Zellenwänden und Unterfangungsdecke (siehe Bild auf Seite 287 im folgenden Beitrag von Walter Spaltenstein).
• Grundwasserabsenkung mittels Filterbrunnen
• Provisorische Unterfangung der Häuser mit Mikropfählen
• Abschlusskonstruktionen (Baugrube) gegen den Tunnel Rämistrasse
• Abschlusskonstruktion gegen den Hirschengrabentunnel mit Unterfangung der alten Stützmauer
• Aushub und Einbau Sohle
• Innenschale und Isolation
• Provisorische Werkleitungsverlegungen vor Häuserfassade
• Definitive Werkleitungsverlegungen inkl. den Kanal Rämistrasse.

Das Projekt, das in der zweistufigen Submission von der Unternehmung erarbeitet wurde, wird im folgenden Beitrag näher beschrieben.

Beurteilung der Ergebnisse durch den Prüfungsingenieur

Das ausgeführte Projekt und die verwendeten Bauverfahren haben die hohen Sicherheitsanforderungen und auch die übrigen speziellen Bedingungen bei diesem Baulos bestens erfüllt. Trotz der sehr beengten Verhältnisse, wo Tragstrukturen sozusagen zu Arbeitsräumen wurden, konnte auf zum Teil überraschende Boden- bzw. Wasserverhältnisse flexibel reagiert werden.

Projekt und Ausführung Unterfahrung Rämihäuser (Baulos 4.07)

Walter Spaltenstein

Das Baulos 4.07 Unterfahrung Häuser Rämistrasse gehört zum Teilprojekt 4, Hirschengrabentunnel. Die westliche Begrenzung des vorzustellenden Bauloses ist das Baulos 4.05 Hirschengrabentunnel, Abschnitt Seilergraben, die östliche Begrenzung ist das Baulos 4.08 Tunnel Rämistrasse. Das relativ kurze Teilstück 4.07 von 23 m verlangte eine besonders schonende Bauweise, da die zu unterfahrenden Häuser nur sehr kleine Abstände von der Oberkante des Tunnelbauwerkes bis zu den Kellern und Fundamenten aufweisen. Ein weiteres, nicht zu unterschätzendes Problem bildeten die rückseitigen Wände der Häuser an der Rämistrasse. Diese Wände sind als 20 m hohe Bogenstützmauern ausgebildet. Das angrenzende, höher gelegene Gelände wurde somit abgestützt. Die resultierenden Horizontalkräfte, die auf diese Stützmauern wirken, mussten in jeder Bauphase sicher übernommen werden.

Submissions-Vorgeschichte

Neben der in der Einleitung geschilderten minimalen Unterfahrungshöhe von 1 bis 2 m, die eine übliche Untertunnelung nicht zulässt, bestanden weitere zu berücksichtigende Randbedingungen wie die Erhaltung der unter Denkmalschutz stehenden Häuserfassaden an der Rämistrasse, das Aufrechterhalten des zweispurigen öffentlichen und privaten Verkehrs ohne störende Behinderungen. Während der ganzen

Übersichtsplan

Bau der Rämihäuser (1885 bis 1887)

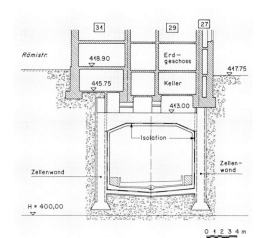

Querschnitt Endzustand

Bauzeit musste der Fussgängerverkehr durch die Baustelle gewährleistet werden. Technisch musste also eine Lösung gesucht werden, die alle genannten Bedingungen erfüllte. Die nicht unproblematischen geologischen Verhältnisse mussten ebenfalls berücksichtigt werden.

Die Schweizerischen Bundesbahnen, vertreten durch die Elektrowatt Ingenieurunternehmung AG, haben in einem zweistufigen Verfahren eine beschränkte Anzahl Unternehmungen eingeladen, entsprechende Lösungen vorzuschlagen, damit dieses Baulos sicher und möglichst wirtschaftlich erstellt werden konnte. Die Vor-

abklärungen der Unternehmer mit den von ihnen selbst zugezogenen Ingenieurbüros dienten vor allem dem Studium von ausführbaren Unterfangungsmethoden. Die eingereichten Lösungsvorschläge sahen durchwegs Unterfangungsmethoden mittels Pfählen unterschiedlichster Art oder Schlitzwände vor.

Nach Abschluss dieser Vorstudien wurde in einem zweiten Schritt durch den Bau-

Häuserfassade Rämistrasse

Einsatz der Mikropfahlmaschine

herrn beschlossen, eine beschränkte Submission durchzuführen, um im Detail die beste und wirtschaftlichste Ausführungsart wählen zu können. Die eingeladenen Projektgruppen wurden aufgefordert, innerhalb knapp dreier Monate eine Globalofferte einschliesslich Projektausarbeitung und Vorstatik einzureichen. Die Globalofferte, die aus diversen Teilglobalen bestand, durfte möglichst wenig Vorbehalte aufweisen. Die zur Verfügung gestellten Grundlagen wie Lastangaben der Häuser hatten rein informativen Charakter und mussten von den Unternehmungen überprüft werden. Von dem statischen System der zu unterfahrenden Häuser wie auch über die Materialbeschaffenheit waren nur spärliche Unterlagen vorhanden. Direkte geologische Aufschlüsse im Losbereich existierten nicht, so dass auf vorhandene geotechnische Unterlagen im Nahbereich der Baustelle abgestellt werden musste.

Vergabe des Bauloses

Nach der Offert- und Projektabgabe der eingeladenen Submittenten, am 31. August 1984, begannen dann für die Ingenieure der Elektrowatt die Vergleiche zwischen den einzelnen Projekten in bezug auf ihre Eignung sowie die preislichen und programmlichen Aspekte. Nach diversen Besprechungen und zusätzlichen Ergänzungen wurden am 12. März 1985 der Arbeitsgemeinschaft AG Conrad Zschokke, Zürich/AG Heinr. Hatt-Haller, Zürich,

Grundriss Zellenwände, Mikropfähle
und Streichbalken

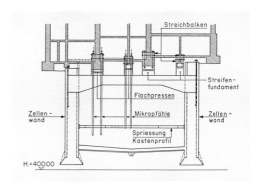

Querschnitt Bauzustand / Mikropfähle

die Arbeiten für das Baulos 4.07 übertragen. Der Baubeginn wurde auf den 9. April 1985 festgelegt.

Die Wahl der Baumethode

Gesamtkonzept

Das Unterfangungsbauwerk bildet statisch einen massiven Eisenbetonrahmen mit einer durch Vouten verstärkten Decke und aus in Zellenbauweise erstellten seitlichen Wänden. Die nach dem Tunnelaushub nachträglich eingezogene Bodenplatte hat den Rahmen unten zusätzlich ausgesteift. Dieser Rahmen bildete die tragende Tunnelkonstruktion und nahm alle vertikalen und horizontalen Kräfte auf. Die Dimensionen des Rahmens wurden grosszügig gewählt, so dass die Verformungen infolge der grossen Lasten minimal waren.

Um dieses Bauwerk aber überhaupt erstellen zu können, mussten die zu unterfahrenden Häuser in einer ersten Phase unterfangen und auf eine Hilfskonstruktion abgestellt werden. Dies geschah im ausgeführten Projekt mit Hilfe von Mikropfählen. Die in einem ersten Arbeitsgang erstellten Mikropfähle wurden erst nach dem Abteufen der Zellenwände belastet. Die zu übernehmenden Reaktionskräfte wurden unterhalb der zu erstellenden Unterfangungsdecke in den Boden eingeleitet. Der grosse Vorteil der Mikropfähle bestand darin, dass die Arbeiten auch in stark begrenzten Kellerraumhöhen ausgeführt werden konnten. Durch das Belassen der Decken wirkten diese weiterhin als horizontale Scheiben und Aussteifungen zwischen Fassaden und Innenwänden.

Beschrieb der einzelnen Bauelemente

Provisorische Unterfangung (Mikropfähle)

Die provisorische Unterfangung bestand aus Streichbalken, welche beidseitig der Kellermauern und je nach Grösse der Fundamente, unmittelbar über diesen oder seitlich davon anbetoniert wurden.

Um die Haftung zu gewährleisten, wurden die Mauern vor dem Anbetonieren aufgerauht und die Streichbalken paarweise durch horizontal vorgespannte Spannstäbe angepresst. Die aufgehängten Unterfangungsbalken sicherten die Fundamente und dienten gleichzeitig als Lastverteilbalken für die später zu erstellende, definitive Übertragung der Häuserlasten auf die tragende Tunneldecke. Die paarweise gegenüberliegenden, vorgängig erstellten Mikropfähle bestanden aus 10 bis 12.5 mm starken Stahlrohren mit einem Durchmesser von 127 mm. Die gewünschte Pfahllänge wurde durch Aufeinandersetzen von 2 bis 3 m langen Einzelrohren erreicht. Die Rohrstösse wurden mit aufgesetzten Muffen gesichert und verschweisst. Nach dem Versetzen der Pfähle wurden dieselben mit Zementmörtel ausinjiziert; für spätere Nachinjektionen wurden zusätzliche Injektionsrohre eingebaut. Die Längen der Mikropfähle betrugen je nach Kote OK Kellerboden 11 bis 14 m. Die Mikropfähle wurden im oberen Teil isoliert, damit die Lastübertragung ins Erdreich erst unterhalb der Unterfangungsdecke erfolgte. Ebenfalls musste die Gleitfreiheit des Pfahles bei der Durchdringung des Streichbalkens gewährleistet werden. Die Lastübertragung auf die Mikropfähle erfolgte mit Pressen oberhalb des Streichbalkens.

Die dafür notwendige Konstruktion bestand aus zwei unten und oben paarweise verbundenen UNP sowie einer dazwischenliegenden Kolbenpresse. Die maximale Presskraft wurde auf 50 t ausgelegt. Sämtliche Pfähle wurden in einem ersten Arbeitsgang vorbelastet und geprüft. Die Feststellvorrichtung an den einbetonierten Aufhängestangen erlaubte jederzeit ein Entlasten der Pressen sowie ein Neuansetzen derselben, um allfällige Setzungskorrekturen während den weiteren Bauphasen vornehmen zu können. Wurden die freigelegten Pfahllängen infolge vorge-

gebener Aushubetappen zu gross, verhinderte eine provisorische Aussteifung das Ausknicken der Pfähle.

Unterfangungsbauwerk Häuser

Zellenwände

Die seitlichen Wände des Bauwerkes wurden in Zellenbauweise erstellt. Die Zellenschächte mit Aussenmassen 1.5 x 2.5 m und einer Wandstärke von ca. 25 cm wurden in Etappen von ca. 1.2 m Höhe von oben nach unten abgeteuft. Die Zellenwände wurden auf den Erddruck während des Abteufens eines Schachtes dimensioniert. Der Schachtfuss wurde auf ca. 2.70 m ausgeweitet. Nach Armieren und Betonieren der Fussfundamentplatte wurden die definitive innere Wandarmierung verlegt und die Pfeiler in zwei Etappen bis UK Unterfangungsdecke aufbetoniert.

Unterfangungsdecke

Der Flächenaushub ab bestehenden Kellern bis UK Unterfangungsdecke sowie das Betonieren derselben erfolgte in zwei Etappen, nachdem die Umlagerung der Häuserlasten auf die Mikropfähle im jeweiligen Abschnitt abgeschlossen war. Die zweiteilige Lösung hatte den Vorteil, dass bei der ersten Aushubetappe noch zwei Drittel der Häuser auf dem ungestörten Erdreich fundiert blieben. Nach dem Betonieren der ersten Deckenetappe im Hof und im hinteren Häuserbereich wurde

Zellenbau

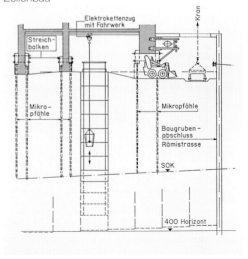

286

durch den Verbund der Längswände mit der 1.3 m bis 2.5 m starken Platte eine sehr gute Sicherheit gegen eventuell auftretende Horizontalkräfte der zweiten Aushubetappe erreicht.

Die Unterfangungsdecke ist eine schlaff armierte Platte. Die Anschlussarmierung der Zellenkerne mit der Armierung der Decke wurde mit Schraubenmuffen ausgeführt. Für den einwandfreien Anschluss der Vouten an die Seitenwände wurden die inneren Zellenwände auf Deckenstärke bis UK Unterfangungsdecke ausgespitzt, so dass sie monolithisch mit dem Kernbeton der Wände verbunden war. Die Deckenschalungskonstruktion war wie folgt vorgesehen und ausgeführt worden:

• Einbringen einer Magerbetonschicht auf das Aushubplanum als Ausgleich und Sauberkeitsschicht.
• Verlegen einer 5 cm starken Sagexplatte auf den Magerbeton.
• Abdecken der Sagexplatte mittels Schaltafeln als eigentliche Schalhaut.

Dieser Aufbau der Schalungskonstruktion mit dem dazwischenliegenden Sagex erlaubte bei der Umlagerung der Lasten von den Mikropfählen auf die erstellte Decke eine freie Durchbiegung der Platte.

Die Übertragung der Häuserlasten auf die Unterfangungsdecke

Nach dem Erstellen der Unterfangungsdecke wurden die Streifenfundamente so

Unterfangungsdecke, Lastübertragung, Längsschnitt

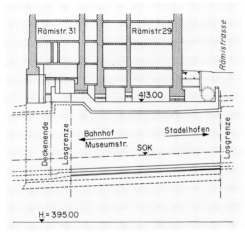

weit aufbetoniert, dass ein Zwischenraum zu den bestehenden Unterfangungsfundamenten entstand, um das Ansetzen von Flachpressen zu ermöglichen. Diese Flachpressen hatten die Aufgabe, die Häuserlasten von den Mikropfählen zu übernehmen und über die Fundamente auf die Unterfangungsdecke zu übertragen. Der Hub wurde nach dem Aufpressen durch Stahlkeile gesichert. Der Hubweg konnte durch Unterfutterung von zusätzlichen Pressen erhöht werden. Die Flachpressen blieben so lange im Einsatz, bis der Tunnelausbruch beendet war. Durch das Belassen der Pressen konnten nicht nur allfällige Durchbiegungen der Decke, sondern auch Verformungen infolge Kriechens des Betons sowie eventuelle Setzungen der Tunnelwände korrigiert und auf ein Minimum beschränkt werden.

Untere Aussteifungsplatte Tunnelsohle

Nach Beendigung des Tunnelaushubes wurde eine schlaff armierte Betonplatte erstellt. Diese Aussteifungsplatte diente zugleich als Isolationsträger für die zu erstellende Grundwasserisolation.

Unterfangung der Stützmauer

Die Stützmauer wurde mit einem dem Mauerbogen angepassten Balken von ca.

Unterfangung der Stützmauer

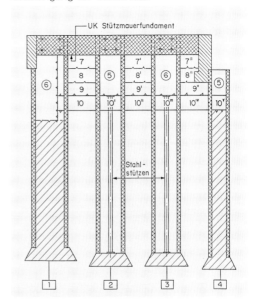

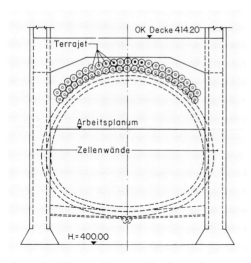

Querschnitt Voraussicherung Hirschengrabentunnel

4.5 m Höhe unterfangen. Für die Auflagerung des Balkens an seinen Enden sowie in den Drittelspunkten wurden Zellenschächte in der gleichen Art wie bereits erklärt abgeteuft. In den beiden Endauflagerschächten wurden Betonpfeiler bis UK Balken aufbetoniert; diese waren Stützpfeiler und Widerlager zugleich. In den Drittelspunktschächten wurden nach dem Erstellen des Fundamentes provisorische Zwillingsstützen aus Profilstahl – ebenfalls bis UK Balken – montiert. Der Unterfangungsbalken wurde im Zuge des Aushubes bis UK Unterfangungsdecke schachbrettartig erstellt.

Die definitive Untertunnelung der Stützmauer war durch die ARGE des Bauloses 4.05 Hirschengrabentunnel vorgesehen. Als Hilfsmassnahme wurde für die Ankunft des Schildvortriebes der ARGE Hirschen-

Längsschnitt Voraussicherung
Hirschengrabentunnel

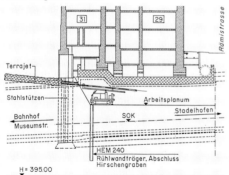

grabentunnel ein 12 m langer Terrajet-Schirm Richtung Hirschengrabentunnel projektiert und offeriert.

Abschluss Hirschengrabentunnel

Gemäss Projekt bestand dieser Baugrubenabschluss aus einer Rühlwand von ca. 5 m Höhe, die nach der ersten Aushubetappe unterhalb der Unterfangungsdecke bei begrenzter Raumhöhe gerammt werden sollte. Infolge dieser begrenzten Raumhöhe hätten nur Teilstückträger gerammt werden können, die unter sich kraftschlüssig verschweisst worden wären.

Dieser Abschluss wurde jedoch infolge baulicher Schwierigkeiten im Hirschengrabentunnel fallen gelassen. Die Bauherrschaft beschloss kurzfristig, dass ein Zwischenangriff mittels Gefrierverfahrens ab dem Baulos 4.07 erfolgen sollte, um die nicht verantwortbaren Terminverzögerungen, d.h. eine Verschiebung der Eröffnung der S-Bahn, abzuwenden. Innerhalb von Tagen wurde ein neues Projekt erarbeitet.

Der neue Abschluss bestand aus einer in zwei Etappen abgeteuften verankerten

Rühlwandträger-Bohrungen April 1985

Ausfachung. Unterhalb dieser verankerten Wand wurde beim weiteren Aushub des Tunnels eine Böschung als Stützung stehen gelassen. Die anstehende Böschung wurde mit einem armierten Schutzbeton abgedeckt.

Abschluss Tunnel Rämistrasse

Die ursprünglich vorgesehene, vorgebohrte Spundwand als Abschluss gegen die Rämistrasse wurde durch eine Rühlwand, gesichert mit Erdanker und Spriessungen, ersetzt. Diese Lösung ermöglichte es, während der einwöchigen, programmierten Stillegung des Trambetriebes infolge Umbaus am Bellevue und Heimplatz die zehn 18 m langen Rühlwandträger HEB 400 in die gebohrten Löcher zu versetzen. Lärmbelästigungen durch die ursprünglich vorgesehenen, länger dauernden Spundwandarbeiten, die im übrigen in der Nacht hätten erfolgen müssen, konnten dadurch vermieden werden.

Tunnelausbruch und Sicherung

Der Aushub unterhalb der Unterfangungsdecke wurde zweistufig ausgeführt. Das Aushubmaterial wurde durch die Deckenöffnung in der Rämistrasse vertikal nach oben gefördert und mit Lastwagen abgeführt. Die erste Aushubetappe bildete das Arbeitsplanum für die verankerte Ausfachung des Abschlusses Hirschengrabentunnel. Eine horizontale Spriessung in ca. einem Drittel der Höhe erlaubte es, die zweite Aushubetappe vorzunehmen. Die anschliessend zu betonierende Grundplatte, formlich bereits an die Innenschale angepasst, steifte die Unterfangungskonstruktion aus.

Innenschale und Isolation

Die Isolation besteht aus einer 2 mm starken Kunststoff-Folie, die um das ganze Profil geführt wurde. Die Innenschale des Tunnels diente als Schutz der Isolation und der Anpassung an das geforderte Tunnelprofil. Die Ausführung der Betoninnenschale erfolgte mit den herkömmlichen Mitteln. Diese Arbeiten wurden in einem Zuge durch das Nachbarlos ausgeführt.

Wasserhaltung

Nach den vorliegenden geologischen Unterlagen wurde der maximale Wasserandrang über die ganze Fläche der Baustelle auf 80 l/min geschätzt. Anlässlich der Offertbereinigungen einigte man sich auf die Erstellung von bis zu neun Kleinfilterbrunnen, die je nach Bedürfnis angeordnet werden konnten. Sollte es sich bei der Ausführung der Arbeiten zeigen, dass die gewünschte Absenkung nicht erreicht werden kann, so hätten zusätzliche Brunnen oder andere nötige Massnahmen ergriffen werden können, um das Absenkziel zu erreichen.

Erfahrungen aus dem Arbeitsablauf

Das ausgeführte Projekt einschliesslich der während der Bauzeit getroffenen Änderungen darf für alle abgewickelten Bauarbeiten für sich in Anspruch nehmen, allen gestellten Anforderungen gerecht geworden zu sein. Die Erstellung der Mikropfähle und das Erstellen der Streichbalken konnte trotz beengter Platzverhältnisse ohne grosse Schwierigkeiten ausgeführt werden. Ein durch die Bauleitung angeordneter Eignungsnachweis der Mikropfähle zeigte sehr gute Resultate. Die untersuchten Pfähle, die in ihrem Belastungszustand rechnerisch 30 t/Pfahl aufnehmen mussten, wurden in mehreren Stufen von 0 auf 30 t belastet, wiederum auf 0 entlastet sowie anschliessend auf Lasten von 60 t pro Pfahl geprüft. Die beiden Pfähle mit einer freien Länge von 4.4 m und einer eingebundenen Länge von 6 m zeigten nach zehn Tagen Dauerbelastung mit 60 t Setzungen von 2.6 mm bzw. 4 mm. Nach der

Grundriss Baugrubenabschlüsse und Spriessungen

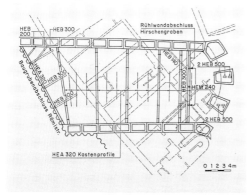

Entlastung ist das Setzungsmass auf unter 1 mm zurückgegangen.

Anhand der unverrohrt gebohrten Mikropfähle und der Aufschlüsse aus den Rühlwandbohrungen, die durch die Spezialabteilung Zschokke/Hatt-Haller ausgeführt wurden, zeigte sich das erwartete Bild der Geologie sowie der geringe prognostizierte Wasseranfall.

Parallel zu den Mikropfahlarbeiten wurde ein Zellenschacht als sogenannter Probeschacht abgeteuft. Auf einer Tiefe von 6 m stiess man jedoch unerwartet auf unzählige Findlinge und auf grosse Blöcke, die Schachtausmass annahmen. Ein eigens von der Firma Hatt-Haller in Zusammenarbeit mit der Baustelle für den Schachtbau konstruierter Grabenbagger, der sich jeweils im bereits betonierten Schachtteil an die Zellenwände abstützte bzw. anpresste, konnte nicht mehr eingesetzt werden. Vom geplanten maschinellen Aushub musste auf reine Handarbeit umgestellt werden. Als weitere Überraschung mussten die Arbeiten am Probeschacht auf der Tiefe von 15 m, ca. 3 m über der Schachtsohle, wegen starken Wasserzuflusses eingestellt werden.

Sofort wurden die neun vorgesehenen Klein-Filterbrunnen durch die Firma Fehlmann erstellt. Die neun Pumpstellen zeigten sehr unterschiedliche Resultate von 2 l/min. bis 80 l/min. Im Laufe des weiteren Schachtbaues sah man, dass die vorhandenen Brunnen keine genügende Grundwasserabsenkung ergaben. Die Anzahl der Brunnen wurde auf 16 Filterbrunnen erhöht, die zusammen weit über 450 l/min. förderten, was pro Tag die grosse Menge von 648 m^3 bedeutete. Trotz dieser vermehrten Anordnung von Brunnen konnten die beiden Stützmauerschächte, die die Zwillingsstützen für die provisorische Unterfangung der Stützmauer aufzunehmen hatten, nicht ohne spezielle Massnahmen abgeteuft werden. Die letzten Meter des Schachtbaues mussten mit Zementinjektionen bzw. bei einem Schacht mit Kunstharzinjektionen konsolidiert und abgedichtet werden.

Die Lastumlagerungen der Häuser auf die Mikropfähle erfolgten plangemäss. Der Aushub bis UK Unterfangungsdecke wurde mit einem Kleinbagger und Kleinpneutrax auf Förderbänder geschüttet, anschliessend mit Krankübel vertikal nach oben ins Aushubsilo befördert und abtransportiert. Die Armierungs- und Betonierarbeiten der Abfangdecke ist problemlos verlaufen. Der Deckenbeton wurde mit einer Auto-Betonpumpe eingebracht. Die Umlagerung der Lasten von den Mikropfählen auf die Unterfangungsdecke, ausgeführt mit Flachpressen der Firma VSL, verlief den gestellten Anforderungen gemäss. Jede Presse war einzeln steuerbar. Der Aushub unter der Decke wurde der Drittfirma Kibag vergeben. Trotz den wiederum zahlreich angetroffenen Findlingen ist diese Bauphase termingerecht und ohne Störung erfolgt. Der Spriesseinbau erfolgte parallel zum Aushub.

Am 20. Dezember 1986 war der Rohbau des Tunnels fertiggestellt, d.h. die Spriessung bereits wieder ausgebaut. Der Zwischenangriff ab Los 4.07 konnte termingerecht am 5. Januar 1987 in Angriff genommen werden.

Nach dem Ausinjizieren der Flachpressen wurden die ganzen Häuserlasten auf die Abfangdecke übertragen. In einigen Häusern konnten infolge der tiefer gesetzten Abfangungsdecke die entstandenen Hohlräume als zusätzliche Keller ausgebaut werden.

Schlussfolgerung

Das gewählte Projekt sicherte die optimale Wahrung der Bausubstanz der unter Schutz stehenden Häuser an der Rämistrasse. Die gemessenen Setzungen der Häuser seit Baubeginn betragen 0 bis 3 mm, und das bei einer Messtoleranz von ± 1 mm. Der Verkehr auf der Rämistrasse verlief weitgehend normal und ungestört. Die Verantwortung und die Übernahme der Garantie für die perfekte technische Lösung aller sich stellenden Probleme bei dieser äusserst komplizierten Baustelle bedingte eine intensive Zusammenarbeit innerhalb der Unternehmergruppe AG Conrad Zschokke – dem Ingenieurbüro und den Spezialabteilungen mit ihren internen Diensten –, die sich hervorragend bewährt hat.

Tunnel Rämistrasse, Projekt (Baulos 4.08)

Lothar Garbe, Gottlieb Eppinger

Randbedingungen / Aufgabenstellung

Die bergmännische Herstellung des nur 65 m langen Abschnittes ist eine Konzession an die Forderungen der Umwelt.

Von den verschiedenen untersuchten Varianten mit Ausführung in offener Bauweise konnte keine durchgesetzt werden, so dass schliesslich eine Tunnelbaulösung gewählt werden musste.

Im Bereich der Rämistrasse war der starke Verkehr, der nur um eine Spur von vier auf drei Spuren eingeschränkt werden durfte, ausschlaggebend für die Entscheidung. Im Bereich des Parkes ging es um die Erhaltung eines alten Baumbestandes. Mit dem Beschluss der bergmännischen Lösung konnte eine blockierte Verhandlungssituation für die S-Bahn gelöst werden. Bauherr und Ingenieur gingen mit dieser Konzession aber bereits in einer frühen Projektphase auch erhebliche Baurisiken ein, wie aus den nachstehend erläuterten Randbedingungen ersichtlich wird:

• Da sind zuerst die enormen Ausmasse des Tunnelprofiles zu nennen. Von 150 m² unter der Rämistrasse nimmt der Querschnitt bis zum Tunnelende auf 220 m²

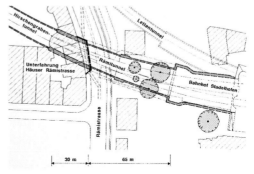

Situation Rämistrasse

zu. Die Ausbruchbreite variiert zwischen 16 bis 21 m, die Ausbruchhöhe zwischen 11 bis 13.5 m.
• Der Baugrund besteht im wesentlichen aus glazial vorbelasteten Seeablagerungen und Moränen. Die wenig tonigen Silte und Sande enthalten Linsen und Schichten aus Grobsand bis Kies. Bei Wasserzutritt besteht die Gefahr des Verlustes der Standfestigkeit. Grundwasser steht in der unteren Profilhälfte bis rund 5 m über Ausbruchsohle an. Der Untergrund der Rämistrasse ist zum grössten Teil infolge früherer Bautätigkeit künstlich aufgefüllt und war deshalb geotechnisch schwer zu beurteilen.

Längsschnitt Rämistrasse

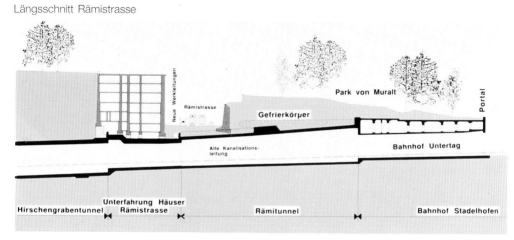

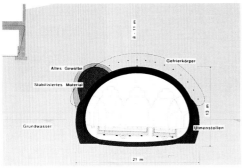

Querprofil im Park zum Garten,
Tunnel dreispurig, 21 m breit

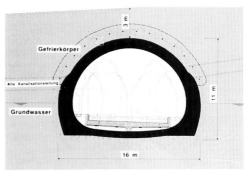

Querprofil Rämistrasse,
Tunnel zweispurig, 16 m breit

• Im Untergrund und an der Oberfläche befinden sich eine Anzahl Bauten oder Bauteile, die zum Teil direkt als Hindernisse im Wege waren.
• Ein vor hundert Jahren beim Bau eingestellter Bahntunnel lag unmittelbar im Kämpferbereich des neuen Tunnelgewölbes.
• Die 10 m hohe Stützmauer der Rämistrasse hat über der Tunnelaxe die Einfahrtsöffnung der unterirdischen Zufahrt zu einem Parking und wird vom Tunnelgewölbe im Sohlbereich berührt.
• Direkt neben dem Tunnel befinden sich an der Oberfläche beidseitig zwei grosse, alte Gebäude.
• In der Rämistrasse kreuzte ein Abwasserkanal mit 1.80 m Durchmesser das Tunnelprofil und erforderte eine provisorische sowie eine definitive Verlegung.
• In der Rämistrasse war als weiteres Erschwernis bergmännisch der schiefwinklige Anschluss an die Baugrube der Unterfahrung Rämihäuser herzustellen, und dies 2 m unter den Tramschienen.

Festlegung des Ausführungskonzeptes

Zwei Hauptziele kennzeichnen diese anspruchsvolle Tunnelbauaufgabe:

• Bestimmen des Tragsystems, das im Hinblick auf die sehr grossen Ausmasse des Profiles in relativ weichem Untergrund genügend Stabilität bei möglichst geringen Deformationen gewährleistet.

• Festlegen des Herstellungsverfahrens, das bis zur Fertigstellung des definitiven Tragsystems in jeder Phase die Sicherheit garantiert.

Erste Berechnungen zeigten, dass im Ulmen- bzw. Widerlagerbereich hohe Bodenbeanspruchungen auftreten. Damit stellte sich die Frage, ob der Boden diesen Beanspruchungen ohne zu grosse Deformationen aufnimmt und ob er sich gezielt verbessern lässt. Durch Änderung der Querschnittsform konnten zwar die Bettungskräfte in den Ulmen reduziert werden, doch blieb die Sorge um einen ausreichenden Widerstand des Bodens.

In einem Versuchsstollen, aus dem Tunnelstumpf heraus, wurden Lastplattenversuche und Dilatometerversuche zur Klärung dieser Frage im anstehenden sowie im vorher injizierten Boden durchgeführt. Die prognostizierten tiefen ME-Werte von 50 000 bis 80 000 kN/m^2 bestätigten sich dabei. Die Zementinjektionen zeigten keine Verbesserung der ME-Werte. Es konnten lediglich Hohlräume und Fugen verpresst werden. Auch Silikat- und Kunststoffinjektionen zeigten nur geringe Möglichkeiten für eine Bodenverbesserung.

Die Berechnungen mit der günstigsten Querschnittsform und den tiefen ME-Werten ergaben prognostizierte Setzungen von rund 50 mm. Auf Injektionen vor dem Ausbruch wurde aufgrund der Versuchsergebnisse verzichtet. Hingegen wurden Zementinjektionen vorgesehen, um durch Aushub und durch Auftauen des Eiskörpers hinter dem Gewölbe verursachte Hohlräume zu verpressen. Mit dieser Massnahme wurde auch die bestmögliche Bettung für das Gewölbe sichergestellt. Im Hinblick auf die Profilgrösse kam von vornherein nur ein Teilausbruchverfahren in Frage. Der Versuchsstollen zeigte, dass 292 kleinere Querschnitte mit normalen Stützmitteln (Bögen, Netze, Spritzbeton) aufzufahren sind, für die weitgespannte Kalotte hingegen muss die Ausbruchlaibung im Ausbruchbereich des Kalottengewölbes wirksam, d.h. auch setzungsarm, gestützt werden.

Neben dem Gefrierverfahren wurden Varianten mit Jet-grouting in ein- bis mehrlagiger Ausführung und Rohrschirmvarianten offeriert bzw. geprüft.

Nur das gewählte Gefrierverfahren erfüllte die gestellten Forderungen. Ein tragfähiger Frostkörper ist weitgehend unabhängig von den Bodeneigenschaften und lässt sich in Stärke und Festigkeit relativ einfach steuern. Diese Flexibilität war bei den stark wechselnden Verhältnissen im Boden unerlässlich.

Beschreibung des Projektes

Die Bauaufgaben im Bereich des kurzen Tunnelabschnittes lassen sich gliedern in

- Vorbereitungsarbeiten
- Tunnelbauarbeiten
- Nebenarbeiten und Sicherungsmassnahmen

Die Vorbereitungsarbeiten wurden von Dritten ausgeführt. In der Rämistrasse mussten gefährdete Werkleitungen (Wasser, Gas) durch provisorische Leitungen entlang der Häuserfassade ersetzt werden. Der Tunnelstumpf wurde mit stabilisiertem Material aufgefüllt. Mit Zementinjektionen wurden die Hohlräume ausserhalb des alten Gewölbes sowie der Scheitelbereich der Auffüllung verpresst. Der «Schwachpunkt» in der Ausbruchlaibung, den diese alte Tunnelanlage darstellte, sollte mit diesen Massnahmen so gut wie möglich ausgeschaltet werden.

Der Tunnelanschlag bildete eine rückverankerte Rühlwand, die Bestandteil der Baugrube für den sogenannten «Bahnhof Untertag» war. Ein grosser Teil der Anker musste bei Ausführung der Gefrierbohrungen und beim Gefrieren ständig kontrolliert bzw. gegen Herausfliegen infolge Beschädigungen durch die Bohrungen gesichert werden.

Kalottenvortrieb

Der Tunnelbau vollzog sich in folgenden Schritten:

- Man stellte nacheinander zwei Längsetappen mit Gefrieren her.
- Dabei wurden zuerst die Widerlagerstollen in Teilausbrüchen, d.h. aufgeteilt in Kalotte und Strosse, ausgebrochen und im ganzen Umfang mit 15 cm Spritzbeton sowie Bögen und Netzen verkleidet. Für den Strossenabbau der Widerlagerstollen musste eine Grundwasserabsenkung mittels Wellpoint durchgeführt werden.
- Gleichzeitig mit der Herstellung der Ulmenstollen führte man die ca. 40 m langen Gefrierbohrungen des ersten Gefrierabschnittes aus.
- Nach Herstellung der Betonwiderlager in den Ulmenstollen und Aufbau des Frostkörpergewölbes wurde im Zuge des Kalottenausbruches innerhalb eines Bereiches von 7.0 m hinter der Brust ein 60 cm dikkes, armiertes Spritzbetongewölbe aufgebracht.
- Dem Strossenabbau folgte in 4 m langen Etappen der Einbau des 70 cm starken Sohlgewölbes.
- Zuletzt wurde das geschalte Innengewölbe von 30 cm Stärke hergestellt.

Auf die ursprünglich geplante Schirmisolation gegen Sickerwasser wurde vom Bauherrn verzichtet. Im Hinblick auf das anstehende Grundwasser sind Widerlager und Sohlgewölbe zusammen als Wanne aus wasserundurchlässigem Beton ausgebildet.

Die Widerlagerstollen hatten im Herstellungsprozess noch weitere Funktionen. Sie dienten der Vorerkundung und gestatteten die Ausführung von Injektionen zur Verfüllung entstandener Hohlräume bzw. Stabilisierung gefährdeter Schichten.

Verschiedene Nebenarbeiten mussten zur Absicherung des Tunnelbaus durchgeführt werden.

Die Stützmauer an der Rämistrasse wurde beidseitig der Parkingeinfahrt mit schrägen, in entsprechende Bohrungen versetzten Spannankern gesichert. Zusammen mit dem Stahlträgerausbau der Einfahrtsöffnung wurde so ein sprengwerkartiges Tragsystem geschaffen, das zwar nicht auf volle Belastung dimensioniert wurde, doch genügend Sicherheit für die Phase der Unterfahrung bot. In der Rämistrasse kreuzt ein Abwasserkanal das Tunnelprofil. Beim Bau, d.h. vor dem Kalottenausbruch, wurde ein provisorischer Düker unter dem Tunnel hindurch erstellt.

Beurteilung des Ergebnisses

Im Hinblick auf die schwierigen Bodenverhältnisse und die verschiedenen heiklen Hindernisse im Boden war die Herstellung eines derart grossen Tunnelprofiles ein Unterfangen an der Grenze der heutigen tunnelbautechnischen Möglichkeiten. Dank der eingesetzten Verfahren und der ständigen Messüberwachung konnten die eingegangenen Baurisiken aber beherrscht werden.

Die grösste im Terrain über dem Tunnel gemessene Setzung beträgt 70 mm. Die Setzungen entstanden in vier Schüben:

- beim Herstellen der Verankerungsbohrungen für die Rühlwand (Anteil ca. 25 mm)
- beim Herstellen der Gefrierbohrungen
- beim Ausbruch der Kalotte und
- beim Auftauen des Eiskörpers

Die Gebäudeecken in Tunnelnähe setzten sich bis max. 37 mm. Die Mauer an der Rämistrasse setzte sich um maximal 4 mm. Die befürchteten Abplatzungen an der Bruchsteinvormauerung blieben aus.

Auch die Bäume über dem Tunnel, zentraler Punkt vieler Diskussionen, haben das Gefrieren und die Setzungen gut überlebt. Die Gefrierarbeiten unter den Bäumen wurden vorsichtshalber in den Winter gelegt. Weiterhin wurde mit speziellen Messungen im Boden und mit Bewässerungen für ideale Wachstumsverhältnisse gesorgt.

Schwierigkeiten in der ersten Gefrieretappe ergaben sich durch Sandschichten, die wegen des geringen Wassergehaltes von ca. 3% nicht gefroren waren und beim Vortrieb herabrieselten, so dass Überprofile bis zu den darüberliegenden, gut gefrorenen Schichten entstanden. Künstliche Wasserzugabe durch spezielle Bohrungen in diese Schichten ergaben nur einen beschränkten «Soft Ice»-Effekt.

In der zweiten Etappe wurden wegen der schlecht zu beurteilenden Auffüllungen in der Rämistrasse deshalb im Zuge der Gefrierbohrungen Vorausinjektionen ausgeführt.

Bahnhof «Untertag» und Baugrube «Zum Garten», Projekt (Baulose 4.08 und 5.06)

Lothar Garbe, Gottlieb Eppinger

Randbedingungen

Der alte Bahnhof Stadelhofen mass zwischen den Portalen des Lettentunnels und des Riesbachtunnels 280 m. Für die S-Bahn mussten die Perronanlagen auf 320 m verlängert werden. Die Verlängerung war bei der vorhandenen Gleisgeometrie nur in Richtung Rämistrasse möglich. Die Konstruktion der Bahnhofverlängerung wurde im Park «zum Garten» in offener Baugrube hergestellt.

Von der Baugrube aus wurde die Untertunnelung der anderen Parkhälfte mit dem zu erhaltenden, schönen Baumbestand in Angriff genommen. Der sogenannte «Bahnhof Untertag» musste zur Wiederherstellung der Parkanlage mit Erdmaterial überdeckt werden.

Nachdem die Verfechter einer bergmännischen Lösung unter dem ganzen Park von den Vorteilen einer teilweise offenen Bauweise überzeugt worden waren, sind die Arbeiten für die Baugrube sofort in Angriff genommen worden. Die besonderen technischen Randbedingungen für die Baugrube waren:

• Der Baugrund besteht aus Moräne und eiszeitlichen Seeablagerungen. Der Grundwasserspiegel liegt ca. 2 m über Baugrubensohle. Die Bodenstruktur ist z.T. gestört durch über 100 Jahre alte Tunnelbauten.

• Ein aufgegebener, 100 m langer Tunnel, der sogenannte Tunnelstumpf, durchquert die Baugrube direkt vor der talseitigen Abschlusswand.

• Die bergseitige Abschlusswand liegt direkt neben dem im Betrieb stehenden Lettentunnel bzw. durchtrennt im spitzen Winkel den Endbereich des Tunnels vor dem Portal.

• Über dem Lettentunnel-Portal stehen alte Gebäude (z.B. Haus Olgastrasse 10), deren Bausubstanz durch frühere Bodendeformationen schon relativ stark gelitten hatte.

Die technischen Randbedingungen für die Bahnhofkonstruktion entwickelten sich zusammen mit den Vorstellungen über die Gesamtgestaltung des Bahnhofes Stadelhofen (Architekturwettbewerb). Fest stand aber bereits am Anfang, dass eine relativ mächtige Erdüberdeckung auszuführen war, um die Pflanzung und das Wachstum auch grosser Bäume zu gestatten.

Festlegung des Ausführungskonzeptes und Projektbeschreibung

Für die Baugrube kamen von vornherein nur Abschlüsse mit Pfahl- bzw. Rühlwänden in Betracht. Für die Längswände auf

Alte Stirnwand Lettentunnel

Baugrube

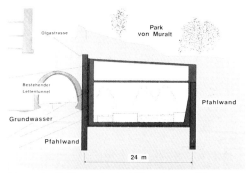

Querschnitt Baugrube bei Olgastrasse 10

der Bergseite mit max. 22 m Höhe und auf der Talseite (max. Höhe 18 m) wurden Bohrpfahlwände mit Pfahldurchmessern d = 1.30 m vorgesehen, also relativ steife Bauelemente. Damit konnten die Auswirkungen von Deformationen der Pfähle auf den umgebenden Boden klein gehalten werden.

Für die Stirnwand der Baugrube, die für den Angriff des Tunnels Rämistrasse entsprechend der Anfangs-Profilgrösse auf einer Fläche von 220 m² entfernt werden musste, sind Rühlwände gewählt worden. Die Stahlprofile lassen sich einfacher abtrennen bzw. können über dem ausgeschnittenen Tunnelprofil durch Verschweissung mit Überbrückungsträgern

Herstellung Hohlkastendecke

leicht verbunden und gesichert werden. Wegen der Breite der Baugrube und der Gleichzeitigkeit der Herstellung des Tunnels Rämistrasse und der Bahnhofkonstruktion «Untertag» – die eine freie Durchfahrt erforderte – sind bis auf Eckabspriessungen Rückverankerungen mit vorgespannten, provisorischen Erdankern gewählt worden.

Im Hinblick auf die speziellen Randbedingungen dieser Baugrube ergaben sich für die Ausführung und Bemessung der an sich normalen Bauelemente doch einige schwierige Fragestellungen. Die Verankerungsinjektionen durften das Wurzelwerk der zu erhaltenden prächtigen Bäume nicht gefährden. Durch Verwendung von «Sackankern» in den oberen Ankerlagen konnte dieses Problem relativ einfach gelöst werden. Heikler war die teilweise Durchschneidung des Lettentunnels und die Ausführung von Verankerungen unter den Häusern. Als Vorarbeit wurde deshalb der gemauerte Tunnel innen durch eine netzarmierte Spritzbetonschale ausgesteift. Mit radial angeordneten Injektionen wurde der umgebende, aufgelockerte Boden verpresst. Dort wo die Pfahlbohrungen das Tunnelgewölbe durchstossen, wurden im Tunnel Zementrohre senkrecht aufgemauert und in eine geschalte Wand, die nur noch ein minimales Portalprofil offen liess, einbetoniert. Die Zementröhren dienten als Schalung für die späteren Betonpfähle. Der Tunnelstumpf wurde mit Aushubmaterial verfüllt, damit er beim Entfernen der Erdauflast nicht einbrechen konnte. Die Baugrube musste vor der Stirnwand auf beiden Seiten verbreitert werden, um Platz zu haben für die Ausführung der Gefrierbohrungen.

Der Bahnhof Untertag besteht aus einer Rahmenkonstruktion mit einer Bodenplatte von 1.0 bis 1.30 m Stärke und einer zwischen den Aussenwänden freitragenden, vorgespannten Hohlkastendecke. Im Hinblick auf die Bepflanzung erhielt die talseits geneigte Deckenoberfläche eine speziell aufgebaute Isolation. Die Höhe der Hohlkästen schwankt zwischen 2.20 m bis 4.20 m. Die Tragwände mit den Vorspanngliedern haben einen Abstand von 4.0 m bis 6.5 m. Die Räume werden zum grossen Teil für bahntechnische Einrichtungen des Bahnhofes Stadelhofen genutzt. 296

Erfahrungen

Baugrube und Bahnhofkonstruktion wurden in separaten Baulosen ausgeführt, wobei letztere gleichzeitig mit dem Tunnel Rämistrasse hergestellt werden musste. Auf diese Weise konnte die «Absenz» des Gartens für die Eigentümer auf nur zwei Sommer beschränkt werden.

Die Baugrubenumschliessung, das umliegende Terrain und natürlich die Gebäude wurden während der Ausführung mit zahlreichen messtechnischen Vorrichtungen (Nivellements, Verschiebungsmessungen, Slope-Indicators, Neigungsmessungen an Gebäuden) intensiv überwacht.

Die Schwierigkeiten ergaben sich beim Haus Olgastrasse 10. Bei der Ausführung der Pfähle, auch bei der Durchörterung des Tunnelgewölbes, zeigten sich kaum messbare Deformationen. Erst beim Bohren der zweiten Ankerlage unter den Häusern resp. über dem Lettentunnel ergaben sich zunehmende Bewegungen. Schon bei knapp 1 cm Horizontalverschiebung der Wand und nur 1 cm Setzung der vorderen Fassade zeigten sich Ausknicktendenzen in der feingliedrig konstruierten Gebäudeecke und eine starke Zunahme von Rissen im unteren Bereich. Ein in früheren Jahren eingezogenes Sicherungs-Stützkorsett erzwang dieses in Anbetracht der kleinen Deformationswerte eigenartige Verhalten des Gebäudes.

Zur Sicherheit wurden die Ankerarbeiten sofort eingestellt und die vordere Fassade durch ein äusseres Stahlkorsett mit Rückverankerungen in der Gebäuderückseite gesichert. Zur Eindämmung weiterer Setzungen wurden Ankerzwischenlagen gebohrt und Zementeinpressungen ausgeführt. Dabei zeigte sich, dass Auflockerungen durch den Bau des alten Tunnels weit ins Terrain hinein entstanden waren, denn es konnten über 40 t Zement verpresst werden.

Nach Fertigstellung der Baugrube haben sich die Deformationen bei folgenden Wer-

Versetzen der Bäume

ten eingependelt, ohne dass an den Gebäuden weitere wesentliche Risszunahmen auftraten:

• Verschiebung Wandkrone Richtung Baugrube 10 – 20 mm
• Setzung der Pfähle 10 – 20 mm
• Setzung der Gebäudevorderfront max. 18 mm
• Verschiebung der Gebäudevorderfront max. 15 mm.

Die Ankerbohrungen der Stirnwand, also unter den Bäumen und im Bereich des später auszubrechenden Tunnelgewölbes, brachten Setzungen von max. 25 mm.

Die Arbeiten fanden ihren Abschluss mit der eindrücklichen Wiederbepflanzungsaktion im Februar 1987, als mit einem riesigen Spezialkran bis zu 18 t schwere Bäume mit eingepackten Wurzelballen versetzt wurden. Anlässlich einer kleinen Feier konnte im Frühling dann ein sehr schön wiederhergestellter Park den Besitzern zurückgegeben werden.

Tunnel Rämistrasse, Ausführung (Baulos 4.08)

Jakob Scheifele

Ausbrucharbeiten

Wegen der vielen Hindernisse im Untergrund –Rühlwände, Erdanker, alten Bahntunnels –wurde für den Ausbruch keine Teilschnittmaschine eingesetzt, sondern ein Hydraulikbagger mit Abbauhammer. Diese Maschine eignete sich auch für den Ausbruch des gefrorenen Bodens ausgezeichnet. An der Brust wurde ein Kern stehengelassen, der die Brust stützte, als Podest für den Einbau der Gebirgssicherung diente und auch eine provisorische Sicherung der Kalotte mit einfachen Mitteln ermöglicht.

Sicherung mit Spritzbeton

In der ersten Gefrierstrecke wurden saubere Kiesschichten angetroffen, deren Wassergehalt von 3 % zu gering war, um einen kompakten Gefrierkörper zu bilden. Die Wärmekapazität des Eises im Frostkörper war so gering, dass, sobald die warme Luft in den porösen Frostkörper eindrang, dieser sich auflöste.

Auf diesen Untergrund konnte man nur ganz sorgfältig Gunit auftragen, der aber

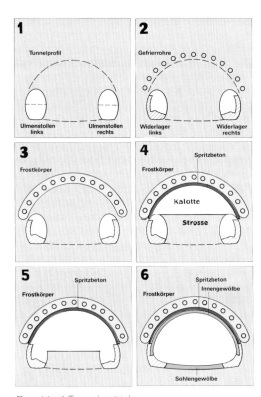

Bauablauf Tunnelvortrieb

Kalottenausbruch

nach einer Stunde teilweise grossflächig wieder abplatzte. Spritzbeton konnte gar nicht aufgetragen werden. Die Spritzbetonkanone wirkte als Sandstrahlgerät und trug Material ab.

Folgender Arbeitsvorgang musste gewählt werden, um des feinen, sauberen Lockergesteins Herr zu werden:

- Aufbringen des Armierungsnetzes
- Einbau des Gitterbogens

Aufbau des Spritzbetongewölbes, Stützkern an der Brust

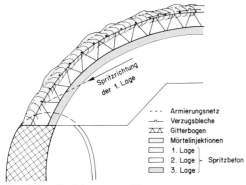

Detail des Spritzbetongewölbes

Innengewölbe

• Die erste Lage Spritzbeton musste von unten, das heisst von den Ulmen gegen die Kalottenmitte aufgebaut werden. Die Schichtstärke betrug 15 bis 20 cm. Es musste praktisch tangential zum Kalottenbogen auf die Stirn des sich erhärtenden Spritzbetons aufgetragen werden, ähnlich einem Freivorbau im Brückenbau.
• Einbau von Verzugsblechen im Scheitelbereich bei sehr schlechten Partien
• Spritzbeton auf die Verzugsbleche
• Nach einigen Metern Vortrieb wurde der Hohlraum zwischen Erdreich und Spritzbetongewölbe mit Mörtelinjektionen verfüllt.

Die Vortriebsleistung betrug einen Abschlag von 1.00 bis 1.30 m pro Arbeitstag.

Mischwasserkanal Rämistrasse

Mitten durch das Kalottenprofil verlief die Kanalisation Ø 180 cm in der Rämistrasse. Nach einem Variantenvorschlag des Unternehmers wurde als Umleitung ein provisorischer Düker gebaut:

Provisorische Kanalisationsumleitung

Die beiden Ulmenstollen wurden mit einem Querstollen verbunden. Anschliessend wurden Nischen ausgebrochen und mit Spritzbeton gesichert. In diese wurden Ventilationsrohre als verlorene Schalung verlegt und mit armiertem Spritzbeton ummantelt. Der Düker blieb ca. ein Jahr in Betrieb. Anschliessend konnte über dem fertiggestellten Tunnel eine neue Leitung gebaut werden.

Innengewölbe

Das Innengewölbe besteht aus armiertem Ortsbeton. Eine zuerst vorgesehene Isolation wurde im Laufe der Detailplanung weggelassen. Die Unternehmung hatte nun die Aufgabe, eine Schalung so zu konstruieren, dass sie sich dem stetig veränderlichen Querschnitt von
Breite = 18.30 m Höhe = 11.50 m zu
Breite = 12.80 m Höhe = 9.25 m

Schalung Kalotten-Innengewölbe

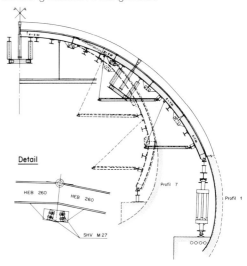

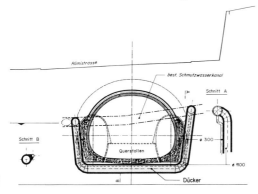

anpasste und eine grosse Durchfahrtöffnung für den Baubetrieb freiliess. Die Aufgabe wurde wie folgt gelöst:

In einem ersten Arbeitsgang wurden die Paramente erstellt, die auf die ganze Länge die gleiche Form aufwiesen. Nun konnte die Bogenlänge der Kalottenschalung im Bereich der Paramente ausgeglichen werden. Die Schalung sollte flexibel sein, aber doch Betondrücke von 80 kN/m^2 aufnehmen können. Durch hydraulische Pressen, die im Scheitel und in den Viertelspunkten die Schalungskonstruktion vor-belasteten, konnte die Gewölbewirkung aktiviert werden. So genügten Spanten aus HEB 280 im Abstand von 1 m. Um die Schalung den verschiedenen Radien anpassen zu können, wurden die Segmente mit Bogenlängen von 2.15 m mit Gelenken verbunden, die durch hochfeste Schrauben biegesteif verbunden werden konnten. Als Schalhaut dienten Aluminiumbretter. Die Schalung wurde auf einer Verschubbahn, deren Neigung dem veränderlichen Querschnitt des Tunnels angepasst wurde, verschoben.

Gefrierarbeiten für den Tunnel Rämistrasse (Baulos 4.08) und für den Gegenvortrieb des Hirschengrabentunnels

Hans Stump

Über eine Länge von insgesamt 133 m wurde der Tunnel im Schutz eines Gefrierkörpers erstellt. Währenddem im Los 4.08 Tunnel Rämistrasse das Gefrierverfahren im ursprünglichen Projekt vorgesehen war, stellte dieses im Los 4.05 eine Projektänderung aus geologischen Gründen dar, mit dem Zweck eines Gegenvortriebes des Hirschengrabentunnels. Im Rämitunnel weitet sich das zweispurige Normalprofil zu einer dreigleisigen Anlage mit Zwischenperron als Teil des Bahnhofs Stadelhofen aus. Dies führt zu folgendem, respektablen Profil mit den Hauptabmessungen bei SBB-km 101.425

- Höhe   13 m
- Breite   22 m
- Querschnitt   220 m²

Ausserdem ist aber auch die Tunnelachse gekrümmt. Der Bauvorgang umfasste folgende wesentlichen Phasen:

- Ausbruch von zwei seitlichen Ulmenstollen sowie Betonierung der Widerlager
- Aufbau der Gefrierkörper mit einer mittleren Temperatur von -10° und 1.5 bis 2.5 m Stärke, je nach Tunnelprofil
- Ausbruch der Kalotte und Erstellen des Gewölbes aus Spritzbeton im Schutze des Gefrierkörpers
- Strossenaushub und Einbau des Sohlgewölbes

Gefrierköpfe mit Vor- und Rücklaufleitung

Die Aufbauphase eines derartigen Gefrierkörpers dauert in der Regel drei bis vier Wochen. Während dieser Phase entstehen normalerweise flächenhafte, kuppenförmige Hebungen über dem Gefrierkörper, welche sich während der Auftauphase wieder zurückbilden und zusammen mit den Deformationen aus dem Tunnelbau häufig zu Setzungen führen. Hebungen und Setzungen wurden in der Grösse von fünf bis zehn Zentimetern prognostiziert.

Vorteile des Gefrierverfahrens

- Die sehr komplizierte Geometrie des Bauwerks kann auf einfache Weise eingehalten werden,
- die Setzungen können klein gehalten werden,
- durch den wasserdichten Gefrierkörper ist die Gefahr von Einbrüchen wassertragender Siltlinsen gebannt.

Anordnung der Gefrierrohre

Der Vortrieb erfolgte in vier Etappen: zwei Etappen im Bereich des Rämitunnels und zwei Etappen im Bereich des Gegenvor-

Abweichung der Bohrungen erste Etappe in 35 m Tiefe

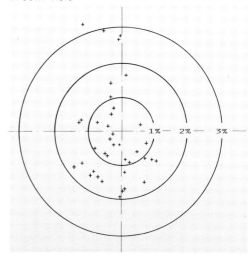

Gefrieranlage

Wachstum des Gefrierkörpers in Funktion der Zeit

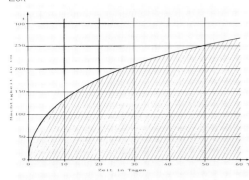

Gefrierrohre und Bohrungen

Die Gefrierrohre (Ø 101.6 x 71 mm) wurden in Bohrungen mit 133 mm Durchmesser versetzt. Entscheidend für den erfolgreichen, gleichmässigen Aufbau des Gefrierkörpers ist unter anderem, dass diese Bohrungen nicht stark untereinander und von der Soll-Lage abweichen. Diese Bedingung erfordert einerseits ein spezielles Bohrverfahren, andererseits aber auch ein genaues Einrichten der Bohrlafette. Das Bild auf Seite 301 unten rechts zeigt die Abweichungen der Bohrungen der ersten Etappe in 35 m Tiefe.

Gefrieranlage

Die Gefrieranlage besteht einerseits aus der Kühlanlage mit Kompressor, Kondensator und Verdampfer und anderseits aus der Verteilanlage mit Umwälzpumpen. Die Kühlanlagen wurden aus Sicherheitsgründen als Zwillingsanlagen betrieben. Sie leisten zusammen ca. 380 000 kcal/h bei einer Verdampfungstemperatur von minus

Temperaturentwicklung in Funktion der Zeit

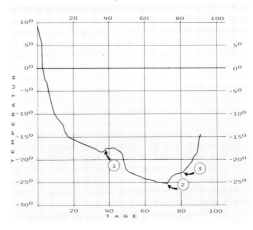

1 Erwärmung durch den Ausbruch
2 Nur eine Anlage in Betrieb
3 Keine Anlage in Betrieb

triebes des Hirschengrabentunnels. Die durchschnittliche Länge einer Etappe betrug ca. 35 m, wobei die Gefrierrohre fächerförmig leicht nach aussen angeordnet wurden, derart, dass am Ende einer Etappe eine Nische erstellt werden konnte, von welcher aus die Bohrungen für die folgende Etappe erfolgten.

Die Gefrierrohre waren in einer Reihe auf einem Bogen und je nach erforderlicher Stärke des Gefrierkörpers im Abstand von 0.8 bis 1.1 m angeordnet und über Vor- und Rücklauf mit der Kühlanlage verbunden.

Ausmasse der Gefrierrohre

Los	Etappe	Länge/m	Stärke/m	Bogenlänge/m	Volumen/m³
Rämistrasse	1	39	2.0 – 2.5	30	2'600
Rämistrasse	2	25	1.5	20	750
Hirschengraben	1	37.5	1.5	17	960
Hirschengraben	2	39.5	1.5	17.5	1'040

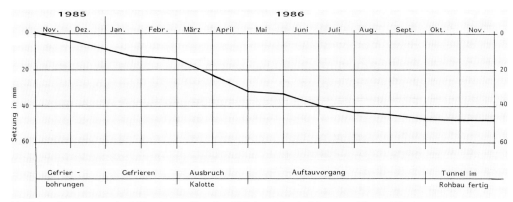

Zeitlicher Setzungsverlauf Oberkante Terrain, SBB-km 101.417.7, erste Phase Rämitunnel

30°C. Als Kälteträger wurde eine Kalziumchloridsole verwendet. Diese wurde mit zwei Pumpen mit einer Leistung von je 180 m³/h umgewälzt. Die Soletemperatur betrug minus 32°C.

Verhalten des Gefrierkörpers

Wachstum des Gefrierkörpers und Temperaturentwicklung in Funktion der Zeit sind auf den Abbildungen Seite 302 ersichtlich.

Instrumentierung, Messungen und Überwachung beim Gefrierverfahren

Das Vorgehen beim Gefrierverfahren setzt eine sorgfältige Kontrolle bei allen vorzubereitenden Bauarbeiten sowie eine präzise und schnelle Information über den momentanen Zustand des schützenden gefrorenen Erdreichgewölbes voraus.

Verschiebungs- und Setzungsmessungen entlang des Tunnels

Das Verhalten des Erdreiches neben und oberhalb des zu erstellenden Tunnels wurde in dem Bereich des Gefrierverfahrens folgenderweise gemessen:

• Durch zwei in die Sondierbohrungen versetzte Slope-Messrohre bis 20 m und 40 m Tiefe
• Zwei in die Sondierbohrungen versetzte Gleitmikrometer-Messrohre bis 10 m und 22 m Tiefe in der Tunnelachse
• Drei in den Sondierbohrungen versetzte Trivec Messrohre.

Hebungen und Setzungen von OK Terrain, welche in diesem Zusammenhang besonders interessieren, sind in der Tabelle am Fuss dieser Seite aufgeführt.

Dabei war der Setzungsverlauf an der Oberfläche quer zur Tunnelachse muldenförmig verteilt. Wie aus dem Bild oben ersichtlich ist, wurden die Setzungen im wesentlichen durch den Kalottenausbruch und zu geringeren Teilen durch die Gefrierbohrungen und den Auftauvorgang provoziert.

Die genaue Lage

Die genaue Lage jeder Gefrier- und Temperaturmessbohrung wurde vermessen, womit die gegenseitigen Abstände der eingebauten Gefrierrohre und Temperaturgeber in jeder Tiefe ermittelt wurden. Zu diesem Zweck wurde die Stump-Doppelsonde entwickelt, mit welcher sowohl die ab-

Etappe	Überlagerung	max. Hebung	max. Setzung
Rämitunnel 1	11.0 m	–	49 mm
Rämitunnel 2	3.5 m	60 mm	3 mm
Hirschengraben 1	24.0 m	–	7 mm
Hirschengraben 2	26.0 m	–	6 mm

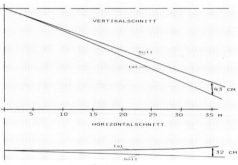

Vermessung einer Gefrierbohrung

solute Neigung in der vertikalen Ebene wie auch die relative horizontale Abweichung in allen Messtiefen ermittelt werden kann. Dies kann sehr gut für die genaue Vermessung der Lage von horizontalen und schrägen Bohrungen eingesetzt werden. Insgesamt wurden auf diese Weise 104 Bohrungen und eingebaute Gefrierrohre bis zu 40 m Länge, sowie Temperaturbohrungen für fernablesbare Temperaturgeber vermessen. Ein Beispiel der Vermessung gegenüber der Soll-Lage ist aus der Abbildung oben ersichtlich.

Überwachung der Temperaturen

Zur Überwachung der Temperaturen im Erdreich sowie für die Kontrolle des Gefriervorganges wurden in den nur für diesen Zweck abgeteuften Bohrungen Temperaturgeber eingebaut. Diese Bohrungen wurden immer so angeordnet, dass sie den Gefrierkörper schräg durchqueren, um den Gefriervorgang beobachten zu können. Bei jeder Etappe wurden ca. 5 solcher Bohrungen in Längen von 6-40 m mit bis zu 12 Temperaturgebern instrumentiert. Eine Fernüberwachung vereinfachte die Durchführung des gesamten Gefrierverfahrens und lieferte die zur Sicherheit notwendigen Angaben ohne jede Verzögerung. Die Wahl des Fernüberwachungssystems bei den herrschenden Feldbedingungen war nicht einfach. Erst das zweite installierte System hat sich als tauglich und zuverlässig erwiesen. Zusammen mit einer kombinierten Alarmanlage war es deshalb nicht erforderlich, dass rund um die Uhr und am Wochenende ein Techniker anwesend sein musste. Das Schema der Überwachungsanlage ist aus der Abbildung unten ersichtlich.

Schema der Überwachungsanlage

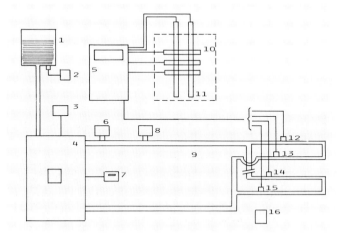

Legende

1 Expansionsgefäss
2 Druckmesser
3 Stromausfall
4 Gefrieranlage
5 Temperaturablesegerät
6 Durchflussüberwachung
7 Stromverbrauch der Gefrieranlage
8 Durchflussmengenmesser
9 Hauptleitung der Gefrierflüssigkeit
10 Gefrierkörper
11 Temperaturmessrohre
12 Temperaturmessung: Einlauf Gruppe 1
13 Rücklauf Gruppe 1
14 Einlauf Gruppe 2
15 Rücklauf Gruppe 2
16 Löst Alarm aus

Teilprojekt 5:
Bahnhof Stadelhofen – Teil der Zürcher Geschichte

Ulrich Rüegsegger

«Die Geschichte der Rechtsufrigen setzt sich in der Hauptsache zusammen aus vergeblichen Anläufen, Unterbrechungen, Verzögerungen, Protesten, Verschiebungen, Einsprachen aller Art und Unerquicklichkeit die schwere Menge. Sie alle zu überwinden kostete mehr Arbeit und Geduld als die Durchbohrung des Felsenhügels zwischen Stadelhofen und Zürich.»

Dieses Zitat wurde nicht in unserer heutigen Zeit, sondern von einem Chronisten im letzten Jahrhundert zum Bau der rechtsufrigen Zürichseebahn ausgesprochen. Verschiedene Parallelen zur heutigen Zeit sind offensichtlich. Hat es für den Bau der S-Bahn Zürich mehrere Volksabstimmungen gebraucht, so war es im letzten Jahrhundert auch nicht gerade einfach gewesen, Zürich und Rapperswil mit der Eisenbahn zu verbinden.

Nach verschiedenen Projekten und Anläufen konstituierte sich am 30. April 1871 im Gasthaus Löwen in Meilen die «Gesellschaft zur Begründung einer rechtsufrigen Zürichseebahn». Am 5. Juni 1873 unterzeichnete man den Vertrag mit der Nordostbahn, welche Baukosten in der Höhe von 14.2 Mio Franken vorsah. Bald mussten die Bauarbeiten unterbrochen werden, weil die Nordostbahn von einer schweren Finanzkrise geplagt wurde. Da die Seegemeinden die nötigen Finanzen nicht beibringen konnten, blieben die Arbeiten mehr als 10 Jahre eingestellt. Erst ein Bundesbeschluss vom 23. Juni 1887 erlöste die Rechtsufrige aus ihrem Dornröschenschlaf und die Nordostbahn setzte den Bau fort.

Im Bahnhof Stadelhofen wurde in den siebziger Jahren Richtung Riesbach

154.7 m und nach dem Hauptbahnhof 88.8 m Tunnel erstellt. Darauf versanken die angefangenen Tunnel in einen tiefen Winterschlaf. Als man Ende der achtziger Jahre den Zürichbergtunnel in Richtung der heutigen Walchebrücke fortsetzen wollte, verhinderte ein Rekurs des Besitzers «Zur Winkelwiese» einen Weiterbau. Den Bahnbauern blieb nichts anderes übrig, als eine neue Linienführung zu studieren und die heute ausser Betrieb gesetzte Lettenlinie entstand. Der kleine Tunnelstump, der im Profil des S-Bahn-Hirschengrabentunnels liegt, diente Jahrzehnte lang als vorzüglicher Weinkeller – ob dasselbe Schicksal nun dem Lettentunnel blüht?

Der Nordostbahn-Architekt, G. Wülfke, entwarf Ende 1891 das Aufnahmegebäude des Bahnhofs Stadelhofen. Nach der Genehmigung des Oberingenieurs, R. Moser, und der Direktion der Nordostbahn erstellte man im August 1892 das Baugespann. Der Kanton und die Baupolizei bewilligten Ende September 1892 das Baugesuch.

Architekt Wülfke gestaltete die Bahnhöfe der Rechtsufrigen nach einem einheitlichen System. Der Stadelhofer Bahnhof ist das repräsentativste im Stil des Durant-Klassizismus erstellte Aufnahmegebäude. Der massive, dreigeschossige Mittelbau und die zwei Terrassenflügel mit dem als Sommerwartsälen gedachten Veranden sollten die im Zusammenhang mit den Stadtquartieren erstellte Platzanlage gegen Norden abschliessen.

Beim Umbau in den zwanziger Jahren sind die Veranden verschwunden und das Aufnahmegebäude hat das heutige Aussehen erhalten, das durch den Bau der S-Bahn Zürich nicht verändert wird. Hingegen ist ein moderner Innenausbau unumgänglich. Er wird das Alte mit dem Neuen verbinden.

Ein Gestaltungsprojekt für den Bahnhof Stadelhofen

Peter Ehmann

Der Bahnhof Stadelhofen liegt am Fuss des Moränenhügels Hohe Promenade, der mit seiner baumbestandenen, aussichtsreichen Kuppe mit hervorragenden Bauten und Gartenanlagen aus vier Jahrhunderten einen für Zürich einzigartigen Bereich darstellt. In zwei Etappen, von 1874 bis 1877 und 1889 bis 1894, wurden die ehemaligen Gleisanlagen in den Fuss des Hügelzuges eingeschnitten, und das spätklassizistische Bahnhofgebäude wurde Abschluss des gegen Theaterplatz, Sechseläutewiese und See hin öffnenden Stadelhoferplatzes.

Bauliche Probleme gab es im Bahnhof Stadelhofen bereits schon zu den Pionierzeiten der Bahn zu bewältigen, und wer glaubt, heutzutage sei die Realisierung eines Bahnhofumbaus einfacher, der kann, wie nachfolgende Berichte zeigen, noch kleinere und grössere Überraschungen erleben.

Nachdem mit der Volksabstimmung 1981 zum Bau der S-Bahn Zürich der verkehrs-

politische Entscheid gefällt war, sahen sich die Leute die vorgesehenen baulichen Eingriffe im Bereich des Bahnhofs Stadelhofen im Detail genauer an. Für den zukünftigen Betrieb der S-Bahn, mit der viermal grösseren Anzahl Züge, war der Bau eines dritten Gleises und eines schienenfrei zugänglichen Zwischenperrons unerlässlich. Doch die notwendige Rückversetzung der grossen Stützmauer und der entsprechende Verlust an Grünsubstanz wurden nicht akzeptiert.

SBB, Kanton und Stadt Zürich schrieben darauf einen zweistufigen Wettbewerb aus, der es acht Architektenteams ermöglichte, ihre Ideen zur geplanten Gleisüberdeckung einzureichen. In der Zwischenzeit gärte es im Raume Stadelhofen ziemlich, Alternativvorschläge von Dritten wurden ausgearbeitet, die aufzeigten, wie der Bahnhof mit geringen Eingriffen zu bauen wäre, und die auf bergmännische Methoden vertrauten, die den Ingenieuren abenteuerlich erscheinen mussten. In dieser recht ungemütlichen Lage richteten sich

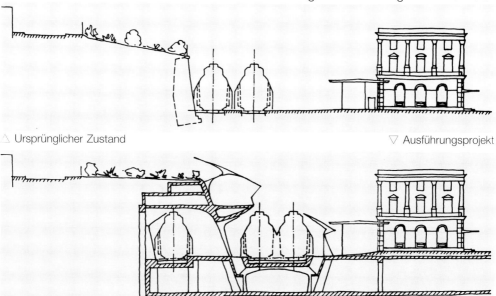

△ Ursprünglicher Zustand   ▽ Ausführungsprojekt

alle Augen auf die Resultate des Wettbewerbs für die mögliche Gestaltung des Bahnhofs Stadelhofen, denn nur dieser Wettbewerb konnte die befreiende Lösung hervorbringen.

Im Sommer 1983 wählte die aus Vertretern von Stadt, Kanton, SBB und weiterer Experten zusammengesetzte Jury einstimmig das Projekt des Teams Amsler/Calatrava/Rüeger aus, das die SBB-Gleise mit einer städtebaulich überzeugenden Konstruktion überdeckt und dabei neue Wegverbindungen schafft. Dank kommerzieller Nutzung des Untergeschosses versprach das Projekt einen künftigen Ertrag, der die

Finanzierung der Neukonstruktion tragbar machte. Die Qualität des Projekts vermochte auch die Anhänger der Alternativvorschläge zu befriedigen, so dass sich schliesslich alle Beteiligten die Hand reichen konnten.

Heute, nach rund siebenjähriger intensiver Bautätigkeit, sind all die vergangenen kleineren und grösseren Probleme, die bei der Realisierung dieses anspruchsvollen Bauvorhabens auftraten, bereits Geschichte. Lediglich die nachfolgenden Berichte geben einen kleinen Einblick in die Problemkreise, die zu bewältigen waren.

Die Realisierung des Projekts Bahnhof Stadelhofen

Hansruedi Müller

Die Bauarbeiten für den Bahnhof Stadelhofen begannen mit der Erstellung einer neuen bergseitigen Abschlusswand des erweiterten Bahnhofgebiets. Anstelle der vertrauten früheren Natursteinmauer sollte eine rückverankerte Pfahlwand den durch den Bahnhof angeschnittenen Moränenhügel abstützen. Die Erstellung der Pfähle mit den entsprechenden Spezialtiefbaugeräten bildete eine für die Passanten unübersehbare und für die Anwohner zeitweise recht unangenehm spürbare Arbeit. Diese Wand – im Bauzustand gleichsam eine riesige Wunde im Promenadenhügel – ist heute praktisch vollständig den Blicken des Betrachters entzogen. An ihrer Funktion hat sich allerdings nichts geändert. Sie muss Erd- und allfällige Wasserdrücke übernehmen, und etwa 1 000 Anker zu 500 KN bringen die entsprechende Rückhaltekraft auf. Die Konzipierung von korrosionsgeschützten Ankern, welche als permanente Bauteile eine Lebensdauer von gegen 100 Jahren gewährleisten sollen, bedeutete eine für Ingenieure und Unternehmung in Art und Umfang neue Herausforderung.

Neben der Rücksichtnahme auf die den Bahnhof Stadelhofen umgebende, zum grossen Teil ältere Bebauung bildet vor allem auch die Erhaltung der wertvollen Grünanlagen ein wesentliches Anliegen bei der Planung. Diesem Ziel vermag das Projekt sogar durch eine Vermehrung von Grünraum zu entsprechen. Ein besonderes Stück stellte die markante Blutbuche im Garten der Villa Falkenburg dar. Dieser prächtige Baum steht teilweise auf der hinteren Abschlusswand des Bahnhofs und war gemäss Auflagen aus dem Plangenehmigungsverfahren zu erhalten und später in die neue Grünfläche zu integrieren. So wurde eine spezielle Trogkonstruktion um sein Wurzelwerk erstellt, ein riesiger «Topf» mit Entwässerungs- und Bewässerungssystem. Zusätzlich erlaubten Sonden eine Überwachung der Feuchtigkeit im Wurzelbereich, um gegebenenfalls entsprechende Bewässerungen rechtzeitig vornehmen zu können. Heute darf gesagt werden, dass diese Massnahmen den gewünschten Erfolg gebracht haben, und der Baum bedankt sich mit seinem Gedeihen für seine Erhaltung. Auch wenn diese Massnahme ansehnliche Kosten verursachte, war die Rettung des Baumes für eine termingerechte Baurealisierung der einzig gangbare Weg.

Erst im Anschluss an diese Vorarbeiten begann der Bau des eigentlichen Bahnhofs Stadelhofen, eines 300 m langen, zwischen 20 und 40 m breiten und bis dreigeschossigen Bauwerkes. Anhand dieser Geschosse lässt sich die Anlage auch am besten überblicken:

Ein Geschoss ist natürlich den Gleis- und Perronanlagen vorbehalten und bleibt, abgesehen vom Aufnahmegebäude, den Perron- und Treppendächern sowie dem Liftgebäude, frei von Bauten. Unter dem Gleisgeschoss erstreckt sich auf eine Länge von knapp 150 m das Ladengeschoss, welches den Mittelperron erschliesst und dem Bahnbenützer im Sinne einer verbesserten Dienstleistung ein gut abgerundetes Einkaufsangebot bieten soll. Das Gleisgeschoss wird teilweise durch das Promenadengeschoss überdeckt. Es umfasst eine galerieartige Pergola und verschiedene Grünanlagen und bildet Auflager für eine Strassen- und drei Fussgängerbrücken, welche die Gleisanlagen queren.

Insgesamt vereinigt der Bahnhof Stadelhofen eine Vielzahl von Konstruktionen im Hoch-, Tief- und Brückenbau. Hinsichtlich der Bauweisen finden sich Stahlbetonbau und Stahlbau vertreten sowie auch Kombinationen beider Bauweisen. Für alle Beteiligten stellte ein solches Bauwerk alles andere als einen Eintopf dar. Projektverfasser, Bauleitung, Bauunternehmer und Bauherr waren jeder auf seine Weise gleichsam an der Zubereitung eines ziemlich vielfältigen «Gerichts» beteiligt. Und wie es sich dabei gehört, sollte sich das

«Servierte» sowohl für das Auge gut präsentieren wie auch in der Qualität überzeugen und etwas Aussergewöhnliches, nicht Alltägliches bieten. Es ist verständlich, dass die «Zubereitung» des Bahnhofs Stadelhofen von den Beteiligten alle Anstrengungen erforderte und dass auch recht hektische Augenblicke auftraten. Jeder bemühte sich aber, entsprechend seiner Aufgabe zum guten Gelingen beizutragen. Wenn bei der Konsensfindung zwischen gegenläufigen Interessen im einen oder andern Lager manchmal der Gedanke aufkam, das Gericht könnte versalzen werden, so machte diese Beurteilung doch letztlich der Überzeugung Platz, dass die Zusammenarbeit gelungen ist und man dem Urteil der Gäste zuversichtlich ins Auge blicken könne. Solche Urteile liegen auch zahlreich vor, denn die Bahnkunden in Stadelhofen wie auch zahllose Besucher haben die Arbeit stets verfolgt und beurteilt. Abgesehen von wenigen kritischen Reaktionen hat das Resultat überwiegend ein sehr positives Echo mit Begeisterung und Freude ausgelöst. Auch in Zukunft wird dieses nicht alltägliche Bauwerk sicher viel Beachtung finden.

Zwei wesentliche Faktoren beim Bau des Bahnhofs Stadelhofen waren die ununterbrochene Aufrechterhaltung des Bahnbetriebs sowie die innerstädtische Lage des Objekts. Beide Aspekte haben die Arbeit ganz entscheidend beeinflusst. Der Bahnbetrieb bedeutete, dass ständig ein Betriebsgleis mitsamt den entsprechenden Schutzmassnahmen in irgend einer Form durch die Baustelle hindurchzuführen war. Weiter war auch die Perronanlage mit verschiedenen Zu- und Weggängen für die Bahnpassagiere noch zusätzlich in den Bauablauf in jeder Bauphase zu integrieren. Wegen der sehr engen Platzverhältnisse stellten diese Auflagen sehr einschneidende Bedingungen für die Realisierung der anspruchsvollen Konstruktionen. Die innerstädtische Situation als weiterer Einflussfaktor machte das Platzproblem noch stärker bemerkbar. Konkret mussten ein Strassen- und ein Fussgängerbrückenprovisorium über die Baustelle erstellt werden, um die Verkehrsbeziehungen aufrechtzuerhalten. Aus all den Randbedingungen ergaben sich komplizierte Bauphasen und Etappierungen, und oft wunderten sich die Bahnpassagiere im Bahnhof Stadelhofen, dass die Bauleute in diesem Durcheinander von Beton, Stahl und Schalungen noch klar kamen.

Diese Äusserungen und Kommentare beleuchten nur einen Teil der Arbeit am Bahnhof Stadelhofen. Alle für die Bauarbeit direkt Verantwortlichen erfüllt vor allem der Umstand mit Genugtuung, dass die Arbeiten ohne grössere Unfälle abliefen.

Beim Bau des Bahnhofs Stadelhofen war der Kreis der Beteiligten aber nicht einfach auf die am Bauwerk Beschäftigten begrenzt. Vielmehr fühlte man sich stets von verschiedenster Seite intensiv begleitet. Die grösste Gruppe des Begleittrosses stellten natürlich die vielen Bahnpassagiere, die den Bahnhof benützten. Da sie zumeist beim Warten auf den Zug etwas Zeit hatten, die Arbeiten zu verfolgen, waren sie sehr aufmerksame Zaungäste. Eine andere Gruppe von Begleitern der Bauarbeiten stellten die Teilnehmer von S-Bahn-Besucherführungen dar. In unterschiedlichsten Gruppengrössen erlebte der Bahnhof Stadelhofen auf diese Weise eine Vielzahl und Vielfalt von Besuchern. Schliesslich dürfen auch die Anwohner in diesem Zusammenhang nicht unerwähnt bleiben. Je nach Bauphase waren sie mehr oder minder durch die Arbeiten tangiert. In verschiedenster Form ergaben sich Kontakte und Gespräche.

All diese Begleiter haben die Gruppe der direkt am Bau des Bahnhofs Beteiligten ergänzt und die Arbeit noch spannender, farbiger und menschlicher gemacht.

Die neue Stützmauer für den Bahnhof Stadelhofen

Ulrich Vollenweider

Zur Schaffung des notwendigen Raumes für die neuen Gleise und das Ladengeschoss im Bahnhof Stadelhofen musste das alte Natursteinmauerwerk abgebrochen und bergseits durch eine neue Stützkonstruktion ersetzt werden. Die neue Mauer wurde wegen der engen Platzverhältnisse nicht mehr als Schwergewichtsmauer, sondern als aufgelöste und permanent verankerte Pfahlwand konzipiert. Sie hatte nicht nur den Erddruck aufzunehmen, sondern sie diente gleichzeitig als Abschlusswand und als Auflager für die überdeckende Konstruktion.

Die Mauer hat eine Höhe von 12 bis 18 m und wird durch vier bis sechs Ankerlagen gehalten. Die räumlichen, terminlichen und betriebstechnischen (SBB) Einschränkungen beeinflussten sowohl die Konstruktion wie auch die Bauausführung.

Baugrundverhältnisse

Das Gebiet liegt im Bereich der Hohen Promenade-Moräne. Die Baugrundaufnahmen zeigen eine starke Durchmischung von grobkörnigen Anteilen (bis hin zu Blöcken) mit feinkörnigen Seeablagerungen. Die Moräne ist glazial vorbelastet.

Langfristige Grundwasserbeobachtungen zeigten eine leichte Grundwasserströmung. Der maximale Grundwasserspiegel liegt etwa auf der Höhe der bisherigen Gleisoberkante und schwankt ca. 1 bis 2 m im Jahr. Das hiess, dass im Bereich des Pfahlwandfusses mit Wasser zu rechnen war.

Bauwerk

Überblick

In einer ersten Phase wurde die Stützmauer erstellt und das Vorgelände mitsamt der Natursteinmauer abgetragen, in einer zweiten Phase dann das Grundwasser abgesenkt und die Baugrube für das Ladengeschoss ausgehoben.

Pfahlwand

Die neue Stützmauer ist 260 m lang. Die 99 Bohrpfähle mit einem Durchmesser von 1000 bis 1200 mm und einer Länge von 23 bis 33 m sind in einem Abstand von 2,2 bis 3 m angeordnet.

Im Bereich Schanzengasse kann die Überdeckungskonstruktion direkt auf den Bohrpfählen aufgelagert werden, da die Überdeckung nur 1 bis 3 m beträgt. In den übrigen Bereichen beträgt die Überdeckung bis zu 10 m. Auf die ursprünglich vorgesehene Aussparung in den Pfählen wurde

Situation Stützmauer Bahnhof Stadelhofen

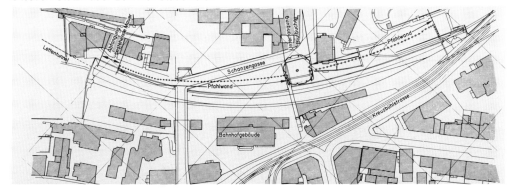

aus Sicherheitsgründen verzichtet. Deshalb werden die Querscheiben direkt auf dem mit grosser verlorener Länge betonierten Bohrpfahl gelagert und der bis zu 10 m hohe Geländesprung mit einer permanent verankerten Rühlwand gestützt.

Die Pfahlwand ist auf 4 bis 6 Lagen mit permanenten Bodenankern der Klasse 6 verankert. Die Zugänglichkeit der Ankerlagen ist auch nach der Erstellung der Überdeckung noch gewährleistet. Die Anordnung der Longarinen macht auch eine spätere Erstellung von neuen Longarinen und Ankern möglich.

Total waren ca. 1000 Anker mit einer Gebrauchslast von 400 und 550 kN vorgesehen.

Unterfangung der Blutbuche bei der Falkenburg

Im Bereich der zu erhaltenden Blutbuche konnte keine Pfahlwand ausgeführt wer-

den. Vor allem die Feinwurzeln sind sehr setzungsempfindlich. Deshalb wurden zunächst in 10 m lange Bohrungen Stahlträger eingeführt und anschliessend ausinjiziert und so ein 30° geneigter Trägerschirm erstellt. Dieser wurde durch einen Haupt- und zwei Querträger aus Stahlbeton gestützt. Anschliessend konnte durch etappenweises Ausheben und Ausfachen die Flucht der Bohrpfahlwand erreicht werden. Dort wurde dann eine 16 m hohe, permanent verankerte Elementwand errichtet.

Abfangung der bestehenden Stützmauer

Vor dem Portal des Lettentunnels musste die alte Stützmauer nicht abgebrochen werden. Da die neuen Gleise aber rund 1.5 m tiefer liegen und die Mauer durch die Gleisüberdeckung zusätzliche Lasten übernehmen muss, wäre die Grundbruchsicherheit der rund 3.5 m starken Schwergewichtsmauer nicht mehr gewährleistet gewesen.

Querschnitt Pfahlwand Bahnhof Stadelhofen

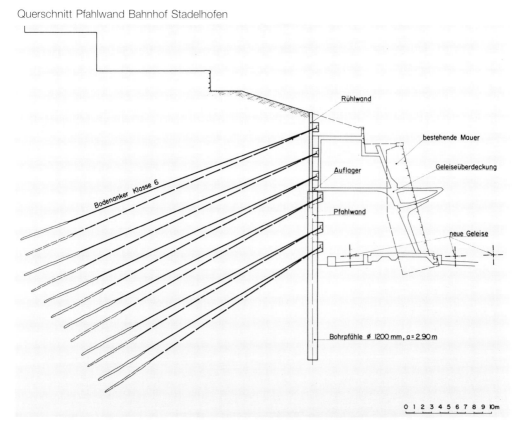

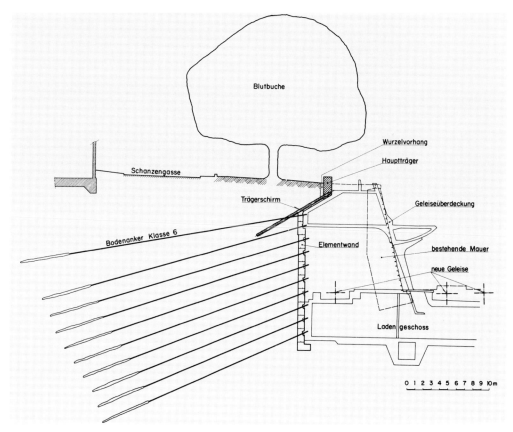

Querschnitt Unterfangung Blutbuche

Eine Unterfangung wurde wegen der Gefahr von Setzungen und eine Lösung mit Bohrpfählen oder einer Schlitzwand wegen der unverhältnismässigen Aufwendungen verworfen.

Das Zurückverankern des Mauerfusses wurde trotz statisch ungünstiger Richtung der Ankerkraft als wirtschaftlichste Lösung

Pfahlwand mit Unterfangung Blutbuche

angesehen. Die Ankerkraft wurde über eine Betonlongarine eingeleitet. Anschliessend wurde der Mauerfuss bis ca. 1 m unter das geplante Terrain unterfangen.

Statik und Bemessung

Baugrundlasten

Eine Schichterfassung der Moräne und der Seeablagerungen konnte nicht auf sinnvolle Art vollzogen werden. Deshalb wurde für die erdstatischen Berechnungen ein mehr oder weniger homogenes Medium angenommen.

Die Wand wurde auf aktiven Erddruck (umgelagert, um 30 % erhöht) bemessen. Der massgebende Grundwasserspiegel wurde 1 m unter OK bisheriger Schiene angenommen. Die Erddruckbelastungen betragen je nach Wandprofil 1100 bis 2100 kN pro m'.

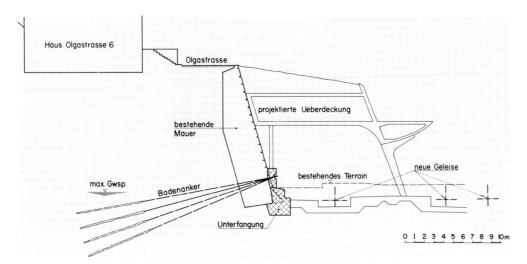

Abfangung bestehende Mauer

Pfahlwand

Die Stützmauer war als aufgelöste Pfahl-wand konzipiert. Die Pfähle wurden nicht nach Pfahlnorm SIA 192 auf zulässige Spannungen, sondern nach SIA 162 RL 34 auf Bruch bemessen. Für den Schubnach-weis wurde als Ersatzquerschnitt ein zur mittleren Kreisquerschnittfläche flächen-gleiches Quadrat angenommen. Der zu-sätzliche Schubwiderstand aus der Nor-malkraftbelastung blieb unberücksichtigt.

Somit waren Pfähle des Durchmessers 1000 und 1200 mm mit einem Abstand von 2.2 bis 3 m und einem hohen Armie-rungsgehalt von 0,8 bis 1,4 % erforderlich. Die Pfähle wurden 9 bis 13 m eingebun-den.

Ankerbemessung

Die Bemessung der Anker wurde nach SIA 191 durchgeführt. Es gilt Ankerklasse 6 mit einer minimalen Bruchsicherheit von s = 2.0.

Zur Aufnahme des Erddruckes von 1200 bis 2300 kN/m' sind 4 bis 6 Ankerlagen mit Ankerkräften von 400 bis 550 kN erfor-derlich.

Die freie Ankerlänge von 17 bis 35 m rich-tet sich nach dem Mass der rechnerischen Geländebruchsicherheit.

Besondere Erschwernisse der Bauausführung

Das ganze Baugebiet lag zwischen dem ständig in Betrieb stehenden Bahnhof und den zum Teil geschützten Gebäuden mit Grünanlagen entlang der Olgastrasse und der Schanzengasse.

Wegen einzelner Baumkronen mussten einige Pfähle bei einer Arbeitshöhe von 6 bis 7 m ausgeführt werden. Besonders am östlichen Ende der Mauer stiess man auf zum Teil sehr harte Blöcke.

Zur Aufrechterhaltung der Zugänglichkeit zu den Wohnungen und als Arbeitsbühne für die Pfählungsarbeiten musste eine Hilfsbrücke erstellt werden. Der Arbeits-raum während der Ausfachungsarbeiten war durch diese Hilfsbrücke wie auch durch die Schutzwand des Betriebsgleises stark eingeengt.

Überwachung

Zur Erfassung von Deformationen wurden folgende Messeinrichtungen installiert:

• 20 geodätische Messpunkte am Wand-kopf.
• 6 Slope Indicators in der Wand.
• 6 Slope Indicators in Bohrungen ver-setzt bis 45 m hinter der Wand.

314

Hauptkubaturen

Bohrpfähle	Ø 100	61	Stk.	1'470 m'
	Ø 120	38	Stk.	1'020 m'
Pfahlarmierung				330 t
Stahlträger				140 t
Bodenanker	Permanente	940	Stk.	25'000 m'
	Temporäre	60	Stk.	1'200 m'
Aushub	Moränenmaterial			27'000 m³
	Natursteinmauer			8'000 m³
Beton	Ausfachung			750 m³
	Konstruktionsbeton			1'900 m³
	Elementwand			250 m³
Armierung				180 t
Schalung	Ausfachung			2'900 m²
	Longarinen			3'000 m¹

• Geodätische Messpunkte an allen Gebäuden bis ca. 50 m hinter der Stützmauer.
• Etwa 6 % aller Anker wurden als Kontrollanker ausgebildet. Die Messstationen wurden im Endzustand an gut zugänglichen Standorten montiert.

Die Kontrollmessungen wurden im Bauzustand alle zwei Wochen durchgeführt. Im Endzustand sind die Messungen im Normalfall alle fünf Jahre nötig.

Daneben wurden auch Qualitätskontrollen der Baumaterialien durchgeführt.

Kosten

Die gesamten Baukosten für die Stützwand Bahnhof Stadelhofen betrugen ca. Fr. 8.5 Mio.

Die Bauausführung des Bahnhofs Stadelhofen, Baulos 5.13

Arthur Erdin

Das Ausführungsprojekt

Das auszuführende Projekt des Bahnhofs Stadelhofen resultierte aus der in den Jahren 1982/83 durchgeführten wettbewerbartigen Projektausschreibung «Gestaltung des Bahnhofs Stadelhofen». Der Projektierungsauftrag wurde anschliessend an die Ingenieur- und Architektengemeinschaft ACR (Amsler, Calatrava, Rüeger), die Ausführung aufgrund einer öffentlichen Ausschreibung Anfang 1986 an die Unternehmung Fietz+Leuthold AG vergeben.

Im Zuge des Baues der S-Bahn Zürich musste die Anlage des Bahnhofs Stadelhofen auf drei Gleise erweitert werden. Dies bedingte die Neugestaltung des gesamten Bereiches des Bahnhofs, der bergseits durch die neue Pfahlwand, im Westen durch den «Bahnhof Untertag», im Osten durch das Verzweigungsbauwerk Kreuzbühlstrasse und seeseitig durch das alte Bahnhofgebäude begrenzt ist.

Die neue Bahnhofanlage ist geprägt durch die galerieartige Gleisüberdeckung in Ortsbeton, die durch schräggestellte Stahlstützen auf die Unterkonstruktion des Mittelperrons abgestützt ist. Das bergseitige Auflager bildet die im Zeitpunkt der Arbeitsaufnahme von Fietz+Leuthold AG bereits erstellte Bohrpfahlwand. Die grossen Lasten der Erdüberdeckung werden durch einen Hohlkastenträger übernommen. Die Einsturzsicherheit bleibt auch bei Ausfall einer Stütze gewährleistet. Der Hohlraum ist teilweise genutzt und dient als Servicegang zu den oberen Ankerreihen der Pfahlwand.

Übersicht über die Baustelle

Unter den Gleisen wurde im Mittelteil ein Ladengeschoss erstellt. Die lange Reihe der Stützenrahmen unter dem leicht geschwungenen Gleistrog vermittelt in der Passage kaum den Eindruck des darüberliegenden Bahnhofs. Glasbausteinfelder bringen einen natürlichen Lichteinfall ins Untergeschoss.

Der Gleistrog über dem Ladengeschoss ist als Brücke konstruiert und alle 6 m auf einem massiven Stützenrahmen aufgelagert.

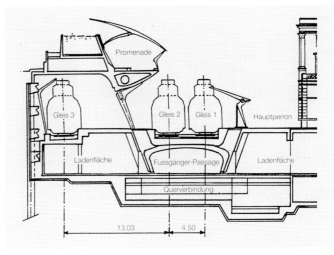

Querschnitt durch das Projekt

Das Laden- und Installationsgeschoss ist als Wanne mit starrer Grundwasser-Isolation ausgebildet.

Die drei Brückenbauwerke, die das Bahnhofareal queren, der Lettensteg, die Schanzenbrücke und der Falkensteg, sind durchwegs als Stahlverbundbrücken konzipiert, wobei der Rand der Gleisüberdeckkung als bergseitiges Auflager dient.

Der Bauablauf

Randbedingungen

Aus der innerstädtischen Lage des Bauloses und der Nähe anderer Baustellen der S-Bahn sowie dem gleichzeitig zu erstellenden Neubau «Olivenbaum» ergaben sich folgende, für die Bauausführung erschwerende Verhältnisse:

Mittelteil der Stützenrahmenschalung

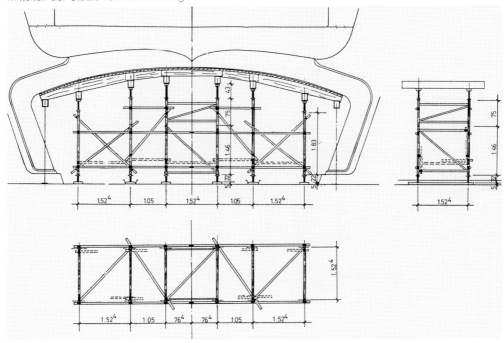

Brückenkonstruktionen △▽

△ Erstellen von Stützenrahmen/prov. Stege
▽ Darstellung des Bauablaufes

Bauphase 1
August 1986 bis Juni 1987

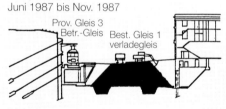

Bauphase 2
Juni 1987 bis Nov. 1987

Bauphase 3
Juli 1987 bis Dez. 1988

Bauphase 4
Dez. 1988 bis Mai 1990
Teilinbetriebnahme Museumstr.-Stadelhofen

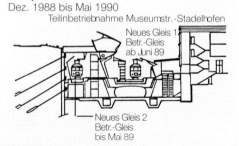

• Nur beschränkt zur Verfügung stehender Platz für Bauinstallationen
• Aufrechterhaltung des Verkehrs auf der Kreuzbühlstrasse für VBZ, Forchbahn und Privatverkehr
• Werkleitungen
• Erstellen der gesamten Anlage unter Behinderung durch die Abstützungen der provisorischen Schanzenbrücke, Podest Olgastrasse und Falkensteg sowie der Unterfangung Blutbuche.
• Erstellen der Gleis-Überdeckung zum Teil unter den bestehenden Hilfsbrücken und Podesten und unter der Unterfangung der Blutbuche Falkenburg
• Schutz der vorhandenen Grünsubstanz

		1986	1987	1988	1989	1990
BAULOS 508	Aushub bis SOK	▭				
LADENGESCHOSS	Aushub hinten	▭				
	Aushub vorne		▭ ▭			
	Rohbau hinten	▭				
	Rohbau vorne			▭ ▭		
	Innenausbau				▭	▭
ÜBERDECKUNG	Teil Ost	▭	▭			
	Teil Mitte			▭ ▭		
	Teil West		▭			
BRÜCKEN	Seite KBS Überd.			▭ ▭		
	Falkensteg				▭ ▭	
	Schanzenbrücke			▭	▭	
	Lettensteg				▭	▭
ANLIEFERUNG	Rohbau				▭	▭
	Innenausbau				▭	
PERRONDÄCHER	Demontage vor AG	▫ ▫				
	Abbruch vor Mand.	▫ ▫				
	Neues Perrondach				▭ ▭	▭
AUFNAHMEGEBÄUDE	Rohbau		▭		▭	
	Innenausbau			▭	▭	
BETRIEBSPHASEN	1. Gleis alt	▭				
	2. Prov. Gleis 3		▭			
	3. Teilbetrieb				▭	
	Probebetrieb					▭
	4. Vollbetrieb					▭

Alle Anlagen des Bahnhofs Stadelhofen, Ladengeschoss, Perronanlagen, Überdeckung usw. waren unter Aufrechterhaltung des Zugsbetriebes und des entsprechenden Personenverkehrs zu erstellen.

Zulässig waren höchstens Einschränkungen des Zugsverkehrs durch unumgängliche Verlängerungen der Nachtpausen für zwingende Arbeiten im Lichtraumprofil des Betriebsgleises.

Bauprogramm und Termine für die Ausführung

• 7. April 1986:
Auftragserteilung des Bauloses 5.13 an
Tietz-Leuthold AG

• 21. April 1986:
Beginn der Baustelleneinrichtungen, Aushub Ladengeschoss
• 11. August 1986:
Beginn der Hauptarbeiten
• 31. März 1990:
Bauvollendung

Die Hauptkubaturen für den Rohbau hatten folgende Ausmasse:
• Beton   22 000 m³
• Armierung   2 800 t
• Schalung   53 000 m²

Schutz der Umgebung

Der Unternehmung war bekannt, dass die Baustelle in dicht überbautem und bewohntem Gebiet liegt. Es handelt sich um eine Wohnzone höherer Qualität mit stillem Gewerbe. Ferner liegt auch die Kantonsschule Stadelhofen in nächster Nähe, auf welche während der Unterrichtszeiten besondere Rücksicht zu nehmen war. Die Unternehmung hatte deshalb alle technischen, baulichen und organisatorischen Massnahmen zu treffen, welche die Beeinträchtigungen der Umgebung durch Lärm, Staub, Abgase, Erschütterung, Setzungen und dergleichen auf ein Mindestmass beschränkten. Die Massnahmen hatten dem neusten Stand der Technik und den Erkenntnissen des Umweltschutzes zu entsprechen.

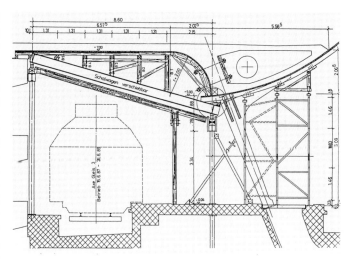

Während Betriebsphase 2
über fertig erstelltem Ladengeschoss

Aufrechterhaltung des Bahnbetriebs

Der Bahnbetrieb musste während der Bauzeit immer aufrechterhalten werden. Die Gleichzeitigkeit von Bauarbeiten und Bahnbetrieb führten zu folgenden Konsequenzen:

• Sicherheitsprobleme für den Bahnbetrieb und die bahntechnischen Installationen.
• Einschränkungen für den Baustellenbetrieb zur Gewährleistung der Sicherheit aller Beteiligten und eines angemessenen Komfortes für Bahnpassagiere und Bahnpersonal.

Die Unternehmung widmete all diesen Aspekten bei der Planung, Arbeitsvorbereitung und Durchführung grosse Sorgfalt. Jede Massnahme musste vorgängig im Detail studiert, mit der Bauherrschaft und der Bauleitung besprochen und deren Wünsche entsprechend berücksichtigt werden.

Zusammenarbeit der Unternehmung mit der Baustelle

Die erwähnten Ausführungsbestimmungen zwangen die Sektion Tief- und Strassenbau zu enger Zusammenarbeit mit der Sektion Holzbau und dem Ingenieurbüro. Unter Einsatz aller technischen und personellen Mittel wurde das Ziel, die Arbeiten ohne jegliche Störung des Bahnbetriebes

Nebengebäude mit Betriebsanlage

Unterspannung des Gleistroges
beim Treppenabgang

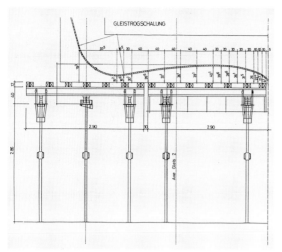

Während Betriebsphase 2
über fertig erstelltem Ladengeschoss

gemäss dem Bauprogramm auszuführen – trotz des hektischen und komplexen Bauablaufs – nie aus den Augen verloren.

Dr. Santiago Calatrava, Projektverfasser des Bahnhofs Stadelhofen, ist sowohl Ingenieur als auch Architekt. Er erwähnte in einem Interview, dass der Kräfteverlauf in seiner Konstruktion von Anfang an eine wichtige Rolle gespielt habe. Dieser verlaufe nicht linear, sondern wird von Kurven geprägt, die zwangsläufig zu Formen von einer gewissen Weichheit führen. Ausserdem möchte er Architektur auch gefühlsmässig erlebbar machen. Der Beton sollte das Gefühl der Völle vermitteln können, aber auch gleichzeitig als etwas Festes und Weiches erlebt werden. Man soll die

Dreidimensionalität der Gebäude spüren, das Volumen, die Hülle, in der man verweilen oder um die man herumspazieren kann. Und diesen Formen, wie sie der Projektverfasser beschreibt, wurde durch die ausführende Unternehmung unter Ausschöpfung aller technischen Möglichkeiten Rechnung getragen.

Die hohe Schule der «Schalungskunst», wie sie bei diesen eigenwilligen Formen erforderlich war, wird durch die fertigen Betonelemente am Bauwerk gezeigt. Formen, die in der entsprechenden Schalungsherstellung von den Zimmerleuten ein hohes Mass an Vorstellungsvermögen und handwerklichem Können verlangten.

Doch nicht nur die Schalarbeiten erforderten grosses Können, auch das Armieren dieser schlanken, runden Konstruktionselemente war nicht einfach und sehr aufwendig.

Schlussbetrachtung

Abschliessend darf erwähnt werden, dass zwischen der Bauherrschaft, den Projektverfassern, der Bauleitung und der Unternehmung eine ausgezeichnete Zusammenarbeit auf allen Stufen stattgefunden hat. Dies ist eine wesentliche Voraussetzung für das gute Gelingen eines Bauwerkes, das in seiner Art genial entworfen ist und bestimmt in die Zürcher Baugeschichte eingehen wird.

Bild eines massiv armierten schlanken Bauteiles

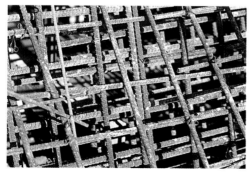

Fertig erstellte Pergolakonstruktion
über Fussgängerpassage

Stahlstützen im Bahnhof Stadelhofen

Andreas Bader

Funktion

Im Bahnhof Stadelhofen ist ein Teil der Gleis- und Perronanlagen durch eine massive Oberbau-Konstruktion überdeckt. Dieser begrünte und begehbare Oberbau wird auf seiner ganzen Länge von 22 Stahlstützen abgefangen, die im Abstand von 12 m stehen. Sie übernehmen so namhafte Normalkräfte und sind zudem auf horizontale Anprallkräfte dimensioniert.

Form

Auf den Einsatz von herkömmlichen Stützen aus Walzprofilen der HE- oder HHD-Serie hat Architekt und Ingenieur Santiago Calatrava bewusst verzichtet. Seine Stütze besteht aus einem Bein mit Schnabel sowie einem quer aufgelegten Joch. Die ganze Stütze misst 5615 mm in der Höhe, der Schnabel hat eine Ausladung von 3200 mm, während das Joch seitlich je 2870 mm auskragt. Eine komplette Stütze wiegt 14 t. Stützenbein und -joch sind zweiwandig aus 100 mm Blech zusammengeschweisst, wobei das Stützenbein einen 40 mm starken Steg aufweist.

Material

Entsprechend den Spezifikationen des Ingenieurs und den Qualitätsanforderungen des Bauherrn bestellte die ausführende

Stahlbauunternehmung den Stahl: Blechtafeln 100 mm x 1470 mm x 3760 mm! Die einzelnen Spezifikationen lauten wie folgt:

Güte: St. 52.3 nach DIN 17100
Bescheinigung: Abnahmeprüfzeugnis DIN 50049-3.1B
Prüfung: Ultraschallprüfung nach Klasse 2
Stempelung: Güte und Nr. der Schmelze
Toleranzen: DIN 1543/81 für Länge und Breite, EURONORM 29-81 für Ebenheit.

Zuschnitt

Aus den ab Walzwerk angelieferten Blechtafeln wurden auf einer NC-gesteuerten Brennschneidmaschine die Einzelteile gebrannt. Vorgängig fand nämlich die firmeninterne Optimierung statt: Viele Schweissstösse mit wenig Verschnitt oder weniger Schweissstösse mit mehr Verschnitt? Unschwer lässt sich der Entscheid erahnen, Schweissungen von 100 mm Dicke sind ebenso anspruchsvoll wie kostspielig! Die Joche sind so in der Mitte, die Stützenbeine im oberen Viertelspunkt je mit einer werkstattgeschweissten X-Naht von 100 mm Stärke gestossen.

Fabrikation

Die Besonderheit der Fabrikation liegt in den Schweissungen: X-Nähte von 100 mm Stärke sind auch für eine grössere Stahl-

Zuschnitt der Einzelteile auf der NC-gesteuerten Brenn-Schneidmaschine

Bleche 100 mm dick mit Schweissnaht-Vorbereitung

Schweissstoss in Arbeit

Ultraschall-Prüfung der Schweissnaht durch firmeninterne Qualitätskontrolle

baufirma nicht an der Tagesordnung. Dementsprechend waren die Massnahmen:
• Einwandfreie Nahtvorbereitungen
• Vorwärmen des Stahles
• Einsatz EMPA-geprüfter Schweisser
• Detaillierte Schweissvorschrift zum Beherrschen der Verformungen infolge Wärmeverzug
• Lückenlose Überwachung der Qualität durch Prüfspezialisten

Qualitätssicherung

Ab Bestellung des Materials wurde dem Qualitätswesen grosse Beachtung geschenkt. Eingangskontrollen des Materials, Kontrollen nach dem Zuschnitt, Ultraschallprüfungen der Schweissnähte, Anstrich- und Endkontrollen seien erwähnt. Vertreter des Bauherrn, der Bauleitung und firmeneigene Spezialisten überwachten und begleiteten die Fabrikation jeder einzelnen Stütze.

Oberflächenschutz

Der Anstrich übernimmt zwei Funktionen: Schutz des Stahls gegen Korrosion sowie farbliche Gestaltung. Diese Anforderungen sind durch folgenden Aufbau erfüllt, der vor dem Transport in der Stahlbauwerkstatt appliziert wurde:
• Reinigung der Stahloberfläche durch Sandstrahlen, Grad SA 2.5 nach SIS Norm 055900
• Zwei Beschichtungen Zinkstaubfarbe auf Zweikomponenten-Epoxidharzbasis, Sollschicht 2 x 50 my
• Eine Beschichtung mit Glimmerfarbe auf Zweikomponenten-Epoxidharzbasis, Sollschicht 1 x 50 my. Anthrazitgrau, RAL 7016.

Nach erfolgter Montage der Stützen wurde auf der Baustelle der letzte Anstrich aufgebracht:

• Eine Beschichtung mit Glimmerfarbe auf Zweikomponenten-Polyurethanharzbasis, Sollschicht 1 x 50 my. Anthrazitgrau, RAL 7016.

Im Rahmen einer Arbeitsgemeinschaft aus mehreren Stahlbaufirmen war Geilinger AG, Bülach, für die Ausführung dieser Oberbaustützen zuständig.

Versetzte Oberbaustützen

Der Zürichbergtunnel im Stadtgebiet

Lothar Garbe

Gesamtprojekt Zürichbergtunnel (Stadtteil)

Dieses 500 m lange Teilstück im Stadtgebiet des insgesamt bis Stettbach 5 km langen Zürichbergtunnels besteht aus den drei Baulosen

- Startschacht St. Antoniuskirche
- Einspurröhren des Zürichbergtunnels
- Verzweigungsbauwerk Kreuzbühlstrasse

Diese Baulose werden in bezug auf das Projekt sowie auf Ausführung in separaten Beiträgen beschrieben. Zum Verständnis der Zusammenhänge soll vorweg auf einige Gesamtaspekte und übergeordnete Fragen eingegangen werden.

Linienführung

Die Festlegung der Linienführung für dieses Teilstück war auszurichten:

- auf den Anschluss der seeseitigen Spur des Zürichbergtunnels und des bestehenden Riesbachtunnels an das sogenannte Verzweigungsbauwerk Kreuzbühlstrasse sowie
- auf die Lage des Angriffschachtes für

Situation Einspurröhren Zürichbergtunnel

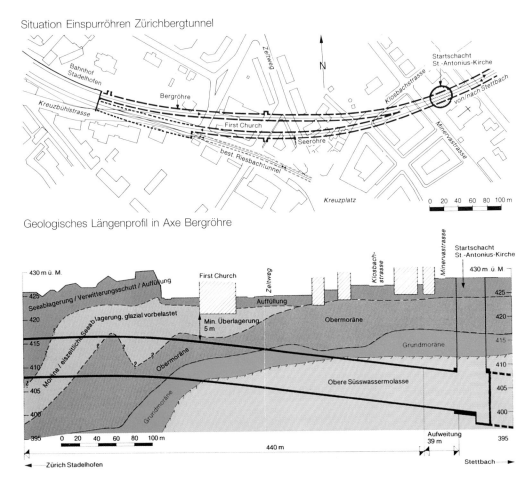

Geologisches Längenprofil in Axe Bergröhre

den Bau der Einspurröhren bzw. Zielschacht für die Doppelspurröhre des Zürichbergtunnels.

Der Angriffschacht war absolut notwendig. Ein Bau aus dem engen, umzubauenden und in Betrieb bleibenden Bahnhof Stadelhofen war nicht machbar. Die langwierige Auffahrung dieser Lockergesteinstrecke nach dem Vortrieb des Felsteiles von Stettbach her hätte den Rahmen des Gesamtbauprogrammes gesprengt.

Die ursprünglich bereits vorgesehene Lage des Angriffschachtes neben der St. Antoniuskirche erwies sich auch nach vielen Variantenuntersuchungen als die vernünftigste Lösung. Sie konnte aber erst mit Bundesgerichtsentscheid durchgesetzt werden.

Die Wahl von Einspurröhren bei der Trassierung hat zwei Gründe:

• In der schwierigen Lockergesteinstrecke lassen sich die kleineren Profile mit weniger Bodendeformationen und damit mit geringeren Auswirkungen auf die dichte Überbauung herstellen
• Eine Doppelspurröhre hätte im Verzweigungsbereich in der Kreuzbühlstrasse nur in offener Bauweise hergestellt werden können und damit zur Zerstörung des bergseitigen Parkes geführt.

Das einseitige Gefälle Richtung Angriffschacht wurde gewählt, um möglichst schnell in den tunnelbautechnisch wesentlich günstigeren Molassefels abzutauchen.

Generelle Problemstellungen

Eine Reihe von Problemstellungen bei der Gestaltung der Projekte und der Organisation der Bauausführungen ergab sich aus Forderungen des Umweltschutzes.

Der Angriffschacht neben der St. Antoniuskirche wurde wesentlich grösser in der Grundfläche als ursprünglich geplant. Bis auf die Baubüros konnten alle Bauinstallationen im Schacht untergebracht werden. Dadurch konnte bei geschlossenem Schachtdeckel auch in der Nacht gearbeitet und die strengen Lärmvorschriften eingehalten werden. Der geforderte gleichzeitige Bau des neuen Kirchgemeindezentrums konnte auf diese Weise ebenfalls gelöst werden.

Da sich Verkehrseinschränkungen für die Realisierung des Verzweigungsbauwerkes Kreuzbühlstrasse nicht bewerkstelligen liessen, mussten hier besondere Bauverfahren und Bauabläufe erdacht und eine aufwendige Hilfsbrücke konstruiert werden.

Die lange aufrecht erhaltene Forderung, die Mauerecke bei der Grotte an der Kreuzbühlstrasse mit darüber befindlichem Baumbestand zu erhalten, wurde vom Denkmalschutz fallengelassen.

Verzweigungsbauwerk Kreuzbühlstrasse, Projekt des Bauloses 5.04

Lothar Garbe, Gottlieb Eppinger

Aufgabenstellung und Randbedingungen

In das 140 m lange Kreuzungsbauwerk münden die seeseitige Röhre des Zürichbergtunnels sowie der Riesbachtunnel. Zwischen den Gleisen 1 und 2 des Bahnhofes Stadelhofen sind im Bereich des Bauwerkes Weichenverbindungen eingebaut.

Die Bauaufgabe bestand darin, ein über 15 m breites Rahmentragwerk um den in Betrieb stehenden Riesbachtunnel herum herzustellen.

Der Baugrund besteht aus Moräne und eiszeitlichen Seeablagerungen. Grundwasser steht ca. 1 m unter der Aushubsohle an. Die Baugrundverhältnisse sind beim Bau des alten Tunnels und anderer Bauwerke, wie der bergseitigen Stützmauer, Werkleitungen usw., stark gestört worden. Unter den bergseitigen Hang hinter der Stützmauer war die Bergröhre des Zürichbergtunnels zu erstellen. Wegen der erwarteten Deformation beim Bau des Kreuzungsbauwerkes war klar, dass der Tunnel erst nach dessen Fertigstellung ausgebrochen werden durfte.

Schwieriger als mit dem Baugrund war es, mit den engen Platzverhältnissen in der Kreuzbühlstrasse zurechtzukommen, zumal von der Stadt Zürich verlangt worden war, den gesamten Verkehr über die ganze Bauzeit ungehindert durch die Baustelle zu führen.

Baustelle und Verkehrsraum mussten sich somit den schmalen Streifen der Kreuzbühlstrasse zwischen der bergseitigen Stützmauer und den seeseitigen Gärten teilen. Ein altes Gebäude auf der Seeseite (Haus Nr. 26) sowie eine Mauerecke auf der gegenüberliegenden Strassenseite bei der Grotte, die denkmalpflegerischer Obhut untersteht, schnürten den vorhandenen Raum zusätzlich ein.

Beträgt die Überdeckung des Kreuzungsbauwerkes am Ende noch ca. 6 m, so geht sie bis zum Portal am Bahnhof Stadelhofen entsprechend dem starken Gefälle der Strasse auf 1 m zurück.

Das bedeutete, dass für den Bau der Decke des neuen Bauwerkes der in gleicher Höhe liegende Gewölbescheitel des alten Tunnels entfernt werden musste.

Festlegung des Ausführungskonzeptes und Projektbeschreibung

Die Leitidee für das Ausführungskonzept bestand darin:

- zuerst von oben, d.h. von der Strasse her ein rahmenartiges Tunnelprofil über den in Betrieb stehenden alten Tunnel zu bauen und anschliessend
- in einer fünfwöchigen Phase (Sommerferien) der Betriebseinstellung der SBB zwischen Tiefenbrunnen und Stadelhofen den Ausbruch und den Abbruch des alten Gewölbes auszuführen sowie Sohlplatte und Oberbau nebst den sonstigen bahntechnischen Installationen einzubauen.

Durch entsprechende Verkehrsumlegungen, zuerst auf einem bergseitigen Streifen der Kreuzbühlstrasse entlang der Stütz-

Stahlträgerrahmen für Abbruch der Gewölbekappe

mauer, dann auf der Talseite auf eine provisorische Brücke über der «Baugrube»
musste Platz für die Ausführung zuerst der
Bohrpfahlwände, dann der Decke geschaffen werden.

Ablauf in drei Querprofilen

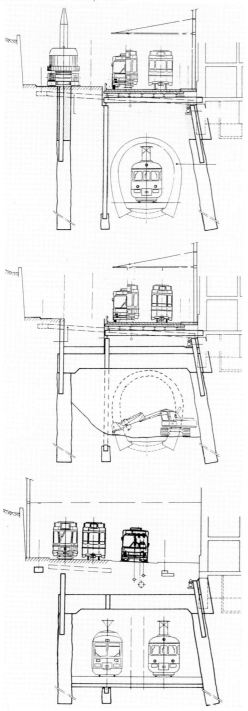

Vorgängig zu diesen Arbeiten als auch
gleichzeitig damit mussten Werkleitungen
provisorisch oder definitiv ausserhalb des
Bauwerkes verlegt bzw. an der Hilfsbrücke
aufgehängt werden.

Die Gewährleistung der Sicherheit des
Bahnbetriebes bei der Ausführung dieser
schweren Tiefbauarbeiten war oberstes
Gebot.

Obwohl der alte Tunnel dem Abbruch ge-
weiht war, mussten als Vorbereitungsar-
beit Massnahmen zur Sicherung des gemauerten Tunnelgewölbes ausgeführt werden, und zwar in kurzen fünfstündigen
Nachtpausen.

Die Massnahmen bestanden darin:

• in den ersten 50 m des Tunnels, wo die
Decke des späteren Bauwerkes den vorgängigen Abbruch der Gewölbekappe verlangt, schwere Stahlträgerrahmen einzubauen,
• auf weiteren 100 m ein armiertes, 10 cm
starkes Sicherungsgewölbe aus Spritzbeton im Kalottenbereich des einspurigen
Tunnels aufzubringen und mit dem Tunnel-
mauerwerk zu verdübeln.

Für diese Einbauten, speziell auf den ersten 50 m, musste das Gleis bis zu 50 cm
abgesenkt und dabei die Gewölbefüsse
gegen Hineindrücken gesichert werden.

Weitere Sicherungsarbeiten vor Aufnahme
der eigentlichen Ausführungsarbeiten für
das Tragwerk des neuen Bauwerkes waren:

• Unterfangungen an den Kellerwänden
des Hauses Nr. 26 der Kreuzbühlstrasse,
das von Schrägpfählen unterschnitten
werden musste. Nur mit dieser schrägen
Anordnung war es möglich, das notwendige Lichtraumprofil für das Gleis 1 an dieser
Stelle sicherzustellen.
• Der bergseitige Hang wurde mittels einer
verankerten Rühlwand in dem Bereich gesichert, wo die Parkecke mit der Stützmauer abgetragen werden musste, um
Platz zu machen für die Herstellung der
bergseitigen Bohrpfahlwand des Kreuzungsbauwerkes.
• Ein Teil der alten Stützmauer mit einer
künstlichen Grotte wurde durch vorge-

Wiederherstellung Stützmauer

spannte, provisorische Erdanker gesichert. Entlang des Mauerfusses waren die grosskalibrigen Pfähle der bergseitigen Wand des Kreuzungsbauwerkes auszuführen, was vorübergehend mit gewissen Sicherheitseinbussen für die alte Stützmauer verbunden war.

Die Konstruktion des Kreuzungsbauwerkes besteht aus folgenden Elementen:

• der talseitigen Bohrpfahlwand (Pfahl an Pfahl) mit Pfahldurchmessern von 1.30 m,
• der bergseitigen Pfahlwand, hier wegen des höheren Erddruckes mit Pfahldurchmessern von 1.50 m.
• Ab Auflagerhöhe für die Decke erhielten die Bohrpfähle aufgesetzte Rühlwände, um den vollen Pfahlquerschnitt als Auflagerfläche zu erhalten.
• Die Decke mit Stärken zwischen 1.10 m bis 1.90 m wurde vom Portal her in kurzen Etappen hergestellt, die auf 4 m Länge beschränkt wurden, um die Entlastungsdeformationen beim Deckenaushub für das alte Gewölbe möglichst klein zu halten.
• Die Decke ist isoliert mit 3 mm kunststoffmodifizierten Bitumenbahnen.
• Die Sohlplatte von 50 cm Stärke dient einerseits als Spriessung zwischen den hohen Aussenwänden des Bauwerkes, andererseits als flächenhaftes Auflager für die Unterschottermatten, die auf der ganzen Länge des Bauwerkes verlegt wurden. Mit dieser Matte können die Auswirkungen der Erschütterungen des Bahnbetriebes auf die umliegenden Gebäude wirksam bekämpft werden.

• Die Bohrpfähle wurden 5 bis 8 m unter Aushubsohle in den Boden eingebunden. Durch eine Grundwasserabsenkung mittels Brunnen im alten Tunnel wurde vor Beginn der Ausräum- bzw. Ausbrucharbeiten dafür gesorgt, dass der Boden unter der einzuziehenden Bodenplatte nicht mehr unter Auftrieb stand. Gleichzeitig wurde damit für ein sicheres horizontales Auflager für die den seitlichen Erddruck tragenden Bohrpfähle gesorgt.
• Die Kreuzbühlstrasse wurde nach Fertigstellung des Kreuzungsbauwerkes genau in den gleichen Zustand wie vorher zurückversetzt. Der wiederhergestellten bergseitigen Mauerecke ist heute nicht mehr anzusehen, dass sie je entfernt worden ist.

Beurteilung der Ergebnisse

Das Bauwerk wurde genau im festgelegten Zeitrahmen hergestellt.

Wichtigstes Zwischenziel war die sogenannte «Sommerpause» in den Sommerferien 1986. Minuziöse Vorbereitungen aller Beteiligten waren dafür notwendig. Vier Wochen lang wurde rund um die Uhr und an den Wochenenden gearbeitet, um den Rohbau des Tunnels fertigzustellen. Für das Verlegen der Unterschottermatten und die bahntechnischen Einrichtungen war nur eine Woche eingeplant. Die Termine wurden detailliert, quasi stündlich verplant und wurden von den Fachdiensten der SBB auch genau eingehalten.

Der Ersatzbetrieb für den ausfallenden SBB-Betrieb mit Bussen, Tram und auch Schiffen hat sich bestens bewährt. Einige Dutzend VBZ-Angestellte mussten deswegen ihre Ferien umplanen. Viele Fahrgäste der SBB fanden sogar Gefallen daran, am Morgen das Schiff von Tiefenbrunnen her zu benutzen.

Die Messergebnisse der zahlreichen messtechnischen Einrichtungen blieben generell unter den erwarteten Deformationswerten. Das alte Tunnelgewölbe zeigte nur auf einer ganz begrenzten Länge Deformationen von über 10 mm.

Verzweigungsbauwerk Kreuzbühlstrasse, Bauausführung des Bauloses 5.04

Jakob Scheifele

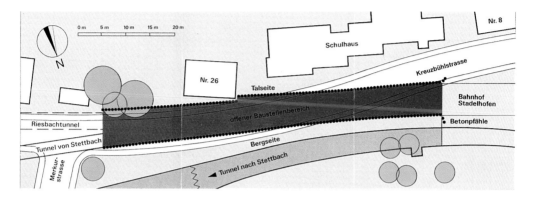

Das Baulos 5.04 umfasste folgende Arbeiten:
- Verlegen der Werkleitungen und Kanalisationen im Bereich der Baugrube in Provisorien
- Erstellen der Bohrpfahlwände und Rühlwände
- Hilfsbrücke für den öffentlichen und privaten Strassenverkehr
- Erstellen des Deckels (Eisenbeton) über den Bohrpfählen
- Ausbruch des neuen Tunnels mit Abbruch des alten Riesbachtunnels und Erstellen der Betonsohle.

Bauprogramm

Die Besonderheit dieses Bauvorhabens war die zeitliche Einschränkung für den Ausbruch des Tunnels, nach dem sich das ganze Bauprogramm richten musste. Der Tunnel konnte nur in den Sommerferien (Schule) 1986 während vier Wochen ausgeführt werden, da nur in dieser Zeit die Kapazität der Ersatzverkehrsträger genügte, wenn der Bahnverkehr zwischen Tiefenbrunnen und dem Hauptbahnhof infolge der Bauarbeiten eingestellt werden musste.

Bauablauf

Werkleitungsprovisorien

Die Werkleitungsprovisorien wurden im Bereich der Hilfsbrücke an die Querträger aufgehängt oder an den Rühlwandträgern befestigt.

Bauphase 2

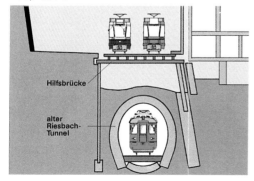

Bauphase 3

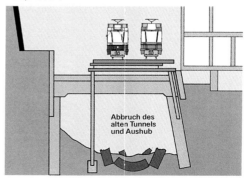

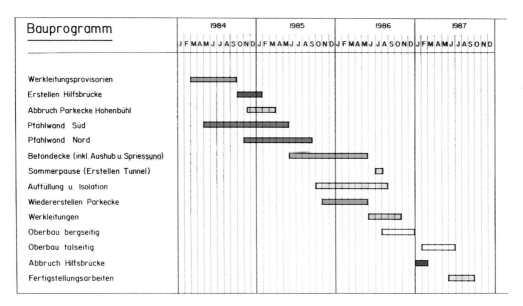

Bauprogramm	1984	1985	1986	1987
	J F M A M J J A S O N D	J F M A M J J A S O N D	J F M A M J J A S O N D	J F M A M J J A S O N D
Werkleitungsprovisorien				
Erstellen Hilfsbrücke				
Abbruch Parkecke Hohenbühl				
Pfahlwand Süd				
Pfahlwand Nord				
Betondecke (inkl. Aushub u. Spriessung)				
Sommerpause (Erstellen Tunnel)				
Auffüllung u. Isolation				
Wiedererstellen Parkecke				
Werkleitungen				
Oberbau bergseitig				
Oberbau talseitig				
Abbruch Hilfsbrücke				
Fertigstellungsarbeiten				

Bohrpfähle

Die Bohrpfähle wurden mit Drehbohrgeräten und Seilbohrgeräten ausgeführt. Ansammlungen von Findlingen bei der Pfahlwand Süd verzögerten den Baufortschritt, so dass eine zweite Bohrpfahlmaschine, wo es die Platzverhältnisse erlaubten, eingesetzt werden musste. Die Rühlwandträger wurden an die Pfahlarmierung angeschweisst und mit dem Pfahlbeton einbetoniert.

Hilfsbrücke

Die Hilfsbrücke wurde talseits auf die Rühlwand fundiert. Bergseits mussten Bohrpfahlfundamente erstellt werden. Wo das

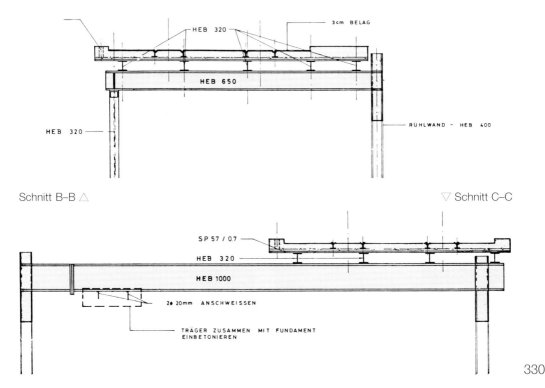

Schnitt B–B △   ▽ Schnitt C–C

wegen des Riesbachtunnels nicht möglich war, wurden die Querträger über die ganze Baugrube gespannt. Um aufwendige Auflagerkonstruktionen einzusparen, wurden die Querträger zwischen zwei Rühlwandträger einbetoniert. Über den Längsträgern, Abstand 2.5 m, wurde ein verzinktes Profilblech Hollorib verlegt, das als Schalung für die Brückenplatte diente. Die Gleise der VBZ wurden direkt auf die Blechschalung verlegt und mit der Brückenplatte einbetoniert. Die ganze Fahrbahn wurde schliesslich mit einem Teerbelag versehen. Die Wahl einer Ortsbetonplatte hat sich sehr gut bewährt. Erwähnenswert sind die folgenden Punkte:

Hauptmasse des Bauloses Verzweigungsbauwerk Kreuzbühlstrasse	
Bohrpfähle NW 130 bis 150 cm	4145 m^1
Rühlwände	1175 m^2
Hilfsbrücke (L 90 m, B 9.55 m)	860 m^2
Aushub in offener Baugrube	13810 m^3
Schüttmaterial	4500 m^3
Wandkies	4000 m^3
Beton BH 300	3000 m^3
Armierung	400 t

• Anpassung an die verschiedenen Gefällsverhältnisse
• Aufnahme der Horizontalkräfte in allen Bauzuständen

Trägerrost Hilfsbrücke

Auflagerdetail

Hilfsbrücke im Verkehr

Aushub unter der Hilfsbrücke

Deckel unter der Hilfsbrücke

Abspitzen der Pfahlköpfe

- Beanspruchung durch den Baubetrieb
- Auch die Abbrucharbeiten konnten rationell ausgeführt werden.

Deckel

Der Deckel konnte ohne Schwierigkeiten erstellt werden. Für den Aushub unter der Hilfsbrücke wurden Kompaktlader und Kleinbagger eingesetzt. Die Pfahlköpfe wurden mit einem Hydraulik-Hammer am Kompaktbagger bearbeitet.

Ausbruchphase

Die Ausbruchsphase (Sommerpause) mit dem Ausbruch von ca. 8000 m³ musste gründlich vorbereitet werden. Weil auch nachts und sonntags gearbeitet werden musste, wurden alle Baumaschinen, die zum Einsatz kamen, vorgängig durch die Lärmpolizei geprüft. Für jede Baumaschine war eine Ersatzmaschine auf dem Platz stationiert oder auf einer nahegelegenen Baustelle vorhanden, so dass bei einem Ausfall sofort auf einen Ersatz gegriffen werden konnte.

Die Ausbrucharbeiten mussten aus statischen Gründen in Etappen erfolgen:

- Ausbruch bis OK-Schwelle
- Einbau von Betonriegeln unter der definitiven Aushubhöhe als temporäre Spriessung
- Restaushub in Etappen. Teilweise Kiesersatz bei schlechtem Baugrund
- Betonieren der Bodenplatte in Etappen.

Am Anfang bestand die Idee, mit den Bahnwagen in den bestehenden Tunnel einzufahren und so direkt die Bahnwagen zu beladen. Schliesslich wurde aber der flexibleren Lösung, das heisst dem Verlad der Bahnwagen ab Zwischendeponie, der Vorzug gegeben.

Diese Maschinen kamen zum Einsatz:			
Anzahl	Bezeichnung	Gewicht	Einsatzgebiet
2	Hydraulikbagger mit Hammer	20 t	Ausbruch
1	Hydraulikbagger	20 t	Materialverlad
1	Raupenladeschaufel	22 t	Materialtransport
2	3-Achs LKW	25 t	Materialtransport

Abbruch Tunnelgewölbe

Hydraulikbagger mit Hammer

Einspurröhren des Zürichbergtunnels, Projekt des Bauloses 5.05

Ulrich Letsch

Randbedingungen

Die Längen der beiden einspurigen Tunnelabschnitte vom Schacht St. Antoniuskirche bis zum Bahnhof Stadelhofen resp. bis zum Verzweigungsbauwerk Kreuzbühlstrasse betragen ca. 475 m (Bergröhre) und 345 m (Seeröhre). Auf den ersten rund 120 m ab Startschacht werden die verschiedenen Gesteine der oberen Süsswassermolasse durchfahren. Anschliessend tauchen die Tunnelröhren langsam aus dem Fels ins Lockergestein auf. Dieses besteht aus unterschiedlichem Moränenmaterial und Seeablagerungen.

Der leicht gegen den Zürichsee geneigte Grundwasserspiegel liegt knapp über der dichten Grundmoräne. Das meiste Wasser zirkuliert in der grobkörnigen Obermoräne und in rinnenförmigen Vertiefungen der Grundmoräne.

Die Tunnel unterqueren eng überbautes städtisches Wohngebiet mit einer Überlagerung von 5 bis 16 m. Als kritischstes Gebäude musste die First Church of Christ Scientist mit beiden Tunnelröhren in 5 m Tiefe unterfahren werden.

Bedingt durch die Lage in einem Wohnquartier war den Immissionen der Schachtbaustelle grösste Beachtung zu schenken. Sämtliche lärmintensiven Baustelleneinrichtungen mussten im Schacht untergebracht werden. Der Schacht selbst musste mit einer schallisolierten Abdeckung versehen werden, so dass die Anwohner von der Nachtarbeit nicht belästigt wurden. Die Tunnelventilation war mit einer Entstaubungsanlage und mit Schalldämpfern auszurüsten.

Der Unternehmer hatte seine Installationen im Schacht so zu konzipieren, dass gleichzeitig mit seinen Bauarbeiten am Schachtfuss der Fräskopf und der Schild der Vollschnittmaschine des Tunnelvortriebes von Stettbach her demontiert und über den Schacht abtransportiert werden konnte.

Festlegung des Ausführungskonzeptes

Wie in der Einleitung zum Gesamtprojekt Zürichbergtunnel erwähnt, konnte nicht der gesamte Zürichbergtunnel von einer Seite resp. von beiden Portalen her erstellt werden. Der Bereich der einspurigen Tunnelröhren auf der Seite des Bahnhofs Stadelhofen war von einem Zwischenangriff aus über einen rund 30 m tiefen Schacht auszuführen. Folgende Gründe führten zum Entscheid, die Einspurröhren als separates Baulos auszuführen:

• Die Installationen einer zusätzlichen Unternehmung für den Tunnelvortrieb im eng begrenzten Raum des Bahnhofs Stadelhofen waren nicht möglich.
• Der Ausbruch der Einspurröhren im Anschluss an den Bau der Doppelspurröhre von Stettbach her kam aus programmlichen Gründen nicht in Frage.
• Der Wechsel der geologischen Verhältnisse und der Tunnelnormalprofile bedingte neue Tunnelinstallationen.

Normalprofil Einspurtunnel

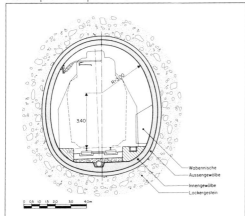

Wabennische
Aussengewölbe
Innengewölbe
Lockergestein

Für die einspurigen Tunnelröhren wurde ein Hufeisenprofil mit Spritzbetonaussenschale, Isolation und Ortsbeton-Innengewölbe festgelegt.

In der Felsstrecke wurde analog zum Hirschengrabentunnel ein sprengungsfreier Vortrieb in Teilausbrüchen mit Teilschnittmaschinen vorgesehen. Die Sicherung mit Netzen, Einbaubogen (Gitterträger) und Spritzbeton war dem Ausbruch folgend einzubauen. Der Sohlschluss erfolgte anschliessend an den Strossenabbau.

In der Lockergesteinstrecke wurde als Bauhilfsmassnahme das Gefrierverfahren ausgeschrieben. Daneben konnten von den Unternehmern weitere geeignete Bauhilfsmassnahmen offeriert werden. Auf eine Grundwasserabsenkung wurde aufgrund der geringen Grundwassermächtigkeit sowie wegen der kleinen Wahrscheinlichkeit, das Wasser durch Brunnenbohrungen auch vollständig zu fassen, verzichtet. Zusätzlich zu den Bauhilfsmassnahmen waren Entwässerungsmassnahmen aus dem Tunnel vorgesehen.

Bei der Submission wurden von fünf Unternehmerkonsortien insgesamt zehn Offerten eingereicht. Neben der Gefriervariante wurden noch ein Messerschild sowie je zwei Varianten mit einem Stahlrohrschirm und einem Jetpfahl-Schirm angeboten. Der detaillierte technische Vergleich resp. die Bewertung der Varianten in bezug auf Sicherheit, Setzungen, Umwelt, Anpassungsfähigkeit und Risiken ergab die Gleichwertigkeit der beiden ähnlichen Baumethoden Gefrieren und Jetpfahlvariante. Der Entscheid zugunsten der Jetpfahl-Lösung fiel aufgrund der geringeren Kosten.

Querprofil unter First Church

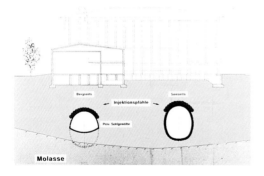

Mit der Wahl dieser Bauhilfsmassnahme wurde Neuland betreten, handelte es sich doch um die erste Anwendung dieses Verfahrens in der Schweiz für einen längeren Tunnelvortrieb.

Zur Beweissicherung wurden von den Gebäuden über den Tunneln Befundaufnahmeprotokolle erstellt. Bei besonders gefährdeten Gebäuden (z.B. First Church) wurden mit einer detaillierten Risikoanalyse die Auswirkungen des Tunnelbaues abgeschätzt.

Zusammen mit den städtischen Werken wurden alle Werkleitungen auf ihre Gefährdung durch Setzungen kontrolliert und die notwendigen Präventivmassnahmen festgelegt.

Für die Bauüberwachung wurde ein analoges Messkonzept wie beim Hirschengrabentunnel aufgestellt. Es umfasste ein dichtes Netz von Nivellementmessungen an der Oberfläche sowie zur Kontrolle der Bewegungen im Baugrund ausgewählte Querschnitte mit Slope Indicators und Gleitmikrometern. Die Deformationen der Tunnelröhren wurden mit Konvergenzmessungen überwacht.

Projektbeschreibung

Vorgängig zum Bau der Einspurröhren mussten am Schachtfuss für die Ankunft der Vortriebsmaschine von Stettbach folgende Vorbereitungsarbeiten ausgeführt werden:

• Ausbruch und Betonierung eines Verstärkungsringes am Portal
• Ausbruch einer Schildwanne für die Demontage der Vortriebsmaschine.

In einem ersten Abschnitt der Felsstrecke von 38 m Länge ab Schacht St. Antoniuskirche wurde das Doppelspurprofil für den Ansatz der beiden Einspurröhren aufgeweitet. Das Gewölbe des Aufweitungsprofiles wurde zweischalig ausgebildet, mit einem 30 cm dicken Spritzbetonaussenring und einem 35 cm starken Innengewölbe. Sohle und Paramente des Innengewölbes wurden mit Ortsbeton, der in der Breite variable Scheitelbereich in Spritzbeton hergestellt. Auf die vorgesehene Isolation 334 mit einer 3 mm dicken PVCFolie wurde vom Bauherrn aufgrund des geringen Wasseranfalles verzichtet.

Die anschliessenden einspurigen Tunnelröhren wurden ebenfalls doppelschalig ausgeführt. Die Gewölbestärken betragen für das Spritzbetonaussengewölbe 25 cm und das unarmierte Innengewölbe aus Ortsbeton 30 cm. Die Einspurröhren wurden auf die gesamte Länge mit einer 3 mm PVC-Folie voll isoliert.

Nach rund 80 m Vortrieb in den Einspurröhren wurde im Scheitel das Lockermaterial angetroffen. Die erwartete dichte Grundmoräne fehlte teilweise ganz, so dass direkt die lockere, kiesige bis grobblockige, leicht wasserführende Obermoräne angefahren wurde. Bis zum Beginn des eigentlichen Vortriebes mit Jetting im Lockergestein mussten diese Moräneschichten im Scheitelbereich auf eine Länge von rund 100 m in der Bergröhre und 60 m in der Seeröhre mit Kunstharzinjektionen so weit verfestigt werden, dass ein gefahrloser Kalottenvortrieb in 1-m-Schritten möglich wurde.

Auf der gesamten Länge der Lockergesteinstrecke bis zum Bahnhof Stadelhofen resp. bis zum Verzweigungsbauwerk Kreuzbühlstrasse erfolgte der Kalottenausbruch im Schutze eines Jetpfahlgewölbes mit 16 m langen Jetetappen und 14 m langen Ausbruchetappen.

Nach Fertigstellung des Innengewölbes wurde mit Versuchen die Übertragung von Erschütterungen aus dem Tunnel in die darüberliegenden Gebäude gemessen und anschliessend die definitive Ausführung des Oberbaues festgelegt. Im Bereich unter der First Church und den folgenden Wohnhäusern bis zum Zeltweg sowie im Bereich des Schachtes St. Antoniuskirche wurde ein leichtes Masse-Feder-System eingebaut (Lagerung der Gleistragplatte auf einer 4 cm dicken Gummimatte).

Erfahrungen

Das erstmals in der Schweiz für ein so grosses Bauobjekt angewandte Jetverfahren hat sich bewährt. Aufgrund der gewonnenen Erfahrungen und laufend durchgeführten Anpassungen konnte die Ausführung der Jetarbeiten optimiert werden. Selbst die heiklen Jetarbeiten unmittelbar neben dem hundertjährigen Riesbachtunnel konnten problemlos ausgeführt werden. Diese Arbeiten wurden aus Sicherheitsgründen während der Nachtbetriebspausen der SBB durchgeführt. Der Riesbachtunnel wurde sowohl visuell (Austritte von Injektionsgut) als auch mit zwei eingespannten Konvergenzmessgeräten (Deformationen des Gewölbes) permanent überwacht. Durch eine direkte Telephonleitung aus dem Tunnel zur Injektionszentrale hätte der Jetvorgang bei Anzeichen von Gefahr sofort abgebrochen werden können.

Die an der Oberfläche gemessenen Setzungen betragen im Bereich der Aufweitung des Zürichbergtunnels max. 15 mm und im Bereich der einspurigen Tunnelröhren max. 10 mm. Bei den ersten Jetabschnitten wurden leichte Hebungen mit einem lokalen Maximum bei der First Church von 35 mm festgestellt.

In der Aufweitungsstrecke mussten die Schrämarbeiten während der Nachtschicht infolge Körperschallimmissionen eingeschränkt werden.

Einspurröhren, Bauausführung des Bauloses 5.05

Rudolf Tauss

Besondere Verhältnisse

Für die Durchführung dieser anspruchsvollen, nicht alltäglichen Bauaufgabe schlossen sich die Firmen AG Conrad Zschokke, AG Heinr. Hatt-Haller, Marti AG und Rothpletz, Lienhard & Cie. AG zu einer ARGE Einspurröhren S-Bahn (ESB) zusammen.

Folgende besondere Verhältnisse unterscheiden dieses Baulos von den in der Schweiz gewohnten Tunnelbauvorhaben:
• Die Baustelle liegt mitten in der Stadt Zürich, umringt von Wohnhäusern sowie der Kirche St. Antonius. Es versteht sich von selbst, dass hier den Problemen Lärm und Staub ganz besondere Beachtung geschenkt werden musste.
• Die vorhandene Installationsfläche genügte gerade als Umschlagplatz für Ausbruch und Baumaterial. Sämtliche Installa-

tionen ausser Baubüro und Turmdrehkran mussten im Schacht untergebracht werden.
• Die ganze Ver- und Entsorgung hatte über den 30 m tiefen Schacht zu erfolgen.
• Die Tunnels unterqueren praktisch auf ihrer ganzen Länge Gebäude und Strassen der Stadt Zürich, wobei der minimale Abstand zwischen Gebäudefundament und Tunnelscheitel nur 5 m beträgt. Als Alternative zur ausgeschriebenen Gefrierlösung kam das in der Schweiz zum ersten Mal eingesetzte Horizontal-Jetting zum Einsatz und musste zur erfolgreichen Ausführung in wesentlichen Punkten weiter entwickelt werden.

Der nachfolgende Bericht soll auf die Bauausführung dieses interessanten Bauloses und insbesondere auf die eingangs erwähnten Punkte näher eintreten.

St. Antoniuskirche mit Startschacht

Startschacht

Installationen

Das Installationskonzept musste folgende Bedingungen berücksichtigen:
• Aus Lärmgründen und um Platz zu schaffen war der Schacht mit einer befahrbaren, schallisolierenden Decke zu versehen.
• Die Demontage der Tunnelbohrmaschine (TBM) vom Zürichbergtunnel, Baulos 6.01, hatte in diesem Schacht zu erfolgen. Es musste deshalb der entsprechende Platz freigehalten und in der Abdeckung eine in jeder Nacht zu schliessende Öffnung von 8 x 12 m ausgespart werden.
• Gleichzeitig mit den Bauarbeiten dieses Bauloses erstellte die Kirchgemeinde St. Antonius ihr neues Pfarreizentrum. Die Zufahrt zur unterirdischen Parkgarage sowie die Lehrgerüstkonstruktion für diesen Bauteil waren im Gesamtkonzept zu integrieren.

Die Projektierung der Bauinstallationen mit diesen Randbedingungen wurde so zu einer aufwendigen, sehr anspruchsvollen Aufgabe. Das Resultat dieser Planung ist aus dem Bild «Technische Installationen» ersichtlich.

Ein Turmdrehkran von 16 t Tragkraft bewältigte sämtliche schweren Vertikaltransporte, wobei das Ausbruchmaterial mittels Elektro-Greifer (Greiferinhalt: 4.5 m³) gehoben wurde. Als Zwischendepot für den Aushub diente die zum Ausbau der TBM benötigte Grube am Schachtfuss.

Ein siebengeschossiger Stahlturm – mit der Werkstatt am Schachtfuss – diente zur Aufnahme der notwendigen festen Installationen und zudem als Abfangung der Schachtabdeckung.

Ein Alimak Baulift sowie eine Treppe verband die einzelnen Stockwerke untereinander. Eine am Turmdrehkran anzuhängende Rettungsbarelle lag für einen allfälligen Brandfall immer bereit.

Zwischen Stahlturm und Entstaubungsanlage kam der Betonturm zu stehen. Die Mischzentrale (1000-Liter-Mischer) mit Siloeinheiten, ausreichend für die Herstellung von 120 m³/h Beton, musste infolge der prekären Platzverhältnisse speziell konstruiert und gebaut werden.

Die Ventilations- und Entstaubungsanlage mit einer Absaugleistung von 2 x 20 m³/sec wurde auf einem Stahlträgerboden, ca. 11 m über der Schachtsohle, montiert. Die eingesetzten Trockenentstaubungsanla-

Technische Installationen im Startschacht

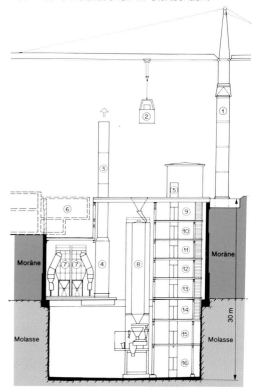

1 Turmdrehkran
2 Greifer 4.5 m³
3 Abluftkanal
4 Schalldämpfer
5 Bauaufzug (Lift)
6 Neubau Kirchen-
  Zentrum St. Anton
7 Entstaubungsanlagen
8 Betonturm
9 Ess- und Umziehraum
10 Besucherraum
11–13 Magazine
14 Kompressoren
15 Jet-Installationen
16 Werkstatt

gen haben sich bestens bewährt und nie zu irgendwelchen Beanstandungen geführt. Der Betrieb dieser Anlagen ist aber nicht gerade billig.

Die Abwässer gelangten über ein Absetzbecken mit aufgesetzter Neutralisationsanlage in einen Pumpensumpf. Von dort wurde das Wasser mittels automatisch gesteuerter Pumpe in die Kanalisation gefördert.

Vortrieb Molasse

Die 8.80 m hohen und 7.70 m breiten Tunnelröhren wurden auf ihrer ganzen Länge im Kalottenvortrieb aufgefahren. Das Haupt-Ausbruchsgerät für diese Vortriebe sollte die folgenden, vielfältigen Bedingungen erfüllen:
• Um die Ausfahrtstrecke der TBM des Zürichbergtunnels aufzufahren (Ø 12 m) und spätere Profilierungsarbeiten ab Sohle zu bewältigen, musste eine möglichst grosse Reichweite des Abbaugerätes verlangt werden.
• Die Schräme sollte, um die beiden Röhren alternierend auffahren zu können, möglichst mobil, das heisst mit Dieselantrieb-bestückten Fahrwerken ausgerüstet sein.
• Für die Bewältigung des schwierigen Lockergestein-Ausbruchs kommt der Teleskopierbarkeit des Schrämarms ausschlaggebende Bedeutung zu.
• Infolge der erforderlichen, zeitaufwendigen Sicherungsmassnahmen kann eine etwas geringere Schrämleistung für die kurze Molassestrecke in Kauf genommen werden.

Kalottenvortrieb Einspurröhren
im Vordergrund Ausweitungsstrecke

Schrämkopf Teilschnittmaschine H-41

Aufgrund dieser Kriterien fiel die Wahl schliesslich auf den Demag Schrämbagger H-41, welcher sich dann auch in der Praxis sehr gut bewährt hat. Für den Abbau der Strosse hingegen kam eine Schräme WAV-170 zum Einsatz.

Zwei Pneulader förderten das jeweilige Ausbruchmaterial – unter teilweiser Zwischenlagerung – in die Verladegrube am Schachtfuss. Trotz einer Lockergesteins-«Dämmschicht» von ca. 10 bis 15 m Stärke über der Molasse mussten die Schrämarbeiten in diesem Abschnitt infolge unzumutbarer Störung der Ruhe der unmittelbar darüber wohnenden Bevölkerung ab 22 Uhr eingestellt werden.

Vortrieb Lockergestein

Die Hauptschwierigkeiten des Bauloses 5.05 lagen in der möglichst setzungsarmen Durchörterung des heterogenen Lockermaterials. Gemäss Ausschreibung sollte diese Strecke mittels Gefrierverfahren erstellt werden.

Die in diesem Zusammenhang auftauchenden Probleme und die dazu benötigte Bauzeit veranlassten die ARGE, dem Bauherrn das Jet-Grouting-Verfahren als Gegenvorschlag anzubieten.

Was ist Jet-Grouting?

Das Jet-Grouting ist ein Verfahren zur Herstellung von Injektionspfählen in Locker- 338 material. Mittels eines für diese Arbeiten neu entwickelten Bohrgerätes wird ein Bohrloch von 115 mm Durchmesser und 16 m Länge erstellt. (Nach Erreichen der Bohrlochtiefe wird die Spülleitung der Bohrkrone mit einer eingeschlossenen Stahlkugel verschlossen. Anschliessend wird eine Wasser-Zement-Suspension unter einem Druck von 400 bis 600 bar eingepresst. Das Injektionsgut tritt hinter der Bohrkrone durch Düsen von ca. 2 mm Durchmesser mit einer Geschwindigkeit von etwa 2000 km/Std seitlich aus. Durch das drehende, langsam zurückgezogene Bohrgestänge schneiden die hochenergetischen Düsenstrahlen den umliegenden Boden auf und vermischen ihn mit dem Bindemittel. Der Durchmesser der um das ursprüngliche Bohrloch entstehenden Injektionskörper hängt stark von den Bodenverhältnissen ab und betrug im Los 5.05 40 bis 90 cm.

Durch diese Bauhilfsmassnahme wird der Boden oberhalb des Tunnelscheitels durch die Jet-Säulen so verfestigt, dass im Schutze dieses Gewölbes die definitive Hohlraumsicherung, bestehend aus Einbaubogen, Netzen und Spritzbeton, in kleinen Schritten von 1.0 bis 1.25 m eingebaut werden kann.

Im Los 5.05 bestand ein Jet-Schirm aus normalerweise 23 leicht gefächerten Injektionspfählen im oberen Tunneldrittel. Bei schlechten Bodenverhältnissen würde die Anzahl der Jet-Pfähle entsprechend vergrössert und wenn notwendig auch zur Stabilisierung der Ortsbrust herangezogen. Zum nachträglichen Profilieren der Jet-Säulen ist eine Schräme unumgänglich.

Das Vorhandensein von zwei Tunnelröhren ermöglichte einen alternierenden Bauablauf im Wochentakt. Während in einer Röhre die Jet-Arbeiten liefen (einschichtig), wurden gleichzeitig in der anderen Tunnelröhre die Ausbruch- und Sicherungsarbeiten vorangetrieben. Zudem konnte – parallel zu den Jetarbeiten – in der gleichen Röhre der Stross abgebaut werden. Dadurch resultierte ein regelmässiger Baufortschritt mit praktisch keinen Stillstandszeiten.

Als besonders heikle Aufgabe erwies sich die schleifende Einmündung der Seeröhre in den im Betrieb stehenden Riesbachtunnel. Die Jet-Arbeiten im Bereich des sich verjüngenden, gemauerten Tunnel-Pfeilers stellten ausserordentlich hohe Anforderungen an die Bau- und Überwachungsequippen. Der erfolgreiche Abschluss dieser schwierigen Arbeit zeigt das grosse Spektrum dieser Bauhilfsmassnahme auf. Das Gefrierverfahren hätte hier möglicherweise Schwierigkeiten bereitet.

Das Studium der Jet-Vorgänge, die Geräteentwicklung und Beschaffung sowie die Ausführung erfolgte durch die «Abteilungen für Spezialarbeiten» der Haupt-ARGE-Partner. Diese Spezialisten treten heute als ARGE Tunnel Jetting auf.

Infolge der Vortriebsarbeiten sind insgesamt mittlere Oberflächenhebungen bzw. Setzungen von + 12 mm bis -11 mm aufgetreten. Als Folge des Strossenabbaus konnten nur Oberflächennachsetzungen von 1 mm bis 3 mm beobachtet werden. Für nähere Angaben wird auf den Bericht der Sektion Fels- und Untertagebau der ETH über das Tunnel-Jetting im Baulos

Bohrmaschine für das Jet-Grouting

Geschrämtes Ausbruchprofil. Deutlich sichtbar sind die hellen Jet-Säulen

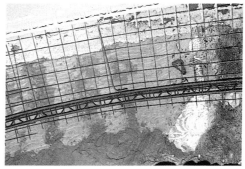

5.05 der S-Bahn Zürich verwiesen.

Innenausbau

Die Einspurröhren sind rund herum mit einer 3 mm starken Kunststoff-Folie abgedichtet. Um im Bereich der Sohle die Armierung und den Beton der Sohlplatte einbringen zu können, musste die Isolation in diesem Bereich mit verschweissten Kunststoff-Platten geschützt werden. Die Auftriebskräfte der die 10 m langen Betonetappen überbrückenden Stahlschalung konnten durch die Isolationsaufteilung in Sohl- und Gewölbeteil ohne Probleme in das Parament eingeleitet werden.

Als nächster Arbeitsgang folgte die Isolation der Gewölbeetappe mit anschliessendem Ringbeton. Mit einer konventionellen Stahlschalung wurden täglich 10 m unarmierter Ringbeton erstellt. Nach Fertigstellung der Paramente und Kabelkanäle

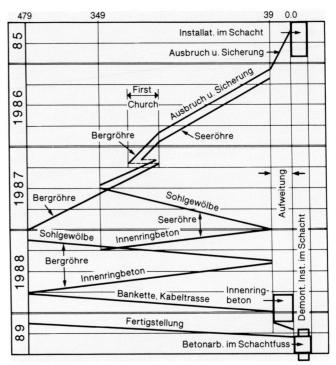

Bauprogramm

verblieb als letztes die Gleistragplatte zu betonieren.

Die Lärmentwicklung der S-Bahnzüge, welche – wie beschrieben – mit sehr kleinem Abstand die Wohnquartiere unterqueren, soll mit einer Dämmschicht zwischen Sohl- und Gleisplatte möglichst reduziert werden. Es wurden je nach Anforderungsprofil 6 cm HMT oder Gummimatten Sylomer 4 cm eingebaut.

Eine sehr schwere Eisenbeton-Rahmenkonstruktion bildete den krönenden Abschluss der Betonarbeiten im Schachtbereich. Der restliche Schachtteil wird heute als Zivilschutzanlage ausgebaut.

Ausblick

Nach Abschluss der Bauarbeiten stand fest, dass die eingangs erwähnten speziellen Probleme erfolgreich gemeistert werden konnten. Das erstmalig in der Schweiz angewandte horizontale Jet-Verfahren hat sich auf Anhieb bewährt und seine Flexibilität bewiesen. Die Übernahme des nicht unbeträchtlichen Risikos der Eingabe einer Unternehmervariante mit neuartiger Bauhilfsmassnahme hat sich hier gelohnt.

Normalprofil einer Tunnelröhre

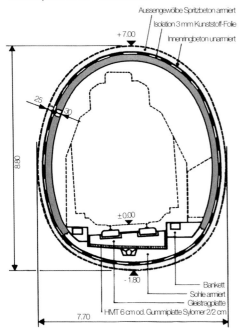

Die Arbeiten konnten im April 1989 der Bauherrschaft mit einem dreimonatigen Vorsprung auf das Vertragsprogramm übergeben werden.

Tunnellängen:	Bergröhre	440 m
	Seeröhre	310 m
	Doppelspurprofil	39 m
Ausbruchflächen:	Berg- und Seeröhre	57 m²
	Doppelspurprofil	140 m²
Kubaturen:	Fels- und Lockergestein	55 000 m³
	Spitzbeton	8 000 m³
	Netze und Einbaubogen	750 t
	Betonarbeiten	12 000 m³
Bauhilfsmassnahmen:	Jet Grouting	420 m' Tunnel
Bauorganisation		
Projektverfasser und Bauleitung:	Elektrowatt Ingenieurunternehmung AG Zürich	
Ausführung:	Arbeitsgemeinschaft ESB: • AG Conrad Zschokke, Zürich • AG Heinr. Hatt-Haller, Zürich • Marti AG, Zürich • Rothpletz, Lienhard & Cie. AG, Aarau	

Technische Daten △   ▽ Injektionszentrale

Antoniusschacht, Baulos 5.01, Geotechnische und statische Probleme

Werner Streich, Peter Mühlemann

Der Antoniusschacht liegt auf dem Areal der Kirchenstiftung St. Anton unmittelbar neben der St. Antoniuskirche im Geviert Neptun-/Klosbach-/Minervastrasse. Er diente als Startschacht für den Bau der zwei Einspurröhren zum Bahnhof Stadelhofen und als Zielschacht für den Vortrieb der Zweispurröhre des Zürichbergtunnels. Schallhemmend abgedeckt waren im Schachtinnern die lärmintensiven Installationen des Tunnelbaus untergebracht. Der Schacht liegt an diesem Standort aus den drei folgenden Gründen optimal:
• Allmähliches Auftauchen des Tunnelprofils aus der Molasse in die darüberliegende Moräne
• Wechsel des Tunnelprofils von der zweispurigen Röhre in zwei getrennte einspurige Röhren
• Grenze von zwei Tunnelabschnitten mit verschiedenen Baumethoden.

Für die Kirchenstiftung St. Anton stellte der Schacht und der damit verbundene Betrieb der Tunnelbaustelle ein Erschwernis ihres eigenen Bauvorhabens dar. Die Ge-

währleistung der gleichzeitigen und möglichst unabhängigen Ausführung von Tunnelbau und Neubau der Kirchenstiftung St. Anton war deshalb bereits bei der Planung des Schachtes als wichtige Randbedingung zu berücksichtigen. Die ausgeführte Lösung ist das Ergebnis eines dornenvollen und aufwendigen Iterationsverfahrens.

Bauwerk / Baugrund

Schachtkonstruktion

Der Antoniusschacht ist rund 30 m tief, wovon die unteren 13 m im Felsbereich (obere Süsswassermolasse), die oberen 17 m im Lockergestein (Grund- und Obermoräne) liegen. In der Obermoräne wurde Hangwasser festgestellt. Der Grundriss ist oval mit Innendurchmessern von 30.80 m/ 26.80 m im Lockergesteinbereich und je 1.50 m kleineren Achsen im Felsbereich. Im Lockergestein besteht der Schacht aus einer zylindrischen Stahlbetonschale unterschiedlicher Wandstärke. Kirchenseitig

Situation Antoniusschacht mit Tunnelröhren

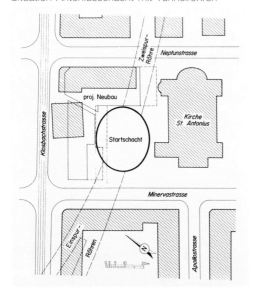

Flugaufnahme Antoniusschacht mit Kaverne für die ankommende Vollschnittfräse von Stettbach

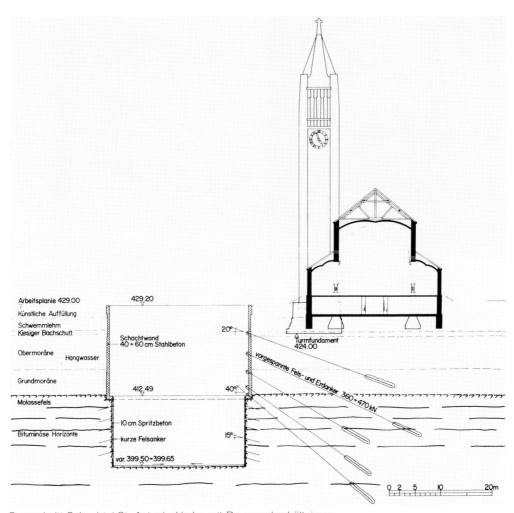

Querschnitt Schacht / St. Antoniuskirche mit Baugrundverhältnissen

Labels in figure:
Arbeitsplanie 429.00
Künstliche Auffüllung
Schwemmlehm
Kiesiger Bachschutt
Obermoräne
Hangwasser
Grundmoräne
Molassefels
Bituminöse Horizonte
429.20
Schachtwand 40 + 60 cm Stahlbeton
412.49
10 cm Spritzbeton
kurze Felsanker
var. 399.50 + 399.65
20°
40°
15°
vorgespannte Fels- und Erdanker 360 + 470 kN
Turmfundament 424.00
0 2 5 10 20m

mussten die Wanddeformationen klein gehalten werden, um den ursprünglichen Spannungszustand im Boden möglichst zu erhalten und so die vertikalen und horizontalen Verschiebungen der Fundamente von Kirche und Turm innerhalb zulässiger Werte zu begrenzen. Zu diesem Zweck ist die Betonschale kirchenseitig mit total 60 vorgespannten Fels- und Bodenankern in fünf Lagen «fixiert» worden. Mit Ankerlängen von 23 bis 31 m und Verankerungsstrecken von 6 m sind die Anker auf 360 bis 470 kN vorgespannt worden. Auf der Gegenseite wurden zur Stabilitätssicherung (Ringknicken) in fünf Lagen je drei Anker eingebaut.

Im Molassebereich ist lediglich die Felsoberfläche der Aushubwände mit 3 m langen Felsnägeln in mittleren Abständen von 2.4 m und mit einem netzarmierten Spritzbeton von 10 bis 20 cm Stärke gegen Verwitterungseinflüsse geschützt worden. Grossräumig wird die Geländestabilität sowie das Verhindern des schichtweisen Gleitens von Felspaketen zwischen bituminösen Leithorizonten (mit kleinen Gleitreibungswerten) durch die vorgespannten Anker gewährleistet.

Bauausführung

Im Überblick lässt sich die Abfolge der Bauarbeiten wie folgt beschreiben:
• Einbau von vertikalen Verbauträgern in vorgebohrte Löcher wie bei Rühlwänden auf Seite der Kirche
• Erstellen des obersten Ringes in ge-

Blick aus der Tiefe des Schachtes

profil und Ankerbohrarbeiten geführt, die aber gelöst werden konnten.

Für den Felsabbau kam ein 47 t schweres Raupengerät (CAT D9) mit Ripperzahn und Felsschaufel zum Einsatz sowie ein Hydraulikbagger mit Abbauhammer (1.0 t) zum Nachprofilieren der Wände. Den grössten Teil des auszuhebenden Materials bewältigte der erstmals in der Schweiz eingesetzte, 66 t schwere hydraulische Aushubbagger CAT 245 mit einem 2 m^3 fassenden Greifer.

Statik

Über die statischen und geotechnischen Berechnungen wird hier nicht im Detail berichtet, sondern es soll nachfolgend nur generell darauf hingewiesen werden.

• Baugrundlasten
Die Ruhedruckkräfte infolge der Fundamentlasten der Kirche (Turmlast allein 47 MN) wurden über die Vertikalspannungen im elastisch-isotropen Halbraum durch Multiplikation mit dem entsprechenden Beiwert berechnet.
• Ankerbemessung
Den kirchenseitigen Ankern wurde die Differenz zwischen den Ruhedruckkräften dieser Seite und den aktiven Erddruckkräften der gegenüberliegenden Seite zugewiesen. Die freien Ankerlängen wurden nach Vereinfachung des räumlichen auf ein ebenes Problem nach Janbu ermittelt. Dabei wird der Gleitkörper (verankerte Zone) im Bereich des Lockergesteins auf Seite der Verankerungszone mit dem Ruhedruck belastet und schachtseitig durch die Betonschale gestützt. Die von der Betonschale ausgeübte Stützkraft entspricht dem aktiven Erddruck der der Kirche gegenüberliegenden Schachtseite. Massgebend für die Ankerlängen wurden horizontale Gleitflächen auf der Felsoberfläche (20° Gleitreibungswinkel) und in den bituminösen Leithorizonten (15° Gleitreibungswinkel) der Molasse.
• Stahlbetonschale
Die statischen Berechnungen erfolgten unter Berücksichtigung der Einflüsse 2. Ordnung am ebenen Modell elastisch gebetteter und verankerter Ringe. Die Belastung einer Seite (senkrecht zur Schachtlängsachse) wurde so lange sukzessive gesteigert, bis sich ein Mechanismus mit drei

böschtem Voraushub und wieder Hinterfüllen
• Sukzessiver Aushub und Einbau der armierten Unterfangungsringe
• Bohren, Einbauen und Spannen der Anker in entsprechenden Etappen
• Felsaushub in vier Etappen inklusive Sichern der Aushubwände mit Felsnägeln und Spritzbeton
• Aufbringen eines Schutzbetons auf die Aushubsohle.

Der vorgängige Einbau der vertikalen Stahlprofilträger Seite Kirche, zwölf Stück im Abstand von ca. 2.30 m, war vor allem zur Erhöhung der Sicherheit während der Phasen des Unterfangungsaushubes erfolgt. Kirchenseitig musste das Risiko von Materialeinbrüchen so klein wie möglich gehalten werden. Es sind hier nie Einbrüche erfolgt, was auch für den übrigen Schachtumfang gilt.

Bei einer mittleren Ringhöhe von 1.30 – 1.40 m sind nach erstelltem Startring elf Unterfangungsringe und der Fussriegel eingebaut worden. Horizontal in vier Etappen aufgeteilt, ist ab dem zweiten Unterfangungsring pro Woche durchschnittlich ein Ring erstellt worden. Insgesamt waren erstaunlich wenig Probleme aufgetreten, die mit den Eigenschaften des Baugrundes zusammenhängen. Einzig die Obermoräne hatte mit den vielen Blöcken, meist zu grösseren Blocklagen angehäuft, zu einigen Schwierigkeiten bezüglich Über-

Gelenken einstellte. Der Nachweis der Bruchsicherheit wurde für den doppelten Wert des aktiven Erddrucks erbracht.

Eine Nachrechnung des Schachtes als räumliches Gebilde (Schale) wurde aufgrund des überarbeiteten Projektes der Kirchenstiftung St. Anton notwendig. Dieses enthält ein zweites Untergeschoss für PW-Einstellplätze sowie eine im Bereich des Schachtes verlaufende Zufahrtsrampe. Dadurch wurde ein Teilabbruch des Schachtes notwendig, was eine Schwächung desselben bedeutet. Der Aushub für die zwei Untergeschosse hatte auch eine stark unsymmetrische Belastung zur Folge. Ein statischer Nachweis für die Zustände Aushub bis 2. UG beim Neubau und Teilabbruch Schachtwand war nur unter Berücksichtigung des räumlichen Tragverhaltens der Schale möglich.

Kontroll- und Überwachungsmassnahmen

Sicherheits- und Nutzungsplan

Die Grundlage für die Kontroll- und Überwachungsmassnahmen bilden der Sicherheits- und Nutzungsplan des Startschachtes und der St. Antoniuskirche, wozu die für die Sicherheit und Gebrauchstauglichkeit von Schacht und Kirche in den verschiedenen Bauphasen und im Endzustand massgebenden Einwirkungen (Gefährdungsbilder) untersucht wurden. Die dabei getroffenen Annahmen (Baugrund- und Materialverhalten, statische Modelle, zulässige und erwartete Deformationen bei Schacht und Kirche, Bauausführung von Schacht, Tunnelbauten und Neubau der Kirchenstiftung St. Anton, usw.) mussten durch entsprechende Kontrollen überprüft resp. überwacht werden, um allenfalls Sicherheits- und Sanierungsmassnahmen, die im voraus geplant worden sind, rechtzeitig anordnen zu können. Die Kontroll- und Überwachungsmassnahmen wurden in einem Kontrollplan festgehalten, welcher soweit notwendig veränderten Randbedingungen und Vorgaben infolge des Baugeschehens angepasst werden musste. Im Kontrollplan waren vor allem die folgenden Punkte enthalten resp. geregelt:

• Überwachungsmassnahmen während der verschiedenen Phasen, wie Messun-

gen, Materialprüfungen, Baugrundbeobachtungen und -aufnahmen usw.
• Spezielle Risiken und ihre Überwachung
• vorbereitete Sicherheits- und Sanierungsmassnahmen beim Startschacht, bei den Tunnelbauten, der Kirche und dem Neubau der Kirchenstiftung St. Anton
• Aufgaben und Verantwortlichkeiten der Beteiligten
• Adress- und Telefonliste der Beteiligten.

Zur Konstruktion der St. Antoniuskirche

Da vor allem die Auswirkungen des Startschachtes und der Tunnelbauten auf die unter eidgenössischem Denkmalschutz stehende St. Antoniuskirche überprüft und überwacht werden mussten, soll im folgenden die Konstruktion dieser Kirche kurz beschrieben werden.

Die St. Antoniuskirche wurde in den Jahren 1907/1908 im «neuromanischen» Stil vom Architekten Prof. Karl Moser (Büro Curjel und Moser) erbaut. Haupt- und Seitenschiffe sind mit Kreuzgewölben überspannt, deren Horizontalschübe durch die etwas leichtgewichtigen Strebenpfeiler aufgenommen werden müssen. Die Fundationstiefe ist mit drei Sondierschächten überprüft worden. Turm, Haupt- und Sei-

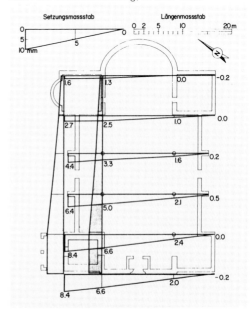

Setzungszustand der St. Antoniuskirche nach der Schlussmessung, 2. Juni 1989

tenschiffe sind auf der Obermoräne fundiert, während der Chor und die Sakristei fast 2 m höher in den als Bachschutt und Schwemmlehme bezeichneten nacheiszeitlichen Ablagerungen abgestellt sind. Diese Fundationsverhältnisse führten schon während des Baus der Kirche zu Setzungen und entsprechenden Rissen.

Aufgrund des Sicherheits- und Nutzungsplanes waren bei der St. Antoniuskirche keine vorbeugenden Massnahmen zur Gewährleistung der Sicherheit und Gebrauchstauglichkeit notwendig. Die dabei getroffenen Annahmen (siehe Seite 345, «Sicherheits- und Nutzungsplan») mussten jedoch durch entsprechende Kontrollmassnahmen (u.a. Messungen) in den verschiedenen Bauphasen überprüft werden.

Messeinrichtungen

Wegen der Konstruktion der Kirche interessieren nicht nur Setzungen resp. Setzungsunterschiede, sondern gleichermassen Horizontalverschiebungen in den verschiedenen Höhen, besonders in den Kämpferpunkten der Hauptschiff-Gurtbogen. Die wichtigsten installierten Messeinrichtungen auf dem Areal der Kirchenstiftung St. Anton umfassten:

- 44 Nivellementpunkte
- 8 geodätische Lagepunkte
- Distanzmessungen; es wurden im Schacht und in der Kirche 33 Messstrecken eingerichtet, davon 29 mit Invardraht (Distometer System ISETH), 4 indirekt mit optischen Instrumenten kontrolliert
- Optische Neigungsmessung am Turm in zwei Richtungen
- 2 vertikale Messrohre zur dreidimensionalen Verschiebungsmessung im Boden (Trivec-Messsystem ISETH)
- 2 vertikale Messrohre für vertikale Verschiebungsmessung im Boden (Gleitmikrometer System ISETH)
- 15 elektrische Ringdruckdosen (Huggenberger) für Ankerkraftmessung
- Einrichtungen für Erschütterungsmessungen

Zudem wurden vor Beginn der Bauarbeiten am Schacht photogrammetrische Aufnahmen der Kirche zusätzlich zu den normalen Zustandsaufnahmen gemacht.

Für alle Messeinrichtungen wurden die Nullmessungen durchgeführt, Umfang und Rhythmus der Folgemessungen richteten sich nach den Bedürfnissen der Bauzustände und den Resultaten vorangegangener Messungen.

Interessante Messergebnisse

- St. Antoniuskirche
Im Bild auf Seite 345 ist der Setzungszustand vom 2. Juni 1989 (Schlussmessung) aufgezeichnet. Der dem Schacht am nächsten stehende Turm hat eine mittlere Setzung von 8.5 mm erfahren und eine Schiefstellung von ca. 1:2500, was einer Auslenkung der Turmspitze von ca. 20 – 25 mm entspricht. Der grösste 346

Setzungsverlauf im Boden längs
der TRIVEC-Messlinie KT01 neben dem Turm

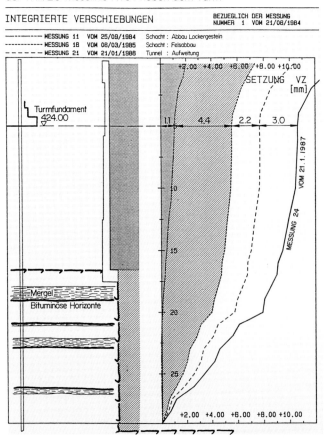

Setzungsgradient beträgt ca. 1:2000 bei einem Erwartungswert von ca. 1:1250.

Die Setzungen des Turmes lassen sich den einzelnen Bauphasen wie folgt zuordnen:
• Schachtbau
Lockergesteinzone: 12 % in ca.   4 Mt.
Felszone: 41 % in ca.   5 Mt.
• Tunnelbau Aufweitung in
Richtung Stadelhofen: 29 % in ca. 12 Mt.
• Unterbruch: 0 % in ca. 7.5 Mt.
• Zürichbergtunnel: 18 % in ca. 0.5 Mt.
• Bis Schlussmessung: 0 % in ca. 31 Mt.
(Stand 2.6.89)   100 %   = 8.5 mm

Überraschend und nicht in diesem Ausmass erwartet ist der grosse Anteil der Setzungen, die durch Arbeiten im Bereich der Molasse aufgetreten sind. Deutlich wird diese Tatsache auch in der Darstellung des Bildes auf Seite 346, worin die lotrechten Verschiebungen aus den Trivec-Messungen aufgeteilt sind in die Anteile erzeugt durch den Abbau des Lockergesteins und der Molasse im Zeitpunkt der Schachtfertigstellung. Danach beträgt der Setzungsanteil des Felsabtrages und des Tunnelbaues auf der Fundationskote des Turmes das Acht- bis Neunfache des Setzungsanteils des Lockergesteinaushubes. Die Spannweitenveränderungen des Hauptschiffes sind sehr bescheiden ausgefallen, max. 3.6 ± 0.5 mm (Stand 14.4.1989 nach Schlussmessung).

• Schacht
Am 7. September 1985, kurz vor Abschluss des zusätzlichen Felsaushubes für Schildwanne, Absetzbecken und Kaverne Richtung Stettbach, betrugen die Längenänderungen der Axen im unteren Drittel des Schachtes längs + 4.0 mm, quer - 8.9 mm (berechnet längs + 2.0 mm, quer - 9.2 mm mit E_B = 30 kN/mm² im Gebrauchszustand).

Zukünftige Nutzung des Antoniusschachtes

Im Antoniusschacht wird durch die Stadt Zürich über und seitlich dem Tunnelprofil eine achtgeschossige Anlage für den Zivilschutz (ca. 1'100 Personen) und den Kulturgüterschutz sowie ein Sanitätsposten eingebaut. Zur Friedensnutzung werden in diese Anlage Lagerräume für das Stadtarchiv und Zivilschutzmaterial eingerichtet. Zudem sind im obersten Geschoss Übungsräume für Musik und Theater vorgesehen.

Beteiligte

Projekt u. Bauleitung: Schubiger AG Bauingenieure, Zürich
Ausführung: Hauptunternehmer Spezialtiefbau AG, Zürich
Subunternehmer: Eberhard, Kloten (Aushub), Greuter AG, Zürich (Anker)
Geologie: Dr. von Moos AG
Vermessung: P. Kasper, Kloten
Messungen:
Nivellement, Geodätische Lage, Distanzen: P. Kasper, Kloten
Trivec: ISETH, Zürich
Gleitmikrometer: Stump Bohr AG, Zürich.

Antoniusschacht, Ausführung des Bauloses 5.01

Hansjürg Tschalär und Heinrich Eberhard

Der im Frühjahr 1984 vergebene soge-nannte Startschacht «St. Antonius» wurde in enger planerischer Zusammenarbeit zwischen den sich zu einer Arbeitsgemein-schaft zusammengefundenen Firmen Spe-zialtiefbau AG / Eberhard Bau AG und dem Ingenieurbüro Schubiger AG ausge-führt.

Es ging hier vor allem darum, dass techni-sche Möglichkeiten sowie Know-how der beiden Spezialfirmen sich mit den an-spruchsvollen Erfordernissen des Bauvor-habens verbinden liessen.

Im nachhinein erfüllt es Planer und Unter-nehmer mit Stolz, dass die Rechnung in jeder Beziehung voll aufgegangen ist.

Bei diesem Bauvorhaben war es absolut erforderlich, die Faktoren Ausführungszeit,

Schacht aus der Vogelschau: Felsaushubarbeiten

enge räumliche Verhältnisse sowie absolu-te Sicherheit hinsichtlich jeglicher Bewe-gungen der St. Antoniuskirche in einen optimalen Einklang zu bringen.

Somit stellte sich vor allem die Frage nach kurzen Bauinstallationsterminen, nach kur-zen Abteufungszeiten, nach raumsparen-den Installationen. Demgegenüber stand das strikte Gebot eines Projektes im Raum, das im Bau- sowie im Endzustand praktisch keine Bewegungen hinsichtlich der Kirche zuliess.

Baugrund

Der Unternehmung standen optimale geo-logische, geotechnische sowie hydrologi-sche Untersuchungen zur Verfügung.

Der Schacht reicht 13 m in die Molasse. Die Molasse hat sich als unverwittert und praktisch ohne Klüftung präsentiert. Die Oberfläche war horizontal. Die wechselnde Schichtung von Sand-, Siltstein und Mer-geln sowie auch deren Härte entsprachen den typischen Formationen des Zürich-berg-Untergrundes.

Die 17 m starke Lockergesteinzone fällt besonders auf wegen ihrer scharfen Schichtgrenzen.

Über der Molasse liegt eine ca. 5 m dicke Grundmoräne, vorbelastet und relativ schwer abbaubar. Sie präsentierte sich jedoch sehr feinkörnig (Sand, Silt).

Als arbeitstechnisch schwierigste Forma-tion erwies sich die über der Grundmoräne liegende Obermoräne. Diese grundwas-serführende Schicht besteht aus viel grob-körnigem Material (Kies, Steine, Blöcke). Die obersten ca. 6 m bestehen aus altem Bachlaufschutt und weiterem Schwemm-material (vorwiegend Lehme). Ganz zu-oberst liegen künstliche Auffüllungen. Das angetroffene Wasser in der Obermoräne 348

Aushub- und Unterfangungsarbeiten in der Lockergesteinstrecke

bildete keinen durchgehenden Spiegel und musste von Fall zu Fall behandelt werden.

Installationen

Das Installationskonzept musste den verschiedenen, teils bereits erwähnten Randbedingungen und Erfordernissen genügen.

Dazu gehören:
- Kurze Installationstermine
- hohe Leistung
- kleine Installationsflächen
- unregelmässige Abtransporte.

Felsaushubarbeiten im Bereich der Schachtsohle

Nach sorgfältigem Abwägen der Rahmenbedingungen entschloss sich die Arbeitsgemeinschaft zu folgendem Installationskonzept:
- Schwere Geräte werden mittels mobiler Autokrane in den Schacht befördert.
- Die Beton- sowie die Anker- und Felssicherungsarbeiten werden mittels eines Turmdrehkranes ausgeführt.
- Der Aushub wird mit Hilfe eines 65 t schweren Hydraulikbaggers, versehen mit Greiferausrüstung, gefördert. Dieser Bagger wurde eigens für diese Baustelle angeschafft. Als Alternative standen auch der Seilbagger mit Greifer, der Portalkran mit Mulde sowie ein grosser Turmdrehkran mit Greifer zur Auswahl.

Somit kam die Baustelle zu zwei interessanten Neuheiten:
- der Vertikalförderung des Aushubmaterials mittels einer fast 30 m langen Greiferverlängerung sowie
- der Steuerung des 2-m^3-Greifers im Schacht mit Hilfe eines Fernsehmonitors. Beides wurde in der Schweiz zum ersten Male angewendet.

Das gewählte Installationskonzept erwies sich in allen Belangen als sehr flexibel und zweckdienlich.

Bauausführung

Als erstes wurden die ca. 20 m langen Rühlwandträgerbohrungen ausgeführt, deren Abteufung vor allem im Bereich der Obermoräne und der Molasseeinbindung sehr viele Meisselstunden erforderte. Der eigentliche Betonbau wurde im Bereich Grund- und Obermoräne als reine Unterfangungsbauweise vorangetrieben.

Nach dem Startring folgten elf Unterfangungsringe mit einer Höhe von je 1.3 m (Abwicklung 92 m'/Ring) und auf der Felsoberfläche ein Fussring. Die einzelnen Unterfangungsringe wurden im äusserst anspruchsvollen Viertages-Takt erstellt. Als Ringschalung wurden vorfabrizierte Elemente aus Rahmenschalungen eingesetzt. Als Armierungsanschlüsse dienten EBEA-Anschlüsse.

Dem Viertages-Takt mussten sich Verankerungs- und Aushubarbeiten konsequent unterordnen, was organisatorisch nicht immer ganz einfach zu bewerkstelligen war. Die Unterfangungsarbeiten im Wasserträger (Obermoräne) waren die einzigen Problemaufgeber. Diese zwei Ringetappen wiesen auf Grund des grossen Blockvorkommens beträchtliche Betonüberprofile aus (ca. 50 – 70 %). Sämtliche lockeren Steine und Blöcke sowie Erdmaterial mussten entfernt werden, um einen satten Verbund Betonschale/Baugrund zu gewährleisten. Hingegen konnte das Wasser problemlos «behandelt» werden. Auf zusätzliche Massnahmen, wie Vakuumanlage usw., konnte verzichtet werden.

Die Felsstrecke wurde in vier Etappen ausgehoben, profiliert und die Wände mit Felsnägeln und Gunit gesichert. Die Aushubsohle wurde schliesslich mit einem Schutzbeton versehen.

An Aushubgeräten kamen nachstehende Maschinen zum Einsatz:

• Hydraulikbagger Cat 245, 65 t als Fördergerät
• Hydraulikbagger O&K RH 6, 16 t, als Aushubgerät in der Lockergesteinstrecke
• Bulldozer Cat D 9, 47 t, als Ripper- und Zustossgerät in der Felsgesteinstrecke
• Hydraulikbagger Cat 225 als Felsabbau- und Profiliergerät mit hydraulischem Abbauhammer in der Felsgesteinstrecke.

Bautermine

Die Arbeiten wurden am 1. Mai 1984 termingerecht aufgenommen und vertragsgemäss Ende März 1985 beendet.

Dazwischen gab es jedoch auch Abweichungen von der terminlichen Marschroute. So entwickelten sich die Arbeiten in der Lockergesteinstrecke nicht immer nach Wunsch, weil die Arbeiten an den 75 Lockergestein- und Felsankern manchmal in Verzug gerieten.

Gesamthaft gesehen konnten jedoch die Arbeiten in der Lockergesteinstrecke mit wenigen Tagen Verzögerung im Oktober 1984 abgeschlossen werden.

Der anschliessende Fortschritt im Felsbereich war beeindruckend. Die Arbeiten mussten jedoch im Januar/Februar 1985 wegen grosser Kälte vorübergehend eingestellt werden. Dennoch konnte das Bauwerk, wie bereits erwähnt, Ende März 1985 dem Nachfolgeunternehmer fristgerecht übergeben werden.

Unterfangungsarbeiten im Bereich der Rühlwandträger und der vorgespannten Felsanker

Teilprojekt 6:
Das Projekt Zürichbergtunnel

Alfred Schneller, Werner Heierli, Johannes Schindler

Der 4.350 km lange Doppelspurtunnel beginnt beim St. Antoniusschacht in Zürich Hottingen und mündet direkt in die unterirdische Station Stettbach in der Nähe von Dübendorf ein. Durch Optimierung der Linienführung, vor allem auf der Seite Stettbach, wurde erreicht, dass der Tunnel auf seiner gesamten Länge vollkommen in die Felsformation der oberen Süsswassermolasse zu liegen kam, wobei die Felsüberdeckung auf der Seite Stettbach auf 1.5 m, auf der Seite St. Antonius auf 3.0 m absinkt. Der Streckenabschnitt war damit von der Vortriebsmethode her eine Einheit. Der Vortrieb erfolgte von Stettbach aus. Das Profil des Tunnels ist kreisrund und hat einen Innenradius von 10.40 m. Als erste Tunnelsicherung wurde ein vorfabrizierter Tübbingring der Stärke 25 cm eingebaut. Die definitive Auskleidung besteht aus einem 28 cm starken, unarmierten Ortsbeton-Innengewölbe.

Geologie

Erkundung vor dem Bau

Im Portalbereich Stettbach wurden 15 und im Bereich St. Antoniusschacht elf Kernbohrungen bis auf die Tunnelsohle abgeteuft. In der Tunnelmitte wurde eine 200 m tiefe Sondierbohrung ausgeführt. Generell ist die obere Süsswassermolasse im Raume Zürich durch verschiedene Tunnelbauerfahrungen gut bekannt. Es handelt sich um eine Wechsellagerung von nahezu horizontalen Sandstein- und Mergelschichten mit stark unterschiedlichen Eigenschaften.

Die Mergel neigen bei Wasserzutritt zum Schwellen mit möglichen massgebenden Auswirkungen auf das Tunnelgewölbe.

Prognose und Erkenntnisse für das Projekt

Die Schichten beidseits des Zürichberges konnten korreliert werden. Verwerfungen resp. tektonische Störzonen mussten nicht, wie vermutet (Pavoni 1957), in Betracht gezogen werden.

Das Anfahren eines Tales mit Lockergestein im Berginnern, wie anfänglich befürchtet, konte durch die Ergebnisse der zentralen Bohrung ausgeschlossen werden.

Durch die genaue Kenntnis der Felsoberfläche konnte in Stettbach mit angepasster Linienführung die Portallage verbessert werden mit bautechnischen Vorteilen und günstigen Auswirkungen für den Immissionsschutz während des Baus.

Die Schwelleigenschaften einzelner Mergelpakete machte ein Sohlgewölbe notwendig. Das für den mechanischen Vortrieb günstige Kreisprofil, mit grösserem Ausbruchquerschnitt (104 m²) als das Hufeisen, war damit statisch begründet.

Die Erkenntnis, dass die Tunnelaxe praktisch parallel zu den Molasseschichten verläuft und damit auf längere Strecken weiche, nachbrüchige Mergel im First verfolgt werden können, hat einen mechanischen Vortrieb mit Schild und Tübbingsicherung begünstigt. Die Leitausschreibungsvariante wurde auf dieses Vortriebssystem ausgelegt.

Die hydrologischen Resultate – Randzonen von ca. 300 m Länge mit prognostiziertem Wasseranfall von 60 bis 120 l/min, zentraler Tunnelbereich praktisch trocken – haben das Entwässerungssystem vorbestimmt. Der Wasseranfall in den Randzonen hat sich in der Folge als erheblich geringer erwiesen als die Maximalprognose der Geologen, was zum Verzicht auf die Isolation zwischen Tübbingröhre und Innengewölbe führte.

Die genaue Kenntnis der Felsqualität und der Felsüberdeckungen in den Randzonen machte Setzungs- und Schadenprognosen für die unterfahrene Überbauung möglich. Es konnten Massnahmen zur Setzungsverminderung im Vortrieb vordisponiert werden.

Die im Vortrieb angetroffenen geologischen Verhältnisse (Befund)

Der im Zürichbergtunnel bei der Ausführung angetroffene Molassefels wurde in vier lithologische Gesteingruppen gegliedert, welche zugleich auch geotechnisch relevante Einheiten bilden, nämlich:

① Sandsteine: Druckfestigkeit sehr variabel, Mittel 60 N/mm^2, Maximum: ca. 100 N/mm^2

② Harte, feinsandige Mergel und Kalke (inkl. «Siltsteine»): Druckfestigkeit 15 – 60 N/mm^2, Mittel: 40 N/mm^2

③ Weiche, tonige Mergel, + schwellfähig: Druckfestigkeit 0 – 40 N/mm^2, Mittel: 20 N/mm^2

④ Schwarze Leithorizonte (Tonmergel bis Sandstein): Druckfestigkeit sehr variabel, Mittel: 20 N/mm^2

Über den gesamten Tunnel verteilen sich diese vier Gesteintypen mengenmässig wie folgt:

① 6 – 60 %, Mittel: 35 %
② 0 – 71 %, Mittel: 43 %
③ und ④ 12 – 38 %, Mittel: 22 %

Die Schichten sind wenige Dezimeter bis maximal 2 – 3 m mächtig. Sandsteine und harte Mergel sind standfest. Tonige, weiche Mergel sind durchwegs nachbrüchig mit Standzeit praktisch gleich 0. Sie wurden in drei Abschnitten von insgesamt ca. 2'700 m im First ununterbrochen angeschnitten. Die Ausbruchtiefe resp. Auflockerung in Firstmitte betrug ca. 0.4 m, im Maximum 0.5 – 0.7 m. Die Niederbrüche erfolgten bereits über dem Fräsrad. Die später beschriebene Ausbruch- und Sicherungsmethode mit Schild und Tübbings war für diese Verhältnisse bestens geeignet. Bemerkenswert ist eine schwarze Mergelschicht von ca. 0.5 m Stärke, die auf die ganze Tunnellänge ununterbrochen verfolgt werden konnte.

Extrem schwellfähige Mergel wurden bei der Ausführung nicht angetroffen. Extensometermessungen während dreier Jahre haben maximal 0.5 – 2 mm Felsdeforma-

tionen angezeigt. Sie sind im Abklingen begriffen.

Die Bergwasserführung war äusserst gering. Der mittlere Tunnelabschnitt von 4.0 km Länge war praktisch trocken (Staubprobleme). In den Randzonen wurden wenige Liter pro Minute gemessen.

Das Projekt

Das Normalprofil

Das im Rahmen der S-Bahn-Neubaustrekke vorgegebene Bauprogramm führte zu einer erforderlichen Vortriebsleistung von ca. 12 m pro Tag. Bei Berücksichtigung der geologischen Verhältnisse (Nachbrüchigkeit im First) konnte nur ein mechanischer Vollschnittbetrieb mit Kreisprofil diese Leistung erbringen. Gesichert durch einen vorgängig ausgeführten Tunnelbau im gleichen Fels, war klar, dass das System Vollschnittmaschine mit Schild und Tübbingsicherung gut geeignet sein musste. Das Hauptgewicht des Projektes und der Leitvariante der Ausschreibung wurde deshalb auf dieses System ausgerichtet. Nicht absolut sicher war, ob eine Vollschnittmaschine mit nachfolgender Anker- und Spritzbetonsicherung bei den gegebenen geologischen Verhältnissen auch geeignet wäre. Das Projekt und eine entsprechende Ausschreibungsvariante wurden ausgearbeitet. Die fünf offerierenden Arbeitsgemeinschaften reichten alle nur die Hauptvariante mit Tübbingsicherung ein. Das Normalprofil ist im Bild auf der folgenden Seite dargestellt.

Tunnelbemessung

Die Tübbings

Die Tübbings sind im Fahrraum 25 cm, in der Sohle 45 cm stark. Sie wurden auf den Bauzustand dimensioniert. Für die Berechnung wurde angenommen, dass der technisch bedingte Hohlraum zwischen Tübbings und Fels vollständig mit Verblasmaterial (Kies 8/16) verfüllt werde. Die Berechnung des ebenen Bogens erfolgte für eine Traglast von 0,24 MN/m^2, was einer Auflockerungszone von ca. 10 m über dem Scheitel entsprach. Rechnerisch wurden nur die mit Mörtel vergossenen Längsfugen der Sohltübbings als voll tra-

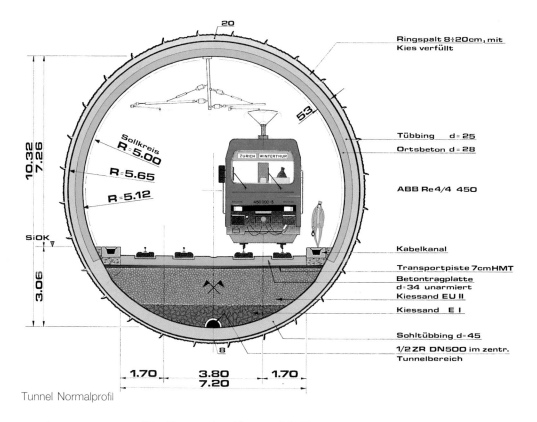

Tunnel Normalprofil

gend angenommen. Die Fugen der Ulm- und Firsttübbings hingegen wurden als trockene Betongelenke ausgeführt. Sie waren masslich nicht derart genau, dass mit vollflächigem Kraftschluss gerechnet werden konnte. In der Praxis war dies an zahlreichen lokalen Abplatzungen erkennbar. Für diese Längsfugen wurde deshalb ein Abminderungsfaktor von $^2/_3$ angenommen. Für die Armierung massgebend waren die Beanspruchungen aus Herstellung, Transport und Montage der Tübbings. Der durchschnittliche Armierungsgehalt betrug nur 79 kg pro m³ Beton.

Direkt hinter dem Schild war die Verblasung resp. die Verfüllung des Hohlraumes über den Tübbings noch nicht vollständig. Niederbrüche lagen gleichwohl auf den Firsttübbings auf. Dieser Zustand war statisch genauer zu untersuchen und erforderte in gewissen Bereichen eine Armierungsverstärkung der Firsttübbings. Auch waren Betriebsvorschriften und -überwachungen notwendig, die dafür sorgten, dass der Rückstand der Hohlraumverblasung hinter dem Schild innerhalb vorbestimmter Grenzen blieb.

Die Tunnelverkleidung als Gesamtsystem

Die Tübbingverkleidung wurde im Fahrraum mit einem 28 cm starken, unarmierten Ortsbetongewölbe zur definitiven Tunnelverkleidung ergänzt. Dieses Gesamtsystem wurde mit dem Programm «Flowers» auf den massgebenden Belastungsfall Mergelschwellen von unten untersucht. Die Schwellbelastung wurde mit dem Rheo-Staub-Programm der ETHZ interaktiv ermittelt.

Die Berechnungen zeigten die Wichtigkeit einer satten Hohlraumverfüllung für den Fall von schwellenden Mergeln in der Sohle. Es können damit unerwünschte Sohlresp. Gleishebungen in tolerierbaren Grenzen gehalten werden. Während der Ausführung wurde grösstes Gewicht auf die satte Hinterblasung gelegt.

Auf eine anfänglich beabsichtigte Injektion des Kieses hinter den Tübbings mit Zementmörtel zur Versteifung der Tübbinglagerung wurde verzichtet, weil unter den angetroffenen, relativ günstigen Verhältnissen nicht notwendig.

Unterbau und Oberbau

Unterbau und Entwässerung

Das gewählte kreisrunde Profil brachte es mit sich, dass 15 % des Ausbruchquerschnittes wieder aufgefüllt werden mussten. Trotz intensiver Bemühungen konnte ein Interessent für eine Nutzung des Querschnittsegmentes unter den Gleisen mit einem Leitungskanal Zürich – Glattal nicht gefunden werden. Eine Untersuchung zur Auffüllung des Segmentes mit Molassefelsausbruch lag nahe. Diese Variante hätte gewisse Einsparungen, aber ein schwer abschätzbares Risiko von späteren Trasseehebungen zufolge Schwellens des Ausbruchmaterials mit sich gebracht. Sie wurde im Hinblick auf die Dauerhaftigkeit des Tunnels fallengelassen.

Gewählt wurde schliesslich eine Auffüllung mit Kiessand I mit erweiterter Korngrösse bis 120 mm. Mit Ausnahme der untersten Schicht kommt dem Kiessand praktisch keine Drainagefunktion zu. Er garantiert einen Unterbau hoher Tragfähigkeit für den Bahnbetrieb. Ein HMT-Belag von 7 cm Stärke diente als Fahrbahn für die Pneufahrzeuge und als Schutz gegen Verschmutzung des Unterbaus. An die Verdichtung des Kiessandes wurden hohe Anforderungen gestellt, da die Nachsetzungen durch den Bahnbetrieb sehr gering bleiben müssen.

Gemäss geologischer Prognose wurde der zentrale Tunnelteil als praktisch trocken erwartet. Die Entwässerungsmassnahmen konnten daher minimal gehalten werden. Es genügte eine gelochte Halbschale, d.h. $1/2$ ZR DN 500, lose auf den Schlussstein zwischen den Sohltübbings aufgelegt mit Stücklänge 1.20 m entsprechend der Tübbingbreite. Die Fugen wurden mit einem Geotextil abgedeckt. In den leicht vermehrt Sickerwasser führenden Randbereichen wurden unterhaltsarme Steinzeug-Sickerrohre mit Filterkiesabdeckungen und Sohlbeton eingebaut.

Das Tunnelwasser aus dem oberen Tunnelbereich wird der Entwässerung durch die ringförmigen Fugen zwischen den Tübbings zugeleitet. Wasser, das vom Parament auf die Podeste austritt, wird zum nächsten Kontrollschacht abgeleitet.

Oberbau (Gleistragplatte)

Der Zürichbergtunnel wird einer der stärkst belasteten Tunnels der Schweiz sein. Zur Kleinhaltung des Unterhalts beim intensiven Bahnbetrieb fiel die Wahl auf einen schotterlosen Oberbau. Normale Beton-Zweiblock-Schwellen, die mit einem Gummischuh versehen sind, wurden mit Feinbeton in Aussparungen der Betontragplatte eingegossen. Das System des schotterlosen Oberbaues wurde bereits im Heitersbergtunnel verwendet. Es hat sich dort bewährt. Dennoch sind für die Betontragplatte des Zürichbergtunnels spezielle statische Untersuchungen durchgeführt worden, und zwar

• einerseits um die Auswirkung von höheren Lasten, besonders solchen, die von schlagenden Rad-Flachstellen herrühren, zu prüfen,

• andererseits um festzustellen, ob die im Heitersbergtunnel verwendete Armierung eingespart werden könnte.

Die umfangreichen Berechnungen auf der Basis der elastischen Bettung ergaben die notwendige Sicherheit für den Entscheid, auf die Armierung der Tragplatte, mit Ausnahme der Weichenbereiche, zu verzichten. Es waren nur einige Rundeisen für den Potentialausgleich in die Tragplatte zu verlegen. Dies war mit dem im nächsten Beitrag beschriebenen Gleitschalfertiger leicht zu bewerkstelligen.

Verschiedene Probleme der Projektierung

Terrainsetzung in den Tunnelrandbereichen

In den beiden Randzonen sind die Überdeckungsverhältnisse des Tunnels nicht unähnlich:

Randzone:	Stettbach	Hottingen
Gesamtüberdeckung	12 – 20 m	21 – 31 m
Molassefels	1 – 8 m	3 – 9 m
Moräne dicht gelagert	5 – 7 m	12 – 14 m
weiche Deckschichten	ca. 5 m	6 – 10 m

In Stettbach wurde ein umfangreiches Messprogramm durchgeführt mit Präzisionsnivellements, Setzungs- und Dehnungsmessungen in Bohrlöchern sowie Slope Indicators ausserhalb der Ulmen. Hauptzweck dieser Messungen war, Unterlagen für die Setzungsprognose in der dicht überbauten Randzone Hottingen zu beschaffen und allenfalls vorsorgliche Massnahmen zu treffen.

Auf der Seite Stettbach wurden auf einer Strecke von 35 m Terrainsetzungen über dem Tunnelscheitel von 2 – 4 cm gemessen. Die Felsüberdeckung, vorwiegend aus Mergeln bestehend, betrug in diesem Bereich 4 – 5.5 m, wobei einzelne Schichten weich und auch durchnässt waren. Ein Meter über dem Tunnelscheitel betrugen die Setzungen 7 cm. Diese Zone weist Merkmale von Auflockerungen in der ganzen Felsüberdeckung auf. Die Setzungsmulde ist relativ schmal. Die anderen Bereiche, auch das Portal mit nur 1.0 m Felsüberdeckung, haben sich weniger als 1 cm gesetzt.

Auf der Seite Hottingen wurden nur Präzisionsnivellements angeordnet. Es wurden nur sehr kleine Endsetzungen, im Maximum 8 mm, gemessen, die in der Regel zwei Tage nach Vortriebsmaschinendurchfahrt erreicht wurden. Dies ist, wie erwartet, auf die günstigeren geologischen Verhältnisse zurückzuführen (grössere Überdeckung, nur kleine Firstausbrüche, praktisch kein Wasserzutritt). An Gebäuden wurden keine Veränderungen festgestellt.

Tunnelwasserentsorgung während des Baus

Das Tunnelabwasser war während des Baus mit pH = 11 – 12 belastet und durfte nur neutralisiert der Kanalisation übergeben werden. In Stettbach wurde es einem ungenutzten Grundwasserstrom übergeben. Das Amt für Gewässerschutz hat diese Art der Entsorgung vorgeschlagen. Anhand von Wasserentnahmen aus Piezometerrohren hat sich erwiesen, dass sich pH-verseuchtes Wasser im Grundwasserstrom auf kurzer Strecke normalisiert. Das Wasser wurde über eine Sickergalerie dem Grundwasser übergeben. Dies erforderte eine Reinigung zu schwebstoff-freiem, klarem Wasser. Mit Absetzanlagen war dies nicht möglich. Es wurde deshalb ein Filterbecken mit zwei wechselweise in Betrieb

stehenden Teilen à 30 m² Fläche gebaut. Die Anlage war damit auf 200 l/min dimensioniert. Ausgenützt wurde sie im Maximum mit ungefähr 60 l/min Wasser, das vorwiegend von Maschinenreinigungen und Staubbekämpfung herrührte. Es wurde Filtersand 0.2 – 2 mm von 20 cm Stärke mit darunter liegenden Stützschichten eingebaut. Mit einer feinmaschigen Vliesmattenabdeckung, die ca. monatlich zu wechseln war, konnte der Filtersand geschont werden. Die Vliesmatte hat Kalkablagerungen angesetzt, die ihrerseits Filterwirkung zeigten. Der Filtersand musste nur einmal ersetzt werden. Die Anlage hat sich bewährt und ist absolut chemieunabhängig.

Tunnelausbruchdeponie

Die Bauherrschaft hat in Zusammenarbeit mit dem Kanton Zürich und den betroffenen Gemeinden vor dem Portal (Stettbacherwiese) für ein Deponievolumen von 300 000 fest-m³ Fels gesorgt. Dieses Material wurde nach Bauende für eine Geländegestaltung verwendet, die Erholungsraum für die Bevölkerung schafft und gleichzeitig den Lärm von 500 m Bahnlinie auffängt. Die übrigen 140 000 m³ Fels wurden in wenigen Kilometern Entfernung für eine zweite Geländegestaltung an einer S-Bahn-Baustelle abgelagert. Die Tunnelausbruchentsorgung war damit sehr umweltfreundlich.

Lärmprobleme während des Baus

Dem Problem Baulärm einer Grossbaustelle mit Pneubetrieb in städtischem Gebiet muss bereits in der Projekt- resp. Ausschreibungsphase Beachtung geschenkt werden. Lärmträchtige Installationen – für den Zürichbergtunnel hauptsächlich Tübbingfabrik, Deponiebetrieb und Werkstätten – waren von Anfang an lagemässig in möglichst grosser Distanz zur Bevölkerung angeordnet. Auch die Deponierung des Ausbruchmaterials in Form von Lärmschutzdämmen war eine wichtige Massnahme der Lärmbekämpfung. Die weiteren Massnahmen, Bekämpfung an der Quelle, gute Wahl der Betriebszeiten, Instruktion und Überwachen des Baustellenpersonals und auch Orientierung und Kontakt mit der betroffenen Bevölkerung, wurden dadurch wesentlich erleichtert. Für den Transport des Ausbruchmaterials zur Deponie konnte die vorgängig erstellte S-Bahnstation Stettbach durchfahren werden. Zwar waren dadurch Bauzeit- und Koordinationsprobleme zu lösen, dafür wurde aber eine optimale Lärmabschirmung erreicht.

Schlussbemerkungen

Angestrebt wurde ein einwandfreier, unterhaltsarmer und kostengünstiger Tunnel. Dieses Ziel ist mit verschiedenen Massnahmen und Überlegungen erreicht worden:

Die Bauherrschaft forderte keinen staubtrockenen Tunnel. So wurde auch in den leicht wasserführenden Randzonen auf eine Isolation verzichtet.

Die Dimensionierung der Verkleidung, insbesondere auch der Tübbings, wurde knapp gehalten. Berücksichtigt wurden dabei die günstige Kreisform des Profiles, der schonende Felsabbau und die sofortige Vermörtelung resp. Abdeckung der Sohle hinter dem Schild.

Das Entwässerungssystem ist dem geringen Wasseranfall entsprechend kostensparend ausgeführt. Einsparungen sind auch noch während des Baus angestrebt worden, z.B. mit dem Verzicht auf die Armierung der Gleistragplatte.

Zum kostenkontrollierten, programmgemässen Ablauf des Vortriebs hat das System Vollschnittmaschine-Schild-Tübbingsicherung wesentlich beigetragen. Die Niederbrüche im First beeinflussten die Leistung nicht und die Kosten wenig.

Der zeitliche Ablauf der Arbeiten wurde den Vorgaben entsprechend eingehalten:

Projekt inkl. geologischer Sondierungen und Prognose und Ausschreibung:
        Mai 1982 bis September 1983

Offerteingabe bis Vergebung:
        30. Januar 1984 bis 20. Juli 1984

Bauarbeiten (Tunnelbauer):
        16. August 1984 bis 30. April 1988

Total: 6 Jahre

Die Kosten beliefen sich auf 83,45 Mio. Franken, inkl. Teuerung und Regie.

Es ergibt sich ein Preis von 18 500 Franken pro Laufmeter. Die Gleistragplatte ist eingerechnet, nicht aber Honorare, Sondierbohrungen, Materialprüfungen und auch nicht die Landschaftsgestaltung, die als Ersatz des eingesparten Abtransportes des Ausbruchs dem Tunnelbau zuzurechnen wäre.

Gleitschalfertiger

Ausführung der Felsstrecke des Zürichbergtunnels, Baulos 6.01

Willy Ritz, Roland Kobel

Wahl der Vortriebsausrüstung

Die Firmen der Arbeitsgemeinschaft haben umfassende Erfahrung im mechanisierten Vortrieb mit verschiedenen Durchmessern in Süsswassermolasse, zuletzt durch den Bau des Gubristtunnels der Zürcher Nationalstrasse Nordumfahrung. Da die beiden Objekte genau den gleichen Ausbruchdurchmesser aufweisen, konnte ein Grossteil der Gubrist-Vortriebsausrüstung übernommen werden.

Der Bohrkopf weist einen Bohrdurchmesser von 11.52 m auf und wurde durch die Firma Robbins zusammen mit dem Hauptlager, den Getrieben und Antriebsmotoren ursprünglich für den Bau des Heitersbergtunnels geliefert. Es war eine konventionelle Tunnelbohrmaschine mit etwas geringerem Durchmesser. Die 72 Meisselrollen mit 33 cm Durchmesser sind im Bohrkopf halb versenkt angeordnet. Die Heitersbergmaschine war damals die erste Maschine, bei welcher die Meisselrollen von hinten gewechselt werden konnten. Zehn Elektromotoren mit je 100 PS Leistung drehen den Kopf mit zwei Umdrehungen pro Minute.

Die Schildlänge beträgt mit dem Schildschwanz 6.35 m. Die Bohrmaschine ist im Schild hydraulisch verschiebbar gelagert, die Vorschubkraft der 25 Schildpressen wird dabei über einen Druckring auf die Betontübbings übertragen.

Hinter der Antriebseinheit des Bohrkopfes angebaut ist der einarmige Erektor. Die Betonelemente werden durch zwei dicke Bolzen, welche radial ausfahren und in entsprechende Aussparungen der Tübbings passen, gefasst und gehalten. Die drei Gewölbeelemente wiegen je 5 t, die beiden Sohlelemente je 8.33 t und der Schlussstein 0.5 t. Der Armierungsgehalt beträgt 76 kg/m³ Beton.

Im Nachläufer I befinden sich alle elektrischen und hydraulischen Hilfsausrüstungen, wie sie zum Antrieb einer Vollschnittmaschine und eines Schildes notwendig sind. Auf dem Nachläufer I aufgelegt ist der Nachläufer II in Form einer 72 m langen Brücke. Tragendes Element ist ein Stahlrohr mit 3 m Durchmesser. Im Rohr läuft eine Krananlage, die den gesamten Nachschub nach vorne bringt; mengenmässig am wichtigsten sind die Betontübbings. Dazu kommen aber auch der Feinkies und der Mörtel für die Hinterfüllung zwischen Tübbings und Fels sowie die Meisselrollen, alle Ersatzteile und Betriebsmittel. Beidseits des Rohres befinden sich die Werkleitungen, das Förderband und ein Laufsteg. Unter dieser Konstruktion hängt ein Portalkran, der die ganze Arbeitsfläche bestreichen kann und der vor allem für den Einbau der Entwässerungsleitungen benötigt wird. Der freie Arbeitsraum, der für die Erstellung der Gleispiste unter der 72 m langen Brücke zur Verfügung steht, ist 57 m lang. Das hintere Ende des Nachläufers II stützt sich ab auf den Nachläufer III.

Hauptbestandteile des Nachläufers III sind fünf Ausbruchsilos à je 25 m³ Inhalt, entsprechend der Kapazität der Kiruna Grossdumper. Das Förderband kann über den Silos teleskopierend verschoben wer-

Tunnelbohrmaschine mit Erektor

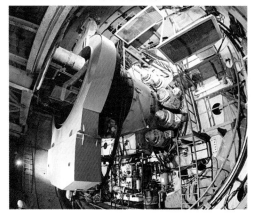

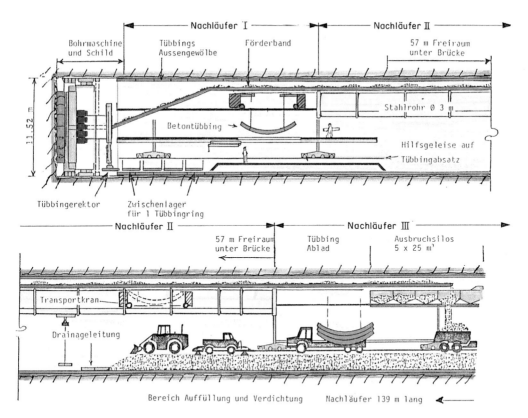

Schildtunnelbohrmaschine mit Nachläufer

den. Die Dumperfahrer erkennen durch entsprechende Signallampen, unter welchen (vollen) Silo sie fahren müssen.

Vortriebsbetrieb

Der Arbeitsvorgang besteht aus zwei Phasen: Bohrvortrieb und Versetzen der Aussenverkleidung. Daneben verläuft der Einbau des Gleisunterbaus ungestört und durchgehend.

Bohren

Die Tunnelbohrmaschine bohrt pro Arbeitsschritt 1.20 m. Da die Vorschubkraft über die Schildpressen auf das Tübbing-Aussengewölbe übertragen wird, ist während der Bohrarbeit das Versetzen der Beton-Elemente nicht möglich. Das Bohrklein wird durch die 16 Schöpfbecher am Umfang des Bohrkopfes aufgenommen und fällt oben auf das in der Mitte liegende Maschinenband.

Über die Bandstrasse gelangt das Material durch die Nachläufer I und II in einen der fünf Silos auf dem Nachläufer III, wird dort von Kiruna-Grossdumpern übernommen und auf die Deponie im Freien geführt. Pro Vorschub werden jeweils neun Silos bzw. Fahrzeuge gefüllt und weggeführt.

Während dem Bohren werden die Beton-Tübbings auf zwei Spezialchassis herangeführt. Direkt neben dem Ausbruchverlad im Nachläufer III wird Stück um Stück von der Transportkrananlage aufgezogen, durch das Längsrohr des Nachläufers II zum Nachläufer I gebracht und dort durch einen Schacht ins Unterdeck abgelassen. Die Elemente werden hier durch eine Hängekrananlage übernommen, nach vorn gefahren, um 90° gedreht und direkt hinter dem Erektor abgesetzt. Bis der Bohrschritt beendet ist, liegen alle Teile für den nächsten Ring bereit.

Wenn sich die Tunnelbohrmaschine beim Bohren vorwärtsbewegt, wird der Schild- 358 schwanz hinter der Aussenverkleidung herausgezogen. Es entsteht dadurch ein Ringspalt von unten 5 cm, seitlich 11 cm und im Scheitel 17 cm. Diese Masse ändern etwas in Abhängigkeit vom Verschleiss der Meisselrollen. Damit der lose zusammengefügte Tübbingring in korrekter Lage stehen bleibt, wird in den unteren 40 % des Umfangs laufend Mörtel eingepresst. Im Oberteil wird Kies Ø 8 – 16 mm eingeblasen. Dadurch entsteht einerseits eine genügende Stützwirkung für die Tübbings und anderseits kann zumindest ein Teil der eventuell zu erwartenden Quellwirkung der Molasse ohne übermässige Belastung des Aussenrings aufgenommen werden. An speziellen Stellen werden die Hohlräume des Kiesskelettes nachträglich mit Zementmilch ausinjiziert.

Versetzen des Aussengewölbes

Wenn der 1.20 m-Schritt fertig gebohrt ist, wird der Bohrkopf-Antrieb abgestellt und die Schildpressen ziehen den Druckring ein. Der Erektor versetzt den aus fünf Teilen plus Schlussstein bestehenden Ring im 1.40 m breiten Raum zwischen dem letzten Ring und dem eingezogenen Druckring. Zunächst werden die beiden Sohlemente versetzt, es folgen die beiden Gewölbeteile links und rechts, die provisorisch durch je einen ausschwenkbaren Arm gestützt werden. Dann wird das Scheitelelement oben in der Mitte eingefahren und durch den Erektor in der Soll-Lage festgehalten.

Durch Spreizen der zwei Sohlelemente mit Hydraulikpressen werden alle Elemente zu einem tragenden Ring zusammengeschoben, und der unten entstandene Zwischenraum wird mit dem Schlussstein gefüllt. Die beiden Fugen links und rechts vom Schlussstein sind gerade, die übrigen vier Fugen gelenkpfannenartig ausgebildet, wodurch eine automatische Zentrierung erfolgt. Mit den Vorschubpressen und dem Druckring kann der zusammengefügte Tübbingring an die stehende Verkleidung geschoben werden. Anschliessend wird der nächste Schritt gebohrt.

Durchlaufende Tätigkeiten

Praktisch unabhängig vom Vortriebsbetrieb werden unter dem Nachläufer II die

Arbeiten für die Erstellung der Gleispiste ausgeführt. Zuvorderst werden die Längsdrainage und wo nötig Querdrainagen mit Hilfe des Portalkrans verlegt, dann zunächst Drainagekies und darüber Wandkies lagenweise eingebaut und gründlich verdichtet. Eine Auffüllung mit Ausbruchmaterial hätte den hohen Anforderungen für die Gleisbettung nicht genügt. Um durch den Baustellen-Fahrbetrieb die erreichte Verdichtung nicht wieder zu zerstören und auch um dauernd eine unterhaltsarme Fahrbahn zu haben, wurde laufend eine Schutzschicht von 7 cm Heissmischtragschicht eingebaut.

Erreichte Leistungen

Einleitend muss festgehalten werden, dass die zum Schutz der Anwohner erlassenen Lärmschutzvorschriften den Vortriebsbetrieb auf die Zeit von 06.00 bis 22.00 Uhr beschränkten, d.h. auf maximal 16 Stunden. Es wurde im allgemeinen zweimal 9 Stunden gearbeitet, wobei in den Randstunden Unterhaltsarbeiten ohne Lärmemissionen ausgeführt wurden. Da anfänglich die Arbeiten der Nachbarunternehmung im Bahnhof Stettbach noch im Gange waren, mussten die Transportfahrzeuge die Dübendorfstrasse à Niveau kreuzen, so dass in den ersten elf Wochen nur einschichtig gearbeitet werden konnte.

Es wurden rasch gute Leistungen erreicht, weil ein wichtiger Teil der Belegschaft vom eben beendeten Gubristtunnel übernommen werden konnte. Die 4356 m Tunnel waren in 18 Monaten gebohrt. Folgende Leistungen wurden für Vortrieb, Aussengewölbe und Gleispiste erreicht:

Tagesdurchschnitt	11.86 m
Bester Tag	18.00 m
Beste Woche (5 Tage)	80.40 m
Bester Monat (22 Tage)	345.60 m

Reine Bohrpenetration der
Vollschnittmaschine:
Gesamtmittel 1.33 m/Betriebsstunde
2.21 cm / Minute
1.10 cm / Umdrehung
(bedeutet 55 Min. für einen 1.20 m-Schritt)
Spitzenleistung 2.06 m/Betriebsstunde
3.43 cm / Minute
1.70 cm / Umdrehung
(bedeutet 35 Min. für einen 1.20 m-Schritt)

Abschnitt m	Weiche Tonmergel 100–200 kg/cm²	Harte Mergel Siltstein 200–500 kg/cm²	Harte Sandsteine 200–100 kg/cm²	Vortriebs-schichten	Betriebs-stunden TBM
0– 274	26 %	60 %	14 %	49	227
274– 565	24 %	53 %	23 %	33	183
565– 885	23 %	52 %	25 %	50	222
885–1440	26 %	42 %	32 %	74	363
1440–1915	24 %	43 %	33 %	67	326
1915–2256	15 %	43 %	42 %	54	257
2256–2578	26 %	24 %	50 %	50	257
2578–3100	28 %	25 %	47 %	83	464
3100–3492	24 %	36 %	40 %	58	347
3492–3840	22 %	38 %	40 %	50	295
3840–4355	17 %	39 %	44 %	70	349

Freundlicherweise hat uns Herr Felber von der Geologengemeinschaft Locher/Halter/Wyssling seine Aufnahmen (oben, linke 4 Kolonnen) zur Verfügung gestellt. Sie sind hier ergänzt durch die Leistungsbeobachtungen der Unternehmung (Tabelle oben). Für die ganze Vortriebslänge wurden 400 Meisselringe verbraucht oder durchschnittlich alle 10 m ein Ring. Auf das Ausbruchvolumen verteilt ergibt das einen Ring auf 1050 m³ Material.

Die durchschnittliche Aufteilung der Arbeitszeit auf die verschiedenen Tätigkeiten in Prozent:
- Bohrvortrieb   53,3 %
- Tübbing versetzen   16,4 %
- Meisselwechsel, Unterhalt   20,9 %
- Verlustzeit Lagerwechsel   5,8 %
- Verschiedene Unterbrüche   3,6 %

(vor allem am Ende, Wartezeiten wegen langer Transportstrecken)

Ein Hauptlagerschaden ereignete sich beim Vortriebsstand von 2 789 m; er wurde verursacht durch einen Montagefehler im Werk des Lieferanten. Der Lagerwechsel im Tunnel führte zu einem Stillstand von 4 Wochen (40 Vortriebsschichten). Dank guter vorsorglicher Wartung lag der Verlust für technische Pannen im übrigen unter 0.5 %.

Betonierung des Innenringes

Vorgeschichte

Im Rahmen der Vertragsverhandlungen zwischen den SBB und der Arbeitsge-meinschaft Zürichbergtunnel konnte das Bauprogramm wesentlich entflochten werden: Die Betonarbeiten am Innengewölbe mussten erst nach erfolgter Demontage von Tunnelbohrmaschine / Schild in Angriff genommen werden. Dies ermöglichte einen praktisch gleichbleibenden Personalbestand während der Ausbruchphase. Die Ventilation mit Lutten Ø 2000 mm und 2500 mm konnte nach dem Durchschlag demontiert und durch eine Umlauflüftung mit Luftansaug im Schacht St. Antonius ersetzt werden. Als Folge dieser Programmänderung mussten vier statt zwei Schalungen sowie zwei Schalwagen beschafft werden, um die vereinbarten Termine einhalten zu können.

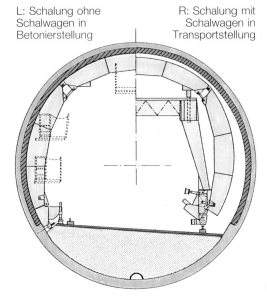

L: Schalung ohne Schalwagen in Betonierstellung   R: Schalung mit Schalwagen in Transportstellung

Fahrmischer vor Betonpumpe

Installationen

Die Betonanlage der Tübbingfabrik (TEKA Zwangsmischer 1000/750 lt, PC-Silo 50 t, Kiessilos 100/50 m³) wurde umgebaut, so dass die Betonfahrmischer direkt beladen werden konnten. Für den Betontransport wurden auf die drei vorhandenen Dumper Engström-Nilsson EN 666 B, Liebherr Mischtrommeln Typ HTM 604-S (6 m³) mit Separatmotor aufgebaut. Die neu beschaffte Schwing-Autobetonpumpe BPL 650 R auf Mercedes-Chassis mit einem Tunnelverteilermast TVM 16-13-125 hat die gut 30 000 m³ Beton ohne nennenswerte Probleme gefördert. Bei der Sacma Milano wurden vier Gewölbeschalungen R = 5.12 m, Länge 10.0 m beschafft. Die Anlieferung erfolgte im Dezember 1986. Im Januar 1987 baute man in der Tübbingfabrik die einzelnen Segmente (total 72 Stück) zu Ringen (Ulm-First-Ulm) zusammen; dabei wurden vom Lieferanten die Gelenke eingebaut und justiert (siehe Abbildung Seite 360). Aus vorhandenen Beständen baute die Baustelle zwei Schalwagen um, so dass sie in Höhe und Spurweite (6.20 m) den Bedürfnissen des Zürichbergtunnels entsprachen.

Beton

Mit einer Betonkiesmischung des Kieswerkes Hüntwangen sowie normalem Portlandzement von Rekingen wurde die Betonrezeptur zusammengestellt. Pro Kubikmeter Beton wurden 300 kg Zement dosiert; es kamen keine Betonzusatzmittel zum Einsatz. Zur Verbesserung der Pump-

barkeit des Betons wurde der Korndurchmesser 4 – 8 mm praktisch eliminiert. Die Erwartungen bezüglich Frischbetoneigenschaften, Pumpbarkeit sowie Endfestigkeiten wurden voll erfüllt und von den laufend durchgeführten Kontrollen bestätigt.

Betonierung

Die erste Betonieretappe wurde beim Schacht St. Antonius am 24. Februar 1987 ausgeführt.

Auf den ersten Metern erschwerten zusätzlich eine Kurve R = 700 m und eine Vertikalausrundung die übliche Anlernphase. Doch bereits Ende April 1987 wurden täglich 30 m¹ (ca. 200 m³ Beton) betoniert.

Der weitere Verlauf ist nachstehend aufgeführt:

1000 m¹ betoniert am	12. Mai 1987
Halbzeitstand erreicht am	7. Juli 1987
3000 m¹ betoniert am	13. August 1987
Schlussetappe betoniert am	14. Okt. 1987

Als optimal hat sich ein Rhythmus von 30/40/30/40/30 = 170 m¹ pro Woche ergeben, ohne dass dabei nach 22.00 Uhr (Lärm im Freien) noch betoniert werden musste. Im September 1987 wurde mit 730 m¹ Verkleidung die Spitzenleistung erzielt. Die Schalungen wurden im Bahnhof Stettbach für die Demontage vorbereitet. Gleichzeitig begann der letzte Arbeitsgang bei der Erstellung des Zürichbergtunnels, die Betonierung der Gleistragplatte.

Betonierung im Bereich von Unterhaltskammern

Teilprojekt 7:
Projektierung des Bahnhofs Stettbach

Hans Rudolf Stierli

Situation, Randbedingungen

Der «Teilprojekt 7, Stettbach» genannte Abschnitt der S-Bahn liegt zwischen dem bergmännisch erstellten Zürichbergtunnel und dem Viadukt Neugut und umfasst neben dem grösstenteils unterirdisch angelegten Bahnhof den überdeckten Abschnitt zwischen Bahnhof und Felsportal Zürichbergtunnel und eine im Einschnitt geführte Teilstrecke nördlich des Bahnhofs. Dieses Teilprojekt ist rund 900 m lang – davon 425 m überdeckt – und verläuft entlang der Stadtgrenze Zürich/Dübendorf westlich des Weilers Stettbach.

Der zentrale Abschnitt des Bahnhofs hat einen Mittelperron mit zwei Treppenaufgängen sowie einer Liftverbindung und liegt direkt unter der Endstation der neuen VBZ-Tramlinie Hirschwiesen – Schwamendingen – Stettbach.

Im 320 m langen Perronbereich bedingen Treppen und Lift eine Vergrösserung des Gleisabstandes bis auf 12 m. Die Gleise werden über der Betonbodenplatte der Station Stettbach ohne Schotterbett verlegt.

Während das Bahntrassee vom Viadukt Neugut her gegen das Portal des Zürichbergtunnels mit einem Gefälle von 2 bis 25 Promille zunehmend an Höhe verliort, steigt das natürliche Gelände am Fusse des Zürichbergs in gleicher Richtung an. So liegt die Terrainoberfläche im überdeckten Abschnitt zwischen 8 m und 19 m über den Gleisen.

Der Baugrund im Bereich von Stettbach ist durch die wechselvollen erdgeschichtlichen Geschehnisse während und nach der letzten Eiszeit geformt worden. Gegen Süden steigt die Oberfläche der Molasse an und liegt beim Portal des Zürichbergtunnels nur 11 m unter der Terrainoberfläche. Die Fundationen des Abschnitts Stettbach ruhen auf folgenden Bodenschichten unterschiedlicher Lagerungsdichte: die ersten 80 m ab Portal Zürichbergtunnel harter Molassefels, dann 50 m dicht gelagerte Grundmoräne und auf über 400 m Länge wenig tragfähige, vorwiegend feinkörnige Sedimente oder locker gelagerte Kiessande.

Der Grundwasserhorizont steigt wie das gewachsene Terrain gegen Süden an. Ein

Station Stettbach im Bau

Abschnitt von rund 100 m Länge ab Portal Zürichbergtunnel gehört noch zur Hangwasserzone des Zürichbergs. Hier liegt der Wasserspiegel bis 7 m über dem Bahntrassee. An den kurzen Bereich mit Hangwasser schliesst die Grundwasserzone des Glattals an. Hier kann der Grundwasserspiegel auf Koten zwischen 0.7 m und 8 m über Schienenhöhe ansteigen.

Im Gegensatz zu den S-Bahn-Strecken auf dem Gebiet der Stadt Zürich mit stark erschwerenden Randbedingungen durch Strassen, Hochbauten und ein dichtes Kanalisationsnetz liegt die Station Stettbach grösstenteils in der Landwirtschaftszone.

Als Hindernisse im geplanten Bahntrassee waren die Dübendorfstrasse, eine Gas-Fernleitung und der Sagentobelbach über die Baustelle und das Bauwerk hinwegzuführen.

Eine besondere Aufgabe erhielt die im Rohbau fertiggestellte Station Stettbach im Zusammenhang mit dem Bau des Zürichbergtunnels. Der Abschnitt Stettbach wurde gegenüber dem ursprünglichen Bauprogramm vorgezogen, um eine grösstenteils unterirdische Erschliessung der Baustelle des Zürichbergtunnels bereitzustellen. Der mit der Fräse ausgeschnittene Tunnelaushub – total rund 300 000 m³ Molassefels – konnte dadurch unterirdisch mit einem Minimum an Lärmimmissionen weggeführt und zur Schüttung eines Hügels im Gebiet der landschaftlich neu gestalteten Stettbacherwiese verwendet werden. Auch der Transport der vorfabrizierten Tübbinge zur Baustelle im Zürichbergtunnel erfolgte über die provisorische Strassenpiste im Tunnel der Station Stettbach.

Erdbau, Baugrube

Aufgrund der geologischen Bodenuntersuchungen und mit Rücksicht auf die mögliche Landbeanspruchung konnte ab Losgrenze beim Übergang zum Viadukt Neugut auf über 500 m Länge die Baugrube mit abgeböschten Wänden (2:3) ausgeführt werden.

Auf Seite des Zürichbergtunnels wurden im Abschnitt mit Hangwasser über der

Baugrube mit Hilfsbrücken Dübendorfstrasse

Felsoberfläche und im Bereich der Grundwasserzone mit wasserführenden Lockergesteinschichten vertikale Baugrubenabschlüsse mit verankerten Spundwänden und Rühlwänden ausgeschrieben.

Die teilweise unterhalb des aktuellen Grundwasserspiegels liegende Baugrubensohle konnte mittels Sickerleitungen und 2 bis 3 m tiefen Filterbrunnen entwässert werden.

Zur Sicherung gegen Überflutung der Baugrube wurde zwischen dem Sagentobelbach und dem parallel verlaufenden Bahntrassee ein Hochwasserschutzdamm aufgeschüttet.

Da die Fundation der Station Stettbach im Bereich der Hangwasserzone auf 50 m Länge im Molassefels eingebettet ist, sind zur Erleichterung der Grundwasserzirkulation unter der Bodenplatte auf zweimal 5 m Breite und 1.5 m Höhe durchlässige Kiesschichten eingebaut worden.

Gegen einen möglichen zukünftigen Anstieg des Grundwassers schützen Sickerleitungen längs der Aussenwände der Station Stettbach. Die Höhenlage der Sickerleitungen variiert von 1 m über Schienenhöhe beim Portal des Bahnhofs bis 12 m beim Anschluss an den Zürichbergtunnel.

Tragkonstruktionen

Der Grundwasserspiegel kann im Bereich der Station Stettbach auf eine Länge von 500 m über Schienenhöhe ansteigen. Deshalb ist die das Bahntrassee umschliessende Tragkonstruktion als geschlossener Kastenquerschnitt, bzw. im kurzen offenen Abschnitt als Wanne ausgebildet worden.

Pfeiler und Wände im Bau

Im Hinblick auf die gewünschte hohe Bauwerksqualität wurde eine massive, wenig gegliederte Stahlbetonkonstruktion gewählt.

Der erste, rund 105 m lange Abschnitt im Anschluss an das Portal des Zürichbergtunnels mit einer lichten Breite von 10 – 11.6 m weist keine Zwischenabstützung auf. Da in diesem Abschnitt noch vor dem Bau der Wände die Bohrmaschine mit Nachläufern für den Zürichbergtunnel bereitgestellt werden musste, konnte über dem Bahntrassee nicht auf übliche Art geschalt werden. So wurde die Decke als Verbundkonstruktion aus Spannbeton-Hohlkastenträgern und Ortsbeton entworfen.

Im Bereich der grössten Erdüberdeckungen von 6 – 10 m Höhe ist über der Verbunddecke auf 65 m Länge ein Sonderschutzraum des Kantons Zürich mit Fahrzeugeinstellhalle errichtet worden. Auch der Sonderschutzraum liegt unter einer 2 m starken Erdüberdeckung. Das Ende dieses Abschnitts bildet eine Luftschwallöffnung für den Zürichbergtunnel mit einem Querschnitt von 8 m x 11.5 m.

Im zweiten, 28 m langen Abschnitt bis zum südlichen Perronende mit Erdüberdeckungen bis 4 m konnte infolge des grösseren Gleisabstandes eine Mittelwand angeordnet werden. Diese Wand ist 50 m stark und in Abständen von 6 m durch Öffnungen von 4 m Länge unterbrochen. Der Tunnelquerschnitt ist hier bei einer lichten Breite von 10 – 12 m rund 9 m hoch.

Der anschliessende zentrale Stationsbereich, d.h. der eigentliche Bahnhof Stettbach, ist 320 m lang und erstreckt sich bis über das Tunnelportal Stettbach hinaus. Ein etwa 1 m hoher und relativ breiter Unterzug auf scheibenförmigen Pfeilern bildet die Mittelabstützung. Die Pfeiler mit kreisrunden Stirnflächen sind in Abständen von 10 bis 12 m angeordnet. In der Mitte des Bahnhofs verbinden ein breiter Treppenaufgang, eine Rolltreppe und ein Lift die unterirdischen Perrons mit der Fussgängerebene der Tram- und Busstation Stettbach. Die Tram- und Busstation ist überdacht. Das 1100 m² grosse Dach in Stahlkonstruktion stützt sich auf zwei verlängerte Pfeiler und den Liftschacht der Station Stettbach ab. Ein weiterer Treppenaufgang befindet sich rund 100 m südlich der Tramendstation.

Die Tunneldecke der Station Stettbach über dem südlichen Teil der Perronanlage ist auf rund 70 m Länge nicht nur für hohe Erdauflasten, sondern alternativ auch für die Stützenlasten einer geplanten, aber bis heute noch nicht realisierten P+R-Anlage für 370 Autos bemessen worden. Die Gestaltung des ganzen Bahnhofbereichs einschliesslich Treppenaufgang Süd, Dach über Tramendstation und Tunnelportal Stettbach oblag einem Architekten.

Im unterirdischen Teil des Bahnhofs beträgt die lichte Höhe der Betonkonstruktion ab OK Perron 5.8 m, die Breite variiert zwischen 12.4 m und 17.2 m. Das Perronende liegt 30 m ausserhalb des Tunnelportals im offenen Abschnitt mit wannenartiger Betonkonstruktion. Diese Wanne ist 100 m lang und schützt das Bahntrassee gegen Überflutung durch Grundwasser.

Isolation der Station Stettbach gegen Grundwasser

Da der Tunnel unter Bahnbetrieb gut durchlüftet wird, konnten die Anforderungen an die Dichtigkeit der dem Grundwasser ausgesetzten Bodenplatten und Wände auf einen guten Schutz gegen Durchtritt von Wasser beschränkt werden. In Übereinstimmung mit der Oberbauleitung der SBB wurde daher anstelle einer aufwendigen elastischen Isolation eine starre Isolation in sogenannten «Wasserdichtem Beton» gewählt. Unter dem Begriff «Wasserdichter Beton» versteht man einen relativ dichten Stahlbeton mit Rissbreiten unter 0.2 bis 0.3 mm. Dieses Konzept lässt sich 364 bei dickwandigen, rechteckigen Kasten-querschnitten, wo Bodenplatte und Wände kaum in einem Arbeitsgang betoniert werden können, nicht ohne weiteres ver-wirklichen. Aus ausführungstechnischen Gründen sind in Stettbach die Bodenplatte und die anschliessenden Wände in relativ grossem zeitlichem Abstand nacheinander erstellt worden. Bei den statisch erforderli-chen Wandstärken von 70 cm bis 120 cm führt dieser Bauvorgang jedoch häufig zu klaffenden vertikalen Rissen im unteren Wandbereich. Die beim Betonieren der Wände entstehende grosse Abbindewär-me bewirkt eine beträchtliche Temperatur-erhöhung im Wandbeton. Beim nachfol-genden Abkühlen behindert die bereits alte Bodenplatte die spannungsfreie Verkür-zung der Wand in Längsrichtung. Daraus resultieren Betonzugkräfte, welche bei jun-gem, noch wenig zugfähigem Beton zu breiten vertikalen Rissen führen können.

Trotzdem versuchte man durch gezielte Anstrengungen hinsichtlich Betonnachbe-handlung, Betonqualität und Rissarmie-rung das Entstehen von Spaltrissen zu verhindern. Folgende Massnahmen wur-den getroffen:

• Nachbehandlung des Wandbetons (Wärmeisolation der Oberflächen zur Ver-zögerung der Abkühlung): Stehenlassen der Schalung während zehn Tagen.
• Gute Betonqualität: In Zusammenarbeit mit der EMPA, Dübendorf, sind Vorversu-che angestellt worden, um die gewünsch-ten Betoneigenschaften (dichter, schwind-armer, gut verarbeitbarer Beton) zu errei-chen. Am Ende einer Reihe von Versuchen ist folgendes Betonrezept festgelegt wor-den:

Zementdosierung		250 kg/m³
Hochofenflugasche		50 kg/m³
Hochleistungsverflüssiger		2.5 kg/m³
Kiessand 0 – 50 mm	0 – 4 mm	28 %
	4 – 8 mm	17 %
	8 – 16 mm	22 %
	16 – 32 mm	22 %
	32 – 50 mm	11 %
Wasserzement-faktor		0.43 – 0.47 auf 300 kg

• Längsarmierung in den Wänden: Auf den untersten zwei Metern ab OK Boden-platte wurden beidseitig je zwei Lagen

Ø 16 a = 20, versetzt eingelegt; von zwei bis vier Meter Wandhöhe entsprechend eine Lage Ø 16 a = 15 und darüber Ø 14 a = 20.

Der Bau der Station Stettbach

Erdbau, Baugruben

Die Erdarbeiten, d.h. der Baugrubenaus-hub mit einem Volumen von 160 000 m³ begannen im Sommer 1983 und waren durch einen trockenen, schönen Herbst und – im Gegensatz zum folgenden Jahr – einen milden Winter begünstigt. Wo die Spundwände im Molassefels verankert werden mussten, wurde zur Auflockerung der harten Molasse ein Bohrloch Ø 50 cm in den Fels hinuntergetrieben. Vorgängige Versuche mit einem ausländischen Sprengverfahren waren fehlgeschlagen.

Am südlichen Ende des Abschnitts Stett-bach nahe dem Felsportal lag die Aushub-sohle bis 11 m unter der Molasseoberflä-che. Hier wurden die Rühlwandträger zirka 2 m tief im Molassefels eingebunden. Die angeschnittenen hohen Molassewände wurden nicht nur mit Felsnägeln, sondern auch durch lange Spannanker gesichert, da infolge tiefliegender Gleitschichten mit dem Abgleiten ganzer Felspartien gerech-net werden musste (sogenannter «Schub-ladeneffekt»).

Nach Abschluss der Rohbauarbeiten sind die den Grundwasserdurchfluss ein-schränkenden Spundwände gezogen, d.h. entfernt worden.

Tragkonstruktionen

An die Rohbauarbeiten wurden hohe quali-tative Ansprüche gestellt, nicht nur hin-sichtlich der Wasserdichtigkeit bei Boden-platten und Wänden. Bei den Treppenauf-gängen mit zylindrischen und kegelstumpf-förmigen Betonoberflächen hatten die Schaler schwierige Aufgaben zu lösen, und der schotterlose Bahnoberbau ver-langte sehr genaues Einhalten der Masse und Koten der Bodenplatte.

Das gedrängte Bauprogramm erlaubte es nicht, die Wandschalungen (zur Nachbe-handlung der frischen Betonoberfläche) zehn Tage lang stehen zu lassen. Stattdessen wurden auf Vorschlag des Unternehmers die Wandschalungen 48 Stunden nach dem Betonieren entfernt und sofort durch dampfdichte, wärmeisolierende Kunststoffplatten ersetzt. Die Kunststoffplatten waren an fahrbaren Gerüsten befestigt.

Sowohl die Resultate der Betonprüfungen als auch die ausgeschalten Betonoberflächen lassen darauf schliessen, dass das Konzept zur Sicherung der Betonqualität richtig war und dass der Bauunternehmer gute Arbeit geleistet hat. Auf den Wandflächen sind auch heute noch nur ganz vereinzelt feine Haarrisse (Rissbreite ~ 0.1 mm) zu erkennen. Das gilt auch für die nicht ebenen, architektonisch gestalteten Betonoberflächen.

In der Rückschau zählt das «Teilprojekt 7, Stettbach» für die projektierenden Inge-

Rühlwand im Januar 1985

nieure und Konstrukteure wie auch für die Bauleitung zu den besonders schönen Aufträgen. Zum positiven Berufserlebnis beigetragen hat nicht nur die vielseitige, interessante Aufgabenstellung, sondern auch die gute Zusammenarbeit mit dem Bauunternehmer und dem Architekten und die Unterstützung durch die Oberbauleitung der SBB (Projektleiter H.-R. Müller).

Architektur und Kunst in der Station Stettbach

Ueli Roth

Bei der Planung der S-Bahn Zürich war an der Grenze der Städte Zürich und Dübendorf, im Portalbereich des Zürichberg-Tunnels, von einer «Haltestelle» die Rede; nach den Trasseeverschiebungen von S-Bahn und Endstation des neuen «Trams Schwamendingen» spricht man heute bei den SBB von der «S-Bahn-Station», bei den VBZ vom «Bahnhof Stettbach»: SBB und VBZ besitzen hier einen neuen, gemeinsamen Knotenpunkt mit übereinanderliegenden Perronanlagen.

Was als Wortspielereien gelten könnte, reflektiert in Wirklichkeit die Unsicherheiten bezüglich der Bedeutung dieser Anlage und dieses Gebietes, das vor Baubeginn eine Wiese im Freihaltegebiet zwischen den beiden Städten war.

Der Umfang der gestalterischen Herausforderung zeigte sich, als es galt, auch die Haltestellen von drei Regionalbuslinien, re-

Portalbereich des Zürichbergtunnels

gionale Fahrradwege mit Abstellmöglichkeiten, regionale Fussweganknüpfungen, Anschlüsse an das regionale und an das Nationalstrassennetz und eine Park- und Ride-Anlage zu einer betrieblichen Einheit zu planen und in eine Landschaft zu integrieren, die immer noch als Freihaltezone und Grüngürtel zwischen den beiden Städten gilt.

Die Mittel der Landschaftsplanung – Erdwälle als Sicht- und Schallschutz, naturnahe Bepflanzung usw. – suchen dieser widersprüchlichen Zielsetzung, die nur aus der langen, der eigentlichen Bauprojektierung vorausgegangenen Orts- und Regionalplanungsgeschichte erklärlich ist, gerecht zu werden. Aber die Gestaltungsmittel des Architekten und schliesslich des Künstlers wurden kompromisslos in den Dienst der Funktion eines wichtig gewordenen Verkehrsknotenpunktes gestellt, einer Verkehrsdrehscheibe, welche eines der drei grossen Arbeitsplatzpotentiale von Zürich-Nord (neben dem Industriegebiet Oerlikon und dem Oberhauserried) im angrenzenden Dübendorfer Industriegebiet direkt erschliesst.

Zur Architektur

Die grundrisslich bananenförmige S-Bahnstation mit einem Mittelperron weist flache Sichtbetonwände und eine durch einen Längs-Unterzug geteilte Betondecke auf; letztere wird von längs-runden Betonsäulen gestützt, welche zur Aufnahme aller erforderlichen Geräte – wo notwendig – quer in zwei Hälften geteilt sind. Diese Zwischenräume für Feuerlöschposten, elektrische Unterstationen, Kabelaufstiege in das über dem Portal in einem Erdwall liegende Betriebsgebäude der SBB, Telephonnischen usw. sind, wie der Liftschacht zur darüberliegenden VBZ-Ebene und Maschinen- und Putzräume unter den Treppen, mit farbig emaillierten Blechen oder solchen aus Chrom-Nickelstahl verkleidet.

Anschlussöffnung an VBZ-Ebene, Rohbau

Freistehende Säulen mit Aufbauten
vor dem Stations- und Tunnelportal

Den beiden Treppenöffnungen – eine davon für zwei Rolltreppen – wurde die Form umgekehrter Trichter gegeben, um möglichst viel natürliches Licht aus den beengten Verhältnissen innerhalb der VBZ-Tram-Endschleife auf die SBB-Ebene zu gewinnen.

Diese «Trichter» werden einerseits vom Sichtbeton der 70 cm dicken Bahnhofdecke gebildet, anderseits wird diese Geome-

trie von den Stahlprofilen der Hängedecke nach unten fortgesetzt und durch die in letztere eingelegten Rauchschürzen verstärkt.

Diese Hängedecke aus 110 t Stahl-Hohlprofilen und 1700 m^2 gelochten Blechplatten prägt das Erscheinungsbild der S-Bahnstation Stettbach unverwechselbar gegenüber allen anderen Bahnhöfen. Ihre Form wurde bestimmt durch ihre Funktion als Träger akustischen Absorptionsmaterials, der Beleuchtung über den hellen Perronkanten aus Ortsbeton, der Verkabelungen, der Publikums-Informationssysteme

Detail der Stahl-Hängebrücke

Oberirdische VBZ-Ebene mit
pilzförmiger Stahlüberdachung

Künstlerische Gestaltung der Seitenwände der S-Bahnstation. Künstler: Gottfried Honegger; Ausführung: Architekt Ueli Roth (Bauzustand, noch ohne Beleuchtung)

und der bahnbetrieblichen Einrichtungen. Sie ist das wichtigste Element zur Erhöhung des Publikumskomforts. Den akustischen Bedürfnissen wurde ausserdem durch Absorptionsplatten unter den Perronkanten und im Bereich der Aufgänge über den Gleisen Rechnung getragen.

Der Portalbereich ist Bestandteil der Stationsgestaltung, weil rund 50 Meter des Perrons unüberdeckt sind. Der Perron ist dort zwar nicht überdacht, doch setzen zwei «gespaltene» Säulen mit Stahlaufbauten entsprechend der Geometrie der Stahl-Hängedecke im geschlossenen Stationsbereich die Innenarchitektur ins Freie fort.

Die beiden Rolltreppen, eine feste Treppe und eine einseitig verglaste Liftanlage verbinden die S-Bahnstation mit dem darüber liegenden VBZ- und Regionalbusperron.

Dieser wird überdacht von sechs durch verglaste Oberlichtbänder getrennten Stahlpilzen auf Betonsäulen gleicher Form wie auf der SBB-Ebene, mit Ausnahme eines der «Pilze», der auf den zwei durch beide Ebenen gezogenen Betonsäulen des Liftschachtes ruht.

Im Südbereich der Station führt eine Treppe auf die grosse Wiese südlich der Dübendorfstrasse, die nach der Fertigstellung

des unterirdischen Bahnhofes darüber wieder hergerichtet wurde. Ursprünglich sollte diese Treppe in eine Park- und Ride-Anlage führen, die vorläufig politisch «auf Grund gelaufen» ist. Zur Zeit der Abfassung dieses Berichtes sind Entscheide über das Schicksal dieser Treppe und des ebenfalls für diese unterirdische und wieder zu begrünende Parkieranlage bestimmten Liftschachtes am Südende des SBB-Perrons noch offen. Man spricht von einer provisorischen Veloabstellanlage. Jedenfalls muss die Treppenöffnung und damit die S-Bahnstation Stettbach und der Zürichbergtunnel vor Überschwemmungen durch den Sagentobelbach geschützt werden.

Die Kunst im Bahnhof Stettbach

Das Konzept der «Haltestelle Stettbach» gemäss S-Bahnvorlage war spartanisch: eine leere, lange Betonkiste wie z.B. die SBB-Haltestelle Opfikon. Die Bauherrschaften beider Betriebsebenen und der Stadtrat von Dübendorf liessen sich davon überzeugen, dass eine Milliardeninvestition wie die S-Bahn, die sich auf das rein Technische beschränkt und die Attraktivität der Bahnhöfe für das Benützerpublikum vernachlässigt, ein wichtiges Ziel verfehlen würde.

Neben dem schon beschriebenen, verbesserten Innenausbau der S-Bahnstation

Gestaltung der Seitenwände. Während der Montage eines der emaillierten Plattenfelder auf die Stahl-Unterkonstruktion

Oberirdische VBZ-Ebene mit
pilzförmiger Stahl-Überdachung

und dem ursprünglich auch nicht vorgesehenen und aus verschiedenen Quellen finanzierten, grosszügigen Dach über dem Tram- und Busperron gelang es schliesslich auch, die Mittel für einen wichtigen künstlerischen Beitrag in der S-Bahn-Station, zum Teil aus Kreisen der Dübendorfer Privatwirtschaft und der Stadt Dübendorf, zusammenzutragen. Der früher in New York und heute noch teilweise in Paris tätige Maler Gottfried Honegger, dessen altes Schweizer Atelier in Gockhausen/Dübendorf eben renoviert und ausgebaut wurde, machte einen spontan überzeugenden Vorschlag für die farbige Gestaltung der beiden je 250 m langen Seitenwände.

42 emaillierte Felder oder «Bilder», bestehend aus je 20 emaillierten Metallplatten,

beleben in fein abgestuften Farbabfolgen diese seitlichen Raumbegrenzungen.

Die Zweigeschossigkeit der Plattenfelder entspricht jener des neuen S-Bahn-Rollmaterials, die dynamische Form weist auf die Fahrrichtung der Züge hin. Aus rasch durchfahrenden Zügen sollen sich die Farbfelder zu einem regenbogenartigen Effekt verdichten, welche sich bei haltenden Zügen in die einzelnen Plattenfelder und deren dreieckige Emailplatten auflösen.

Der Richtung Zürich in den Tunnel einfahrende Bahngast erlebt auf seiner Perronseite als Vorahnung der Stadt zuerst blaue, dann rote Farben; wer Richtung Glattal, also ins Freie fährt, wird durch grüne und gelbe Farben darauf vorbereitet.

Welche technischen Probleme solche Grosskunstwerke stellen, mag durch deren Ausmasse angedeutet werden: die 840 emaillierten Platten weisen eine Gesamtfläche von 1360 m^2 und ein Gewicht von 30 Tonnen auf; deren Stahl-Unterkonstruktion wiegt 23 Tonnen. Und die Konstruktion muss den durch die Züge verursachten, schlagartig wechselnden Luftdruckbelastungen dreissig, fünfzig, achtzig Jahre standhalten, und dies bei rund 330 Zügen pro Tag – etwa 100 davon fahren mit 120 km/h in einem Abstand von einem halben Meter zur Seitenwandkunst durch die Station – und mit möglichst wenig Unterhaltsaufwand.

Schon zum Zeitpunkt der Eröffnung der neuen Schwamendinger Tramlinie war es gelungen, die Tram- und Busebene durch einen schönen Brunnen des Bildhauers Roland Hotz zu bereichern.

Der Bau des Bahnhofs Stettbach

Erwin Wehrle

Auf der Grenze zwischen der Stadt Zürich und Dübendorf, im Bereiche des Weilers Stettbach, liegt der neue Bahnhof Stettbach der S-Bahn. Dieses Bauwerk verbindet gleichzeitig den bergmännisch erstellten Zürichbergtunnel mit dem Viadukt Neugut. Der grösste Teil des Bauwerkes ist nach der Fertigstellung nicht mehr sichtbar, es verläuft mehrheitlich unterirdisch. Aus diesem Grund musste auch der Tatsache, dass dieses Objekt in der Übergangszone zwischen dem Hangwasser und der Grundwasserzone des Glattales liegt, besondere Beachtung geschenkt werden. Um eine künstliche Ableitung des Grundwassers zu verhindern, mussten die Sickerleitungen über den höchstmöglichen Stand von 1.20 m über der Bodenplatte verlegt werden.

Für die Ausführung der eigentlichen Betonarbeiten waren zwei Krane erforderlich, die

Armierung Bodenplatte/Wände

dem Baufortschritt entsprechend verschoben wurden. Ein Kran mit 25 m Ausladung, direkt auf die Bodenplatte gestellt, diente dem Bau der Pfeiler und Wände. Der zweite Kran mit einer Ausladung von 45 m, oberhalb der Böschung auf einer Kranbahn montiert, stand speziell für die Erstellung der Fundamentplatte sowie der Decke zur Verfügung. Seine Leistungsfähigkeit war so ausgerichtet, dass problemlos pro Stunde bis zu 40 m³ Fertigbeton eingebracht werden konnten. Für den gesamten Umschlag dieses Fertigbetons, mehrheitlich mit Muldenfahrzeugen angeliefert, waren Doppelumschlaggeräte mit einem Fassungsvermögen von 20 m³ Fertigbeton norwendig.

Die zeitgemäss eingerichteten Unterkünfte mit den Sanitäreinrichtungen für die Arbeiter sowie die notwendigen Magazine konnten bei der Baustelleneinfahrt an der Dübendorfstrasse aufgestellt werden.

Die Ausführung der eigentlichen Betonkonstruktion teilte man in Elemente auf, welche sich wieder in drei Etappen – Bodenplatte, Wände, Decke – ausführen lies-

Gesamtansicht Bahnhof Stettbach

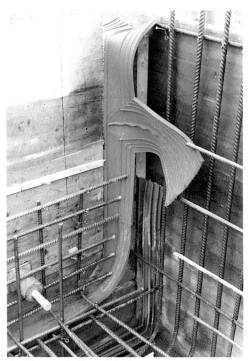

Anschluss mit Fugenbändern

Betonpfeiler

sen. Zwischen dem Erstellen der Bodenplatte und der Wände musste in der Regel ein Unterbruch von drei bis vier Wochen eingehalten werden. Dadurch erreichte man, dass der Hauptschwindprozess bereits im Abklingen war und somit nur noch einen sehr kleinen Einfluss auf die Wandkonstruktion haben konnte.

Auf die Verarbeitung des Betons der bis zu 120 cm starken Bodenplatte hatte man ein besonderes Augenmerk gerichtet. Das Einbringen des Betons mit einem Wasserzementfaktor von 0.43 erfolgte nach den Regeln der Baukunst in Etappen. Dabei achtete man besonders auf das Ineinandervibrieren der einzelnen Schichten innerhalb einer recht komplizierten Armierung und erreichte dadurch auch eine sehr gute Wasserdichtigkeit des Betons.

Die Nachbehandlung des Betons der Bodenplatte, d.h. das Feuchthalten während mindestens vierzehn Tagen, wurde mittels einer Isolationsmatte sichergestellt. Die Wasserdichtigkeit der Arbeits- und Dehnungsfugen konnte durch den Einbau von Innen- und Aussenfugenbändern erreicht werden.

Das Aufsetzen der Wände und Pfeiler auf die Bodenplatte erforderte besondere Sorgfalt. Einerseits musste mit einer möglichst rauhen Oberfläche ein guter Verbund erreicht, andererseits ein möglichst homogener Querschnitt sichergestellt werden. Aus diesem Grund wurde vor dem Einbringen des Betons ein Vorlagemörtel mit Zusatz eingebracht. Beim Betonieren der Wände wirkte sich deren Höhe von bis zu 8 m sehr erschwerend aus. Das Einbringen des Betons erfolgte deshalb mittels Schüttrohren. Dadurch konnte verhindert werden, dass beim Anschluss der Wände

Luftschwallstrich-Entlastung

372

Pfeilerarmierung

Anschluss Tramstation

an die Bodenplatte trotz Vorlagemörtels Kiesnester entstehen. Eine gute Verdichtung des Betons in diesen hohen Wänden konnte nur sichergestellt werden, indem geübte Arbeiter innerhalb der Armierung und Schalung den Beton fachgerecht vibrierten.

Aufgrund des vorgegebenen Terminprogrammes mussten die Wände bereits nach zwei Tagen ausgeschalt werden. Da beim Abbinden des Betons und besonders bei dickwandigen Konstruktionen beträchtliche Wärmemengen frei werden,

Lehrgerüst

welche bei zu schnellem Abkühlen zu unerwünschten Betonzugkräften führen, musste mit einer Zusatzkonstruktion gearbeitet werden. Es wurde eine spezielle zweite Wandschalung konstruiert, welche unmittelbar nach dem eigentlichen Ausschalen aufgebracht wurde. Sie bestand aus wärmeisolierenden und dampfdichten Kunststoffplatten, die an einem speziellen Gerüst befestigt wurden. Die vorgenommenen Prüfungen zeigten, dass es mit diesem Verfahren gelungen ist, eine maximale Betonnachbehandlung der Wände zu garantieren. Die gestellten, sehr hohen Qualitätsanforderungen wurden in jeder Beziehung erfüllt.

Für die Erstellung der Decke wurde eine fahrbare Gerüstkonstruktion gebaut. Dieses Lehrgerüst bestand einerseits aus einzelnen Gerüsttürmen, mit welchen auf die vorhandenen Pfeiler und teilweise Zwischenwände Rücksicht genommen werden musste. Andererseits wurde der Überbau auf Schalungsträgern abgestellt. Die eigentliche Schalung, bestehend aus Elementen, konnte somit nach 20 Tagen abgesenkt und auf Rollenunterlagen verschoben werden. Das Gewicht, welches von

Aufgänge

Aufgänge

dieser Konstruktion aufgenommen werden musste, betrug pro Bauetappe 550 t. Dabei war zu beachten, dass dieses Gewicht nicht gleichmässig, sondern von einer Seite aus beginnend innert sechs bis acht Stunden aufgebracht wurde. In Anbetracht der recht massiven und komplizierten Deckenarmierung mussten Vibrationsnadeln mit den verschiedensten Durchmessern eingesetzt werden. Nur so konnte ein absolut homogener Querschnitt der gesamten Decke gewährleistet werden.

Aufgrund dieser Schilderungen könnte angenommen werden, dass es sich bei den beschriebenen Betonkonstruktionen ausschliesslich um sehr massive Bauteile mit lauter geraden Flächen handelt. Dass dies nicht so ist, zeigt bereits der speziell konstruierte Luftschwall-Entlastungskamin, welcher aufgrund seines Ausmasses und seiner Rundungen eine ganz spezielle Lehrgerüstkonstruktion benötigte, um die runde Schalung aufzunehmen.

Da es sich bei diesem Bauwerk um eine Bahnstation mit direkter Verbindung zur Tramstation handelt, wurden neben einer Rolltreppe auch architektonisch gestaltete, konventionelle Treppen eingebaut. Diese mussten wiederum in mehreren Etappen ausgeführt werden. Die Schalungen für diese Bauteile waren eine Arbeit, welche eigentlich von Schreinern hätte ausgeführt werden müssen, und die feinen Betonkonstruktionen im Innern des Bahnhofes Stettbach waren fast Uhrmacherarbeit. Gute Facharbeiter und ein sehr grosser Aufwand an Arbeitsstunden konnten die Wünsche der Architekten und Ingenieure auch in diesem Bereich befriedigen.

All diese Arbeiten leitete ein qualifizierter und erfahrener Polier. Je nach Stand der Arbeiten wurden 15 bis 20 Maurer, Schaler, Eisenleger und weitere Facharbeiter eingesetzt. Der dabei erzielte Umsatz von ca. 13 Millionen Franken zeigt, dass dieses Bauwerk nur mit sehr grossem personellem Aufwand ausgeführt werden konnte.

Teilprojekt 9:
Submissionswettbewerbe Neugut- und Weidenholz-Viadukt

Vorbereitung, Durchführung, Jurierung

*Dialma Jakob Bänziger und
Max Schellenberg*

Die neue Durchmesserlinie tritt nach dem Zürichbergtunnel und der unterirdischen Station Stettbach im Glattal ans Tageslicht.

Anschliessend überquert sie das Glattal auf dem Neugut-Viadukt in einer Höhe von max. 12 m über Terrain. Hier gabelt sich die Linie ein zweites Mal, und zwar nordwärts Richtung Effretikon-Winterthur und ostwärts Richtung Dübendorf-Uster-Rapperswil. Der nördliche Ast überquert auf dem Weidenholz-Viadukt die Autobahn N1 und das Industriegebiet und mündet in die Station Dietlikon.

Bauaufgabe Neugut-Viadukt

Der Neugut-Viadukt beginnt beim Sagentobelbach, überquert die Überlandstrasse und die Glatt und gabelt sich im Bereich des Fabrikareals Zwicky & Co. AG.

Die eingleisige Abfahrtsrampe nach Dübendorf beginnt ungefähr beim Filtergebäude der Zwicky & Co. AG auf einer Brückenkonstruktion, führt über die Neugutstrasse und unterquert dann auf einem Damm in einer schleifenden Kurve die Hauptbrücke. Die Auffahrtsrampe von Dübendorf beginnt bei der EAWAG als Brückenkonstruktion und mündet ungefähr bei der Waldecke des Burenholzes in die zweigleisige Hauptbrücke. Diese verläuft in nordöstlicher Richtung, überquert die Neugutstrasse und die bestehende Eisenbahnlinie Wallisellen-Dübendorf und erreicht beim Föhrlibuck das Brückenwiderlager.

Die zweigleisige Hauptbrücke wird rund 920 m lang, die beiden Rampenbrücken etwa 600 m und die Rampendämme etwa 260 m. Die Schienenoberkante der zweigleisigen Brücke liegt etwa 9.0 bis 12.0 m über Terrain.

Bauaufgabe Weidenholz-Viadukt

Der Weidenholz-Viadukt beginnt im Aegert, einer Waldecke zwischen Kriesbach-

Situationsplan Neugut-Viadukt

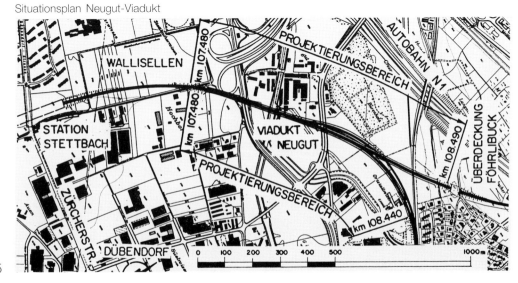

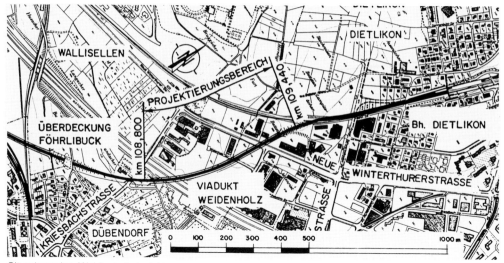

Situationsplan Weidenholzviadukt

strasse und Autobahn, überquert vor dem Werkhof die sechsspurige Autobahn N1 in einem schiefen Winkel und gelangt über das Industriegebiet mit der Erschliessungsstrasse Widenholz zur Winterthurerstrasse. Er überquert diese ebenfalls schiefwinklig vor der Einmündung der Industriestrasse, geht zwischen den Industriegebieten Fluri AG und Hans Fehr AG hindurch auf das Widerlager vor der Einmündung in die Station Dietlikon. Die Brücke wird rund 550 m lang. Die Schienenoberkante liegt etwa 9.0 bis 11.0 m über Terrain. Der Projektierungsbereich umfasst 640 m. Der Weidenholz-Viadukt liegt in einer Industriezone, die jedoch auch noch Wohnungen aufweist.

Problemstellung

Für die Realisierung dieser zwei Viadukte sind fünf Zielsetzungen massgebend:

• Gute Gesamtwirkung der Objekte in der Landschaft
• Schöne Formgestaltung der Konstruktion
• Einwandfreie bauliche Massnahmen zum Schutz gegen Lärm
• Überzeugende Lösung der bautechnischen Probleme, insbesondere der Fundation
• Wirtschaftlichkeit.

Absicht des Veranstalters

Zur umfassenden Abklärung dieser Bauaufgaben unter Einbezug der Unternehmermöglichkeiten veranstaltete die SBB-Kreisdirektion III zwei Submissionswettbewerbe auf Einladung, die anonym gemäss SIA-Ordnung Nr. 153 durchgeführt wurden.
Im Submissionswettbewerb reichen die Teilnehmer ein Projekt ein, mit gleichzeitiger verbindlicher Globalofferte für die Ausführung.

Ziel dieser Wettbewerbe war es, technisch einwandfreie, wirtschaftliche und ästhetisch ansprechende Projekte mit guter Gesamtwirkung in der Landschaft zu erlangen, die in engster Zusammenarbeit zwischen Ingenieur und Bauunternehmer rasch verwirklicht werden können.

Teilnehmer

Auf Grund eines Vorauswahlverfahrens sind für jeden Wettbewerb je fünf Teams von Bauingenieurbüros und Bauunternehmungen zur Teilnahme eingeladen worden.

Vorbereitung der Wettbewerbsprogramme

Schwerpunkt der Vorbereitung bildet das Zusammentragen von möglichst lückenlo-

376

sen Grundlagen und deren übersichtliche Aufbereitung und Gliederung für die Wettbewerbsteilnehmer im Wettbewerbsprogramm und den zugehörigen Planunterlagen.

Die Erarbeitung der Wettbewerbsunterlagen beanspruchte viel Zeit, bedingt durch die Lage der Bauwerke in einem dicht besiedelten Gebiet und daraus folgend den vielen Randbedingungen, die abzuklären und zu berücksichtigen waren. Als zwei Beispiele seien die Festlegung der Abstützungsmöglichkeiten im Bereich der sechsspurigen Autobahn N1 sowie die weichenbedingten Sperrzonen für Brückendilatationen erwähnt. Während die Linienführung in der Situation fest vorgegeben wurde, durfte das Längenprofil innerhalb eines Toleranzbereiches variieren.

Die frühzeitige Festlegung aller wichtigen Randbedingungen ist bei einem Submis-

sionswettbewerb mit Globalofferte unumgänglich, andernfalls würden bei späteren Änderungen bedeutende Mehrkosten entstehen.

Viele Fachinstanzen waren sich dieser Problematik zu wenig bewusst und versuchten, die notwendigen Entscheidungen auf die spätere Detail-Projektierungsphase zu vertagen. Die Notwendigkeit, diese Entscheide vorzuziehen, war die Hauptursache für den relativ grossen Zeitbedarf der Wettbewerbsvorbereitungen. Bis zum Jury-Entscheid dauerte es 28 Monate.

Inhaltsverzeichnis der Wettbewerbsprogramme

Die beiden Wettbewerbsprogramme mit allen nötigen Planunterlagen wurden entsprechend umfangreich. Sie gliedern sich wie folgt:

Modell Neugut-Viadukt,
Blick von Osten nach Westen

Modell Weidenholz-Viadukt,
Blick von Norden nach Süden

Uebersichtsfoto des Modells
Blick von Osten nach Westen

Uebersichtsfoto des Modells
Blick von Norden nach Süden

- *Umschreibung der Wettbewerbsaufgabe*
  1. Überblick
  2. Gegenstand des Wettbewerbes

- *Organisation des Wettbewerbes*
  1. Administrative Angaben
  2. Unterlagen für den Wettbewerb
  3. Orientierung der Teilnehmer
  4. Ablieferung der Arbeiten
  5. Beurteilung der Arbeiten
  6. Weiterbearbeitung/Vergebung

- *Bautechnischer Aufgabenteil*
  1. Allgemeines
  2. S-Bahn im Glatttal
  3. Gelände
  4. Technische Randbedingungen
  5. Fundationsverhältnisse
  6. Schutz gegen Eisenbahnlärm
  7. Konstruktive Gestaltung der Brücken
  8. Landschaftliche Gestaltung
  9. Statische Berechnung, Bemessung
  10. Planbearbeitung

- *Baudurchführung*
  1. Arbeitsablauf
  2. Herstellungsverfahren
  3. Bauprogramm
  4. Zufahrtsstrassen
  5. Installations- und Deponieplätze
  6. Wasserversorgung
  7. Stromversorgung /Telefon
  8. Werkleitungen
  9. Baumschutzbestimmungen
  10. Erdarbeiten
  11. Vermessung und Absteckung
  12. Baupläne
  13. Ausführungspläne
  14. Firmatafeln/Reklame

- *Leistungsverzeichnis und Globalofferte*
  1. Massenberechnung
  2. Leistungsverzeichnis
  3. Technische Daten
  4. Teuerungsberechnung
  5. Ingenieurhonorar
  6. Sicherheitsleistungen, Garantie, Garantiefristen
  7. Haftpflicht-/ Bauwesenversicherung
  8. Globalofferte
  9. Werkvertrag
  10. Abschlagszahlung/Schlussabrechnung

- *Schlussbestimmungen*
  1. Verbindlichkeitserklärung
  2. Beschwerdeverfahren
  3. Genehmigungen

Teilansicht Neugut-Viadukt, Überquerung
der Überlandstrasse

Jurierung

Das Preisgericht, mit Kreisdirektor H.R. Wachter als Präsident, setzte sich aus Vertretern der Bauherrschaft (Kanton Zürich und SBB), den Fachpreisrichtern aus Hochschule und Praxis, dem Architekten für Landschaftsgestaltung, einem Unternehmervertreter sowie den Präsidenten der tangierten Gemeinden Wallisellen, Dübendorf und Dietlikon zusammen. Jedem Mitglied stand eine umfangreiche, sorgfältig ausgearbeitete Dokumentation der anonym eingereichten Projekte zur Verfügung. Eine Übersichtstabelle erlaubte den raschen Projektvergleich. Dargestellt waren:

- Grundrisssituation mit Fugen und Fixpunkten
- Querschnitte von Hauptbrücken und Rampen
- Baustoffe
- Stützen, Widerlager und Fundamente
- Bauvorgang
- Bauzeit und Kosten

Jedes der fünf Projekte wurde einer eingehenden Vorprüfung unterzogen. Fachpreisrichter beurteilten:

- Bautechnische Belange
- Lärmschutz
- Massenberechnung und Leistungsverzeichnis
- Statik und Konstruktion
- Fundation
- Landschaftsgestaltung, Brückenästhetik

Es zeigten sich keine wesentlichen Verstösse gegen die Wettbewerbsbedingungen, so dass alle Projekte zur Beurteilung zugelassen werden konnten.

Der Bauherr liess von allen Brückenprojekten durch denselben Modellbauer Modelle 378

1:250 herstellen und diese vom gleichen Standort aus fotografieren, was die Anschaulichkeit und die Vergleichbarkeit erleichterte.

Ausgerüstet mit den Ergebnissen der Vorprüfung, versammelte sich das Preisgericht zu drei halbtägigen und zu zwei ganztägigen Sitzungen. Die zuständigen Fachpreisrichter erläuterten die Projekte anhand der aufgehängten Pläne und machten auf die spezifischen Eigenheiten aufmerksam. Anschliessend erfolgte eine eingehende Diskussion.

Viadukt Neugut

Beim Viadukt Neugut wiesen die Projekte durchwegs ein hohes Niveau auf, was die Auswahl erschwerte. Auch die Kosten von 19,6 bis 21,5 Mio. Franken bewegten sich in relativ engen Grenzen.

Der Entscheid wurde mittels Abstimmung unter den stimmberechtigten Jurymitgliedern mit Mehrheitsbeschluss gefunden.

Den ersten Preis erhielt das mit 19.8 Mio. Franken offerierte Projekt der Unternehmer Lerch AG, Winterthur, Spaltenstein AG, Zürich, mit den Ingenieurbüros H.H. Sallenbach, Wallisellen, Minikus und Witta, Zürich, Dr. von Moos AG, Zürich, Prof. Dr. U. Oelhafen, Jona.

Es wurde von der Jury gesamthaft wie folgt beurteilt:

Das Projekt schlägt eine bewährte Kastenlösung mit guten Proportionen vor. Der Konsolkopf ist zwar konstruktiv kompliziert und dünn, trägt aber wesentlich zu einer leichteren Erscheinung bei.

Teilansicht Weidenholz-Viadukt, Blick von der Widenholzstrasse zur Autobahn N1

Die Gesamtansicht wirkt ruhig und ausgewogen, wobei auch von der Möglichkeit der Nivelettenabsenkung Gebrauch gemacht wurde. Die formale Gestaltung der Pfeiler ist nicht ganz gelungen. Die Fundation auf wenigen grossen Bohrpfählen kann als ausreichend sicher betrachtet werden. Hinsichtlich Lärm und Erschütterungen ist die gewählte Lösung als positiv zu bewerten. Gesamthaft kann das Projekt als technisch gut, ästhetisch sehr ansprechend und sehr kostengünstig betrachtet werden. Es wird zur Ausführung empfohlen.

Viadukt Weidenholz

Die Entscheidungsfindung beim Viadukt Weidenholz war einfach. Die qualitative und kostenmässige Streuung der Projekte war erheblich. Letztere bewegte sich zwischen 6.9 und 9.2 Mio. Franken, wobei die ersten drei nahe beieinander zwischen 6.9 und 7.2 Mio. Franken lagen. Das erstrangierte Projekt erzielte die beste Gesamtbeurteilung, war das preisgünstigste und wies die kürzeste Bauzeit auf. Das ihm folgende war 0.3 Mio. Franken teurer und vermochte in der Pfeilerausbildung nicht zu befriedigen.

Den ersten Preis mit Empfehlung zur Ausführung erhielten: Nussbaumer AG, Wallisellen, Preiswerk & Cie. AG, Zürich, als Unternehmer mit Ingenieurbüro Aschwanden und Speck, Zürich, als Projektverfasser.

Es wurde von der Jury gesamthaft wie folgt beurteilt:

Das Projekt stellt eine sauber durchgestaltete, bewährte Lösung dar mit grosszügig bemessenen Spannweiten. Es kann ihm eine hohe Bauwerkqualität zugesprochen werden. Mit seinen einfachen und klaren Formen handelt es sich um ein unaufdringliches und ausgewogenes Bauwerk, das sich gut in die Umgebung eingliedert. Die kurze Bauzeit ist vorteilhaft.

Es handelt sich um die kostengünstigste Lösung. Das Projekt kann zur Ausführung empfohlen werden.

Besonderheiten, Qualitätskontrolle

Ueli Schurter und Aldo Bacchetta

Die «einstufige» Form der Auftragserteilung über einen Submissionswettbewerb mit Globalofferte bedingt im Vergleich zu den «mehrstufigen» Formen der Auftragserteilung wie: Direktauftrag für Projektierung, Projektwettbewerb, Ideenwettbewerb oder auch das sogenannte Modell C eine besondere Behandlung.

Übersichtstabelle über die eingereichten Wettbewerbsprojekte Viadukt Weidenholz, 1. Preis Projekt E

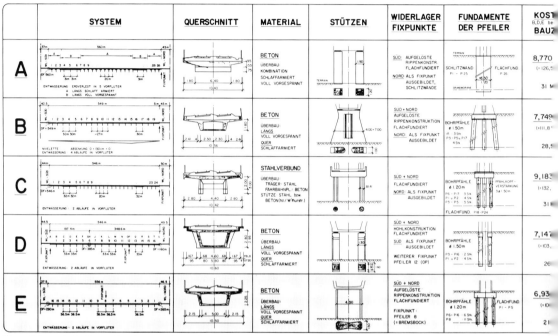

Übersichtstabelle über die eingereichten Wettbewerbsprojekte Viadukt Neugut, 1. Preis Projekt C

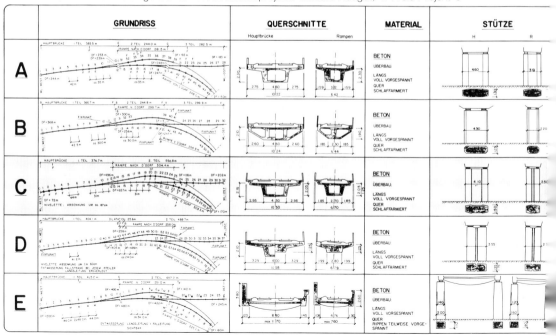

Vergleiche und Folgerungen

Die Wettbewerbsgrundlagen für einen Submissionswettbewerb müssen so ausgearbeitet sein, dass die Teilnehmer ein gutes Projekt zu einem festen, vergleichbaren Pauschalpreis unter Beachtung der zwingenden Randbedingungen und Grundlagen überhaupt abgeben können.

Dies gilt vor allem für das Erarbeiten der diversen Unterlagen mit Wettbewerbsprogramm sowie das Erstellen der geologischen Unterlagen. Weil die Pfeilerstandorte noch nicht bekannt waren, mussten den Wettbewerbsteilnehmern solide geotechnische Grundlagen für den gesamten Brückenbereich zur Verfügung gestellt werden. Damit die trotz besten geotechnischen Unterlagen doch immer etwas anders anzutreffenden Bodenmaterialien eine Pauschalierung des Angebotes nicht zum vornherein ausschliessen, wurde in den Wettbewerbsbedingungen ein Toleranzbereich für die Fundationshöhe von ± 1.0 m für die Flachfundationen und ± 2.0 m für die Pfahlfundationen festgelegt. Abweichungen, welche diesen Toleranzbereich nach oben oder unten überschreiten, müssen für die Abrechnung durch Mehr- oder Minderpreise entsprechend der tatsächlichen Höhenlage der Fundation kompensiert werden.

Auch für den projektierenden Ingenieur ist der Aufwand sehr gross. Ein zentraler Punkt ist dabei die Regelung der Mengenrisiken, die je nach Verteilung auf die Projektierenden bzw. die Ausführenden, sowohl die konstruktive Gestaltung als auch den Angebotspreis wesentlich beeinflussen kann. Eine Partizipation des Projektverfassers am Mengenrisiko zwingt diesen bereits in der Offertphase, die Konstruktion, vor allem Betonabmessungen, Vorspannung und Armierung, so genau und so weit zu berechnen und festzulegen, dass bei der Ausführung keine Überraschungen auftreten können.

Damit entsteht dem Ingenieur beim Submissionswettbewerb zwangsläufig ein Aufwand, der so gross ist, dass er durch die feste Wettbewerbsentschädigung bei weitem nicht abgedeckt werden kann. Ausserdem ist die Massengarantie, die er gegenüber dem Unternehmer leisten muss, nicht versicherbar.

Weil der Projektverfasser im Boot des Unternehmers sitzt, muss der Bauherr einen Prüfingenieur einsetzen. Auf diese Problematik wird im nächsten Abschnitt noch detailliert eingegangen.

Durch die Prüfung der Statik sowie der Ausführungspläne und der konstruktiven Durchbildungen kann gewährleistet werden, dass Qualitätsmerkmale wie Sicherheit, Gebrauchtauglichkeit, Dauerhaftigkeit und Umweltverträglichkeit auch eingehalten werden.

All diese Massnahmen haben jedoch auch ihren Preis: Während im Kostenvoranschlag 1980 für Projekt und Bauleitung noch mit rund 4 Mio. Franken (= 10 % der budgetierten Gesamtbaukosten beider Viadukte) gerechnet worden war, sind diese Aufwendungen inkl. Wettbewerbskosten in der Abrechnung mit ca. 7 Mio. Franken oder ca. 20 % der effektiven Gesamtbaukosten ausgewiesen. Sie übersteigen somit die vergleichbaren Kosten bei einem Direktauftrag ganz erheblich, wobei der nicht abgedeckte Aufwand der erfolglos gebliebenen 2 x 4 Projektteams noch nicht berücksichtigt ist.

WIDERLAGER FIXPUNKTE	FUNDAMENTE H R	BAUVORGANG	bereinigte KOSTEN BAUZEIT
...HBARE HOHLKASTEN ...CH FUNDIERT ...IGI SCHWIMMEND ...TE ...RUCKE ...14,15,16/P21,22,23 ...4/P42,43,44	ORTSBETONRAMM-PFÄHLE ⌀ 60 cm → l4 + 27 St 10 - 17 St →	ETAPPEN-RESP FELDWEISE AUF RUSTTRÄGER OHNE ZWISCHEN-ABSTÜTZUNG VON WESTEN NACH OSTEN	20,866 Mio. (=106,6%) 40 Mt.
...HBARE HOHLKASTEN ...H FUNDIERT ...RUCKE ...7B20 WEST/ WL 30 ...L 51 ...SBOCK)	INJEKTIONSRAMM-PFÄHLE - 20 - 34 St / 10-16 St → BOHRPFÄHLE - 4 ⌀ 130 + 150 cm 4 ⌀ 90 + 130 cm →	ETAPPEN-RESP ZWEIFELDWEISE AUF KONVENTIONELLEM LEHR-GERÜST VON WESTEN NACH OSTEN	21,493 Mio (=109,8%) 40 Mt.
...HBARE HOHLKASTEN ...H FUNDIERT ...IGI SCHWIMMEND ...KE ...24,25,26 ...4./P23a,24a,25a,26a	BOHRPFÄHLE - 4+6 + 116 cm 4 ⌀ 90 + 116 cm →	ETAPPEN-RESP FELDWEISE AUF KONVENTIONELLEM LEHRGE-RÜST VON WESTEN NACH OSTEN	19,784 Mio. (=101,1%) 39 Mt.
...ICH BEGEHBARE ...KASTEN ...H FUNDIERT ...IE ...IDERLAGERN W,37,55,73 ...ATIONSFELD ZWISCHEN ...CHNITTEN 16-17	SCHLEUDERBETON-RAMMPFÄHLE ⌀ 45 cm → - 22 + 24 St 12 - 14 St → BOHRPFÄHLE ⌀ 130 cm → - 3 - 5 St	HAUPTBRÜCKE FELDWEISE MIT OBENLIEGENDEM VORSCHUBGERÜST VON WESTEN NACH OSTEN RAMPEN FELDWEISE MIT EINEM STAHLGE-RÜST VON WESTEN NACH OSTEN	20,167 Mio. (=103,1%) 40 Mt.
...IE OFFENE RIPPEN-...RUKTION AUF BOHR-...LE ...SCHWIMMEND ...CKE ...P15,16,17,18,19,20,21,22 ...4.,5, /P54,64,74	BOHRPFÄHLE ⌀ 140 + 180 cm je 1 St.	FELDWEISE AUF KONVENTIONELLEM LEHRGERÜST VON DER MITTE AUS NACH WESTEN UND ANSCHLIESSEND NACH OSTEN	19,567 Mio. (=100%) 40 Mt.

Daraus geht hervor, dass sich Submissionswettbewerbe rein volkswirtschaftlich gesehen wohl nur in Fällen rechtfertigen, wo ein hinreichend breites Band für Projektvariationen gegeben ist, so dass durch innovatives Einbringen von Projekt- und Ausführungsideen grössere Einsparungen erwartet werden können.

Tatsächlich zeigt nun der Vergleich zwischen der Abrechnungssumme der reinen Baukosten beider Viadukte von knapp 24 Mio. Franken (auf die Preisbasis 1980 umgerechnet) und dem entsprechenden Voranschlag von 35.7 Mio. Franken, dass auch namhafte Minderkosten eingetreten sind, und zwar in der Grössenordnung von 30 %. Die Frage bleibt offen, ob sich diese Einsparungen gegenüber dem Voranschlag nicht auch mit einem der konventionellen Projektierungs- und Vergebungsverfahren eingestellt hätten.

Prüfstatik

Bedingt durch die Randbedingungen des Submissionswettbewerbes kommt der Rolle des Prüfingenieurs eine besondere Bedeutung zu. Der Projektverfasser ist nicht wie im Direktauftrag Treuhänder des Bauherrn, sondern vertraglich an den Unternehmer gebunden; d.h. er hat dessen Interessen zu vertreten. Er wird daher in erster Linie versuchen, den Ermessensspielraum, den ihm die Normen, resp. die Vorgaben des Bauherrn lassen, so zu interpretieren, dass er die Konstruktion mit

einem Minimum an Materialaufwand ausbildet.

Als Gegengewicht dazu ist es die Aufgabe des Prüfingenieurs, die vom Bauherrn verlangte Qualität des Bauwerkes in allen Belangen sicherzustellen. Die Kontrolle der Statik, die sich massgebend nicht auf eine detaillierte Nachberechnung, sondern auf plausible Modelle abstützt, bildet dabei einen Schwerpunkt der dem Prüfingenieur übertragenen Aufgabe.

Daneben kommt der detaillierten Überprüfung der Bewehrungs-und Konstruktionspläne eine besondere Bedeutung zu. Der Ablauf dieser Kontrollen ist im Organigramm unten schematisch festgehalten.

Wie man sich dabei leicht vorstellen kann, liegt in diesem Vorgehen ein Engpass für die Planlieferungen auf die Baustelle. Der Projektverfasser ist bestrebt, seine Konstruktion möglichst bis zum letzten Moment zu optimieren, was dem Prüfingenieur meist nur eine kurze Zeitspanne für die Plankontrolle zulässt. Friktionen zwischen Projektverfasser und Unternehmer einerseits und Prüfingenieur andererseits sind besonders zu Beginn der Projektierung kaum zu vermeiden. Dies erfordert eine grosse Konsensfähigkeit aller an diesem Ablauf beteiligten Parteien.

Erwähnenswert ist in diesem Zusammenhang auch der Umstand, dass durch das Prüfverfahren dem Projektverfasser erhebliche Umtriebe entstehen, die durch die

Organigramm Plankontrolle

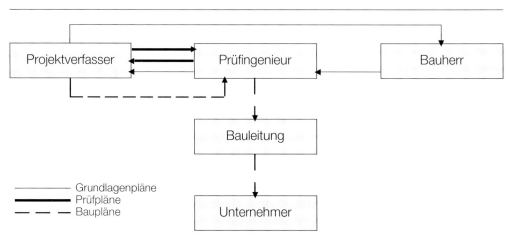

geltende Honorarordnung nicht abgedeckt sind.

Ausführung

Durch den Beizug einer unabhängigen Bauleitung ist der normale Ablauf der Bauausführung auch beim Submissionswettbewerb gewährleistet. Die Aufgabe des Projektverfassers beschränkt sich daher auf periodische Baukontrollen. Diese sind jedoch als äusserst wertvoll zu betrachten, bringen Sie doch dem projektierenden Ingenieur einen reichhaltigen «Feedback» für die weitere Planung.

Auf einen speziellen Problempunkt des Submissionswettbewerbes beim Neugut-Viadukt sei an dieser Stelle noch besonders hingewiesen:

Für die Gründung des Bauwerkes wurden aufgrund von äusserst umfassenden geologischen Untersuchungen im Wettbewerbsprogramm Rechenwerte angegeben, die dem Projektverfasser als Planungsrichtwerte dienten. Für die genaue Festlegung der endgültigen Pfahllängen waren gemäss Programm durch den Anbieter drei Pfahlversuche vorzusehen. Diese führten nach Rücksprache mit dem Prüfingenieur zu Bemessungsrichtwerten, die nach Begutachtung der beim Aushub angetroffenen Bodenbeschaffenheit die definitive Pfahllänge für jedes einzelne Pfahlbankett ergaben. Die äusserst aufwendigen geologischen Voruntersuchungen spielten in diesem Prozedere nur noch eine untergeordnete Rolle.

Es stellt sich daher die Frage, ob nicht in der Wettbewerbsphase aufgrund weniger repräsentativer Untersuchungen generell gültige Berechnungsgrundlagen und Rechenwerte für die Festlegung und den Vergleich der Angebote genauso genügen würden. Die dadurch vom Bauherrn eingesparten Kosten für die geologischen Voruntersuchungen würden es erlauben, im Falle von Unsicherheiten bei der Auswertung der Pfahlversuche die angenommenen Pfahllängen zu erhöhen und damit entscheidend zur Erhöhung der Tragsicherheit des Bauwerkes beizutragen.

Schlussfolgerungen

Die Verfasser dieses Beitrags fragen sich, ob bei Verhältnissen, wie sie beim Neugut- und Weidenholz-Viadukt vorlagen, nicht auch ein beschränkter Projektwettbewerb oder Direktaufträge zu einem ähnlich guten Resultat geführt haben könnten. Andererseits beurteilen die Bauherrschaft und der Präsident der seinerzeitigen Jury das Ergebnis des Submissionswettbewerbs und seine Zweckmässigkeit im Rückblick positiv. Das Resultat der beiden Wettbewerbe zeigt, dass bei beiden Brücken interessante und sowohl konstruktiv wie zum Teil auch kostenmässig stark voneinander abweichende Vorschläge eingereicht wurden, die der Bauherrschaft eine echte Auswahlmöglichkeit im Blick auf eine wirtschaftlich günstige Lösung boten.

Dabei kamen bei beiden Brücken erwartungsgemäss durchwegs einzellige Hohlkasten mit darüberliegender Fahrbahnplatte zum Zug, was wahrscheinlich auch bei einem der üblichen Vergebungsverfahren der Fall gewesen wäre.

Die Projektierung des Viaduktes Neugut, Baulos 9.01

Hans Heinrich Sallenbach

Allgemeines und Brückengeometrie

Die Doppelspur der S-Bahn-Neubaustrekke überquert auf dem Gebiet der Gemeinden Wallisellen und Dübendorf mit einem 930 m langen Viadukt das Glattal. Dabei wird neben verschiedenen Strassen und dem Flusslauf der Glatt auch die bestehende SBB-Linie Wallisellen-Uster überbrückt. Vom Hauptviadukt zweigen zwei eingleisige, 300 m lange Rampenbrücken ab, um die Neubaustrecke mit der bestehenden Bahnlinie zu verbinden.

Die verschiedenen Verkehrsbeziehungen, die mit dem Brückenbauwerk zu vollbringen sind, erfordern eine reiche Palette geometrischer Trassierungselemente.

Die Hauptbrücke, im Grundriss S-förmig gekrümmt, setzt sich aus Geraden, Übergangsbögen, Horizontalradien von 700 m und 2000 m zusammen. Die Gefällverhältnisse variieren im Quersinn von 0 bis 10% und im Längssinn von 5 bis 10 ‰.

Die im Grundriss stark gebogenen Rampenbrücken weisen nebst Übergangsbögen Horizontalradien bis 410 m auf. Das Quergefälle variiert von 2 bis 11% und das Längsgefälle erreicht den Maximalwert von 25 ‰.

System und Projekt

Eine Dilatationsfuge bei der Abzweigung der linken Rampenbrücke teilt das Bauwerk in die drei Teilsysteme:

- Hauptbrücke Stettbach
- Rampenbrücke links
- Hauptbrücke Föhrlibuck zusammen mit Rampenbrücke rechts.

Alle drei Systeme sind als schwimmend gelagerte, durchlaufende Spannbetonträger aus Ortsbeton mit einem einzelligen Hohlkastenquerschnitt konzipiert. Die Trä-

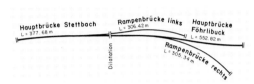

Teilsysteme

gerhöhe bei den Stützen ist gegenüber dem Feld um 5 bis 15 cm mittels Druckplattenverstärkung vergrössert.

Die Teilsysteme werden durch mehrere mit dem Überbau gelenkig verbundene Einzelpfeiler stabilisiert. Auf den übrigen Pfeilern und den Widerlagern ist der Überbau gleitend gelagert. Bei sämtlichen Abstützungen ist ein Setzungsausgleich durch höhenverstellbare Lager möglich.

Die Pfeiler mit achteckigem Vollquerschnitt übertragen die Bauwerklasten via Bankett in die Pfahlgruppen, bestehend aus vier bis sechs Bohrpfählen, Ø 90 cm und 118 cm.

Die Widerlager sind in den Anschlussdämmen flach fundiert.

Die Hauptbrücke Stettbach weist eine konstante Querschnittshöhe im Feld von 2.05 m auf und ist in 12 Felder von 22 m (Randfeld) über 31.1 m (Normalfeld) bis zu 44 m (Extremfeld) eingeteilt. Das Teilsystem wird mit vier Pfeilern stabilisiert.

Die Querschnittshöhe der Rampenbrücke links verjüngt sich vom Normalmass 2.05 m auf 1.26 m entsprechend der von 28.9 m auf 17.96 m abnehmenden Spannweite des zwölffeldigen Durchlaufträgers. Drei mittlere Pfeiler übernehmen die Stabilisierung.

Das dritte Teilsystem, bestehend aus der 19feldigen Hauptbrücke Föhrlibuck zusammen mit der zwölffeldigen Rampenbrücke rechts, wird mit vier Hauptpfeilern und vier Rampenpfeilern stabilisiert.

Die konstruktiven Merkmale entsprechen den bereits beschriebenen Systemen.

Statische Berechnung allgemein

System

Die drei Teilsysteme weisen wesentliche Unterschiede in der Geometrie, der Felderzahl, den Spannweiten, den Querschnittabmessungen und den Lasten auf, so dass für jedes System eine statische Berechnung «nach Mass» erstellt wurde.

Allen Systemen gemeinsam ist der durchlaufende, schwimmend gelagerte Spannbetonträger, welcher mit Einzelstützen auf Bohrpfahlgruppen fundiert ist und in Ortsbeton feldweise erstellt wurde.

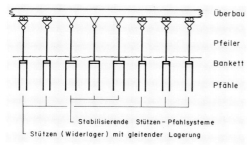

Schwimmend gelagerte Spannbetonträger

Belastungsannahmen

Die Belastungsannahmen entsprechen der SIA-Norm Nr. 160 (1970), wobei für den Wettbewerb Präzisierungen vorgeschrieben wurden, so dass mit folgenden Einwirkungen auf das Tragwerk gerechnet werden musste:

Lastbeanspruchung

• *Ständige Lasten g* gem. SIA-Norm Nr. 160
• *Verkehrslasten P* gem. SIA-Norm Nr. 160
• *Fliehkräfte* für:
V = 120 km/h auf der Hauptbrücke
V = 100 km/h auf den Rampen
• *Brems- und Anfahrkräfte*
Gleichzeitig auf zwei Gleisen in gleicher Richtung mit Höchstbegrenzung:
B = P/7 ≤ 4000 kN
(beide Gleise zusammen)

• *Lagerreibungskräfte*
belastend 5 % der Dauerlasten,
entlastend 1 % der Dauerlasten

Zwängungsbeanspruchung

• *Längenänderungen*
Temperatur, Kriechen, Schwinden gem. SIA-Norm Nr. 160/162
• *Setzungen*
Für Lastfall ständige Last + 70 % Verkehrslast absolut: s = 3 cm, relativ zwischen benachbarten Fundamenten:
$\Delta s = 2$ cm

Aussergewöhnliche Einwirkungen

(Sicherheiten gemäss Gruppe I)
• *Anprallkräfte auf Pfeiler:* Strassenfahrzeuge 1000 kN in beliebiger Richtung, Bahnfahrzeuge 2000 kN in Fahrtrichtung, 1000 kN in Querrichtung
• *Entgleisung:*
Fall I: Linienlast 80 kN/m' 2.2 m neben Gleisachse
Fall II: Einzellast 200 kN 2 m neben Gleisachse
• *Schienenkran* 3 x (50 + 450) kN;
A = 1.5 m
• *Erdbeben* H = 0,02 g (längs und quer)

Bemessung

Die Bemessung wurde mit den Vorschriften der SIA-Norm Nr. 162 (1968) inkl. Richtlinien 34 und 35 (1976) und der SIA-Norm Nr. 192 (1975) durchgeführt. Nachzuweisen waren die Tragsicherheit, die Gebrauchsfähigkeit und wo notwendig die Ermüdungssicherheit.

Statische Berechnung Pfeiler-Pfahl-System

Modell am Gesamtsystem

Die Federkonstanten sind für die Berechnung der Schnittkräfte und Deformationen massgebende Parameter. Da sie ihrerseits aber nicht nur von den Bodeneigenschaften, sondern auch vom System, der Konstruktion und den Dimensionen abhängig sind, ist deren Ermittlung nur über einen zyklischen (iterativen) Prozess möglich. Die Anzahl Umgänge bis ins Ziel sind von der Komplexität der Aufgabe und der Erfahrung des Projektierenden abhängig.

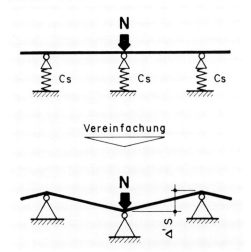

Überbau →

Pfeiler →

N M

Bankett — H ▶ wwww

Pfähle →

t

$$S = \frac{S_1 + S_2}{2}$$

S_1 S S_2

$$\Delta S = S_2 - S_1$$

$$\varphi = \frac{\Delta S}{a}$$

φ

a

Felderkonstanten:

$$C_T = \frac{t}{H} \quad [^m/_{kN}] \qquad \text{horiz. Verschiebung}$$

$$C_S = \frac{S}{N} \quad [^m/_{kN}] \qquad \text{vertik. Verschiebung}$$

$$C_R = \frac{\varphi}{M} \quad [^m/_{kN}] \qquad \text{Verdrehung}$$

Modell am Gesamtsystem

Teilmodell Überbau

N

Cs   Cs   Cs

Vereinfachung

N

Δ's

Einzelmodelle

Um den Rechenaufwand aus der Vielfalt der Randbedingungen – Geometrie, Geologie, Lastannahmen und Lastkombinationen in Längs- und Querrichtung, verlangte Nachweise wie Bruch, Gebrauch, Ermüdung – zusammen mit dem zyklischen Vorgehen in erträglichem und noch überblickbarem Rahmen zu halten, wurde das Gesamtmodell gemäss Bild links in drei Einzelmodelle, bestehend aus den Hauptbestandteilen Überbau, Pfeiler, Fundation, aufgelöst.

Überbau

Dank der Gelenklagerung zwischen Pfeiler und Überbau haben die Federkonstanten C_T und C_R keinen Einfluss auf die Überbaubeanspruchung.

Die Setzung $s = C_S \times N$ wird ersetzt durch die fixe Grösse $s = 3$ cm absolut bzw. Δ's = 2 cm relativ zwischen benachbarten Pfeilern.

Die Vereinfachung ist im vorliegenden Fall legitim und stützt sich ab auf die genaue Setzungskontrolle dank der Pfahlbelastungsversuche und der Möglichkeit des Setzungsausgleichs durch höhenverstellbare Lager auf sämtlichen Stützen.

Pfeiler

Die Federkonstanten C_R und C_T – Grundlagenwerte für die Pfeilerberechnung – lassen sich bei bekanntem Fundationssystem zusammen mit den Bodenkennziffern ermitteln. Die Berechnung der Pfeiler erfolgte mit einem oberen und unteren Grenzwert der Federkonstanten, um den mit Streuungen verbundenen Annahmen des Bodenmodells zu begegnen. Mit den Pfahlversuchen wurden die ermittelten Grenzwerte überprüft.

Bei bekannten Federkonstanten lässt sich der Verschiebewiderstand des Pfeilers ermitteln:

Die Pfähle sind im Bankett voll eingespannt und im Baugrund seitlich gestützt. Das Bodenmodell wird für die ersten beiden Berechnungszyklen durch geschätzte Bettungsziffern charakterisiert und die Be- 386

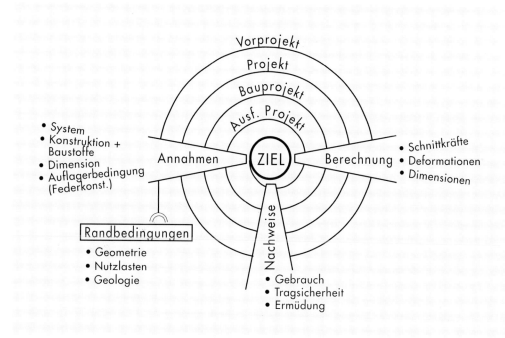

Projektspirale, Schema für zyklischen Ermittlungsprozess

rechnung nach der Methode von H. Werner («Beton- und Stahlbetonbau», 2/1970) für elastisch gebettete Pfähle durchgeführt.

Die definitive Pfahlbemessung wird mit aus dem Pfahlversuch (Horizontallast) ermittelten Bettungsziffern durchgeführt.

Ermittlung der Bettungsziffern aus Pfahlversuch

• Aus den Messwerten der Stauchungen und Dehnungen im Pfahl lassen sich zusammen mit den Pfahldimensionen und der vorhandenen Armierung die Momente infolge der Versuchslast H berechnen.

• Die Momentbeanspruchung im Pfahl wird mit verschiedenen Bettungsziffern mit der zitierten Methode von H. Werner mit

derselben Horizontallast wie im Versuch berechnet (Rechenmomente).

• Der Vergleich der Messmomente mit den Rechenmomenten zeigt, welche Bettungsziffer den vorliegenden Verhältnissen am besten entspricht.

• Der untere Grenzwert der Bettungszahl ist massgebend für die Bemessung der Pfahlbiegebewehrung.

Ausblick

Bei einer Neubearbeitung der SIA-Pfahlnorm Nr. 192 sollte dem Problemkreis horizontale Beanspruchung mehr Raum gewidmet werden, da die Entwicklung in Richtung grosskalibriger Pfähle mit den Vorzügen der horizontalen Lastabtragung unverkennbar ist.

Die Ausführung des Viaduktes Neugut, Baulos 9.01

Alois Horath

Herstellungsverfahren

Der Bau des Viaduktes Neugut erfolgte von Seite Widerlager Stettbach Richtung Widerlager Föhrlibuck. Die Rampen wurden von der Hauptbrücke aus in Richtung der Rampen-Widerlager erstellt. Alle Brücken (Hauptbrücke und Rampen) konnten feldweise und im Takt gebaut werden.

Installationen

Erschliessung, Versorgung

Die vier Geländekammern Stettbach bis Überlandstrasse, Überlandstrasse bis Neugutstrasse, Neugutstrasse bis SBB-Linie und Raum Föhrlibuck waren einzeln mit Transportpisten von ca. 4 m' Breite zu erschliessen. Stark befahrene Teilstücke versah man zur Staubfreihaltung mit einem HMT-Belag.

Die Geländekammern konnten einzeln ab vorgegebenen Hydranten mit Frischwasser versorgt werden. Baustrom-Bezüge erfolgten ab Trafo «Neugutstrasse» und Trafo «Areal Zwicky». Baustromverteiler regelten die Feinverteilung für die Unterbauten und dienten später als Anschlussstellen für die Überbauten. Die Versorgung mit Druckluft geschah mittels fahrbarer Kompressoren.

Stationäre Installationen

Die Büros der Bauleitung und Unternehmung, eine zentrale sanitäre Installation (mit Anschluss an Abwasserleitung) sowie das Hauptmagazin waren im Bereich der Dilatationsfuge (Abzweigung Rampenbrücke links) angeordnet. Bezüglich Werkstätten und Zimmerei basierte die Baustelle auf den Werkhöfen der Unternehmungen. Die Mannschaftsunterkünfte sowohl für den Unter- wie für den Überbau folgten dem Herstellungstakt und sind entsprechend nachgezogen worden. Man verzichtete auf die Installation einer Betonanlage. Es wurde Transportbeton verwendet.

Mobile Installationen

Grundsätzlich waren drei Arbeitsequipen im Einsatz (Pfählung, Unterbau, Überbau).

Die Arbeitsgruppen für die Erstellung der Pfählung, der Unterbauten und des Überbaues waren mit arbeitsspezifischem mobilem Inventar ausgerüstet.

Die Unterbaugruppe umfasste je nach Einsatz die entsprechenden Aushubgeräte inkl. ein bis zwei selbstaufstellende Turmdrehkrane.

Die Überbaugruppe besass als Hebezeug für die Hauptbrücke und die Rampe links einen neben der Hauptbrücke verlaufenden, fahrbar installierten Turmdrehkran 900 kNm (90 mt) sowie Unterkunftswagen für die Infrastruktur auf der Hauptbrücke. Für die Rampe rechts wurde ein Selbstaufstellerkran eingesetzt und dem Baufortschritt entsprechend umgesetzt.

Bauverfahren, Fundation, Stützen und Widerlager

Pfahlfundation

Die Ausführung der eigentlichen Pfählungsarbeiten erfolgte mit einer Bauer-Pfahlmaschine BG-11 im Drehbohrsystem. Aus terminlichen Gründen mussten die drei ersten Probepfähle mit einer HVM-5 im Seilgreifersystem gebohrt werden. Bezüglich der Details über die Pfahlfundation wird auf die Publikation «Zürcher S-Bahn, Viadukt Neugut, Pfahlfundation», Herausgeber Spezialtiefbau AG Zürich, verwiesen.

Pfahlbankette

In der Regel erstellte man die Pfahlbankette in offener abgeböschter Baugrube. Das anfallende Grundwasser konnte zum Teil in offener Wasserhaltung und zum Teil mittels Filterbrunnen kurzfristig abgesenkt werden. Im Bereiche einengender Licht- 388

Hauptbrücke, Rampenbrücke links, Beginn Rampenbrücke rechts

raumprofile (Überlandstrasse, Neugutstrasse, SBB-Linie Wallisellen-Dübendorf) ergaben sich Baugruben mit gerammten Rühl- oder Spundwänden.

Aushub

Grundsätzlich fand aller geförderter Aushub innerhalb der Baustelle eine Wiederverwendung. Die qualitativ geeigneten Materialien wurden in die Dämme eingebaut oder zur Hinterfüllung des Bauwerkes verwendet. Minderwertige Materialien sind im Zusammenhang mit geländegestalterischen Massnahmen im Raume der Rampe links, Hauptbrücke, Rampe rechts und der SBB-Linie eingebaut worden. Dieser konsequente Massenausgleich innerhalb der Baustelle bedeutete, dass das Strassennetz nur wenig mit Aushubtransporten belastet wurde.

Pfeiler, Widerlager, Stützmauer

Die raltiv kleinen und ästhetisch speziell geformten Widerlager sind konventionell geschalt und betoniert worden. Für das Schalen der Pfeiler (H = ca. 4.00 bis

9.00 m) kamen Spezialschalelemente zum Einsatz. Das Einbringen des Betons erfolgte in einer Etappe über entsprechend gross dimensionierte Schüttrohre. Zur Verarbeitung des Betons war der Einstieg in die Pfeiler notwendig. Die geforderte Betonqualität BS PC 300 β_{W28} = 40 N/mm² wurde eingehalten.

Herstellungsverfahren Überbau

Lehrgerüst

Es gelangte ein Spriessgerüst zum Einsatz. Das Lehrgerüst war über eine Distanz von 3 bis 3.5 Brückenfeldern eingebaut und vorgehalten. Die Überquerung der vorgeschriebenen Lehrgerüst-Öffnungen (stützenfreie Zonen im Bauzustand) erfolgte mit Stahlträgern und, wo notwendig, mit Rüstträgern. Der Umbau des Lehrgerüstes lief dem eigentlichen Überbautakt voraus.

Schalung/Beton

Sowohl für die Hauptbrücke als auch für die Rampen kam, wie bereits erwähnt, ein etappenweiser Bauvorgang zur Anwendung. Die Etappenlänge betrug im Normalfeld ca. 31 m' (Feld plus Kragarm). Der einzellige Querschnitt der Hauptbrücke und der Rampen wurde in zwei Phasen betoniert. In einer ersten Phase waren dies die Längsträger und die Druckplatte und in einer zweiten Phase die Fahrbahnplatte. Das Aufbringen der Vorspannung geschah gestaffelt in zwei Spannstufen. Zur Anwendung kam das System Dywidag mit Einziehen der einzelnen Litzen. Diese sind entsprechend gekoppelt. Die Überbauarbeiten konnten nach einer Anlaufphase in ei-

Hauptbrücke, Abzweigung Rampenbrücke links

Lehrgerüst

Armierung Querträger Hauptbrücke

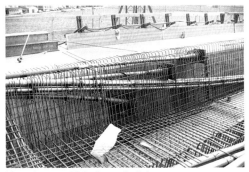
Verankerung Kabelhauptbrücke

nem vierzehntägigen Arbeitstakt pro Normalfeld abgewickelt werden.

Die Schalung bestand aus Spezialwagen für die Fahrbahnplatten-Innenseite, die Längsträger-Aussenseite und die Konsolplatte. Die entsprechend ausgebildeten Querträger erlaubten ein Durchziehen der Fahrbahnplatten-Innenschalung (Schublade) auf die ganze Länge. Der eigentliche Konsolkopf konnte mit zwei Nachlaufwagen in 12-m'-Etappen hergestellt werden.

Die geforderte Betonqualität Brückenträger BS PC 325 β_{W28} = 40 N/mm² und Konsolköpfe mit erhöhter Frostbeständigkeit wurde durch eine intensive Qualitätsüberwachung sichergestellt.

Sicherheitsvorkehrungen SBB-Bereich

Im Bereich der SBB-Linie Dübendorf-Wallisellen mussten die entsprechend vorgeschriebenen Sicherheitsgerüste erstellt werden.

Die Installation der Krane im Bereiche der SBB-Linie erfolgte derart, dass der erforderliche Sicherheitsabstand zur Übertragungs- und Fahrleitung gewährleistet war.

Der Einbau eines speziellen Schutztunnels war demzufolge nicht notwendig. Der Ein- und Ausbau des Lehrgerüstes geschah nachts.

Isolation/Schutzschicht

Das gesamte Bauwerk ist mit einer vollflächig verklebten, 5 mm starken PBD-Isolation versehen, geschützt mit einer 4-cm-Schutzmörtelschicht inkl. Netzeinlage. Eine

Kiesschicht von 10 cm Stärke (Korn 8/16) dient als Unterlage für den Gleisschotter.

Lärmschutz

Der Einbau der vorgefertigten Lärmschutzelemente konnte von der Brücke aus erfolgen. Die Stahlträger der Lärmschutzwand sind mit einbetonierten Schlaudern aus korrosionsfreiem Edelstahl im Konsolkopf verankert. Sie tragen die Lärmschutzwand. Das äussere Blech ist über die Pfosten hinweg überlappt gestossen, so dass die Lärmschutzwand als durchlaufendes Band in Erscheinung tritt. Ein Abdeckblech zwischen Konsolkopf und Lärmschutzwand dient zur Abdichtung und Erleichterung der Reinigung.

Die gesamte Lärmschutzwand ist so konzipiert, dass sie nachträglich um je 0.20 bis zu 2.00 m maximal über Schienenoberkante aufgebaut werden kann. Zudem sind die Lärmschutzwände derart ausgebildet, dass sie sowohl in ihre einzelnen Bestandteile zerlegt ausgewechselt, als auch in ganzen Elementen von 4 m Länge demontiert werden können.

Entwässerung

Das gesamte Bauwerk ist längs entwässert. Sämtliche Leitungen bestehen aus HPE-Rohren S-16. Die Einlaufschächte sind aus Guss. Die Befestigung der Leitung in den Hohlkasten wurde mit verzinkten Stahlkonstruktionen ausgeführt. Die Abgabe des Wassers erfolgt teils in einen vorhandenen Vorfluter (Glatt) und teils über ein natürliches Rückgabebecken zur Versickerung.

Massen

Brückenunterbau

Baugrubenaushub	10 000 m³
Pfähle Ø 90 cm	820 m'
Pfähle Ø 118 cm	3 130 m'
Beton	7 000 m³
Schalung	7 000 m²
Armierung Stahl III	500 t

Überbau Hauptbrücke plus Rampen

Beton	9 000 m³
Spannstahl	280 t
Armierung Stahl III	1 500 t
Schalung	33 000 m²

Termine

- September 1984: Juryentscheid Submissionswettbewerb
- November 1984 - März 1985: Probepfähle und Belastungsversuche
- März 1985 - Mai 1986 (mit Unterbrüchen): Pfahlfundation
- April 1985: Beginn Brückenbau
- Ende 1987: Bauvollendung
- Juni 1987: Übergabe Hauptbrücke an Gleisbauequipe

Zieht man die notwendige Zeit für die Projektierungsarbeiten in Betracht, ist klar ersichtlich, dass die Resultate aus den Pfahlbelastungsversuchen eher zu spät vorlagen.

Gleichzeitig ist zu sagen, dass die dem Prüfingenieur zur Prüfung zugebilligte Zeit bei der Projektabwicklung für den Ingenieur wie für den Unternehmer eine entscheidende Rolle spielt. Das heisst, zwischen Projektierung und Ausführung sollte genügend Zeit zur Verfügung stehen.

Projektorganisation

Bauherrschaft:	Schweiz. Bundsbahnen
Oberbauleitung:	SBB, Kreis III, Sektion Brückenbau
Bauleitung:	Swissrail ACSS AG, dipl. Ingenieure ETH/SIA, Zürich
Geologen:	Sieber, Cassina + Partner, Zürich
Experten Grundbau:	Dr. U. Vollenweider, Beratender Ingenieur ETH/SIA/ASIC, Zürich

Projekt und Ausführung

Unternehmungen:	Lerch AG Bauunternehmung, Winterthur Spaltenstein Hoch + Tiefbau AG, Zürich
Ingenieure:	H.H. Sallenbach + Partner, dipl.Ing. ETH/SIA, Wallisellen Minikus, Witta+Partner, dipl.Ing. ETH/SIA, Zürich
Berater Geotechnik:	Dr. von Moos AG, Zürich
Statik:	Prof. Dr. U. Oelhafen, Jona
Architekt:	Peter Stutz, dipl.Arch. ETH/SIA, Winterthur

Das Glattal – nicht nur eine neue Eisenbahnlandschaft

Paul Weil

Veränderungen von Landschaftsbildern und -formen sind nicht nur auf geologische Einflüsse zurückzuführen. Seit Urzeiten hat der Mensch Entwicklungen herbeigeführt, beeinflusst und gesteuert. So hat auch der S-Bahn-Abschnitt Glattal das Gesicht dieser Landschaft mit ihrem markanten Moränenhügel des Föhrlibucks in den letzten Jahren verändert.

Dass mit der S-Bahn-Neubaustrecke eine neue Eisenbahnlandschaft entstanden ist, wird beim Lesen der nachstehenden Beiträge der Ingenieure und S-Bahn-Erbauer jedem klar. Nun, es ist nicht nur die Eisenbahn, die sich im Glattal-Föhrlibuck dem interessierten Beobachter neu präsentiert.

Kultur- und Lehrlandschaft

Die ersten, die den Föhrlibuckhügel in Anspruch nahmen, waren die Archäologen. Sofort nach Bekanntgabe der S-Bahn-Trasse haben sie sich gemeldet, um «die Linienführung auf Konfliktzonen mit kulturhistorischen Objekten zu überprüfen». Aus einem alten Fundbericht kennt man nämlich ein mittelbronzezeitliches Grab, das bei der Planierung des höchsten Punktes des Föhrlibucks 1914 zum Vorschein gekommen war.

So wurde das Gelände der künftigen Baustelle zuerst den Archäologen überlassen, die den Föhrlibuck nach Spuren früherer Zivilisationen gründlich durchstöberten.

Ihre Mühe wurde mit dem Fund einer mittelbronzezeitlichen Nadel und mit einer grösseren Menge Keramik aus der Hallstatt-Zeit belohnt. Von der Keramik, die völlig wirr im Boden lag, ist so viel erhalten, dass wenigstens zwei Teller zum Teil zusammengesetzt werden konnten.

Ein alter, bei den Grabungen zum Vorschein gekommener, seit langem schon aufgefüllter Weg gab jedoch auch den Hinweis, dass die SBB mit ihrer S-Bahn nicht die ersten sind, die durch den Föhrlibuck einen Verkehrsweg bauen.

Aber nicht nur die Archäologen wurden auf dem Föhrlibuck fündig. Bei den Aushubarbeiten für den Tunnel, wie auch bereits beim Bau der benachbarten Nationalstrasse, kamen im Moränenmaterial zahlreiche Findlinge zum Vorschein. Sie sind aus dem Bündner- und dem Glarnerland und aus der Walenseegegend auf dem Rücken des Rhein-Linthgletschers hierher transportiert worden. Beim Rückzug und Abschmelzen des Gletschereises am Ende der letzten Eiszeit – vor etwa 15 000 Jahren – sind dann die verschiedenartigsten Blöcke hier liegengeblieben, als eindrucksvolle Zeugen des einstmaligen Gletschermeeres im Glattal.

Anstatt die Findlinge wegzuführen, wurden sie längs des Spazierwegs auf dem Föhrlibuck gruppiert und zu einem eindrucksvollen geologischen Lehrpfad zusammengestellt. Die an jedem Stein angebrachte Hinweis- und Beschriftungstafel berichtet über Herkunft, Alter und Material des Findlings.

Agrarlandschaft

Um den Erholungscharakter des Gebiets zu erhalten und zu sichern, hat die Gemeinde Wallisellen das Areal des Föhrlibucks einer Freihaltezone zugewiesen. Es blieb Aufgabe der S-Bahn-Planer, das Gebiet landschaftlich neu zu gestalten und damit der Zielsetzung der Behörde gerecht zu werden.

Ein grosser Teil der neugeschaffenen Fläche, ca. 16 000 m², sollte der landwirtschaftlichen Nutzung zur Verfügung stehen. Da die Aufschüttung der neuentstandenen «Hochebene» ausnahmslos mit Ausbruchmaterial aus dem S-Bahn-Zürichbergtunnel erfolgte, ergab sich ein neues Problem. Wie soll man den «biologisch

Prähistorische Grobkeramik, verziert. Bruchstükke eines Tellers aus der älteren Hallstattzeit, gefunden im Zusammenhang mit S-Bahn-Arbeit. Der breite Rand des Tellers ist mit Doppellinien in Bänder aufgeteilt, die mit dreieckigen und quadratischen Stempeln verziert sind. Ursprünglich besass der Teller eine glänzend-schwarze Oberfläche und Ritzlinien, und Stempelmuster waren mit einer weissen Masse ausgefüllt. Der ursprüngliche Druchmesser lag bei etwa 40 cm. Solche Teller kommen oft im Zusammenhang mit Bestattungen vor. In der Hallstattzeit, die von ca. 800 bis 450 v.Chr. dauerte, wurde in der Schweiz erstmals Eisen in grösserem Mass gebraucht. Der abgebildete Teller stammt vom Beginn dieser Epoche.

toten» Molassefels vom Zürichberg zu neuem Leben erwecken?

An diese Aufgabe hat sich die Bauherrin SBB nicht allein gewagt und darum Experten auf diesem Gebiet beigezogen. So wurde die ganze Fläche nach Angaben der Eidgenössischen Forschungsanstalt für landwirtschaftlichen Pflanzenbau optimal rekultiviert.

Dass die «optimale Rekultivierung» nicht eine einfache Sache ist, wurde deutlich, als die Angaben der Experten in die Tat umgesetzt werden mussten:
• Abtragen der Vegetationsschicht in mehreren Horizonten und gesonderte Lagerung bis zur Wiederverwendung
• Auftragen derselben mit speziellen Anweisungen
• Ansaat mit einer winterharten Zwischenfrucht zur biologischen Voraktivierung und Bodenlockerung
• Humusieren, Düngen und Ansaat einer speziellen Rekultivierungsmischung, die dem Boden den notwendigen Stickstoff bringen sollte.

Das alles wurde in der Überzeugung ausgeführt, mit Hilfe dieser Massnahmen gutes Ackerland hervorzubringen. Um so grösser war die Enttäuschung, als sich der Landwirt, der das Land heute bewirtschaftet, zum Erfolg der Bemühungen äusserte. Alles sei falsch gemacht worden, da käme jemand überhaupt «gar nöt drus», war sein unmissverständliches Urteil.

Tröstend ist nur der Gedanke, dass einen Bauern zufriedenzustellen fast eine Sache der Unmöglichkeit sein soll... Dass dies nun den S-Bähnlern trotz Beizugs von Experten auch nicht gelungen ist, sollte man ihnen nicht übelnehmen.

Naturlandschaft

Die restlichen Flächen der Föhrlibuckaufschüttung wurden naturnah gestaltet. Ca. 10 000 m² wurden als Magerwiesen (alle Südböschungen) angelegt. Eine speziell für die S-Bahn zusammengesetzte, standortbezogene, wertvolle Samenmischung wurde direkt auf den Rohboden, ohne Humus, angesät.

Weitere 10 000 m² Fläche wurden mit verschiedenen Hecken und Gebüschen bepflanzt als wichtiger Lebensraum für Vögel und Kleintiere.

Im Sinne des Naturschutzes und des Vereins Pro Fructus, der sich für die Erhaltung alter Kulturpflanzen einsetzt, wurde auf dem Föhrlibuck in einer der Magerwieseflächen ein lockerer Obstgarten mit alten Hochstammobstsorten gepflanzt.

Die Naturschutzmassnahmen wie auch die landwirtschaftliche Bewirtschaftung des Föhrlibucks sind Bereicherungen, welche den Föhrlibuck zu einem attraktiven Erholungsgebiet machen. Die eindrückliche Rundsicht vom Platz mit den vier Linden auf der Hügelkuppe und der interessante Findlingspfad laden zu einem faszinierenden Spazier- und Lehrgang ein.

Teilprojekt 8:
Tunnel Föhrlibuck – Initiative zweier Gemeinden

Peter Niederhauser

Das Mittlere Glattal hat für das öffentliche Interesse sehr viele Opfer gebracht. So durchziehen die Nationalstrassen mit ihren Verzweigungs- und Anschlussbauwerken die Gegend. Das Heizkraftwerk Aubrugg, die Kehrichtverbrennung Hagenholz und wichtige Bahnverbindungen liegen ebenfalls im Gebiet des Glattals. Damit musste zu Beginn des S-Bahn-Projektes die Frage gestellt werden, ob ein weiterer Eingriff des öffentlichen Verkehrs in den Siedlungsraum der Glattaler Gemeinden Wallisellen und Dübendorf überhaupt noch verantwortbar wäre: ein neuer Eisenbahnviadukt von Stettbach herkommend, in einem Einschnitt den Moränenhügel des Föhrlibuck querend, um anschliessend mit einem weiteren Viadukt die Stammlinie Oerlikon-Winterthur bei Dietlikon zu erreichen.

Tunnellösung Neugut

So wurde denn auf Veranlassung der Gemeinde Wallisellen eine unterirdische Lösung mit einem durchgehenden Tunnel zwischen den Bahnhöfen Stettbach und Dietlikon studiert. Die Mehrinvestitionen wurden auf rund 43 Mio. Franken geschätzt. Die grösseren Steigungen in der Linienführung hätten zudem die jährlichen Betriebskosten erhöht. Die Probleme mit der Durchquerung des im Glattal fliessenden Grundwasserstromes verlangten nach einer vertieften Studie der Verhältnisse.

Doch weder der Kanton Zürich noch die SBB waren gewillt, auf diese Idee einzutreten und den für die Volksabstimmung vorbereiteten Kredit entsprechend aufzustokken. Dass es aber den Wallisellern mit einer Verbesserung des vorgelegten Projektes ernst war, zeigte der vom Souverän genehmigte Fonds zur Wahrung der Walliseller Interessen im öffentlichen Verkehr.

Tunnel Föhrlibuck

Um wenigstens den Eingriff ins Landschaftsbild zu mildern, wurde von den Gemeinden Wallisellen und Dübendorf die Überdeckung des Einschnitts und die Neugestaltung des Areals Föhrlibuck vorgeschlagen. Die seitens der Bundesbahnen vorgesehene Überdeckung von nur 30 m mit einer Wegüberführung sollte so auf 190 m verlängert werden. Das Einverständnis zu dieser Lösung war sofort erhältlich, aber «Ihr müends sälber zahle!» Der Nettokredit für die beiden Gemeinden betrug nach Abzug der Beiträge von Bahn und Kanton immer noch ansehnliche 3.9 Mio. Franken. Mit der ordentlichen Bewilligung der beiden Gemeindebeiträge von je 1.95 Mio. Franken begannen nun die Schwierigkeiten. In Wallisellen vermochten sich die Stimmbürger zur Interessenbeurteilung aus regionaler Sicht aufzuraffen, obwohl es an der Gemeindeversammlung nicht an Stimmen fehlte, die für das auf der anderen Seite der Autobahn gelegene Gebiet kein Geld auszugeben bereit waren. In Dübendorf hatte ausser den Bewohnern der unmittelbar anliegenden Quartiere ebenfalls niemand ein besonderes Interesse an der Landschaftsgestaltung im Föhrlibuck. In verschiedenen Etappen stimmten schliesslich der Stadtrat, das Parlament und endlich das Stimmvolk an der Urne dem Kredit zu. Die Begeisterung für das regionale Werk aber fehlte.

Trotz der beachtlichen Schwierigkeiten, die sich bei der politischen Umsetzung der Tunnelidee Föhrlibuck eingestellt haben, ist das Ergebnis erfreulich und heute auch anerkannt. Mit Befriedigung konnte auch die Abrechnung der Bauarbeiten abgenommen werden, die mit 1.839 Mio. Franken einen ungewohnten Minderaufwand von 111 000 Franken ergab. Wer weiss, ob mit der weitsichtigen Überdeckung der Bahnlinie nicht die Voraussetzung einer späteren Überdeckung der Autobahn geschaffen wurde, damit die stark beanspruchte Landschaft im Glattal wieder einen zusanmmenhängenden Grüngürtel vom Walliseller Tambel bis nach Dübendorf erhält!

Ausführung Tunnel Föhrlibuck, Baulos 8.01

Alois Horath

Der Abschnitt Föhrlibuck verbindet die beiden Viadukte Neugut und Weidenholz. Die Linienführung bedingte einen tiefen Einschnitt im vorhandenen, markanten Hügel.

Der im Tagbau erstellte Tunnel durch den Föhrlibuck liegt in einer Übergangskurve mit einem von 2000 m' auf rund 700 m' wechselnden Kurvenradius.

Die Tunnellänge, von Portal zu Portal gemessen, beträgt rund 210 m'. Im Längenprofil liegt der Tunnel in einer Senke mit einem Längsgefälle von 5.0 resp. 10.0 ‰.

Herstellungsverfahren

Der Bau des Tunnels Föhrlibuck erfolgte von West nach Ost, d.h. ab Kriesbachstrasse Richtung Zürich-Stettbach in Etappen.

Installationen

Die Baustelle konnte mit einer seitlich dem Aushubprofil liegenden Transportpiste erschlossen werden. Der längs verschiebbare Turmdrehkran 800 kNm wurde in der Mitte der Fahrbahnplatte montiert. Die Kranschienen dienten gleichzeitig als Verschubbahn für das verfahrbare Lehrgerüst. Die notwendige Infrastruktur wie Mannschaftsunterkünfte und Material-Container waren im Bereiche der Kriesbachstrasse plaziert.

Voraushub / Fundation

Um die notwendigen ME-Werte für die Fundation des Bauwerkes zu erreichen, musste die Fundamentsohle örtlich verbessert werden. Dies geschah mit Kalkstabilisation und Materialersatz. Das Erstellen der Fundamentplatte von 0.80 bis 0.90 m' Stärke erfolgte in Etappen von 30 m' im Dreiwochentakt.

Erstellung des Tunnelprofils

Für die Formgebung sowohl der Innen- wie Aussenschalung sind eigens hierfür erstellte, verleimte Holzträger verwendet worden. Die Verschiebung der Gewölbe-Innenschalung geschah auf der Kranbahn mittels Wälzwagen und Habeggern.

Das eigentliche Tunnelgewölbe wurde in Etappenlängen von 10.0 m' ab Fundament in einem Guss betoniert. Das Gewölbe ist schlaff armiert. Die in der Höhe über die erste Schaletappe hinausgehenden Aussenschalungen waren im Zuge der Betonierarbeiten einzubauen. Die einzubringende Betonkubatur pro 10 m' Element betrug ca. 150 m³. Das Erstellen der Gewölbeetappen erfolgte in einem Wochen-

Tunnel-Innenschalung

Tunnel-Innenschalung

Installations-Disposition

takt. Eingebaut wurde Beton BS PC 325 $ß_{W28}$ 40 N/mm^2.

Isolation / Entwässerung

Auf eine Isolation ist sowohl bei der Bodenplatte als auch beim Gewölbe verzichtet worden. Die eigentlichen Bauwerkfugen sind mit aussenliegenden, aufgeklebten Fugenbändern abgedichtet.

Um ein rasches Abfliessen des Sickerwassers auf dem Gewölbe zu gewährleisten, wurde dasselbe mit einer ganzflächigen PVC-Noppenmatte mit Vlies abgedeckt. Die Ableitung dieses Oberflächenwassers ist über eine im Fundamentplattenbereich liegende Sickerleitung sichergestellt.

Aufschüttung / Landschaftsgestaltung

Der Tunnelscheitel liegt auf einer kurzen Strecke unter der natürlichen Terrainlinie.

Die Überschüttung des Bauwerkes von ca. 2 bis 3.5 m' und des anschliessenden Terrains um ca. 4 bis 5 m' erfolgte mit Ausbruchmaterial aus dem S-Bahn-Zürichbergtunnel. Die gesamte Aufschüttung (inkl. Hinterfüllung ca. 150 000 m^3) ist gemäss einem speziellen Landschaftsgestaltungsplan ausgeführt worden.

Termine

Baubeginn:	März 1986
Rohbauende Tunnel:	Ende 1986

Technische Daten

Tunnellänge:	210 m'
Aushub:	25 000 m^3
Armierung:	460 t
Beton:	4 600 m^3
Schalung:	9 800 m^2
Eingebrachtes Schüttmaterial:	150 000 m^3

Bauorganisation

Bauherr:	Schweiz. Bundesbahnen
Oberbauleitung:	SBB, Bauabteilung, Kreis III
Gesamtprojekt, Bauleitung:	SNZ Ingenieurbüro AG, Zürich
Detailprojekt Tunnel:	Ingenieurbüro Stucki + Hofacker, Zürich
Geologe:	Dr. H. Buses, Geologisches Büro, Schindellegi
Baumeisterarbeiten:	Lerch AG, Spaltenstein Hoch/Tiefbau AG, Winterthur / Zürich

Voraushub/Fundation

Viadukt Weidenholz, Projekt (Baulos 9.02)

Hanspeter Höltschi

Situation

Als letzter Teil der neuen, 12 km langen Bahnstrecke verbindet der Viadukt Weidenholz die Überdeckung Föhrlibuck mit dem Bahnhof Dietlikon. Der Viadukt beginnt im Aegert, einer kleinen Waldecke zwischen Autobahn N1 und Kriesbachstrasse, überquert vor dem kantonalen Werkhof die sechsspurige Autobahn N1 in einem schiefen Winkel und führt über das Industriegebiet mit der Erschliessungsstrasse Widenholz zur Neuen Winterthurerstrasse. Diese Hauptstrasse wird ebenfalls schiefwinklig überquert, um anschliessend über das Widerlager Nord in die alte Station Dietlikon einzumünden.

Die Gesamtlänge der Brücke beträgt 556 m und ist in 17 Spannweiten mit einer maximalen Länge von 36.55 m aufgeteilt. Die Schienenoberkante liegt zwischen ca. 6.00 und 11.00 m über Terrain.

Submissionswettbewerb

Das heute realisierte Projekt ist hervorgegangen aus einem Submissionswettbewerb, den die Bauherrschaft im Herbst 1983 / Frühjahr 1984 durchführte. Die Wettbewerbsjury hat in ihrem Bericht vom 27. September 1984 aus fünf Projektvorschlägen, die sich in Brückentyp und Ausführung mehr oder weniger stark unterschieden, das vorliegende Projekt der ARGE Nussbaumer AG Wallisellen, Preiswerk & Cie AG Zürich sowie des Ingenieurbüros Aschwanden & Speck AG Zürich zur Ausführung empfohlen. Gesamtbeurteilung des erstrangierten Projektes durch die Jury: «Das Projekt stellt eine sauber durchgestaltete, bewährte Lösung dar mit grosszügig bemessenen Spannweiten. Es kann ihm eine hohe Bauwerksqualität zugesprochen werden. Mit seinen einfachen und klaren Formen handelt es sich um ein unaufdringliches und ausgewogenes Bauwerk, das sich gut in die Umgebung eingliedert. Das Projekt kann zur Ausführung empfohlen werden.» Weitere Informationen und Details zum durchgeführten Submissionswettbewerb sind in (1) und (2) zu finden.

Realisation, Bautermine

- 15. August 1983:
Abgabe Submissionsunterlagen
- 31. März 1984:
Abgabe Projektmappe
- 27. September 1984:
Entscheid Wettbewerbsjury
- 1. November 1984:
Auftragserteilung durch SBB

Ansicht der Brücke vom Anschluss Dietlikon Richtung Süden

Die 556 m lange Brücke überquert, dem Terrain angepasst, die Neue Winterthurerstrasse sowie das Industriegebiet in Dietlikon

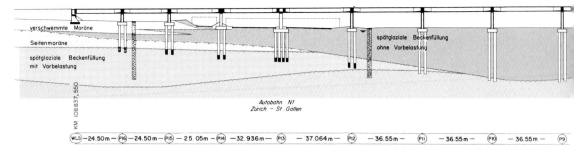

verschwemmte Moräne

Seitenmoräne

spätglaziale Beckenfüllung
mit Vorbelastung

spätglaziale Beckenfüllung
ohne Vorbelastung

KM 108.837,550

Autobahn N1
Zürich – St. Gallen

(WLS) —24.50 m — (P16) —24.50 m — (P15) — 25.05 m — (P14) —32.936 m — (P13) — 37.064 m — (P12) —36.55 m — (P11) — 36.55 m — (P10) — 36.55 m — (P9)

Längsschnitt mit Grundriss

- 7. Januar 1985:
Beginn Pfahlbelastungsversuche
- 1. März 1985:
Beginn Fundationsarbeiten
- ab Juni 1985:
Montage Lehrgerüste
- 4. September 1985:
Betonieren 1. Feld
- 30. Juli 1986:
Betonieren letztes Feld
- Herbst 1986:
Fertigstellungsarbeiten

Grundlagen

Wettbewerbsprogramm

In einem detaillierten und umfangreichen Wettbewerbsprogramm mit zugehörigen Planunterlagen wurden den fünf Wettbewerbsteilnehmern klare und verbindliche Grundlagen und Randbedingungen für die Projektbearbeitung abgegeben. Neben der genau definierten Horizontal- und Vertikalaxe der Schienenoberkante mussten für die Stützenstellungen insbesondere die

Ansicht der Brücke mit Lärmschutzwänden und verschiedenen neuen Nutzungen direkt unter der fertig erstellten Brücke, Industriegebiet Dietlikon

folgenden Freihaltezonen berücksichtigt werden:

Überquerung Nationalstrasse N1: max. Pfeilerbreite in Mittelstreifen 1.25 m. Stützenfreier Bereich über die beiden Fahrspuren 27.80 bzw. 29.40 m. Ferner die stützenfreien Bereiche über die Einfahrt Werkhof (13.00 m), Überquerung Widenholzstrasse (15.00 m) sowie die Überquerung der Neuen Winterthurerstrasse (28.20 m). Während des Baues durften die erforderlichen Lichtraumprofile der zu überquerenden Strasse wie z.B. für Lehrgerüstabstützungen usw. leicht reduziert werden.

Belastungsannahmen

Die Belastungsannahmen entsprechen der SIA Norm 160 (1970), wobei für den Wettbewerb Präzisierungen vorgeschrieben wurden. Das Tragwerk musste somit für die folgenden Einwirkungen bemessen werden:

- *Lastbeanspruchungen*

Ständige Lasten g	gem. Norm SIA 160
Verkehrslasten p	gem. Norm SIA 160
Fliehkräfte	120 km/h V_{max}
Brems-, Anfahrkräfte	gleichzeitig auf bei den Gleisen in gleicher Richtung mit Höchstwertbegrenzung $B = p/7 \leq 4000$ kN
Lagerreibungskräfte	belastend 5 % der Dauerlasten entlastend 1 % der Dauerlasten
Wind	gem. Norm SIA 160

- *Zwängungsbeanspruchungen*
Längenänderungen inf. Temperatur, Schwinden und

398

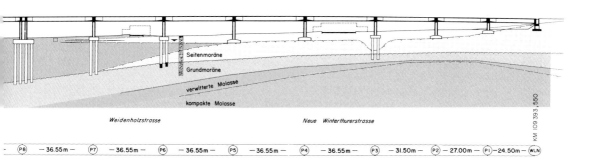

Seitenmoräne
Grundmoräne
verwitterte Molasse
kompakte Molasse

Weidenholzstrasse   Neue Winterthurerstrasse

KM 109 393,550

PB — 36.55m — P7 — 36.55m — P6 — 36.55m — P5 — 36.55m — P4 — 36.55m — P3 — 31.50m — P2 — 27.00m — P1 — 24.50m — WLN

Setzungen
Kriechen gem. SIA 160/162 absolut s ≤ 30 mm relativ zwischen benachbarten Fundamenten Δ s ≤ 20 mm

• *Aussergewöhnliche Einwirkungen*

Anprallkräfte
für Strassenfahrzeuge 1000 kN in beliebiger Richtung

Entgleisung
Fall I: 80 kN/m, 2.20 m neben Gleisaxe auf eine Länge von 20 m
Fall II: 200 kN, 2.00 m neben

Gleisaxe (Sicherheiten gem. RL 162/31 Gruppe I)

Bemessung

Die Bemessung der gesamten Tragstruktur erfolgte mit den Vorschriften der SIA-Norm 162 (1968) sowie den dazugehörenden Richtlinien Nr. 34 und 35 (1975). Nachzuweisen waren die Tragsicherheit, die Gebrauchsfähigkeit sowie die Ermüdungssicherheit für detailliert vorgeschriebene Lastfallkombinationen.

Geologie

Das geologische Längenprofil des Viaduktes Weidenholz ist geprägt durch eine

Querschnitt

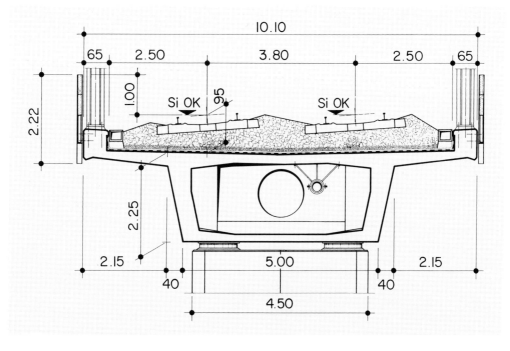

spätglaziale, nicht vorbelastete Beckenfüllung bis zu 27 m Tiefe im mittleren Bereich des Viaduktes. Unter dieser Beckenfüllung ist eine gut tragfähige Grundmoräne anzutreffen, die sich gegen die beiden Widerlager sogar noch leicht anhebt und ohne klare Trennung in Seiten- und Wallmoränen übergeht. Im südlichen Abschnitt des Viaduktes sind ab ca. 15 m unter Terrain gut vorbelastete, feinkörnige Seeablagerungen auf der Grundmoräne anzutreffen.

Im Abschnitt Weidenholz fehlt ein eigentlicher Grundwasserträger. Es existieren jedoch einzelne wasserführende Linsen mit einem gespannten Grundwasserhorizont, der bis knapp unter die Terrainoberfläche reichen kann.

Brückenprojekt

Situation, Längsschnitt

Die 556 m lange Brücke überquert das Industriegebiet von Dietlikon S-linienförmig von Süden nach Norden mit einem minimalen Horizontalradius vom 700 m. Die Regelspannweite beträgt 36.55 m. Gegen die beiden Widerlager reduzieren sich die Spannweiten kontinuierlich bis auf 24.50 m, was zusammen mit den ebenfalls abnehmenden Terrainhöhen ein harmonisches Bild ergibt. Die schiefwinklige Überquerung der Autobahn N1 erfolgt mit zwei Feldern von 37.04 und 32.94 m und einer Abstützung im Mittelstreifen der Autobahn. Die Stützen sind jeweils senkrecht zum Brückenüberbau angeordnet mit Ausnahme der Abstützung in der Autobahn, die parallel zu dieser ausgeführt werden musste (Stütze P13 mit einer Schiefe von etwas mehr als 50°).

Überbau

Die Querschnittabmessungen des einzelligen Kastenquerschnittes sind im Hinblick auf eine rationelle, feldweise Herstellung soweit möglich konstant gehalten worden. Die Gesamtbreite des Betonquerschnittes beträgt 10.10 m. Die konstante Trägerhöhe von 2.25 m ergibt für die Regelspannweite eine Schlankheit des Brückenträgers von 1/16. Das Quergefälle des Betonüberbaus ist ebenfalls konstant (null) über die ganze Brückenlänge. Erforderliche Schie-

nenüberhöhungen infolge der gekrümmten Linienführung werden im ca. 700 mm starken Schotterbett aufgenommen. Die 470 mm starken Stege sind konstruktiv bedingt durch die paarweise Führung der grossen Spannglieder im Steg. Die minimale Stärke der oberen Kastenplatte beträgt 250 mm, und die 200 mm starke untere Kastenplatte wird jeweils über den Stützen bis auf max. 500 mm verstärkt. Der Brückenträger ist in Längsrichtung voll vorgespannt und in Querrichtung schlaff armiert. Die ebenfalls in das Projekt einbezogenen Lärmschutzwände wurden an der Aussenseite des Konsolkopfes nachträglich mit Steindübeln befestigt. Die Wand selbst besteht im unteren Teil aus einem vorfabrizierten, 700 mm hohen Betonbrett. Darüber liegen die eigentlichen Dämmelemente, die bei Bedarf mit zusätzlichen Aufsatzelementen noch erhöht werden können.

Vorspannung

Die Vorspannung des 556 m langen Durchlaufträgers erfolgt durch Litzenspannglieder des Systems Dywidag mit vorwiegend Gross-Spanngliedern von 22 und 27 Litzen, Durchmesser 0,6" (initiale Vorspannkraft nach dem Ablassen 3540 kN resp. 4350 kN bei einer Spannung von $0,65 f_{pt}$).

Entsprechend der feldweisen Herstellung des Brückenüberbaus greifen die Kabel je über zwei Spannweiten. Die Litzen der einzelnen Vorspannkabel werden jeweils nach dem Betonieren in die leeren Hüllrohre eingezogen und hinter dem Stützenquerschnitt des vorhergehenden Feldes fest verankert. Die Vorspannung dieser Kabel erfolgte nur einseitig am Kopf der neu betonierten Etappe an speziell angeordneten Spannlisenen innerhalb des Kastenquerschnittes. Die einzelnen Stränge sind ausserdem um eine Spannweite versetzt angeordnet, so dass sich im Normalfeld sechs Kabel pro Steg im Feldquerschnitt und neun Kabel pro Steg über der Stütze ergeben. Alle Abspann- und Verankerungsstellen sind auch nachträglich noch frei zugänglich, und Spanngliedkupplungen konnten in Anbetracht der Ermüdungsbeanspruchung des Bauwerkes durch die oben definierte Anordnung der Kabel vermieden werden.

Lagerungsschema

Der Gesamtüberbau der Brücke ist schwimmend gelagert mit einem Festpunkt (Bremsbock) beim mittleren Pfeiler P8. Dieser etwas verstärkte Pfeiler P8 ist mit dem Brückenüberbau monolitisch verbunden. Bei allen übrigen Auflagerpunkten sind zwischen Überbau und Unterbau längsverschiebliche Topfgleitlager eingebaut.

Durch die Anordnung eines Festpunktes in Brückenmitte wird erreicht, dass die Dilatationen über beiden Widerlagern praktisch gleich gross werden. Die maximalen Fugenbewegungen über den beiden Widerlagern Süd und Nord betragen je 200 mm. Durch die Anordnung eines zentralen Festpunktes können damit ausserdem Längskräfte infolge differentieller Lagerreibung minimalisiert werden. Die Stabilisierungsstütze P8 ist für die Lastfällkombination max. differentielle Lagerreibung (3600 kN) plus einer reduzierten Bremskraft von 2400 kN bemessen worden. Die resultierenden Horizontalkräfte von 6000 kN werden über elf Bohrpfähle in den Baugrund eingeleitet.

Horizontale Querbeanspruchungen infolge Wind und Fliehkräften werden auf jeder Stütze durch ein quer fixiertes Topflager in den Unterbau abgeleitet. Alle eingebauten Topflager sind in der Höhe verstellbar und können auch jederzeit ausgewechselt werden.

Fundationen

Die Wahl der Fundationsart wurde weitgehend durch die vorhandenen Bodenverhältnisse bestimmt. Im nördlichen Teil (Pfeiler P5 bis WL Nord) war ursprünglich vorgesehen, alle Fundationen als Flachfundationen auf der setzungsunempfindlichen Seitenmoräne auszuführen. Ab Pfeiler P6 bis und mit Pfeiler P16 konnten auf der setzungsempfindlichen spätglazialen Bekkenauffüllung keine Flachfundationen mehr ausgeführt werden. Die erforderlichen Pfahlfundationen wurden mittels 1.20 m starker Bohrpfähle erstellt. Im mittleren Bereich sind die Bohrpfähle 2.00 m in die Grundmoräne als «stehende» Pfähle eingebunden. Im südlichen Teil (P12 bis P16) wirken die ca. 15 m langen Pfähle in der

Seitenmoräne sowie in der vorbelasteten Beckenfüllung eher als schwimmende Pfähle.

Das Widerlager Süd im Aegert bildet den Abschluss einer neuen, 5.50 m hohen Dammschüttung und wird flach fundiert. Durch eine vorgezogene Dammschüttung und Herstellung des Brückenüberbaues feldweise vom Norden her konnten die zu erwartenden Restsetzungen des Widerlagers Süd unter dem maximal zulässigen Wert von 30 mm gehalten werden.

Während der Ausführung der Fundationsarbeiten beim Pfeiler P3 unmittelbar neben der Winterthurerstrasse wurde die tragfähige Oberfläche der Seitenmoräne leider nicht auf der erhofften Höhe angetroffen, so dass während der Ausführung dieses Pfeilers von einer ursprünglich vorgesehenen Flachfundation auf eine Pfahlfundation umgestellt werden musste.

Probepfähle

Die Bauherrschaft verlangte schon in der Wettbewerbsphase vom Unternehmer den Nachweis der Tragfähigkeit und der Einhaltung der zulässigen Setzungen der vorgesehenen Pfahlfundation durch repräsentative Belastungsversuche. Diese Vorversuche mussten vor Inangriffnahme der eigentlichen Pfählungsarbeiten ausgeführt und interpretiert werden, so dass die Resultate der Versuche noch in die Dimensionierung der einzelnen Pfahlfundationen einfliessen konnten.

Für die Pfahlfundation des Viaduktes Weidenholz wurden aufgrund der unterschied-

Pfahlbelastungsversuch mit Zugankern zur Aufnahme der maximalen Prüflast von 6000 kN

Überquerung der sechsspurigen Nationalstrasse N1 von Zürich nach Winterthur mit Einfahrt Werkhof

lichen geologischen Verhältnisse die folgenden Pfahlversuche durchgeführt.

• 1. Probepfahl:
Zentrumspfahl Pfeiler P8, Ø 900 mm (alle übrigen Bohrpfähle Ø 1200 mm), Pfahllänge 25.50 m, ca. 2.00 m in Moräne als «stehende Pfahlfundation» eingebunden.
Einbau einer Pfahlfusspresse durch das Ingenieurbüro Dr. U. Vollenweider, Zürich. Konventioneller Pfahlbelastungsversuch bis zu einer maximalen Belastung von 6000 kN vorgängig der Versuche mit der eingebauten Pfahlfusspresse.

• 2. Probepfahl:
Zentrumspfahl Pfeiler P15, Pfahllänge 14.00 m. Pfahl ca. 5.50 m als «schwimmender Pfahl» in Seitenmoräne eingebunden.
Einbau von Gleitmikrometern.
Übrige Kenndaten und Versuchsdurchführung gleich wie beim 1. Probepfahl.

• 3. Probepfahl:
Zentrumspfahl Pfeiler P12, Pfahldurchmesser 1200 mm. Pfahllänge 18.00 m, ca. 2.00 m in Moräne als «stehender Pfahl» eingebunden.
Versuche im Gegensatz zu Probepfahl 1 und 2 nur mit der eingebauten Pfahlkopfpresse.

Beim konventionellen Pfahlbelastungsversuch wurde die Pfahlbelastung in mehreren Be-, Entlastungs- und Wiederbelastungsstufen bis zur maximalen Versuchslast von jeweils 6000 kN gesteigert und die entsprechenden Pfahlkopfsetzungen aufgenommen. Die gemessenen Pfahlkopf-

setzungen unter der maximalen Prüflast von 6000 kN erreichten die Werte von 15.6 mm beim 1. Probepfahl resp. 9.8 mm beim 2. Probepfahl. Die Bruchlast der einzelnen Pfähle wurde bei beiden Versuchen nicht erreicht.

Die zusätzlichen Belastungsversuche mittels Pfahlfusspressen ergaben weitere Informationen und Resultate für die Beurteilung des Tragverhaltens der einzelnen Pfähle sowie zur Lastaufteilung in Spitzenwiderstand und Mantelreibung. Nach Durchführung der Versuche wurden die Hohlräume in und um die Pfahlfusspressen mit Zementmörtel unter Druck ausinjiziert. Weitere Details zu den Versuchen mit den eingebauten Pfahlkopfpressen sind in (3) enthalten.

Die durchgeführten Pfahlbelastungsversuche haben die aufgrund der Wettbewerbsunterlagen etwas optimistisch angenommenen Bemessungswerte für die Pfahlfundationen voll bestätigt. Grundsätzlich konnten die Pfahllängen des Wettbewerbsprojektes mit geringen Änderungen übernommen werden.

Bauausführung

Der Überbau des Viaduktes Weidenholz wurde feldweise von Norden Richtung Süden hergestellt. Als Lehrgerüst diente ein seitlich angeordnetes, mobiles Vorschubgerüst, das insbesondere ein problemloses Überqueren der verschiedenen Strassen und der sechsspurigen Autobahn N1 ohne Verkehrsunterbrüche ermöglichte. Details zum Vorschubgerüst und zum Bauablauf können dem anschliessenden Bericht der Unternehmung entnommen werden.

Materialaufwand, Kosten

Einige Daten und Kennzahlen des ausgeführten Projektes «Viadukt Weidenholz» sollen hier am Schluss noch kurz zusammengestellt werden:

Gesamtlänge der Brücke	556.00 m
Breite der Brücke inkl.	
Konsolkopf und Lärmschutz	10.50 m
Anzahl Felder	17
Regelspannweite	36.50 m

Pfähle Ø 1.20 m, Länge
13.00 bis 25.50 m,
Gesamtlänge,   1 230 m
Gesamtmassen Unterbau
    Beton   2 240 m³
    Armierungsstahl III   220 t
Gesamtmassen Überbau
    Beton   3 950 m³
    Armierungsstahl III   590 t
    Spannstahl   195 t

Gesamtmassen Überbau bezogen
auf m² Brückenfläche
    Beton   0.70 m³/m²
    Armierungsstahl III   105 kg/m²
    Spannstahl   35 kg/m²
Gesamtkosten der Brücke
inkl. Projektierungshonorar:
    Globalofferte bereinigt   6.93 Mio. Fr.
    Abrechnung (ohne Teuerung)
                     7.15 Mio. Fr.
    Gesamtkosten der Brücke
    bezogen auf m² Brücken-
    fläche (Abrechnung)   Fr. 1 273.–/m²
Bauzeit total   21 Monate

Die enge Zusammenarbeit zwischen Projektverfasser und Unternehmung, durch den Submissionswettbewerb bereits gegeben, bildete die Grundlage für eine optimale Anpassung des Bauvorganges an die gegebenen Randbedingungen und Realisierung des vorliegenden Projektes, das termingerecht der Bauherrschaft übergeben werden konnte.

Literatur:
(1) Die Neubaustrecke der Zürcher S-Bahn, SBB, Sektion Tiefbau, Bauabteilung III, Zürich
(2) Submissionswettbewerb Viadukt Weidenholz, Jury-Bericht vom 27. September 1984
(3) Viadukt Weidenholz, Pfahlbelastungsversuche mit Pfahlkopfpressen. Bericht Nr. 741-1, Büro Dr. U. Vollenweider, Zürich

Viadukt Weidenholz, Ausführung Baulos 9.02

Urs Auchli

Bei der Projektierung des Weidenholz-Via-
duktes hat die Unternehmergruppe hauptsächlich auf einfache und klare Formen
gedrängt, mit Spannweiten unter 40 m.
Dies ermöglichte eine rationelle Arbeitswei-
se bei kurzer Bauzeit und eine entsprechend günstige Offerte.

Installation

Für den Brückenüberbau wurde der Kran
Weitz 1295 mit 45 m Ausladung hinter
dem Widerlager auf der Höhe der Fahr-
bahnplatte montiert, um von diesem
Standort aus das erste Feld zu bauen.
Nach Betonieren dieses Feldes konnte der
Kran vorfahren und jeweils das nächste
Feld über Kopf bearbeiten. Der gesamte
Unterbau wurde mit einem mobilen Pneu-
kran ausgeführt.

Lehrgerüst

Die Wahl des Lehrgerüstes spielte bei der
Bauabwicklung eine sehr wichtige Rolle.
Im Bereich des zu erstellenden Bauwerkes
mussten die Kantonsstrasse Wallisellen –
Dietlikon, diverse Quartierstrassen sowie
die sechsspurige Autobahn Zürich-Winter-

Seitlich gelagerte Trägerpakete.

thur überquert werden. Da bei allen Strassen eine minimale Durchfahrtshöhe von
4.60 m eingehalten werden musste, kam
nur ein Lehrgerüst mit seitlicher Anordnung der Trägerpakete in Frage.

Der immer gleiche und einfache Querschnitt sowie die idealen Stützenabstände
drängten förmlich auf den Entscheid, ein
Vorschubgerüst einzusetzen. Auf diese
Weise konnten sämtliche Bedingungen
bezüglich freizuhaltender Durchfahrten mit
dem gleichen Gerüst erfüllt werden.

Das eigentliche Vorschubgerüst bestand

Längsansicht des Vorschubgerüstes

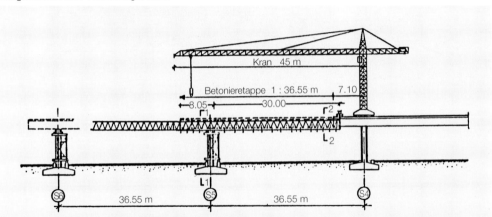

aus je drei seitlich vom Hohlkasten gelagerten, zu einem torsionssteifen Paket zusammengefassten Lehrgerüstbindern (Peiner U 1825). Das Trägerpaket stützte sich über Rüststützen Typ EDI 130 auf die Fundamentplatten der Pfeiler ab. Der hintere Teil des Gerüstes wurde am Kragarm der zuletzt betonierten Etappe aufgehängt. Auf Zwischenabstützungen konnte verzichtet werden, was massiv Kosten einsparte (schlechter Baugrund) und das Problem von eventuell ungleich auftretenden Setzungen eliminierte.

Zur Entlastung des Lehrgerüstes wurde der Trägerquerschnitt 24 Stunden nach dessen Betonieren auf 50 % vorgespannt, was bei der Bemessung des Lehrgerüstes ein wesentlicher Vorteil war. Das Betongewicht der Fahrbahnplatte konnte somit teils auf das Lehrgerüst und teils auf den bereits tragfähigen Trogquerschnitt aufgebracht werden. Die Lehrgerüstträger mussten somit nicht auf das volle Gewicht des Brückenquerschnittes bemessen werden. Die hintere Aufhängung des Gerüstes war gleichzeitig Fahrwerk und Aufhängung; das heisst, beim Vorschub stützte

sich das Fahrwerk auf die bereits für den Kran auf dem betonierten Teilstück verlegten Kranschienen ab. Für den Querverschub wie auch den Längsverschub mussten beide Trägerpakete gleichzeitig bewegt werden. Die Jochträger wie auch die Querträger bei der Aufhängung waren in Querrichtung verschiebbar, so dass das Gerüst ideal auf den Kurvenradius eingerichtet werden konnte.

Der Längs- und Querverschub erfolgte mittels hydraulischer Zylinder mit einer Zug- respektive Druckkraft von 25 t und einer Hublänge von 50 cm. Die Verschiebung der 130 t schweren Konstruktion erfolgte auf Bronceplatten, was Zugkräfte von ca. 8–9 t auf jeder Seite erforderte. In jedem Trägerpaket waren zwei 0,6"-Litzen mit selbstgreifender Klemmvorrichtung eingebaut.

Das Gesamtgewicht des Lehrgerüstes inkl. Schalung betrug ca. 101 t. Dieses Gewicht teilt sich wie folgt auf:
• Vorbauschnabel   ca.   6 t
• Trägerpakete   ca. 47 t
• Schalung   ca. 48 t

Querschnitte des Vorschubgerüsts

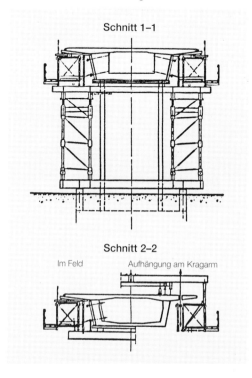

Aufgehängte Druckplattenschalung △▽
mit Stützendetail.

Brücke im Rohbau fertig

Schalung

Sie bestand aus Elementen von 4.50 m
Länge. Als Schalhaut wurden Struktur-
schaltafeln verwendet. Die Steg- und Kon-
solschalung war mit dem Vorschubgerüst
fest verbunden. Die Schalung der Druckplatte konnte nicht klappbar konstruiert
werden, da im Bereich der Kreuzungs-
punkte mit der Autobahn und der Kantonsstrasse zu wenig Lichthöhe bestand.
Die Druckplattenschalung wurde vom bestehenden Terrain aus auf einfache Art mit
dem Kran abgesenkt und umgesetzt. Die
Justierung der Steg- und Kanalschalung
erfolgte mit am Trägerpaket montierten
Zug-Druckspindeln.

Die Druckplatten-Schalung wurde, nachdem die Trägerpakete genau ausgerichtet
waren, hochgezogen und immer an den
gleichen Fixpunkten befestigt. Die Schalung für die Fahrbahnplatte im Trog war
aus Tischen von der Grösse 2.00 x 2.50 m
konstruiert.

Beim Ausschalen wurden sie auf einem
Fahrgestell längs verschoben und durch
die Ausschalöffnungen in der Fahrbahnplatte herausgenommen und anschliessend die Öffnungen zubetoniert.

Bauablauf des Überbaues

Der Kastenquerschnitt wurde in zwei Etappen hergestellt. Zuerst wurde der Trog betoniert und nach 24 Stunden 50 % vorgespannt, anschliessend innerhalb von sechs
Tagen die Fahrbahnplatte betoniert und
nach 48 Stunden auf 100 % vorgespannt.
Das Ganze wickelte sich bei den ersten
vier Feldern im Dreiwochen-Takt, den zehn
folgenden Feldern im Zweieinhalb-Wo-
chen-Takt und den letzten drei Feldern im
Zweiwochen-Takt ab. Die Konsolköpfe erstellten zwei separate Schalwagen, kontinuierlich dem Überbau folgend. Das Bauwerk konnte der SBB termingerecht übergeben werden.

Hintere Lehrgerüstaufhängung, fahrbar auf der
Kranschiene

Teilprojekt 10: Bahnhof Dietlikon

Peter J. Guha, Christoph Hächler

Die S-Bahn-Neubaustrecke wird aus der Sicht des Bauingenieurs nicht nur vom Umfang her, sondern vor allem wegen der schwierigen Probleme und der gewählten Lösungen zu Recht als Jahrhundert-Bauwerk von Zürich angesehen. Sowohl das erste wie das zweite Prädikat trifft für das Teilprojekt 10, Bahnhof Dietlikon, nur in beschränktem Masse zu. Das Spezielle an diesem Objekt ist, dass es zwar die letzte Nummer der zehn Teilprojekte trägt, jedoch als erstes dem Verkehr übergeben werden konnte.

Es handelt sich beim Ausbau Bahnhof Dietlikon um eine der durch und durch normalen Bahnhofsanierungen, wie sie von den SBB in der Agglomeration Zürich seit zwei Jahrzenten durchgeführt werden. Stellvertretend für diese für den S-Bahn-Erfolg unerlässlichen Bauwerke wird beim Teilprojekt 10 nachfolgend mehr das allgemein Typische als das Spezielle beschrieben.

Weiter ist zu erwähnen, dass während der Bauzeit der langerwartete Entscheid fiel: Perronhöhe ab OK Gleis = 55 cm. So konnte der Bahnhof Dietlikon als erster mit der inzwischen vertraut gewordenen Perronhöhe ausgerüstet werden.

Ausgangslage für das Projekt

Der Bahnhof Dietlikon liegt an der wichtigen Ost/West-Transversale zwischen Winterthur und Zürich und hat neben dem ansehnlichen Personenverkehr auch einigen Güterverkehr (Hochrampe) zu bewältigen. Nach den durchgeführten Rationalisierungsmassnahmen der SBB bleibt im Güterverkehr nur noch der Wagenladungsverkehr. Das Schwergewicht beim Betrieb des Bahnhofs Dietlikon liegt beim Personenverkehr. Das bestehende Aufnahmegebäude, kombiniert mit der Personenunterführung, ist so ausgelegt, dass es auch längerfristig die S-Bahn-Bedürfnisse zu befriedigen vermag. Güterschuppen und entsprechende Gleisanlagen wurden nur noch für spezielle Aufgaben benötigt. Die Gleise 2 und 3 haben den Durchgangsverkehr aufgenommen.

Die Züge nach Zürich (Gleis 3) konnten durch Seitenperrons und kreuzungsfreie Zugänge – Passerelle auf der Südseite des Bahnhofs, zentrale Fussgängerunterführung sowie ein älteres derartiges Objekt bei der Brüttisellerstrasse – erreicht werden. Die Züge nach Effretikon-Winterthur dagegen, welche auf Gleis 2 einfahren, waren nur durch Überqueren des Gleis 1 zu erreichen.

In bezug auf die bestehende Bausubstanz der Gemeinde Dietlikon ist die Lage des Bahnhofes eher exzentrisch, d.h. das eigentliche Zentrum liegt einige hundert Meter entfernt. Beidseits des Bahnhofes befinden sich Wohnüberbauungen, vor allem auf der Ostseite und überwiegend Mehrfamilienhäuser.

Im Bahnhofbereich besitzen die SBB genügend Land, um eine kommerzielle Nutzung zu erwägen. Diese Idee wurde aber aufgrund negativer Stellungnahmen des lokalen Detailhandels und Gewerbes vom Gemeinderat abschlägig beurteilt. Im Rahmen der Bahnhofplanung wurde dieser Aspekt nicht mehr weiter verfolgt.

Zustand 1982, Perron «nach Zürich» mit Gleis 3 im Vordergrund

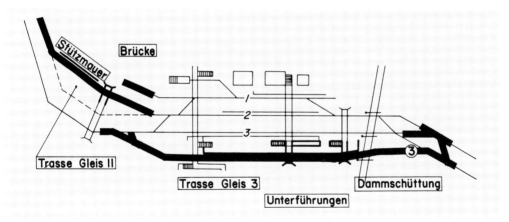

Bauphase 1

Gleiskonzept/Bauprojekt

Der Bahnhof Dietlikon präsentiert sich neu als Verzweigungsbahnhof und als nördlicher Ausgangspunkt der Zürichberglinie. Für den Durchgangsverkehr stehen drei Gleise zur Verfügung. In Richtung Winterthur sind es zwei Gleise: Gleis 1 mit Perron Hauskante von Wallisellen und Gleis 2 mit Mittelperron von Stadelhofen her. In der Gegenrichtung ist es Gleis 3 mit Mittelperron für beide Destinationen südwärts. Die alte Doppelspur nach Wallisellen musste wegen der Gleisverschiebung im Bahnhofbereich ab km 10.1 neu trassiert werden. Die neue Linienführung bedingt, dass auf einer Länge von 110 m eine Stützmauer erstellt werden musste. Im Bereich der Bahnhofstrasse wurde die Brücke westlich für das Gleis 11 erweitert. Neben den Gleisverschiebungen wurden umfangreiche Unterbausanierungen sowie die Erneuerung der Fahrleitungen und der Signalisation notwendig.

Der Mittelperron wurde aus dem bestehenden alten Perron, dem alten Gleis 3, entwickelt (Gleis 3 alt = Gleis 2 neu), wobei neben der Erhöhung der Perronkante auf 55 cm eine Verbreiterung nach Osten und eine Überdachung von ca. 200 m Länge realisiert wurden. Die zentrale Unterführung wurde durch neue Rampen ergänzt. Der Niveauübergang Brüttisellerstrasse musste beibehalten werden, weshalb die alte Unterführung angepasst und auch unter der Brüttisellerstrasse ein Stahlrohrdurchgang für die Fussgänger erstellt wurde, um von der Bushaltestelle und vom

grossen Parkplatz vor dem Bad eine kurze und sichere Fussgängerverbindung zu den Perrons zu schaffen. Auf der ganzen Strecke von 1.5 km Länge wurden umfangreiche Anpassungsarbeiten durchgeführt. Der Vorplatz beim Aufnahmegebäude erhielt eine neue Gestaltung.

Ein technisch interessantes Detail ist die Brücke über die Bahnhofstrasse (ehemals Schwerzelbodenstrasse), bei welcher das Ingenieurbüro Hans Frei + Co Projekt und Bauleitung ausführte. Der Brückenüberbau wurde als einfache, schief gelagerte Platte konzipiert und mittels vier Reston PN Topflager auf die dafür vorgesehene Stützmauer gelagert. Die zwei spitzen Ecken der Brückenplatte bekommen bei bestimmten Lastfällen Auflager-Zugkräfte, die mittels permanenter Einstab-Anker und beidseitig zugänglicher Vorspannnischen auf $V = 15\%$ vorgespannt sind. Somit kann kein schlagender Lastwechsel stattfinden.

Verlängerung der Personenunterführung zum Aufnahmegebäude

408

Die Vorspannkraft wurde periodisch kontrolliert.

Ablauf der Projektierung

Im Frühjahr 1983 wurden die Ingenieurarbeiten aufgenommen. Das Projekt, insbesondere die Passagieranlagen, Fussgängerunterführungen, Rampen, Vorfahrten, Parkplätze, Veloabstellplätze usw., wurde in periodischen Sitzungen gemeinsam mit Vertretern der Gemeinde entwickelt. Eines der Dauertraktanden war die Aufhebung des Niveauüberganges Brüttisellerstrasse zugunsten einer Strassenunterführung. Dieses Objekt konnte selbstverständlich nicht zulasten S-Bahn realisiert werden, wäre aber wegen der höheren Frequenzen und der Breite des Überganges (neu 3 Gleise) wohlbegründet gewesen. Die Gemeinde sah sich aber nicht in der Lage, diesen Bau zu übernehmen, und auch die kantonale Verwaltung gab abschlägigen Bescheid. Deshalb bleibt mit dem Niveauübergang ein sehr unerfreuliches «Providurium». Alle Beteiligten haben sich aber sehr bemüht, dieses so unfallsicher wie möglich zu gestalten. Unter grossem Zeitdruck musste das Projekt abgeändert, d.h. der Mittelperron so weit in Richtung Wallisellen verschoben werden, dass der Niveauübergang gegenüber dem ursprünglichen Projekt ausserhalb des Mittelperrons zu liegen kam.

Parallel und nachfolgend erfolgten die SBB-internen Arbeitssitzungen mit allen Fachgebieten, und neben der Projektentwicklung wurden Bauphasenstudien und Projektoptimierung in bezug auf Kosten und Zeit durchgeführt.

Submission

Auf den Eingabetermin der Ausschreibung der Tiefbauarbeiten vom 28. Oktober 1984 wurden sechs Offerten eingereicht. Bei der Offertöffnung kamen nach der ersten Überprüfung die Firmen Bretscher AG, Bossi AG und Zani AG in die engere Wahl. Diese Reihenfolge blieb auch noch nach einer genaueren Überprüfung der Offerten.

Der bereinigte Werkvertrag der Firma Bretscher AG wurde am 31.5.1985 unterzeichnet. Die Offertsumme betrug 3.3 Mio. Franken.

Beschränkter Platz beim Bau der neuen Zugangsrampe zur Personenunterführung beim Aufnahmegebäude

Geschlossener Niveauübergang, neue Unterführung zum Bad

Stützmauer Lampizäcker

Verbreiterung Brücke Schwerzelbodenstrasse

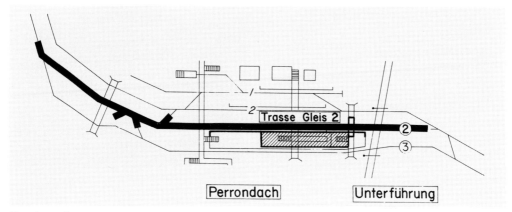

Bauphase 2

Bauausführung

Die Bauarbeiten wurden plangemäss am 25.4.85 aufgenommen. Neben den bisherigen Beteiligten kam während der Bauzeit Herr P. Friedli als Berater für Bodenmechanik und Geologie zum Team. Ein Teil der Absteckungsarbeiten wurde direkt von der Bauleitung ausgeführt.

Während den gesamten Arbeiten konnte das Bauprogramm eingehalten werden. Es umfasste drei Bauphasen, welche auch wesentlich durch den Betriebsablauf in Dietlikon bestimmt wurden.

Turnusgemäss fanden vierzehntäglich Oberbauleitungs-Sitzungen statt, bei denen die Bauherrschaft mit dem Unternehmer und der Bauleitung das Vorgehen für die folgenden zwei bis drei Wochen festlegte. Detailprobleme konnten so rechtzeitig einer Lösung zugeführt werden. Alle ein bis zwei Monate wurden Bausitzungen mit den Vertretern der mitbeteiligten SBB-Fachdienste durchgeführt.

Dank betrieblicher Flexibilität der SBB, aber auch dank dem persönlichen Einsatz des Bahnhofpersonals waren zeitweise Einspurbetriebe möglich.

In der ersten Phase wurde die Zufahrt von Wallisellen neu erstellt sowie Gleis 3 gebaut. Dazu mussten die Unterführungen, der Niveauübergang und die Brücke über die Schwerzelbodenstrasse angepasst werden.

Die Unannehmlichkeiten wurden von den Bauleuten wie von den Passagieren und allen weiteren Betroffenen im Hinblick auf das zu erstellende Werk mit Verständnis getragen.

Bei sämtlichen Häusern längs der Baustrecke wurden die bestehenden Risse mit dem zuständigen Notar aufgenommen. Da keine Pfählungen durchgeführt wurden und auch die Verdichtung des Trasseematerials keine übermässigen Einwirkungen verursachte, waren auch keine nachträglichen Schadenmeldungen zu verzeichnen.

Bauphase 3

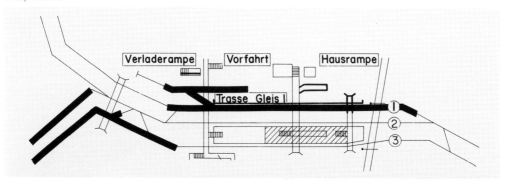

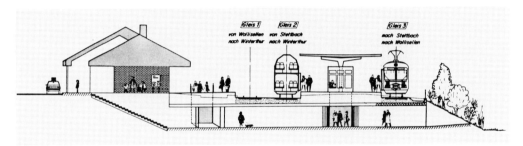

Neuer Zustand, Querschnitt

Neuer Zustand, Situation

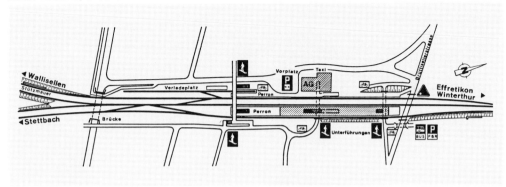

Legen der Gleise

Bike and Ride

Neues Gleis 2 mit neuer Perronkante

Eröffnungsfeierlichkeiten am 17. Juni 1986.
V.l.n.r.: P.J. Guha, J. Vohralik, SBB-Kreisdirektor
H.R. Wachter, Gemeinderat K. Hangartner

Im Bereich Lampizäcker wurde durch die Gleisverschiebung eine Stützmauer notwendig. Für deren Erstellung war ein Einspurbetrieb erforderlich.

Mit der Anpassung der Verladerampe an die neue Gleislage und dem Verlegen der Gleise fand die erste Bauphase ihren Abschluss.

In der zweiten Bauphase wurde das ehemalige Gleis 3 vollständig ersetzt und es entstand neu als Gleis 2. Zur Verbesserung des stark genutzten «Bike and Ride» wurden bei jedem Zugang gedeckte Veloabstellplätze erstellt. Die Gemeinde Dietlikon beteiligte sich an deren Finanzierung

sowie am Perrondach, das gegenüber der Norm um 100 m verlängert wurde.

In der letzten Bauphase wurden die auf der Seite des Aufnahmegebäudes liegenden Anlagen umgestaltet. Bei der mittleren Personenunterführung wurde eine neue Rampe erstellt. Der Güterschuppen hatte einer grosszügigen Vorfahrt zu weichen.

Dem zielgerichteten und vorsichtigen Einsatz aller Beteiligten ist es zu verdanken, dass die Arbeiten nicht nur unfallfrei, sondern auch zeitgerecht und im vorgesehenen Kostenrahmen abgewickelt werden konnten.

Autorenverzeichnis

Arnold Robert, Dipl. Bauing. ETH,
  Dr. Jäckli, Geologisches Büro,
  5400 Baden, Kronengasse 39
Auchli Urs, Ing. HTL,
  Vizedirektor, Preiswerk + Cie AG Zürich,
  8048 Zürich, Hermetschloostrasse 77
Bacchetta Aldo, Dipl. Bauing. ETH/SIA,
  Teilhbaber,
  Ing.-Büro D.J. Bänziger + Partner,
  8002 Zürich, Engimattstrasse 11
Bachmann Henry, Bauing. HTL,
  c/o AG Heinrich Hatt-Haller,
  8022 Zürich, Bärengasse 25
Bader Andreas, Dipl. Bauing. ETH/SIA,
  Geilinger AG,
  8180 Bülach, Schützenmattstrasse
Bänziger D. Jakob, Dipl. Bauing. ETH/SIA,
  Teilhaber,
  Ing.-Büro D.J. Bänziger + Partner,
  8002 Zürich, Engimattstrasse 11
Bischoff Nutal, Dipl. Bauing. ETH,
  c/o Basler & Hofmann,
  Ingenieure und Planer AG,
  8029 Zürich, Forchstrasse 395
Bosshard Martin, Dipl. Bauing. ETH,
  c/o Basler & Hofmann
  Ingenieure und Planer AG,
  8029 Zürich, Forchstrasse 395
Brändli Frank, Dipl. Bauing. ETH/SIA,
  Schafir & Mugglin AG,
  Bauunternehmung,
  8032 Zürich, Zollikerstrasse 41
Bratteler Ernst,
  Geschäftsleiter, Kessler Consulting Inc.,
  8032 Zürich, Forchstrasse 95
Bützer Walter, Bauing. HTL,
  Techn. Beamter bei der Bau-Sekt.,
  SBB, Hauptabt. Bau Kreis III,
  8021 Zürich, Postfach
Diener Walter, lic.oec.,
  Leiter Stabsstelle öffentlicher Verkehr,
  Volkswirtschaftsdirektion Kanton Zürich,
  8090 Zürich, Kaspar-Escher-Haus
Eberhard Heinrich, Eberhard Bau AG,
  8181 Höri, Wehntalerstrasse 76
Egli Rolf, Dipl. Bauing. ETH/SIA,
  Vizedirektor, Locher & Cie AG,
  Bauing. und Bauunternehmung,
  8001 Zürich, Pelikanplatz 5

Ehmann Peter, Bauing. SIA Reg. A,
  Adjunkt bei der Sekt.
  Ingenieurbau,
  SBB Hauptabt. Bau Kreis III,
  8021 Zürich, Postfach
Ellenberger Heinz,
  c/o U. Ammann Maschinenfabrik AG,
  4900 Langenthal
Eppinger Gottlieb, Bauing. HTL,
  Projektleiter,
  Elektrowatt Ingenieurunternehmung AG
  8034 Zürich, Bellerivestrasse 36
Erdin Arthur,
  Fietz + Leuthold AG,
  Bauunternehmungen,
  8008 Zürich, Seefeldstrasse 152
Fechtig Robert,
  Prof. ETH, Dipl. Ing. ETH/SIA
  Vorsteher Institut für Bauplanung
  und Baubetrieb,
  8092 Zürich, ETH Hönggerberg
Felber Paul, Dr., Dipl. Geologe ETH,
  Geologengemeinschaft Zürichbergtun-
  nel, Locher-Halter-Wyssling,
  8122 Pfaffhausen, Lohzelgstrasse 5
Flury Hans,
  Adjunkt bei der Sekt. verkehrs- und
  betriebswirtschaftliche Fragen,
  Direktion Finanzen und Controlling SBB,
  3030 Bern, Hochschulstr. 6
Freimoser Matthias, Dr. rer.nat.,
  Geologe, Teilhaber Dr. von Moos AG,
  8037 Zürich, Bachofnerstrasse 5
Garbe Lothar, Dipl. Ing. SIA,
  Vizedirektor,
  Elektrowatt Ingenieurunternehmung AG,
  8034 Zürich, Bellerivestrasse 36
Gervasi Orlando, Ing. ETH,
  Chefingenieur,
  Georges Leimbacher Tunnel AG,
  8303 Bassersdorf, Grindelstrasse 6
Gfeller Paul, Dipl. Verm. Ing. ETH,
  Geschäftsführer,
  Swissair Photo + Vermessungen AG,
  8035 Zürich, Obstgartenstrasse 7 + 19
Glättli Max, Dipl. Bauing. ETH/SIA,
  alt Oberingenieur,
  SBB Hauptabt. Bau Kreis III,
  8021 Zürich, Postfach

Gründler Heinrich, Dipl. Bauing. ETH,
  Chef der Bau-Sekt.,
  SBB Hauptabt. Bau Kreis III,
  8021 Zürich, Postfach
Guha Peter J., Dipl. Bauing. ETH/SIA,
  Inhaber Ing.-Büro Guha AG,
  8006 Zürich, Scheuchzerstrasse 8
Gutzwiller Rolf, Dr. sc.techn.,
  Dipl.El-Ing. ETH,
  Chef der Sekt. Signalanlagen und
  Telekommunikation,
  SBB Hauptabt. Bau Kreis III,
  8021 Zürich, Postfach
Hächler Christoph, Dipl. Bauing. ETH/SIA,
  Zürcher Verkehrsverbund
  8050 Zürich, Hofwiesenstrasse 370
Hagmann Alfred J., Dr., Dipl. Bauing. ETH,
  c/o Basler & Hofmann
  Ingenieure und Planer AG
  8029 Zürich, Forchstrasse 395
Haldimann Ulrich, Ing. HTL,
  Mitglied der Geschäftsleitung,
  «Holderbank» Kies + Beton AG,
  8050 Zürich, Siewerdtstrasse 10
Hefti Jakob,
  Inhaber, Otto Näf AG,
  Betonabbruch und Felsabbau,
  8957 Spreitenbach, Bodackerstrasse
Heierli Werner, Dr. sc. techn.,
  Dipl. Bauing. ETH/SIA,
  Inhaber,
  Ing.- Büro Heierli AG,
  8033 Zürich, Culmannstrasse 56
Hitz Arthur, Bauing. HTL,
  c/o Fietz AG, Bauingenieure,
  8022 Zürich, Fraumünsterstrasse 9
Hohl Kurt, Bauing. HTL,
  c/o Fietz AG, Bauingenieure,
  8022 Zürich, Fraumünsterstrasse 9
Höltschi Hanspeter, Dipl. Bauing. ETH/SIA,
  Teilhaber Ing.-Büro Aschwanden &
  Speck Dipl. Ing. ETH/SIA,
  8030 Zürich, Sophienstrasse 16
Horath Alois, Ing. HTL,
  c/o Lerch AG Bauunternehmung,
  8401 Winterthur, Scheideggstrasse 30
Hübner Peter, Dipl. Bauing. ETH/SIA,
  Chef der Sekt. Ingenieurbau,
  SBB Hauptabt. Bau Kreis III,
  8021 Zürich, Postfach
Jenny Felix C., Dipl. Bauing. ETH,
  c/o Basler & Hofmann
  Ingenieure und Planer AG,
  8029 Zürich, Forchstrasse 395
Jucker Ernst, Direktor,
  «Zürich»-Versicherungs-Gesellschaft,
  8022 Zürich, Mythenquai 2

Kälin Jean-Pierre, Dr. iur.,
  Generalsekretär SBB,
  3030 Bern, Hochschulstrasse 6
Kamber Hans-Rudolf, lic.rer.pol.,
  Adjunkt bei der Sekt. verkehrs- und
  betriebswirtschaftliche Fragen,
  Direktion Finanzen und Controlling SBB,
  3030 Bern, Hochschulstrasse 6
Kaspar Heinz, Dipl. Bauing. ETH,
  c/o Basler & Hofmann
  Ingenieure und Planer AG,
  8029 Zürich, Forchstrasse 395
Kellenberger Ruedi, Bauing. HTL,
  c/o Marti AG Zürich,
  8105 Regensdorf, Wiesackerstrasse 84
Kobel Roland, Ing. HTL,
  Prader AG,
  Ingenieure & Bauunternehmung,
  8001 Zürich, Waisenhausstrasse 2
Koller Ewald, Dipl. El-Ing. ETH,
  Stellvertreter des Oberingenieurs,
  SBB Hauptabt. Bau Kreis III
  8021 Zürich, Postfach
Krebs Franz, Ing. HTL,
  Abteilungsleiter,
  Swissair Photo + Vermessungen AG,
  8035 Zürich, Obstgartenstrasse 7 + 19
Kühni Fritz, Dipl. Bauing. ETH/SIA,
  Oberingenieur,
  SBB Hauptabt. Bau Kreis III,
  8021 Zürich, Postfach
Letsch Ulrich, Dipl. Bauing. ETH/SIA,
  Projektleiter,
  Elektrowatt Ingenieurunternehmung AG,
  8034 Zürich, Bellerivestrasse 36
Letta Gion, Dipl. Bauing. ETH/SIA,
  Chef der Sekt. Projektierung
  und Koordination,
  SBB Hauptabt. Bau Kreis III,
  8021 Zürich, Postfach
Löffel Felix, lic.oec.publ.,
  Stellvertreter des Chefs der
  Hauptabt. Betrieb,
  SBB Hauptabt. Betrieb Kreis III,
  8021 Zürich, Postfach
Lörtscher Manfred, Dipl. El-Ing. ETH,
  Chef der Sekt. Elektrische Anlagen,
  SBB Hauptabt. Bau Kreis III,
  8021 Zürich, Postfach
Mühlemann Peter,
  Dipl. Bauing. ETH/SIA,
  Schubiger AG Bauingenieure,
  8008 Zürich, Kleinstrasse 16
Müller Hans-Rudolf, Dipl. Bauing. ETH,
  Mitarbeiter bei der Sekt. Ingenieurbau
  SBB Hauptabt. Bau Kreis III,
  8021 Zürich, Postfach

Niederhauser Peter,
　Dipl. Bauing. ETH/SIA,
　Mitinhaber,
　Seiler, Niederhauser, Zuberbühler AG,
　8050 Zürich, Dörflistrasse 112
Perucchi Sandro, Dipl. Bauing. ETH/SIA,
　c/o Basler & Hofmann
　Ingenieure und Planer AG
　8029 Zürich, Forchstrasse 395
Rinderknecht Urs, Dipl. Bauing. ETH,
　Swissboring AG,
　8604 Volketswil
Ritz Willy, Ing. HTL,
　Prader AG,
　Ingenieure & Bauunternehmung,
　8001 Zürich, Waisenhausstrasse 2
Rojas Gustavo, Dipl. Bauing ETH,
　Direktor Swissboring AG,
　8604 Volketswil
Roth Alfred, Dipl. Kult.-Ing. ETH,
　Adjunkt bei der Sekt. Projektierung und
　Koordination, Chef des Geometerbüros,
　SBB Hauptabt. Bau Kreis III,
　8021 Zürich, Postfach
Roth Ueli,
　Dipl. Arch. ETH/SIA/BSP Harvard MUD,
　Inhaber,
　Büro für Raumplanung, Umweltfor-
　schung, Städtebau und Architektur,
　8006 Zürich, Turnerstrasse 24
Rubi Hanspeter, Dipl. Bauing. ETH/SIA,
　Chef der Bahn Sekt. 5,
　SBB Hauptabt. Bau Kreis III
　8021 Zürich, Postfach
Rüedlinger Peter, Dipl. Bauing. ETH,
　c/o Basler & Hofmann
　Ingenieure und Planer AG,
　8029 Zürich, Forchstrasse 395
Rüegsegger Ulrich, Architekt. HTL,
　Techn. Beamter bei der Sekt.
　Ingenieurbau,
　SBB Hauptabt. Bau Kreis III,
　8021 Zürich, Postfach
Ruosch Ernst, Dipl. Masch-Ing. ETH/SIA,
　Teilhaber, Brandenberger + Ruosch AG
　8037 Zürich, Rotbuchstrasse 34
Rutishauser Gérard, Dipl. Bauing. ETH/SIA,
　Leitender Ing.,
　GSS/Glauser, Studer, Stüssi
　Ingenieure SIA/ASIC AG,
　8032 Zürich, Witikonerstrasse 15
Rutschmann Jakob,
　Dipl. Masch-Ing. ETH,
　Obermaschineningenieur und
　Stellvertreter des Kreisdirektors,
　SBB Hauptabt. Zugförderung Kreis III,
415　8021 Zürich, Postfach

Sallenbach Hans Heinrich,
　Dipl. Bauing. ETH/SIA,
　Teilhaber,
　Ing.-Büro H.H. Sallenbach + Partner,
　8304 Wallisellen, Querstrasse 4
Scheifele Jakob, Dipl. Bauing. ETH/SIA,
　Teilhaber,
　Bauunternehmung Jakob Scheifele AG
　8050 Zürich, Regensbergstrasse 248
Schellenberg Max, Dipl. Bauing. ETH/SIA,
　Teilhaber,
　ACSS AG, Beratende Ingenieure,
　8050 Zürich, Gubelstrasse 28
Schindler Johannes,
　Dr. sc. techn., Dipl. Bauing. ETH/SIA,
　Teilhaber, Arch.- und Ing. Büro
　Schindler + Schindler,
　8038 Zürich, Albisstrasse 103
Schneebeli Rudolf, Ing. HTL,
　Schafir & Mugglin AG,
　Bauunternehmung,
　8032 Zürich, Zollikerstrasse 41
Schneider Ernst, Dipl. Bauing. ETH/SIA,
　Schafir & Mugglin AG,
　Bauunternehmung,
　8032 Zürich, Zollikerstrasse 41
Schneller Alfred, Dipl. Bauing. ETH/SIA,
　Ingenieurgemeinschaft
　Toscano-Heierli-Schindler,
　8037 Zürich, Nordstrasse 114
Schurter Ueli, Dipl. Bauing. ETH/SIA,
　Teilhaber,
　ACSS AG, Beratende Ingenieure,
　8050 Zürich, Gubelstrasse 28
Sieber Niklaus,
　Dr. sc. nat., Dipl. Geologe ETH/SIA,
　Teilhaber, Sieber, Cassina + Partner,
　Berat. Ing. u. Geol.,
　8008 Zürich, Delphinstrasse 5
Sigg Hans,
　Cartoonist,
　6992 Vernate
Signer Paul, Dipl. Bauing. ETH/SIA,
　Abt. Leiter Brandenberger + Ruosch AG,
　8037 Zürich, Rotbuchstrasse 34
Spaltenstein Walter, Ing. HTL,
　Vizedirektor,
　AG Conrad Zschokke,
　8045 Zürich, Räffelstrasse 11
Spirgi Werner, Bauing. HTL,
　Geschäftsführer,
　Meier + Jäggi AG, Zürich,
　8050 Zürich, Leutschenbachstrasse 71
Steger Samuel, Dipl. Bauing. ETH,
　Schafir & Mugglin AG,
　Bauunternehmung,
　8032 Zürich, Zollikerstrasse 41

Stierli Hans-Rudolf, Dipl. Bauing. ETH,
    Ingenieurgemeinschaft Swissrail,
    c/o F. Preisig AG,
    Dipl. Bauing. ETH/SIA/ASIC,
    8050 Zürich, Grünhaldenstrasse 6
Stierli Hansruedi, Architekt,
    Partner in Steiger Partner AG,
    8008 Zürich, Klausstrasse 20
Streich Werner,
    Dipl. Bauing. ETH/SIA/ASIC,
    Mitinhaber von Schubiger AG,
    Bauingenieure,
    8008 Zürich, Kleinstrasse 16
Stump Hans, Dipl. Bauing.ETH/SIA,
    Geschäftsleiter Stump Bohr AG,
    8008 Zürich, Mühlebachstrasse 20
Tauss Rudolf, Dipl. Bauing. ETH,
    Vizedirektor, AG Conrad Zschokke,
    8045 Zürich, Räffelstrasse 11
Trommer Bernhard,
    Dipl. Bauing. ETH/SIA,
    c/o Basler & Hofmann
    Ingenieure und Planer AG,
    8029 Zürich, Forchstrasse 395
Tschalär Hansjürg,
    Spezialtiefbau AG,
    8050 Zürich, Schaffhauserstrasse 372
Vogt Max, Dipl. Architekt. ETH,
    Chef der Sekt. Hochbau iR,
    SBB Hauptabt. Bau Kreis III,
    8021 Zürich, Postfach

Vollenweider Ulrich,
    Dr. sc. techn., Dipl. Bauing. ETH/SIA,
    Inhaber, Dr. Vollenweider AG,
    Beratende Ingenieure ETH/SIA,
    8032 Zürich, Hegarstrasse 22
Wälti Andreas, Dipl. Bauing. ETH/SIA,
    c/o Basler & Hofmann
    Ingenieure und Planer AG,
    8029 Zürich, Forchstrasse 395
Wehrle Erwin, Bauing. HTL,
    Techn. Direktor,
    A. Brunner's Erben,
    8050 Zürich, Leutschenbachstrasse 52
Weil Paul, Bauing. SIA Reg. A,
    Mitarbeiter bei der Sekt. Ingenieurbau,
    SBB Hauptabt. Bau Kreis III,
    8021 Zürich, Postfach
Wild Rolf E.,
    Chef der Hauptabt. Verkauf,
    SBB Hauptabt. Verkauf Kreis III,
    8021 Zürich, Postfach
Wüst Bernard, Bauing. HTL,
    Techn. Beamter bei der
    Sekt. Ingenieurbau,
    SBB Hauptabt. Bau Kreis III
    8021 Zürich, Postfach
Zuber Peter,
    Dipl. Bauing. ETH/SIA,
    Chef der Sekt. S-Bahn und
    Gesamtprojektleiter Baudirektion SBB,
    3030 Bern, Mittelstrasse 43

Verzeichnis der Sponsoren

Acifer Regensdorf AG, 8105 Regensdorf
ACSS AG, Ing. Büro, 8050 Zürich
Aebi Robert AG, 8023 Zürich
AEZ Asphalt-Emulsion AG, 8048 Zürich
AG Conrad Zschokke, 8045 Zürich
AG Heinr. Hatt-Haller, 8022 Zürich
AGA Aktiengesellschaft, 4133 Pratteln
Agosti AG, Malergeschäft, 8046 Zürich
Akkumulatoren-Fabrik Oerlikon,
    8050 Zürich
Aliva AG, 8967 Widen
ALQ ARGE Limmatquerung, 8001 Zürich:
    Locher & Co AG, 8001 Zürich
    Ed. Züblin & Cie AG, 8037 Zürich
    Walo Bertschinger AG, 8005 Zürich
    Schafir & Mugglin AG, 8008 Zürich
Ammann U. Maschinenfabrik AG,
    4900 Langenthal
Angst & Pfister AG, 8052 Zürich
ARGE Hirschengraben-Tunnel,
    8025 Zürich:
    Schafir & Mugglin AG, 8008 Zürich
    Walo Bertschinger AG, 8005 Zürich
    Kopp Bauunternehmung AG, 6003 LU
    H. R. Schmalz AG, 3007 Bern
    W. J. Heller AG, 3008 Bern
    Theiler + Kalbermatter AG, 6003 Luzern
    Georges Leimbacher + Co, 8032 Zürich
    Jost Bau AG, 8952 Schlieren
ARGE Zürichbergtunnel, 8001 Zürich:
    Locher & Cie AG, 8001 Zürich
    Prader AG, 8001 Zürich
    Ed. Züblin & Cie AG, 8037 Zürich
    A. Brunner's Erben, 8050 Zürich
    Granella AG, 5303 Würenlingen
Asphalt-Bau AG, 8046 Zürich
Aufzüge & Service AG,
    8153 Rümlang
Atlas Copco (Schweiz) AG,
    2557 Studen/Biel
AVT Anker- und Vorspanntechnik AG
    8040 Zürich
B + BTec Bohr- + Befestigungstechnik AG,
    3178 Bösingen
Baenziger Ralph, Dipl. Arch ETH,
    8004 Zürich
Bänziger D.J. + Partner, Dipl.Ing.ETH/SIA,
    8027 Zürich
Barcol-Air AG, 8712 Stäfa

Basler & Hofmann AG, Ingenieure und
    Planer, 8029 Zürich
Baumeisterverband Zürich, 8032 Zürich
Bernold AG, Stahlkonstruktionen
    8880 Walenstadt
Bertschi H. & Co., 5200 Brugg
Burkhalter Ernst Ing. AG , 8048 Zürich
Busch AG, Druck und Vakuum,
    4132 Muttenz
Danzas Reisen AG, 8023 Zürich
Davum Stahl AG, 8037 Zürich
Eberhard Bau AG, 8302 Kloten
Ecofer AG, 3018 Bern
Eichenberger Hans AG, Ing. Büro
    8023 Zürich
Einsatz AG, Personalberatung
    8039 Zürich
Elektrowatt Ingenieurunternehmung AG
    8022 Zürich
Ernst Autotransport AG, 8029 Zürich
Fietz AG, Bauingenieure, 8001 Zürich
Fischer Georg AG +GF+,
    8201 Schaffhausen
Flueckiger Group AG, Systeme im
    Untertagebau, 8953 Dietikon
Frei, Schneider & Guha AG, Ing. Büro,
    8049 Zürich
Furex AG , 8320 Fehraltorf
Furrer & Frey, Nachf. H. Furrer & Co.,
    3000 Bern 6
Garbagas, 3097 Liebefeld
Geilinger AG, Stahlbau, 8180 Bülach
Geotest AG, 3052 Zollikofen
Gitterrost-Vertrieb, Walter Albiez AG,
    8031 Zürich
Hilti (Schweiz) AG, 8134 Adliswil
Ing. Gemeinschaft Toscano - Heierli -
    Schindler, c/o Edy Toscano AG,
    8037 Zürich
Ita Gebr. Söhne, Metallbau, 8046 Zürich
Jäckli, Dr. H. Geologisches Büro AG,
    8049 Zürich
Kasper Paul, Vermessungsbüro,
    8302 Kloten
Kies AG Wil/ZH, 8052 Zürich
Kieswerk Hüntwangen AG, 8050 Zürich
Koster AG, Heizung, Lüftung, Elektro,
    8048 Zürich
Kummler & Matter AG, 8026 Zürich

Latec Laser Technologies AG,
   5405 Baden-Dättwil
Leffer Hans GmbH, Stahl- u. Apparatebau,
   D-6602 Saarbrücken-Dudweiler
Lenzlinger Söhne AG, 8612 Uster
Liebherr-Baumaschinen AG, 4852 Rothrist
Lippuner Klimatechnik AG, 9472 Grabs
Marti AG Zürich, Bauunternehmung,
   8105 Regensdorf
MBA Maschinen- und Bahnbedarf AG,
   8600 Dübendorf
Meto-Bau AG, 5303 Würenlingen
Muldenzentrale AG, 8037 Zürich
Näf Otto AG, 8957 Spreitenbach
Neonwidmer AG, 4147 Aesch
Omega Electronics SA,
   2500 Biel/Bienne 4
PanGas, 6002 Luzern
Pedretti Osvaldo AG, Natursteine,
   8107 Buchs ZH
Pestalozzi & Co. AG, 8953 Dietikon
Pfister Franz, Maschinelle Reinigungs AG,
   8048 Zürich
Preisig F. AG, Ing. Büro, 8050 Zürich
Preiswerk & Cie AG, 8048 Zürich
Regent Beleuchtungskörper AG,
   4018 Basel
Rema-Tip Top Vulc-Material AG,
   8902 Urdorf
Roth Ulrich C., Büro für Raumplanung,
   Umweltforschung, Städtebau und
   Architektur, 8006 Zürich
Roth-Kippe AG, 8055 Zürich
Schärotex AG, 8700 Küsnacht
Scheifele Jakob AG, Bauunternehmung,
   8050 Zürich
Schellenberg J., Reinigungs-Organisation,
   8002 Zürich
Schindler Aufzüge AG, Reg. Dir. Zürich,
   8036 Zürich
Schlatter AG, Eisen & Maschinen,
   4333 Münchwilen
Schubiger AG, Bauingenieure,
   8008 Zürich
Schweizerische Volksbank, 8021 Zürich

Sennbau AG, Stahlbau, 9524 Zuzwil
Shell (Switzerland), 8002 Zürich
SIG Bautechnik AG, 8152 Glattbrugg
Sika AG, 8048 Zürich
Sitrag Silotransport AG, 8037 Zürich
SNZ Ing. Büro Seiler Niederhauser
   Zuberbühler, 8050 Zürich
SpannStahl AG, 8340 Hinwil
Spross GA-LA-BAU AG, 8055 Zürich
Steiger Partner AG, Architekturbüro,
   8034 Zürich
Stump Bohr AG, 8008 Zürich
Stürm Carl & Co. AG, 9400 Rorschach
Stury Fredi AG, 8153 Rümlang
Stüssi Rudolf AG, Vorfabrikationswerk,
   8108 Dällikon
STUVA Studiengesellschaft für
   unterirdische Verkehrsanlagen e.V.,
   D-5000 Köln 30
Sulzer Gebr. AG, 8401 Winterthur
Swissair Photo + Vermessungen AG,
   8035 Zürich
Swissboring AG, 8604 Volketswil
Techn. Forschungs- & Beratungsstelle der
   Schweizerischen Zementindustrie,
   5103 Wildegg
Tschudin & Heid AG, 4153 Reinach BL
Versicherungsgesellschaften «Zürich»,
   «Winterthur», «Schweizer National»,
   «Elvia», 8022 Zürich
Voest-Alpine AG, 8050 Zürich
Voest-Alpine Aktiengesellschaft,
   A-1040 Wien
Vollenweider Dr. AG, Ing. Büro,
   8032 Zürich
von Moos Dr. AG, geotechn. Büro,
   8037 Zürich
Von Roll AG, 4563 Gerlafingen
VSBH Verband des Schweizerischen
   Baumaterial-Handels, 8044 Zürich
VSL International, Vorspanntechnik,
   3421 Lyssach
Wagner + Betontechnik AG, 6210 Sursee
Walo Bertschinger AG, 8023 Zürich
Zürcher Kantonalbank, 8022 Zürich

Das Inserat als Zeitdokument

Robert Fechtig

Mit einem leisen, vielleicht auch wehmütigen Schmunzeln betrachten wir heute Inserate der Jahrhundertwende, in denen sich Baufirmen empfahlen, mit Ross, Karren und guten Arbeitskräften Abbrüche jeglicher Art auszuführen oder Befestigungsschanzen zu schleifen. Ob mit Ross und Karren oder allermodernsten Geräten geworben wird, primärer Zweck des Inserates war und ist es, die Leistungen der Firma anzupreisen und so den potentiellen Kunden anzusprechen.

Der Wandel der Zeit, die Veränderung der Gesellschaft spiegeln sich auch im Inserat wider. So kommt auch hier die Vielfalt technischer Entwicklungen im Baualltag zum Ausdruck. Aus einst gewerblichen Betrieben mit vorwiegend Handfertigung sind industrielle Betriebe geworden, die mit einem Grosseinsatz unterschiedlichster Geräte und Maschinen infrastrukturelle Aufgaben unserer Gesellschaft zu lösen und zu bewältigen vermögen.

Das Inserat als Selbstdarstellung des Leistungsvermögens einer Firma beinhaltet ein Stück Kultur. Aber steckt im Inserat nicht eigentlich noch mehr, kann und will es nicht auch zukunftsgerichtete Denkanstösse geben, zu neuen Ideen inspirieren und als Promotor von Entwicklungen dienen? Es zeigt, welche neuen Ideen eine Firma in Zukunft voranzutreiben und in die Realität umzusetzen gedenkt, und gibt damit auch dem Betrachter neue Impulse.

Welchen Wandel werden die Firmen, die sich im nachfolgenden Abschnitt der Inserate darstellen, wohl vollziehen? Werden sie wachsen, neue und andere Märkte erschliessen, oder werden sie sich bescheiden und im bisherigen Umfang, örtlich begrenzt, ihre Tätigkeit weiterführen? Ob ihr Dasein auch in Zukunft gesichert ist, kann man nicht voraussehen. Es wird aber von Interesse sein, ihre Entwicklungen zu verfolgen und in zehn, zwanzig Jahren aus einer veränderten Szenerie heraus betrachten und beurteilen zu können.

Allen hier dargestellten Firmen, auch jenen, die sich trotz grosser Leistung bei der Erstellung der S-Bahn-Neubaustrecke bescheiden zurückhielten, sei an dieser Stelle Erfolg für die Zukunft und für weitere interessante Infrastruktur-Aufgaben gewünscht!

Bau der S-Bahn Zürich:
ein Beweis unserer Vielseitigkeit

Tunnelbau

Erstellung der Teilstücke vom Bahnhof Museumstrasse bis Rämistrasse auf einer Länge von 1200 m in Arbeitsgemeinschaft. Tunnelvortrieb im Gefrierverfahren, nur 2 m unter der Limmatsohle, und in Schildbauweise unter dem Hirschengraben.

Strassenbau

Beton-Einbau des schotterlosen Gleisoberbaues mit dem Gleitschalungsfertiger.

Bodentechnik

Ausführung der Ausgleichbetone auf den Perrons und erstellen von DURATEX-Hartbetonbelägen auf den Perronköpfen im Bahnhof Museumstrasse.

WALO

Walo Bertschinger AG

Strassenbau
Hoch- und Tiefbau
Tunnelbau
Gleisbau
Industrieböden
Sportbeläge

Walo Bertschinger AG
Postfach 7534
8023 Zürich
Telefon 01/740 40 43
Telefax 01/740 31 40

Vortriebssicherung im Tunnelbau

Flexible und wirtschaftliche Lösungen abgestimmt auf hohe Leistungsvorgaben des Tunnelbauers

Hirschengrabentunnel Zürcher S-Bahn / Bauhilfsmassnahmen aus dem Vorstollen:
Injektionen, Hochdruckinjektionen, Drainagebohrungen und Vakuumfilterbrunnen.

Vorauskonsolidierung mittels Hochdruckinjektionen System RODINJET®

swissbⒸring

Industriestrasse 6
8604 Volketswil
Telefon 01 945 49 11

Swissboring – ein Unternehmen der RODIO-Gruppe

Für die Zürcher S-Bahn
bauten wir den Hirschengraben-Tunnel
ARBEITSGEMEINSCHAFT HIRSCHENGRABENTUNNEL

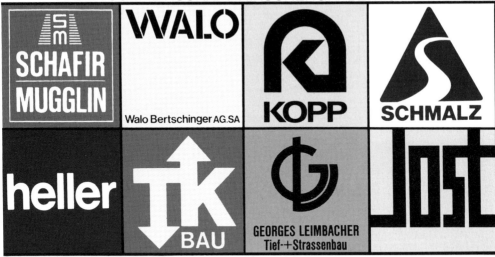

Schafir + Mugglin AG, Zürich
Walo Bertschinger AG, Zürich
W. J. Heller AG, Bern
Theiler + Kalbermatter AG, Luzern

Kopp AG, Luzern
H. R. Schmalz AG, Bern
Georges Leimbacher AG, Lachen
Jost Bau AG, Schlieren

Felsabbau, Betonabbruch, Aushub, Tiefbau

Wir haben das Know-how und die richtigen Maschinen

Unsere Arbeitsgebiete:

Betonabbruch, Felsabbau
Abbrucharbeiten
Baugrubenaushübe
Baugrubenumschliessungen
Erdarbeiten, Scraperarbeiten
Stabilisierungen, Planien
Abdeckarbeiten
Rohmaterialgewinnung
Strassenbau, Tiefbau
Flur- und Waldwegbau
Bodentiefenlockerungen
Landschaftsgestaltung
Kieslieferungen, Transporte
Baumaschinenvermietung

Eberhard Bau AG

(Verwaltung) 8302 Kloten
Schaffhauserstrasse 60
Telefon 01/814 38 38

(Werkhof) 8181 Höri
Wehntalerstrasse 76
Telefon 01/860 26 33

2E 0887

INGENIEURGEMEINSCHAFT SWISS**RAIL**

Brücken im Glattal

Erarbeiten der Projektierungsgrundlagen
Vorbereitung und Durchführung der Submissionswettbewerbe
Statische und konstruktive Prüfung der Wettbewerbsprojekte
Mitarbeit in der Jury
Projekt und Bauleitung von Nebenprojekten

Ausführung:

Prüfstatik und Bauleitung Neugut-Viadukt

Zweispurig: 926.3 m lang
Einspurig: 607.7 m lang

Prüfstatik und Bauleitung Weidenholz-Viadukt

Zweispurig: 556.0 m lang

ACSS AG

Dipl. Bauingenieure ETH SIA ASIC
Gubelstrasse 28, 8050 Zürich

D. J. BÄNZIGER + PARTNER

Diplomingenieure ETH SIA ASIC
Engimattstrasse 11, 8027 Zürich

Bahnhof Dietlikon

FREI, SCHNEIDER & GUHA AG
FSG DIPL. INGENIEURE
ETH/SIA/SVI/ASIC
8049 ZÜRICH, TEL. 01/342 10 22

Projekt und Bauleitung

Koordination der SBB-internen
Fachdienste

Bahnhof Stettbach

Projekt und Bauleitung

Voreinschnitt Zürichbergtunnel: Baugrubentiefe bis 20 m
Unterirdisches Bauwerk im Tagbau erstellt: Breite 10.50 bis 18.50 m, Länge 425 m

F. PREISIG AG

Dipl. Bauingenieure ETH SIA ASIC
Grünhaldenstrasse 6, 8050 Zürich

423

 **Ingenieure + Berater**

Elektrowatt Ingenieurunternehmung AG
Bellerivestrasse 36, Postfach, CH-8034 Zürich
Telefon: 01/385 22 11,
Telex: 815 115 ewi ch, Telefax: 01/385 24 25

Planung von unterirdischen Anlagen jeder Art:

Strassentunnel
Eisenbahntunnel
Unterirdische Stadtbahnen
Wasserstollen
Kavernen
Belüftung

Projektstudien
Detailplanung
Ausführungspläne für bauliche und
elektromechanische Anlagen
Technische Spezifikationen
und Ausschreibungsunterlagen
Auswertung der Offerten
Bau- und Montageleitung
Inbetriebsetzung, Personalschulung

**Geologische,
hydrogeologische
und geotechnische Beratung
Baugrundsondierungen**

Zürcher S-Bahn, Teilprojekt Einführung Vorbahnhof
Teilprojekt Museumstrasse, Los 2.01 Eilgut, Los 2.02 Sihlquerung
Los 2.03 Museumbahnhof, Los 2.04 Limmatquerung

**Geologisches Büro
Dr. Heinrich Jäckli AG**

Zürich Limmattalstrasse 289 Tel 01 / 341 25 00
Baden Kronengasse 39 Tel 056 / 21 29 77

Hermetschloostr. 75 · 8048 Zürich · Tel. 01 62 66 55 Heizung   Lüftung   Klima   Elektro

Heizungs-Anlagen ● Rohrleitungsbau ● Kühlwasserverrohrung

WIR BAUEN FÜR DIE ZÜRCHER S-BAHN DEN BAHNHOF STADELHOFEN

UNSER ANGEBOT FÜR DEN BAU UND BETRIEB VON BAHNEN

Seit 1920 produzierten wir über
<u>700 Spezialfahrzeuge für den Bahndienst.</u>
Mehr als 500 RACO Schienenfahrzeuge stehen noch
heute bei den SBB, bei Privatbahnen
und in Industriebetrieben im Einsatz.

- **Baudiensttraktoren mit Kippbrücke und Hydraulikkran**
- **Baudiensttraktoren mit Hubarbeitsbühnen**
- **Rangierlokomotiven**
- **Leichtkranwagen**
- **Bahnschneeschleudern**
- **Bürstenschneeschleudern**

Ausserdem umfasst unser Angebot:
- **Zweiwegefahrzeuge für den Einsatz auf Schiene und Strasse**
Unimog oder MB-trac Fahrzeuge mit Aufbauten für die
Schneeräumung, Geleisereinigung, Kranarbeiten usw.
Hydraulikbagger und Dumper mit Zweiwegeeinrichtung
- **Baumaschinen und Baugeräte**
- **Geländestapler und Teleskopstapler**
- **Mobilkrane und Hubarbeitsbühnen**
- **Dieselmotoren**
- **Lehr- und Stützgerüste**
- **Sprengstoffe, Zündmittel, Sprengzubehör**

Robert Aebi

Robert Aebi AG, Riedthofstrasse 100, 8105 Regensdorf
Telefon 01/842 51 11, Telex 825 868, Fax 01/842 51 20

B+BTEC
Bohr- + Befestigungstechnik AG

I – Q Mont ®
Neue Schwerlast-
Befestigungstechnik
in armierten Beton

Ein neues Montage-System

1. Diamant-Betonbohrmaschine Typ
   Karat® 25 (patentiert)
   für Bohrlöcher von 8 bis 50 mm Ø
   Bohrtiefe : Abhängig vom
   Bohrerdurchmesser
   Motor : 220 V – 50 Hz – 700 W.
   Gewicht : 12 kg.
   Abmessungen : 700 x 210 x 370 mm.

2. Diamantbohrer **Super GT** (patentiert).

3. **I – Q Mont**® Verbunddübel-Patronen.
   M8-M10-M12-M16-M20-M24-M30.

4. Ankerstangen in 5.8 - 8.8 -
   und rostfreiem Stahl V4A.

5. Anschlussarmierungen.

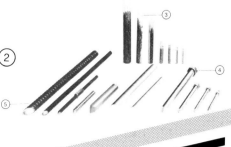

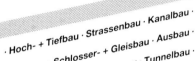

· Hoch- + Tiefbau · Strassenbau · Kanalbau ·
· Stahlbau, Schlosser- + Gleisbau · Ausbau ·
· Sanitär-Klima + Heizungsbau · Tunnelbau ·

B+BTEC
Bohr- + Befestigungstechnik AG

CH-3178 Bösingen
Telefon 031· 94 88 88
Telex 911 715 bbtch
Telefax 031· 94 84 85

Servicestelle Zürich
Rietstrasse 2
8103 Unterengstringen
Telefon 01· 750 50 15

427

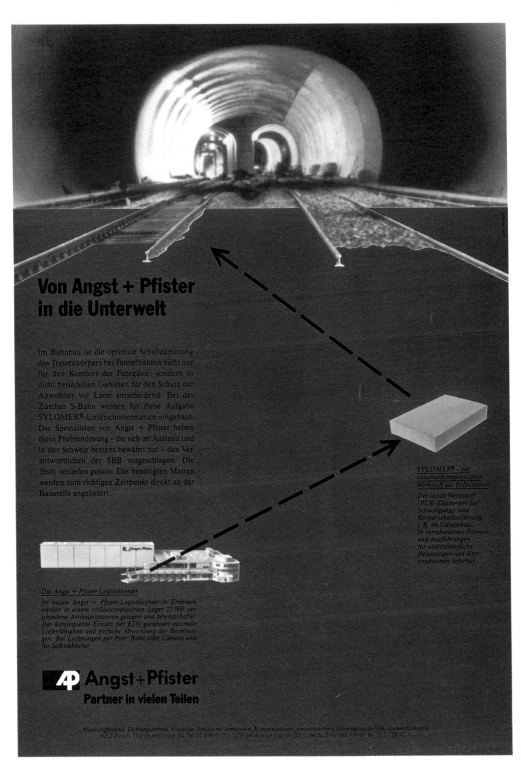

Von Angst + Pfister in die Unterwelt

Im Bahnbau ist die optimale Schalldämmung des Trasseekörpers bei Tunnelbauten nicht nur für den Komfort der Fahrgäste, sondern in dicht besiedelten Gebieten für den Schutz der Anwohner vor Lärm entscheidend. Bei der Zürcher S-Bahn werden für diese Aufgabe SYLOMER®-Unterschottermatten eingebaut. Die Spezialisten von Angst + Pfister haben diese Problemlösung – die sich im Ausland und in der Schweiz bestens bewährt hat – den Verantwortlichen der SBB vorgeschlagen. Die Tests verliefen positiv. Die benötigten Matten werden zum richtigen Zeitpunkt direkt an der Baustelle angeliefert.

SYLOMER® – ein volumenkompressibler Werkstoff aus Polyurethan

Der ideale Werkstoff (PUR-Elastomer) zur Schwingungs- und Körperschallisolierung, z. B. im Geleisebau. In verschiedenen Formen und Ausführungen für unterschiedliche Belastungen und Konstruktionen lieferbar.

Das Angst + Pfister-Logistikcenter

Im neuen Angst + Pfister-Logistikcenter in Embrach werden in einem vollautomatisierten Lager 25'000 verschiedene Artikelpositionen gelagert und bewirtschaftet. Der konsequente Einsatz der EDV garantiert optimale Lieferfähigkeit und einfache Abwicklung der Bestellungen. Bei Lieferungen per Post, Bahn oder Camion und für Selbstabholer.

Angst+Pfister

Partner in vielen Teilen

Kunststofftechnik, Dichtungstechnik, Filtration, Schläuche, Armaturen, Kompensatoren, Antriebstechnik, Schwingungstechnik, Gummiformteile
8052 Zürich, Thurgauerstrasse 66, Tel. 01 306 61 11 1219 Genève Le Lignon, 32 route du Bois-des-Frères, tel. 022 796 42 11

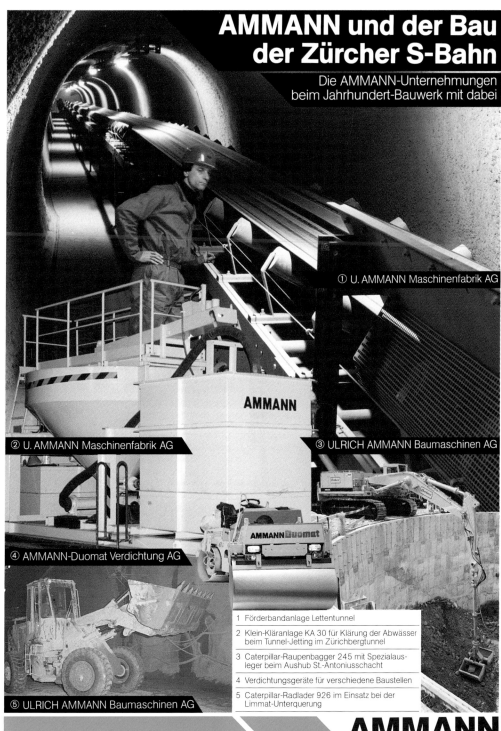

AMMANN und der Bau der Zürcher S-Bahn

Die AMMANN-Unternehmungen beim Jahrhundert-Bauwerk mit dabei

① U. AMMANN Maschinenfabrik AG

② U. AMMANN Maschinenfabrik AG

③ ULRICH AMMANN Baumaschinen AG

④ AMMANN-Duomat Verdichtung AG

⑤ ULRICH AMMANN Baumaschinen AG

1 Förderbandanlage Lettentunnel

2 Klein-Kläranlage KA 30 für Klärung der Abwässer beim Tunnel-Jetting im Zürichbergtunnel

3 Caterpillar-Raupenbagger 245 mit Spezialausleger beim Aushub St.-Antoniusschacht

4 Verdichtungsgeräte für verschiedene Baustellen

5 Caterpillar-Radlader 926 im Einsatz bei der Limmat-Unterquerung

AMMANN

U. AMMANN, Maschinenfabrik AG
CH-4900 Langenthal
☎ 063 29 61 61 ⊤x 98 25 25
Telefax 063 22 68 13

Regionale   AMMANN Service SA   1604 Puidoux   ☎ 021 946 20 82
Service-Zentren: AMMANN Service AG   7302 Landquart   ☎ 081 51 26 31
              AMMANN Service AG Hegnau   8603 Schwerzenbach ☎ 01 945 46 55

429

Erfahrung und Innovation

Die Stromschiene

Die geringe Bauhöhe, die hohe elektrische Leitfähigkeit und die mechanische Spannungslosigkeit. Das sind die Vorteile unserer neuesten Entwicklung im Fahrleitungsbau. Die Stromschiene - als Fahrleitungsersatz in Tunnels und Überbauten konzipiert - ist für Geschwindigkeiten bis 160 km/h geeignet. Ein komplettes und erprobtes System für Bahnen bis 25 kV. Rufen Sie uns doch an, 031 44 26 26, es lohnt sich.

Furrer+Frey

Projektiert und erstellt Fahrleitungen für Eisenbahnen, Tram und Trolleybusse. Thunstrasse 35, Postfach, CH-3000 Bern 6

swissair ✈ Photo+Vermessungen AG

Bauabsteckung
Bauwerkskontrolle
Profilmessung
spez. Vermessungen
Kubaturenberechnung
Leitungskataster
Flugaufnahmen

Abt. Bauvermessung
8035 Zürich, Obstgartenstrasse 19, Telefon 01 363 33 33

swissair ✈ Photo+Vermessungen AG

TUNNEL-LASER

Improve efficiency...

...with the Stolz Tunnel Laser System.

037 System

The simple answer
for your alignments
problems

030/007

Reliability under rugged conditions for more than 20 years.

Täfernstrasse 15
CH-5405 Baden
Switzerland
Telex 825088 sag ch
Tel. 056 84 01 51

STOLZ AG

A COS AG Company

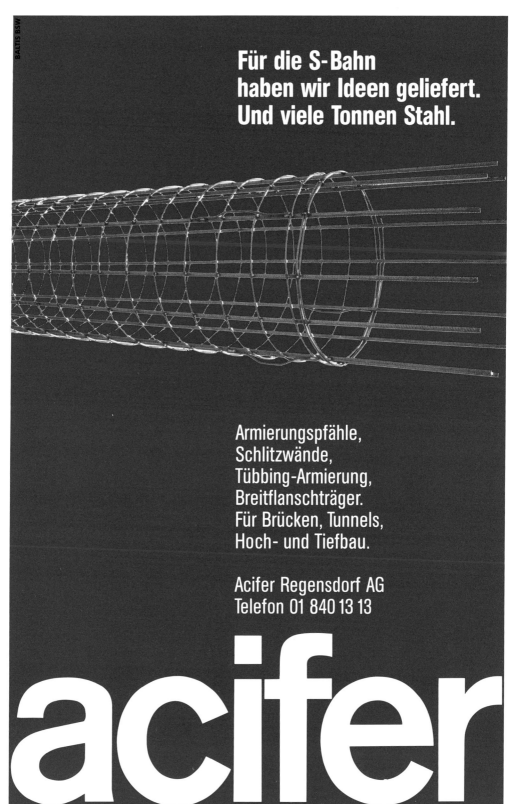

**Für die S-Bahn
haben wir Ideen geliefert.
Und viele Tonnen Stahl.**

Armierungspfähle,
Schlitzwände,
Tübbing-Armierung,
Breitflanschträger.
Für Brücken, Tunnels,
Hoch- und Tiefbau.

Acifer Regensdorf AG
Telefon 01 840 13 13

acifer

BALTIS BSW

Sicherheit bieten kann nur, wer sicher ist.

Mit +plus oerlikon Batterien und Stromversorgungen erreichen Sie Ihr Ziel – schnell – zuverlässig – sicher!
Profitieren Sie von unserer langjährigen Erfahrung.

+plus oerlikon

Accumulatoren-Fabrik Oerlikon
8050 Zürich, Telefon 01 311 84 84, Telefax 01 312 19 30

S-BAHN ZÜRICH ● für die Tunnelbewetterung

Korfmann-VENTILATOREN

MASCHINENFABRIK KORFMANN G·M·B·H, WITTEN-RUHR
Anschrift: Dortmunderstrasse 36
D-5810 Witten

Auf den Baustellen: Limmatunterquerung, Hirschengraben, Rämitunnel und Zürichbergtunnel.

Auch die Zürcher S-Bahn fährt mit Atlas Copco Kompressoren.

Moderne Schweizer Lokomotiven und Triebwagen verfügen über einen Schraubenkompressor, der die Druckluft für das Bremssystem und die Druckluft-Versorgung des Zuges erzeugt.

Herzstück dieses Kompressors ist das in der gesamten Industrie wie auch im Bau tausendfach bewährte Schraubenelement von Atlas Copco.

Schweizer Eisenbahnkompressoren werden durch Martin Engineering, 3800 Interlaken (Tel. 036 222 444) konstruiert und montiert.

Atlas Copco

Atlas Copco
(Schweiz) AG
2557 Studen-Biel
Tel. 032 54 14 14
Fax 032 54 13 00

Vakuumpumpen
weltweit im industriellen Einsatz –

AIW 1

BUSCH AG
Muttenz (CH)

Erfahrung, die Sie nutzen sollten.
Hochstehende Vakuum-Pumpentechnik
innerhalb eines umfassenden Lieferprogramms
und ein zuverlässiger Service,
alles aus einer Hand – aus Muttenz!

Busch AG · CH-4132 Muttenz
Hardstrasse 45 · Telefon 061 - 61 71 50

* Praxisbewährte Lösungen sind unsere Stärke. Fragen Sie uns.

Reinigungs-
Organisation

Unterhaltsreinigung
Glas-Reinigung
Bau-Reinigung
Teppich-Reinigung

J. Schellenberg
Stockerstrasse 42   8002 Zürich   Telefon 01/202 07 84

«BRUGG» – Engineering Total

Vieles funktioniert ganz selbstverständlich. Dahinter steht vielfach Engineering von BRUGG. Unsere Kabelsysteme für Energie- und Nachrichtenübertragung, Drahtseile, Steinschlag- und Lawinenüberbauungen, Fernwärme-Rohrleitungssysteme, helfen heute und in Zukunft, dass sich die Dinge bewegen. Schweizweit – Weltweit.

Kabelwerke Brugg AG
5200 Brugg · Telefon 056 48 31 31
Fax 056 42 28 41

Z.K.G.

Elektro-Notruf: **4/3/2/1/1/1/1**

Die Burkhalters kommen.

Burkhalter

Otto Näf AG
Postfach
8023 Zürich

Spezialunternehmung
Tel. 01 / 740 29 86
Fax 01 / 740 19 46

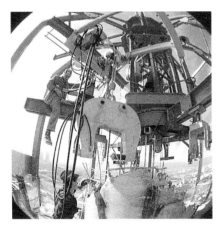

Hydraulischer Betonabbruch
Hydraulischer Felsabbruch

Abbruch von Stahlkonstruktionen
Abbrüche jeglicher Art

Ihr Spezialist für Bauwesen-Versicherungen

mermet

NATIONAL VERSICHERUNG

FLÜCKIGER GROUP-SYSTEME IM UNTERTAGBAU

auf der Basis von anorganischen Silicat-Lösungen mit Isocyanat (kein Polyurethan)

AUSSCHÄUMEN VON HOHLRÄUMEN UND STABILISIEREN DES LOCKERMATERIALS MIT SCHAUM 1:10 BIS 1:30

Spezial-Systeme
im Fels- und
Untertagbau

Flückiger Group AG

CH-8953 Dietikon 2
01/730 90 11

Flückiger Group-Kunst-stoff-Injektions-Stabilisie-rungs- und Wasser-verdrängungs-System WILKIT und WISITOM:

■ Hohlraumfüllung.

■ Kann nachinjiziert werden. Mit Druckfestig-keitssteigerung, je nach Materialmenge.

■ Harz-Schaumsysteme können übergangslos mit dem gleichen Gerät verarbeitet werden.

■ Verrottungsfestes Material.

■ Hervorragende Verklebeeigenschaften mit Fels/Bruchmaterial usw.

■ Es entstehen keine gefährlichen Dämpfe.

■ Niedrige Aushärte-temperaturen um 100 °C – deshalb fast überall einsetzbar.

■ Stark vermindernd entflammbar.

■ Keine Gewässer-verschmutzung durch Schadstoffe.

■ Keine Lösungsmittel zur Reinigung.

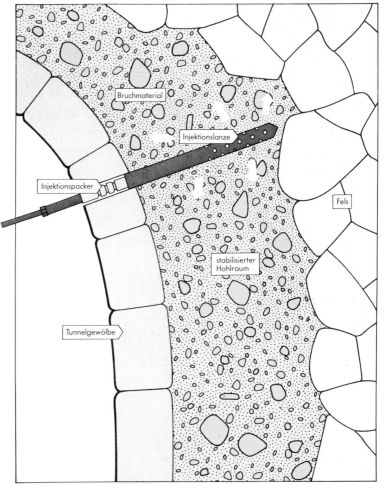

Bruchmaterial

Injektionslanze

Injektionspacker

Fels

stabilisierter Hohlraum

Tunnelgewölbe

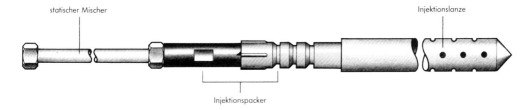

statischer Mischer

Injektionslanze

Injektionspacker

437

AVT Anker + Vorspanntechnik AG
Tirant + Précontrainte SA

Untermattweg 22
3027 Bern
Tel. 031 56 10 51

Badenerstrasse 296
8040 Zürich
Tel. 01 242 86 79

Unsere Herausforderung:

Technische Beratung: durch unsere Ingenieure vom Vorprojekt bis zur Ausführung

Unsere Produkte:

Vorspannung mit Verbund:
- **Drahtvorspannsystem:** Spannglieder bis 3700 kN Bruchlast

- **Litzenvorspannsystem:** Spannglieder bis 7000 kN Bruchlast

Vorspannung ohne Verbund:
- **Monolitzen ø 0,6":** gefettet und PE-umhüllt mit 265 kN Bruchlast

Boden- und Felsanker
- **Permanente** und **temporäre** Litzenanker für alle Bedürfnisse der Verankerungstechnik

Unsere Ausführung an der S-Bahn:

- Diverse Vorspannarbeiten Baulos 2.02 als Unterakkordant der ARGE Sihl

schärotex ag
8703 erlenbach
tel. 01/910 88 02

industriebeläge

trittfest

Ihr zuverlässiger Partner für den
Verkauf von Baumaschinen und
Lasern im Hoch-, Tief- und
Strassenbau. Dazu ein Service, auf
den man sich verlassen kann.
Immer und überall.

MAVEG AG 3250 Lyss   Tel. 032 84 71 71
MAVEG AG 8305 Dietlikon Tel. 01 833 10 77
MAVEG SA 1852 Roche VD Tel. 021 960 36 36

MAVEG

Hirschengraben-Tunnel:
Teilschnittmaschine
Atlas Copco Eickhoff ET 160.

Limmatquerung:
Schneidkopf Atlas Copco
Eickhoff an Bagger.

Atlas Copco

Atlas Copco
(Schweiz) AG
2557 Studen-Biel
Tel. 032 54 14 14
Fax 032 54 13 00

440

Ein
Partner
hält
Wort

Bern   Basel   Zürich   Lausanne

---

von der kleinsten **bis zur grössten Verstopfung**

- **Elektro-mechanische Rohrreinigung**
  Bad-, Lavabo-, Duschen-, WC- und Terassenabläufe
- **Hochdruckspülen**
  Grund- und Sickerleitungen, Bodenabläufe und Kanäle
- **Absaugen**
  Dolen, Schlammsammler, Fett- und Ölabscheider,
  überschwemmte Keller
- **Höchstdruckfräsen mit Fernsehüberwachung**
  in Rohren und Kanälen
- **Kanalfernsehen**
  ab Durchmesser 80 mm, ab 250 mm schwenkbare
  Kamera
- **Höchstdruck bis 2500 bar**
  für Flächenreinigung und Beton abtragen

Zuverlässigkeit hat uns stark gemacht.

Rohr-Reinigungs-Service RRS AG
Kleinstrasse 15
8032 Zürich
Tel. 01/252 21 41
Notfalldienst 53 02 25

Zürich Oberland	Tel. 01/941 11 33
Winterthur	Tel. 052/27 57 70
Rapperswil	Tel. 055/27 40 58

24 Stunden Notfalldienst

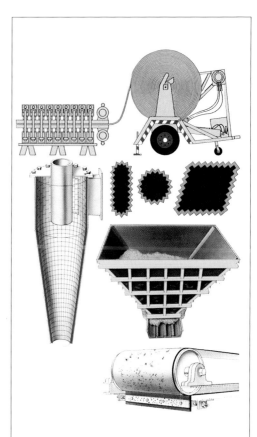

Mit Gummi lösen wir
Förder- und Verschleiss-
schutzprobleme

REMA-TIP TOP
Vulc-Material AG
Birmensdorferstrasse 30
CH-8902 URDORF/ZH

Telefon 01/734 51 91
Fax 01/734 51 71
Telex 827 891

Bauchemie
aus der Schweiz.
Für die Welt.

Sika AG
Tüffenwies 16 – 22
CH-8048 Zürich

Einige der genialsten Mitarbeiter der «Winterthur» stehen den ganzen Tag unter Strom.

$$DK_2 = DK_{2,T}$$
$$- DK_{2,2} - DK_{2,1}$$

$$DK_{2,1} = 12 \cdot \Delta_{2,1} \cdot \ddot{a}\,\frac{(12)}{n_1}$$

$$\text{mit } \ddot{a}\,\frac{(12)}{n_1} = \ddot{a}\,\frac{(12)}{41/2} = 4{,}20$$

$$= 12 \cdot 224 \cdot 4{,}20$$

$$= 2688 \cdot 4{,}20 = 11'290 \text{ Fr.}$$

winterthur versicherungen

Von uns dürfen Sie mehr erwarten.

Kiruna Truck

weltweit im Einsatz - weltweit bewährt

Zürichbergtunnel: 4 Einheiten K 250 - 24m³ (SAE 2:1) für die Tunnelschutterung. Nutzlast: 35 Tonnen. Motor: 9,6 Liter Volvo Penta. Sicherheits-Fahrerhaus, Heavy duty-Chassis.

KIRUNA TRUCK
KIRUNA TRUCK AB
981 22 Kiruna (Schweden)

Generalvertretung für die Schweiz:
Atlas Copco (Schweiz) AG
2557 Studen-Biel
Tel 032 54 14 14, Fax 032 54 13 00

STABILMAC plus RHEOBUILD:
mit Expansion gegen Schwindrisse.

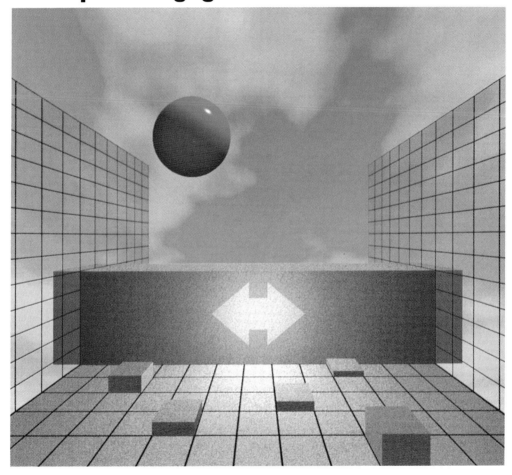

Das Phänomen ist dem Baufachmann nur zu bekannt: Beton verringert beim Trocknen sein Volumen – es drohen Risse. Diesem unerwünschten Schwinden wirkt STABILMAC entgegen. Durch Expansion wird das zu erwartende Schwinden kompensiert.

Das Expansionsmittel STABILMAC muss immer in Verbindung mit RHEOBUILD verwendet werden. Die Spezialisten von Meynadier helfen Ihnen gerne beim Erstellen eines Betonkonzeptes mit optimalem Schwindausgleich. Telefonieren oder Coupon einsenden!

Meynadier AG

Bauchemische Produkte	Telefon 01/438 22 11
Vulkanstrasse 110	Telex 822 188 mey ch
Postfach	Telefax 01/432 82 02
CH-8048 Zürich	Telegramm meyco zürich

Master Builders Technologies

Niederlassungen: Luzern, Münchenstein, Moosseedorf, St. Gallen, Zizers, Ecublens-Lausanne, Rivera

STABILMAC – und Beton bleibt stabil.

Schwindausgleich mit STABILMAC interessiert uns.

Wir wünschen ☐ Dokumentation ☐ technische Beratung ☐ Anruf

Firma _____ zuständig _____

Strasse _____ Telefon _____

PLZ/Ort _____

445

Gebr. Ita Söhne
Wehntalerstr. 561
8046 Zürich
Tel. 01/371 04 44

**Fenster, Türen, Tritte,
Treppen, Geländer und
Vordach Aufnahmegebäude,
äussere Abgangsgeländer**

SOPRALEN 800EP4WF
Abdichtungssystem
für Dachgärten

Das dauerhafte und
robuste Abdichtungs-
system mit garantiertem
Wurzelschutz:
SOPRALEN 500EV3/
SOPRALEN 800EP4WF

Verlangen Sie
unseren
System-Katalog.
TEAM 8811/LD10496

Ein Schweizer Markenprodukt

Asphalt-Emulsion AG
Rautistrasse 58
8048 Zürich
Telefon 01/491 10 50

ERNST AUTOTRANSPORT AG

8029 Zürich, Postfach 138   Telex 817 704 EAGZ
Hammerstrasse 120   Telefon 01/ 53 66 17
Schaffhauserstrasse 543   Telefon 01/301 44 11

Schwertransporte   **Autokrane**
mit Tiefganganhängern   mit hydraulischen und Gittermastauslegern
und Spezialfahrzeugen   für alle Montage- und Versetzarbeiten

Muldenkipper   **Silofahrzeuge**
für Aushub- und Schutt-Transporte   für Staub- und Schüttgüter

Wir verkuppeln...

Swiss Gewi

Swif

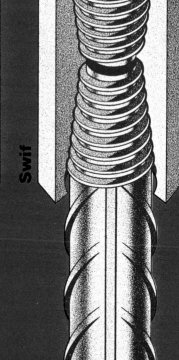

SpannStahl AG

8340 Hinwil ZH
Telefon 01 937 10 20
Fax   01 937 20 32

Swif AG

8712 Stäfa ZH
Telefon 01 937 44 75
Fax   01 937 20 32

447

IHR PARTNER IN ALLEN BAUFRAGEN.

Hoch- und Tiefbau
Umbau/Renovation
Betonsanierungen
Spezialarbeiten im Grundbau
Tunnelbau
Zimmerei/Schreinerei
Schlosserei
Immobilien
Generalunternehmung
Bauphysik

AG HEINR. HATT-HALLER

8022 Zürich 1
Tel. 01/461 16 50

STEIN UM STEIN.

GRENDENE+LANZ

Granit- und Marmorwerke
Pedretti AG
CH–8107 Buchs ZH
Telefon 01 844 18 11

pedretti

Steinhauerarbeiten
Fassadenreinigung
Betonsanierung
Exklusiver Innenausbau

Wenn Sie vor Lärmschutz-Problemen Ruhe haben wollen.

Dann ist dies erstens begreiflich und zweitens kein Problem. Falls Sie FAVERIT® kennen. Und anwenden. FAVERIT® ist die Lärmschutzkonstruktion, welche so perfekt vor Lärm schützt, wie sie sich ästhetisch in die Umgebung einfügt.

FAVERIT® ist gleichbedeutend mit ausgezeichnetem Design, Vielfalt in der Anwendung, Rationalität beim Einbau, Auswahl an klug durchdachten Elementen und eben – perfektem Lärmschutz.

Orientieren Sie sich über FAVERIT®. Damit es Ruhe gibt.

Favre

Auf uns kann man bauen
Hoch und Tief

Favre Baustoff AG
8307 Tagelswangen
Telefon 052/32 29 90

Nur wer seine Kunden kennt, kann Sie richtig versichern.

Unser persönliches Engagement gibt Ihnen die Sicherheit, richtig versichert zu sein. Und das umfassende Versicherungs-Programm der ELVIA gibt uns die Möglichkeit, Ihnen die individuelle Lösung anzubieten.

ELVIA
VERSICHERUNGEN

HAUPTSITZ

8022 Zürich · Bleicherweg 19 · 01-209 51 11

451

Volksbank. Die Bank mit den erfolgreichen Kunden.

SCHWEIZERISCHE VOLKSBANK

DIE

GRUPPE

Ihr Partner für den Bau

Birmensdorf Embrach Glattbrugg Opfikon Uster Volketswil Winterthur Wil Zürich

Ihr Spezialist für Schüttgut-Transporte:

Silotransport AG

Limmatstrasse 239   **8005 Zürich**   Tel. 272 62 88   Fax 272 96 36

Wir sind schon lange leitungsfähig.

252 52 52.

1937 – 1987: 50 Jahre elektrisch

Schibli

Hans K. Schibli AG,
elektrotechnische Anlagen
Klosbachstrasse 67 8030 Zürich
Tel. 01 - 252 52 52

STUDIENGESELLSCHAFT FÜR UNTERIRDISCHE VERKEHRSANLAGEN

BAUWERKSABDICHTUNG
FORSCHUNG - BERATUNG
PLANUNG - ÜBERWACHUNG

MATHIAS-BRÜGGEN-STRASSE 41 · 5000 KÖLN 30 · TELEFON (0221) 597950

Beratung   Lieferung   Montage
von vorfabrizierten Betonelementen

Vorfabrizierte Betonelemente

Büro: Telefon 01-844 00 40   Werk: Telefon 01-844 00 42
Telefax 01-844 51 00   Telefax 01-844 51 02

PanGas

**für umfassende Leistungen
im Dienste der Gasetechnik
pour de vastes prestations
au profit de l'application des gaz**

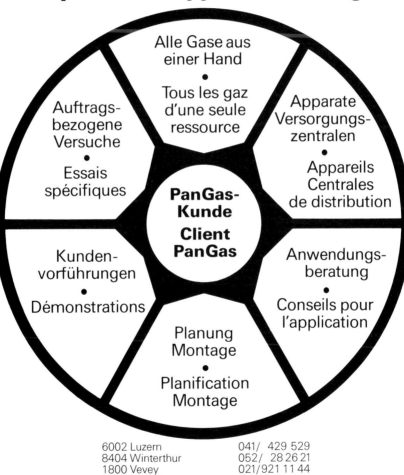

6002 Luzern   041/ 429 529
8404 Winterthur   052/ 28 26 21
1800 Vevey   021/921 11 44
9015 St. Gallen   071/ 32 15 95

PanGas ®

Ihr zuverlässiger Partner
für Armierungsstahl
und Baumaterial.

PESTALOZZI+CO AG

Riedstrasse 1, 8953 Dietikon/ZH, Telefon 01 743 21 11

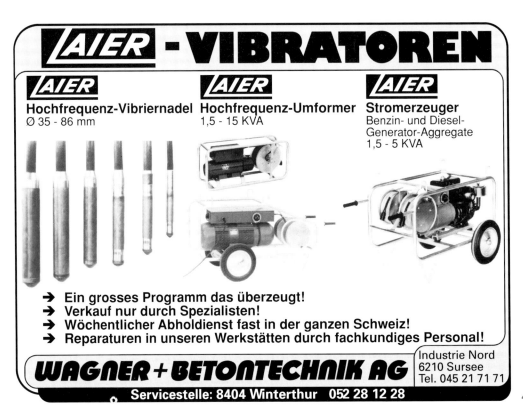

LAIER - VIBRATOREN

LAIER
Hochfrequenz-Vibriernadel
Ø 35 - 86 mm

LAIER
Hochfrequenz-Umformer
1,5 - 15 KVA

LAIER
Stromerzeuger
Benzin- und Diesel-
Generator-Aggregate
1,5 - 5 KVA

➜ Ein grosses Programm das überzeugt!
➜ Verkauf nur durch Spezialisten!
➜ Wöchentlicher Abholdienst fast in der ganzen Schweiz!
➜ Reparaturen in unseren Werkstätten durch fachkundiges Personal!

WAGNER+BETONTECHNIK AG
Industrie Nord
6210 Sursee
Tel. 045 21 71 71

Servicestelle: 8404 Winterthur   052 28 12 28

S-Bahn-Zugabfertigung

Diese Geräte befinden sich an jedem Geleise der S-Bahn-Haltestellen. Der Verantwortliche fertigt damit den Zug ab.

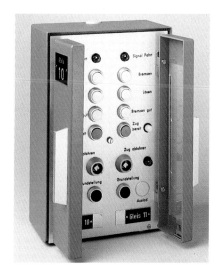 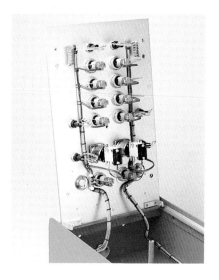

Gehäusehersteller

SCHNYDER MECHANIK AG

Feinmechanik-, Werkzeug- und
Apparatebau
Singlistrasse 1
8049 Zürich
Telefon: 01/341 66 08
Telefax: 01/341 14 50

Fabrikation von
Bedienungskästen inklusive
Verdrahtung
Baugruppenträger
Feinmechanischer Apparatebau
Werkzeug- und Vorrichtungsbau

Tastenhersteller

tschudin & heid ag

Elektrotechnik · Elektronik
Schönmattstrasse 6
4153 Reinach
Telefon: 061/711 75 75
Telex: 967 005
Telefax: 061/711 77 67

Taster, Schalter und Signallampen
Schlüsselschalter
Verriegelungen
Tasten 16 A
Piezo-Tasten
Tastaturen
Verschiedene Schutzarten
bis IP 68

VOLLSTAHLSTÜTZEN:
Stützen voller Vorteile!

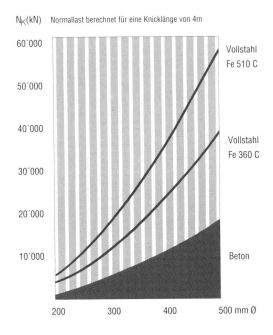

$N_K(kN)$ Normallast berechnet für eine Knicklänge von 4m

Vollstahl Fe 510 C

Vollstahl Fe 360 C

Beton

● **HÖHERE LASTAUFNAHME**
Vollstahlstützen: **Bestes Leistungsverhältnis** von Traglast zu Stützendurchmesser.

● **GRÖSSERE WIRTSCHAFTLICHKEIT**
Vollstahlstützen: Kleinstmöglicher Querschnittbedarf. **Mehr Nutzfläche** für Parkhäuser, Lager, Supermärkte, Bürogebäude.

● **BESSERE SICHT**
Vollstahlstützen: **Mehr Tageslicht** für Strassengalerien. **Mehr Transparenz** für Bahnhöfe.

● **MEHR GESTALTUNGSFREIHEIT**
Vollstahlstützen: Projektspezifische Massanfertigungen. **Neue Perspektiven** für Hotels, Banken, Versicherungen, Schulen.

Richtofferten, Ideen-Skizzen, Angebotsdokumentation:

Von Roll AG, Departement Stahlprodukte,
CH-4563 Gerlafingen, Telefon 065 34 22 22, Telefax 065 35 40 78

pfister

- ● **Kanalreinigung**
- ● **Kanalfernsehen**
- ● **Flächenreinigung**
- ● **Geleisereinigung**
- ● **Tunnelreinigung**
- ● **Strassen waschen**
- ● **Schächte saugen**
- ● **Bentonit absaugen**
- ● **Eigene Konstruktionswerkstatt für Sonderanfertigungen**

Franz Pfister Maschinelle Reinigungs-AG

Sportweg 10	8048 Zürich	Telefon 01 - 272 10 58
Badenerstrasse 30	5413 Birmenstorf	Telefon 056 - 85 25 04

Ausführung der Perron–Beschriftungen durch

NW **Leuchtreklamen**
neonwidmer ag Aesch – Basel – Kloten

Signalisationsschilder
Leuchtschriften · Leuchtschilder
Gesamt-Projektierungen · Siebdruck
Schriftenmalerei · Kunststoffverarbeitung
Reparatur- und Reinigungs-Service.

Hauptsitz und Fabrikanlage: **4147 Aesch BL** Weidenweg 18 Tel. 061 78 44 55

Wir haben folgende Arbeitsgattungen ausgeführt:

Diverse Stahl- und Metallkonstruktionen, Leichtbetonbauelemente

SENN BAU AG
Stahl- und Metallbau

Sennbau AG
Henauerstrasse 2, 9524 Zuzwil
Telefon (073) 28 10 10

Meto-Bau.
Die perfekte Konstruktion ...

Hans Rudolf Wehrli S

... zum Schutz
von Menschen und Gütern.

Das Blatt steht zugleich für eine perfekte Konstruktion und den Gedanken des Schutzes. Beidem ist Meto-Bau seit 1947 verpflichtet.

Der Unternehmensbereich STAHLBAU projektiert, fabriziert und montiert, unter Anwendung von CAD/CAM auf allen Stufen, Objekte jeder Art und Grösse, vom einfachen Unterstand bis zum Hallenstadion, vom Hochregallager bis zum mehrstöckigen Geschäftshaus, vom Maschinenfundament bis zum Perrondach des Bahnhofes Stadelhofen.

Konstruieren Sie mit Meto-Bau. Rufen Sie uns an.

Stahl- und Industriebau

Kläranlage
(Unternehmensbereich KTA)

Normkasten u. Spezialschränke
(Unternehmensbereich Menor)

Stahl- und Industriebau
Maschinenfundamente
Tank- und Silobau
Rohrleitungen
Klär- und Schlammtrocknungsanlagen
Menor-Gehäusetechnik

Meto-Bau AG
5303 Würenlingen

Telefon 056 98 26 61
Telefax 056 98 10 23
Telex 827420 meto ch

Stahl ist unsere Stärke.

460

Wer
sorgt hier in Zukunft
für ein
gutes Klima?

Das Gebäudeautomationssystem **SICOS**® **2000** von Sulzer.
Denn von 1991 an überwacht, steuert und regelt es in den neuen
Gebäuden des Zürcher Hauptbahnhofs die Energieversorgungs-
anlagen, die Klimaanlagen und vieles andere mehr. Damit
sich jedermann zu jeder Zeit wohl fühlt. Wie überall, wo Sulzer
für die gute Qualität der Raumluft zuständig ist.

In irgendeiner Form können wir auch Ihnen nützlich sein. Ob mit
unseren neusten Produkten, unseren Installationen, unserem Service
oder unseren Arbeitsplätzen.

SULZER®

Gebrüder Sulzer Aktiengesellschaft
Industrielle Elektronik / Gebäudeautomation
CH-8401 Winterthur
Telefon 052-81 81 08 / Telefax 052-23 35 60

K. 37-2

461

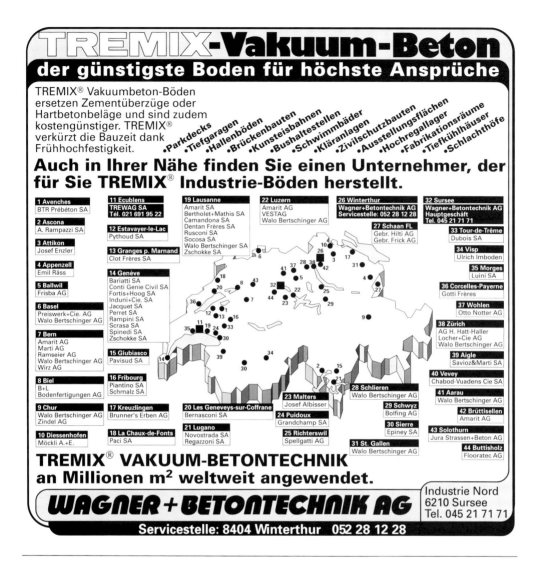

TREMIX-Vakuum-Beton
der günstigste Boden für höchste Ansprüche

TREMIX® Vakuumbeton-Böden ersetzen Zementüberzüge oder Hartbetonbeläge und sind zudem kostengünstiger. TREMIX® verkürzt die Bauzeit dank Frühhochfestigkeit.

• Parkdecks • Tiefgaragen • Hallenböden • Brückenbauten • Kunsteisbahnen • Bushaltestellen • Schwimmbäder • Kläranlagen • Zivilschutzbauten • Ausstellungsflächen • Hochregallager • Fabrikationsräume • Tiefkühlhäuser • Schlachthöfe

Auch in Ihrer Nähe finden Sie einen Unternehmer, der für Sie TREMIX® Industrie-Böden herstellt.

1 Avenches
BTR Prébéton SA

2 Ascona
A. Rampazzi SA

3 Attikon
Josef Enzler

4 Appenzell
Emil Räss

5 Ballwil
Frisba AG

6 Basel
Preiswerk+Cie. AG
Walo Bertschinger AG

7 Bern
Amarit AG
Marti AG
Ramseier AG
Walo Bertschinger AG
Wirz AG

8 Biel
B+L Bodenfertigungen AG

9 Chur
Walo Bertschinger AG
Zindel AG

10 Diessenhofen
Möckli A.+E.

11 Ecublens
TREWAG SA
Tél. 021 691 95 22

12 Estavayer-le-Lac
Pythoud SA

13 Granges p. Marnand
Clot Frères SA

14 Genève
Bariatti SA
Conti Genie Civil SA
Fortis+Hoog SA
Induni+Cie. SA
Jacquet SA
Perret SA
Rampini SA
Scrasa SA
Spinedi SA
Zschokke SA

15 Giubiasco
Pavisud SA

16 Fribourg
Piantino SA
Schmalz SA

17 Kreuzlingen
Brunner's Erben AG

18 La Chaux-de-Fonts
Paci SA

19 Lausanne
Amarit SA
Bertholet+Mathis SA
Camandona SA
Dentan Frères SA
Rusconi SA
Socosa SA
Walo Bertschinger SA
Zschokke SA

20 Les Geneveys-sur-Coffrane
Bernasconi SA

21 Lugano
Novostrada SA
Regazzoni SA

22 Luzern
Amarit AG
VESTAG
Walo Bertschinger AG

23 Malters
Josef Albisser

24 Puidoux
Grandchamp SA

25 Richterswil
Spellgatti AG

26 Winterthur
Wagner+Betontechnik AG
Servicestelle: 052 28 12 28

27 Schaan FL
Gebr. Hilti AG
Gebr. Frick AG

28 Schlieren
Walo Bertschinger AG

29 Schwyz
Bolfing AG

30 Sierre
Epiney SA

31 St. Gallen
Walo Bertschinger AG

32 Sursee
Wagner+Betontechnik AG
Hauptgeschäft
Tel. 045 21 71 71

33 Tour-de-Trême
Dubois SA

34 Visp
Ulrich Imboden

35 Morges
Luini SA

36 Corcelles-Payerne
Gotti Frères

37 Wohlen
Otto Notter AG

38 Zürich
AG H. Hatt-Haller
Locher+Cie AG
Walo Bertschinger AG

39 Aigle
Savioz&Marti SA

40 Vevey
Chabod-Vuadens Cie SA

41 Aarau
Walo Bertschinger AG

42 Brüttisellen
Amarit AG

43 Solothurn
Jura Strassen+Beton AG

44 Buttisholz
Flooratec AG

TREMIX® VAKUUM-BETONTECHNIK an Millionen m² weltweit angewendet.

WAGNER+BETONTECHNIK AG

Industrie Nord
6210 Sursee
Tel. 045 21 71 71

Servicestelle: 8404 Winterthur   052 28 12 28

ASPHALT-BAU AG

AUSFÜHRUNG VON GUSSASPHALTBELÄGEN IM HOCH- UND TIEFBAU
ZEHNTENHAUSSTRASSE 19   8046 ZÜRICH

Brückenabdichtungen
Gussasphaltbeläge
Spezial-Verschleissbeläge
Industrieböden
Flachbedachungen

Dichtungsbahnen
Kunststoffbeschichtungen
Markierungen
Holzpflästerungen
Fugen

H. Bertschi + Co.   5200 Brugg
Leitungsbau

Bachstrasse 5   Telefon 056-41 20 88

Verlegen und Montage von Kabelanlagen, Schaltanlagen, Hoch- und Niederspannung, Erdungsanlagen

LIEBHERR-Krane im Einsatz
bei allen 3 S-Bahn-Vertikalschächten.
Ihre Schnelligkeit und Qualität waren
dafür ausschlaggebend.

LIEBHERR

MÜLLER
GELEISEBAU AG

Seit Jahren im Dienste der Bahnen !

**SBB,
BLS, SEZ,
FO, FB, BOB,
SZU, BrB, FW, MThB,
WAB, JB, AB, SOB, BT, RhB,**

GLEISBAU
Neu- und Umbauten von
Gleis- und Weichenan-
lagen, sowie privaten
Verbindungsgleisen.

Elastische Gleisbefesti-
gung und Schalldämm-
systeme.

TIEFBAU
Sanierung von
Perronanlagen

Entwässerungen
Mastfundationen

Kabeltrasse- und
Rohrblockanlagen

DIENSTLEISTUNGEN
Ingenieurbüro für die
Projektierung im Gleis-
und Tiefbau.

Böschungspflege

Sicherheitsdienst

8500 Frauenfeld Tel. 054 / 22 16 22 Fax. 054 / 21 36 85

MÜLLER
GELEISEBAU AG

AUF UNSEREN GLEISEN IST DIE WELT ZU HAUSE

Jede Kette ist so stark, wie ihr schwächstes Glied. Das gilt auch und ganz besonders für Gleise.
Wir von VOEST-ALPINE haben in jahrzehntelangem weltweiten Einsatz bewiesen, daß auf unsere Produkte Verlaß ist. Und daß gleichermaßen für unsere Weichen wie auch für unsere Schienen ein Ziel ganz oben steht. Sicherheit durch Qualität. Sicherheit kennt eben keine Grenzen.

VOEST-ALPINE
Eisenbahnsysteme
Floragasse 7
A-1040 Wien/Austria
Telefon: (00 43/222) 50 1 08
Telex: 75312553 vaew a
Telefax: (00 43/222) 50 1 08-222

VOEST-ALPINE

Technology is our Trademark

Informationsanzeigesysteme.

Flexible, modulare und modern konzipierte Systemlösungen für Informationsanlagen mit ökonomischem Betriebsverhalten. Realisiert nach Kundenwunsch mit hohen Funktions- und Qualitätsmerkmalen – typisch für Schweizer Produkte.

Planung
Entwicklung
Konstruktion
Lieferung und Montage
Wartung

Omega Electronics SA
CH-2500 Bienne 4
Schweiz

Telefon 032 42 92 11
Telefax 032 41 33 21
Telex 931207

Zürcher S-Bahn —
Ein grosser Schritt in die Zukunft.

 Wir gratulieren allen Beteiligten zum guten Gelingen!  PUBLICITAS

DÉCLIC

Kunststoffe im Ingenieur-Bau

Sarnafil-
Überdachung
der Kunst-
eisbahn
Schaffhausen

MEMBRANBAUTEN

Sarnafil-
Abdichtung
des Tagbau-
tunnels
Umfahrung
Zurzach

TUNNELABDICHTUNGEN

 **Sarna**

Sarna Kunststoff AG, Industriestr., 6060 Sarnen/Schweiz, Tel. 041 66 99 66, Telex 866 427 sarn ch

Boden- und Felsanker

Unsere weitere Spezialitäten:

VSL Spannverfahren   VSL Gewebeschalung
VSL Hebetechnik   VSL Messtechnik
VSL Gleitschalung   VSL Flachpressen

VSL INTERNATIONAL AG
Bernstrasse 9
CH- 3421 Lyssach

Tel. 034 - 47 99 11
Fax 034 - 45 43 22

EINFACHER MONTIERT, SCHNELLER UND BESSER REPARIERT

DAS NEUE BEFESTIGUNGSSYSTEM AN BETONBAUWERKEN

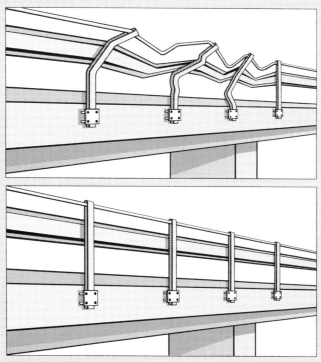

- montagefreundlich
- zuverlässig
- reparaturfreundlich
- korrosionsbeständig
- sicher
- keine Beeinträchtigung der Bausubstanz

WALSER+CO.AG

9044 Wald AR
Telefon 071 95 15 21

UNS VERTRAUT ERST DANN GEBAUT.

Darum sollten Sie
einmal mit uns sprechen,
bevor Sie den Bau
an die Hand nehmen.

ZÜRICH
VERSICHERUNGEN

Abkürzungen

AGW	Amt für Gewässerschutz
ALQ	Arbeitsgemeinschaft Limmatquerung
AM 50	Alpine Miner 50 kW
ARGE	Arbeitsgemeinschaft
AVOR	Arbeitsvorbereitung
DEBAG	Deponie und Bahnhof AG (Holderbank)
EAWAG	Eidgenössische Anstalt für Abwasserreinigung und Gewässerschutz
EMPA	Eidgenössische Materialprüfungs-Anstalt
ETH (Z)	Eidgenössische Technische Hochschule (Zürich)
EW IV	Einheitswagen IV
EWZ	Elektrizitätswerk der Stadt Zürich
FE	Finite Elements
GTO	Gate Turn-Off (Tyristoren)
HB	Hauptbahnhof
HE	Breitflanschträger, Euronorm 53-62
HEB	Breitflanschträger, Normale Reihe nach Euronorm 53-62
HHD	Breitflansch-Stützenprofile, verstärkte Bauart
HMT	Heissmischtragschicht (Asphalt)
IC	Intercity
ISETH	Institut für Strassenbau ETH
ME-Wert	Tragfähigkeit aus Plattenversuch in N/mm^2
NC	Numeric Control, Digitalgesteuerte Maschine
NPK	Normpositionen-Katalog
NS	N.V. Nederlandse Spoorwegen
OK	oberkant
RATP	Régie Autonome des Transports Parisiens
RDV	Rütteldruckverfahren
SBB	Schweizerische Bundesbahnen
SIA	Schweizerischer Ingenieur- und Architekten-Verein
SIS-Norm	Schwedische Normen
SNCF	Société Nationale des Chemins de Fer Français
SZU	Sihltal – Zürich – Üetliberg-Bahn
TBM	Tunnelbohrmaschine
TRIVEC	Gerät zur Bestimmung des räumlichen Verschiebungsvektors im Bohrloch
TSM	Teilschnittmaschine
UIC	Union Internationale des Chemins de Fer
UK	unterkant
VBZ	Verkehrsbetriebe Zürich
VSL	Vorspann-System Losinger
ZSB	Zürcher S-Bahn, S-Bahn Zürich
ZVV	Zürcher Verkehrsverbund